बढ़ती दूरियाँ : गहराती दरार

[हिन्दू-मुस्लिम रिश्तों पर एक अन्तर्दृष्टि]

बढ़ती दूरियाँ : गहराती दरार

हिन्दू-मुस्लिम रिश्तों पर एक अन्तर्दृष्टि

डॉ. रफ़ीक़ ज़करिया

अनुवादक

डॉ. राजम नटराजन पिल्लै

राजकमल प्रकाशन

ISBN : 978-81-267-0028-8

मूल्य : ₹995

पहला संस्करण : 2000
पहली आवृत्ति : 2023

प्रकाशक : राजकमल प्रकाशन प्रा. लि.
1-बी, नेताजी सुभाष मार्ग, दरियागंज
नई दिल्ली-110 002

शाखाएँ : अशोक राजपथ, साइंस कॉलेज के सामने, पटना-800 006
पहली मंजिल, दरबारी बिल्डिंग, महात्मा गांधी मार्ग, प्रयागराज-211 001
वेबसाइट : www.rajkamalprakashan.com
ई-मेल : info@rajkamalprakashan.com

मुद्रक : बी.के. ऑफसेट
नवीन शाहदरा, दिल्ली-110 032

BADHTI DURIYAN GAHARATI DARAR
by Dr. Rafiq Zakaria

उस मनीषी को, जिसने हिन्दू-मुस्लिम एकता के लिए, हमारे इतिहास के किसी भी महापुरुष की अपेक्षा ज्यादा प्रयास किए, उसके लिए प्राण तक गँवा दिए; और उस महान आत्मा के प्रमुख शिष्य को जिसने भारत के प्रथम प्रधानमन्त्री के तौर पर उसके मिशन को आगे बढ़ाया।

क्रम

भूमिका

इस किताब को लिखने के पीछे दो कारण हैं—एक, भारतीय मुसलमानों के बारे में और हिन्दुओं से उनके रिश्तों के बारे में, हाल के दिनों में फैलाई जा रही गलत सूचनाओं की बाढ़ को रोकना और दूसरी, दोनों के बीच बढ़ते जाते फासलों पर रोशनी डालना; क्योंकि मेरा मानना है कि इससे हमारे देश की सुरक्षा और स्थिरता—दोनों ही को खतरा है।

मैं, अपने स्कूली दिनों से ही, हिन्दू-मुस्लिम एकता का पक्का हिमायती रहा हूँ, और इसीलिए मैंने, उस वक्त के सर्वप्रमुख मुस्लिम नेता मुहम्मद अली जिन्ना द्वारा प्रचारित किए जा रहे उस तथाकथित 'दो राष्ट्र' सिद्धान्त का विरोध किया था, जिसने मेरे अनेक सहधर्मियों को मन्त्रमुग्ध कर डाला था। मैं तब अपनी किशोरावस्था में था। स्पष्टवादी होने के नाते मैंने अपनी बात खुलकर कही। लेकिन अफसोस, मेरे जैसे सिर्फ मुट्ठी-भर लोग ही थे। मैंने जब 'भारत छोड़ो' आन्दोलन में हिस्सा लिया तो मेरे अधिकांश मुस्लिम दोस्तों और रिश्तेदारों ने मेरी आलोचना की। बाद में, जब मैं अपनी पी-एच.डी. की पढ़ाई के लिए और बार-एट-ला की डिग्री के लिए लन्दन गया, तो वहाँ भी मेरा वही हश्र हुआ। जब मैं ग्रेट ब्रिटेन और यूरोप की 'फ़ेडरेशन आफ़ इंडियन स्टूडेंट्स सोसाइटीज़' (फेडइंड) का चेयरमैन चुना गया तो मेरे मुसलमान देशवासियों ने 'गद्दार' कहकर मेरी भर्त्सना की। लेकिन मैं अपनी आस्था पर अडिग रहा और दोनों कौमों को करीब लाने के प्रयास में लगा रहा। देश का बँटवारा मेरे लिए वज्राघात-सा था, मैंने उसके खिलाफ ब्रिटिश अखबारों में, खासकर लन्दन के 'द आब्ज़र्वर' में जिसके साथ मैं संलग्न था और ब्रिटिश मजदूर-मुखपत्र 'ट्रिब्यून' में, लेख लिखे।

देश-वापसी के बाद मैंने कांग्रेस में काम किया। तब मैं राजनीति मुख्यधारा से जुड़ा और महाराष्ट्र सरकार में मन्त्री बना। सरकार में अपने लम्बे कार्यकाल के दौरान और उसके बाद संसद में अपनी विभिन्न भूमिकाओं में, मैं अपने तरीके से, हिन्दू-मुस्लिम एकता के लिए संघर्ष करता रहा; इस उद्देश्य को आगे बढ़ाने के लिए मैंने सन् 1968 में स्वर्गीय यशवन्त राव चह्वाण की अध्यक्षता में इंडियन यूनिटी सेंटर का गठन किया। आल इंडिया खिलाफत कमेटी के चेयरमैन के रूप में भाषणों, विचार-गोष्ठियों, सार्वजनिक सभाओं के जरिए और पैग़म्बर के जन्म-दिवस पर सालाना विशाल जुलूस के जरिए मैंने दोनों समुदायों को करीब लाने का प्रयास किया है। मुझे इसकी धुन लगी हुई है। बम्बई

का ऐतिहासिक खिलाफत हाउस, जिसका निर्माण महात्मा गाँधी और अली बन्धुओं (मौलाना मुहम्मद अली और शौकत अली) ने किया, साम्प्रदायिक सद्भाव की चेतना का संस्कार डालने में अग्रणी रहा है। तीन दशकों से भी ज्यादा वक्त से मेरे साथी और मैं इस अभियान को आगे बढ़ा रहे हैं और देश के राष्ट्रपतियों और प्रधानमन्त्रियों ने, सामाजिक और राजनीतिक कार्यकर्ताओं ने इस काम की बड़ी सराहना की है। लेकिन, इन सबके बावजूद, ऐसा कुछ हुआ है कि इस एकता की भावना के प्रति सार्वजनिक उमंग और उत्साह को हम बरकरार नहीं रख पाए हैं। बहुत सी ताकतें इसके खिलाफ काम करती रही हैं। लगता है कि हिन्दुओं का उस पर से यकीन उठ गया है; मुसलमान उसके प्रति लापरवाह हो गए हैं, उसे बेमानी-सा ही समझने लगे हैं। 'हिन्दुत्व' के उभार ने, अन्तर-साम्प्रदायिक सद्भावना की प्रक्रिया को पटरी से उतार फेंका है और यों उसे अपूरणीय क्षति पहुँचाई है; बाबरी मस्जिद-रामजन्मभूमि कांड ने तो वातावरण को और भी ज्यादा जहरीला बना दिया है। लेकिन, हिन्दू-मुस्लिम एकता का मसला हमारे लिए इतना ज्यादा महत्त्वपूर्ण है कि उसे छोड़ा नहीं जा सकता। मैं अखबारों में अपने बयानों और लेखों से और सार्वजनिक मंचों पर अपने वक्तव्यों से, अपने तईं हर तरह से हिन्दू-मुस्लिम एकता की पैरवी करता हूँ। महाराष्ट्र और अलीगढ़, जिससे मैं बतौर प्रेसिडेंट, चेयरमैन या चांसलर की हैसियत से करीब से जुड़ा रहा हूँ तथा देश के अन्य हिस्सों के एक दर्जन से भी ज्यादा उच्च शिक्षा की संस्थाओं में—मैं पिछले तीन दशकों से भी ज्यादा वक्त से ऐसी एकता की जरूरत पर लगातार जोर देता आया हूँ। मैंने हर जगह अपने मुसलमान भाइयों के दिलो-दिमाग पर यह बात बैठाने की कोशिश की है कि उन्हें इस एकता को सक्रियता से बढ़ावा देना चाहिए क्योंकि उसके बगैर राष्ट्रीय एकता और अखंडता असम्भव है; और उन्हें ही सही माहौल तैयार करने में पहल करनी चाहिए।

लेकिन बहरहाल, मुझे जो प्रतिक्रिया मिली, वह बड़ी ठंडी सी थी। इससे कुछ हद तक मुझे मायूसी भी हुई। राजनीतिक दृश्यपटल पर हाल के दिनों में हो रहे परिवर्तन भी उलझाव पैदा करनेवाले थे। 1994 के विधान सभा चुनावों में उत्तर प्रदेश और मध्य प्रदेश में भाजपा की करारी हार से धर्मनिरपेक्ष मूल्यों में फिर से जान आई, लेकिन उसके बाद गुजरात में भाजपा की और महाराष्ट्र में शिवसेना और भाजपा की जीत ने प्रतिकूल संकेत दिए। फिर भी मैं तहेदिल से यह उम्मीद करता हूँ कि हिन्दुत्व की शक्तियों द्वारा उभारा गया उग्र ज्वार सचमुच थम ज़ाएगा। तीन प्रमुख मुस्लिम संस्थाओं—अलीगढ़ मुस्लिम यूनिवर्सिटी, जामिया मिलिया, दिल्ली और अंजुमन-ए-इस्लाम, मुम्बई—के विद्यार्थियों और शिक्षकों के सामने हाल ही में मैंने भाषण दिए और उनसे मुझे कुछ उम्मीद बँधी है। उसी तरह से, प्रमुख मराठी अखबार 'लोकसत्ता' और हिन्दी दैनिक 'नवभारत टाइम्स' में लिखे गए मेरे लेखों पर मिली प्रतिक्रियाओं ने भी मेरा हौसला बढ़ाया है। क्या इस सुरंग के उस सुदूर छोर पर रोशनी की मद्धिम-सी ही सही, कोई किरण है ? किसी भी सही लक्ष्य को यूँ ही छोड़ नहीं दिया जा सकता, चाहे जो रुकावटें आएँ,

लगातार कोशिश जारी रखनी पड़ती है।

मैं जानता हूँ, यह काम सरल नहीं है। पिछले कुछ सालों में हिन्दुओं और मुसलमानों के दिलों में इतनी दुर्भावनाएँ पैदा की जा चुकी हैं कि उन्हें जड़ से उखाड़ फेंकने के लिए भगीरथ प्रयत्न की जरूरत पड़ेगी। सबसे पहले तो आपसी पूर्वग्रहों और अविश्वासों को दूर करना होगा। यह किताब इसी मकसद को सामने रखकर लिखी गई है। यह, विभिन्न युगों के दौरान हिन्दू-मुस्लिम रिश्तों की सही तस्वीर पेश करने की कोशिश करती है। मैंने भरसक वस्तुपरक रहने की कोशिश की है ताकि हिन्दुओं की मानसिकता को अनुकूल बनाया जा सके और उनके मुस्लिम-विरोधी पूर्वग्रहों के मकड़जालों को साफ किया जा सके। और, चूँकि किसी ने कभी मुझ पर सम्प्रदायवादी या कट्टरतावादी होने का आरोप नहीं लगाया है, इस्लाम और भारतीय मुसलमानों से मेरे गहरे सरोकार के बावजूद, मुझे यकीन है कि हिन्दू, मेरे सहधर्मियों के प्रति मेरे सरोकार को उस बदनाम लफ़्ज़ 'तुष्टीकरण' की अपील नहीं मानेंगे; मैं तो बस इतनी ही गुजारिश कर रहा हूँ कि भारतीय मुसलमानों की दुरवस्था को पूरी सहानुभूति के साथ समझा जाए। राष्ट्रपिता गाँधी इस मान्यता पर जीवन के अन्त तक अटल रहे कि "हिन्दू-मुस्लिम एकता, हर वक्त और हर प्रकार की परिस्थिति में हमारा धर्म होना चाहिए।" और मैं आज भी इस बात पर विश्वास करता हूँ। अब मुसलमानों को चाहिए कि इस विश्वास को सुदृढ़ करें क्योंकि सिर्फ हिन्दुओं की सदाशयता से ही इस देश में मुसलमानों का भविष्य सुरक्षित रह सकता है। इस पर मुझे जरा भी शक नहीं है।

–रफ़ीक़ ज़करिया

प्रस्तावना

हिन्दुस्तान की एकता और अखंडता के सामने आज जितनी बड़ी चुनौती आ खड़ी हुई है, उतनी उसके दीर्घकालीन इतिहास में पहले कभी नहीं हुई थी। और यह चुनौती, सरहदों के पार के मुल्कों से उतनी नहीं है, जितनी सीमा के भीतर मुख्य घटक-समुदायों—हिन्दू और मुसलमान—के बीच के मतभेदों और मनमुटावों की वजह से उभरी है। सदियों से ये दोनों समुदाय साथ-साथ रहते आए हैं, अगर इनमें पूर्ण सामंजस्य नहीं भी रहा हो तो अनवरत वैमनस्य भी नहीं रहा; उन्हें एक साथ जोड़ रखनेवाले तत्त्व उन्हें अलग-थलग करनेवाले तत्त्वों से ज्यादा मजबूत और स्थायी रहे हैं। लेकिन फिर भी हाल के सालों में, सत्ता की राजनीति ने, न सिर्फ एकता के इन सूत्रों को कमजोर किया, वरन् उन्हें जान-बूझकर तहस-नहस भी किया। नतीजतन, इन दोनों के बीच की खाई अब और चौड़ी हो गई है; कोई मामूली-सा बहाना भी युगों पुराने सन्तुलन को बिगाड़ने के लिए काफी हो जाता है।

हालाँकि, सन् 1947 में हुआ इस उपमहाद्वीप का विभाजन, बहुसंख्यक हिन्दुओं की प्रतिनिधि संस्था—इंडियन नेशनल कांग्रेस और अल्पसंख्यक मुसलमानों की प्रतिनिधि संस्था—आल इंडिया मुस्लिम लीग के बीच सौहार्दपूर्ण समझौते का ही परिणाम था, लेकिन इससे हिन्दू-मुस्लिम एकता को मर्मान्तक आघात पहुँचा। इस हादसे में सरहदों के दोनों ओर करीब दस लाख लोगों की जानें गईं और एक करोड़ लोग विस्थापित हो गए। आज भी भारत और पाकिस्तान के बीच शान्ति या सौहार्द नहीं है, उल्टे ये दोनों देश, एक-दूसरे से अपनी रक्षा करने के लिए हर साल, हथियारों की खरीद पर 35 बिलियन डालर खर्च कर रहे हैं, जो कि यूनाइटेड नेशंस के एक आकलन के मुताबिक, समूचे विश्व के सालाना हथियार व्यापार का करीब तीन-चौथाई है। इसलिए, यह उम्मीद कि विभाजन से अमन-चैन का एक नया युग शुरू हो जाएगा, न सिर्फ बँटवारे के दौरान चकनाचूर हुई, बल्कि उसके बाद से आज तक भी उसने दोनों पक्षों को लगातार युद्धकालीन हालात में बनाए रखा है जिससे चारों ओर गहरे तनाव का माहौल रहा है। नतीजतन, दोनों ही तरफ के अल्पसंख्यकों को, जो रातोरात अपनी ही जमीन पर अजनबी बन गए, बेहद तकलीफों का सामना करना पड़ा। प्रस्तावित नए राज्य में उनकी सुरक्षा का प्रश्न पहले ही उठाया गया था लेकिन 'दो राष्ट्र' सिद्धान्त के प्रस्तावक मुहम्मद अली जिन्ना (1876-1948) ने उसकी उपेक्षा कर दी। उनका कहना था कि एक राष्ट्र

में रहनेगले अल्पसंख्यक, दूसरे राष्ट्र के अल्पसंख्यकों की सुरक्षा की जमानत होंगे। लेकिन हैरानी की बात है कि सर सिकन्दर हयात ख़ान और मौलवी फ़ज़्लुल हक़ ने, जो क्रमशः पंजाब और बंगाल, इन दो प्रमुख मुस्लिम बहुसंख्यक राज्यों के मुख्यमन्त्री थे, इस 'बन्धक' सिद्धान्त का मखौल उड़ाया था; सो भी इस तथ्य के बावजूद कि उन्होंने खुलेआम पाकिस्तान की माँग को अपना समर्थन दिया था; यह उनके लिए सैद्धान्तिक प्रतिबद्धता से अधिक राजनीतिक रणनीति का अंग था।

दरअसल, पंजाब के ब्रिटिश गवर्नर के सचिव पेंडेरल मून ने सर सिकन्दर से कहा था कि 'बन्धक' की यह परिकल्पना काफी व्यावहारिक साबित होगी क्योंकि हिन्दुस्तान में काफी बड़ी तादाद में मुसलमान होंगे और पाकिस्तान में हिन्दू। सो दोनों ही पक्ष अपने-अपने अल्पसंख्यकों को परेशान करने में हिचकिचाएँगे ताकि दूसरे देश में उनके अपने लोगों को परेशान न किया जाए; और उस पर पंजाब के मुख्यमन्त्री ने करारा जवाब दिया था, "ये सिर्फ हवाई बातें हैं ! मैं निश्चित रूप से जानता हूँ कि पश्चिमी पंजाब के बलूचियों और अवानों को हिन्दुस्तान के मुसलमानों के जीने-मरने से कुछ लेना-देना नहीं है। हिन्दुस्तान और पाकिस्तान—ये दोनों ही पक्ष—अपने-अपने बन्धकों की हत्या करेंगे।"[1]

हैरत की बात है कि मुस्लिम अल्पसंख्यावाले, यानी जिन्ना के तथाकथित बन्धकोंवाले प्रदेशों के मुसलमान नेताओं ने ही ज्यादा जोर-शोर के साथ पाकिस्तान की माँग की थी। उस वक्त उन्हें अहसास भी नहीं हुआ कि वे अपनी ही कब्र खोद रहे हैं। मुस्लिम-बहुसंख्यक क्षेत्रों के लिए भी पाकिस्तान का निर्माण कोई विशेष वरदान नहीं साबित हुआ, क्योंकि ज्यों ही इस्लामी राष्ट्र की स्थापना हुई, वे, जो थोड़ा-बहुत लोकतन्त्र उनके यहाँ मौजूद था, उसे भी गँवा बैठे। बाद के वर्षों में पाकिस्तान के दो बाज़ू, जिनके बीच हजारों मील का फासला था, एक दूसरे के खिलाफ लड़े और अलग-थलग हो गए। आखिरकार भाषा की ताकत का बन्धन मजहब के बन्धन से ज्यादा मजबूत साबित हुआ।

इस बीच, नव-निर्मित राष्ट्र से हिन्दुओं का बड़े पैमाने पर पलायन जारी रहा; वे अपने पुश्तैनी घर-बार छोड़-छोड़कर भागे और उन्होंने शरणार्थियों की तरह हिन्दुस्तान में पनाह ली। जो लोग पूर्वी पाकिस्तान में (जो अब बांग्लादेश कहलाता है) ही रह गए, वे असुरक्षित तो महसूस करते रहे लेकिन उन्होंने अपना देश नहीं छोड़ा, उसी तरह से भारत में भी एक छोटी सी तादाद को छोड़कर बाकी मुसलमान देश को छोड़कर नहीं भागे। यों भी, बाद की स्थितियों में देश को छोड़कर गए मुसलमानों को, न पाकिस्तान और न ही बांग्लादेश अपने यहाँ जगह देने को तैयार था। उनकी हालत तब भी शोचनीय थी और पिछले पचास वर्षों में भी वैसी ही बनी हुई है। वे लोग, ब्रिटिश राज के आखिरी दिनों में की गई अपनी गलती की सजा अब भी भुगत रहे हैं; यह बड़ी अजीबोगरीब त्रासदी है उन लोगों की जो इस उम्मीद में अपनी जड़ों से अलग हुए कि सरहद के उस पार उन्हें अपने सपनों की दुनिया हासिल होगी।

वे जो कीमत चुका रहे हैं, वह वाकई बहुत भारी है; क्योंकि बँटवारे की घटना ने

हिन्दुओं के मन में ऐसा घोर अविश्वास पैदा कर दिया कि सारे पुराने घाव फिर उधेड़े गए। मुसलमानों को अब न सिर्फ बँटवारे के गुनाह की सजा भुगतनी पड़ रही है बल्कि आठवीं सदी में सिन्ध पर हमला करनेवाले मुहम्मद क़ासिम ने अपनी हिन्दू प्रजा से जो बर्ताव किया उसकी, कुछ अफ़गान और तुर्की सुल्तानों द्वारा किए गए अत्याचारों की या मुग़ल बादशाह बाबर (1483-1530) और औरंगज़ेब (1618-1707) की तथाकथित विध्वंसक करतूतों की भी कीमत चुकानी पड़ रही है। पूरे प्रतिशोध की भावना के साथ और दोनों समुदायों के बीच की खाई को और गहरा करने के इरादे से जान-बूझकर अतीत के गड़े मुर्दों को उखाड़ा जा रहा है। मुसलमानों को अपने पुरखों की करतूतों के लिए सताया जा रहा है। एक उर्दू शायर का शिकवा है :

सरकशी की किसी महमूद ने सदियों पहले,
इसलिए खूब ख़बर ली मेरे सर की तुमने।
चन्द पत्थर किसी बाबर ने गिराए थे कभी,
ईंट से ईंट बजा दी मेरे घर की तुमने।

यह किताब, विभाजन के बाद मुसलमानों के हिस्से में आए सभी दुर्भाग्यपूर्ण उतार-चढ़ावों का इतिहास नहीं है; यह हिन्दुओं और मुसलमानों के बीच के आदान-प्रदान का पुनरवलोकन है; जिसमें विघटनकारी और संगठनकारी—दोनों ही तत्त्वों पर ध्यान केन्द्रित किया गया है ताकि उनके रिश्तों को सही परिप्रेक्ष्य में प्रस्तुत किया जा सके। करीब 1,200 वर्षों में फैले इस बहुरंगी रिश्ते की जटिलताओं को चन्द सौ पन्नों में समेटने का प्रयास करना आसान नहीं है। इससे वस्तुपरकता और तटस्थता पर भी तनाव पड़ता है क्योंकि दोनों ही पक्ष आहत हैं और दोनों ही में गहरी गलतफहमियाँ घर कर गई हैं।

आम जनता उस खिलवाड़ के जाल में फँस गई है जो उनके नेतागण, सत्ता हासिल करने के लिए करते आए हैं, और भावावेश ने जनता को इतना अन्धा कर दिया है कि वह इस जाल को भाँप नहीं पातीं। जैसा कि, विख्यात समाजशास्त्री ए. आर. देसाई ने अपनी बहुप्रशंसित पुस्तक 'सोशलबैक ग्राउंड आफ इंडियन नेशनालिज़्म' (भारतीय राष्ट्रीयता की सामाजिक पृष्ठभूमि) में टिप्पणी की है :

> मुस्लिम समुदाय के बीच व्यावसायिक वर्गों और बुर्जुआ वर्ग का विकास होने लगा। व्यावसायिक वर्ग ने पाया कि सरकारी सेवाओं और उसी तरह से व्यापार, उद्योग और वित्त के महत्त्वपूर्ण पदों पर बुर्जुआ वर्ग पहले ही से मजबूती से जमा हुआ है। नौकरियों और औद्योगिक-व्यापारिक हितों में अपने हिन्दू प्रतिद्वन्द्वियों से संघर्ष करने के लिए उन्हें अपने जनसमुदाय के सहारे और समर्थन की जरूरत थी। अपने ही वर्ग के कुछ तबकों के बीच के संघर्ष को उन्होंने जान-बूझकर साम्प्रदायिक रंग दिया और उसे हिन्दू समुदाय और मुस्लिम समुदाय का साम्प्रदायिक संघर्ष बताया।[2]

आमतौर पर, हिन्दू-मुस्लिम रिश्ते के तीन पहलू ऐसे हैं जो विवादास्पद हैं और कलह के बीज हैं—पहला यह कि मुसलमान शासक आक्रमणकारी थे और उन्होंने अपनी हिन्दू प्रजा पर अत्याचार ढाए; दूसरा यह कि इस्लाम धर्म हिन्दुओं से नफरत करने की हिदायत देता है, उनकी मूर्तियों को तोड़ने और मन्दिरों को ध्वस्त करने के अभियान को प्रोत्साहित करता है। उनके सन्तों-ऋषियों और वीर नायकों के प्रति अनादर की भावना पैदा करता है; और तीसरा यह कि मुसलमान इस देश के बँटवारे के लिए जिम्मेदार हैं।

मैंने सबसे पहले, मुस्लिम शासन का, तत्कालीन हिन्दुओं को प्रभावित करनेवाले उसके विविध पहलुओं का पुनरवलोकन किया है। उसके लिए मैंने पूर्वग्रहरहित वाकयानवीसों और टिप्पणीकारों की समीक्षाओं और साथ ही साथ जाने-माने हिन्दू इतिहासकारों के मन्तव्यों का भी सहारा लिया है। इस शासन के पतन और ब्रिटिश राज की स्थापना पर विचार कर चुकने के बाद मैंने राजनीतिक परिवर्तनों की अलग-अलग स्थितियों का अवलोकन किया है और फिर हिन्दू और मुस्लिम नेतृत्व द्वारा ब्रिटिश राज के साथ खेली गई उन भूमिकाओं का विश्लेषण किया है जिनका परिणाम इस उपमहाद्वीप के विभाजन के रूप में हुआ। लेकिन मेरे अध्ययन का प्रमुख भाग विभाजन के परिणामों और खासतौर से भारतीय मुसलमानों को उसकी वजह से हुए नुकसान से सरोकार रखता है और उसमें भारतीय मुसलमानों के हिन्दुओं से दिन-ब-दिन बिगड़ते जाते रिश्तों पर ध्यान केन्द्रित किया गया है।

इसके अनेक कारण हो सकते हैं लेकिन मेरे ख्याल से इसके दो मुख्य कारण हैं :

- इस्लाम के बारे में ऐतिहासिक तथ्यों का विद्रूपीकरण; और
- मिथ्या धार्मिक अवधारणाएँ।

हिन्दू राष्ट्र की स्थापना के लिए लालायित हिन्दुत्ववादी इन दोनों ही तत्त्वों को लगातार और जोर-शोर से प्रचारित करते रहे हैं क्योंकि वे यह साबित करना चाहते हैं कि इस्लाम हिन्दुत्व का विरोधी है; इसकी तार्किक निष्पत्ति यह होती कि इन दो धर्मावलम्बियों के बीच सामंजस्य स्थापित नहीं हो सकता। और, इसलिए अलगाव अपरिहार्य था और मेल-मिलाप असम्भव। हालाँकि, कुछ प्रमुख उलेमाओं ने, जिनमें मौलाना अबुल कलाम आज़ाद (1888-1958) का भी शुमार होता है, इस दलील का बड़ी शिद्दत से खंडन किया था लेकिन मुस्लिम लीग ने बड़े जोशो-खरोश के साथ इसका प्रचार किया और आज हिन्दुत्व के हिमायती उतने ही जोश के साथ उसे प्रचारित कर रहे हैं। कभी-कभी ऐसा लगने लगता है मानो इन दोनों विरोधियों के बीच कोई मिलीभगत है, कुटिल सम्पर्क सूत्र है। मैंने कोशिश की है कि इस तरह से बुने गए मकड़जालों को हटाया जाए और उसके लिए क़ुरान के अध्यायों और आयतों और मुहम्मद पैग़म्बर की विश्वसनीय अमलों-परम्पराओं से उद्धरण दिए हैं; और यह दर्शाने की कोशिश की है कि इस्लाम न तो अतीत के मुसलमान शासकों के अत्याचारों को धार्मिक वैधता प्रदान करता है, और न अविभाजित हिन्दुस्तान के मुसलमान नेताओं की

हौवा खड़ा कर देनेवाली राजनीति को सही ठहराता है और न ही वह आजकल के उनके उत्तराधिकारी नेताओं की उछल-कूद भरी हरकतों को जायज ठहराता है। सच्चाई तो यह है कि इस्लाम गैर-मुसलमानों के साथ मेल-मिलाप और भाईचारा बनाए रखने को प्रोत्साहन देता है और भिन्न-भिन्न धर्मावलम्बियों के बीच सह-अस्तित्व की भावना को बढ़ावा देता है।

अब पाकिस्तान को छोड़कर सभी ने यह कबूल कर लिया कि 'दो राष्ट्र' के सिद्धान्त ने अन्तर-साम्प्रदायिक सद्‌भावना को भारी क्षति पहुँचाई। लेकिन उसके लिए दोषी कौन है ? क्या सिर्फ मुसलमान उसके लिए जिम्मेदार हैं ? हिन्दू दुर्भाग्य से यही मानते हैं; असल में कई मुसलमान भी गफलत में इसी का समर्थन करते हैं, यहाँ तक कि उनमें से कुछ तो इस पर नाज भी करते हैं। 'बेशक, हमने ही यह कर दिखाया,' यों वे डींग भी हाँकते हैं। इस विषय पर दर्जन-भर किताबें आ चुकी हैं और उनमें से अधिकतर मुसलमानों को ही इसके लिए जिम्मेदार ठहराती हैं। लेकिन हाल के शोधकर्ताओं ने यह साबित किया है कि हिन्दू भी उतने ही दोषी हैं। ऐतिहासिक सबूतों की विश्वसनीयता पर जी. आर. एल्टन ने एक टिप्पणी की है : "ऐतिहासिक सच्चाई को जानने में सबूतों की कमी या ब्यौरों की खामी उतनी खतरनाक साबित नहीं होती जितनी कि पूर्वनिश्चित अवधारणाएँ।"[3] हिन्दू-मुस्लिम रिश्ता इतिहास के समूचे दौर में ऐसी मिथ्या अवधारणाओं का शिकार रहा है।

और, इसके अलावा समीक्षकों के एक खास समूह ने इस आधार पर विभाजन को उचित ठहराया है कि वह अपरिहार्य था; लेकिन क्या परिहार्य होता है और क्या अपरिहार्य यह तो, जैसा कि एक विख्यात इतिहासकार ने सटीक कहा है, "एक दुतरफा-मत है।" मुस्लिम शासकों के हिन्दुओं के प्रति रवैए के बारे में और हिन्दुत्व के प्रति इस्लाम के रुख के बारे में मिथ्या अवधारणाओं के अलावा विभाजन की गम्भीर तोहमत एक ऐसा पहलू है जिसने रिश्तों में इतना तनाव ला दिया है कि वे लगभग टूटने की कगार पर पहुँच गए हैं। इसलिए, अगर हिन्दुओं और मुसलमानों के बीच खड़े अविश्वास के अवरोधों को हटाना है तो यह जरूरी है कि शायर-दार्शनिक अल्लामा इक़बाल (1877-1938) के तसव्वुर का 'एकता का शिवाला' बाँधा जाए या गुरुदेव रवीन्द्रनाथ के सपनों का 'स्वतन्त्रता का नीड़' रचा जाए।

एक भारतीय मुसलमान के तौर पर अपने उन बारह करोड़ सहधर्मियों का दुख मुझे सबसे ज्यादा सालता है, जो सत्ता की राजनीति के इस घातक खिलवाड़ का शिकार बनते आए हैं। अब, उनकी हालत बेहद शोचनीय है। हर क्षेत्र में वे पिछड़े हुए हैं, हर क्षेत्र में उनका प्रतिनिधित्व घटता गया है। शिक्षा, व्यापार, उद्योग-धन्धे, रोजगार यानी हर प्रकार के क्षेत्र में वे हिन्दुओं से बहुत ही पीछे हैं। सरकार में उनका कोई दखल नहीं है; राष्ट्रीय मामलों में बहुत हुआ तो उन्हें उपद्रवी तत्त्वों के रूप में आँका जाता है। और फिर, जितना वे पिछड़े हैं उतना ही ज्यादा दकियानूसी हो गए हैं। फिर भी उनके नेता डींगें हाँकते हैं कि वे चाहे जो बना-बिगाड़ सकते हैं। लेकिन असल में इन नेताओं को

सिर्फ एक महारत हासिल है और वह है—अपने लोगों में आत्मघात की कला का प्रचार, और दुर्भाग्य से यह एक ऐसा जुनून है जिसकी चपेट में यह समुदाय आसानी से आ जाता है और जरूरत पड़ने पर बेहिचक अपनी ही बेमानी कुर्बानी दे डालता है।

इसीलिए अपनी बदकिस्मती के लिए वे खुद भी उतने ही जिम्मेदार हैं जितने वे पूर्वग्रह, जो साम्प्रदायिक हिन्दू उनके खिलाफ पालते हैं। मैंने मुसलमानों की वर्तमान दुर्दशा का आकलन करने के लिए और उसकी वजहों को जानने के लिए विभिन्न स्रोतों से सामग्री और आँकड़े जमा किए हैं। भारत, पाकिस्तान और बांग्लादेश के विपरीत, धर्मनिरपेक्षता के प्रति प्रतिबद्ध है : हालाँकि धर्मनिरपेक्षता को कहीं अक्षरशः परिभाषित नहीं किया गया है लेकिन आमतौर पर उसके मायने यह होते हैं कि सभी धर्मों के प्रति समान आदरभाव होगा और सभी नागरिकों को, फिर उनकी धार्मिक आस्था चाहे जो हो, समान अवसर और व्यवहार प्राप्त होंगे। लेकिन क्या हम इसके प्रति ईमानदार रहे हैं, क्या व्यवहार में इसे लागू किया जा रहा है ? आज भारत में धर्मनिरपेक्षता तो, स्टर्न के शब्दों में, "एक पतली-सी ऊपरी परत है जिसके नीचे हिन्दुत्व की दलदल है।" धर्मनिरपेक्षता को परे ठेलकर हिन्दुत्व अपनी विराट ताकत और उग्रता के साथ जमकर बैठ गया है। उसका प्रभाव इतने गहरे उतर चुका है कि "लाखों-करोड़ों हिन्दू, जवान और बूढ़े, अमीर और गरीब, बड़े और छोटे सभी अपनी प्रारम्भिक भिन्न-भिन्न राजनीतिक प्रतिबद्धताओं के बावजूद चाहते हैं कि सरकार अल्पसंख्यकों और उनमें भी खासकर मुसलमानों के प्रति उदार होना छोड़ दे, क्योंकि उन्हें लगता है कि हिन्दुओं की कीमत पर मुसलमानों का तुष्टीकरण किया जा रहा है।"[4] हो सकता है कि यह समझ सरासर सच न हो लेकिन यह सच है कि यह विचार लोगों के दिमागों में घर कर गया है। डॉ. शालिनी मेहता ने, अपनी एक बहुत अच्छी शोध-रचना में जिसे उन्होंने 'द एटर्नल वेब—हिन्दू-मुस्लिम रिलेशंस' (हिन्दू-मुस्लिम रिश्तों का शाश्वत ताना-बाना) शीर्षक दिया है, निम्नलिखित टिप्पणी की है :

> किसी एक राष्ट्र का, धर्मनिरपेक्ष लोकतान्त्रिक राज्य होने का और यों सभी धर्मों का समान महत्त्व देने का दावा व्यावहारिक रूप से सम्भव नहीं होता। धर्मनिरपेक्ष लोक- तान्त्रिक राज्य-व्यवस्था एक अमूर्त कल्पना होती है। ऐसी व्यवस्था में व्यक्ति से यह उम्मीद की जाती है कि वह अपनी व्यक्तिपरक और संकीर्ण समूहगत वफादारियों से ऊपर उठेगा। लेकिन कोई व्यक्ति, प्राथमिक समूहगत जुड़ावों के बगैर सामाजिक व्यवस्था के बीच बना रह सके, यह लगभग असम्भव है।[5]

और ज्यों-ज्यों वक्त गुजरता जा रहा है, यह बात ज्यादा साफ होती जा रही है। 'हम हिन्दू' और 'वे मुसलमान' यह शब्दावली तो काफी प्रचलित रही है और अब तो ज्यादा तीखी और उग्र होती जा रही है। अयोध्या हादसे के बाद के दंगों के दौरान तो सुशिक्षित हिन्दू भी इसकी घातक चपेट में आ गए थे। इससे एक तरह का दिमागी

अवरोध पैदा हुआ है—जिसने अच्छे-अच्छों के मन में भी एक तरह का अलगाव पैदा कर दिया है। सामंजस्य नहीं विलय, विश्वास नहीं अविश्वास की ललकारें सुनाई पड़ रही हैं। नतीजतन 'हिन्दू-मुस्लिम एकता' के समर्थकों की खिल्ली उड़ाई जाती है। 'साम्प्रदायिकता' जैसा निन्दावाचक शब्द सम्माननीय हो गया है; इससे दोनों समुदायों के बीच के अन्तर उभरकर सामने आ गए हैं। इसने इन दोनों के बीच विद्यमान सदियों पुरानी आदान-प्रदान की उस प्रक्रिया की जड़ें खोद दी हैं जो अतीत में कला और शिल्प, भाषा और संगीत, खान-पान और वेश-भूषा, रीति-रिवाज और परम्परा और उन सबसे ज्यादा महत्त्वपूर्ण, जीवन और जीवन-मूल्यों के प्रति समान दृष्टिकोण में अभिव्यक्त होती रहती थी। समय-चक्र जिस साँझी सम्पदा को नष्ट न कर सका, उसे अब जान-बूझकर फेंका जा रहा है और उस हिन्दू-मुस्लिम योगदान को, जिसने राष्ट्रीय विरासत को समृद्ध बनाया, झुठलाने के लिए सुनियोजित रूप से अभियान चलाया जा रहा है। लेकिन, अभी यह देखना बाकी है कि यह सब सिर्फ एक अस्थायी, गुजर जानेवाला दौर है या आनेवाले बदतर दिनों की पूर्व सूचना।

सन् 1991 से समूचा विश्व, एक ऐसे दौर से गुजर रहा है जिसे ओसवाल्ड स्पेंगलर ने 'बहुराष्ट्रीयता' से 'एकराष्ट्रीयता' में प्रवेश करने के ऐतिहासिक बदलाव का दौर कहा है। क्या हिन्दुस्तान अपने विविधात्मक ढाँचे के साथ इस दौर से बच सकता है और अपनी बहुनस्ली और बहुधर्मी राज्य-व्यवस्था को बनाए रख सकता है ? यों तो, यह लग रहा है कि इस दौर को जन्म देनेवाले पश्चिमी देशों में भी जातीय और धर्मवादी राष्ट्रवाद के उभार से, इसे खतरा पैदा हो चुका है। बहरहाल यह मुमकिन है कि जहाँ पश्चिम असफल रहा है वहाँ पूर्व और उसमें भी विशेषकर हिन्दुस्तान सफल हो जाए। हालाँकि, इस वक्त तो यह बहुत मुश्किल काम लगता है क्योंकि भारतीय राष्ट्रीयता के वेश में हिन्दू साम्प्रदायिकता, लाखों हिन्दुओं को प्रभावित करने में कामयाब हो चुकी है। और फिर, हम यह भी देखते हैं कि दुनिया के कई हिस्सों में, मसलन कुछ दिन पूर्व सोवियत यूनियन से लेकर सर्बिया तक, जाति-संहार का सिलसिला अनवरत जारी है और बहुधर्मी राष्ट्र अपने अस्तित्व के लिए एक या दूसरे समुदाय के धार्मिक जुनून से जूझ रहे हैं।

हिन्दुस्तान में विभिन्न धर्मों को मानने वाली करीब 100 करोड़ की आबादी है, सो यह देश भी अन्य देशों की तरह कुछ दुर्दम्य समस्याओं से ग्रस्त है। लेकिन इसके बावजूद, यह तो स्वीकार करना ही पड़ेगा कि वह बड़ी हिम्मत से इन समस्याओं का मुकाबला कर रहा है; इसमें वह कितना कामयाब होता है, यह तो सिर्फ वक्त ही बता पाएगा। विभाजन से यह उम्मीद थी कि हिन्दुओं और मुसलमानों के बीच रिश्ते सुधर जाएँगे और हिन्दुस्तान को एक धर्मनिरपेक्ष राष्ट्र बनाना सरल हो जाएगा। लेकिन उसकी ही वजह से न सिर्फ साम्प्रदायिक भेद-भाव और गहरे हुए हैं, हिन्दुस्तान और पाकिस्तान इन दोनों देशों के बीच ही नहीं—जो अब तक तीन लड़ाइयाँ लड़ चुके हैं—बल्कि दोनों समुदायों के बीच भी। भारतीय मुसलमानों को उसका खास खामियाजा उठाना पड़ा है

जबकि उनकी यह भरसक कोशिश रही है कि वे पाकिस्तान से अपने को अलग-थलग रखें। लेकिन जब-जब कोई संघर्ष होता है, चाहे वह दंगे हों या पाकिस्तान से लड़ाई हो या कश्मीर में बगावत हो, मुसलमानों के खिलाफ हिन्दुओं का सन्देह बढ़ता चला जाता है; और चूँकि मुसलमानों ने अपनी कोई वफादारी जाहिर नहीं की है, इससे यह सन्देह कम भी होता है। इस प्रक्रिया में अपनी पहचान बनाने में उनकी लड़ाई कमजोर पड़ने लगती है और दूसरी तरफ उनके विलीनीकरण की माँग बढ़ती जाती है। रत्ना नायडू ने अपनी किताब 'द कम्यूनल एज टु प्लूरल सोसाइटीज़' (अनेकसंख्यक समाजों की साम्प्रदायिक धार) में सही निष्कर्ष निकाला है कि जहाँ कोई अल्पसंख्यक समुदाय बहुसंख्यक समुदाय के साथ एकाकार होने से इनकार करता है वहाँ स्थानीय साम्प्रदायिक संघर्ष उठ खड़े होते हैं; और उसे जड़ से उखाड़ पाना बेहद मुश्किल होता है।

इसीलिए लोकतन्त्र और आर्थिक विकास के बावजूद हिन्दुस्तान राजनीतिक अस्थिरता के कगार पर डगमगा रहा है। उत्तरी राज्य कश्मीर ने सन् 1947 में अपनी मुस्लिम बहुसंख्यक आबादी के बावजूद भारत के साथ रहने का फैसला किया; इसे पाकिस्तान ने अपना अपमान माना लेकिन इससे भारत की धर्मनिरपेक्ष बुनियाद को मजबूत करने में मदद ही मिली। बहरहाल धार्मिक जुनून को भड़काकर कश्मीर घाटी में जनता के दिमाग में जहर भरने में पाकिस्तान कामयाब हो गया जिसका नतीजा यह हुआ कि उस घाटी में अमन-चैन का माहौल कभी कायम ही नहीं हो पाया और पिछले कुछ सालों से तो वह जैसे फौजी शासन के ही अधीन है।

भारत के पहले प्रधानमन्त्री जवाहरलाल नेहरू (1889-1964) और बाद में उनकी बेटी इन्दिरा गाँधी (1917-84) के करिश्माई और सामान्यतः प्रबुद्ध नेतृत्व की वजह से आज़ादी के बाद के पहले कुछ दशकों में, साम्प्रदायिक तनाव के उफान आए तो जरूर लेकिन उन्हें कभी भी काबू से बाहर नहीं होने दिया गया। उस वक्त के बाद से दो तत्त्वों ने हिन्दू-मुस्लिम रिश्तों को बिगाड़ने में योगदान किया है। पहला, केन्द्रीय नेतृत्व, खासकर श्रीमती गाँधी की दुखद हत्या के बाद, कमजोर हो गया। उनके उत्तराधिकारी, जो कम शक्तिशाली व्यक्तित्व के थे, विघटनकारी तत्त्वों को नियन्त्रित रखने में बुरी तरह से नाकामयाब रहे। दूसरा तत्त्व यह कि हिन्दू कट्टरतावाद के उभरते ज्वार के साथ ही भारतीय बहुसंस्कृतिवाद के तर्क को ही चुनौती दी जाने लगी है और छोटे साम्प्रदायिक समुदायों, खासकर मुसलमानों के प्रति सहिष्णुता बरतने की जरूरत पर ही सवाल उठने लगे हैं। इसकी प्रतिक्रिया में नतीजा यह निकला है कि अब अल्पसंख्यक समुदाय, राष्ट्रीय मुख्यधारा में समाविष्ट होने के बजाय पहले से ज्यादा विद्रोही हो उठे हैं। अब तो उन्होंने जैसे यह तय कर लिया है कि न सिर्फ अपने अस्तित्व को बचाए रखेंगे वरन् अपनी विशिष्टता को भी रेखांकित करेंगे। दूसरी तरफ हिन्दू, खासकर कट्टर धर्मोन्मादी तबका भी यह जिद पकड़ चुका है कि अल्पसंख्यकों को घुटने टेकने पर मजबूर कर देंगे और अगर वे हिन्दू लोकाचारों-परम्पराओं को सिर झुकाकर कबूल करेंगे तभी उन्हें राष्ट्रभक्त माना जाएगा।

अंग्रेजों के आगमन के पूर्व तक भारत एक संयुक्त या संगठित देश नहीं था। तीसरी सदी ई.पू. में अशोक (मृत्यु 232 ई.पू.) और 16वीं सदी में अकबर (शासनकाल : 1556-1605) के साम्राज्यों के दौरान इस उपमहाद्वीप के अधिकांश हिस्से एक साथ बँधे हुए थे, लेकिन उनके अपेक्षाकृत संक्षिप्त कालखंडों को छोड़ दिया जाए तो हिन्दुस्तान के वर्तमान भू-भाग पर सैकड़ों राजा शासन किया करते थे, जिनकी अपनी-अपनी स्वतन्त्र जागीरें हुआ करती थीं और वे अक्सर आपस में लड़ते रहते थे। अंग्रेजों ने उन्नीसवीं सदी के दौरान इस विशाल भू-भाग को एकजुट किया और उसे एक राष्ट्र के रूप में परिवर्तित किया, लेकिन ज्यों ही उन्होंने बीसवीं सदी में भारतीयों को सत्ता का क्रमशः हस्तान्तरण करना शुरू किया, हिन्दुओं और मुसलमानों के बीच तनाव उभरने लगे। अंग्रेज शासकों ने भारत को संसदीय लोकतन्त्र की शासन-प्रणाली विरासत में दी तो सही लेकिन यह प्रणाली एक ऐसे देश के लिए एक प्रकार से अनुपयुक्त ही लगने लगी, जहाँ के अधिकांश नागरिक दो प्रमुख समुदायों में बँटे हुए थे, जिनमें से एक हमेशा ही विशाल बहुसंख्यक समुदाय बना रहता और दूसरा अनिवार्यतः अधीनस्थ अल्पसंख्यक समुदाय। इस उपमहाद्वीप में एक मुसलमान की तुलना में तीन हिन्दू थे और छोटे समुदाय को यह डर लगने लगा कि विशुद्ध लोकतान्त्रिक प्रणाली—भले ही वह बहुत ईमानदार और न्यायप्रिय क्यों न हो—उनके हितों का पर्याप्त प्रतिनिधित्व नहीं कर पाएगी या उनके अधिकारों की सही रक्षा नहीं कर पाएगी। हिन्दू, मुसलमानों की इन आशंकाओं को समझ सकने में नाकामयाब रहे और उसे दूर करने का कोई प्रयास करने में टाल-मटोल करते रहे, जिसने मुसलमानों के अविश्वास और सन्देह को और गहरा किया और उन्होंने अंग्रेजों पर दबाव डालना शुरू किया कि भावी हिन्दू आधिपत्य से उनकी रक्षा की जाए। अंग्रेज, एक समुदाय के खिलाफ दूसरे समुदाय का इस्तेमाल करते रहे ताकि जितनी देर तक सम्भव हो, सत्ता उनके हाथों में बनी रहे। असल में, अंग्रेजों ने हिन्दुस्तानियों में फूट नहीं डाली—खुद हिन्दुस्तानी ही इसके जिम्मेदार थे। अंग्रेजों ने तो सिर्फ उनकी फूट का फायदा उठाया। इस प्रक्रिया में इन दोनों के बीच अविश्वास उभरता गया और कड़वाहट गहराती गई।

जब तक ब्रिटिश राज सुरक्षित चल रहा था, तब तक हालात शान्तिपूर्ण बने रहे। ज्यों-ज्यों आज़ादी के लिए संघर्ष तेज होते गए और अंग्रेजों को ज्यादा से ज्यादा अधिकार भारतीयों को हस्तान्तरित करने पड़े, इन दो समुदायों के कलह का स्वरूप ज्यादा बदतर और बदसूरत होता चला गया। समझौते-सामंजस्य के प्रयास नाकामयाब हुए, और जब 1947 में आखिरकार अंग्रेज हिन्दुस्तान छोड़कर चले गए, खासकर जब कश्मीर ने हिन्दुस्तान में शामिल होना कबूल किया जबकि पाकिस्तान उसे हथियाने के लिए हर तरह का हथकंडा अपनाता रहा, तो बाद के सालों में हालात सुधरने के बजाय बिगड़ते चले गए। इसने हिन्दू-मुस्लिम रिश्तों पर बुरा असर डाला। हिन्दुओं को यह सन्देह था कि मुसलमान, चाहे जहाँ भी रहें, हिन्दुओं के साथ एकजुट होने के बजाय, अलग बने रहना ही पसन्द करेंगे। इस रुख पर मुसलमानों की प्रतिक्रिया यह थी कि

जब तक हिन्दू समुदाय अल्पसंख्यकों के लिए अनुकूल माहौल तैयार नहीं करता, उनमें अलगाव का अहसास बने रहना तो अपरिहार्य है। साम्प्रदायिक हिन्दू महसूस करते हैं कि भारत का ज्यादा तेजी से और बेहतर विकास हो सकता था अगर उस पर इस विदेशी कौम का बोझ न लदा होता जिसने न तो अतीत में और न ही वर्तमान काल में राष्ट्रीय मुख्यधारा का हिस्सा बनना चाहा; दूसरी तरफ साम्प्रदायिक मुसलमान, अपनी खोखली अक्खड़ता और अलगाववादी सुरों से हिन्दुओं के सन्देह को और पुष्ट करते हैं।

मुहम्मद अली जिन्ना, जिन्होंने 'दो-राष्ट्र' के उस सिद्धान्त का प्रतिपादन किया जिसमें हिन्दुओं और मुसलमानों की भिन्नताओं को रेखांकित कर उन पर जोर दिया गया था, आरम्भ में इस सिद्धान्त के कट्टर विरोधी थे। वे इतने जोश और दृढ़ विश्वास के साथ हिन्दू-मुस्लिम एकता की पैरवी किया करते थे कि विख्यात कवयित्री सरोजिनी नायडू (1879-1949) उन्हें 'हिन्दू-मुस्लिम एकता का सर्वोत्तम राजदूत' कहा करती थीं। बहरहाल, अपनी जिन्दगी की सन्ध्या-बेला में जिन्ना का भ्रम भंग हुआ और वे इस नतीजे पर पहुँचे कि हिन्दुओं को इस बात पर राजी करवा पाना सम्भव नहीं है कि वे मुसलमानों के साथ सत्ता की साझेदारी करें और सो धार्मिक-साम्प्रदायिक आधार पर हिन्दुस्तान का बँटवारा करना आवश्यक है। जिन्ना को यह पक्का यकीन हो गया था कि हिन्दुओं के मन में मुसलमानों के प्रति शत्रु-भाव है इसलिए, वे कभी भी उनके साथ सह-अस्तित्व की भावना के साथ जीना मंजूर नहीं करेंगे; वे निश्चित ही मुसलमानों को दबाकर अपने अधीनस्थ रखेंगे और यों अतीत में मुस्लिम शासकों के हाथों हुए हिन्दुओं के अपमान का प्रतिशोध लेंगे। गाँधी ने जिन्ना की आशंकाओं को दूर करने की भरसक कोशिश की और उन्हें लगातार इस सच्चाई से अवगत कराना चाहा कि हिन्दुस्तान के बँटवारे से दोनों ही समुदायों को भयानक नुकसान पहुँचेगा; लेकिन कोई फायदा नहीं हुआ। परिणाम वही निकला, जिसका गाँधी को डर था, और बँटवारे के पचास साल बाद भी हिन्दुओं और मुसलमानों के बीच रिश्ते बदतर हुए हैं और विभाजित देशों में लगातार कम या अधिक तौर पर युद्ध की-सी स्थिति बनी रही। सबसे ज्यादा नुकसान हुआ है भारतीय मुसलमानों का जिन्हें अब भी हिन्दू पूरे घटनाक्रम का खलनायक मानते हैं। हिन्दू महसूस करते हैं कि अपने तईं तो उन्होंने अतीत में मुसलमानों से सहयोग करने की और उनकी माँगों को कबूल करने की लगातार कोशिशें कीं; लेकिन ये मुसलमान ही थे जिन्होंने बँटवारे की जिद पकड़ी और हिन्दुओं के लिए उनके साथ मिलकर काम करने की स्थिति ही खत्म कर दी। हिन्दुओं का दावा है कि मुसलमानों की सोच और फितरत में ही ऐसा कुछ है कि वे एकता की पुकार पर अनुकूल प्रतिक्रिया नहीं दे पाते। अधिकांश इतिहासकार, जिनमें अंग्रेजों का भी शुमार है, इस मान्यता का समर्थन करते हैं। मुसलमान इतिहासकारों में भी ऐसे अनेक हैं, जो पाकिस्तान के प्रभाव में आकर, इस मान्यता की पुष्टि करते हैं और इसे अपनी कमजोरी मानने के बजाय बहुत बड़ी उपलब्धि मानते हैं।

लेकिन ब्रिटिश राज के आखिरी सौ सालों के गहन अध्ययन से मुझे यह पक्का यकीन होता गया है कि हालाँकि, ऐसे हर निर्णायक क्षण में जबकि एकता को बचाया जा सकता था, मुसलमानों ने साथ नहीं दिया, लेकिन साथ ही यह भी सच है कि हिन्दू भी उस अपराध से सरासर बेदाग नहीं छूट सकते। ब्रिटिशों के अधीन संवैधानिक बातचीत के दौरान, हिन्दू नेता टाल-मटोल करते रहे, आगा-पीछा सोचते रहे और मुसलमानों के साथ कोई ठोस समझौता कर पाने में आखिर तक नाकामयाब रहे; असली मुद्दों की सही-सही व्यावहारिक पहचान कम थी, सौदेबाजियाँ ज्यादा थीं। देश की एकता और अखंडता को दाँव पर नहीं लगाना चाहिए था, फिर उसके लिए चाहे जो कीमत चुकानी पड़ती; बँटवारे से तो बेहतर था कि एक गृहयुद्ध ही हो जाता। आखिरकार, अब्राहम लिंकन ने एक गृहयुद्ध लड़ा ही था और अमरीका के संघीय रूप को बचाया था। मुस्लिम नेतृत्व अदूरदर्शी था और अपनी हठधर्मिता के सुदूरगामी विनाशकारी परिणामों को देख नहीं पा रहा था; लेकिन इन स्थितियों को शुरुआती दौर में दुरुस्त किया जा सकता था अगर हिन्दू-मुस्लिम भेदभावों को बेहतर तरीके से समझने की कोशिश की जाती और साहस के साथ उन्हें सुलझाने का संकल्प किया जाता। महात्मा गाँधी ने दोनों समुदायों के बीच समझ की एक नई चेतना प्रवाहित करने की कोशिश की लेकिन उनके सहयोगियों ने साथ नहीं दिया और वे असफल रहे। और, बाद में भी जब-जब जिन्ना का दुराग्रह असहनीय हुआ, उसका डटकर मुकाबला करना चाहिए था न कि उसकी तुष्टि। हो सकता है, इससे अंग्रेजों की हिन्दुस्तान से रवानगी में और ज्यादा वक्त लग जाता लेकिन अन्ततः एक ज्यादा अनुकूल और सामंजस्यपूर्ण वातावरण का निर्माण होता, जैसा कि अमरीका में गृहयुद्ध के बाद हुआ; इससे हिन्दुस्तान में लोकतन्त्र का संचालन भी ज्यादा सरल हो जाता।

आज हम बहुसंख्यक-अल्पसंख्यक समीकरण के तहत जो कुछ भुगत रहे हैं वह अतीत में हमारे नेताओं द्वारा की गई गलतियों का ही दुष्परिणाम है। किसी भी लोकतान्त्रिक शासन-प्रणाली में बहुसंख्यक समुदाय ही सत्ता-शक्ति का नियन्त्रक होगा; अल्पसंख्यक समुदाय को उसे चुपचाप स्वीकार भी करना पड़ेगा। लेकिन साथ ही यह भी सच है कि अगर जनसमुदाय के बीच नस्ली, जातीय या धार्मिक आधारों पर गहरी दरारें हैं तो ऐसे हालात में औपचारिक लोकतान्त्रिक प्रक्रियाएँ अल्पसंख्यकों के अधिकारों या हितों की पूरी तरह से रक्षा भी नहीं कर पाएँगी। लेकिन, इसके लिए जनसमुदाय की एकता को दाँव पर नहीं लगाना चाहिए। बहुसंख्यक समुदाय का उदार और विवेकशील होना और अल्पसंख्यक समुदाय की आशंकाओं का निर्मूलन करना आवश्यक है। कभी-कभी ऐसा भी होता है कि कोई अल्पसंख्यक समुदाय अपनी अस्मिता के प्रति अतिरिक्त सचेत रहता है जिसके परिणामस्वरूप वह भावनात्मक दमन और संकोचन करने लगता है और आखिरकार विलीनीकरण का शिकार हो जाता है। दुनिया-भर के अल्पसंख्यकों में यह प्रवृत्ति पाई गई है कि वे किसी भी प्रकार के बदलाव को अपने अस्तित्व पर अतिक्रमण मानने लगते हैं, गैर-जरूरी प्रतिक्रिया करते हैं और ऐसे कदमों

का हठपूर्वक विरोध करते हैं और इस तरह अपने को ही नुकसान पहुँचाते हैं। शक्ति-सन्तुलन, प्राथमिक तौर पर बहुसंख्यक समुदाय के पास होता है; सो अन्ततः उसे ही अल्पसंख्यकों की आशंकाओं और अविश्वासों का शमन करने की जिम्मेदारी स्वीकार करनी चाहिए, इस तर्क की कसौटी पर भारत के हिन्दू नेतृत्व का परीक्षण करना होगा। इसके लिए मुसलमानों की आशंकाओं के सन्दर्भ में अतीत की चीर-फाड़ करनी होगी और भविष्य की सम्भावनाओं का भी सतर्क अध्ययन करना होगा। मेरी मान्यता है कि बँटवारे के पहले के दशकों में कम से कम दस महत्त्वपूर्ण अवसरों पर हिन्दू नेतृत्व अपनी जिम्मेदारी को निभा पाने में नाकामयाब रहा। वे इस बात को पूरी तरह समझ ही नहीं पाए कि सिर्फ भावनाएँ काफी नहीं होतीं, साल-दर-साल दोहराए जाते प्यार और आश्वासन भरे भाषणों से विश्वसनीयता पैदा होने लायक वातावरण तैयार नहीं किया जा सकता। और न ही सिर्फ एकता का नारा देने से जादुई असर पड़ जाता है। जनता को एकजुट करने के लिए बहुत ज्यादा और बहुत ईमानदार कोशिशों की जरूरत थी, लेकिन जब ऐसा अवसर आया, यानी संवैधानिक कदमों और प्रशासनिक सुधारों के जरिए रिश्तों को संगठनात्मक रूप देने का वक्त आया तो सारी बहसें, चर्चाएँ, घोषणाएँ और बयानबाजियाँ व्यर्थ रहीं और संकटों में परिणत हुईं। सबसे महत्त्वपूर्ण तो किसी भी कीमत पर हिन्दुस्तान की अखंडता को बचाना था; और हिन्दू नेता, सत्ता हथियाने की हड़बड़ी में इसी लक्ष्य से चूक गए। उन्होंने सौदेबाजी की नाकाम कोशिश की और बगैर सोचे-समझे हार मान ली।

इसका मतलब ये नहीं कि मुसलमानों का रवैया उनसे बेहतर था; उन्होंने अपने हाथों अपनी कब्र खोदी, इस खामखयाली में कि उनके हाथ जन्नत लगनेवाली है। आज की तरह ही अतीत में भी वे बेमानी मुद्दों को अहम मुद्दा बनाने पर अड़े रहे। सन् 1939 के बाद से उन्होंने जो-जो कदम उठाये, वे उनके मकसद के खिलाफ और गैर फायदेमन्द ही साबित होते रहे। नतीजा यह निकला कि उन्होंने खुद अपने लिए एक कठिन स्थिति पैदा की और पहले उन्हें जो-जो अधिकार और सुविधाएँ हासिल थीं, उन्हें भी गँवा दिए। इससे न सिर्फ राजनीतिक तौर पर बल्कि आर्थिक, शैक्षणिक और सामाजिक तौर पर भी उन्हें नुकसान पहुँचा। तथ्य और आँकड़े इस सच्चाई को साफ़-साफ साबित करते हैं; अध्याय-दर-अध्याय मैंने यह दिखाया है कि किस कदर उनका पतन हुआ है। अपनी वर्तमान दुर्दशा के लिए मुसलमान भले ही हिन्दुओं पर तोहमत लगाएँ लेकिन उतने भर से वे खुद अपने गुनाहों से बरी नहीं हो जाते। और, अब निराशा और कुंठा से उन्होंने गलत तरीके भी अपनाना शुरू किए हैं जिसने उनकी मुसीबतों में इजाफा ही किया है। शाहबानो का मामला इसकी सटीक मिसाल है; इससे हिन्दू प्रतिहिंसा का ज्वार उमड़ पड़ा था। विरोध और प्रदर्शन सिर्फ उस अल्पसंख्यक समुदाय के लिए उपयोगी साबित हो सकते हैं जिसे बहुसंख्यक समुदाय की सहानुभूति हासिल है; मुसलमानों को तो वह कतई नहीं मिल सकती। मेरी मान्यता है कि भारतीय मुसलमान जिस स्थिति में हैं, उसमें उनकी खुशहाली और सुरक्षा बहुसंख्यकों की

सद्भावना पर ही टिकी हुई है न कि आन्दोलनों या हिंसक कार्रवाइयों पर। पुलिस या सरकार भी उनकी मदद नहीं कर सकती क्योंकि लोकतन्त्र में बहुसंख्यक समुदाय के अनुमोदन से किसी भी प्रकार की कार्रवाई या आचरण को न्यायसंगत ठहराया जा सकता है।

इसलिए भारतीय मुसलमानों को यथार्थवादी होना चाहिए और अपनी समस्या का हल ढूँढ़ने के लिए अपने नजरिए में बदलाव लाना चाहिए; उसी तरह से हिन्दुओं को भी चाहिए कि वे अपने अविश्वास की भावना को झटक दें और मुसलमानों से समझदारी के साथ बेहतर सलूक करें। हिन्दुस्तान के समूचे विस्तार में बारह करोड़ मुसलमान हैं और सिर्फ चाहने भर से उनका वजूद मिटाया नहीं जा सकता; उनका पूरी तरह से दमन भी नहीं किया जा सकता और अगर हालात ने उन्हें विवश किया तो वे अमन और सुरक्षा के लिए एक अनवरत खतरा बन जाएँगे। तो यह दोनों के हित में है कि बहुसंख्यक समुदाय के रूप में हिन्दू अल्पसंख्यकों की जरूरतों को उदारता से समझें और अल्पसंख्यक समुदाय के तौर पर मुसलमान ज्यादा यथार्थवादी और समझौतापसन्द हों; सिर्फ इसी से राष्ट्रीय एकता के सूत्र मजबूत होंगे। सार्वजनिक जीवन में मुसलमानों को उनके वैध हिस्से से वंचित रखना हिन्दू राजनय के दिवालिएपन का सूचक होगा और उससे दीर्घकाल में राष्ट्र की स्थिरता को नुकसान पहुँचेगा।

इस पुस्तक में मैंने हिन्दू-मुस्लिम रिश्तों को समझने के लिए एक अन्तर्दृष्टि देने की कोशिश की है; अलग पहचान और एकात्मता के बीच होती कशमकश ने कदम-कदम पर उनकी एकता को तोड़ा है। गुरुदेव रवीन्द्रनाथ ठाकुर ने राष्ट्रीयता पर लिखे अपने एक निबन्ध में इस समस्या का हल दर्शाया है :

> भारतवर्ष विशाल है और यहाँ जातीय विविधता बहुत अधिक है। असल में वह अनेक देशों को पैकबन्द कर बनाया गया एक भौगोलिक पात्र है। वह यूरोप से इस अर्थ में विपरीत है कि वह यों तो अनेक है पर असल में है एक ही देश। इस प्रकार यूरोप को अपनी संस्कृति और विकास में एक की शक्ति का फायदा तो मिला ही है साथ ही अनेक की शक्ति का भी लाभ है। इसके विपरीत, भारत को चूँकि वह स्वाभाविक रूप से अनेक है फिर भी संयोग से एक है, हमेशा ही अपनी विविधता की ढिलाई और अपनी एकता की कमजोरी की वजह से नुकसान होता रहा है। सच्ची एकता तो एक गोल ग्लोब की तरह होती है जो अपने बोझ को सहज ही ढोते हुए घूमती-लुढ़कती रहती है; जबकि विविधता तो एक बहुकोणीय वस्तु है जिसे पूरी ताकत के साथ खींचना और धकेलना पड़ता है। अलबत्ता, भारत को इसका श्रेय दिया जाना चाहिए कि यह भिन्नता-विविधता उसने खुद पैदा नहीं की है, वरन् उसे अपने इतिहास की शुरुआत ही से इसे एक तथ्य के रूप में स्वीकार करके चलना पड़ा है।[6]

साम्प्रदायिकता का रास्ता आकर्षक लग सकता है; अस्थायी तौर पर उससे शायद मनचाहे परिणाम भी मिल सकते हैं; लेकिन दीर्घकाल में वह गैर-फायदेमन्द ही साबित होगा। पाकिस्तान में हाल ही में हुई हिंसक वारदातों से हिन्दुत्व के प्रचारकों की आँखें खुलनी चाहिए। दरअसल औरंगज़ेब की हुकूमत के दौरान मुगलिया सल्तनत में ऐसा ही कुछ घटित हुआ था। जैसा कि इतिहासकार यदुनाथ सरकार ने ध्यान दिलाया है, "औरंगज़ेब के अधीन मुग़ल साम्राज्य अपने चरम पर पहुँचा।" उसने हिन्दुस्तान को उसके "इतिहास के उषा-काल से ब्रिटिश सत्ता के उदय तक के ज्ञात इतिहास की विशालतम एकल राजसत्ता" बनाया। यही नहीं, "वह शासक व्यसन, मूर्खता और आलस्य से मुक्त था। उसकी बौद्धिक कुशाग्रता तो लोकविख्यात थी और साथ ही वह शासन-कार्य को उतने ही जोश और उमंग से करता था, जितने उत्साह और उमंग से आमतौर पर लोग मौज-मजे और भोग-विलास करते हैं।" तो फिर भला उसके शासन का अन्त इतनी असफलताओं और अराजकताओं के बीच क्यों हुआ ? इसकी वजह थीं, उचित समायोजन और सन्तोषजनक सामंजस्य किए बगैर सिर्फ एक विराट अखंड राज्यतन्त्र का निर्माण करने की आकांक्षा से अपनाई गईं गलत नीतियाँ ! उसने समूचे विराट ढाँचे को जर्जर कर दिया और बादशाह की मौत के तुरन्त बाद ही वह ढह गया। यह समूचा घटना-क्रम यदुनाथ सरकार के शब्दों में, "राजनीतिशास्त्र के अध्ययनकर्ता के लिए उतना ही दिलचस्प विषय है जितना कि भारतीय इतिहास के अध्ययनकर्ता के लिए।"[7]

मुसलमान शासकों का रवैया

भारतीय मुसलमानों की समस्याएँ बहुत पुरानी और गहरी जड़ों वाली हैं; उनकी शुरुआत सन् 711 में सिन्ध पर मुहम्मद बिन क़ासिम के हमले से हुई। इस अरब सिपहसालार ने बगदाद के खलीफा के आदेश पर यह चढ़ाई की थी। लेकिन यह कोई सुविचारित, सुनियोजित अभियान नहीं था; यह सिन्ध के राजा दाहिर के कुछ लोगों द्वारा की गई समुद्री डकैती से उत्तेजित होकर की गई कार्रवाई थी। खलीफाई साम्राज्य के पूर्वी सूबों के सूबेदार अल-हज्जाज ने इसका हर्जाना भरने की माँग की थी लेकिन राजा ने इनकार कर दिया। प्रतिकार में हमला और जीत हुई जिसने भारत में मुस्लिम शासन की बुनियाद डाली। क़ासिम और उसके लोगों ने अपनी हिन्दू प्रजा के साथ दुर्व्यवहार नहीं किया। उन्होंने पड़ोसी हिन्दू शासकों के साथ दोस्ताना रिश्ते कायम किए। इनमें गुजरात के सोलंकी, अजमेर के चौहान, दिल्ली के तोमर, मालवा के पवार, ग्वालियर के कच्छपवाह, बुन्देलखंड के चन्देल, कन्नौज के परिहार और बंगाल के पाल प्रमुख शासक वंश थे।

तीन सौ साल से भी ज्यादा वक्त के बाद 1020 में एक और मुस्लिम हमलावर गज़नी के महमूद ने (971-1030) उत्तर में पंजाब से भारत में प्रवेश किया। उसने भारत के मन्दिरों में जमा भारी सम्पत्ति के बारे में सुन रखा था और उन्हें लूटने और हथियाई सम्पत्ति के साथ अपने देश लौट जाने के खास मकसद के साथ ही वह आया था। सोमनाथ मन्दिर में उसे मनचाही दौलत मिल गई। वह उसे लादकर स्वदेश लौट गया और फिर कभी वापस नहीं आया, हालाँकि लौटने से पहले उसने पंजाब को जीता और उसे अपने साम्राज्य का हिस्सा बना लिया जो उसके वंश का आखिरी आश्रय-स्थल साबित हुआ। महमूद ने मूर्तियों को ध्वस्त किया, इसलिए नहीं कि उसे अपनी धार्मिक आस्थाओं का प्रचार करना था, वरन् इसलिए कि उसे अपना खजाना भरना था। एक वरिष्ठ भाजपाई नेता और प्रसिद्ध लेखक के. आर. मलकानी ने महमूद का उल्लेख करते हुए कहा है, "वह अफगानी शैववाद से इस्लाम में नया-नया धर्मान्तरित व्यक्ति था," और यह भी कि "यह आला दर्जे का लुटेरा अपने विचारों में काफी धर्मनिरपेक्ष था" उसके भारतीय सिक्कों पर संस्कृत अंकित है और उन पर लक्ष्मी या शिव के नन्दी की रूपाकृति बनी हुई है। उसने न सिर्फ हिन्दू सिपाहियों को वरन् तिलक, सुन्दर और सेवन्द्रम जैसे भारतीय सिपहसालारों को भी अपनी फौज में भर्ती किया।"[1]

मुस्लिम शासन के शुरुआती दौर की एक और उल्लेखनीय घटना गोर के मुहम्मद

(शासन 1175-1206) का अभियान था। वह ईरानी मूल का एक मामूली अफगान सिपहसालार था जिसने पंजाब के मुल्तान पर हमला किया ताकि उसके अपने सहधर्मियों—इस्माइलियों में उठ रही बगावत को कुचला जा सके। पृथ्वीराज चौहान की जिस फौज ने उसका वीरतापूर्वक मुकाबला किया उसका सेनानायक हुसैनशाह था और हजारों मुसलमान सैनिकों ने उसे सहयोग दिया था। मुहम्मद ने उन पर विजय पाई और उससे हिन्दुस्तान में आगे और विजयों के लिए राह खुलती चली गई जिसके परिणामस्वरूप दिल्ली में पहले तुर्की वंश के शासन की स्थापना हुई। मुहम्मद कोई उत्तराधिकारी नहीं छोड़ गया था, सो उसके प्रान्तों के अधिपतियों ने अपने को स्वतन्त्र घोषित कर दिया।

मुहम्मद ग़ोरी का एक गुलाम कुतुब-उद्-दीन ऐबक (शासन 1206-10) अमीर-ए-अखर के ऊँचे ओहदे तक जा पहुँचा तो उसके लिए राजसिंहासन हथिया लेना आसान हो गया। हालाँकि ऐबक एक कठोर, निर्मम शासक था, लेकिन इस बात के कोई सबूत नहीं मिलते कि वह धर्मान्ध था; वह धर्मपरायण मुसलमान था और उसने कई मस्जिदें बनवाईं जिनमें से एक दिल्ली में है और दूसरी अजमेर में; लेकिन उसने न तो अपनी हिन्दू प्रजा को उत्पीड़ित किया, न ही उससे दुर्व्यवहार किया और न ही उसके मन्दिरों को ध्वस्त किया।

ऐबक के बाद गद्दी पर एक और गुलाम अल्तमश (शासन 1211-36) बैठा और वह भी तुर्किस्तान के एक कबीले का था। नए सुल्तान अल्तमश के खिलाफ हिन्दू राजाओं, खासकर ग्वालियर और रणथम्भौर के राजाओं, ने बगावत की लेकिन उनसे भी ज्यादा उसके अपने मुसलमान सूबेदारों—बंगाल के अली मर्दान और सिन्ध के नसीरुद्दीन कबाचा—की बगावतों ने उसे परेशान किया। इसके अलावा, उसके गद्दीनशीन होने पर उन चालीस अमीरों ने, जो साम्राज्य पर बड़े प्रभावशाली ढंग से नियन्त्रण रखा करते थे, उसके खिलाफ बगावत कर दी और बदायूँ, अवध, बनारस और शिवालिक जैसी कुछ अधीनस्थ जगहों पर उन्हें उल्लेखनीय कामयाबी भी मिली, लेकिन अल्तमश बहुत ही चतुर, सैन्य-कौशल-सम्पन्न सुल्तान था, सो उसने सभी बगावतों को जल्द से जल्द दबा दिया। सन् 1216 में उसने पंजाब पर कब्जा पाने के लिए ख्वाराज़िम के ताज-उद्दीन-इलदूज़ द्वारा किए गए हमले को नाकामयाब कर दिया। अल्तमश को उसके अपने स्वदेशी, सहधर्मी मुसलमानों ने लगातार परेशान किया; वे हमेशा साम्राज्य पर उसकी पकड़ को कमजोर करने की कोशिश करते रहे। वह उन विरोधों को दबाने में कामयाब तो रहा लेकिन उसने यह जरूरी समझा कि बगदाद के तत्कालीन खलीफा अल-मुस्तानसिर (1226-42) से खिलवत और राज्याभिषेक की सनद हासिल की जाए। तदनुसार उसे सुल्तान-ए-आज़म का खिताब अता किया गया जिसने बगावती फौजों को बहुत हद तक शान्त किया। सुल्तान के इस कदम के पीछे इस्लाम का प्रचार करने का मकसद उतना महत्त्वपूर्ण नहीं था जितना शासक की सुरक्षा की चिन्ता, जिसे साम्राज्य के अन्दरूनी कट्टरपन्थी मुसलमानों और बाहरी मुस्लिम प्रतिद्वन्द्वियों—दोनों ही से खतरा बना रहता था। अल्तमश अपनी हिन्दू प्रजा से हो रहे सुलूक के बारे में सावधान रहता था; उसके कुछ उलेमाओं ने उसे मशविरा दिया था कि हिन्दुओं को इस्लाम में

धर्मान्तरित किया जाना चाहिए। अल्तमश ने अपने वजीर निज़ामुल मुल्क जुनयादी से कहा कि वह शेख़ुल इस्लाम से मशविरा करे जिसने साफ-साफ कह दिया कि इस्लाम धर्मान्तरण के लिए शक्ति के इस्तेमाल की अनुमति नहीं देता।

अल्तमश की मृत्यु के बाद उसकी बेटी रज़िया सुल्तान (शासन 1236-40) गद्दीनशीन हुई। मैंने उस मलिका की जो जीवनी लिखी है उसमें यह दर्शाया है कि उसमें जितनी दूरदर्शिता और व्यापक उदारता थी उतनी उसके किसी भी अमीर में नहीं थी; रज़िया के दृष्टिकोण में जो धार्मिक सहिष्णुता दिखाई देती है वह उस वक्त की जरूरतों के सन्दर्भ में करीब-करीब अज्ञात ही थी। उसमें एक ऐसी उदात्त रोशनी थी जो उस अँधेरे वक्त में अनूठी और निराली थी और सबसे बढ़कर उसमें थी न्याय और ईमानदार व्यवहार पर अटल आस्था—जिस पर उसने बेहिचक और बेख़ौफ आचरण किया। जैसे कोई माँ अपने बच्चों से प्यार करती है, वैसे उसने अपनी प्रजा से किया। एक विदेशी जमीन पर हुकूमत चलाते हुए उसने विजित हिन्दुओं को अपनी सल्तनत का एक अभिन्न हिस्सा बनाने के लिए बहुत संघर्ष किया।

ग़ियासुद्दीन बलबन (शासन 1266-87) उन चालीस अमीरों में से एक था जो अल्तमश के करीबी थे। रज़िया की हत्या के बाद सल्तनत पर एक के बाद एक संकट आते गए जिनका सामना करने के लिए बड़े ही साहसी नेतृत्व की जरूरत थी। बलबन बहुत प्रभावशाली रूप से उनका मुकाबला कर सका। वह बहुत ही चतुर प्रशासक था और उसने अपनी सल्तनत को आक्रान्त करनेवाली बगावतों को कठोर फौलादी हाथों से दबा दिया। बलबन अहंकारी था और उसमें सत्ता की इतनी भूख थी कि उसने अपने को खुदा का नायब-प्रतिशासक घोषित किया। उसने सामन्तों और उलेमाओं के शक्ति-स्रोतों को बड़ी निर्ममता से ध्वस्त किया। अपने साथियों के प्रति और विरासत में पाई संस्थाओं-प्रणालियों के प्रति उसके मन में कोई खास सम्मान-भाव नहीं था। उसकी महत्त्वाकांक्षा थी कि वह फारस के उन प्राचीन बादशाहों की आलीशान परम्परा का बादशाह बने जिन्हें इस धरती पर 'अल्लाह का साया'—ज़िल्ले-इलाही—मानकर उनके आदेशों का पालन किया जाता था। इतिहासकार बरनी ने बड़े अफसोस के साथ कहा कि "बलबन को खुदा का डर नहीं था; उसके लिए सिर्फ अपना स्वार्थ ही महत्त्वपूर्ण था, फिर वह चाहे शरीअत के अनुकूल हो या न हो।"[2]

अलाउद्दीन ख़िलजी (शासन 1296-1316) ने दिल्ली पर तख़्तनशीन होते ही अनेक विजयाकांक्षी अभियान शुरू किए। अपनी स्थिति को सुदृढ़ बनाने के लिए उसने अनेक कदम उठाए। वह खासकर, तुर्किस्तान से आए और हाल ही में इस्लाम में धर्मान्तरित हुए कबीलाई लोगों की पद-लोलुपता, धनलिप्सा और महत्त्वाकांक्षा से काफी परेशान रहता था। ये तुर्की कबीलाई, इतिहासप्रसिद्ध आक्रामक हलाकू के पोते द्वारा, जिसने कि इस्लाम कबूल कर लिया था, भारत पर चढ़ाई के बाद हिन्दुस्तान आए थे और दिल्ली में बस गए थे। हलाकू के पोते को अलाउद्दीन के पहले के सुल्तान जलालुद्दीन ख़िलजी (शासन 1290-96) ने पराजित किया था और वह हिन्दुस्तान से

भाग गया था। ये नवमुस्लिम कबीलाई अपने सरदार के साथ हिन्दुस्तान आए थे और बाद में उन्होंने दिल्ली में ही रह जाने का फैसला किया था। उन्होंने अलाउद्दीन के खिलाफ साजिश की और उसने बड़ी बेरहमी से उनमें से 30,000 लोगों को मौत के घाट उतारकर उनसे भारी बदला लिया। इस्लाम इन लोगों को हत्याकांड का शिकार होने से नहीं बचा पाया। अलाउद्दीन ने एक नया मजहब शुरू करने का मनसूबा बाँधा; उसने अपने को पैग़म्बर भी घोषित किया लेकिन उसके सिपहसालारों ने उसे इस कदम से आगाह किया और कहा कि इससे मुसलमान सिपाहियों की भावनाओं को ठेस पहुँचेगी। बड़े बेमन से उसने अपना यह इरादा छोड़ दिया। अलबत्ता, उसने अपने मुख्य धार्मिक अधिकारी काज़ी मुगीसुद्दीन से, जो यह चाहते थे कि अलाउद्दीन शरीअत के मुताबिक शासन चलाए, साफ-साफ कहा कि "मैं नहीं जानता कि आपके नियम-कानून क्या हैं, और न ही यह जानता हूँ कि क्या कानूनी है या क्या गैरकानूनी; मैं तो अपनी सल्तनत के हित के लिए जिसे सबसे ज्यादा सही समझूँगा, वही करूँगा।"[3] उसने हिजड़े मलिक कफूर को, जिससे उलेमा नफरत करते थे, उच्चतम ओहदे दिए और धर्मान्तरित हिन्दू माँ के बेटे अमीर खुसरो (1253-1325) को अपना राजकवि नियुक्त किया। मुग़ल-पूर्व युग का एक दूसरा शक्तिशाली शासक था मुहम्मद तुगलक (शासन : 1325-51); जिसे कुछ इतिहासकारों ने 'अति मेधावी' कहकर सराहा हैं तो कुछ ने 'झक्की' कहकर निन्दा की है। बहरहाल इस बात पर वे सभी सहमत हैं कि वह इस्लाम के धार्मिक कानूनों का सम्मान नहीं करता था। असल में तो वह खुद ही खलीफा बनने की महत्त्वाकांक्षा पालने लगा था लेकिन रूढ़िवादियों के विरोध के आगे उसने वह इरादा छोड़ दिया। वह मनमाने ढंग से हुकूमत करता था, न तो धार्मिक पाबन्दियाँ उसे जकड़ पाती थीं और न ही धर्मनिरपेक्ष सोच और सरोकार। उसने विश्वविजेता बनने का सपना देखा था और खुरासान पर चढ़ाई करने की योजना बनाई थी। उसकी अदूरदर्शी योजनाओं ने आखिरकार सल्तनत का सत्यानाश कर दिया। बदायूँनी ने उसकी मौत पर लिखा था, "और यों सुल्तान को अब अपनी रिआया से निजात मिली और रिआया को अपने सुल्तान से।"[4]

हालाँकि मुहम्मद ने अपनी मुसलमान और हिन्दू प्रजा के बीच कोई भेदभाव नहीं बरता, लेकिन यही बात उसके उत्तराधिकारी फिरोज तुगलक (शासन 1351-88) के बारे में नहीं कही जा सकती; वह धर्मान्ध था। वह अपने को इस्लाम के खलीफा का नायब समझता था और उसने अनगिनत हिन्दुओं को इस्लाम में धर्मान्तरित करवाया था। उसने अपनी हिन्दू प्रजा पर जज़िया लगाया और शरीअत को कड़ाई से लागू किया। उसने कई मस्जिदें बनवाईं और कई मन्दिरों को ध्वस्त किया लेकिन उसने हिन्दुओं पर अत्याचार नहीं किया। उसका वज़ीर खान-ए-जहान मकबूल इस्लाम में धर्मान्तरित हिन्दू था और सुल्तान पर उसका काफी प्रभाव था।

और फिर आया तैमूर (1370-1405) जो दिल्ली में बदायूँनी के शब्दों में, "इतनी बेपनाह भुखमरी और महामारी ले आया...कि दिल्ली शहर पूरी तरह से तबाह हो गया

और वे जो पीछे छूट गए थे मौत के शिकार हो गए, दो महीने तक किसी परिन्दे तक की आहट नहीं सुनाई दी।"[5] तैमूर ने चौतरफा हत्याकांड और बरबादी ढाई और हिन्दू और मुसलमान के बीच कोई फर्क नहीं किया; वह एक मुस्लिम सल्तनत को तबाह करने आया था और उसने क़ुरान के उस निषेधादेश की कोई परवाह नहीं की जिसमें मुसलमानों को मुसलमानों के खिलाफ लड़ने और उनका खून बहाने की मनाही है। आखिरकार, तैमूर के ही राज्यपाल खिरजख़ान ने, जो मुल्तान में नियुक्त था, अपने सुल्तान की फौजों पर चढ़ाई की और दिल्ली के तख्त पर कब्जा कर लिया। उसने दावा किया कि वह पैग़म्बर रसूल का वंशज है और अपने वंश को उसने सैयदों का (शासन : 1414-51) खानदान घोषित किया। लेकिन इससे उन्हें कोई खास ताकत हासिल नहीं हुई, उल्टे, हरेक शासक के बाद हालात बदतर होते चले गए और जैसा कि दरबारी वाक़यानवीस निज़ामुद्दीन अहमद ने टिप्पणी की है, "शासन-व्यवस्था के मामले दिन-ब-दिन ज्यादा ही उलझते चले गए और यहाँ तक नौबत आ गई कि दिल्ली से सिर्फ बीस कोस पर ऐसे-ऐसे सामन्त थे जिनमें सुल्तान के प्रति कोई वफादारी नहीं थी, उल्टे, सल्तनत के खिलाफ साजिशें रचना ही उनका काम था।" नतीजा यह हुआ कि आखिरी सैयद, अपने खिलाफ उभरे बगावत के ज्वार को रोक पाने में नाकामयाब रहा, उसे मजबूर होकर अपना दिल्ली का सिंहासन लाहौर के राज्यपाल–बहलोल ख़ान (शासन : 1451-89) को सौंप देना पड़ा, जो अफगानिस्तान के लोदी कबीले (शासन : 1451-1526) का था। आखिरकार उसका उत्तराधिकारी सिकन्दर (शासन : 1489-1517) ही सल्तनत को संगठित कर अपनी जनता के बीच थोड़ा-बहुत अमन और व्यवस्था कायम कर पाया लेकिन वह अपने को उलेमाओं के अंकुश से बचा न सका। उन्होंने उसे मजबूर किया कि वह इस्लाम के धर्मविधानों की उनके द्वारा की गई व्याख्याओं के अनुसार हुकूमत चलाए। ऐसा करना अनेक बार हिन्दुओं के हितों के खिलाफ पड़ता था और वे दिन-ब-दिन अशान्त होते जा रहे थे।

सिकन्दर का बेटा इब्राहिम लोदी (शासन : 1517-26) अपने खिलाफ उठ खड़े हुए महत्त्वाकांक्षी अफगान सामन्तों को काबू में नहीं रख सका। उनमें से दो, दौलतख़ान (शासन : 1413-14) और आलमख़ान ने बाबर (1483-1530) को हिन्दुस्तान पर हमला करने की दावत दी और इसलिए बड़ी होशियारी से दिल्ली सल्तनत को तबाह कर दिया। दिल्ली सल्तनत किसी भी मायने में इस्लामी राज्य नहीं था; न ही उसकी गतिविधियाँ क़ुरान के आदेशों के अनुरूप थीं, न ही पैग़म्बर के आचार-व्यवहार के अनुरूप। जो-जो सुल्तान दिल्ली के सिंहासन पर बैठे, वे सभी तानाशाह थे; मुसलमान होने की वजह से उन्होंने शरीअत के मुताबिक हुकूमत करने का ढोंग रचा लेकिन असलियत में, एक या दो अपवादों को छोड़कर, उनमें से कोई भी धर्मादेशों का पालन नहीं कर रहा था। बगदाद के खलीफा के प्रति उनकी वफादारी सिर्फ नाममात्र की थी। बमुश्किल किसी ने खलीफाओं को कोई खिराज या सौगात दी होगी। जैसा कि आर.सी. मजुमदार तथा अन्य लेखकों ने अपनी 'एडवांस्ड हिस्ट्री ऑफ इंडिया' में साबित किया है :

सुल्तान की सत्ता का असली स्रोत उसकी सैन्य-शक्ति होती थी और इस तथ्य को उस युग के न सिर्फ मामूली कुली-कबाड़ी बल्कि फौजी, शायर (जैसे अमीर खुसरो) और उलेमा भी जानते थे और चुपचाप कबूल कर लेते थे। कार्यकारिणी के सर्वोच्च अधिकारी के तौर पर सुल्तान अपने राज्य का कारोबार उन अधिकारियों और मन्त्रियों की मदद से चलाया करता था जिन्हें वह अपनी मर्जी से चुनता था। चूँकि बुनियादी तौर पर राज्य सेना द्वारा संचालित होता था, इसलिए सुल्तान सैन्य-शक्तियों का सर्वप्रमुख सेनापति होता था, वह प्रमुख न्यायदाता भी था और अपील की अन्तिम सर्वोच्च अदालत भी।''[6]

एक तत्कालीन वाकयानवीस फरिश्ता के मुताबिक, ''सुल्तान, उलेमाओं द्वारा परिभाषित धर्मादेशों को नज़रअन्दाज करते थे और अपनी राज्य-व्यवस्था को राजनीतिक जरूरतों-फायदों और दुनियावी तजुर्बों के आधार पर चलाया करते थे।''[7] अपनी हिन्दू प्रजा के साथ आमतौर पर उनका सुलूक मानवीय होता था। उन्होंने अपनी गैर-मुसलमान प्रजा को पूरी धार्मिक स्वतन्त्रता दे रखी थी। उन्हें खुलेआम अपनी मूर्तियों की वन्दना करने, शंख फूँकने, गंगा और यमुना नदी में स्नान करने और बगैर किसी रोक-टोक या रुकावट के धार्मिक जुलूस निकालने की अनुमति थी।

शरीअत को लागू करते हुए भी, जैसा कि डॉ. आई. एच. कुरैशी ने भारतीय विद्या भवन द्वारा प्रकाशित 'द डेल्ही सल्तनत' खंड में संकलित लेख में समझाया है, ''अगर किसी मुदकमे में वादी, दो अलग-अलग धर्मों के होते थे और उनमें से एक मुसलमान होता था तो भी अदालतें मुकदमों का निपटारा समकक्षिता के आधार पर ही किया करती थीं।''[8] मुस्लिम विधिवेत्ता भी यह मानते थे कि जहाँ पर शरीअत का धिम्मियों—या गैर-मुसलमानों के धार्मिक विश्वासों से सामना होता है वहाँ उन लोगों के मामलों का फैसला उनकी अपनी धार्मिक संहिताओं के आधार पर किया जाना चाहिए। मिसाल के तौर पर, सती-प्रथा के पालन की अनुमति शरीअत में नहीं है लेकिन हिन्दुओं को उसकी अनुमति थी; उसी प्रकार से हदूद-सजाएँ, जैसे कि चोर का हाथ काट डालना या परस्त्रीगामी पुरुष को या परपुरुषगामी औरत को पत्थर मार-मारकर मरवा डालने की सजा देना आदि, गैर-मुसलमानों पर लागू नहीं होती थीं। इसलिए, मुसलमान शासकों के खिलाफ किया गया यह प्रचार कि उन्होंने हिन्दुओं को उत्पीड़ित किया, उनके मन्दिरों को तोड़ा, उन पर भारी कर लगाए और उन्हें कंगाल कर दिया, तथ्यों की कसौटी पर सही साबित नहीं होता। यह सच है कि उनकी कुछ कार्रवाइयाँ बेहद कठोर थीं, उनकी कर-वसूली प्रणाली त्रुटिपूर्ण थी, कानून लागू करने का उनका तरीका और न्याय-व्यवस्था भ्रष्ट थी और उनमें कुनबापरस्ती का बोलबाला था लेकिन यह तो समूचे मध्ययुग का आम ढाँचा और तौर-तरीका था; उनके शब्दों और आचरणों को तत्कालीन सन्दर्भों से काटकर, आज के मूल्यों की कसौटी पर परखा नहीं जा सकता। इसमें कोई शक नहीं कि कुछ सुल्तान कट्टर धर्मान्ध थे; उन्होंने अपनी हिन्दू प्रजा पर बदले की भावना से

अत्याचार किए। लेकिन यह तो उस युग का आम चलन था; हर मुल्क में धर्म-स्थानों को ध्वस्त किया गया; और तत्कालीन शासक के सहधर्मावलम्बियों से पक्षपातपूर्ण व्यवहार किया गया। सो अगर कुछ मुसलमान शासकों ने इस प्रकार के आचरण किए तो उसके लिए इस्लाम धर्म को या आज के मुसलमानों को निन्दनीय और दंडनीय नहीं ठहराया जा सकता। इन अत्याचारों को उस वक्त के आम आचार की रोशनी में देखा जाना चाहिए; अन्यथा हम इतिहास को झुठलाने के दोषी होंगे।

बहरहाल, खिलजियों और तुगलकों को छोड़ दिया जाए तो बाकी के ये सारे सुल्तान छोटे-छोटे शासक थे, वे दिल्ली में रहकर हिन्दुस्तान के सिर्फ किसी एकाध हिस्से पर ही हुकूमत चला रहे थे। इसलिए दिल्ली सल्तनत का बयान करते वक्त मुग़ल साम्राज्य की-सी अवधारणा बनाना सही नहीं होगा। अधिकतर सुल्तानों के पास बहुत कम अधिकार थे, वे तो लगातार अपने सूबेदारों को काबू में रखने के लिए संघर्षरत रहते थे, क्योंकि अक्सर वे सुल्तान की सत्ता के खिलाफ बगावत कर उठते थे और अपने छोटे-छोटे स्वायत्त राज्य स्थापित कर लेते थे; उनमें से कई हिन्दू थे।

हिन्दुस्तान में मुसलमान सत्ता का कालक्रमानुसार मुआयना करें तो पहले अरबों की हुकूमत आई जो सिन्ध और मुल्तान तक सीमित थी, वह करीब दो सदियों तक रही। स्टेनली लेनपूल ने उसका वर्णन करते हुए कहा है कि "वह हिन्दुस्तान और इस्लाम के इतिहास की महज एक ऐसी घटना थी जिसमें फतह तो हुई पर नतीजा कुछ नहीं निकला।" उसी तरह से पंजाब में गजनवियों की हुकूमत भी सिर्फ एक छोटी-सी नाटिका थी, जिसका संचालन महमूद द्वारा नियुक्त हिन्दू राज्यपाल किया करता था। गोरी सल्तनत भी कुतुब-उद्दीन ऐबक के फौजी पराक्रमों के बावजूद अपनी सत्ता उत्तरी भारत से आगे नहीं फैला सका। अलाउद्दीन ख़िलजी ने ही आर. सी. मजुमदार के मुताबिक, 'पहली बार मुस्लिम सत्ता, करीब-करीब समूचे हिन्दुस्तान पर स्थापित की।'[9] लेकिन उसके बाद वह बिखरती चली गई जब तक कि एक दूसरे राजवंश के शासक मुहम्मद तुगलक ने अपने साम्राज्य को दक्षिण के सुदूर कोनों तक नहीं फैला लिया। मुहम्मद तुगलक ने दस साल तक हुकूमत की। इस प्रकार, भारत पर सातवीं से तेरहवीं सदी तक की मुस्लिम हुकूमत का प्रभावी और व्यापक कालखंड महज तीस साल की अवधि का था। मुग़लों के आगमन तक मुस्लिम शासन का सिर्फ एक आभास-मात्र कायम था। करीब सात सदियों तक हिन्दुस्तान के कभी एक, तो कभी दूसरे हिस्से पर उनकी हुकूमत रही और एक के बाद एक राजवंश बदलते रहे। ग्यारहवीं से तेरहवीं सदी तक तो करीब-करीब शून्य-सा ही रहा और उस दौरान अधिकांश हिन्दुस्तान पर विभिन्न हिन्दू राजाओं का शासन रहा। यह बात बड़ी महत्त्वपूर्ण है और इसे ध्यान में रखा जाना चाहिए क्योंकि ऐसी एक अवधारणा प्रचलित है कि सात सौ सालों तक यानी 711 में मुहम्मद बिन क़ासिम के हमले से लेकर 1526 में इब्राहिम लोदी के पतन तक मुसलमानों ने पूरे भारत पर हुकूमत की, हिन्दुओं पर दमन और उत्पीड़न का सत्ता-चक्र चलाया, उनके मन्दिरों को ध्वस्त किया, उनकी स्त्रियों से बदसलूकी की और उनसे हर प्रकार

के भारी कर वसूल किए। यह मिथक अब पूरी तरह से झूठा साबित हो चुका है, लेकिन जरूरी है कि हमारे विद्यालयों की पाठ्य-पुस्तकों में इस तथ्य को बार-बार रेखांकित किया जाए क्योंकि तभी हिन्दू मानस में मुसलमानों के खिलाफ जो पूर्वग्रह जमा हैं, उन्हें दूर किया जा सकता है।

फिर भी यह उल्लेखनीय है कि दिल्ली सल्तनत के दौरान हिन्दू अधिकारियों और मुस्लिम शासकों के रिश्तों में कभी कड़वाहट नहीं आई और न ही दोनों समुदायों के बीच ऐसा कोई विषाक्त वातावरण बना। राजधानी में अलबत्ता समय-समय पर अशान्ति होती रहती थी लेकिन और जगहों पर, जहाँ क्षेत्रीय सूबेदारों ने स्वायत्त सत्ता स्थापित कर ली थी, हिन्दुओं और मुसलमानों के बीच रिश्ते यथासम्भव सौहार्दपूर्ण होते थे। इस प्रक्रिया में भक्ति आन्दोलन ने भी मदद की। उत्तरी भारत में उसके दो महान प्रवर्तक मुसलमान जुलाहा कबीर (1440-1518) और सिख धर्म के संस्थापक नानक (1469-1539) ने जनभाषा हिन्दी में अपने भजनों, पदों के माध्यम से और मानव मात्र की समता पर जोर देते हुए दोनों समुदायों को साथ लाने का प्रयास किया और काफी हद तक वे कामयाब रहे।

इस मुक्त आदान-प्रदान का परिणाम था—एक सामान्य भाषा खड़ी बोली का जन्म, जो बाद में उर्दू के रूप में विकसित हुई। इसके अलावा एक नूतन साहित्यिक और सांस्कृतिक जागृतिवादी लहर उठने लगी; समूचे उत्तरी भारत में कविता, साहित्य, संगीत और कलाएँ फली-फूलीं। प्रदेशों के सूबेदार इस अन्तर-सामुदायिक मेल-मिलाप के संरक्षक बने। कश्मीर में ज़ैन अल आबेदीन (1420-70) का शासन-काल हिन्दू-मुस्लिम भाईचारे की उच्चतम मिसाल पेश करता है; उसी तरह से बंगाल में हुसैनशाही राजवंश (1493-1539) और दक्खन में बहमनी शासकों (1347-1526) के अधीन भी उसको पोषण मिला। बरार के इमादशाही (1485-1574) और बीदर के बरीदशाही (1492-1619) और गोलकुंडा के कुतुबशाही (1512-1687) ने भी अपनी हिन्दू और मुसलमान प्रजा के बीच सामंजस्यपूर्ण रिश्तों को बढ़ावा दिया।

हिन्दू सन्तों और महात्माओं के अलावा मुस्लिम सूफियों ने भी सद्भावना और भाईचारे का माहौल तैयार करने में बहुत बड़ा योगदान किया। कट्टरपन्थी उलेमा, मुस्लिम सूफियों और हिन्दू सन्तों—दोनों ही को सन्देह की नजरों से देखते थे; उसी तरह से कट्टर सनातनी ब्राह्मणों ने भी हिन्दुओं के मानस में अलबेरूनी के शब्दों में, "सभी मुसलमानों के प्रति गहरे विद्वेष की भावना बैठाने का प्रयास किया।"[10] इब्नबतूता ने भी भारत-भर में अपनी यात्राओं के दौरान यह देखा कि किसी मुसलमान को न तो किसी हिन्दू के घर प्रवेश करने दिया जाता था और न ही उसे हिन्दू के घर के बर्तनों में खाना दिया जाता था। उसने लिखा है, "अगर किसी मुसलमान को उनके बर्तनों में खाना खिलाया जाता है तो वे या तो उसे तोड़ डालते हैं या उसे मुसलमान को ही दे देते हैं।"[11] कट्टरतावादी मौलवियों ने भी मुसलमानों को सीख दी कि उन्हें मूर्तिपूजक हिन्दुओं और उनकी जाति-व्यवस्था को हीन दृष्टि से देखना चाहिए। निहित स्वार्थयुक्त

समूहों द्वारा फैलाए गए कुप्रचारों की वजह से एक-दूसरे के धार्मिक विश्वासों के प्रति ये गलत अवधारणाएँ कई गुना बढ़ती गईं लेकिन ऐसी घटनाएँ बहुत कम और कभी-कभार ही हुआ करती थीं। आमतौर पर, बड़े व्यापक पैमाने पर समन्वय-सामंजस्य बैठाया जा चुका था, नतीजतन, आम हिन्दू और मुसलमान जनता के बीच झगड़ा और मनमुटाव नहीं के बराबर होता था। धार्मिक विवादों ने उन पर कोई खास असर नहीं डाला और न ही वे अपनी-अपनी सामाजिक वर्जनाएँ एक-दूसरे पर थोपते थे। दुश्मनियाँ और ईर्ष्याएँ थीं लेकिन उनका धार्मिक जुड़ावों से सीधा कोई सम्बन्ध नहीं था; मुस्लिम सामन्त, हिन्दू राजाओं के साथ मिलकर सुल्तान के खिलाफ साजिश रचते थे। अक्सर इससे चारों ओर अव्यवस्था और अराजकता जरूर फैलती थी।

असल में यही अस्थिरतापूर्ण स्थितियाँ बाबर को हिन्दुस्तान ले आईं। उसे कुछ बागियों ने, जिनमें हिन्दू भी शामिल थे, हिन्दुस्तान पर हमला करने का निमन्त्रण दिया था। पानीपत के मैदान में उसने लोदी खानदान के अन्तिम सुल्तान इब्राहिम लोदी को 21 अप्रैल, 1526 में करारी हार दी। विजय के उत्साह में बाबर ने अपने को हिन्दुस्तान का बादशाह घोषित किया। बाबर कुशल प्रशासक उतना नहीं था जितना कि बहादुर फौजी था। लेकिन वह अन्य विजेताओं की तरह नहीं था, अपनी प्रजा के प्रति उसका रवैया मानवीय और उदार था। बकौल तारिक़ मुहम्मद शाही, उसने अपने जवान बेटे हुमायूँ (1508-56) से कहा था कि "हिन्दुस्तान पर कामयाबी से हुकूमत करना हो तो उसे मुसलमान और हिन्दू के बीच कोई भेद-भाव नहीं बरतना चाहिए।"[12] हुमायूँ ने उसकी सलाह का पालन किया लेकिन यह पाया कि उलेमाओं ने उसी के एक सिपहसालार शेरशाह (शासन 1540-45) के साथ उसके खिलाफ साजिश रची है। शेरशाह को कामयाबी मिली और उसने अपने सूरी साम्राज्य की स्थापना की। हुमायूँ को देश छोड़कर भागना पड़ा लेकिन वह ईरान के शाह ताहमस्प (1524-76) की फौजी मदद लेकर हिन्दुस्तान लौटा और उसने अपना खोया सिंहासन फिर से हासिल कर लिया। छह महीने के बाद हुमायूँ अपने पुस्तकालय की सीढ़ियों से फिसलकर गिरा और वे चोटें प्राणघातक साबित हुईं।

उसका बेटा अकबर (शासन : 1556-1605), जो उस समय सिर्फ तेरह वर्ष का था, बादशाह बना। उसके पिता का करीबी दोस्त और सिपहसालार बैरम ख़ाँ (मृत्यु 1561) संरक्षक प्रतिशासक बना। चार साल बाद अकबर ने अपने को बैरम ख़ाँ के संरक्षण से मुक्त कर लिया और सम्पूर्ण सत्ता अपने हाथों में ले ली। एक दशक से भी कम वक्त में उसने अपने साम्राज्य के अधिकार-क्षेत्र की सीमाएँ करीब पूरे भारत में, उत्तर में कश्मीर से, पूर्व में बंगाल और दक्षिण में समूचे दक्खिनी पठार के पार तक फैला लीं।

अकबर ने प्रशासन को धर्मनिरपेक्ष बनाने की दिशा में जितने कदम उठाए उतने हिन्दुस्तान के किसी भी अन्य मुस्लिम शासक ने न पहले उठाए और न बाद में। उसकी हुकूमत धार्मिक सहिष्णुता और उदार मानवीयता का आदर्श नमूना थी। उसने अपनी

'सुलहकुल' या सभी के प्रति सद्भावना की नीति से अपनी हिन्दू और मुस्लिम प्रजा में सामंजस्य साधा। उसने बड़ी कोशिशें कीं कि इस्लाम और हिन्दुत्व के बीच सघन समन्वय हो सके। इस प्रयास में उसे न सिर्फ उलेमाओं का वरन् हिन्दू पंडितों का भी कड़ा विरोध झेलना पड़ा, लेकिन वह अपने संकल्प पर अटल रहा। पहले उसने उलेमाओं को बुलवाया और उनसे कहा कि वे पहले अपने आपसी मतभेदों को सुलझाएँ। उसने नियमित रूप से अपने इबादतखाने में उनकी बैठकें करवाईं, जिनमें इस्लाम के सिद्धान्तों पर बातचीत हुआ करती थी।

इन विचार-गोष्ठियों में उलेमाओं की असली फितरत खुलकर सामने आ जाती थी; अकबर और उसके सलाहकारों ने यह देखा कि इन उलेमाओं को किसी आम सहमति पर पहुँचने में नहीं वरन् एक-दूसरे को नीचा दिखाने में ज्यादा दिलचस्पी है। कई बार तो वे आपसी वाद-विवाद में असंयत भाषा का भी इस्तेमाल करने लगते थे। उलेमाओं से उकता चुकने के बाद अकबर ने दूसरे धर्मों-मजहबों के विद्वानों को अपने-अपने दर्शनों का प्रतिपादन करने के लिए आमन्त्रित किया। उनके तर्क-वितर्क भी वैसे ही कटु थे। इससे अकबर इस फैसले पर पहुँचा कि आम सहमति सम्भव नहीं है, सो उसने भिन्न-भिन्न धार्मिक आस्थाओं में समन्वय बैठाने के लिए अपनी सोच के अनुसार प्रयास करना शुरू किया। उसने घोषणा की कि परमात्मा अपने द्वारा निर्मित प्राणियों में किसी प्रकार का भेदभाव नहीं रखना चाहता और हर सच्चे धर्म को जनता में एकता-समता स्थापित करने के लक्ष्य को अपने समक्ष रखना चाहिए। अकबर को, भिन्न-भिन्न धर्मावलम्बियों के बीच अपनी अवधारणाओं के लिए बहुत कम समर्थक मिल पाए, क्योंकि हर एक का दावा था कि उन्हीं का धर्म सर्वश्रेष्ठ है। सो, उसने अपनी अवधारणाओं के प्रतिपादन के लिए 'दीन-ए-इलाही'—अल्लाह/भगवान का धर्म—की स्थापना की।

प्रो. श्रीराम शर्मा ने अपने शोध-प्रबन्ध 'द रिलीजियस पॉलिसी ऑफ द मुग़ल एम्परर्स' (मुग़ल बादशाहों की धार्मिक नीति) में यह राय प्रकट की है कि "दीन-ए-इलाही कोई नया मजहब नहीं था, उसमें इस्लाम का परित्याग नहीं किया गया था, जैसा कि अकबर के आलोचकों ने आरोप लगाया। उल्टे, वह तो ऐसे उत्साही आस्थावान अनुयायियों के एक दल का गठन करने का प्रयास था, जिसमें से कुछ तो बेकेट के इंग्लिश हत्यारों की तरह बादशाह की खिदमत के लिए अपना सब कुछ निसार करने को तैयार थे।"[13] अकबर को नापसन्द करनेवाले बदायूँनी जैसे कट्टरपन्थी धर्मान्धों के बेहद पूर्वग्रहग्रस्त ब्यौरों के आधार पर अकबर पर धर्मविमुखता का आरोप लगाया गया। अकबर के दरबारी अबुल फ़जल (मृत्यु 1602) और फ़ैज़ी बन्धुओं को दीने-इलाही में इस्लामी भाईचारे की भावना को सुदृढ़ बना सकने की एक नई उम्मीद नजर आती थी। यों, अकबर कुछ प्रमुख उलेमाओं का समर्थन हासिल करने में कामयाब हुआ, इसका सबूत उनके द्वारा जारी वह फतवा है जिसमें धार्मिक मामलों में बादशाह की सर्वोपरिता को स्वीकार किया गया है।

इस फतवे को 'मासूमियत की सनद' कहा जाता है, जो सही नहीं है। इसमें तो सिर्फ इस इस्लामी सिद्धान्त को पुनर्प्रतिपादित किया गया है कि "सुल्तान-ए-आदिल (न्यायकर्ता) का ओहदा खुदा की नजरों में मुज्ताहिद (व्याख्याकार) से ऊँचा होता है," उसमें यह भी कहा गया था कि :

> "अगर भविष्य में ऐसा कोई धार्मिक सवाल उठता है जिस पर व्याख्याकारों की मान्यताओं में मतभेद होता है और सुल्ताने-आजम अपनी गहरी समझदारी और स्पष्ट विवेक से कौम के फायदे के लिए और राजनीतिक आवश्यकताओं के लिए उन परस्पर-विरोधी मान्यताओं में से किसी एक को कबूल करते हैं और तदनुसार फैसला जारी करते हैं, तो हम एतदनुसार यह कबूल करते हैं कि ऐसा फैसला हमारे लिए और पूरी कौम के लिए स्वीकार्य होगा। और हम यह घोषित करते हैं कि अगर सुल्ताने-आजम कोई नया हुक्मनामा जारी करना जरूरी समझते हैं तो हम और कौम, उसी तरह से उसके प्रतिबद्ध होंगे; बशर्ते कि ऐसा हुक्मनामा हमेशा न सिर्फ कुरान के किसी आयत से सुसंगत होगा बल्कि कौम के लिए भी फायदेमन्द होगा; और यह भी कि अगर सुल्ताने-आजम द्वारा पारित ऐसे हुक्मनामे की प्रजा की ओर से किसी तरह की मुखालिफत की जाएगी तो वह न सिर्फ इस दुनिया में माली और मजहबी अधिकारों और सुविधाओं से वंचित होने का सबब बनेगा बल्कि परलोक में भी दंडनीय होगा।[14]

इस फतवे को कई रूढ़िवादी विधिवेत्ताओं ने अनुचित बताया है लेकिन सुविख्यात मुस्लिम धर्मतत्त्ववेत्ता अबुल कलाम आज़ाद (1888-1958) ने समझाया है कि यह इस्लामी राजनीतिक सिद्धान्तों से सुसंगत ही है, जिसके तहत शासक सर्वोच्च सत्ता होता है और उस पर सिर्फ कुरान और हदीस के ही प्रतिबन्ध लागू होते हैं। आज़ाद के अनुसार शासक को किसी भी मुसलमान की अपेक्षा, फिर चाहे वह कितना भी धार्मिक और विद्वान क्यों न हो, इज्तिहाद (कानून की व्याख्या) का अधिकार ज्यादा होता है। इस सबके बावजूद, उस वक्त कुछ उलेमाओं ने बादशाह के इस कदम को इस्लामविरोधी बताकर उसकी निन्दा की। यह आरोप कि अकबर ने अपने को दैवी अधिकारयुक्त होने का दावा किया है, सबसे पहले मुल्ला मुहम्मद याज़दी ने लगाया, जो शिया थे। बंगाल के मुख्य काजी ने भी आरोप लगाया कि अकबर पैग़म्बरी का दावा कर रहा है। एक और धर्मवेत्ता, मुजुलमुल्क ने दीन-ए-इलाही को एक नया मजहब करार दिया और अकबर के इस कार्य को धर्म-परित्याग बताकर उसकी निन्दा की। असन्तुष्ट तत्वों को बगावत भड़काने का मौका मिला और उन्होंने बादशाह को तख्त से बेदखल करने और उसके भाई मिर्जा मुहम्मद हकीम को उसकी जगह पर बैठाने की कोशिश की। यह उल्लेखनीय है कि धार्मिक उन्माद भड़काने के ऐसे प्रयासों को कोई खास लोकप्रियता और समर्थन नहीं मिल सका और बादशाही ताकतों ने आसानी से उन्हें दबा दिया।

अकबर विधर्मी नहीं था और आजीवन मुसलमान ही बना रहा। एक अल्लाह पर उसकी आस्था, पैग़म्बर और मुस्लिम सन्तों के प्रति उसका आदरभाव और अजमेर के ख्वाजा मुईनुद्दीन चिश्ती (मृत्यु 1236), शेख सलीम चिश्ती (मृत्यु 1572)–जिनके सम्मान में उसने एक नया शहर फतेहपुर सीकरी बसाया था–की दरगाहों की उसकी धर्मयात्राएँ, इस्लाम के प्रति उसकी गहन आस्था को ही दर्शाती हैं। हालाँकि उसने शरीअत में कुछ नई बातों का समावेश किया और ऐसे कई आदेश पारित किए जो कट्टरपन्थियों को नागवार गुजरे, लेकिन उसने कभी भी पैग़म्बर होने का दावा नहीं किया और न ही, जैसा कि विन्संट स्मिथ ने आरोप लगाया है, उसने मुसलमानों पर अत्याचार किए। अकबर पर लगे धर्मत्याग के आरोप को विश्वसनीयता मुस्लिम विद्वान शेख अहमद सरहिन्दी (1564-1624) द्वारा की गई कटु निन्दा की वजह से प्राप्त हुई, लेकिन वह आरोप पूर्वग्रह की वजह से लगाया गया था और उसकी मुख्य वजह यह थी कि शेख़ साहब ने ऐसी गलत खबरों पर यकीन कर लिया था कि अकबर की हुकूमत में 'हिन्दू मस्जिदों को तोड़ रहे हैं और उनकी जगह पर मन्दिर बना रहे हैं।'

और यों भी, सरहिन्दी का दृष्टिकोण कट्टर और रूढ़िवादी था और अकबर की उदारवादिता उसके गले नहीं उतरती थी और सो उसने बादशाह के खिलाफ अथक अभियान जारी रखा। उसकी आवाज को रूढ़िवादी दायरों में हाथो-हाथ लिया गया और उन्होंने शेख साहब को मुजादिद-ए-सानी यानी 'इस्लाम के रक्षक' के तौर पर सराहा। लेकिन, इस आन्दोलन ने अकबर की मौत के बाद ही जोर पकड़ा।

अकबर के जीवनकाल़ में, उसके प्रिय सलाहकार अबुल फ़ज़ल ने बड़े साफ-स्पष्ट तर्क देकर अकबर पर लगे विधर्मिता के आरोप का खंडन किया और उसे 'गलत जानकारीयुक्त' और अन्यायपूर्ण बताया और समझाया कि बादशाह की उदारता को, जो उसकी नीतियों और नियमन में प्रतिबिम्बित होती थी, ऐसे कुछ उलेमाओं ने बुरी तरह तोड़-मरोड़कर गलत तस्वीर पेश की, जो बादशाह के कृपापात्र नहीं बन पाए थे। बहरहाल, यह तो कबूल करना पड़ेगा कि अकबर ने मानवतावाद का ईश्वरीयता के साथ, धार्मिक सहिष्णुता का शाही संरक्षण के साथ और धर्मनिरपेक्ष आवश्यकताओं का साम्प्रदायिक प्रतिबद्धताओं के साथ घाल-मेल करने की भूल की थी। उसके उदारतावाद से एक सीमित मकसद पूरा तो हुआ था लेकिन जनता में एक-दूसरे के प्रति संस्कारबद्ध पूर्वग्रहों को दूर करने में वह नाकामयाब रहा। उससे न तो उसके मुसलमान अवाम में कोई उत्साह उमड़ा और न ही उसकी हिन्दू जनता आश्वस्त हो पाई (जो अपने परम्परागत धर्म में ही काफी खुश थी और उसे छोड़ने को तैयार नहीं थी)। उसके रवैए की वजह से उसके प्रशासन की बुनियाद व्यापक हुई क्योंकि उसने हिन्दुओं के प्रति निन्दनीय भेदभाव न बरतते हुए उन्हें और अन्य धर्मों के अनुयायियों को अपने प्रशासन में भर्ती किया लेकिन इसके अलावा और कुछ खास बदलाव नहीं हो पाया। दोनों धर्मों के गहरे मतभेद वैसे ही बने रहे, अलबत्ता ऊपर-ऊपर से थोड़ा-सा बदलाव दिखाई देने लगा; और, यह इसके बावजूद कि अकबर ने जो कुछ कहा उसे अपने निजी जीवन में,

आचरण में उतारा भी। उसके अन्तःपुर में उसकी राजपूत पत्नी जोधाबाई का शासन चलता था जिसने अपने हिन्दू देवी-देवताओं की पूजा जारी रखी थी (और जिसने अकबर के सबसे बड़े बेटे और उत्तराधिकारी, जहाँगीर (शासन : 1605-27) को जन्म दिया)। अकबर के मुख्य सलाहकार मानसिंह और टोडरमल (मृत्यु 1589) थे, जो हिन्दू राजपूत थे। मानसिंह बादशाह के लिए साम्राज्य का विस्तार करने में मददगार बना और टोडरमल साम्राज्य की सुदृढ़ वित्तीय स्थितियों के लिए जिम्मेदार था। यह एक दिलचस्प बात है कि हल्दी घाटी के निर्णायक युद्ध में जहाँ मुग़ल फौजों का नेतृत्व हिन्दू मानसिंह कर रहा था, वहीं राणाप्रताप (1540-97) की फौजों का नेतृत्व मुस्लिम हकीम ख़ान सूरी (मृत्यु 1576) कर रहा था।

अकबर की मृत्यु के बाद उसका बेटा जहाँगीर गद्दी पर बैठा। उसका व्यक्तित्व जटिल-सा था। अपनी माँ की तरफ से उसकी रगों में हिन्दू खून बह रहा था, सो अपनी हिन्दू और मुसलमान प्रजा के प्रति उसका रवैया निष्पक्ष था। लेकिन उसके कुछ कामों में अदूरदर्शिता नजर आती है जिनमें से दो सबसे भयानक घटनाएँ हैं—अबुल फ़ज़ल की हत्या और सिखों के पाँचवें गुरु अर्जुनदेव (1563-1606) का उत्पीड़न जो लाहौर में कारावास में दी गई यन्त्रणाओं से मारे गए। अन्यथा, जैसा कि फ्रांसिस ग्लाडविन ने टिप्पणी की है, "अपने शासन-काल की शुरुआत से लेकर आखिर तक जहाँगीर का अपनी प्रजा के प्रति रवैया सदैव ही मानवीय और विवेकपूर्ण रहा।"[15]

अपने संस्मरणों में जहाँगीर ने लिखा है, "सबसे पहला जो हुक्म मैंने दिया था वह था न्याय की घंटी बँधवाना।" अपने पिता की तरह ही वह भी भिन्न-भिन्न धर्मावलम्बियों की सोहबत पसन्द करता था और उनकी चर्चाओं को सुनता था। आजीवन इस्लाम का पाबन्द रहा और सिर्फ एक ही बार उलेमाओं से टकराया। शेख़ अहमद सरहिन्दी ने प्रमुख मुसलमानों को खत लिख-लिखकर उकसाना शुरू किया कि अकबर और जहाँगीर द्वारा शुरू की गई इस्लाम-विरोधी नीतियों से इस्लाम को मुक्त करवाना चाहिए; जहाँगीर इससे बहुत क्षुब्ध हुआ और उसने शेख को अपने दरबार में बुला भेजा और पहले तो उसे शान्त करने और समझाने की कोशिश की लेकिन जब उसने पाया कि शेख अपनी जिद पर अड़ा हुआ है और जरा भी झुकने को तैयार नहीं तो फिर उसने उसे कारागार में डलवा दिया। लेकिन बाद में अपने फैसले पर पछताकर बादशाह ने उसे रिहा कर दिया और उचित सम्मान दिया।

जहाँगीर के बाद उसका बेटा शाहजहाँ (शासन : 1628-58) गद्दी पर बैठा जो हालाँकि अपने पिता या दादा की बनिस्बत ज्यादा पुरातनपन्थी विचारों का था लेकिन उसका झुकाव सूफ़ी मत की ओर अधिक था। उसका रुझान उदारवादी था। परिणामस्वरूप, अपनी प्रजा के प्रति उसका नजरिया, चाहे फिर वे किसी भी नस्ल या सम्प्रदाय के क्यों न हों, मानवीय था। जहाँगीर की मलिका नूरजहाँ के संरक्षण की वजह से दरबार में ईरानी बहुत शक्तिशाली बन गए थे और बड़े-बड़े ओहदों पर जमे बैठे थे; शाहजहाँ ने उनकी जगह पर हिन्दुस्तानी मुसलमानों को नियुक्त किया। बादशाह की फौज में

राजपूतों को महत्त्वपूर्ण ओहदे मिले हुए थे और हिन्दुओं को शाही सचिवालय में भी बड़ी तादाद में नौकरियाँ मिलीं। सूफ़ी प्रभाव के अलावा, शाहजहाँ की उदारता का श्रेय उसके सबसे बड़े और प्रिय बेटे दाराशिकोह (1615-59) को जा सकता है जिसने संस्कृत और वेदों का अध्ययन किया था। कुछ वक्त तक तो दाराशिकोह के उदार नजरिए को कुछ उलेमाओं का समर्थन भी मिला। शेख़ मुहीबुल्ला ने इस आधार पर उसकी सराहना की कि पैग़म्बर रसूल ने न सिर्फ मुसलमानों के प्रति बल्कि 'सारी इंसानियत के प्रति रहमदिली' की पैरवी की है। मुल्ला अबुल हकीम ने एक फतवा जारी किया कि किसी मन्दिर को ध्वस्त कर उस पर मस्जिद बनाना गलत है। सूफ़ी शायर सरमद भी, जिसे बाद में औरंगज़ेब ने कत्ल करवा दिया, दारा से प्रभावित था। दारा ने अपनी किताब 'मजमा-अल-बाहराइन' (दो समुद्रों का मिलन) में राय जाहिर की है कि ''हिन्दू एकेश्वरवादी और मुसलमान सूफ़ी जिस तरह से सत्य की तलाश और पहचान करते हैं, उनमें सिवाय शाब्दिक अन्तर के, कोई खास फर्क नहीं है।'' दाराशिकोह और शाहजहाँ के तीसरे बेटे औरंगज़ेब (शासन : 1658-1707) के बीच सिंहासन के उत्तराधिकार के लिए हुई लड़ाई को कुछ मायनों में एक ओर उदारवाद और दूसरी ओर कट्टरतावाद के बीच एक संघर्ष भी माना जा सकता है। दारा की पराजय उदारवाद के लिए भारी आघात था।

औरंगज़ेब धार्मिक शुद्धतावादी था, सो उसने अकबर द्वारा प्रचलित धर्मनिरपेक्षता की प्रक्रिया को उलट दिया। उलेमाओं के प्रभाव तले, उसने हिन्दुओं पर जज़िया और तीर्थयात्रा-कर भी लादने की कोशिश की और अपने प्रशासन पर इस्लामी मुहर लगाई। लेकिन, यह आम मान्यता सच नहीं है कि उसने हिन्दुओं के साथ दुर्व्यवहार किया और उन्हें सरकारी ओहदों से वंचित किया। उल्टे—हाल की खोजों से तो यह पता चलता है कि उसकी हुकूमत के दौरान सरकार के विभिन्न महकमों में जितने हिन्दू कर्मचारी थे उनकी तादाद अकबर के जमाने से तो करीब दोगुनी थी। उसने कई हिन्दू मन्दिरों और सिख गुरुद्वारों को प्रचुर दान देने की परम्परा को बरकरार रखा। उसके कुछ वरिष्ठ प्रशासन अधिकारी और विश्वस्त सेनापति हिन्दू थे। उसके सबसे करीबी विश्वासपात्र व्यक्ति जयसिंह और जसवन्त सिंह थे जिन पर वह कई महत्त्वपूर्ण फैसलों के लिए निर्भर रहता था। इन सबके बावजूद, अपनी जनता पर उसने जिस ढंग का कठोर संयम और सादगी-भरा इस्लामी शासन थोपने की कोशिश की उसका विपरीत प्रभाव पड़ा। उसने संगीत पर पाबन्दी लगाई; कविता, चित्रकला और शिल्प को प्रोत्साहन नहीं दिया, हर तरह के उत्सवों-जश्नों को कम कर दिया, यहाँ तक कि बादशाह द्वारा अपनी प्रजा को दर्शन देने की परम्परा को भी घटा दिया। उसके वरिष्ठ प्रशासकीय अधिकारियों और सेनापतियों ने इसे बेहद नापसन्द किया। हिन्दू जनता, इन जश्नों में खुशी-खुशी शामिल होती थी और अपनापन महसूस करती थी लेकिन औरंगज़ेब की इन पाबन्दियों की वजह से हिन्दुओं में फिर से बेगानेपन का अहसास बढ़ने लगा, जबकि औरंगज़ेब के पूर्ववर्ती शासकों ने बड़ी कामयाबी से इस अहसास को मिटा दिया था।

जहाँ तक सिख गुरु तेगबहादुर (1621-75) के प्राणदंड का विषय है, घटनाएँ बहुत

साफ-स्पष्ट नहीं हैं लेकिन इतना निश्चित है कि उसके परिणामस्वरूप मुस्लिम-सिख रिश्तों को बहुत नुकसान पहुँचा। निश्चयात्मक तौर पर इतना ही कहा जा सकता है कि गुरु को कैद किया गया और 1675 में दिल्ली में प्राणदंड दिया गया। यह पता नहीं कि बादशाह को उस वक्त, गुरु पर लगाए गए आरोपों और परिणामस्वरूप हुए कारावास और मृत्युदंड की जानकारी थी या नहीं। लेकिन उस घटना ने गुरु के अनुयायियों में भयानक रोष पैदा कर दिया। तेगबहादुर के पुत्र दसवें गुरु गोविन्द सिंह (1665-1708) ने सिख सम्प्रदाय को एक धर्मसुधारवादी और हिन्दू-मुस्लिम एकता की पैरवी करनेवाले पन्थ से बदलकर एक उग्र बिरादरी बना दिया जिसने हिन्दुस्तान की मिट्टी से मुस्लिम शासन की जड़ों को उखाड़ फेंकने का बीड़ा उठाया। एक सूत्र के मुताबिक औरंगज़ेब और गुरु गोविन्द सिंह के बीच सुलह-समझौते की एक कोशिश भी हुई थी; गुरु गोविन्द सिंह के अपने 'ज़फरनामा' में हालाँकि मुग़ल जुल्मशाही पर तीखे प्रहार किए हैं लेकिन इस्लाम की मानवीयता की सराहना की है। बहरहाल, इन सबके बावजूद, सिखों और मुसलमानों के रिश्ते बिगड़ते चले गए और नतीजतन सिख, अन्ततः विद्रोही, उग्र हिन्दुओं की जमात का एक हिस्सा बन गए।

औरंगज़ेब ने मराठा नेता शिवाजी (शासन : 1627-80) के साथ जैसा सलूक किया, उसने दक्खन के हिन्दुओं को भी पराया बना दिया। औरंगज़ेब की अहमदनगर, बीजापुर और गोलकुंडा की शिया सल्तनतों से जारी लड़ाइयों ने शिया और सुन्नियों के बीच की दरार को भी गहरा किया। शरीअत का कड़ाई से पालन करने की उसकी नीति ने भी अन्तरधार्मिक सामंजस्य पर प्रतिकूल प्रभाव डाला और हिन्दुओं में असन्तोष और रोष का ज्वार उठने लगा। उसके कुछ मुसलमान अधिकारी, मजहबी आस्था की वजह से उतना नहीं, जितना बादशाह को खुश करने की नीयत से, दूसरे धर्मावलम्बियों के साथ अनावश्यक तौर पर दुर्व्यवहार करने लगे। इतिहासकार इस मुद्दे पर आपस में सहमत नहीं हैं कि औरंगज़ेब द्वारा अकबर और उसके उत्तराधिकारियों द्वारा सुस्थापित सहिष्णुता की नीति को उलटने के पीछे मुख्य उद्देश्य अपने मृत भाई दाराशिकोह की लोकप्रियता और प्रभाव का खात्मा करना था या धार्मिक परम्परावादियों के निर्देशों का पालन करना क्योंकि यह बात तो निश्चित ही है कि इस वर्ग से उसका जुड़ाव था। विडम्बना यह है कि बहुत ही सबल हिन्दू सेनापति राजा जसवन्त सिंह की मदद से ही उत्तराधिकार की लड़ाई में दारा की हार हुई और औरंगज़ेब जीता—और इस घटना ने ही भारतीय इतिहास को एक नया मोड़ दे दिया।

औरंगज़ेब ने पचास साल से ज्यादा वक्त तक हुकूमत की लेकिन उसकी नीतियों ने मुग़ल सल्तनत के विनाश के बीज बो दिए थे। वह शुद्धतावादी था और उसने अपने इस्लाम को सर्वसमावेशी बनाने की बजाय विशिष्ट, व्यापक की बनिस्बत संकीर्ण बना दिया। नतीजा यह हुआ कि औरंगज़ेब के परदादा अकबर ने अपनी कुशलता और योग्यता से, सुलह-कुल नीति से जिस विशाल साम्राज्य को स्थापित और प्रतिष्ठापित किया था वह औरंगज़ेब की मृत्यु के कुछ दशकों के भीतर ही ढह गया। औरंगज़ेब

धर्मपरायण होने का दावा करता था, तो फिर क्या औरंगज़ेब को धर्म के क्षेत्र की एक उपलब्धि माना जाए ? उन मुसलमानों को, जो उसकी तथाकथित उपलब्धियों का गुणगान करते हैं, इस पहलू पर संजीदगी से सोचना पड़ेगा; आखिरकार किसी काम का परिणाम ज्यादा महत्त्वपूर्ण होता है बनिस्बत उस नीयत के जो उस काम के पीछे निहित होती है।

उसी प्रकार से, उन हिन्दुओं को भी, जो मैसूर के टीपू सुल्तान (1750-94) द्वारा अपनी मातृभूमि की विदेशी हमले से रक्षा करने के लिए उठाए गए वीरतापूर्ण कदमों की अवहेलना करते हैं और उस पर मजहबी कट्टरपन्थी होने की तोहमत लगाते हैं, इस बात का अहसास होना चाहिए कि अपने इस रवैए से वे हिन्दू-मुस्लिम रिश्तों को मजबूत बनाने के प्रयास को कितना नुकसान पहुँचा रहे हैं। फिर से के. आर. मलकानी को उद्धृत करें :

> सचमुच ही, जितना ज्यादा मैं टीपू सुल्तान के बारे में पढ़ता जाता हूँ, उतना ही ज्यादा मैं उसके समृद्ध व्यक्तित्व से प्रभावित होता जाता हूँ। बचपन में टीपू के दो शिक्षक थे—एक हिन्दू-पंडित गोवर्धन और एक मुस्लिम-मौलवी उबैदुल्लाह। उसका आजीवन साथी और वजीरे-आजम था पुन्नैया; उसका मुख्य सेनापति था कृष्ण राव; उसका निजी सचिव था शिवाजी। उसने 156 मन्दिरों को धर्मदाय प्रदान किया। प्रतिदिन सबेरे सबसे पहले वह स्नान करता था और भगवान श्री रंगा को नमन करता था। एक बार वह श्रृंगेरी महाराज का उठकर स्वागत नहीं कर पाया तो उसने अपनी भूल के लिए क्षमा माँगी और प्रायश्चित के रूप में शत चंडीयज्ञ करवाया, और सबसे मार्मिक बात तो यह है कि वह एकमात्र राजा था जिसने ब्रिटिशों से लड़ते-लड़ते वीर-गति पाई। उसके ध्वज पर अंकित था शेर"![16]

इसलिए, यह कहा जा सकता है कि हिन्दुस्तान में मुस्लिम शासन के लम्बे इतिहास में कुछ कालिमामय कालखंडों को छोड़ दिया जाए तो ऐसे अनगिनत तेजोमय कालखंड रहे हैं जिन्होंने इन दोनों धर्मावलम्बियों के बीच सद्भावना को विकसित करने में योगदान किया। इसलिए यह बात बहुत ही धक्का पहुँचानेवाली है कि स्कूली बच्चों के पाठ्यक्रम के बोझ को हल्का करने के लिए उपाय सुझाने हेतु नियुक्त यशपाल कमेटी ने यह सिफारिश की है कि पाठ्यक्रम से मध्ययुगीन इतिहास हटा दिया जाए। प्राचीन और आधुनिक इतिहास तो बरकरार रखा गया है लेकिन चूँकि मध्य युग अधिकांशतः मुस्लिम इतिहास है, इसलिए उसे छोड़ दिया गया है। कुछ विश्वविद्यालयों ने भी, जिसमें बम्बई विश्वविद्यालय उल्लेखनीय है, स्नातक स्तर पर ऐसा किया गया है। मैंने जब इसका विरोध किया तो तत्कालीन चांसलर ने जवाब में कहा, "आपको तो इस कार्रवाई की सराहना करनी चाहिए क्योंकि मुस्लिम युग तो हत्या, लूटमार और बलात्कार से भरा पड़ा है। उसे पढ़ने से तो हिन्दू-मुस्लिम कटुता ही बढ़ेगी।" क्या अज्ञान की इससे आगे भी

कोई हद हो सकती है ? जैसा कि प्रो. बी.एन. पांडे ने यशपाल कमेटी की सिफारिश पर टिप्पणी करते हुए ध्यान दिलाया है, "मध्य युग हमारे इतिहास का एक अभिन्न हिस्सा है। उसने हमारी संस्कृति, साहित्य, शिल्प और संगीत को समृद्धतर बनाया"। जिस बच्चे को मध्ययुगीन इतिहास नहीं पढ़ाया जाएगा वह सम्भवतः ज्यादा आसानी से उन लोगों के कुप्रचार का शिकार हो जाएगा जो हिन्दू और मुसलमान समुदायों के बीच दरार पैदा कर रहे हैं और तथ्यों को तोड़-मरोड़कर और मनगढ़न्त बातें रचकर साम्प्रदायिक जहर फैला रहे हैं।[17]

इसके अलावा यह मान्यता भी, कि सिर्फ मुसलमान शासकों ने ही मध्य युग में हत्या, लूटमार और देवालयों के ध्वंस की करतूतें कीं, प्राप्त तथ्यों की रोशनी में सच साबित नहीं होती; भिन्न-भिन्न राज्यों के अनेक हिन्दू शासक भी इस प्रकार के अनाचारों के लिए अपराधी ठहराए जा सकते हैं। मिसाल के तौर पर इतिहासकार डी.सी. गाँगुली के अनुसार, सन् 1226 में अवध के राजा बरतू ने 1,20,000 मुसलमानों का कत्ले-आम किया। आर.सी. मजुमदार ने पुष्टि की है कि जब भी किसी हिन्दू शासक ने मुसलमानी फौज को हराया, उसने अनिवार्य तौर पर हजारों 'म्लेच्छों' का वध किया और उस राजा को आर्यावर्त्त के नायक के रूप में अभिनन्दित किया गया। ऐसे अनेक मामले हैं जहाँ हिन्दू धर्म से धर्मान्तरित होकर मुसलमान बनने और ऊँचे ओहदों पर नियुक्त होने के बाद लोग वापस हिन्दू धर्म की ओर लौटे हैं और उन्होंने मुसलमान और इस्लाम से जैसे अपनी अपमानजनक स्थिति का बदला लिया है। खुसरूख़ान इसका एक सटीक उदाहरण है; उसने 1320 में राजमहल में अन्दरूनी बगावत करवा दी और न सिर्फ अपने बादशाह क़ुतबुद्दीन ख़िलजी को बल्कि उसके परिवार के सभी पुरुष सदस्यों को मौत के घाट उतार दिया। उसने बादशाह की विधवा को अपने हरम में डाल लिया और मस्जिदों की मीमबारों पर मूर्तियों की स्थापना कर दी। उसके अनुयायी, जो 'परवारी' कहलाते थे, क़ुरान की प्रतियों पर घिनौने ढंग से बैठते थे। विजयनगर साम्राज्य के संस्थापक हरिहर और बुक्का ने अपने सहयोगियों को मुसलमान औरतों का शील-भंग करने की खुली छूट दे रखी थी। निस्सन्देह, ये सब मामले अपवाद रूप हैं और कुछ मुसलमान शासकों की करतूतों की भी गिनती उनमें ही होनी चाहिए। पृथ्वीराज और राणा साँगा से लेकर शिवाजी तक के महत्त्वपूर्ण हिन्दू राजाओं का मुसलमानों के प्रति रवैया इनसे अलग ही था; वे अधीनस्थ मुसलमानों की भावनाओं का ध्यान रखते थे। हिन्दू पादशाही की स्थापना के नारे के बावजूद मराठा वीर शिवाजी धर्मनिरपेक्षता का शानदार उदाहरण था; उसने क़ुरान और सूफ़ी सन्तों के प्रति असीम श्रद्धा-भाव दिखाया और अपनी मुस्लिम प्रजा के साथ उदारता का बर्ताव किया। उसके कुछ उत्तराधिकारियों ने अलबत्ता अनाचार-अत्याचार किए; 1754 में रघुनाथ राव ने शहर के शहर लूटे और उजाड़ डाले। और, 1760 में सदाशिवराव भाऊ ने मस्जिदों और मुग़ल राजमहलों से सोने-जवाहरात लूटे और उन्हें गलाकर साथ ले गया। कुछ जाट शासक भी मुसलमानों के प्रति कम क्रूर नहीं रहे; उनमें से एक ने तो बादशाह अकबर के मकबरे को दूषित

किया क्योंकि अकबर ने एक हिन्दू स्त्री से शादी की थी !

औरंगज़ेब के बाद विशाल मुग़ल साम्राज्य तेजी से बिखरता चला गया। नादिरशाह (मृत्यु 1747) के हमले ने और अहमद शाह अब्दाली (1722-72) की बार-बार की चढ़ाइयों ने केन्द्रीय सत्ता के बचे-खुचे आभास को भी चकनाचूर कर दिया। हालाँकि औरंगज़ेब के बाद ग्यारह मुग़ल बादशाह तख़्तनशीन हुए लेकिन उनकी सल्तनत सिकुड़ती चली गई। (यों हिन्दुओं ने बड़ी कोशिश की कि दूसरे असन्तुष्ट मुसलमान शासक ऐसा न कर पाएँ।) मराठों ने पानीपत की तीसरी लड़ाई में मुग़ल सत्ता को बचाने के लिए अपनी सारी ताकत लगा दी लेकिन पराजय ही हाथ लगी। बाद में ब्रिटिशों के आगमन ने एक के बाद एक मुसलमान शासकों की तकदीर पर खात्मे की मुहर लगा दी और उनकी हैसियत दिल्ली के इर्द-गिर्द कुछ मील तक फैले इलाके में बन्दी, कैदी की-सी रह गई। 1803 में ब्रिटिशों ने अमली तौर पर तो सल्तनत की बागडोर थाम ही ली थी और 1857 के नाकामयाब विद्रोह के बाद तो साम्राज्य पर अन्तिम जानलेवा वार कर दिया गया। विद्रोह के बाद अन्तिम मुग़ल बादशाह, शायर बहादुरशाह ज़फ़र (1775-1862) को ब्रिटिशों ने बन्दी बनाया और देशनिकाले की सजा देकर रंगून भेज दिया जहाँ घोर विपन्नता में उसकी मृत्यु हो गई। और, इस प्रकार भारत में, सदियों पुराने विशृंखल और विसंगतियों-भरे मुस्लिम शासन का अन्त हुआ। इस दीर्घकाल के दौरान जो-जो शासक आए, वे अपनी-अपनी विशिष्टताओं और विचित्रताओं से युक्त थे। उनमें से अधिकतर ने एक ऐसी सामासिक संस्कृति के निर्माण में योगदान किया, जो वक्त के दबावों और तनावों का मजबूती से सामना करने में कामयाब रही है। लेकिन देश के बँटवारे के बाद से कुछ पुराने पूर्वग्रहों की सजा, खासतौर पर हिन्दुस्तानी मुसलमानों को भुगतनी पड़ रही है। इन मुसलमानों को न तो हिन्दुओं ने पूरे तौर पर अपना समझा है और न ही पाकिस्तान या बांग्लादेश के मुसलमानों ने इनका स्वागत किया है जबकि सच्चाई यह है कि भारतीय मुसलमानों की कुर्बानियों की वजह से ही पाकिस्तानियों को और बाद में बांग्लादेशियों को अपना स्वतन्त्र प्रभुसत्तासम्पन्न मुल्क हासिल हुआ। यह बात दुखद है, लेकिन सच भी कि भारतीय मुसलमान का अधिकांश वक्त किसी-न-किसी मृगमरीचिका के पीछे दौड़ने में बीतता रहा। उन्हें लगातार किसी अनाम आदर्श, अप्राप्य अवसर की तलाश रही ! मैथ्यू अर्नाल्ड की पंक्तियाँ उनके हाल को सही चित्रित करती हैं, 'खोए हुए आदर्श, छूटी हुई आस्थाएँ, अलोकप्रिय नाम और असम्भव प्रतिबद्धताएँ,' इनका घर है उनकी जिन्दगी !

एकता के मध्ययुगीन प्रयास

मुस्लिम शासन के दौरान आम हिन्दू और मुस्लिम जनता का जीवन शाही दरबार के दायरों में चल रही गतिविधियों से जरा भी प्रभावित नहीं होता था; दोनों ही की आर्थिक और सामाजिक हालत एक-सी चिन्तनीय और शोचनीय थी। शहरों और गाँवों में दोनों का एक-दूसरे से सहज आदान-प्रदान का रिश्ता था; और यों आमतौर पर अमन, सौहार्द और सामंजस्य का माहौल बना रहता था बशर्ते कि किसी हमले की वजह से शान्ति भंग न हो जाए या किसी शासक के खिलाफ उठी बगावत या दरबारी सामन्तों के आपसी षड्यन्त्रों की वजह से अराजकता न फ़ैल जाए।

सबसे पहले यहाँ आए अरब, जिनका प्रशासन सहिष्णुता का एक आदर्श उदाहरण था। उन्होंने हिन्दुओं से उदारतापूर्ण व्यवहार किया और मूर्ति-पूजा पर कोई पाबन्दी नहीं लगाई। नए शासक मुहम्मद बिन क़ासिम को उसके वरिष्ठ हज्जाज ने निर्देश दिया था कि ''ईसाइयों के गिरजाघरों, यहूदियों के सिनेगागों और मैगीयों की अग्नि-वेदियों की तरह ही हिन्दुओं के मन्दिरों की पवित्रता को भंग नहीं करना चाहिए, जब तक कि वे जज़िया और दूसरे प्रकार के करों का भुगतान ठीक-ठाक कर रहे हों,'' उसने समझाया कि ''उसे अवाम और सुल्तान के बीच ईमानदारी से व्यवहार चलाना चाहिए और अगर वितरण का अवसर आए तो समभाव से करना चाहिए और चुकानेवाले की हैसियत के मुताबिक महसूल लगाना चाहिए।'' ज्ञात तथ्यों के आधार पर यह कहा जा सकता है कि उसका शासन न्यायपूर्ण और निष्पक्ष था, यहाँ तक कि उसने अपने रोजमर्रा के व्यवहारों में हिन्दू रीति-रिवाजों को भी शामिल कर लिया था ताकि उसका शासन हिन्दू प्रजा के लिए ज्यादा स्वीकार्य हो।

अरबों की हुकूमत थोड़े वक्त तक ही रही; हमलावर मानो सैलानी परिन्दों की तरह आए, रुके और उड़ गए। वे अपने विजित प्रदेशों में स्थायी रूप से नहीं बसे। तुर्क (1300-1525), अफगान (1539-55) और मुग़ल (1526-1857) जो उनके बाद आए, अलग ही कोटि के थे। उनमें से अधिकांश ने नई जमीन को अपना देश बना लिया। उनके उच्च वर्ग के सदस्य, खासकर जो तुर्क, अफगान या मुग़ल शासकों के कबीलों में से थे, मुस्लिम हुकूमत के प्रबन्धन में होनेवाले घात-प्रतिघातों में शरीक होते थे। नव-मुस्लिमों (धर्मान्तरित हिन्दू) और हिन्दू उच्च वर्गों को न तो उन विदेशियों जैसा दर्जा और ओहदा मिलता था और न ही उनकी बराबरी का वेतन, आमदनी, सहूलियतें और

सुविधाएँ। असल में, अधिकांश हिन्दुओं ने अपने को धन्धे-व्यापार में लगा लिया था और उनका कारोबर अन्तर्राष्ट्रीय स्तर पर भी चला करता था। सामान्य मुस्लिम हुकूमत ने समूचे दौर में हिन्दू साहूकार, जो शाह और मुल्तानी के नाम से जाने जाते थे, यूरोप के यहूदियों की तरह ही मुस्लिम हुकूमत की अर्थव्यवस्था की रीढ़ थे। व्यापार की तरह ही खेती में भी हिन्दुओं का वर्चस्व था। यह सच है कि दरबार में मुस्लिम कर्मचारियों की तादाद हिन्दुओं से काफी ज्यादा थी लेकिन फिर भी काफी अच्छी संख्या में हिन्दू महत्त्वपूर्ण पदों पर आसीन थे। अक्सर उन्हें मुस्लिमों से ज्यादा विश्वासपात्र माना जाता था क्योंकि वे अपने को साजिशों और षड्यन्त्रों से अलग-थलग रखा करते थे और मुस्लिम कर्मचारियों की तुलना में उन्हें अपनी नौकरी के कार्यकाल की सुरक्षा का आश्वासन रहता था। हिन्दुस्तान-भर के गाँव इतने अधिक बिखरे-बिखरे और दूर-दूर स्थित थे कि दिल्ली में रहकर उन पर नियन्त्रण रख पाना नामुमकिन-सा ही था; उनकी दूरियाँ ही इतनी बड़ी अड़चन थीं, उस पर यातायात और संचार के साधन इतने पुरातन और आदिम अवस्था में थे कि समस्या और विकट हो जाती थी। इसलिए इन गाँवों को पर्याप्त स्वायत्तता प्राप्त थी और ब्रिटिश हुकूमत की शुरुआत तक भी यही स्थिति बनी रही। केन्द्रीय सत्ता और राजवंशों के परिवर्तनों के प्रति भारतीय गाँवों की उदासीनता की बड़ी जीती-जागती तस्वीर सर चार्ल्स मेटकाफ ने खींची है। उन्होंने सन् 1832 में लिखा :

> ग्रामीण समाज, छोटे-छोटे गणतन्त्र हैं, जिन्हें अपनी जरूरत की करीब-करीब सभी चीजें वहीं उपलब्ध हैं और जो किसी पराए मुल्क के सम्पर्क से करीब-करीब अछूते हैं। लगता है कि यहाँ यही एक चीज है जो बची रह जाती है जबकि और कोई भी चीज स्थायी नहीं दिखती। राजवंश-दर-राजवंश धराशायी हो जाते हैं; क्रान्ति-दर-क्रान्ति होती चली जाती है"जब कोई संकट आता है तो वे अपने को शस्त्र-सज्जित और किलाबन्दी कर बचा लेते हैं; दुश्मनों की फौज प्रदेश से गुजरती है, ग्रामीण समुदाय अपने ढोरों-जानवरों को गाँव की चहारदीवारी के भीतर जमा कर लेता है और फौज को प्रतिकार किए बगैर, उकसाए बगैर गुजर जाने देता है; अगर लूटमार और बरबादी का कहर उनके ऊपर ही टूटता है और सामनेवाले की ताकत का मुकाबला करना नामुमकिन होता है तो वे सुदूर किसी मित्र गाँव की ओर पलायन कर जाते हैं; लेकिन जब तूफान गुजर जाता है तो वे फिर लौट आते हैं और फिर से अपने कारोबार में लग जाते हैं।[1]

यह आरोप भी सच नहीं है कि मुसलमान शासकों ने हिन्दुओं का जबरन धर्मान्तरण करवाया; उससे न सिर्फ मुस्लिम सत्ता का स्थायित्व खतरे में पड़ जाता बल्कि पूरा माहौल ही दूषित हो जाता। हर शासक, सदैव दरबारी साजिशों के खतरे के साए में रहता था और जाहिर है कि आम जनता में भारी असन्तोष पैदा करने जैसा कोई कदम उठाना उसके लिए भारी पड़ जाता क्योंकि बड़े पैमाने पर धर्मान्तरण करवाने से अनिवार्य तौर

पर ऐसी हालत खड़ी हो जाती। सुल्तान की पहली और फ़ौरी जिम्मेदारी होती थी अपने अवाम के बीच शान्ति और सौमनस्य स्थापित करना। और, अब यह बात सर्वसम्मत रूप से मानी जा रही है कि कुछ शासकों को अपवादस्वरूप छोड़ दिया जाए तो न खिलजियों (1290-1320) ने, न तुगलकों (1320-1412) ने, न लोदियों (1451-1526) ने और न ही महान मुग़ल बादशाहों (1526-1707) ने धर्मान्तरण को प्रोत्साहन दिया; यह काम या तो सूफियों ने किया या व्यापारियों ने। इसके अलावा कई हिन्दू, दरबार में अपनी उन्नति की सम्भावनाओं को बेहतर बनाने के लिए स्वेच्छया मुसलमान बने। लेकिन, इन नव-मुस्लिमों या हिन्दू मूल के भारतीय मुसलमानों को बराबरी का दर्जा नहीं मिलता था। उनसे मूल तुर्क, अफगान या मुग़लों के समकक्ष व्यवहार नहीं किया जाता था। इस दलील में कोई सच्चाई नहीं है कि उन्हें धर्मान्तरित करने के लिए बल-प्रयोग किया गया। सर थामस अर्नाल्ड ने अपने महशूर ग्रन्थ 'प्रीचिंग ऑफ इस्लाम' में तथ्यों और आँकड़ों के आधार पर इस दलील की धज्जियाँ उड़ा दी हैं और यह साबित किया है कि 'उपदेशकों और सौदागरों के शान्त, प्रच्छन्न प्रयासों ने'[2] आम जनता के बीच इस्लाम के सन्देश को पहुँचाया था, न कि प्रशासकों की तलवार ने !

अन्य अनेक विद्वानों ने भी दृढ़तापूर्वक कहा है कि कुछ अत्यन्त अपवादपूर्ण हालात को छोड़ दें तो एक हजार साल की अवधि के बिखरे-बिखरे मुस्लिम शासनकाल के दौरान जबरन धर्मान्तरण नहीं हुए। विख्यात पाकिस्तानी इतिहासकार एस.एम. इकराम ने टिप्पणी की है :

> (अन्य सबूतों के अलावा यह भी देखें कि) अगर मुसलमानों की आबादी के फैलाव के लिए मुसलमान सुल्तानों की ताकतें ज्यादा जिम्मेदार हैं तो फिर यह अपेक्षा बनती है कि मुसलमानों की अधिकतम आबादी, उन क्षेत्रों में होनी चाहिए, जो मुस्लिम राजनीतिक शक्ति के केन्द्र रहे हैं। लेकिन दरअसल ऐसा नहीं है। दिल्ली, लखनऊ, अहमदाबाद, अहमदनगर और बीजापुर, यहाँ तक कि मैसूर में भी, जहाँ कि कहा जाता है कि टीपू सुल्तान ने जबरन लोगों को इस्लाम में धर्मान्तरित करवाया, मुसलमानों का प्रतिशत बहुत कम है। राजकीय धर्मान्तरण के परिणामों को इसी तथ्य से नापा जा सकता है कि मैसूर राज्य में मुसलमान बमुश्किल पूरी आबादी के पाँच प्रतिशत हैं। दूसरी ओर, जबकि मालाबार में इस्लाम कभी भी राजनीतिक शक्ति नहीं रहा, लेकिन आज भी मुसलमान कुल आबादी के करीब तीस प्रतिशत हैं। उन दो प्रदेशों में जहाँ मुसलमानों की सघनतम आबादी है—यानी आधुनिक पूर्वी और पश्चिमी पाकिस्तान में—इस बात के साफ-स्पष्ट सबूत हैं कि धर्मान्तरण उन रहस्यवादी सूफ़ी सन्तों की वजह से हुआ जो सल्तनत के दौरान हिन्दुस्तान आते रहे। पश्चिमी क्षेत्र में तेरहवीं सदी में यह प्रक्रिया उन हजारों धर्मवेत्ताओं, सन्तों, धर्मप्रचारकों की वजह से ज्यादा सुकर बनी जो मंगोलों के आतंक से पलायन कर भारत आए थे।[3]

बंगाल में, पीढ़ियों से दमन से त्रस्त निम्नवर्णी लोगों ने इस्लाम को कबूल किया, क्योंकि इसका समानता और भाईचारे का सिद्धान्त उन पर जादुई असर डालता था।

हालाँकि दिल्ली सल्तनत और बाद में मुग़लों के शासनकाल के दौरान हिन्दुओं और मुसलमानों के रिश्ते आमतौर पर सौहार्दपूर्ण रहे लेकिन इससे न तो उनकी जीवन-प्रणाली और न ही उनकी सोच में किसी प्रकार विलयन हुआ। दुर्भाग्य से वैसा हो सकना सम्भव नहीं हो सका क्योंकि उनकी अपनी-अपनी धार्मिक आस्थाओं में बुनियादी फर्क है। इस्लाम पक्का एकेश्वरवादी है; हिन्दू धर्म आमतौर पर सर्वेश्वरवादी है। इस्लाम मूर्ति-पूजा में यकीन नहीं करता; हिन्दू धर्म ईश्वर तक पहुँचने के लिए एक माध्यम के तौर पर मूर्ति-पूजा को प्रोत्साहन देता है। इस्लाम अपने अनुयायियों में समानता की अवधारणा का कड़ाई से पालन करता है; हिन्दू धर्म में जाति-भेद को स्वीकृति है। दृष्टिकोण और सोच की ये भिन्नताएँ इतनी ज्यादा बुनियादी हैं कि एक-दूसरे के कर्मकांडों और धार्मिक रीति-रिवाजों का परस्पर समावेश हो ही नहीं सकता। हालाँकि, कभी-कभी निचले तबकों में तनाव और संघर्ष हुए जिससे हिन्दू-मुस्लिम रिश्तों में कड़वाहट आई। लेकिन उसकी वजह से कुल मिलाकर उनके पारस्परिक सौहार्द या मैत्री-भाव में कोई खास बाधा नहीं पड़ी। इसके विपरीत, परस्पर विरोधाभासी इन दो संस्कृतियों के निकट सान्निध्य से, इन सदियों के दौरान एक संयोजन निर्मित होने लगा जिससे उस भारतीय-सारसेनिक सभ्यता का जन्म हुआ जो उनकी कला, शिल्प और साहित्य में प्रतिबिम्बित-प्रतिफलित हुई। इस आदान-प्रदान से, उनके धार्मिक आचार-विचार और परम्पराएँ भी धीरे-धीरे प्रभावित होने लगीं।

हिन्दू मुसलमान पीर-फकीरों पर श्रद्धा-भाव रखने लगे; और मुसलमान वैदिक मन्त्रों-श्लोकों को सम्मान से सुनने लगे; दोनों समुदाय स्नेह और सद्भावना से प्रेरित थे जिससे एक प्रकार का आपसी भाईचारा स्थापित हुआ है। इस भावना की अभिव्यक्ति 'सत्यपीर' की पूजा में हुई जो दोनों ही समुदाय करते थे। आर.सी. मजुमदार तो यहाँ तक कहते हैं कि "शायद इसी मैत्री-भाव की वजह से यह सम्भव हो सका कि हिन्दू वापस धर्मान्तरित होकर इस्लाम से अपने मूल धर्म की ओर जा सके।"[4] आमतौर पर समाज ने ऐसे परिवर्तनों पर रोष जाहिर नहीं किया और चुपचाप उसे कबूल कर लिया।

इस्लाम और हिन्दू धर्म की परस्पर विरोधाभासी प्रकृति के बावजूद उनमें बहुत कुछ सामान्य भी था और सन्तों और सूफियों ने उस पर जोर दिया और ज्यों-ज्यों वक्त गुजरता गया, दोनों ने एक-दूसरे को विविध प्रकार से प्रभावित करना शुरू किया। हिन्दू विद्वानों ने इस्लाम का और मुस्लिम विद्वानों ने वेदों और उपनिषदों का अध्ययन करने का सम्मिलित प्रयास किया। इस क्षेत्र में कश्मीर के सुल्तान ज़ैनुल आबेदीन और बंगाल के सुल्तान हुसैन शाह का योगदान उल्लेखनीय है। उन्होंने हिन्दू सन्तों को आदर-सम्मान दिया और अपने दरबारियों को प्रोत्साहित किया कि हिन्दू शास्त्रों का सम्मान करें। संस्कृत के अनेक धार्मिक ग्रन्थों का फ़ारसी में और कुरान, हदीस और शरीय के अन्य ग्रन्थों का संस्कृत में अनुवाद हुआ। सुल्तान ज़ैनुल आबेदीन ने ध्वस्त मन्दिरों का

पुनर्निर्माण करवाया और ब्राह्मणों को ऊँचे ओहदों पर नियुक्त किया। जो धर्मान्तरित हिन्दू वापस अपने धर्म में लौटना चाहते थे, उन्हें उसकी अनुमति दी गई, गो-वध पर पाबन्दी लगाई गई और मौलवियों और पंडितों के बीच निरन्तर विचार-विनिमय की परम्परा डाली गई। उसी प्रकार, हिन्दू राजाओं के अधीन मुसलमानों से अच्छा व्यवहार किया जाता था। इब्न बतूता को गोआ और कोयलोन के बीच के हिन्दू राज्यों में अनेक सम्पन्न मुस्लिम व्यापारी मिले थे। मलाबार और लाल सागर के बीच के व्यापार पर अरब व्यापारियों की इजारेदारी थी और कालीकट के ज़ामोरिन उनका बड़ा सम्मान किया करते थे।

मुसलमान सिपाहियों और हिन्दू व्यापारियों के आपसी लेन-देन की ही वजह से एक नई भाषा विकसित हुई जिसे बाद में उर्दू का रूप मिला। मलिक मुहम्मद जायसी ने हिन्दू जीवन और परम्पराओं पर लिखने में विशेष महारत हासिल की तो अनेक हिन्दुओं ने पैग़म्बर मुहम्मद के जीवन पर रचनाएँ कीं। राय भानमल की जीवनियाँ शुद्ध फ़ारसी में हैं। उसी प्रकार से अमीर ख़ुसरो ने अपनी कविताओं के माध्यम से हिन्दू लोकाचार को लोकप्रिय बनाया। खुसरो फ़ारसी में भी रचनाएँ करता था और देशी भाषा में भी, जो संस्कृत, फ़ारसी और खड़ी बोली का मिश्रित रूप हुआ करती थी। इन सब गतिविधियों के परिणामस्वरूप कला, शिल्प और संगीत की एक नई शैली का उद्‌भव हुआ जो आज भी हमारी समृद्ध विरासत है; इस शैली में प्राचीन हिन्दू रूपाकारों और ढाँचों को बरकरार रखते हुए उन पर इस्लामी कला की परिरेखाओं का प्रत्यारोपण हुआ।

विख्यात कला समीक्षक ई. बी. हूवेल ने भारतीय शिल्प पर अपने सुप्रतिष्ठित ग्रन्थ में बताया है कि मुस्लिम शासकों ने, फिर वे अरब, पठान, तुर्क, फ़ारसी, मंगोल किसी भी समुदाय के क्यों न रहे हों, मस्जिदों, दरगाहों या महलों की रचना में हिन्दू प्रतीकों और आकल्पनाओं से काफी कुछ अपनाया। वे लिखते हैं :

> "मेहराब, हिन्दू देवालयों जैसे थे, तोरण-संरचना में अक्सर हिन्दूकरण होता था, रूपाकार में जैसे हमेशा ही होता था; इन सज्जात्मक और ढाँचागत रूपाकृतियों में अन्तर्निहित प्रतीकात्मकता हमें यह स्पष्ट रूप से दर्शाती है कि इन भारतीय निर्माताओं के लिए मक्का के पैग़म्बर का सम्प्रदाय, संयोगात्मक हिन्दुत्व के अनेक घटक तत्त्वों में से एक था; वे अच्छे मुसलमान हो सकते थे लेकिन साथ ही हिन्दू भी बने रह सकते थे।[5]

सामाजिक स्तर पर एकता का एक और कदम था—समाज के विभिन्न तबकों के बीच अन्तर-धार्मिक शादियाँ; जो सिर्फ राजमहलों में ही नहीं वरन् हवेलियों और आम बस्तियों में भी बड़े पैमाने पर होती थीं और जिससे दोनों समुदायों के सदस्यों के बीच बेहतर समझदारी और सौहार्द का पोषण हुआ। कुछ मौलवियों को अलबत्ता इस प्रकार के सम्बन्धों से परेशानी होती थी लेकिन न सिर्फ सम्भ्रान्त-विशिष्ट वर्गों के लोग उसका स्वागत करते थे, और ज्यादातर उनमें ही ऐसे सम्बन्ध होते थे, वरन् आम व्यक्ति भी

उसका स्वागत करते थे।

सर जान मार्शल ने उचित टिप्पणी की है :

> मानव इतिहास में ऐसा नजारा बहुत ही कम नजर में आता है ! इतनी विशाल और सुदृढ़ रूप से विकसित और फिर भी इतनी भिन्न दो सभ्यताएँ—इस्लामी और हिन्दू—और फिर उनका परस्पर मिलन और मिश्रण ! इन दोनों के बीच की विषमताएँ इनकी संस्कृतियों और धर्मों की व्यापक भिन्नताएँ और उनके प्रभाव से बना इतिहास, अनूठे ढंग से शिक्षाप्रद बन जाता है...।[6]

कुलीन मुसलमानों और सूबेदारों और वरिष्ठ हिन्दू अधिकारियों के बीच भी वैसा ही अन्तर-धार्मिक भाईचारा था जैसा कि दोनों समुदायों के आम लोगों के बीच। असल में उच्च स्तर पर तो वह अधिक ही था क्योंकि विशाल प्रशासकीय संस्थान में आदान-प्रदान के मौके ज्यादा हुआ करते थे। किसान अधिकतर हिन्दू थे; गाँवों के मुखिया भी हिन्दू थे और मुनीम भी। उसी प्रकार से वित्त और राजस्व अधिकारी भी हिन्दू ही थे क्योंकि वित्त और राजस्व उगाही की बारीकियों से वे ज्यादा परिचित थे। राजस्थान में तो प्रशासन में भी उनका ही वर्चस्व था। चन्देरी के मेदिनी राय मालवा सल्तनत के सर्वोच्च पद पर आसीन थे। बीजापुर की आदिलशाही में और गोलकुंडा के सुल्तानों के यहाँ, हिन्दू महत्त्वपूर्ण पदों पर थे। स्थानीय भाषाओं में दस्तावेज लिखने का काम भी वे ही करते थे। बंगाल में, हुसैन शाह के दरबार में, तीन नाम उल्लेखनीय हैं—पुरन्दर, सनातन और रूप। कश्मीर के सुल्तान ज़ैनुल आबेदीन ने अपने शासन के हर क्षेत्र में हिन्दुओं को इतना आदर और संरक्षण प्रदान किया था कि उन्होंने उसे 'जगद्गुरु' की उपाधि से अलंकृत किया और उसी प्रकार पूजनीय माना। एक हिन्दू बनिए हेमू ने ही सन् 1556 में मुग़ल हमलावर अकबर के खिलाफ अफगानों की सेना का नेतृत्व किया था।

हिन्दू शासकों का अपनी मुसलमान प्रजा के प्रति रवैया भी उतना ही न्यायपूर्ण और निष्पक्ष था। विजयनगर साम्राज्य में नागरिक और सैनिक संस्थानों में हजारों मुसलमान कर्मचारी थे। राणा साँगा (शासन : 1509-28) का तो एक पूरा फौजी दस्ता ही मुसलमानों का था। शिवाजी की नौसेना का कप्तान एक मुसलमान था। उसके सैनिकों का एक काफी बड़ा तबका इस्लाम मतावलम्बी था।

हालाँकि औरंगज़ेब शुद्धतावादी था लेकिन अपने विस्तृत व फैले हुए साम्राज्य के संचालन के लिए हिन्दुओं पर उतना ही निर्भर करता था जितना कि मुसलमानों पर। जब भी उसे अनुकूल लगता था वह क़ुरान के आदेशों का उल्लंघन भी कर लेता था। उसे मन्दिरों को ध्वस्त करने या हिन्दुओं पर जज़िया लगाने का अधिकार नहीं था क्योंकि उसकी लड़ाइयाँ धार्मिक आदर्श के लिए नहीं बल्कि साम्राज्यवादी लिप्सा के लिए लड़ी गई थीं। अपने पिता से उसने जो बर्ताव किया वह भी क़ुरान की हिदायतों के अनुरूप नहीं था। शाहजहाँ ने उसे निम्न मार्मिक पद लिखा था :

हिन्दुओं की हरचन्द तारीफ करनी चाहिए
खासकर इसलिए कि वे अपने मृतकों को भी पानी देते हैं
लेकिन, तुम, मेरे बेटे, कैसे बढ़िया मुसलमान हो
मुझ जिन्दा (बाप) को भी बूँद-बूँद पानी को तरसाते हो !

औरंगज़ेब का बड़ा भाई दाराशिकोह उदार मानवतावाद का मूर्त स्वरूप था सिंहासन पाने के लिए औरंगज़ेब उसके खिलाफ लड़ा और उस लड़ाई में उसे मुल्ला-मौलवियों के समर्थन का बल मिला था उन्हें खुश करने के लिए औरंगज़ेब ने दारा के खिलाफ हर प्रकार के रूढ़िवादी हथियार का इस्तेमाल किया यहाँ तक कि उस पर मनगढ़न्त अभियोग भी लगाए और उसे मृत्युदंड दिलवा दिया। जबकि महान मुग़ल बादशाहों के युग में और उनमें भी खासकर अकबर के जमाने में हिन्दू-मुस्लिम एकता को बढ़ावा दिया गया। जज़िया जैसी क्षोभकारी बातों को हटाया गया और हिन्दू मन्दिरों के निर्माण के लिए उदार हाथों से दान दिए गए। औरंगज़ेब ने, बेशक, इस प्रक्रिया को पलट दिया, लेकिन विराट मुग़ल साम्राज्य के समूचे प्रशासनिक ढाँचे को, सारे रूढ़िवादी इस्लामी जुनून के बावजूद, आसानी से बदला नहीं जा सकता था।

शिवाजी, निस्सन्देह, धार्मिक हिन्दू था लेकिन वह धर्मान्ध या दुराग्रही नहीं था, असल में उसने तो औरंगज़ेब को उसकी धर्मान्धता की प्रकृति के खिलाफ चेतावनी भी दी थी। शिवाजी ने इस्लाम के प्रति सद्‌भावना की विरासत अपने दादा से पाई थी जिसने अपने बेटे शाहजी (शिवाजी के पिता) का नामकरण अहमदनगर के मुस्लिम सन्त शाह शरीफ के नाम पर किया था। अपनी मुसलमान प्रजा के प्रति शिवाजी सदैव उदार था। शिवाजी का आलोचक दास्ताननवीस खफी ख़ान भी यह कबूल करता है कि "शिवाजी ने अपने अधीनस्थ इलाकों के लोगों की गरिमा को बरकरार रखने का प्रयास किया¨और अगर कभी मुसलमान औरतें और बच्चे उसकी गिरफ्त में आ जाते तो उनके सम्मान की रक्षा करने के प्रति वह सचेत रहता था। इस मुद्‌दे पर उसके निर्देश बड़े कड़े थे और जो भी उनका उल्लंघन करता, दंड का भागी बनता था।"[7] ख़फ़ी ख़ान यह भी बताता है कि शिवाजी ने अपने सिपाहियों को चेतावनी दे रखी थी कि वे किसी भी प्रकार से क़ुरान की तौहीन न करें, मस्जिदों को दूषित या उनकी तोड़-फोड़ न करें या मुस्लिम औरतों से दुर्व्यवहार न करें। यही नहीं, उसने यह भी स्पष्ट कर दिया था कि उसकी लड़ाई इस्लाम से नहीं, वरन् मुग़ल बादशाह से है, और उस बादशाह ने इस मराठा वीर का मुकाबला करने और उसे हराने के लिए हिन्दू राजपूत सेनापति राजा जयसिंह को भेजा था। औरंगज़ेब की इन नीतियों और कार्रवाइयों की वजह से साम्राज्य में, न सिर्फ हिन्दुओं और सिखों में बल्कि मुसलमानों में और वह भी खासकर शियाओं में, बड़े पैमाने पर असन्तोष फैला; इसलिए औरंगज़ेब की मृत्यु के बाद साम्राज्य कमजोर होता गया, और आखिरी नींद सोने से पहले तब तक लड़खड़ाता रहा, जब तक कि ब्रिटिशों ने आकर उस पर कब्जा न कर लिया।

मुस्लिम शासन के दौरान भाईचारे की भावना को बढ़ानेवाले आन्दोलन को

जन-जन में फैलाने का श्रेय स्वामी रामानन्द को जाता है जो लगातार समूचे उत्तरी भारत का भ्रमण करते रहे और प्रेम और सद्भावना का सन्देश फैलाते रहे; उन्होंने जाति-पाँति के भेदभाव का परित्याग किया और इस्लाम की शिक्षाओं से प्रभावित हिन्दू धर्म का प्रचार-प्रसार किया। उनके बारह शिष्य थे जिनमें सबसे मशहूर कबीर थे, जिनके ग्रामीण बोली के पदों-भजनों ने सुननेवालों को मन्त्र-मुग्ध कर दिया और उन्हें कबीर के सत्संग का सदस्य बना दिया। कबीर के लिए हिन्दू और तुर्क (मुसलमान) एक ही शरीर के दो हिस्से थे; अल्लाह और राम सिर्फ अलग-अलग नाम थे। उन्होंने अपनी जाति बताने से इनकार कर दिया और घोषित किया कि साधु की सिर्फ एक ही पहचान होती है और वह है भगवान से प्रेम। कबीर ने हिन्दू-मुसलमान—दोनों को समझाया कि पूजा-नमाज के कर्मकांड से स्वर्ग नहीं मिलेगा, वह तो सत्कर्मों से ही मिल सकता है। व्यक्ति का अन्तर्मन ही उसका मन्दिर या मस्जिद होता है और उसकी अन्तरात्मा ही उसका सही मार्गदर्शक होती है।

दादू भी कबीर ही की तरह जन्मजात मुसलमान थे। उन्होंने अपना सारा जीवन हिन्दू-मुस्लिम एकता के लिए अर्पित कर दिया। लेकिन जैसा कि जॉन एम. कोलर ने अपनी पुस्तक 'द इंडियन वे' में कहा है :

> जब भारतीय भूमि पर मुसलमानों को सच्चा आध्यात्मिक अन्वेषक और सच्चा धार्मिक सन्त पुरुष माना जाता था तब उन्हें एक विशाल धार्मिक परिवार के सदस्य के रूप में स्वीकार कर लिया जाता था और सन्त के रूप में उनका सम्मान किया जाता था। बाद में, सत्रहवीं और अठारहवीं सदी में, जब हिन्दुओं और मुसलमानों के बीच विरोध की भावना तीव्र होने लगी, जिसकी वजह राजनीतिक थी, तो हिन्दुओं ने अक्सर बड़ी आसानी से इनमें से कुछ सन्तों के इस्लामी अतीत को भुला दिया और कुछ मामलों में, दादू के मामले में तो पक्के तौर पर, जान-बूझकर ऐतिहासिक दस्तावेजों को झुठलाया ताकि उनके इस्लामी मूल को मिटा दिया जा सके।[8]

सिख धर्म के संस्थापक, नानक देव ने भी एकता का ही पावन सन्देश दिया; उन्होंने मुसलमानों से कहा :

> मुसलमान का धर्म है—पैग़म्बर के आदेशों का पालन करना, उसके लिए जिन्दगी या मौत की परवाह न करना, परमेश्वर के चरम आदेशों को कबूल करना, उसे ही एक और एकमात्र विधाता मानना और अपने अहंकार को सरासर मिटा देना ! इसलिए हे नानक, जो सब पर रहम करे, सभी जीवों से एक-सा बर्ताव करे वही अपने को सच्चा मुसलमान कह सकता है।

उसी तरह से नानक ने हिन्दुओं को याद दिलाया :

> सिर्फ बातों से ईश्वर से तादात्म्य नहीं सधता। जो मानव-मात्र को समान

मानता है वही सच्चा योगी कहला सकता है।

और फिर सन्त नामदेव थे जिन्होंने अपने पदों में उपनिषदों के एकेश्वरवाद और इस्लामी आराधना का संगम किया। उन्होंने अपनी देशी भाषा (मराठी-हिन्दी) में अरबी और फ़ारसी शब्दों का खुलकर इस्तेमाल किया और ईश्वर की सर्वोपरिता की स्तुति उसी तरह से की, जैसे मुसलमान करते हैं। तुकाराम, जो कि मध्ययुगीन भारत के महानतम सन्त कवियों में से एक थे, इस्लाम से बहुत प्रभावित हुए थे। अपनी चिर-प्रचलित शैली में एक पद में उन्होंने गाया :

परम नामों में पहला है अल्लाह,
उसे जपना न भूलो
अल्लाह सचमुच एक है
पैग़म्बर सचमुच एक है।
वहाँ तुम एक हो,
वहाँ तुम एक हो
वहाँ तुम एक हो।
ओ मित्र ! वहाँ न 'मैं' रह जाता है
न 'तू' रह जाता है ![9]

लेकिन ये सारी गतिविधियाँ सिर्फ एकतरफा नहीं थीं; जैसा कि कुछ साम्प्रदायिकतावादी इतिहासकार कहने की कोशिश करते थे; हिन्दू धर्म ने इस्लाम को उतना ही प्रभावित किया, जितना कि इस्लाम ने हिन्दू धर्म को प्रभावित किया। और ऐसा होना ही था; क्योंकि, शहरों और गाँवों में साथ-साथ रहनेवाले और रोजाना सामाजिक सम्बन्ध रखनेवाले एक-दूसरे के सुख-दुख में साझेदार कोई भी दो जन-समुदाय एक-दूसरे के प्रभाव से अछूते नहीं रह सकते। इसमें मुसलमान सूफ़ी सन्तों ने जो भूमिका निभाई वह बहुत ही महत्त्वपूर्ण थी। उन्होंने हिन्दू सन्तों की ही तरह ईश्वर से भक्ति और प्रेम तथा करुणा पर जोर दिया। उनके लिए मानव-मन, काबा से ज्यादा महत्त्वपूर्ण था; उन्होंने वैश्विक बन्धुत्व का उपदेश दिया और हिन्दू तथा मुसलमान के बीच भेदभाव करने से इनकार कर दिया। जैसा कि उनके एक वरिष्ठ गुरु, मौलाना रूमी (मृत्यु : 1273) ने अपनी 'मसनवी' में, जिसे मुसलमान 'फ़ारसी भाषा के कुरान' का सम्मान देते हैं, कहते हैं :

ओ मुसलमानो ! मैं क्या करूँ
मैं अपने पर कोई ठप्पा नहीं लगा सकता
मैं न तो हिन्दू हूँ न यहूदी
और न ही तुम-सा मुसलमान हूँ...
और फिर भी जानना चाहते हो तुम मेरा मजहब

तो सुनो ! मैं 'इश्क़' का आशिक़ हूँ
मेरी आशिक़ी सभी मज़हबों से परे है।

रूढ़िवादी मुसलमानों की नजरों में यह कुफ़्र था लेकिन सूफ़ी ऐसा नहीं मानते थे। जैसा कि इस्लाम के मशहूर रहस्यवादी शायर हफ़ीज़ शिराज़ी ने गाया :

पूर्वग्रह ही अलगाव पैदा करता है
शेख और बिरहमन में
वरना इस खुदाई मैखाने में तो
सबके लिए एक ही प्याला और एक ही साकी है !

उन सूफ़ी-सन्तों ने जो हिन्दुस्तान आए, वेदों के दर्शन से बहुत-कुछ ग्रहण किया; वे सिर्फ औपचारिक कर्मकांडों और धार्मिक रीति-रिवाजों का कड़ाई से पालन करने की अपेक्षा अन्तरात्मा की ज्योति और अन्तर्ज्ञान की अनुभूति को ज्यादा प्रेरणादायी मानते थे। सूफ़ी सन्तों के बड़े-बड़े झुंड हुआ करते थे और वे हिन्दुस्तान के एक हिस्से से दूसरे हिस्से में भ्रमण करते रहते थे और जगह-जगह पर अपनी पनाहगाह बनाते थे। उनमें सबसे ज्यादा उल्लेखनीय हैं—ख़्वाजा मोइनुद्दीन चिश्ती (1142-1226), जो अजमेर में बस गए थे, निज़ामुद्दीन औलिया (मृत्यु—1325), जो दिल्ली में रहते थे और बाबा फ़रीद (मृत्यु—1265) जो पंजाब में भ्रमण किया करते थे। ख़्वाजा मोइनुद्दीन चिश्ती के एक शागिर्द क़ुतुबुद्दीन बख़्तियार काकी (मृत्यु—1235) की दरगाह पर मुसलमानों की तरह ही हिन्दू भी बड़ी तादाद में जमा होते थे। आज भी विभिन्न धर्मों के हजारों तीर्थयात्री उसकी ओर खिंचे चले जाते हैं। इस फकीर ने हजारों शिष्य बनाए, जो अब इस विशाल परिसर में ही दफन हैं। यह दरगाह, दिल्ली के करीब स्थित है और उस सन्त के प्रेम के सन्देश को प्रसारित कर रही है। संगीत, जिससे रूढ़िवादी मुसलमान चिढ़ा करते थे, सूफियों के लिए आध्यात्मिक खुराक था। इन सूफियों में अनेक, गीत-संगीत की धुन पर नाचते-झूमते हुए समाधि में खो जाते थे; और यह इस्लाम के प्रचारकों पर हिन्दू प्रभाव का स्पष्ट सबूत है। हिन्दू इन सूफ़ियों का उतना ही सम्मान करते हैं जितना कि मुसलमान।

एम.जी. रानडे ने अपने विशाल ग्रन्थ 'द राइज़ ऑफ़ मराठा पावर' में इस घटना-प्रक्रिया को इस प्रकार समझाया है :

"हिन्दू त्रिमूर्ति के अवतार दत्तात्रेय के उपासक अक्सर अपने भगवान को मुसलमान फकीर का बाना पहनाया करते हैं। महाराष्ट्र की आम जनता के दिलो-दिमाग पर भी यही प्रभाव काम कर रहा था जहाँ सन्त और धर्मोपदेशक, फिर वे ब्राह्मण हों या ब्राह्मणेतर, जनता को समझा रहे थे कि राम और रहीम को एक ही समझना चाहिए; कर्मकांड और जाति-भेद के बन्धनों से मुक्त होना चाहिए और मानव-मात्र से प्रेम और भगवान की भक्ति में खुद को रमा देना चाहिए।[10]

यह विचारधारा देश के दूसरे हिस्सों में भी प्रवाहित थी। मिसाल के तौर पर सिन्ध में, जहाँ से पहली बार राजनीतिक इस्लाम ने भारत में प्रवेश किया, हिन्दू जन, मुस्लिम

पीरों के मुरीद या शिष्य बनने लगे और मुसलमानों ने हिन्दू सन्तों को गुरु बनाना शुरू किया। आज भी बेदिल और बेकस, रोहल और कुतुब और शाह लतीफ के गीत सिन्धियों द्वारा गाए जाते हैं, फिर चाहे उनका धार्मिक जुड़ाव किसी भी सम्प्रदाय से क्यों न हो। प्रोफेसर जे. फ़ारूक़ी ने निम्न क्षेत्रों की सूची दी है जहाँ सूफ़ी गुरु अपने हिन्दू शिष्यों के सम्पर्क की वजह से प्रभावित हुए थे :

- सूफ़ी सन्तों के चरण-स्पर्श करना और अनुग्रह पाने के लिए या पीड़ा दूर करने के लिए उनसे आध्यात्मिक हस्तक्षेप की कामना करना;
- पारिवारिक बन्धनों का परित्याग करना, तप करना और बाहरी दुनिया के बन्धनों को भी तोड़ देना;
- हिन्दू और मुस्लिम रीति-रिवाजों व कर्मकांडों का एक-दूसरे में मिश्रण करना।
- भक्ति के लिए संगीत व नृत्य के माध्यम के रूप में प्रोत्साहित करना।

रूढ़िवादी, इन सभी प्रवृत्तियों को सरासर नापसन्द करते थे क्योंकि उससे कठोर शुद्धतावादी इस्लामी माहौल का अनुशासन भंग होता था।

महान मुग़लों के जमाने में दोनों जन-समुदायों के बीच बिरादराना ताल्लुकात अपने चरम शिखर पर पहुँचे। अकबर ने उसे सबसे ज्यादा प्रोत्साहन दिया; उसके मकतबखाने ने हिन्दू महाकाव्यों का फ़ारसी में अनुवाद किया, जिसने हिन्दू धर्म के बारे में मुसलमानों की अवधारणाओं में काफी बदलाव किया। अकबर के दरबार के दो 'नवरत्न' भाइयों—अबुल फ़ज़ल और फ़ैज़ी ने अपनी रचनाओं के माध्यम से दोनों धर्मों के बीच की खाई को पाटने का महत्त्वपूर्ण काम किया। 'महाभारत' की भूमिका में अबुल फ़ज़ल ने लिखा है :

> हिन्दुओं और मुसलमानों के बीच फैले धर्मोन्मादी नफरत को देखने के बाद और इस निर्णय पर पहुँचने के बाद कि यह सिर्फ एक-दूसरे के बारे में फैले अज्ञान की वजह से पैदा हुई है, रोशन दिमाग जहाँपनाह ने यह कामना की कि हिन्दुओं के ग्रन्थ मुसलमानों को उपलब्ध हो सकें। पहली बार में, शहंशाह ने 'महाभारत' को सबसे ज्यादा विस्तृत, व्यापक और सर्वमान्य मानते हुए चुना और आदेश दिया कि दोनों मुल्कों के योग्य और निष्पक्ष व्यक्ति उसका तर्जुमा करें।[11]

जहाँगीर ने भी भिन्न-भिन्न धर्मों के विद्वानों के बीच विचार-विमर्श को प्रोत्साहन दिया; शाहजहाँ के शासन के दौरान उसके सबसे बड़े और प्रिय बेटे दाराशिकोह ने उपनिषदों का फ़ारसी में अनुवाद किया और अपनी बेहतरीन रचना 'मजमाल बहरीन' के जरिए मुस्लिम और हिन्दू रहस्यवादी विचारकों के सामान्य तत्त्वों को प्रस्तुत किया। और फिर, मुग़लों के ही जमाने में, महान सन्त मिर्ज़ा मज़हर जान-ए-जानाँ ने यह घोषणा की कि मुसलमानों को चाहिए कि राम और कृष्ण को खुदा का पैग़म्बर मानें। इसके अलावा, हर स्तर पर मुसलमान, हिन्दुओं के त्योहारों और उत्सवों में शरीक हुआ करते थे। पी. एन. चोपड़ा ने भारतीय विद्या भवन द्वारा प्रकाशित 'हिस्ट्री एंड कल्चर ऑफ़ द इंडियन पीपुल' के मुग़ल साम्राज्य से सम्बन्धित खंड में ऐसी सहभागिता का विस्तृत

ब्यौरा दिया है। वे लिखते हैं :

> मध्य युग में हिन्दू और मुसलमान दोनों ही समुदायों के अनेक त्योहार और उत्सव हुआ करते थे, जिन्हें वे बड़े उत्साह से मनाया करते थे। देश-भर में उन्हें मनाए जाने के तरीके आमतौर पर एक जैसे ही होते थे, अलबत्ता उनकी लोकप्रियता के पैमाने और मनाए जाने के तरीकों में थोड़ी-बहुत क्षेत्रीय भिन्नताएँ आ जाती थीं। हिन्दुस्तान के मुसलमान अपने त्योहारों को मनाने के लिए तरह-तरह की सजावटें, दीपमालाएँ, आतिशबाजियाँ, शानदार जुलूस, सोना, चाँदी, मोती, हीरे-जवाहरात का विपुल प्रदर्शन जैसे जो तरीके अपनाते थे, वे स्वाभाविक ही उनके हिन्दू संस्कृति के सम्पर्क में आने के परिणाम थे।[12]

महान मुग़ल सम्राटों में से सबसे ज्यादा अकबर और जहाँगीर को हिन्दू त्योहारों में आनन्द आता था; उन्होंने उन त्योहारों को दरबार की उत्सव-सूची में दर्ज करवाया था। दूसरे बादशाहों को भी कतिपय हिन्दू रस्मो-रिवाजों को अपनाने में कोई उज्र नहीं था। मसलन, हुमायूँ को हिन्दुओं की 'तुला-दान' विधि पसन्द थी। अकबर ने तो पूरे तौर पर हिन्दू त्योहारों को अपनाया; उसने होली, दशहरा और वसन्त पंचमी के त्योहारों को वही दर्जा दिया जो ईदुज़्ज़ुहा (बक़रीद) और ईदुलफ़ितर को मिला हुआ था। जहाँगीर और कुछ हद तक शाहजहाँ ने इन परम्पराओं को जारी रखा, हालाँकि वे उस हद तक नहीं गए। औरंगज़ेब ने सब कुछ उलट दिया। उसने दरबार के अधिकांश हिन्दू त्योहारों पर प्रतिबन्ध लगा दिया। शुद्धतावादी होने की वजह से उसके मुस्लिम त्योहार भी सादगीपूर्ण धार्मिक आयोजन हुआ करते थे न कि आनन्दपूर्ण उत्सव। अकबर को एक त्योहार बहुत ही प्रिय हुआ करता था, और वह था रक्षा-बन्धन। वह अपनी कलाई पर दरबारियों या उनकी पत्नियों या बेटियों से राखी बँधवाता था। ये, रेशमी धागों से बनी हुई और मोती, माणिक और जवाहरात से जड़ी हुई बड़ी खूबसूरत राखियाँ हुआ करती थीं। जहाँगीर ने भी इसे प्रोत्साहन दिया, वह उसे 'निगाहदाश्त (निगरानी) कहा करता था और उसके हिन्दू सामन्त उसकी कलाई पर राखी बाँधा करते थे।

पी. एन. चोपड़ा ने मुग़ल दरबार में मनाए जाते कुछ हिन्दू त्योहारों का बड़ा सजीव ब्यौरा दिया है। वे लिखते हैं :

दशहरे के त्योहार पर शाही हाथियों और घोड़ों को नहला-धुलाकर, चमकाकर और सजाकर बादशाह के निरीक्षण के लिए कतारबद्ध खड़ा किया जाता था। दीवाली करीब-करीब वैसे ही मनाई जाती थीं, जैसे कि आजकल मनाई जाती है। आतिशबाजियाँ होती थीं और मिठाइयों और सौगातों का आदान-प्रदान होता था। उस दिन जुआ खेलना बड़ा शुभ माना जाता था और लोग रात-भर जागकर पाँसों के खेल में एक-दूसरे की तकदीर आजमाकर देखते थे। अकबर को त्योहारों के उत्सव-पक्ष में ज्यादा दिलचस्पी थी जबकि जहाँगीर को जुआ खेलना अच्छा लगता था। कभी-कभी जहाँगीर ने अपने

सेवकों को अपनी उपस्थिति में दो-दो, तीन-तीन रातों तक जुआ खेलने का आदेश दिया करता था। ऐसा लगता है कि बाद के मुग़ल बादशाहों के जमाने में दिवाली-मेले के आयोजन के लिए गवर्नर की अनुमति की जरूरत पड़ने लगी थी और कभी-कभी उस पर टैक्स भी लगाया जाता था। अकबर गोवर्धनपूजा के उत्सव में भी भाग लिया करता था और धुली, सजी-सजाई अनेक गाएँ, उसके सामने निरीक्षण के लिए लाई जाती थीं। हिन्दू जनता, सूर्यग्रहण और चन्द्रग्रहण के व्रत को पूरे अनुष्ठान के साथ मनाती थी और ग्रहण के 24 घंटे पहले से उपवास करती थी और वह समय प्रार्थना में व्यतीत करती थी। इस अवसर पर गंगा में स्नान करना बड़ा पुण्यशाली माना जाता था और इसके लिए हरिद्वार, काशी और प्रयाग में विशाल जनसमुदाय इकट्ठा होता था।"[13]

औरंगज़ेब के शासनकाल को छोड़ दिया जाए तो समूचे मुग़ल दौर में बादशाहों और सामन्तों द्वारा, हिन्दू-उपासना-प्रणाली के प्रति समुचित आदर-भाव प्रकट किया जाता रहा; हिन्दू और मुसलमान दोनों ही बड़ी श्रद्धा के साथ शिवरात्रि का त्योहार मनाते थे। अकबर शिवरात्रि को अपने समूचे साम्राज्य के प्रमुख जोगियों को एकत्रित करवाता था और उनकी सारी विधियों में सहभागी होता था; जहाँगीर और शाहजहाँ ने भी यह परम्परा जारी रखी। वे रामनवमी और जन्माष्टमी बड़े उत्साह से मनाया करते थे; अबुल फ़ज़ल ने आईन-ए-अकबरी में ब्यौरे के साथ उनके बारे में लिखा है। हिन्दुओं के ऐसे उत्सवों में शरीक होने के अलावा मुग़ल बादशाहों ने इस दिशा में सुनियोजित प्रयास किए कि उनकी हिन्दू और मुस्लिम प्रजा न सिर्फ इन उत्सवों को संयुक्त रूप में मनाए, बल्कि एक-दूसरे की धार्मिक संवेदनाओं को भी समझे। मुस्लिम और हिन्दू धर्म-ग्रन्थों का फ़ारसी से संस्कृत और संस्कृत से फ़ारसी में अनुवाद किया गया। उन्हें, दोनों समुदायों के शिक्षित वर्गों के बीच खुलेआम वितरित किया गया। जैसा कि यूनिवर्सिटी ऑफ तेहरान के डिपार्टमेंट ऑफ रिलिजन के भूतपूर्व अध्यक्ष डॉ. फ़तहुल्लाह मुज्तबी ने ध्यान दिलाया है :

"ये रचनाएँ इस बात का सुस्पष्ट रूप प्रतिबिम्बित करती हैं कि किस प्रकार, भिन्न-भिन्न परम्पराओं और पृष्ठभूमियों से युक्त, प्रतिकार करने और जीवन्त रहने की समान सम्भावनाओं से युक्त लेकिन साथ ही साथ आध्यात्मिक और मानवतावादी मूल्यों की अपनी समृद्ध सम्पदा से युक्त, दो महान धर्म एक-दूसरे के करीब आए और अपने-अपने वजूद को खोए बगैर उन्होंने एक-दूसरे से हाथ मिलाया जिससे अपनी सम्पूर्ण समृद्धि और समग्र उपलब्धियों से युक्त मध्ययुगीन भारतीय सभ्यता का निर्माण हुआ।"[14]

बँटवारे की पूर्वभूमिका

सन् 1857 के विफल विद्रोह के बाद, जैसे-जैसे अंग्रेज भारत पर अपने कब्जे को मजबूत करते गए त्यों-त्यों मुसलमानों पर एक डर का साया गहराता चला गया। उन्हें यह अहसास होने लगा कि ईसाई मिशनरियों द्वारा मुस्लिम शासन और इस्लाम के प्रति बड़े सुनियोजित रूप से फैलाई गई गलत अवधारणाओं की वजह से हिन्दुओं में उनके प्रति आक्रोश बढ़ रहा है और साथ ही नए शासक भी उनके प्रति शत्रुताभाव रखते हैं क्योंकि उन्हें मुस्लिम समुदाय अपने आधिपत्य के लिए सबसे बड़ी चुनौती और खतरा लगता है। शिक्षित हिन्दू नए प्रशासन के साथ सहयोग करने के लिए बढ़-चढ़कर आगे आए क्योंकि वे इस खुशफहमी में थे कि इस शासन ने उन्हें एक हजार साल पुराने मुस्लिम पराधीनता के बन्धन से मुक्ति दिलाई। जबकि दूसरी तरफ मुसलमान अपने अतीत के वैभव को फिर से पाने के लिए लालायित और कुंठित होते रहे। दोनों ही समुदायों का दृष्टिकोण या आचरण सही नहीं था; उन्होंने सिर्फ ब्रिटिश राज को मजबूत बनाने में ही मदद पहुँचाई, और राज के प्रशासकों ने शुरुआत में, हिन्दुओं की तरफदारी की और मुसलमानों को सताया।

सैयद अहमद ख़ाँ, (1817-98) जो ब्रिटिश ईस्ट इंडिया कम्पनी में एक कनिष्ठ अधिकारी थे और जो बाद में हिन्दुस्तान के मुसलमानों के महानतम नेताओं में से एक बने, अपने सहधर्मियों के इस रवैए से चिन्तित थे और उन्होंने अपने सहधर्मियों और अंग्रेजों के बीच पुनर्सम्बन्ध स्थापित करने के लिए कड़ी मेहनत की। उन्होंने बताया कि मुसलमानों और ईसाइयों के बीच एआज़ादहयोग को तो क़ुरान ने और पैग़म्बर के अमलों ने सराहा है। उन्होंने अनेक पैम्फलेट और किताबें लिख-लिखकर इस अभियान को लगातार जारी रखा और यह मिन्नत माँगी कि ब्रिटिश राज सनातन कायम रहे। उलेमाओं को उनका नजरिया पसन्द नहीं आया और उन्होंने काफिर कहकर उनकी भर्त्सना की। लेकिन धीरे-धीरे मुस्लिम समुदाय में उनकी अपील प्रभावकारी साबित होने लगी, समुदाय की जीवन-धारा बदलने लगी और वे ब्रिटिशों के प्रति वफदार होने लगे। सर सैयद काफी हद तक मुसलमानों को कांग्रेस से बाहर रखने में कामयाब रहे, और उन्हें बराबर यह चेतावनी देते रहे कि कांग्रेस के किसी भी प्रकार के आन्दोलन में शरीक होने से, फिर चाहे वह कितना भी संवैधानिक क्यों न हो, अंग्रेजों के मुसलमान-अविश्वास को बढ़ावा मिलेगा।

लेकिन यह निष्कर्ष निकालना सही नहीं होगा, जैसा कि हिन्दुस्तानी और पाकिस्तानी—दोनों ही इतिहासकारों ने अपने-अपने कारणों से किया है कि सैयद ने 'दो राष्ट्र' सिद्धान्त की नींव डाली। इसमें कोई शक नहीं कि उन्होंने हिन्दू और मुसलमान को दो अलग-अलग 'क़ौम' (राष्ट्र) कहा, लेकिन यह नहीं परिभाषित किया कि 'क़ौम' से उनका सही-सही तात्पर्य क्या है। उन्होंने, उन्हें आधुनिक अर्थ में 'राष्ट्रों' के रूप में वर्गीकृत करने की बनिस्बत दोनों को अलग धार्मिक और सांस्कृतिक वर्गों में रखा। इससे पहले उन्होंने हिन्दुओं और मुसलमानों को 'एक खूबसूरत दुल्हन की दो आँखें' कहा था और यहाँ तक कहा था कि असल में 'हिन्दू' शब्द का अर्थ हिन्दुस्तान का रहनेवाला होता है फिर वह चाहे किसी भी धर्म का अनुयायी क्यों न हो और सो यह नाम वैध रूप से हिन्दुस्तानी मुसलमानों पर भी लागू होता है।

कांग्रेस या उसके द्वारा प्रतिनिधित्व किए जाते तथाकथित 'राष्ट्रीय आन्दोलन' के प्रति उनका विरोध इस भय पर आधारित था कि उसकी कामयाबी से ब्रिटिश राज कमजोर पड़ सकता है और राज के प्रति उनमें उत्कट भक्ति थी। उन्हें लगता था कि राज के बने रहने से ही उनके सहधर्मियों के एक उज्ज्वल भविष्य की उम्मीद बन सकती है। लोकतान्त्रिक जनप्रतिनिधित्व की अवधारणा उन्हें मुग्ध नहीं कर पाई थी और उल्टे उनकी तो यह मान्यता थी कि अगर ऐसा हुआ तो सिर्फ बाबुओं और कारकूनों की हुकूमत शुरू हो जाएगी, जिन्हें हुकूमत करने का जरा भी शऊर नहीं होता। सर सैयद की राजनीतिक प्रतिक्रियाओं के लिए उनकी निन्दा भले ही की जा सकती हो लेकिन वे एक महान सामाजिक और धार्मिक सुधारक थे और अन्तर्तम में पक्के विवेकवादी थे—पाकिस्तान के निर्माण के लिए उन्हें जिम्मेदार ठहराना एक ऐतिहासिक विडम्बना होगी। ऐसा कोई विचार उनके मन में नहीं था और उनके भाषणों और लेखों से हम ऐसा कोई निष्कर्ष भी नहीं निकाल सकते। उन्हें अपने ब्रिटिश सम्पर्कों पर बेहिचक नाज़ था और राजनीति में उनकी दिलचस्पी इस हद तक ही थी कि ब्रिटिशों की हुकूमत बरकरार रहे।

लेकिन इस सच्चाई से इनकार नहीं किया जा सकता कि सर सैयद के कांग्रेस-विरोध ने उसके गैर-साम्प्रदायिक रूप को नुकसान जरूर पहुँचाया। कांग्रेस के हिन्दू नेता चाहते थे कि ब्रिटिश प्रशासन में उनकी भी किसी न किसी प्रकार की हिस्सेदारी हो, लेकिन साथ ही वे यह भी चाहते थे कि मुसलमान भी उसमें शामिल होकर उसका फायदा उठाएँ। उनकी नजर में हिन्दू-मुस्लिम तबकों के बीच एकताहीनता का यह प्रदर्शन गैरजरूरी था और इसलिए उन्हें बड़ी चोट पहुँची और निराशा हुई। भारत और ब्रिटेन में शासकवर्ग ब्रिटिशों ने इस विभाजन का स्वागत किया, यह उनके तात्कालिक उद्देश्य के अनुकूल था।

ब्रिटिश नौकरशाहों को, एम.ए.ओ. कॉलेज (जो बाद में अलीगढ़ मुस्लिम यूनिवर्सिटी में तब्दील हुआ) के ब्रिटिश प्रिंसिपलों के रूप में मुसलमानों की, हिन्दुओं से राजनीतिक दूरी को बढ़ाने के लिए बेहतरीन माध्यम मिला। इन प्रिंसिपलों ने मुसलमानों और अंग्रेजों

को करीब लाने के लिए बड़े प्रयास किए और ब्रिटिश शासकों और मुसलमानों की इस दिशा में सोच को बहुत प्रभावित किया। नतीजा यह हुआ कि आग़ा ख़ान (1877-1957) के नेतृत्व में एक मुस्लिम शिष्टमंडल तत्कालीन वाइसराय लार्ड मिंटो (1845-1914) से सन् 1906 में मिला। एम.ए.ओ. कॉलेज के प्रिंसिपल आर्चीबाल्ड के अथक प्रयासों से वह सम्भव हुआ। यही वजह थी कि मौलाना मुहम्मद अली (1878-1931) ने, जो बाद में खिलाफत आन्दोलन के सर्वोच्च नेता बने, इस काम को 'शानदार कदम' बताया। इस शिष्टमंडल की मुख्य माँग यह थी कि ब्रिटिशों द्वारा दिए जानेवाले किसी भी जन-प्रतिनिधित्ववाले संस्थान में, भारतीय मुसलमानों को अपने समुदाय के अलग निर्वाचन क्षेत्र से प्रतिनिधित्व करने की अनुमति मिलनी चाहिए। वाइसराय ने इसे तुरन्त ही स्वीकार कर लिया। बाद में, ज्यों-ज्यों ब्रिटिश संसद के विभिन्न अधिनियमों के जरिए, भारतीयों को धीरे-धीरे सत्ता का हस्तान्तरण होता गया, तब-तब हिन्दू और मुसलमान प्रतिनिधित्व का बँटवारा धार्मिक-साम्प्रदायिक आधारों पर ही हुआ। असल में, 'अलग निर्वाचन क्षेत्र' तो जैसे मुस्लिम राजनीति का 'आक़बती लंगर' ही बन गया। हिन्दू इससे नाखुश थे और इसे वे हिन्दुस्तान के बँटवारे की मुख्य वजह मानते थे।

लेकिन मुसलमानों की ओर से अलग निर्वाचन क्षेत्र की इस माँग के पीछे, तात्कालिक उकसावा, बंगाल के हिन्दुओं द्वारा 1905 में तत्कालीन वाइसराय लार्ड कर्जन (1859-1925) के खिलाफ उठाया गया उग्र आन्दोलन था। लार्ड कर्जन ने बंगाल के पूर्वी हिस्से को, जो मुख्य रूप से मुस्लिम आबादी का था पश्चिमी हिस्से से अलग किया जो मुख्यतः हिन्दू था। इसका इतना व्यापक प्रभाव पड़ा था कि हिन्दुस्तान-भर के हिन्दू इस विभाजन को रद्द करने की माँग का समर्थन करने के लिए उठ खड़े हुए। जाने-माने लेखक इकबाल सिंह ने इस संवेदनशील मसले पर दोनों समुदायों की भावनाओं को इस प्रकार सटीक रूप से प्रस्तुत किया है :

> इस ब्रिटिश कदम के विरोध के परिणामस्वरूप, जो करीब-करीब पूरे तौर पर हिन्दू और बहुत ही उग्र था, अन्ततः बँटवारा खारिज कर दिया गया। इस वक्त और आज भी इस आन्दोलन को भारतीय राष्ट्रवाद की विजय के तौर पर प्रस्तुत किया जाता है। लेकिन असल में, लम्बे दौर में यह एक ज्वलनशील जीत साबित हुई। इससे न सिर्फ बंगाल में बल्कि भारत-भर में हिन्दू-मुस्लिम तनाव बढ़े और इससे दोनों समुदायों के बीच के रिश्तों को बहुत बड़ी क्षति पहुँची। ज्यादा महत्त्वपूर्ण बात यह हुई कि इससे मुस्लिम बुर्जुआ वर्ग के एक बहुत बड़े तबके को यह पक्का विश्वास हो गया कि भारत पर शासन करनेवाले उत्तर सागरीय द्वीपवासी ब्रिटिशों के प्रति वफादार बने रहना ज्यादा फायदेमन्द है बनिस्बत इसके कि इस भारतीय राष्ट्रीय आन्दोलन का साथ दिया जाए जिसका मुख्य नेतृत्व, राष्ट्रभक्ति के सारे दावों-घोषणाओं के बावजूद, मुख्य तौर पर साम्प्रदायिक हितों और आवेगों से प्रभावित होता था।[1]

बंकिमचन्द्र चटर्जी (1838-94) के उपन्यास, 'आनन्द मठ' से लिया गया 'वन्दे मातरम्' गीत इस आन्दोलन का उद्बोधन गीत बनाया गया था और उसने भी हिन्दुओं और मुसलमानों के बीच के सम्बन्ध-सूत्रों को मजबूत नहीं किया। उसके विपरीत, इन घटनाओं ने मुस्लिम नेतृत्व को यह विश्वास दिला दिया कि उनके सहधर्मियों का भविष्य अपने को अलग से संगठित करने में है और जरूरत पड़ी तो हिन्दुओं के मुकाबले में एक संयुक्त मोर्चा गठित करने में है। इस प्रकार आल इंडिया मुस्लिम लीग का जन्म हुआ जिसका उद्घाटन अधिवेशन सन् 1906 में नवनिर्मित पूर्वी बंगाल प्रदेश की राजधानी ढाका में हुआ। उसका उद्देश्य, "हिन्दुस्तान के मुसलमानों के राजनीतिक अधिकारों और हितों का संरक्षण करना और उन्हें बढ़ाना था और अपनी आवश्यकताओं और आकांक्षाओं को सरकार के सामने सादर प्रस्तुत करना था।" बहरहाल, वे लोग यह नहीं समझ पाए कि ब्रिटिश इतने भोले या नासमझ नहीं थे कि बहुसंख्यक समुदाय के खिलाफ अल्पसंख्यक समुदाय का पक्ष लेते। जैसा कि सेक्रेटरी आफ स्टेट फार इंडिया, लार्ड मार्ले (1838-1923) ने लार्ड मिंटो से कहा, "हमें यह सावधानी बरतनी पड़ेगी कि कहीं मुसलमानों को उठाने के दौरान हम अपने हिन्दू समूह को गिरा न दें।" मैंने, अपनी पी-एच. डी. थीसिस 'द राइज़ ऑफ मुस्लिम्स इन इंडियन पोलिटिक्स (भारतीय राजनीति में मुसलमानों का उदय) में यह ध्यान दिलाया है कि :

> मुसलमानों के इस रवैए का यह नतीजा निकला कि अन्तिम विश्लेषण में उन्हें फायदे की बनिस्बत नुकसान ज्यादा हुआ। मिसाल के तौर पर, उन्होंने प्रतियोगी परीक्षाओं को खतम करने की माँग की; रायल कमीशन ने उन्हें जारी रखने की सिफारिश की। उन्होंने स्टेच्यूटरी सर्विसेस—वैधानिक सेवाओं—को कायम रखने की माँग की; रायल कमीशन ने उन्हें खतम करने की जोरदार सिफारिश की। उन्होंने स्थानीय बोर्डों और नगर निगमों में चुनावी जन-प्रतिनिधित्व के खिलाफ दलीलें दीं; ब्रिटिश सरकार ने उनकी शुरुआत करने की स्वीकृति दी। उन्होंने उर्दू को सरकारी समर्थन देने की प्रार्थना की; ब्रिटिश सरकार ने हिन्दी को बढ़ावा दिया। उन्होंने भारत में किसी प्रकार के संसदीय संस्थाओं की स्थापना के खिलाफ ब्रिटिश पार्लियामेंट में याचिका दायर की; सन् 1892 के कौंसल्स एक्ट ने ऐसी संस्थाओं के उद्भव को बढ़ावा दिया। उन्होंने बंगाल के बँटवारे को बरकरार रखने की और फुलर (1854-1935) को लेफ्टिनेंट गवर्नर बनाए रखने की प्रार्थना की; ब्रिटिश सरकार ने हिन्दू भावनाओं को मद्देनजर रखते हुए प्रेसिडेंसी को (सन् 1911 में छह साल के भीतर ही) फिर एक कर दिया और फुलर को वापस बुला लिया।[2]

उन्हें, निस्सन्देह, अलग निर्वाचन क्षेत्र मिला लेकिन विभिन्न विधान सभाई संस्थाओं में उनके लिए नियत सीटों की संख्या बुरी तरह से घटा दी गई।

हिन्दुओं को चाहिए था कि मुसलमानों की माँगों पर ज्यादा सहानुभूति से विचार

करते, उस दिशा में ठोस कदम उठाते और यों उनकी हिन्दू वर्चस्व की आशंकाओं को दूर कर उन्हें अपने करीब ले आते; लेकिन उन्होंने ऐसा नहीं किया उल्टे वे उन्हें एकता की महिमा और राष्ट्रवाद के फायदों पर भाषणबाजी के घूँट पिलाने लगे। 1914 में कांग्रेस और लीग को एक सामान्य मंच पर लाने की कोशिशें की गईं। और जब दोनों नेतृत्व के बीच लखनऊ समझौता हुआ तो जैसे यह अभियान करीब-करीब कामयाब ही हो गया। उसके तहत, हिन्दुओं ने मुसलमानों को केन्द्र में सत्ता की साझेदारी में एक तिहाई सीटें देने और अन्य कुछ सहूलियतें देने का भी वायदा किया। इससे, पहली बार सद्भावना और पारस्परिक समझदारी का वातावरण बना और उसे और ठोस शक्ति और दृढ़ता कुछ ही वर्षों बाद मिली जब गाँधी ने (1869-1948) खिलाफत आन्दोलन को समर्थन देने की खुली घोषणा की। प्रथम विश्व युद्ध (1914-18) में मित्र राष्ट्रों की विजय के बाद अंग्रेजों ने आटोमन साम्राज्य के खलीफा राज्य के टुकड़े कर दिए थे। भारतीय मुसलमानों को डर था कि अंग्रेज, इस्लाम के पवित्र स्थानों—मक्का और मदीना पर कब्जा कर लेंगे और उनके धर्म के आध्यात्मिक केन्द्र को तहस-नहस कर डालेंगे। इसलिए अंग्रेजों के खिलाफ 'अली बन्धु'—मुहम्मद और शौकत (1873-1938)—के नेतृत्व में खिलाफत आन्दोलन छेड़ा गया था। हिन्दू, पूरे दिल के साथ इस आन्दोलन में कूद पड़े और गाँधीजी ने उसे भारत की आज़ादी की माँग के साथ जोड़ दिया। हिन्दू-मुस्लिम एकता का अभूतपूर्व नजारा चारों ओर दिखने लगा। ब्रिटिश राज की बुनियाद हिल उठी। हिन्दुस्तानी मुसलमानों पर जिस तरह का धार्मिक जोश चढ़ गया था, वह अविश्वसनीय-सा था; आटोमन खलीफा सुल्तान अब्दुल हमीद ने ब्रिटिशों के खिलाफ लड़ने का आह्वान किया था और हिन्दुस्तानी मुसलमानों ने एक स्वर में उसका साथ दिया। शेख-अल-इस्लाम, इफ्फन्दी द्वारा जारी फतवे में कहा गया था :

> सामान्यतः वे मुसलमान जो क्रीमिया, कजान, तुर्किस्तान, बुखारा, खीवा और हिन्दुस्तान में और साथ ही वे जो चीन, अफगानिस्तान, अफ्रीका और दुनिया के अन्य हिस्सों में उपरोक्त जालिम सरकारों की दमनकारी गिरफ्त में हैं, बड़ी तेजी से अपनी अधिकतम सामर्थ्य जान और माल के साथ, सम्बन्धित पाक फतवे का अनुपालन करते हुए, इस महान जिहाद में आटोमनों के साथ शामिल हो रहे हैं।[3]

दुनिया के अधिकतर मुसलमानों के फतवे पर कोई ध्यान नहीं दिया (अरबों ने तो ब्रिटिशों को समर्थन देना बेहतर माना था।) लेकिन हिन्दुस्तान के मुसलमानों ने आटोमन खिलाफत के बचाव के लिए जो विराट जन आन्दोलन खड़ा किया, उसकी तुलना दुनिया के विशालतम आन्दोलनों से की जा सकती है। अली बन्धु, जन-समर्थन जुटाने के लिए, महात्माजी के साथ देश-भर में घूमे। खिलाफत की पैरवी करने के आरोप में हजारों मुसलमान गिरफ्तार हुए और सैकड़ों ने हिन्दुस्तान छोड़ दिया क्योंकि उनकी निगाह में ब्रिटिशों के अधीन का हिन्दुस्तान दार-उल-हरब (वह देश, जहाँ का शासक इस्लामी

विधियाँ न करने दे) हो चुका था। बड़ी तादाद में मुसलमान अफगानिस्तान की ओर गए, लेकिन वहाँ के अमीर ने उन्हें प्रवेश देने से इनकार कर दिया। निराश होकर वे हिन्दुस्तान की ओर लौटे, कई तो रास्ते में ही मौत के शिकार हो गए, कइयों ने अपने को ब्रिटिश जेलों में कैदी पाया। महात्मा गाँधी ने, जो हिन्दुओं के सर्वप्रमुख नेता के रूप में उभरने लगे थे, इस आन्दोलन को अपना निर्बाध सहयोग दिया; उन्हें यह उम्मीद थी कि इससे हिन्दू-मुस्लिम एकता मजबूत होगी जो हिन्दुस्तान की आज़ादी की लड़ाई में बहुत काम आएगी। थोड़े वक्त के लिए वैसा हुआ भी। लेकिन जब कमाल अतातुर्क (1881-1938) ने 1924 में खिलाफत को ही समाप्त कर दिया तो समूचा आन्दोलन ढह गया।

बहरहाल, चतुर, दूरन्देश ब्रिटिश ऐसी एकता को भला ज्यादा दिन कैसे चलने देते ! कुछ हिन्दू और मुसलमान नेता अनजाने ही, उनके हाथों की कठपुतली बन गए; समझौते की जगह मतभेद ने ले ली और निहित स्वार्थों ने दोनों धर्मों के अनुयायियों के बीच दंगे-फसाद करवा दिए। गाँधी और अली बन्धुओं के अथक प्रयास से खड़ी की गई एकता की मीनार फिर एक बार ढहा दी गई। उसके बाद तो, दोनों ही पक्षों के साम्प्रदायिक नेतागण, राजनीतिक समझदारी-समझौते के हर प्रकार के प्रयास को विफल करते रहे। वार्ताएँ होती रहीं, चर्चाएँ चलती रहीं, समझौतों की पेशकश होती रही और 1928 के नेहरू समझौते जैसे मसौदे तैयार भी होते रहे लेकिन इन सबमें से ठोस कुछ भी उभरकर नहीं आया। हिन्दू और मुसलमानों के बीच फासला बढ़ता चला गया। जिन्ना ने आखिरी हताश कोशिश की और एक चौदह-सूत्री एकता का घोषणा पत्र तैयार किया लेकिन उसे कोई समर्थन न मिला; नेतागण करीब आने की जितनी ज्यादा घोषणाएँ करते, उतना ही वे दूर होते चले जाते और उन्होंने अपनी-अपनी अलग राहें पकड़ लीं। बैठकों और बातचीतों की अति हो गई, मामले और उलझते और बिगड़ते चले गए।

झगड़ों-कलहों का सिलसिला जारी ही था कि अल्लामा इकबाल ने 'हिन्दुस्तान के अन्दर एक मुसलमान हिन्दुस्तान' का अपना प्रस्ताव पेश किया। ऐसा कहा जाता है कि सन् 1930 में लीग के लाहौर अधिवेशन में दिए गए उनके अध्यक्षीय भाषण में पाकिस्तान के बीज मौजूद थे। स्वयं शायर इकबाल ने लन्दन के 'द टाइम्स' अखबार के 12 अक्तूबर, 1931 के अंक में प्रकाशित एक पत्र में इस बात का खंडन किया है और उसमें यह स्पष्टीकरण दिया है कि वे चाहते थे कि "नेहरू और साइमन रिपोर्टों द्वारा गैरबी की गई विचारधारा के अनुसार किसी एक या अन्य प्रभावी बहुमतवाले समुदाय के आधार पर भारत में प्रदेशों का पुनर्वितरण किया जाए।"

करीब एक दशक पहले कुछ प्रमुख हिन्दू नेताओं ने भी ऐसे ही सुझाव दिए थे। असल में, भाई परमानन्द ने, जो हिन्दू महासभा के अध्यक्ष थे, सन् 1923 में एक पुस्तक में यह माँग की थी कि प्रदेशों का विभाजन हिन्दू और मुस्लिम बहुमत के आधार पर किया जाए। और, कांग्रेस के अध्यक्ष और आज़ादी की लड़ाई के एक अग्रणी नेता लाला

लाजपतराय (1865-1928) ने सन् 1924 में 'द ट्रिब्यून' में अपनी एक लेख-माला में इस विचार का समर्थन किया था। उनका सुझाव, इकबाल के प्रस्ताव से ज्यादा स्पष्ट था। उन्होंने लिखा, "पंजाब को दो प्रदेशों में बाँटा जाना चाहिए, पश्चिमी पंजाब जहाँ विशाल मुस्लिम बहुमत है, मुस्लिम प्रशासित प्रदेश होना चाहिए और वही सिद्धान्त बंगाल पर लागू किया जा सकता है। मेरी योजना के तहत मुस्लिमों के पास चार प्रदेश होंगे—पश्चिमोत्तर सीमान्त प्रदेश, पश्चिमी पंजाब, सिन्ध और पूर्वी बंगाल।" लाला ने फिर स्पष्ट कहा, "लेकिन यह बात साफ-साफ समझ लेनी चाहिए कि यह एक संयुक्त भारत नहीं होगा। इसका मतलब होगा, हिन्दुस्तान का स्पष्ट बँटवारा—मुस्लिम हिन्दुस्तान और गैर-मुस्लिम हिन्दुस्तान।"[4]

उसके बाद, कुछ वर्षों तक मुसलमानों में साम्प्रदायिक नेता पीछे रह गए और मौलाना आज़ाद के नेतृत्ववाले नेताओं का जोर बढ़ने लगा। धर्मनिरपेक्ष मुसलमान आगे आए वे लोग कुछ हद तक अपने सहधर्मियों में एक धर्मनिरपेक्ष नजरिया विकसित करने में कामयाब रहे। उनमें से प्रमुख थे—हकीम अजमल ख़ान (1863-1927) और डॉ. एम. ए. अंसारी (1880-1936), जिन्हें कांग्रेस का अध्यक्ष चुना गया। निस्सन्देह, उनकी जिम्मेदारी बेहद दुष्कर थी, लेकिन उन्होंने कड़ा संघर्ष किया और काफी लोगों का मन जीतकर उन्हें अनुयायी बनाया। उन्हें, एक तरफ तो हिन्दू वर्चस्ववाली कांग्रेस से निपटना होता था, जिसके कुछ नेता ज्ञात रूप से मुसलमान-विरोधी थे और दूसरी तरफ, मुसलमान साम्प्रदायिकतावादियों का भी सामना करना पड़ता था जो या तो अंग्रेज अफसरों के कृपापात्र थे या हिन्दू नेतृत्व की बढ़ती हुई ताकत के खिलाफ थे। इसलिए धर्मनिरपेक्ष मुस्लिम नेताओं को इन दोनों ताकतों से बचकर ठीक विपरीत दिशा में काम करना पड़ता था ताकि धर्म और राष्ट्रवाद के बीच समन्वय साधा जा सके, और उसे अपने सहधर्मियों के लिए ग्राह्य बनाया जा सके।

खुशकिस्मती से, धर्मनिरपेक्ष शक्तियों में अग्रणी था—प्रमुख-मुस्लिम धर्मवेत्ता-संगठन जमीयत-उलमा-ए-हिन्द। सन् 1919 में मौलाना महमूद-उल-हसन (1851-1921) द्वारा स्थापित इस संस्था ने, रशीद अहमद गंगोही (1828-1905) द्वारा स्थापित देवबन्द, उत्तरप्रदेश के मशहूर धर्मविज्ञान शिक्षण संस्था दारुल-उलूम से प्रेरणा ग्रहण की थी। उन्होंने अक्तूबर 1888 में एक फतवा जारी कर मुसलमानों के, कांग्रेस की गतिविधियों में सहभागी होने के काम को न्यायसंगत ठहराया था। उनके उत्तराधिकारियों ने उनका अनुकरण किया और अपने अनुयायियों के दिलो-दिमाग पर यह सच्चाई अंकित की कि हिन्दुस्तानी मुसलमानों के व्यापक हितों की रक्षा के लिए हिन्दू-मुस्लिम सहयोग जरूरी है।

जमीयत ने कांग्रेस के साथ मिलकर एक ऐसे स्वतन्त्र, धर्मनिरपेक्ष हिन्दुस्तान के लिए काम किया जहाँ मुसलमानों को हिन्दुओं के समकक्ष ही धार्मिक स्वतन्त्रताएँ प्राप्त हों। उसके नेताओं और कार्यकर्ताओं ने गाँधी द्वारा शुरू किए गए विभिन्न सत्याग्रह आन्दोलन में भाग लिया और अंग्रेजों के हाथों कड़ी मुसीबतें झेलीं। हालाँकि अपने धार्मिक दृष्टिकोण में वे कट्टरतावादी थे लेकिन राजनीतिक मामलों में धर्मनिरपेक्ष थे। उन्होंने

धर्मनिरपेक्ष मुसलमानों से सहयोग लिया और उनके आलोचकों का विरोध किया। उनके अध्यक्ष हुसैन अहमद मदनी (1879-1957) ने, हिन्दुओं और मुसलमानों का एक संयुक्त राष्ट्र बनाने के सवाल पर इक़बाल का भी विरोध किया। वे लोग आज़ाद के मार्गदर्शन पर चल रहे थे और पश्चिमोत्तर सीमान्त नेता ख़ान अब्दुल गफ्फार ख़ाँ (1890-1988) की कुर्बानियों से प्रभावित थे। गफ्फार ख़ाँ ने गाँधी के प्रभाव के अन्तर्गत जिस 'लाल कुर्ती' आन्दोलन का गठन किया उसके सदस्य खुदाई खिदमतगार कहलाते थे। उन्हें अंग्रेजों ने सजाएँ दीं और उन पर बहुत अत्याचार भी किए। उन लोगों ने सीमान्त प्रान्त को संयुक्त राष्ट्रवाद का मजबूत गढ़ बना दिया था। उन्होंने 1930 के नमक सत्याग्रह में हिस्सा लिया और हजारों की तादाद में जेल गए। अपने हाथ में कुरान लेकर वे जो सौगन्ध खाते थे उसमें अन्य बातों के अलावा यह भी कहा जाता था कि वे सभी धर्मों के सदस्यों को एक अल्लाह की रचना मानेंगे और हमेशा अत्याचार से उनकी रक्षा करेंगे।

ब्रिटिश प्रधानमन्त्री रैमसे मेक्डोनाल्ड (1866-1937) द्वारा, एक सर्वसम्मत संवैधानिक ढाँचे पर विचार-विमर्श के लिए सन् 1930-33 के बीच लन्दन में बुलाई गई तीन परिषदों में सद्भावनायुक्त हिन्दू और मुस्लिम नेताओं ने एक विवेकपूर्ण फैसले पर पहुँचने की कोशिश की लेकिन किसी न किसी गुट ने उसे निष्फल कर दिया। द्वितीय परिषद में, जिसमें गाँधी ने कांग्रेस के एकमात्र प्रवक्ता के रूप में हिस्सा लिया था, दोनों पक्षों ने एक संयुक्त फार्मूला तैयार किया लेकिन वे उसे लागू करने में नाकामयाब रहे। नेहरू ने मुस्लिम प्रतिनिधियों पर और इकबाल ने गाँधी समेत हिन्दू नेताओं पर दोषारोपण किया। नेहरू ने कहा कि महात्मा ने आगा ख़ाँ द्वारा प्रस्तावित हर एक मुस्लिम माँग को मान लिया था लेकिन उनके प्रतिनिधियों ने आज़ादी की माँग के सवाल पर गाँधी से हाथ मिलाने से इनकार कर दिया। इकबाल ने इस आरोप का खंडन किया, घटनाक्रम का सिलसिलेवार ब्यौरा दिया और कहा कि आगा ख़ाँ ने तो असल में गाँधी को आश्वासन दिया था कि अगर वे मुस्लिम माँगों को कबूल करते हैं तो "समूचा मुस्लिम समुदाय उनके राजनीतिक संघर्ष में उनके खेमे के अनुयायी के तौर पर काम करने के लिए तैयार हो जाएगा। इकबाल ने कहा कि गाँधी ने दो शर्तों पर अपनी मंजूरी दी। पहली तो यह कि वे मुस्लिम माँगों को अपने व्यक्तिगत स्तर पर कबूल करेंगे और कोशिश करेंगे कि कांग्रेस उसे मंजूरी दे लेकिन वे उसकी गारंटी नहीं देंगे।" और दूसरी शर्त यह थी कि मुसलमान, डॉ. आम्बेडकर (1891-1956) द्वारा अछूतों के लिए माँगे गए विशेष अधिकारों का समर्थन नहीं करेंगे; मुस्लिम प्रतिनिधि, 'अछूतों' के लिए उन्हीं अधिकारों की मनाही नहीं कर सकते थे, जिनकी माँग वे खुद अपने लिए कर रहे थे। और क्षुब्ध शायर ने नेहरू से पूछा था, "हिन्दुस्तान की समस्याएँ कैसे हल होंगी अगर बहुसंख्यक समुदाय न तो 8 करोड़ आबादीवाली अल्पसंख्यक समुदाय के बचाव के लिए न्यूनतम सुरक्षा-उपायों को प्रदान करेगा और न ही एक तीसरे पक्ष के पंचनिर्णय को कबूल करेगा वरन् एक ऐसी राष्ट्रीयता के बारे में बोलता रहेगा, जो सिर्फ उसके ही फायदे में हो ?"[5]

चूँकि हिन्दू और मुसलमान किसी निर्णय पर नहीं पहुँच सके, सो ब्रिटिश प्रधान

मन्त्री ने 16 अगस्त, 1932 को अपना 'कम्यूनल एवार्ड' (साम्प्रदायिक पंचनिर्णय) घोषित किया; जिसमें अन्य बातों के अलावा मुसलमानों को अलग निर्वाचन क्षेत्र प्रदान करने की पुष्टि की गई थी। हिन्दू नेताओं ने उसकी निन्दा की, कांग्रेस ने अलबत्ता उसको न तो मंजूर किया और न ही नामंजूर किया। बहरहाल, भारत सरकार अधिनियम 1935 के अन्तर्गत आयोजित सभी चुनावों का वह आधार बना और उसने दोनों समुदायों के बीच चुनावी विभाजन का ध्रुवीकरण कर दिया। जिन्ना ने अपने अब तक के सर्वसमभावी रवैए को छोड़ दिया और आक्रामक अलगाववादी रवैए को अपनाया। उन्होंने हिन्दुओं से कहा, "खबरदार, मुसलमानों को हाथ न लगाना !" उन्होंने उनके शब्दों में 'कांग्रेस चौकड़ी' पर प्रहार किया और कहा कि वह सिर्फ हिन्दुओं का प्रतिनिधित्व करती है और मुसलमान उसके आधिपत्य को कभी कबूल नहीं करेंगे। सो, दरार बढ़ती गई हालाँकि गाँधी और अन्य कुछ कांग्रेसी नेताओं ने उसे पाटने के बड़े व्यग्र प्रयास किए। जिन्ना ने जोर दिया कि वे तब तक कोई बातचीत नहीं करेंगे जब तक कांग्रेस यह कबूल नहीं कर लेती कि लीग ही मुसलमानों का एकमात्र राजनीतिक संगठन है और वे उनके एकमात्र प्रवक्ता हैं। न तो कांग्रेस और न ही गाँधी अपने मुस्लिम सहयोगियों को निराश करना चाहते थे और न ही वे अपने संगठन को राष्ट्रवादी से बदलकर साम्प्रदायिक संगठन बनाना चाहते थे, लेकिन वास्तविकताओं ने कुछ और ही नजारा दिखाया।

जैसा कि आगामी चुनावों ने उत्तरोत्तर साबित किया, कांग्रेस बमुश्किल कोई मुस्लिम सीट जीत पाई मसलन, संयुक्त प्रान्त में, जहाँ उसे आम निर्वाचन क्षेत्रों में भारी जीत हासिल हुई, अपने टिकट पर वह एक भी मुस्लिम को नहीं जिता पाई। आज़ाद ने इसलिए यह प्रस्ताव रखा कि कांग्रेस और लीग को एक संयुक्त सरकार बनानी चाहिए। लीग तो सहमत थी लेकिन नेहरू ने कांग्रेस के अध्यक्ष के तौर पर, प्रस्ताव को ठुकरा दिया। आज़ाद ने बाद में अपनी किताब 'इंडिया विन्स फ्रीडम' में यह कबूल किया कि यह बड़ी भारी भूल थी, "अगर यह प्रस्ताव कार्यान्वित किया जाता तो मुमकिन था कि भारतीय राजनीति की धारा बदल जाती।" बहरहाल, कांग्रेस और लीग के बीच समझौता करवाने का यह कोई पहला प्रयास नहीं था जो नाकामयाब हुआ।

इससे पहले, सन् 1925 में बंगाली, कांग्रेसी नेता चितरंजन दास (1870-1925) ने, जो हिन्दू-मुस्लिम एकता की बड़ी जोरदार पैरवी किया करते थे, कलकत्ते में दोनों संगठनों के बीच एक सहयोग-सम्बन्ध तैयार किया। वे जब म्युनिसिपल कारपोरेशन के चेयरमैन थे तब उन्होंने दोनों संगठनों के प्रतिनिधियों को सत्ता में साझेदारी के लिए तैयार किया। वे चाहते थे कि हिन्दुओं-मुसलमानों की सत्ता में साझेदारी, आदान-प्रदान की भावना पर आधारित हो और इस मिसाल का अनुकरण शेष भारत में भी हो। लेकिन, उनके इस कदम की सराहना करनी तो दूर, उनके कांग्रेसी सहयोगियों ने उसकी आलोचना इस आधार पर की कि यह एक बेमानी कार्रवाई है क्योंकि इसके लिए कोई सामान्य वैचारिक आधार नहीं है। 1923 के कौंसिल के चुनावों में चितरंजन दास की स्वराज पार्टी ने अच्छी कामयाबी हासिल की और दास ने जनसंख्या और सार्वजनिक नियुक्तियों

के उदार आवंटन के आधार पर मुसलमानों से समझौता किया लेकिन कांग्रेस के वार्षिक अधिवेशन ने उसे मंजूरी नहीं दी। बंगाली मुसलमानों पर उनकी इतनी पकड़ थी कि जब 1925 में उनकी मृत्यु हुई तो अनेक मुसलमान फूट-फूटकर रोए और कहने लगे कि वे तो उनके लिए भाई से भी बढ़कर थे। किसी हिन्दू नेता ने मुसलमानों का इआज़ादहरा-सच्चा विश्वास हासिल नहीं किया था।

मुसलमानों के दिलों को जीतने के लिए एक और साहसी कदम, दास की तरह ही महत्त्वपूर्ण तमिल नेता सी. राजगोपालाचारी (1879-1972) ने, जो 'राजाजी' या सिर्फ 'सी. आर.' के नाम से जाने जाते थे, उठाया था। 1940 में जब लीग ने अपना लाहौर प्रस्ताव पारित किया और जिन्ना ने देश के बँटवारे पर जोर दिया तब उस वक्त कांग्रेस ने बड़ी दृढ़ता से उसका विरोध किया। सी. आर. ने मद्रास कांग्रेस लेजिस्लेचर पार्टी में एक प्रस्ताव रखकर अखिल भारतीय कांग्रेस कमेटी से सिफारिश की कि वह लीग की इस माँग को इस आधार पर स्वीकार कर ले कि पश्चिमोत्तर और पूर्वोत्तर के मुस्लिम बहुमतवाले प्रदेशों को स्वायत्तता दी जाए, 'ताकि, इस संकट की घड़ी में एक राष्ट्रीय प्रशासन स्थापित करने की राह से सबसे बड़ी बाधा को हटाया जा सके।' एक ओर प्रस्ताव के जरिए उन्होंने, मद्रास में लीग के प्रतिनिधियों के सहयोग से सरकार स्थापित करने की अनुमति ए. आई. सी. सी. से माँगी। कांग्रेसी दायरों में बड़ा हो-हल्ला मचा और सी. आर. को, राष्ट्रीय लक्ष्य के हितों को नुकसान पहुँचानेवाला करार दिया गया और उनकी निन्दा की गई। उन्होंने ए. आई. सी. सी. के सामने अपना मामला रखा लेकिन उन्हें दुत्कार दिया गया। उन्होंने प्रतिनिधियों से अपील की, "यह वक्त शासकों-सी निष्क्रियता का नहीं है। एक बार, साहस तो कर देखें। आएँ, मुसलमानों को वह दें जिसकी वे माँग कर रहे हैं। अगर आप उसे अपनी जेब में न रखकर, उनके सामने मेज पर फेंक देंगे तो वे खुद ही कहेंगे कि हमें यह नहीं चाहिए।" सभा में कोई चिल्लाया, "क्या सभी मुसलमान यह चाहते हैं या सिर्फ मुस्लिम लीग चाहती है ?" सी. आर. ने जवाबी वार किया, "मुसलमानों के एक बहुत बड़े तबके पर लीग की जो पकड़ है और प्रभाव है, उसे खतम कर पाना मुश्किल साबित हुआ है।" नेहरू ने बीच में टोका, "नहीं, नहीं।" और सो सी. आर. अपनी बात पर ए. आई. सी. सी. को सहमत नहीं करा पाए। आज़ाद ने भी मद्रास में लीग के साथ संयुक्त सरकार बनाने के मामले पर उन्हें समर्थन नहीं दिया, जबकि, जैसाकि हम पहले देख चुके हैं। उन्होंने खुद 1937 में संयुक्त प्रान्त में ऐसे ही कदम की पेशकश की थी।

ज्यों-ज्यों साल बीतते गए, कांग्रेस और लीग के विरोध तीव्रतर होते चले गए; जिन्ना, कांग्रेसी नेतृत्व के प्रति ज्यादा आक्रामक होते गए और खुलेतौर पर उस पर मुसलमान-विरोधी पूर्वाग्रह का आरोप लगाने लगे। उन्होंने विभिन्न प्रदेशों में स्थापित कांग्रेस मन्त्रिमंडलों पर हमला किया और घोषणा की कि उनके शासन के अधीन मुसलमान सुरक्षित नहीं हैं। उन्होंने, कांग्रेस मन्त्रिमंडल के अधीन प्रदेशों के मुसलमानों की शिकायतों की जाँच के लिए पीरपुर कमेटी की नियुक्ति की और उसकी रिपोर्ट इन

दोनों संगठनों के बीच कलह की बहुत बड़ी वजह बनी।

द्वितीय विश्वयुद्ध के छिड़ते ही वाइसराय लार्ड लिन्लिथगो (1887-1952) ने कांग्रेस से मशविरा किए बगैर हिन्दुस्तान और धुरी राष्ट्रों के बीच युद्ध-स्थिति की घोषणा कर दी जिसके परिणामस्वरूप 1939 में कांग्रेस मन्त्रिमंडलों ने इस्तीफा दे दिया। जिन्ना ने मुसलमानों के लिए 'मुक्ति का दिन' के रूप में उस घटना को बड़ा सुखद बताया और अनुसूचित जाति के नेता डॉ. बी. आर. आम्बेडकर ने भी कांग्रेस शासन की भर्त्सना करने में जिन्ना का साथ दिया। एक वर्ष बाद, तत्कालीन ब्रिटिश प्रधानमन्त्री, विंस्टन चर्चिल ने (1874-1965) अपने एक मन्त्री, सर स्टाफर्ड क्रिप्स को (1889-1952) जो नेहरू के पुराने मित्र थे, इस प्रस्ताव के साथ भेजा कि भारत, महायुद्ध के दौरान ब्रिटिशों का हाथ बँटाए और लड़ाई खतम हो जाने के बाद हिन्दुस्तान को ब्रिटिश के अधीन स्वतन्त्र उपनिवेश का दर्जा दिया जाएगा। कांग्रेस ने इस प्रस्ताव को ठुकरा दिया, गाँधी ने उसे 'एक दिवालिया हो रहे बैंक का पोस्ट डेटेड चेक' बताया।

जिन्ना, हालात को सतर्कता से भाँप रहे थे और कांग्रेस पर वार करने के सही मौके की ताक में थे। वे किसी प्रकार के संवैधानिक ढाँचे को कबूल करने को तैयार नहीं थे, जब तक कि पहले उनकी माँग को कबूल नहीं कर लिया जाता—कांग्रेस के साथ तब तक कोई समझौता नहीं जब तक कि जिन्ना को मुसलमानों का एकमात्र नेता नहीं मान लिया जाता। न गाँधी और न ही नेहरू इस बात को मंजूर कर रहे थे। सो ज़िच बरकरार रहा।

जिन्ना ने बड़ा चतुर खेल खेला; अगर कांग्रेस ने वह प्रस्ताव कबूल कर लिया होता तो उन्हें चाहे-अनचाहे सरकार में शामिल होना पड़ता। उन्हें अपने लीग की स्थिति को मजबूत करने के लिए वक्त की जरूरत थी और कांग्रेस ने, जो इस बात से बेखबर थी कि क्रिप्स के प्रस्ताव को नामंजूर करने के क्या-क्या नतीजे निकल सकते हैं, जिन्ना को एक नई ताकत दे दी। अब अपनी माँग को और बढ़ाकर पेश करने की हिम्मत उनमें आ गई। अगर उनके प्रस्ताव को स्वीकार कर लिया गया होता तो उनकी सौदेबाजी की क्षमता घट गई होती और शायद देश के बँटवारे को रोका जा सकता था। घटना-चक्रों से निराश होकर और अंग्रेजों से सन्तोषजनक प्रतिक्रिया न पाकर गाँधी ने अपना 'भारत छोड़ो' आन्दोलन छेड़ दिया। इससे व्यापक असन्तोष फैला और कुछ जगहों पर आन्दोलनों ने हिंसक रूप भी धारण कर लिया; अंग्रेजों ने आतंक का साम्राज्य फैला दिया। जनता ने बड़ी वीरता से मुकाबला किया, वह अंग्रेजों को उखाड़ फेंकने में लगभग कामयाब हो गई। जिन्ना बेहद दहल गए और गहरे परेशान हो गए। अगर ब्रिटिश घुटने टेक देते हैं तो उनकी स्थिति एकदम कमजोर पड़ जाएगी। इसलिए उन्होंने ठान लिया कि ऐसे किसी भी क़दम का विरोध करेंगे जो उन्हें अलग-थलग मुसीबत में लटका देगी। जब तक कांग्रेस उनकी शर्तों को नहीं मानती वे उसे दी गई किसी भी प्रकार की रियायत का विरोध करेंगे। जब कांग्रेस आज़ादी के लिए सर्वोच्च बलिदान की घड़ी से गुजर रही थी तब भी लीग के नेता ने उसके प्रति कण-भर भी सहानुभूति नहीं दिखाई। उसके

विपरीत, उन्होंने जनता की विद्रोही लहर को कुचलने की ब्रिटिश कार्रवाइयों का समर्थन किया। जिन्ना बेहद क्रूर और भावनाशून्य राजनीतिज्ञ थे। अपने विरोधियों को पराजित करने के अपने लक्ष्य से वे कभी नहीं डिगे, फिर चाहे वे गलत हों या सही। वे गाँधी की तरह नैतिकतावादी नहीं थे; अगर लक्ष्य सिद्ध होता हो, तो फिर साधन कोई भी क्यों न हो, उन्हें उसकी परवाह नहीं थी।

दो-राष्ट्र सिद्धान्त

सन् चालीस के वर्षों में जिन्ना ने जिस 'दो राष्ट्र-सिद्धान्त' का प्रतिपादन किया, उसने हिन्दुओं के दिलो-दिमाग में मुसलमानों के खिलाफ जहर भर दिया और उसने हिन्दू-मुस्लिम रिश्ते को सबसे ज्यादा नुकसान पहुँचाया। जिन्ना न तो विद्वान धर्मवेत्ता थे और न ही इतिहासकार और वे राजनीतिक विचारक भी नहीं थे। अलबत्ता कानून के पेचीदा शास्त्र के वे उस्ताद थे और बड़े तेज-तर्रार कानूनदाँ थे। अपनी कानूनी काबिलियत का इस्तेमाल उन्होंने अपनी राजनीतिक कामयाबी के लिए और अपनी प्रिय लेकिन उधार ली गई योजना को कारगर करने के लिए किया।

गाँधी के मुकाबले अपना स्वतन्त्र नेतृत्व स्थापित करने के लिए उन्होंने हिन्दू और मुस्लिम समुदायों के बीच की भिन्नताओं पर जोर देने वाले हर प्रकार के उपाय को अपनाया। उन्होंने कोई तथ्य या आँकड़े नहीं दिए; कोई धर्मशास्त्रीय आधार नहीं पेश किया, कोई ऐतिहासिक सबूत नहीं रखा। हिटलर के प्रचार मन्त्री डॉ. गोबेल्स की तरह वे ऐसे गलत और बेबुनियाद बयानों को लाखों बार दुहराते रहे कि हिन्दू और मुसलमान दो अलग 'क़ौम' (राष्ट्र) हैं और वे कभी भी एक साथ नहीं रह सकते और लोगों ने उसे सच मानना शुरू कर दिया। अपने भाषणों में और गाँधी, नेहरू और ब्रिटिश वाइसरायों को लिखे गए अपने खतों में उन्होंने उबा देने की हद तक इस बात को दुहराया। हमेशा, बस एक ही कहानी कही जाती थी :

> हिन्दू और मुसलमान दो अलग-अलग धार्मिक दर्शन, सामाजिक रीति-रिवाज और साहित्य से जुड़े हैं। वे न तो आपस में शादियाँ करते हैं और न ही आपस में खान-पान का रिश्ता रखते हैं और सचमुच ही वे दो ऐसी अलग-अलग सभ्यताओं से जुड़े हुए हैं जो मुख्यतया परस्पर विरोधी विचारों और अवधारणाओं पर आधारित हैं। जीवन और जीवन-दर्शन के प्रति उनका नजरिया अलग-अलग है। यह बहुत साफ है कि हिन्दू और मुसलमान अपने लिए इतिहास के अलग-अलग स्रोतों से प्रेरणा ग्रहण करते हैं। उनके महाकाव्य अलग-अलग हैं, उनके महानायक अलग-अलग हैं और उनकी वीर-गाथाएँ अलग-अलग हैं। कई बार तो एक का महानायक दूसरे का खलनायक है और उसी तरह से उनकी जय और पराजय का निर्णय भी परस्पर विरोधी है। ऐसे दो मुल्कों को एक अकेले राज्य के जुए में जोतने से, जिसमें एक संख्यात्मक

दृष्टि से अल्पमत हो और दूसरा बहुमत, निश्चित ही असन्तोष बढ़ता चला जाएगा और उससे ऐसे राष्ट्र पर शासन करने के लिए निर्मित कोई भी संरचना अन्ततः ध्वस्त हो जाएगी।''[1]

जिन्ना के सिद्धान्त की असत्यता का, न सिर्फ उनके राजनीतिक विरोधियों ने बल्कि तटस्थ विश्लेषकों और राजनीतिक विचारकों ने भी पर्दाफाश किया था; मैंने 'ट्रिब्यून', लन्दन (3 अक्तूबर, 1947) के अपने लेख में जिन्ना को ब्रिटिश लेखक एडवर्ड थामसन द्वारा दिए गए जवाब को उद्धृत किया था। वह हिन्दू-मुस्लिम रिश्तों की निरी सचाई को उभारकर लाता है और यह बात उस वक्त जितनी प्रासंगिक थी, उतनी ही आज भी है।

जिन्ना ने एक बार स्वर्गीय एडवर्ड थामसन से कहा कि ''हिन्दू और मुस्लिम दो स्वतन्त्र राष्ट्र हैं जो कभी साथ-साथ नहीं रह सकते।''

थामसन ने जोर से कहा, ''दो अलग राष्ट्र, मिस्टर जिन्ना ? यानी, हिन्दुस्तान के हर प्रदेश के, हर शहर, हर गाँव में एक-दूसरे से टकराते हुए ?''

''हाँ, दो अलग राष्ट्र, हिन्दुस्तान के हर प्रदेश, हर शहर, हर गाँव में एक-दूसरे से टकराते हुए ! यह दुर्भाग्यपूर्ण है लेकिन उससे रूबरू तो होना ही पड़ेगा ! और यही उसका एक मात्र हल है,'' तभी जिन्ना ने जवाब दिया।

''यह तो बड़ा भयानक हल है, मिस्टर जिन्ना।''

''हो सकता है, यह भयानक हल हो लेकिन यही एकमात्र हल है।''

विडम्बना की बात तो यह थी कि जैसे ही जिन्ना ने अपना मकसद हासिल कर लिया और हिन्दुस्तान से तराशकर अलग राष्ट्र पाकिस्तान बना लिया, उन्होंने तुरन्त ही अपना अलगाववादी दृष्टिकोण बदल डाला और अपना 'दो-राष्ट्र' सिद्धान्त छोड़ दिया। 11 अगस्त, 1947 को, पाकिस्तान के निर्माण की पूर्व सन्ध्या पर संविधान परिषद का उद्घाटन करते हुए उन्होंने सदस्यों से, जिनमें हिन्दू और मुसलमान दोनों थे, कहा कि सभी नागरिक, फिर उनकी धार्मिक आस्थाएँ चाहे जो हों, हर प्रकार से समान हैं। उन्होंने यह विश्वास प्रकट किया कि, ''मेरा ख्याल है कि अब हमें उसे अपने आदर्श के रूप में सामने रखना चाहिए और आप पाएँगे कि वक्त बीतते-बीतते हिन्दू हिन्दू न रहेंगे और मुसलमान मुसलमान नहीं, क्योंकि वह तो हरेक व्यक्ति की अपनी व्यक्तिगत आस्था का विषय है, वरन् राजनीतिक मायने में वे सभी देश के नागरिक होंगे।''[2]

बाद में, 21 मार्च, 1948 को ढाका में एक सभा को सम्बोधित करते हुए उन्होंने अपनी अवधारणा को और विस्तार से पेश किया, ''पाकिस्तान, धर्मतन्त्रवादी या उसी तरह का राष्ट्र नहीं है।'' कालान्तर में उन्होंने मुल्लाओं को, जो चाहते थे कि वे पाकिस्तान को इस्लामी राष्ट्र घोषित करें, साफ-साफ कह दिया कि राष्ट्र के मामले में वे उनकी दखलन्दाजी कतई नहीं चाहते। इसके अलावा उन्होंने बहुत पहले ही अपने स्वप्नदेश के बिखरने के आसार तब देख लिये थे, जब बंगालियों ने उर्दू को पाकिस्तान

की राष्ट्र भाषा के रूप में थोपे जाने के खिलाफ आन्दोलन करना शुरू कर दिया। उनकी माँग थी कि उनकी भाषा बांग्ला को भी समान दर्जा दिया जाए। जिन्ना को उनकी ढाका यात्रा के दौरान एक स्मरण-पत्र पेश किया गया लेकिन यह भाँपकर कि उसमें राष्ट्र के दोनों पक्षों के बीच अलगाव के बीज निहित हैं, उन्होंने उनकी माँग को मानने से इनकार कर दिया और उन्हें फटकारने के लिए फिर एक बार इस्लामी सम्बन्ध सूत्र की पावनता की दुहाई दी।

बंगाली उस वक्त तो चुप हो गए क्योंकि तब तक जिन्ना इतने ताकतवर बन चुके थे कि उन्हें चुनौती नहीं दी जा सकती थी लेकिन उनकी मृत्यु के बाद उन्होंने अपना भाषाई संघर्ष जारी रखा। आखिर 1971 में पाकिस्तान के निर्माण को 25 साल भी बीत नहीं पाए थे कि बंगाली उससे अलग कट जाने में और अपना अलग देश बांग्लादेश स्थापित करने में कामयाब हो गए और यह स्थापना मजहब के आधार पर नहीं, भाषा के आधार पर हुई। जिन्ना व्यक्तिगत तौर पर खुद इतने धर्मनिरपेक्ष थे कि उन्हें धर्म में कोई गहरी आस्था नहीं थी। धर्म के बारे में उनकी जानकारी भी कम थी और उसके विधि-निषेधों का पालन भी वे नहीं किया करते थे। उन्होंने तो मुस्लिम समस्या को किसी वकालती मुकदमे की तरह हाथ में लिया था, उसके पीछे, मुसलमानों का हित करने का मकसद उतना नहीं था जितना अपने को गौरव-मंडित करने की महत्त्वाकांक्षा। लेकिन, जब वे अपने मामले को जीतने के करीब आए तो एकबारगी उसके नतीजों को सोचकर वे खुद भी सचमुच आतंकित हो उठे थे। एक ऐसा भी मुकाम आया जब वे विचलित हो गए और शायद तब मौका मिलता तो वे अपनी बात से पीछे भी हट जाते लेकिन तब तक कांग्रेसी नेता उनके दाँव-पेंचों से आजिज आ चुके थे और सो उन्होंने उनका साथ देने से इनकार कर दिया। उन्होंने ब्रिटिश कैबिनेट मिशन द्वारा प्रस्तावित संयुक्त भारत की योजना को नामंजूर कर दिया और यह बेहतर माना कि आखिरकार हिन्दुस्तान का धार्मिक आधार पर बँटवारा कर ही दिया जाए। अब कांग्रेसी नेतृत्व के लिए एक स्व-घोषित विघटनवादी के साथ सामंजस्यपूर्वक काम करना असम्भव था।

अन्य दो मुस्लिम नेता, जिन्होंने मुखर रूप से अपने सहधर्मियों के बीच अलगाववादी आन्दोलन की पैरवी की और पाकिस्तानी जिन्हें अपना रहबर मानते हैं, सर सैयद अहमद ख़ान और सर मोहम्मद इकबाल हैं। सर सैयद निश्चित ही उन्नीसवीं सदी के आखिरी दौर में मुसलमानों के निर्विवाद नेता थे और आधुनिक इस्लाम के शायर—दार्शनिक इकबाल सैयद की मृत्यु के तुरन्त बाद ही दृश्य-पटल पर उभरे। इकबाल की मृत्यु के बाद ज़िन्ना ने बागडोर सँभाली। इसलिए इन तीनों नेताओं के नजरिए में एक प्रकार का सातत्य है।

सर सैयद ने हिन्दुओं के खिलाफ पहली बार दिसम्बर 1887 को अपनी तोप दागी, जब नवगठित इंडियन नेशनल कांग्रेस अपना तीसरा वार्षिक अधिवेशन मद्रास में, बम्बई के एक प्रतिष्ठित मुसलमान जस्टिस बदरुद्दीन तैयबजी (1844-1906) की अध्यक्षता में आयोजित कर रही थी। सर सैयद को यह आशंका थी कि राष्ट्रीयतावादी नारेबाजियों

से मुसलमान कहीं गुमराह न हो जाएँ और इस प्रकार एक संयुक्त लोकतान्त्रिक हिन्दुस्तान में अपने ही भविष्य को खतरे में न डाल दें। सो उन्होंने चेतावनी दी :

> और सबसे पहले, अगर हम यह मान भी लें कि हमारे यहाँ अमरीका की ही तरह आम मताधिकार लागू हो जाता है और सभी को वोट देने का अधिकार मिल जाता है। और यह भी मान लें कि सभी मुसलमान मतदाता, मुसलमान उम्मीदवार को आज़ादसभी हिन्दू, हिन्दू उम्मीदवार को वोट देते हैं तो फिर अब आप ही यह गिनती कर लीजिए कि मुसलमान उम्मीदवार को कितने वोट मिलेंगे और हिन्दू को कितने ! यह पक्की बात है कि हिन्दू उम्मीदवार को चार गुना ज्यादा वोट मिलेंगे क्योंकि हिन्दुओं की आबादी तादाद में चार गुना ज्यादा है। इसलिए हम महज अंकगणित से ही यह साबित कर सकते हैं कि हर एक मुसलमान वोट के मुकाबले चार हिन्दू वोट होंगे ! फिर मुसलमान अपने हितों की रक्षा कैसे कर पाएगा ? यह तो पाँसे के उस खेल की तरह होगा जहाँ एक खिलाड़ी के पास तो चार पाँसे हैं और दूसरे के पास एक ![3]

यह बात सैयद ने गुस्से के उबाल में नहीं कही थी, यह सोच-समझकर की गई प्रतिक्रिया थी और उससे पहले भी 15 जनवरी, 1883 को स्थानीय स्वराज्य बिल पर, वाइसराय की एक्जेक्यूटिव कौंसिल के सदस्य के तौर पर बोलते हुए भी उन्होंने इस भावना को अभिव्यक्ति दी थी। उन्होंने घोषित किया कि :

> चुनाव द्वारा प्रतिनिधित्व की प्रणाली का मतलब होता है, आबादी के बहुसंख्यक वर्ग के दृष्टिकोणों और हितों का प्रतिनिधित्व और ऐसे देशों में जहाँ की आबादी में सिर्फ एक ही नस्ल और एक ही सम्प्रदाय है, वहाँ बेशक, यह बेहतरीन प्रणाली है। लेकिन माई लार्ड, हिन्दुस्तान जैसे मुल्क में, जहाँ आज भी जाति-भेद प्रचलित है, जहाँ विभिन्न नस्लों के बीच संयोजन नहीं हुआ है, जहाँ धार्मिक भेदभाव आज भी उग्र है, जहाँ आधुनिक अर्थ में शिक्षा ने आबादी के सभी तबकों में समान या आनुपातिक प्रगति नहीं की है, मुझे यह पूरा यकीन है कि वहाँ स्थानीय बोर्डों और जिला कौंसिलों में विभिन्न हितों का प्रतिनिधित्व करने के लिए, विशुद्ध और सीधी चुनाव प्रणाली लागू करने से, आर्थिक प्रतिफलन की अपेक्षा ज्यादा गम्भीर बुराइयाँ पैदा होंगी। जब तक हिन्दुस्तान के सामाजिक, राजनीतिक जीवन में नस्लों और धर्मों के भेदभाव और जातियों की भिन्नताएँ महत्त्वपूर्ण भूमिका निभाती हैं और व्यापक तौर पर देश के प्रशासन और कल्याण से सम्बन्धित मामलों में उसके निवासियों को प्रभावित करती हैं, तब तक चुनाव-प्रणाली को, उसके विशुद्ध और सीधे रूप में अपनाना सुरक्षित नहीं होगा। व्यापक जनसमुदाय और गैर-जानकार जनता तो सरकार को ही जिम्मेदार ठहराएगी कि उसने ऐसी व्यवस्थाओं की

शुरुआत की जिससे नस्लों और धर्मों के भेदभाव पहले से भी ज्यादा हिंसक बन सकते हैं।

इकबाल, सर सैयद की तरह लोकतन्त्र के खिलाफ नहीं थे; न ही वे आज़ादी की बनिस्बत ब्रिटिश राज को बेहतर मानते थे। यों उन्होंने यहाँ-वहाँ एकाध शे'रों में लोकतान्त्रिक चुनाव-प्रणाली की आलोचना की है कि जम्हूरियत ऐसी तौरे-हुकूमत है जहाँ 'सिरों को गिना जाता है, तौला नहीं जाता'; लेकिन अपने राजनीतिक भाषणों में उन्होंने लोकतान्त्रिक प्रणाली को अपनाने की पैरवी की बशर्ते उसमें मुसलमानों के लिए आरक्षण हो। 1928 में अपने मद्रास भाषण में उन्होंने अपना दृष्टिकोण बड़े स्पष्ट रूप से प्रस्तुत किया था :

> मुस्लिम देशों में, जो गणतान्त्रिक चेतना का और विधानसभाओं का क्रमशः विकास हुआ है, वह प्रगति की दिशा में एक बहुत बड़ा कदम है। विभिन्न वैयक्तिक प्रतिनिधियों के हाथों से इज्तिहाद के अधिकार को निकालकर मुस्लिम विधान सभाओं को हस्तान्तरित करना, आज के परस्पर विरोधी सम्प्रदायों की बढ़ोतरी को मद्देनजर रखते हुए, एकमात्र ऐसा रूप है जो आधुनिक समय में इज्मा ग्रहण कर सकता है और इससे धर्मवेत्ताओं से इतर सामान्य व्यक्तियों की ओर से भी, जो सामान्य व्यवहार के मामलों में काफी गहरी अन्तर्दृष्टि रखते हैं, कानूनी चर्चाओं में योगदान प्राप्त किया जा सकेगा। सिर्फ, इसी तरीके से हम अपनी कानूनी व्यवस्था के जीवन की सुप्त चेतना को जागृत कर सकते हैं और उसे एक विकासशील दृष्टि दे सकते हैं।[4]

इसके बावजूद, भारत जैसे देश में मुसलमानों के हितों की रक्षा के लिए उपाय किए बगैर जन-प्रतिनिधि-संस्थाओं के संचालन के व्यावहारिक परिणामों के प्रति उनके मन में आशंकाएँ थीं। असल में, उन्होंने बहुत पहले यानी 28 मार्च, 1909 को ही यह लिखा था :

> मेरी अपनी यह मान्यता रही है कि इस देश में धार्मिक भेदभाव मिट जाने चाहिए और आज भी अपनी निजी जिन्दगी में मैं इस सिद्धान्त पर आचरण करता हूँ। लेकिन अब, मेरी यह मान्यता है कि हिन्दू और मुसलमान दोनों के लिए यह बेहतर होगा कि वे अपने-अपने अलग राष्ट्रीय वजूद को बरकरार रखें। भारत के लिए एक सामान्य राष्ट्रीयता का सपना बहुत ही मनभावन आदर्श है और इसमें बड़ी लुभावनी शायराना कशिश भी है लेकिन मौजूदा हालात और दोनों समुदायों की अचेतन प्रवृत्तियों को देखते हुए उसे साकार कर पाना नामुमकिन-सा लगता है।[5]

उन्हें पूरा यकीन था कि संयुक्त भारत में, अगर मुसलमानों की सही तौर पर हिफाजत नहीं की गई तो वे अपनी पहचान गँवा बैठेंगे। उन्होंने दिसम्बर, 1930 में

इलाहाबाद में आल इंडिया मुस्लिम लीग के वार्षिक अधिवेशन में अपने अध्यक्षीय भाषण में अपने विचारों को ज्यादा ठोस तौर पर प्रस्तुत किया और प्रस्ताव रखा कि, "मैं पंजाब, पश्चिमोत्तर सीमान्त प्रदेश, सिन्ध और बलूचिस्तान को एकीकृत कर एक अलग राष्ट्र में निर्मित हुआ देखना चाहूँगा। एक समेकित पश्चिमोत्तर भारतीय मुस्लिम प्रदेश का निर्माण, मुसलमानों की, कम-से-कम पश्चिमोत्तर भारत के मुसलमानों की तो अन्तिम नियति नजर आती है; फिर उस पर स्वशासन चाहे ब्रिटिश साम्राज्य के अधीन किया जाए या साम्राज्य के बगैर।"

हालाँकि, इसमें कोई शक नहीं है कि इन तीनों नेताओं की मान्यताओं में एक निश्चित सातत्य था लेकिन जिन्ना जहाँ आक्रामक और कटु थे, वहीं सर सैयद और इकबाल विश्वासोत्पादक और समाधानकारी भी थे। शुरू-शुरू में उन सभी ने बड़ी शिद्दत से एकता के लक्ष्य की पैरवी की थी। 1906 में जब मुस्लिम लीग की स्थापना हुई तो जिन्ना ने उसमें शरीक होने से इनकार कर दिया था; वे हिन्दुओं से सौहार्दपूर्ण समझौते के पक्के पक्षधर थे। कांग्रेस और लीग के बीच हुआ 1916 का लखनऊ समझौता उनके अथक प्रयास का फल था। 1928 में उन्होंने भरसक कोशिश की थी कि मुसलमान नेहरू रिपोर्ट को सिरे से नामंजूर न कर दें। कांग्रेस की नेता अध्यक्ष कवयित्री सरोजिनी नायडू ने उनकी सराहना करते हुए कहा था कि "वे हिन्दू-मुस्लिम एकता के बेहतरीन राजदूत हैं।" द्वितीय गोलमेज परिषद के विचार-विमर्श के दौरान, जिसमें गाँधी ने कांग्रेस के एकमात्र प्रतिनिधि के तौर पर हिस्सा लिया था, उन्होंने हिन्दुओं और मुसलमानों के बीच एक सम्मत समझौता तैयार करने की बड़ी कोशिश की थी लेकिन कामयाबी उनसे दूर रही। करीब पचास साल तक वे एक के बाद एक नाकामयाबियों का समाना करते रहे। उन्होंने बार-बार और अलग-अलग तरीकों से हिन्दुओं और मुसलमानों को साथ लाने की कोशिशें कीं लेकिन वे नाकामयाब रहे। आखिरकार, सन् तीस के शुरुआती दौर में कहे गए उनके शब्दों को ही उद्धृत करें :

> मैं इतना निराश और मायूस हो गया कि मैंने लन्दन जाकर बसने का फैसला कर लिया। ऐसा नहीं था कि मुझे हिन्दुस्तान से मुहब्बत नहीं थी, लेकिन मैं अपने को सरासर लाचार पा रहा था। मैंने हिन्दुस्तान से सम्पर्क बनाए रखा। चार साल बाद मैंने पाया कि मुसलमान बहुत बड़े खतरे में हैं। मैंने हिन्दुस्तान लौटने का मन बना लिया क्योंकि लन्दन में रहकर मैं कोई हित नहीं साध सकता था। मेरे पास कोई अधिकार-ओहदा नहीं था इसलिए मेरी औकात एक भिखमंगे की-सी थी और मेरे साथ वही सलूक किया गया जो किसी भिखमंगे के साथ किया जाता है।[6]

अपमानित जिन्ना अपनी ही कुंठित महत्त्वाकांक्षा से ग्रस्त होते चले गए और जैसा कि एलेक्जेंडर तथा जूलिएट जार्ज ने अपने मनोवैज्ञानिक प्रबन्ध 'वुडरो विल्सन एंड कोलोनल हाउस' में दर्शाया है कि "अगर किसी महत्त्वाकांक्षी व्यक्ति के जीवन में,

अपेक्षाकृत बाद के काल में भयानक वंचनाएँ आती हैं तो वह सत्ता हथियाने पर अपना सारा ध्यान केन्द्रित कर देता है।'' जिन्ना ने भी, तय कर लिया कि वे अपना नेतृत्व साबित करके रहेंगे, फिर उसके लिए उनके देश को या समुदाय को चाहे जो कीमत क्यों न चुकानी पड़ जाए।

सर सैयद का मामला जरा अलग था; उन्होंने सार्वजनिक जीवन में एकता स्थापित करने के अपने प्रयासों को बहुत पहले ही छोड़ दिया था जबकि शुरू-शुरू में वे बड़े शायराना अन्दाज में कहा करते थे कि ''हिन्दू और मुसलमान हिन्दुस्तान की दो आँखें हैं; अगर एक को चोट लगती है तो दूसरे से आँसू टपकेंगे ही !'' और उन्होंने यह भी सुझाव दिया कि चूँकि दोनों हिन्दुस्तान के नागरिक हैं, इसलिए दोनों को ही 'हिन्दू' कहा जाना चाहिए। लेकिन उर्दू के सवाल पर अपने कुछ करीबी हिन्दू दोस्तों की वजह से उनका भ्रम-भंग हुआ, वे दोस्त उर्दू को हटाकर हिन्दी को लाना चाहते थे और फिर तो उन्होंने मुसलमानों के बीच सक्रिय रूप से अलगाववादी प्रवृत्तियों को बढ़ावा दिया। इकबाल भी शुरू-शुरू में हिन्दू-मुस्लिम एकता के पैरोकार थे; उनकी शुरुआती कविताओं में राष्ट्रभक्ति का जोश बड़े उफान पर है। उनका गीत 'सारे जहाँ से अच्छा' आज भी हिन्दुस्तानियों को प्रेरणा देता है, उनकी कविता 'नया शिवाला' इस मान्यता पर उनकी भावनाओं की गहराई को व्यक्त करती है। लेकिन ज्यों-ज्यों साल गुजरते गए, मुसलमानों के लिए एक अलग स्वदेश की, और उसमें भी खासकर पश्चिमोत्तर प्रदेश में, जहाँ के वे थे, एक अलग देश बनाए जाने की कल्पना उन पर हावी होती चली गई; बंगाल के मुसलमानों से उन्हें कोई खास सरोकार न था। रही बात, हिन्दू बहुमत वाले प्रदेशों के मुसलमानों की, तो इकबाल ने जिन्ना को लिखा था कि उन्हें, उनकी तकदीर पर छोड़ देना चाहिए। लेकिन इकबाल ने कभी हिन्दुओं के खिलाफ कोई कड़ी बात नहीं कही, उन पर किसी प्रकार की तोहमत नहीं लगाई। उल्टे, आखिरी दिनों तक वे उनके दर्शन, उनकी परम्परा और उनके आध्यात्मिक नेताओं की प्रशंसा करते रहे; वे कहा करते थे कि उन्हें अपने ब्राह्मणीय वंशक्रम पर नाज़ है और किसी भी प्रकार की साम्प्रदायिकता को वे 'नीचता' मानते थे। लेकिन, फिर भी, वे एक ऐसी अलग सरजमीं चाहते थे जहाँ इस्लाम के मूल्यों को अमली जामा पहनाया जा सके।

इन तीनों नेताओं में हुए परिवर्तनों की वजह राजनीतिक ज्यादा, धार्मिक कम थी, यह हिन्दू-मुस्लिम रिश्तों के वस्तुपरक मूल्यांकन पर उतना ज्यादा आधारित नहीं था जितना कि कतिपय राजनीतिक घटनाओं-परिस्थितियों पर हुई व्यक्तिगत प्रतिक्रियाओं पर था। सर सैयद के मामले में वह उर्दू के प्रति हिन्दुओं के विरोध और ब्रिटिश सत्ता के स्थायित्व पर उनकी आस्था से पैदा हुआ। इकबाल के मामले में पश्चिमोत्तर मुसलमानों से उनके जुड़ाव और उन्हें एक प्रमुख स्थान दिलाने और सांस्कृतिक तौर पर उनकी रक्षा करने की आकांक्षा से उपजा था। जिन्ना के मामले में यह प्राथमिक तौर पर उनका अपना अहंकार था जो उन्हें गाँधी की बराबरी का दर्जा हासिल करने के लिए उकसाता रहा।

यह सच है कि हिन्दुओं और मुसलमानों के बीच कुछ क्षेत्रों में महत्त्वपूर्ण फर्क हैं, लेकिन वैसे अन्तर तो बंगालियों और तमिल भाषियों के बीच भी हैं या महाराष्ट्रियों और गुजरातियों के बीच भी हैं; इनके रहन-सहन, खान-पान, उत्सव-त्योहार में फर्क है; लेकिन साथ ही साथ ऐसे कई सूत्र भी हैं जो उन्हें बाँधे रखते हैं। यही बात हिन्दुओं और मुसलमानों पर भी लागू होती है; असल में भारतीय इस्लाम को, कई मामलों में अरबी इस्लाम या ईरानी इस्लाम या मलेशियाई या इंडोनेशियाई इस्लाम से अलग दर्शाया जा सकता है और वह अपने पूर्वजों के देश की परम्पराओं में काफी रंग चुका है। इसलिए भारतीय मुसलमानों की जिन विशिष्टताओं को जिन्ना ने अलग करके दिखाया है, उसके जवाब में बड़ी आसानी से उन सामान्य सम्बन्ध सूत्रों को भी गिनाया जा सकता है जो इन दोनों समुदायों को साथ बाँधते-बुनते हैं। खुद सर सैयद के शब्दों में :

> मेरे हिन्दू भाई और मेरे मुसलमान सहधर्मी एक ही हवा में साँस लेते हैं, गंगा और यमुना का पावन पानी पीते हैं, अल्लाह ने इस देश को जो जमीन दी है, उसकी उपज को खाते हैं। और साथ-साथ रहते हैं। हम दोनों ही ने अपने-अपने पुराने रहन-सहन और आदतों को छोड़ दिया है और जहाँ मुसलमानों ने हिन्दुओं के अनेक रीति-रिवाजों को अपना लिया है, वहीं हिन्दू भी मुसलमानी तौर-तरीकों और परम्पराओं से प्रभावित हुए हैं।[7]

अलीगढ़ मुस्लिम यूनिवर्सिटी के डॉ. मुहम्मद उमर ने उर्दू में एक बहुत बढ़िया प्रबन्ध लिखा है जिसमें उन्होंने विस्तार से बताया है कि किस प्रकार, वर्षों के दौरान, हिन्दू संस्थाओं और परम्पराओं ने धीरे-धीरे भारतीय मुसलमानों की आदतों, तौर-तरीकों और रस्मो-रिवाजों को, यहाँ तक कि उनके जीवन-दर्शन को और जीवन-प्रणाली को प्रभावित किया है। इस प्रबन्ध का शीर्षक है—'हिन्दुस्तानी तहजीब का मुसलमानों पर असर' और उनके आपसी रिश्तों के हर पहलू पर इसमें विस्तार से विचार किया गया है। प्रबन्ध के अध्यायों के शीर्षकों से ही मुसलमानों पर हिन्दू प्रभाव का अन्दाज लग जाता है :

- ऐतिहासिक पृष्ठभूमि
- सामाजिक संगठन
- जन्म से मृत्यु तक के कर्म-कांड
- उत्सव
- खेल और मनोरंजन के अन्य साधन
- यातायात
- आचार-विचार
- सूफ़ी सम्प्रदाय पर हिन्दू प्रभाव
- संगीत में दोनों का सम्मिलन
- उर्दू के विकास में हिन्दू-योगदान

डॉ. उमर ने बड़ी बहुमूल्य सामग्री एकत्र की है जिससे 'दो राष्ट्र' का सिद्धान्त पूरे तौर पर ध्वस्त हो जाता है और यह भारत में इस्लाम के स्वरूप को गढ़ने में हिन्दुत्व के गहरे प्रभाव को उभारकर लाती है।

भारतीय मुसलमानों पर हिन्दुत्व के गहरे प्रभावों में से एक, जाति-प्रथा के जरिए अंकित हुआ है। इस्लाम की समानता की शिक्षा के बावजूद धर्मान्तरित मुस्लिम अपनी जाति विषयक ग्रन्थियों को छोड़ नहीं पाते। उनमें से उच्च-कुल और निम्न-कुलवालों ने अपना-अपना वर्गभेद बनाए रखा; उन वर्गों की संज्ञाएँ भले ही बदल गईं, लेकिन पुराने भेदभाव कायम रहे। और यह प्रवृत्ति (अलग-अलग परिवारों के बीच) शादियाँ तय करते समय खासकर दिखने लगती थी। मिसाल के तौर पर कोई सैयद, किसी शेख या मिर्जा या पठान से शादी नहीं करेगा। हिन्दुओं में शादियाँ तय करने के लिए जन्मपत्रियों का मिलान करने की प्रथा है सो, उसी तरह से मुसलमानों में 'शिजरा' या 'वंशवृक्ष' देखने की प्रथा पड़ गई। रस्मो-रिवाज भी बड़े पैमाने पर हिन्दुओं से लिये गए, सगाई-समारोह, दूल्हा-दुल्हन का शृंगार, दूल्हे को हाथी या घोड़े पर सवार करवाकर गाजे-बाजे के साथ बारात निकालना, शुभफल के लिए नारियल फोड़ना, कव्वाली या दूसरे प्रकार के गीत-संगीत कार्यक्रमों का आयोजन, यहाँ तक कि नाच-मुजरा भी, दुल्हन की मायके से ससुराल को 'रुखसती' का समारोह, दूल्हे के साथ दुल्हन के घरवालों की तरह-तरह की छेड़खानी, ये सभी रीति-रिवाज भारतीय मुसलमानों की विशिष्टताएँ हैं जो उन्होंने हिन्दू रीति-रिवाजों और परम्पराओं से ग्रहण किए हैं और उनकी अरब या ईरानी, यहाँ तक कि तुर्की मुसलमानों से भी कोई समानता नहीं है। दुल्हन और उसके रिश्तेदारों के हाथ-पाँवों में मेहँदी रचाना विशिष्ट हिन्दू समारोह है, जिसे मुसलमानों ने अपनाया है।

अविभाजित हिन्दुस्तान के 1931 की जनसंख्या रिपोर्ट ने, जिसमें समुदायों और जातियों और उपजातियों की गणना की गई थी, और उनकी सामाजिक और आर्थिक स्थितियों का विश्लेषण किया गया था, भारतीय मुसलमानों का वर्गीकरण इस प्रकार से किया है—(ब्राह्मणों की तरह) अशरफ, सबसे ऊँची जाति है; फिर आते हैं सैयद, उनके बाद राजपूत, मियाँ और जुलाहा, दर्जी, कसाई, हज्जाम, कुम्हार, तेली, धोबी और अन्त में भंगी जैसी छोटी जातियाँ आती हैं। और ये आखिरी कुछ जातियाँ वही हैं जो हिन्दुओं में भी छोटी जाति मानी जाती हैं। आज भी भारतीय मुसलमानों में किसी अशरफ और भंगी के बीच शादी होना अकल्पनीय है। इसीलिए इकबाल ने अपनी महान कविता 'जवाब-ए-शिकवा' में अफसोस जाहिर किया था :

तुम लोगों में सैयद हैं, मिर्ज़ा हैं, और पठान हैं,
मगर मेहरबानी कर यह तो बताओ कि
असली मुसलमान कहाँ हैं ?

समाजशास्त्री इस बात पर सहमत हैं कि मुसलमानों में यह जाति-भेद हिन्दू प्रभाव की वजह से आया क्योंकि उनमें से अधिकतर हिन्दुत्व से धर्मान्तरित होकर आए थे। धर्मान्तरण के बावजूद वे अपनी जातीय ग्रन्थियों को छोड़ नहीं पाए। लुई ड्यूमो ने

अपनी पुस्तक 'होमो हाइरारकिकस : द कास्ट सिस्टम एंड इट्स इंप्लिकेशंस' में तो यहाँ तक कहा है कि भारतीय मुसलमानों ने जाति-व्यवस्था को बरकरार रखने का फैसला सचेत रूप से लिया था। हालाँकि यह बात बहुत सन्दिग्ध लगती है लेकिन इसमें कोई शक नहीं कि यह उस हिन्दू माहौल का नतीजा था जिसमें वे जन्मे-पले थे। ड्यूमों का कहना है कि यह हिन्दुओं और उनके मुसलमान पड़ोसियों के बीच एक अनकहा-सा समझौता था। लेकिन ज्यादा सम्भावना तो इस बात की दिखती है कि यह अपरिहार्य परिणाम था, उन पुरानी आदतों और रीति-रिवाजों का जिसे इस्लाम मिटा नहीं सका था।

समय के साथ-साथ ये वर्गीकरण इतने कड़े हो चुके हैं कि अपनी-अपनी विशिष्ट पहचान का प्रतिनिधित्व करने के लिए कई अलग-अलग सामाजिक, शैक्षणिक और राजनीतिक संगठन भी स्थापित हो चुके हैं। उनमें कुरैश या कसाई हैं, मोमिन या जुलाहे हैं, मियाँ या पठान हैं और ऐसे इतने अनगिनत वर्ग हैं कि उनका उल्लेख करना भी मुश्किल है। भारतीय मुसलमानों की जाति-आधारित संस्थाओं में एक मजबूत संस्था है—आल इंडिया जमायतुल मोमेनीन, जिसकी स्थापना 1930 में हुई। उसके अध्यक्ष, करीब तीन दशकों तक स्व. जेड. ए. अंसारी रहे, जो पहले इन्दिरा गाँधी के मन्त्रिमंडल में राज्यमन्त्री थे और बाद में राजीव गाँधी की सरकार में कैबिनेट मन्त्री रहे।

बताया जाता है कि निम्नवर्गीय मुसलमआज़ादं में, हिन्दुओं से भी ज्यादा उपजातियाँ हैं और ये आपस में शादी-ब्याह भी नहीं करते और न ही सामाजिक तौर पर मिलते-जुलते हैं। उनके रीति-रिवाजों में भी फर्क है। लेकिन एक बात तो उनकी निश्चित ही हिन्दुओं के समान नहीं है, और वह यह कि मुसलमानों का चाहे जो तबका या वर्ग हो, चाहे वे सुन्नी हों या शिया, अशरफ हों या मोमिन, कसाई हाआज़ाद भंगी उन्हें इस्लाम के पाँच बुनियादी तत्त्वों को तो मानना ही पड़ता है। वे सभी एक ही ढंग से नमाज पढ़ते हैं; रमज़ान के महीने में भोर से सूर्यास्त तक रोजा रखते हैं; कुरान में दिए गए निर्देश के अनुसार जकात या दान करते हैं; एक ही ढंग से हज करने जाते हैं। ये आचार-विचार सबके लिए एक-से हैं। भिन्न जाति या वर्ग के आधार पर इसमें भेद नहीं है। औरआज़ाद मामलों में उल्लेखनीय भेद हैं जो उनके सामाजिक वर्गीकरण और स्थानीय स्थितियों पर निर्भर करते हैं।

हिन्दू प्रभाव, विशुद्ध रूप से इस्लामी रस्म—बालक का खतना कराने की विधि—में घुस गया है। अरब में, यह एक सादी-सी विधि होती है और कोई धूम-धाम नहीं होती। भारतीय मुसलमानों में बच्चे को बढ़िया कपड़ों और गहनों से सजाया जाता है। कुछ वर्गों में तो उसे घोड़े पर सवार करवाकर जुलूस में ले जाया जाता है। उसी तरह से जब लड़की का कनछेदन या नकछेदन होता है तब भी काफी ताम-झाम किया जाता हूँ। उसी तरह से जन्म से मृत्यु तक ऐसे अनेक रीति-रिवाज हैं जिन पर खास हिन्दू छाप देखी जा सकती है। हालाँकि हिन्दू अपने मृतकों का दाह-संस्कार करते हैं और मुसलमान उन्हें दफनाते हैं लेकिन मुसलमान भी हिन्दुओं की तरह ज़ियारत या तेरहवीं या चेहल्लुम

मनाते हैं जबकि अरब इन रिवाजों को बेमानी मानते हैं और हिकारत की नजर से देखते हैं क्योंकि उनकी मान्यता है कि मृतकों को दफनाना चाहिए और भूल जाना चाहिए।

भारतीय मुसलमान, हिन्दुओं की ही तरह अपने मृतकों की वार्षिक स्मृति में 'बरसी' मनाते हैं और उस वक्त करीबी रिश्तेदार मृतक की कब्र पर जाकर उस पर फूल चढ़ाते हैं—इस रिवाज को परम्परावादी मुसलमान स्वीकार नहीं करते और 'बिदअत' या परम्परा से हटकर की गई नई सोच मानते हैं। एक और रिवाज है जो हिन्दू रस्म की नकल है और वह है बच्चे का शिक्षा-संस्कार शुरू करवाने की रस्म, जिसे बिस्मिल्लाह कहा जाता है और यह हिन्दू बच्चे की शिक्षारम्भ विधि का ही प्रतिरूप है। बड़ी व्यापक तैयारियाँ की जाती हैं और नाते-रिश्तेदार बच्चे के मुँह से पहले शब्द का उच्चारण सुनने के लिए जमा होते हैं और फिर खाना-पीना, जश्न मनाना होता है। उर्दू साहित्य में, गद्य और पद्य दोनों में, इस समारोह का विस्तृत वर्णन हुआ है और ऐसे समारोहों में गायक उन्हें गाते भी हैं। अभी हाल तक भारतीय मुसलमान, हिन्दुओं की ही तरह विधवा पुनर्विवाह की निन्दा करते थे, हालाँकि खुद पैग़म्बर साहब ने उस पर आचरण किया था और उसे मान्यता दी थी। भारतीय मुसलमानों पर हिन्दुओं का सबसे बड़ा प्रभाव, कला और साहित्य, संगीत और नृत्य के क्षेत्र में पड़ा; इसके परिणामस्वरूप ऐसी कला-विधाओं और रूपों का विकास हुआ जो अरबी और ईरानी से विशिष्ट है और ज्यादा भारतीय है, हालाँकि अरबी और ईरानियों ने भी उनके विकास और अभिवर्धन में बड़ा योगदान किया।

सूफियों पर भी अपने हिन्दू शिष्यों के सम्पर्क का काफी प्रभाव पड़ा। उन्होंने वेदान्त दर्शन और उपनिषद को बड़ा सम्मान दिया। सूफियों का मजहब था—प्रेम और अल्लाह से भक्ति और अल्लाह के सामने उसके सभी जीव समान थे। सूफियों का इस्लाम इतना उदार और व्यापक था कि लाखों हिन्दू उनके आस-पास जमा होने लगे और मुसलमान हो गए। सूफ़ी सन्तों-पीरों के खानख्वाह (धर्मशालाएँ) अन्तर्साम्प्रदायिक मिलने-जुलने के केन्द्र बन गए और इन सूफ़ी सन्तों-पीरों की मृत्यु पर इनकी दरगाहों पर मुसलमानों की तरह ही हिन्दू भी अपनी श्रद्धा-भावना व्यक्त करने एकत्रित होते थे।

प्रो. एस. ए. ए. रिज़वी ने अपने विशालकाय ग्रन्थ, 'द वंडर दैट वाज़ इंडिया' खंड-2 में, जो मशहूर इतिहासकार बाशम की उसी शीर्षकवाली मशहूर रचना की उत्तरकथा है, भारतीय सूफियों पर हिन्दू प्रभाव का बड़ा सचित्र ब्यौरा दिया है। वे कहते हैं :

> तेरहवीं सदी आते-आते भारतीय सूफियों का सामना गोरखनाथ के अनुयायियों या कनफटे जोगियों से हुआ। शेख निज़ामुद्दीन औलिया (मृत्यु—1325) द्वारा वर्णित योगियों से हुई बातचीत का ब्यौरा यह दर्शाता है कि वे योगियों के, मानव देह को शिव और शक्ति—इन दो हिस्सों में विभक्त होने की अवधारणा से काफी प्रभावित हुए थे। सिर से नाभि तक का भाग आध्यात्मिक है जो शिव से जुड़ा है और नाभि से नीचे का हिस्सा शक्ति से जुड़ा हुआ है और लौकिक है। शेख निज़ामुद्दीन औलिया इस यौगिक अवधारणा से भी

प्रभावित थे कि किसी बालक का चरित्र-व्यक्तित्व, गर्भधारण के महीने के दिवस से निर्धारित होता है। कुछ सूफियों ने योगियों से केशों को बढ़ाने के लिए जड़ी-बूटियों का प्रयोग भी सीखा। हठयोग के प्रबन्ध 'अमृत कुंड' का, जिसका तेरहवीं सदी में अरबी और फ़ारसी में तर्जुमा हुआ; सूफ़ी पन्थ पर गहरा प्रभाव पड़ा।[8]

और फिर शेख नसीरुद्दीन चिराग़-ए दिल्ली भी थे जो यौगिक प्राणायाम को 'सूफ़ी पन्थ का सार' बताते थे। अनेक सूफ़ी पन्थों में हठयोग और प्राणायाम की कई विधियों को अपनाया गया।

'वह्दतल वजूद' का सिद्धान्त बड़ी हद तक 'अलख निरंजन' जैसा ही था। शेख नसीरुद्दीन (मृत्यु—1439) का 'रिषी' आन्दोलन कश्मीर की योगिनी लल्ल या लालदेद के भजनों का बहुत ऋणी है। शेख साहब, हिन्दू रहस्यवाद में इतने गहरे पैठ चुके थे कि उन्होंने मांस खाना छोड़ दिया और शाकाहारी बन गए। बंगाल के अबूअली कलन्दर (मृत्यु—1324) ने सूफ़ी पन्थ को योग के साथ मिलाया; चटगाँव के सैयद सुल्तान (मृत्यु—1668) ने भी वैसा ही किया और उनकी रचनाओं में हिन्दुत्व और योग की छाप मिलती है। उसी तरह से मशहूर सन्त गेसू दराज, हिन्दी और फ़ारसी रहस्यवादी पदों से इतने अभिभूत थे कि अक्सर वे और उनके शिष्यगण उन्हें सुनकर भाव-विह्वल हो उठते थे। वे पद इतने लोकप्रिय थे कि मीर अब्दुल वाहिद ने कृष्ण, राधा, गोपी, गोकुल, गंगा, यमुना और मथुरा जैसे हिन्दू नामों के मुस्लिम समानार्थी शब्दों का प्रयोग किया ताकि उन्हें एक साथ जोड़ा जा सके। उनकी रचना 'हकीक-ए-हिन्दी' हिन्दू-मुस्लिम मिश्रण को प्रतिबिम्बित करती है।

जिन्ना ने कहा था कि हिन्दुओं के महानायक, मुस्लिम महानायकों से अलग हैं, तो फिर वैसे तो गुजरातियों के महानायक महाराष्ट्रियों के महानायकों से अलग हैं और पंजाबियों के तमिलों से अलग हैं और बंगालियों के बिहारियों से अलग हैं। भिन्न-भिन्न गुटों और समुदायों में, फिर वे जातिगत हों या भाषाई, अनेक प्रकार की भिन्नताएँ हैं; लेकिन साथ ही उनमें अनेक सामान्य सम्बन्ध-सूत्र भी हैं। यही स्थिति हिन्दुओं और मुसलमानों के बीच भी है।

गाँधी, नेहरू और आज़ाद ने इन सम्बन्ध-सूत्रों पर जोर दिया जबकि जिन्ना भिन्नताओं की रट लगाते रहे। उन्होंने कहा कि इन दोनों समुदायों की जीवन-प्रणाली अलग-अलग है। लेकिन सचाई यह थी कि ऊपरी तौर पर कुछ फर्क भले दिखाई पड़ते हों लेकिन आम तौर पर, और विशेषकर गाँवों में तो वे ऐसे मेल-जोल और बिरादराना ढंग से रहते व सामाजिक लेन-देन के रिश्ते निभा रहे थे कि हिन्दू और मुसलमान के बीच फर्क करना मुश्किल-सा ही था। गाँधी ने अपने 'हरिजन' के 6 अप्रैल, 1940 के अंक में बड़ा मार्मिक, चित्रमय ब्यौरा खींचा है :

भारत के बहुसंख्यक मुसलमान या तो इस्लाम में धर्मान्तरित हैं या धर्मान्तरित

व्यक्तियों के वंशज हैं। ज्यों ही वे धर्मान्तरित हुए, वे एक अलग मुल्क नहीं बन गए। एक बंगाली मुसलमान वही जबान बोलता है जो बंगाली हिन्दू बोलता है, वही खाना खाता है और अपने हिन्दू पड़ोसी की तरह ही खुशियाँ मनाता है। उनका पहनावा भी एक-सा है। मुझे अक्सर बाहरी तौर पर बंगाली हिन्दू और बंगाली मुसलमान में फर्क करने में मुश्किल पड़ी है। कमोबेश यही नजारा दक्षिण के गरीब तबकों में भी दिखता है और भारत की बहुसंख्यक जनता गरीब ही है। जब पहली बार मैं मरहूम सर अली इमाम से मिला था तब मुझे नहीं मालूम था कि वे हिन्दू नहीं हैं। उनकी बोलचाल, उनका पहनावा, उनका रहन-सहन, उनका खान-पान बिल्कुल उन लोगों जैसा ही था, जिनके बीच मैंने उन्हें पाया था। सिर्फ उनके नाम से पता चल पाता था कि वे मुसलमान हैं। यही बात कायदे-आज़म जिन्ना के साथ भी थी। क्योंकि उनका नाम तो किसी हिन्दू का भी हो सकता था। जब पहली बार मैं उनसे मिला तो मुझे नहीं मालूम था कि वे मुस्लिम हैं। मुझे इनके मजहब का पता तब चला जब उनका पूरा नाम बताया गया। उनकी राष्ट्रीयता तो उनके चेहरे और तौर-तरीकों से स्पष्ट थी। पाठकों को यह जानकार ताज्जुब होगा कि अगर महीनों नहीं तो कई दिनों तक मैं स्वर्गीय विट्ठल भाई पटेल (1873-1933) को मुसलमान मानता रहा क्योंकि वे दाढ़ी रखते थे और तुर्की टोपी पहनते थे। उत्तराधिकार का हिन्दू कानून कई मुसलमान समुदायों पर लागू होता है। सर मुहम्मद इकबाल अपने ब्राह्मणीय वंश-परम्परा का गर्व से उल्लेख करते थे। इक़बाल और किचलू नाम हिन्दुओं और मुसलमानों में सामान्य हैं। हिन्दुस्तान के हिन्दू और मुसलमान दो अलग राष्ट्र नहीं हैं। जिन्हें भगवान ने एक बनाया है, उन्हें इंसान कभी बाँट नहीं सकता।

पाश्चात्य प्रभाव ने जहाँ दोनों को राजनीतिक तौर पर बाँटा, वहीं साथ ही साथ सामाजिक तौर पर करीब भी ला दिया; दोनों का रहन-सहन एक-सा हो गया, पहनावा एक-सा हो गया और सामाजिकता निभाने का तरीका एक-सा हो गया; जिन्ना के दो राष्ट्र एक-दूसरे में इतने घुल-मिल गए कि जनेऊ पहननेवाले ब्राह्मण या दाढ़ीवाले मुल्ला के अलावा किसी मुसलमान को हिन्दू से अलग पहचान पाना मुश्किल था। जिन्ना को इसका अहसास था, सिर्फ आखिरी सालों में अपनी मुसलमान पहचान पर जोर देने के लिए जब वे जानबूझकर टोपी. शेरवानी और चूड़ीदार पाजामा पहनने लगे थे तब के वक्त को छोड़ दिया जाए तो वे मुसलमान की बनिस्बत हिन्दू ज्यादा लगते थे।

जिन्ना ने यह भी कहा कि हिन्दुओं और मुसलमानों के साहित्य अलग-अलग हैं; निश्चित ही एक समुदाय के धार्मिक ग्रन्थ दूसरे समुदाय से भिन्न होते हैं। हिन्दुओं के धर्म-ग्रन्थ जैनों के या बौद्धों के धर्म-ग्रन्थों से अलग हैं। लेकिन बाकी सारे मामलों में यह कहना सच नहीं होगा कि हिन्दुओं का साहित्य, हिन्दुस्तानी मुसलमान के साहित्य से सरासर अलग है। उर्दू, इस संयोजन की शानदार मिसाल है; अनेक मुसलमान लेखकों

और कहानीकारों ने हिन्दू पारिवारिक दृश्यों को चित्रित किया है, अनेक हिन्दू लेखकों और कवियों ने मुस्लिम उत्सवों और रीति-रिवाजों पर लिखा है, उन्हें गाया है।

उर्दू उपन्यासों, कहानियों और गजलों में तो साम्प्रदायिकता की छाप नहीं के बराबर है; वे तो हिन्दू-मुसलमान दोनों के सुख और दुःख, सफलता और असफलता, झगड़ों और हर्षोल्लास को अभिव्यक्त करते हैं। उर्दू साहित्य तो उससे भरा पड़ा है। सच तो यह है कि भारत के शायद जैनियों और बौद्धों को छोड़ दिया जाए तो बाकी किसी भी धार्मिक समुदायों में से हिन्दुओं और मुसलमानों के बीच मानव-जीवन को समृद्ध बनानेवाले ऐसे सभी प्रयासों में ज्यादा समानताएँ हैं। हिन्दू गायक बड़ी खूबसूरती से गजल गाते हैं; कभी-कभी तो कव्वाली गाने में वे मुसलमान गायकों से भी बाजी मार ले जाते हैं। विख्यात समालोचक अली जावेद ज़ैदी के अनुसार, सर्वाधिक लोकप्रिय काव्यपठन गोष्ठी—मुशायरा—हिन्दुओं से ली गई परम्परा है न कि ईरानियों से, जैसा कि लोगों को गलतफहमी है। वह भारत से उपजा है। शिबली नूमानी (1857-1914) ने निस्सन्देह उसे उस फ़ारसी वातावरण की उपज बताया है जो पन्द्रहवीं सदी के अन्त में दिल्ली में फल-फूल रहा था लेकिन उन्होंने अपनी जानकारी स्रोत को नहीं बताया। मुशायरा, धर्मनिरपेक्ष कवि-गोष्ठी होती है, जिसमें हिन्दू और मुसलमान दोनों शरीक होते हैं और असल में वह इतना लोकप्रिय हो चुका है कि हिन्दी और अन्य भाषाओं में उसका अनुकरण होने लगा है। बँटवारे के बाद हिन्दुस्तान के मुशायरों में चमकनेवाला एक प्रमुख नाम रघुपति सहाय 'फिराक़' गोरखपुरी का है जो हिन्दू थे और जिनका उर्दू साहित्य में किया गया योगदान उतना ही महत्त्वपूर्ण है जितना कि किसी मुसलमान रचनाकार का।

यह कहा जाता है कि उर्दू फ़ारसी लिपि में इसलिए लिखी जाने लगी ताकि उसके इस्लामी मूल को रेखांकित किया जा सके, लेकिन एक पाकिस्तानी लेखक अहमद अली ने अपनी पुस्तक 'द गोल्डन ट्रेडीशन' में उसका खंडन किया है :

> यह विचार इस दृष्टिकोण पर आधारित है कि जो भी चीज देवनागरी लिपि में लिखी जाती है, वह उर्दू नहीं है। देवनागरी लिपि में लिखे गए कई ऐसे ग्रन्थों की खोज हुई है जिनसे यह पता चलता है कि विदेशी शब्दों को, चाहे वे फ़ारसी के हों या तुर्की या अरबी के हों, आत्मसात् करने की प्रक्रिया लगातार विकसित और विस्तृत होती गई और फ़ारसी भाषा को (राजकीय कार्यों में) इस्तेमाल किए जाने से पहले ही इस भाषा में कविता लिखने की परम्परा चली आ रही थी; और अमीर खुसरो (1253-1325) इस वर्ग के कवियों में से सिर्फ एक कवि है।[9]

उनका सुझाव है कि अमीर खुसरो की सिर्फ कुछ काव्य-रचनाएँ ही, मौखिक परम्परा से हम तक पहुँची हैं लेकिन अगर 'देवनागरी लिपि में लिखी समकालीन पांडुलिपियों की खोज' की जाए तो ऐसी अनेकानेक रचनाएँ रोशनी में आएँगी। इस

मान्यता की पुष्टि इस तथ्य से भी होती है कि सोलहवीं सदी के कवि अब्दुल रहीम खानखाना, जिन्होंने 'रहीम' तखल्लुस रखा था, की रचनाएँ देवनागरी लिपि में मिलती हैं। खुसरो और रहीम के अलावा, बारहवीं से सोलहवीं सदी के बीच गुरु नानक, कबीरदास (1440-1518), मलिक मुहम्मद जायसी, मीराबाई (1567-1614) जैसे अनेक रचनाकार हुए जिनकी लिपि देवनागरी है लेकिन भाषा बुनियादी तौर पर प्रारम्भिक उर्दू या खड़ी बोली ही कहलाएगी। सत्रहवीं सदी में जब उर्दू, मुग़लों की दरबारी भाषा बनी तब उसकी लिपि मुख्यतया फ़ारसी हो गई।

उसी प्रकार से वास्तुशिल्प में हिन्दू और मुस्लिम नमूनों और कारीगरी का बहुत ज्यादा विलयन और संयोजन हुआ है। मिसाल के तौर पर कुतुबमीनार, जिसे क़ुरान की आयतों से सजाया गया है, की अलंकरण शैली हिन्दू आभूषणों से ली गई है। कुव्वतुल-इस्लाम मस्जिद के मोटिफ भारतीय और ईरानी दोनों शैली के हैं। बलबन (शासन 1266-87) के मकबरे की मेहराब में भी, जो अब खंडहर हो चुका है, वही प्रभाव दिखता है। यहाँ तक कि फिरोज़ तुगलक (शासन 1351-88) ने भी अपनी धार्मिक कट्टरता के बावजूद अपने मदरसों में हिन्दू स्तम्भों का इस्तेमाल किया है। गोर के तन्तीपुर मस्जिद में जो स्तम्भ हैं वे मन्दिरों के स्तम्भों की ही हूबहू प्रतिकृतियाँ हैं। यही सम्मिलन उन इमारतों में देखा जा सकता है जो गजशालाएँ कहलाती हैं। मुग़लों के अन्तर्गत यह संयोजन अपने चरम शिखर पर पहुँचा। आगरा में अकबर के किले की रचना के लिए ग्वालियर के गज-द्वार की शिल्प-रचना से बहुत कुछ ग्रहण किया गया। इसमें पक्षियों और पशुओं का रूपांकन हुआ है और यह एक तरह से पहलकदमी ही साबित हुई क्योंकि मुल्ला-मौलवी ऐसे रूपांकन को नियम विरुद्ध माना करते थे। पंच-महल में हनुमान द्वारा राम की आराधना के दृश्य अंकित हैं। अनेक अन्य मुगलिया शानदार इमारतों में यों तो इस्लामी अवधारणा को साकार किया गया है लेकिन उस पर पड़ा हिन्दू प्रभाव भी स्पष्ट नजर आता है।

कट्टरपन्थी मुसलमान चित्रकला को अनुचित समझते हैं क्योंकि उनके अनुसार इससे मूर्ति-पूजा को बढ़ावा मिलता है। लेकिन ईरान में और हिन्दुस्तान में इस्लाम के प्रचलन के बाद भी यह कला बहुत फली-फूली और तुर्क तथा मुग़ल दोनों ने इसे संरक्षण प्रदान किया। अकबर के शासन-काल में उसे सर्वाधिक प्रोत्साहन मिला और उस युग की कई कृतियों में ईरानी और भारतीय कला का खूबसूरत मिश्रण साफ दिखाई पड़ता है। उस वक्त के कुछ उत्कृष्ट चित्रकारों में हिन्दू और मुसलमान दोनों थे, जैसे—कल्याण दास, अनूप चित्रे, राय अनूप, मनोहर, मुहम्मद नादिर, मीर हाशिम और फकीरुल्लाह खान। अबुल फजल ने अकबर द्वारा संरक्षण प्रदान किए गए प्रमुख चित्रकारों का उल्लेख किया है और उनमें से कई हिन्दू हैं। मुग़ल, मिनएचर पेंटिंग में भी भारतीय प्रतिभा स्पष्ट रूप से झलकती है और जहाँगीर, शाहजहाँ और यहाँ तक कि औरंगज़ेब के शासन-काल के शुरुआती वर्षों में यह कला बहुत फली-फूली।

मुसलमान शुद्धतावादी, चित्रकला की तरह ही संगीत से भी परहेज करते हैं लेकिन

सूफियों की वजह से उसे मान्यता प्राप्त हो सकी। इराक और सीरिया, जो अरबों द्वारा विजित और इस्लाम में धर्मान्तरित होने से पहले बाइज़ेंटाइन आधिपत्य के अन्तर्गत थे, मुस्लिम नजरिए को बदलने और उसे प्राचीन ईरानी विरासत के ज्यादा करीब लाने के लिए जिम्मेदार हैं। यही स्थिति नृत्य की हुई, उसे भी सूफियों द्वारा प्रोत्साहन मिला। इतिहासकार बर्नी की टिप्पणी के अनुसार, ख़िलजी और अन्य दिल्ली-सुल्तानों ने इन कलाओं को प्रोत्साहन दिया। हिन्दू संगीतकार और नर्तक उनके कृपापात्र बने और मुसलमान अमीर-उमराव उन्हें नियमित रूप से संरक्षण प्रदान करते रहे।

अमीर खुसरो ने यह कबूल किया है कि हिन्दू प्रभाव की वजह से मुस्लिम कलाओं में परिवर्तन आया है; इस प्रभाव ने संगीत और नृत्य में उल्लेखनीय भूमिका अदा की। सूफियों ने भी हिन्दू विधाओं और धुनों को ईरानी धुनों की बनिस्बत ज्यादा अनुकूल और प्रभावशाली पाया। उनके पारस्परिक प्रभाव से नए रागों और तानों का जन्म हुआ। मिसाल के तौर पर 'तराना', 'उल्लाना' के समान है और कव्वाली भी इसी मिश्रण का परिणाम है; वह फ़ारसी और अरबी धुनों-रागों पर भारतीय लय-ताल को रूपान्तरित करता है। अकबर के नवरत्नों में से मशहूर गायक तानसेन ने (1555-1610) मुग़ल दरबार में हिन्दुओं के समान ही मुसलमानों को भी मन्त्र-मुग्ध कर रखा था। उसने फ़ारसी की संगीत विधाओं से बहुत कुछ ग्रहण किया। विजयनगर साम्राज्य के दरबार में भी हिन्दू संगीत के साथ ईरान और अरब के संगीत के तालमेल को पूरा प्रोत्साहन दिया गया। ये परम्पराएँ पीढ़ी-दर-पीढ़ी विरासत के रूप में प्रदान की जाती रही हैं और नतीजतन आज भारतीय संगीत और नृत्य के कतिपय महान प्रस्तुतकर्ता मुसलमान हैं।

ये कुछ तथ्य हैं जो इस बात को असंदिग्ध रूप से साबित कर देते हैं कि हिन्दुओं और मुसलमानों के बीच हर एक क्षेत्र में ऐसी सामान्य समानताएँ ज्यादा हैं जो उन्हें जोड़ती हैं बनिस्बत उन भिन्नताओं के जो उन्हें अलग करती हैं। जिन्ना ने अपने राजनीतिक मकसद को पूरा करने के लिए भिन्नताओं पर जोर दिया; लेकिन ये बन्धन बड़े मजबूत हैं और जिन्ना के इस सिद्धान्त को बेबुनियाद साबित करते हैं कि धर्म, राष्ट्रीयता का आधार बन सकता है, न तो क़ुरान ने और न ही पैग़म्बर ने उसका दावा किया; इसीलिए वे अरब भी जो एक ही धर्म का पालन कर रहे हैं और एक ही भाषा बोल रहे हैं, लेकिन अलग-अलग स्थानों पर रहते हैं, एक राष्ट्र नहीं बन पाए, और न ही वे ईरानियों के साथ मलेशियाइयों या इंडोनेशियाइयों के साथ तादात्म्य स्थापित कर पाए। अविभाजित पाकिस्तान एक प्रयोग था, लेकिन वह भी बुरी तरह नाकामयाब रहा। धर्म के अलावा और भी तत्त्व होते हैं जिनसे एक राष्ट्र बनता है। विश्व के इतिहास में ऐसी मिसालों की भरमार है जो जिन्ना के 'दो-राष्ट्र' सिद्धान्त को असत्य साबित करती हैं और जैसा कि मैंने पहले दर्शाया है, खुद जिन्ना ने भी पाकिस्तान हासिल करते ही, तुरत-फुरत उस सिद्धान्त को छोड़ दिया।

मौलाना आज़ाद से ज्यादा मुखर और प्रभावी तौर पर अन्य किसी ने उस सिद्धान्त की असत्यता को नहीं दर्शाया है; कांग्रेस के रामगढ़ अधिवेशन (1940) में अपने

अध्यक्षीय भाषण में उन्होंने यह समझाया कि किस प्रकार एक दीर्घ प्रक्रिया से गुजरते हुए हिन्दू और मुसलमान एक राष्ट्र बने :

> ग्यारह सौ वर्षों के हमारे मिले-जुले इतिहास ने भारत को हमारी मिली-जुली उपलब्धियों से समृद्ध बनाया है। हमारी भाषाएँ, हमारी कविता, हमारा साहित्य, हमारी संस्कृति, हमारी कला, हमारा पहनावा, हमारे तौर-तरीके और रीति-रिवाज, हमारी रोजमर्रा की जिन्दगी की अनगिनत घटनाएँ—सब-कुछ पर हमारे संयुक्त प्रयासों की छाप है। हमारी जिन्दगी का कोई भी पहलू ऐसा नहीं है जिस पर यह छाप पड़ने से रह गई हो। हमारी भाषाएँ अलग-अलग थीं, लेकिन हम विकसित होकर एक सामान्य भाषा का इस्तेमाल करने लगे; हमारे तौर-तरीके और रीति-रिवाज एक से नहीं थे, लेकिन उनकी एक-दूसरे पर क्रिया और प्रतिक्रिया होती गई और इस प्रकार एक नया संश्लेषण पैदा हुआ। हमारे पुराने पहनावे, अब सिर्फ बीते दिनों की कितनी प्राचीन तस्वीरों में ही देखे जा सकते हैं, उन्हें आज कोई नहीं पहनता। एक संयुक्त सम्पदा, हमारी सामान्य राष्ट्रीयता की विरासत है और हम उसे गँवाना नहीं चाहते और उस वक्त की ओर लौटकर जाना नहीं चाहते जब यह संयुक्त जीवन शुरू नहीं हुआ था¨। हमारे संयुक्त जीवन के इन हजार वर्षों ने हमें एक सामान्य राष्ट्रीयता में ढाल दिया है। बनावटी प्रक्रिया से ऐसे काम सम्पन्न नहीं होते। प्रकृति, सदियों के दौरान, अपनी दबी-छिपी प्रक्रियाओं के जरिए अपने ढंग से उन्हें रचा करती है¨इस एकता को खंडित करने और तोड़ने के मकसद से की गई काल्पनिक उड़ानें या नकली योजनाएँ कारगर नहीं हो सकतीं। हमें तथ्यों की तर्क-संगति और इतिहास को पक्के तौर पर कबूल कर लेना चाहिए और अपनी भावी नियति को ढालने-रचने में खुद को लगा देना चाहिए।[10]

हिन्दुस्तान को किसने बाँटा ?

धर्मनिरपेक्ष मुसलमानों के खिलाफ की गई लड़ाई में साम्प्रदायिकतावादी गुट की सबसे बड़ी फतह थी—पक्के धर्मनिरपेक्ष जिन्ना को अपने पक्ष में कर लेना। जिन्ना के मतान्तरण ने भारतीय राजनीति की धारा को बदल दिया। जिन्ना सदैव मजहब का राजकीय मामलों में घाल-मेल करने को नापसन्द करते थे और उलेमाओं की राजनीति में दखलन्दाजी को हिकारत की दृष्टि से देखते थे। वे, अशिक्षित जन समुदाय की राजनीति में शिरकत को भी पसन्द नहीं करते थे। क्योंकि उनकी मान्यता थी कि सुशिक्षित, पाश्चात्य सोच में ढले हिन्दुस्तानी ही उसे सँभाल सकते हैं। लेकिन हिन्दू-मुस्लिम एकता के लिए बरसों संघर्ष करने के बाद और कांग्रेस और मुस्लिम लीग को करीब ले आने में बार-आज़ादाकाम होने के बाद आखिरकार जिन्ना ने साम्प्रदायिक गुट की बात कबूल कर ली। वे इस फैसले पर पहुँचे कि अपनी-अपनी आशाओं और आकांक्षाओं की पूर्ति के लिए हिन्दुओं और मुसलमानों के अलग-अलग राष्ट्र होने चाहिए। मुसलमानों ने उन्हें जबर्दस्त समर्थन दिया, जिसका नतीजा यह निकला कि इस उपमहाद्वीप को आखिरकार बाँटना पड़ा और पाकिस्तान की रचना हुई। देश के बँटवारे से धर्मनिरपेक्ष मुसलमानों को बड़ा भारी धक्का पहुँचा और उनकी पीड़ा इस वजह से और भी गहरी थी कि यह काम एक ऐसी हस्ती के हाथों हुआ जो लगभग सारी जिन्दगी धर्मनिरपेक्षता का पुरोधा रहा लेकिन जीवन की गोधूलि बेला में आकर उसने उस दर्शन का परित्याग कर दिया जिससे अलगाववादी ताकतों को बड़ा भारी प्रोत्साहन मिला।

राजनीति के छात्र और राष्ट्रीय संग्राम का सक्रिय कार्यकर्ता होने के नाते मैं जिन्ना के जीवन का बड़े करीब से अध्ययन करता रहा हूँ और उनके हर एक कदम को बड़ी सतर्कता से देखता रहा हूँ। मुझे पक्का यकीन है कि जिन्ना कभी भी पाकिस्तान को लेकर गम्भीर नहीं थे। यहाँ तक कि सन् 1939 तक भी, जब किसी ने कैम्ब्रिज के एक छात्र चौधरी रहमत अली की ऐसे एक नए राष्ट्र के निर्माण की योजना की पैरवी की बात पर जिन्ना का ध्यान खींचा था तो उन्होंने उसका मजाक उड़ाया था। द्वितीय विश्वयुद्ध के बाद (1939-45) ही, जब उन्हें यह महसूस होने लगा कि वे ब्रिटिश और कांग्रेस दोनों पर दबाव डालकर उन्हें मजबूर कर सकते हैं कि वे उन्हें कांग्रेस के समकक्ष दर्जा दें, तो वे मुस्लिम लीग के 1940 के लाहौर अधिवेशन में अलगाववादी माँग को लेकर आए। उस मुद्दे पर उनके द्वारा रखे गए प्रस्ताव पर सिर्फ सरसरी निगाह ही डालें

तो उनके दिमाग की अस्पष्टता और दुविधा दिखने लगती है; फिर चाहे वह पश्चिमोत्तर में एक प्रदेश और पूर्वोत्तर में एक प्रदेश के गठन की बात हो या फिर समूचे प्रस्ताव की ही बात हो। जब उनसे कुछ पत्रकारों ने पूछा कि क्या वे पाकिस्तान की माँग कर रहे हैं तो उन्होंने इनकार कर दिया और उल्टे उन पर आरोप लगाया कि वे उनके प्रस्ताव को ऐसा विशेष रूप दे रहे हैं। उन्होंने इस योजना को ब्यौरेवार तैयार करने के लिए कमेटी नियुक्त करने से भी इनकार कर दिया। इस प्रकार की टाल-मटोल से क्या मतलब निकाला जा सकता है ? क्या वे सचमुच पूरी संजीदगी के साथ इस उद्देश्य के प्रति प्रतिबद्ध थे या वह केवल सौदेबाजी का एक हथकंडा था ?

जिन्ना सचमुच ही बड़े चतुर राजनीतिज्ञ थे। वे उतने ही चालाक वकील भी थे और जानते थे कि अपना मुकदमा कैसे लड़ना चाहिए। वे कभी भी कर्मकांडी मुसलमान नहीं रहें। उन्हें अपने धर्म से कोई तीव्र लगाव भी नहीं था और अपनी राजनीति और अपने पक्ष को मजबूत करने के लिए धर्म का जब-जब और जैसे-जैसे इस्तेमाल करना था, उन्होंने किया। पाकिस्तान के निर्माण के बाद भी वे ऐसा ही करते रहे जो कि पाकिस्तान संविधान परिषद को 11 अगस्त, 1947 को दिए गए उनके उद्घाटन भाषण से स्पष्ट है। उन्होंने कहा कि हिन्दुस्तान को आज़ादी हासिल होने की राह में सबसे बड़ी बाधा धार्मिक मतभेद रहे। लेकिन उन्होंने जिस दानव की रचना कर डाली थी उसे फिर दफनाया नहीं जा सका और उनकी मृत्यु के बाद वह अपने पूरे विकराल स्वरूप के साथ उभरकर आया और उसने पाकिस्तान को एक अधपका-सा धर्मतन्त्र बनाकर रख दिया है। आज वह उन मुसलमानों के लिए एक दोजख बन गया है जो हिन्दुस्तान छोड़कर वहाँ बसने के लिए चले गए थे।

जिन्ना घनघोर अहंकारी थे और यह मानते थे कि गाँधीवादी मार्ग अपनाकर कांग्रेस ने गलती की है। वे संवैधानिक प्रणाली के पूरे हिमायती थे, और मानते थे कि हिन्दुस्तान की आज़ादी हासिल करने के लिए वह सबसे ज्यादा अनुकूल रास्ता है। एक दशक से भी ज्यादा वक्त तक उन्होंने अपने को उन राजनीतिक गतिविधियों से अलग रखा जिनमें गाँधीजी का वर्चस्व था। जिन्ना सार्वजनिक जीवन से निवृत्त से हो गए और हिन्दुस्तान छोड़कर लन्दन जाकर बस गए। 1936 में उनके मित्रों ने उन्हें हिन्दुस्तान वापस बुलाया और नए गवर्नमेंट ऑफ इंडिया एक्ट के तहत होनेवाले प्रान्तीय असेम्बलियों के चुनावों की पूर्वसन्ध्या में उनसे मुस्लिम लीग़ का नेतृत्व सँभालने के लिए कहा। लीग के उम्मीदवारों को, खासकर मुस्लिम बहुमतवाले प्रदेशों में अच्छी कामयाबी नहीं मिली। जिन्ना ने कांग्रेस से ताल-मेल की अपील की लेकिन कांग्रेस ने मना कर दिया। जिन्ना बेहद कड़ुवाहट से भर गए और उन्होंने कांग्रेस पर तीखा हमला करना शुरू किया और आरोप लगाया कि वह मुसलमानों की दुश्मन है। गाँधी ने उन्हें समझा-बुझाकर मुख्यधारा में लाने की कोशिश की लेकिन उन्होंने इनकार कर दिया। जिन्ना चाहते थे कि उन्हें बराबरी का दर्जा और सम्मान मिले। फिर भी, इन सब वर्षों के दौरान उन्होंने समझौते के दरवाजे खुले रखे, बशर्ते कि कांग्रेस उन्हें मुसलमानों का एकमात्र प्रवक्ता माने और

कांग्रेस ने लगातार वैसा करने से इनकार कर दिया। उल्टे, उसने उस बड़े महत्त्वपूर्ण वर्ष 1940 में मौलाना आज़ाद को अध्यक्ष चुना और 1946 तक उन्हें उस पद पर बनाए रखा; इससे जिन्ना बहुत ज्यादा नाराज और परेशान हो गए।

1940 के बाद, जब लीग ने लाहौर अधिवेशन में तथाकथित पाकिस्तान-प्रस्ताव स्वीकार कर लिया तो हिन्दू-मुस्लिम रिश्तों में तेजी से गिरावट आनी शुरू हो गई और यह अपरिहार्य दिखने लगा कि दोनों के रास्ते अलग-अलग हो रहे हैं। इस पर भी मुस्लिम बहुमतवाले प्रान्तों ने अलग राष्ट्र के लिए कोई खास उत्साह नहीं दिखाया; जिन्ना के बँटवारे के प्रयासों को नाकाम करने के लिए उठाए गए कई जवाबी कदमों से यह साबित होता है। पंजाब में जिन्ना, सर फ़ज़्ले-हुसैन का समर्थन पाने में नाकामयाब रहे। वे उस यूनियनिस्ट पार्टी के संस्थापक थे जो प्रदेश के मुस्लिम, सिख और हिन्दू—तीनों समुदायों के प्रतिनिधियों से बनी थी। 1937 में प्रान्तीय विधानसभाओं के चुनाव में सर फ़ज़्ल की पार्टी ने, जिन्ना की लीग के उम्मीदवारों को सिर्फ एक चुनाव-क्षेत्र को छोड़कर बाकी सबमें धूल चटा दी थी। अधिकांश में लीग के उम्मीदवारों की जमानतें जब्त हो गईं। सर फ़ज़्ल की मृत्यु के बाद सर सिकन्दर हयात ख़ान ने उनकी विरासत सँभाली, वे भी पंजाब के संयुक्त-मिश्रित चरित्र को बरकरार रखने के लिए प्रतिबद्ध थे। हालाँकि उन्होंने 1938 में जिन्ना के साथ एक समझौते पर हस्ताक्षर किए, जिसमें लीग के अखिल भारतीय दर्जे को और उसके, मुसलमानों की प्रतिनिधि संस्था होने के तत्त्व को मंजूरी दी गई थी लेकिन उन्होंने अपनी सरकार के बहुधर्मीय ढाँचे को अस्त-व्यस्त करने से इनकार कर दिया। यहाँ तक कि शायर इकबाल जैसे महत्त्वपूर्ण व्यक्ति के विरोधों के बावजूद पंजाब में लीग को बित्ते-भर भी जगह नहीं दी गई और न ही अलगाववादी माँगों को कोई बढ़ावा दिया गया।

लीग द्वारा 1940 में लाहौर अधिवेशन में पाकिस्तान-प्रस्ताव को मंजूर किए जाने के बाद भी पंजाब में यूनियनिस्टों का कब्जा बना रहा। लेकिन सर सिकन्दर की मृत्यु के बाद यूनियनिस्ट पार्टी के नेतृत्व के लिए उनके उत्तराधिकारी मलिक खिज़र हयात ख़ान निवाना, मुसलमानों को अपने पक्ष में मिला लेने के लीग के प्रयासों का सामना करने में उतने प्रभावशाली साबित नहीं हुए। इसके बावजूद 1946 के धार्मिक तनाव-भरे माहौल में भी यूनियनिस्टों ने, 75 मुस्लिम सीटों में से 19 जीतीं और लीग द्वारा अपनी सरकार बनाने के प्रयासों को निष्फल कर दिया। सिन्ध में सबसे कद्दावर सिन्धी नेता ख़ान बहादुर खुदाबख़्श के खात्मे के बाद और पीर पगारो द्वारा अपने मुस्टंडों के साथ लीग में शामिल होने के बाद से जिन्ना के लिए स्थितियाँ ज्यादा अनुकूल होने लगीं। इस प्रान्त ने 'राजनीतिक सत्ता के लिए बड़े-बड़े जमींदारों के बीच उठा-पटक के नजारे देखे।' असल में, 1937 और 1942 के सालों के बीच तो सिन्ध में पाँच-पाँच सरकारें बनीं। राजनीतिक सौदेबाजी के लिए सिन्ध एक अड्डा बन गया। नतीजतन साम्प्रदायिक स्थितियाँ बदतर होती चली गईं। विवादों-संघर्षों के पीछे कोई सैद्धान्तिक मसले नहीं थे, सिर्फ सत्ता की अन्धी मतवाली दौड़ थी। न तो जिन्ना और न ही नेहरू

उस सड़न को उखाड़ फेंकने के लिए कुछ कर सकते थे; और उससे न तो लीग और न ही कांग्रेस को कोई फायदा हुआ। पश्चिमोत्तर सीमान्त प्रदेश और बलूचिस्तान में, जहाँ 'सीमान्त गाँधी' के नाम से लोकप्रिय ख़ान अब्दुल गफ़्फ़ार ख़ाँ नेता थे, स्थितियाँ अलग थीं क्योंकि वे लीग के धार्मिक विस्फोटों के खिलाफ मजबूती से खड़े थे। उनके उम्मीदवारों के चुनावों में भारी जीत हासिल की और लीग के उम्मीदवारों को करारी मात दी।

पूर्वोत्तर की तरफ, बंगाल में, फज़लुल तब सबसे महत्त्वपूर्ण नेता थे; और वे जिन्ना के साम्प्रदायिक नजरिए के खिलाफ थे। उन्होंने अपनी खुद की 'कृषक प्रोजा' पार्टी का गठन किया और लीग को उस प्रदेश से सफलतापूर्वक बाहर रखा। उनके नेतृत्व में जो संयुक्त सरकार बनी, उसमें मुसलमानों और हिन्दुओं का समान प्रतिनिधित्व था। लेकिन बहुत जल्द ही फज़लुल हक़ हिम्मत हार बैठे और उन्होंने जिन्ना के साथ सहयोग किया, हालाँकि 'दो-राष्ट्र' सिद्धान्त पर उनकी कभी भी आस्था नहीं रही। बाद में, बेशक, उन्होंने ही पाकिस्तान-प्रस्ताव को पेश किया लेकिन उसकी वजह कार्यसाधकता ज्यादा थी, आस्था कम। इस्लाम के प्रति लगाव से ज्यादा उन्हें बंगाल से मुहब्बत थी। अलबत्ता, फज़लुल हक़ का व्यक्तित्व ऐसा था कि उन्हें किसी स्थिति के दबाव में लाकर बड़ी आसानी से इस तरफ या उस तरफ झुकाया जा सकता था; लेकिन इतना श्रेय तो उन्हें दिया ही जाना चाहिए कि जब तक बंगाल पर उनका वर्चस्व रहा, उन्होंने हिन्दू-मुस्लिम रिश्तों को बिगड़ने नहीं दिया। उनके बाद, मुस्लिम नेतृत्व की जिम्मेदारी एच. एस. सुहरावर्दी (1893-1963) के कन्धों पर आ पड़ी, जो लीग से अपने गहरे ताल्लुकात के बावजूद, बँटवारे के सवाल पर पुनर्विचार की जरूरत महसूस करने लगे। उन्होंने शरतचन्द्र बोस (1889-1942) और अन्य कांग्रेसी नेताओं के साथ मिलकर बंगाल को एक साथ रखने और उसे हिन्दू-मुस्लिम के आधार पर न बाँटने की भरसक कोशिश की। लेकिन तब तक बहुत देर हो चुकी थी। यों सुहरावर्दी ने जिन्ना को मना लिया कि बंगाल को एक रखा जाए। लीग प्रेसिडेंट ने 26 अप्रैल, 1947 को माउंटबेटन से कहा, ''बंगाल लेकर क्या फायदा अगर कलकत्ता नहीं मिला ? तब तो बेहतर है कि वे एक साथ और स्वतन्त्र रहें; मुझे पूरा यकीन है कि वे हमसे दोस्ताना अन्दाज से पेश आएँगे।''[1] लेकिन नेहरू-पटेल ने प्रस्ताव को बिल्कुल नामंजूर कर दिया।

इस प्रकार, पाकिस्तान, पश्चिमोत्तर और पूर्वोत्तर हिन्दुस्तान के मुसलमानों पर काफी-कुछ उनकी मर्जी के बगैर ही लाद दिया गया। 1945 तक उन्होंने उसका प्रतिरोध किया, लेकिन उसके बाद तो कुछ हद तक ब्रिटिशों की साजिशों और कुछ हद तक कांग्रेस हाईकमान की भारी भूलों की वजह से निर्मित हालात के दबाव में वे जिन्ना द्वारा बे-लगाम छोड़े गए धार्मिक जुनून की चपेट में आ गए। जिन्ना ने हिन्दू बहुल प्रदेशों के मुसलमानों पर जादू-सा कर उन्हें मुट्ठी में कर लिया। इन क्षेत्रों के मुसलमानों में कांग्रेसी सत्ताधारी उच्च वर्ग के प्रति अपनी-अपनी रंजिशें पहले ही से थीं जिसने उन्हें इतना अन्धा क़र दिया कि वे यह नहीं देख पाए कि भविष्य में विभाजित हिन्दुस्तान

में उन पर क्या-क्या विपत्तियाँ टूट पड़ सकती हैं। यही वे लोग थे जो पाकिस्तान की माँग बड़े उग्र और मुखर रूप से कर रहे थे और उन्हें यह जरा भी अहसास नहीं हो पा रहा था कि पाकिस्तान बन जाने के बाद तो उनकी हालत पहले से बदतर होगी।

कभी-कभार अगर उनमें से किसी ने अपने भविष्य के बारे में कोई सन्देह व्यक्त भी किया तो जिन्ना उन्हें अपना 'बन्धक सिद्धान्त' पेश करके चुप करा दिया करते थे; यानी अगर हिन्दू अपने मुल्क में मुसलमानों से बदसलूकी करेंगे तो, पाकिस्तान वही बर्ताव अपने हिन्दू नागरिकों से करेगा। जिन्ना के मुताबिक इस डर से, दोनों ही तरफ की बदसलूकी पर पाबन्दी लग जाएगी। आबादी के स्थानान्तरण जैसा विवेकहीन सुझाव भी रखा गया। लेकिन लीग ने उसे बढ़ावा नहीं दिया और कांग्रेस ने उसे मंजूर नहीं किया। यह सुझाव इतना असंगत और अव्यावहारिक था कि अगर उसे लागू किया जाता तो पाकिस्तान की रचना की बात ही खतम हो जाती।

इस बीच, यूरोप में मित्र-राष्ट्रों की जीत के बाद, ब्रिटिशों ने कांग्रेसी नेताओं को जेल से रिहा किया और वायसराय लार्ड वेवल (1883-1953) ने उनसे बातचीत शुरू की। उन्होंने जिन्ना और उनके सहयोगियों को भी 1945 में शिमला बैठक में शरीक होने के लिए आमन्त्रित किया। लेकिन इस बैठक के कोई ठोस नतीजे नहीं निकले क्योंकि कांग्रेसी और लीग नेताओं के बीच की कड़वाहट माहौल पर छाई थी। दोनों ही पक्षों ने कड़ा रुख अपना रखा था जिसने एकता की शक्तियों को और भारी आघात पहुँचाया। वेवल जिन्ना को सहमत कराने में सफल हो जाते अगर नेहरू और पटेल (1875-1950) जरा ज्यादा लचीले होते; लेकिन जिन्ना के प्रति उनकी नापसन्दगी और अविश्वास ने एक व्यावहारिक समाधान हासिल करने में रुकावट डाल दी। आज़ाद की भी यही मान्यता रही।

ब्रिटेन में इस बीच भारत के प्रति ज्यादा सहानुभूतिपूर्ण लेबर पार्टी की सरकार, नेहरू और कांग्रेस के काफी पुराने मित्र क्लेमेंट एटली (1883-1967) के नेतृत्व में स्थापित हो चुकी थी और यहाँ चूँकि हिन्दू और मुसलमान नेताओं में सहमति नहीं हो पाई थी सो ब्रिटिशों ने सवैधानिक उलझन का सामंजस्यपूर्ण समाधान ढूँढ़ने के लिए भारत में एक उच्चस्तरीय कैबिनेट मिशन भेजा जिसमें सेक्रेटरी ऑफ स्टेट फार इंडिया लार्ड पेथिक लारेंस और दो अन्य वरिष्ठ मन्त्री स्टाफोर्ड क्रिप्स और लार्ड एलेक्ज़ेंडर थे। इन लोगों ने कांग्रेसी और लीग नेताओं से अनेक बार बैठकें कीं ताकि किसी-न-किसी प्रकार की आग सहमति हो सके; महीनों तक वे अनेक फार्मूले बनाते-मिटाते गए लेकिन कामयाबी नहीं मिली। रुकावट जारी रही; और यह स्थिति जिन्ना की राजनीति के लिए अनुकूल थी। उस वक्त, नेहरू और पटेल भी भारतीय एकता के बुनियादी तत्त्वों की कीमत पर किसी प्रकार का समझौता करने के पक्ष में नहीं थे। आखिरकार, तीनों ब्रिटिश मन्त्रियों ने, वेवल की मदद से एक योजना तैयार की जो कैबिनेट मिशन-योजना के नाम से जानी गई; इसके तहत तीन-स्तरीय सवैधानिक व्यवस्था की सिफारिश की गई; इसमें प्रतिरक्षा, विदेशी मामले और संचार—इन तीन विषयों पर प्रतिबन्धित अधिकार क्षेत्र के

साथ एक संघीय केन्द्र होता। उसके नीचे दो उप-संघीय समूह होते, एक में हिन्दू-बहुसंख्यक प्रदेश होते और दूसरे में मुस्लिम-बहुसंख्यक प्रदेश होते और इन दोनों समूहों का कई सामान्य विषयों पर नियन्त्रण होता। ये प्रदेश कई मामलों में स्वायत्त होते। यह योजना बहुत ही विवेकपूर्ण थी, इससे भारत की एकता को बरकरार रखने का उद्देश्य भी पूरा होता था, साथ ही चूँकि उप-संघीय समुदायों को काफी अधिकारों का प्रयोग करने की छूट भी मिल रही थी, इसलिए अलगाव की माँग करनेवाले मुस्लिम-बहुसंख्यक वर्ग की इच्छा भी अगर पूरे तौर पर नहीं तो आंशिक तौर पर ही पूरी हो सकती थी। कांग्रेस और लीग दोनों ही ने इस योजना की कड़ी आलोचना की लेकिन आखिरकार दोनों ही संगठनों की कार्यकारिणी समितियों ने इसे मंजूर कर लिया।

लेकिन इसके बाद ऐसी कुछ घटनाएँ घटीं, जिन्होंने भारतीय इतिहास की समूची धारा को ही बदल दिया; नेहरू ने, जो तब तक आज़ाद की जगह पर कांग्रेस के अध्यक्ष बन चुके थे, बम्बई में अपनी पहली ही प्रेस-कान्फ्रेंस में घोषणा कर दी कि संघीय उप-वर्गीकरण, जो कि कैबिनेट मिशन योजना का मूलाधार था, नए संविधान की रचना के लिए गठित की गई संविधान परिषद पर बन्धनकारी नहीं होगा। कांग्रेस ने तो जैसे पूरा बना-बनाया खेल ही उलट दिया। जिन्ना को बड़ा धक्का लगा और पटेल भी बड़े हताश हो गए। अपने एक सहयोगी पंडित पन्त को लिखे अपने एक पत्र में उन्होंने इसे नेहरू की 'पागलपूर्ण हरकत' बताया। आज़ाद ने अपनी पुस्तक 'इंडिया विन्स फ्रीडम' में यह टिप्पणी की है कि इससे एक अखंड भारत को बरकरार रखने की अन्तिम उम्मीद भी चकनाचूर हो गई। एटली भी घटनाओं के इस अप्रत्याशित मोड़ से परेशान हो गए; उन्होंने नेहरू, जिन्ना और अन्य नेताओं को, मामले को सुलझाने के लिए लन्दन आमन्त्रित किया। नेतागण, फिर से किसी समझौते पर नहीं पहुँच पाए और सो एटली को जोर देकर यह कहना पड़ा कि वर्गीकरण की शर्त, कैबिनेट मिशन योजना का अभिन्न हिस्सा है। लन्दन से नेहरू की वापसी के बाद कांग्रेस ने इस योजना को अपनी मंजूरी देने की पुष्टि की; लेकिन तब तक लीग पीछे हट चुकी थी, उसका कहना था कि अब उसे कांग्रेस के वायदों पर भरोसा नहीं रह गया है। और सो, पूरी योजना धराशायी हो गई और उसके साथ ही भारतीय एकता की इमारत भी ढह गई।

पीछे मुड़कर अवलोकन करें तो क्या बँटवारे के लिए सिर्फ मुसलमानों को दोषी ठहराया जा सकता है ? जिन्ना दिन-ब-दिन कांग्रेस के लिए भड़काऊ व्यक्तित्व बनते गए, जिसने माहौल को दूषित कर दिया। लेकिन कांग्रेस हाईकमान ने अगर ज्यादा व्यावहारिक और दूरदर्शी नजरिया अपनाया होता तो मामला सँभल सकता था। दुर्द्धर्ष समाजवादी नेता राममनोहर लोहिया (1910-67) ने अपने एक लघु-प्रबन्ध 'द गिल्टी मेन ऑफ पाकिस्तान' में सारी की सारी जिम्मेदारी नेहरू, पटेल और कांग्रेस के अन्य लोगों पर डालते हुए कहा है कि ये सब इतने ज्यादा थके हुए थे कि अब और किसी प्रकार के संकट का सामना करने में असमर्थ थे और ब्रिटिशों से पिंड छुड़ाने और सत्ता हासिल करने के लिए उतावले हो उठे थे। कैबिनेट मिशन योजना के तहत प्रतिरक्षा, समूचे तौर

पर केन्द्र के अधिकार-क्षेत्र में था; तो क्या ब्रिटिशों के चले जाने के बाद वह अपने प्रभुत्व को और ज्यादा शक्तिशाली बनाकर केन्द्र के अधिकार-क्षेत्र को और व्यापक नहीं बना सकता था ? जिन्ना की राजनीति की सारी बुनियाद तीसरे पक्ष के हस्तक्षेप पर टिकी हुई थी। एक बार जब वह पक्ष हट जाता तो फिर उन्हें दबाकर ताल-मेल बिठाना ही पड़ता। यों भी, एक वर्ष के अन्दर ही उनकी कैंसर से मौत हो गई और उनके बाद लीग में ऐसा कोई कद्दावर या ताकतवर लोकप्रिय नेता नहीं था जोकि बाधक बन पाता। असल में, मुस्लिम बहुसंख्यक प्रदेशों ने तो कभी भी हिन्दुस्तान से अलग होना नहीं चाहा; उन्होंने ज्यादा स्वायत्तता की माँग की होती तो वे स्वेच्छा से ही अलगाव के विचार को छोड़ देते—क्योंकि उससे उन्हें कोई तात्कालिक फायदा तो था नहीं। जिन्ना के मन्त्रमोहक कब्जे से छूट चुकने के बाद, भारत के अन्य मुसलमान भी विभाजन के भयानक दुष्परिणामों के प्रति सतर्क हो गए होते।

जिन्ना की भूमिका का किसी भी प्रकार से मूल्यांकन करते समय उन पर असर डाल रहे विभिन्न मनोवैज्ञानिक तत्त्वों को नजरअन्दाज नहीं किया जाना चाहिए। और साथ ही यह भी कि जब कैबिनेट मिशन की, 6 मई, 1946 की योजना की घोषणा की गई, जिसमें एक अखंड हिन्दुस्तान का—अलबत्ता एक कम शक्तिशाली केन्द्र सहित—प्रावधान था, उन्होंने उसका स्वागत करते हुए उसे 'महान राजनय की कार्रवाई, बताया; तब कांग्रेस थी, जो उसे एक बार कबूल कर चुकने के बाद पीछे हट गई थी। जिन्ना ने जब 'एक केन्द्र' की योजना को कबूल किया तो उसका मतलब क्या था ? यही कि उन्होंने अपनी पाकिस्तान की माँग को छोड़ दिया था और एक संघ बनाने की स्वीकृति दे दी थी। संघ, उतना शक्तिशाली तो नहीं होता, जितना कांग्रेस चाहती थी। लेकिन ब्रिटिशों के हट जाने के बाद, और संघ द्वारा सम्पूर्ण नियन्त्रण हस्तगत कर चुकने के बाद जिसमें अन्य मामलों के अलावा सेनाओं का भी समावेश था, क्या उसके लिए, बाद में, अगर हालात की माँग होती तो, ज्यादा शक्ति हासिल कर लेना सम्भव नहीं हो जाता ? एक बार जब ब्रिटिश अपनी प्रभुसत्ता का हस्तान्तरण कर चुके होते तो फिर संघीय केन्द्र के अधिकारों की सीमा का सवाल ही कहाँ उठता था ? अलबत्ता, जनता स्वेच्छा से उन पर नियन्त्रण लागू कर सकती थी लेकिन जनता का अनुपात पचहत्तर प्रतिशत हिन्दू और पच्चीस प्रतिशत मुसलमान है, वहाँ किस बात का खतरा था ? राजनीति में कोई भी स्थिति स्थायी नहीं होती और हमारे नेताओं को यह समझ लेना चाहिए था कि भविष्य उनके हाथ में है और उसे वे मनचाहे रूप से ढाल सकते थे। कैबिनेट मिशन की योजना हिन्दुस्तान की एकता को बनाए रखने का सबसे बेहतरीन उपाय था; वह यों भी केवल एक अस्थायी उपाय ही होनेवाला था। न सिर्फ, आज़ाद ने इसका शोक मनाया बल्कि थोड़े अप्रत्यक्ष तौर पर गाँधी ने भी यही भाव व्यक्त किए। ख़ान अब्दुल गफ्फार ख़ाँ ने, जिन्हें अपने कांग्रेसी सहयोगियों द्वारा निराश किया गया, इस प्रस्ताव की नामंजूरी को 'विश्वासघात' बताया।

अब ऐसे सबूत सामने आ रहे हैं जिनसे यह पक्का निष्कर्ष निकाला जा सकता

है कि जिन्ना अन्ततः नरम पड़ ही जाते। नेताओं के बीच हुए पत्र-व्यवहार और वेवल, माउंटबेटन (1900-79) और अन्य ब्रिटिश उच्चाधिकारियों द्वारा सुरक्षित रखे गए अधिकृत टिप्पणियों और दस्तावेजों से यह पता चलता है कि लीग, थोड़े-बहुत रद्दोबदल के साथ प्रस्तुत योजना को, आखिरकार कबूल कर ही लेती। लेकिन बदकिस्मती से जिन्ना और उनके उग्र-मुखर समर्थकों द्वारा निर्मित माहौल की वजह से कांग्रेस सहमत नहीं हो रही थी। गाँधी आखिर तक यह कोशिश और उम्मीद करते रहे कि कोई चमत्कार, संघ को बचा लेगा; उन्होंने 12 जुलाई, 1947 को अपनी प्रार्थना-सभा में कहा, "हालाँकि 15 अगस्त भारत के बँटवारे के लिए नियत दिन है—भगवान, इंसान की योजनाओं को उलट सकता है।" उन्होंने चमत्कार के लिए प्रार्थना की, लेकिन हुआ नहीं। उल्टे, जो बँटवारा हुआ, उसमें न सिर्फ उनके दस लाख देशवासी, औरत और बच्चे मारे गए बल्कि हमारे गुनाहों के प्रायश्चित के रूप में, स्वयं उन्होंने अपने प्राणों की आहुति दी। तो फिर क्या पाकिस्तान का निर्माण, जिसके लिए आज भी भारतीय मुसलमानों को तकलीफें सहनी पड़ रही हैं, सिर्फ जिन्ना की ही करतूतों का फल था ? क्या सिर्फ उन्हीं के मत्थे सारी तोहमत मढ़ी जानी चाहिए ? और अगर वे गुनहगार हों तो भी क्या आम मुसलमानों और खासकर उनके वंशजों को हमेशा के लिए अभिशप्त रहना पड़ेगा ? अभी तक तो इन सवालों के जवाब में 'हाँ' ही सुनने को मिलता आया है लेकिन अब तटस्थ पर्यवेक्षकों और निष्पक्ष समालोचकों ने यह कबूल किया है कि ये आरोप पूरी सचाई पर आधारित नहीं हैं। आज़ाद ने समझाया है कि (1946 में कांग्रेस अध्यक्ष बनने के तुरन्त बाद ही) जवाहरलाल नेहरू द्वारा कैबिनेट मिशन योजना को प्रस्तावित प्रदेशों के वर्गीकरण पर की गई टिप्पणी ने समूची योजना को उलट-पुलट डाला। आज़ाद ने इस काम को 'उन बदकिस्मत घटनाओं में से एक' बताया है जो इतिहास की धारा को मोड़ देती हैं।[2] इन घटनाक्रमों पर मौलाना की टिप्पणियों ने, जो उनकी 'इंडिया विन्स फ्रीडम' पुस्तक में समाविष्ट हैं, राजनीतिक दायरों में काफी हलचल मचा दी थी। अपनी दलील की पुष्टि के लिए आज़ाद ने तथ्यों को ब्यौरेवार प्रस्तुत भी किया है। बाद में, एम. सी. छागला ने अपनी आत्मकथा, 'रोज़ेस इन डिसेम्बर' में भी आज़ाद की इस बात की पुष्टि की है कि अगर 1938 से 1946 के बीच, जबकि लीग-कांग्रेस मैत्री सम्भव थी, अनेक अवसरों पर कांग्रेस ने चूक न की होती तो बँटवारे को टाला जा सकता था।

सचाई यह है कि जिन्ना ने बड़ी चतुराई से अपना खेल खेला; कांग्रेस का समकक्षी बनना, हमेशा से ही उनका मकसद रहा; वे कांग्रेस से समझौता करने को तैयार थे लेकिन कभी भी 'शरणागत होने विलयन या झुकने' को तैयार नहीं थे। वे कांग्रेस के हाईकमान द्वारा अपने को न सिर्फ उपेक्षित बल्कि अपमानित भी महसूस करते थे। और उसका मुकाबला करने के लिए उन्होंने 'शैतान से भी दोस्ती' करना मंजूर किया। 1938 में मुस्लिम लीग के वार्षिक अधिवेशन में उन्होंने कहा, "ऐसा नहीं है कि हमें साम्राज्यवाद से मुहब्बत है लेकिन राजनीति में आपको अपना खेल, शतरंज को बिसात की तरह

खेलना पड़ता है।" और उसके बाद से उन्होंने अपना दाँव इतनी चतुराई से खेला कि उससे कांग्रेस के नेता दिग्भ्रमित हो गए और ब्रिटिश हुक्मरान खुश।

बाद के दिनों में उन्होंने सर स्ट्राफर्ड क्रिप्स के पर्सनल असिस्टेंट वुड्रो व्याट्ट को निजी तौर पर बताया कि अगर कांग्रेस पार्टी का रवैया ज्यादा यथार्थवादी होता तो वे बहुत सारी बातें मंजूर कर लेते। जिन्ना ने सोचा था कि घटनाओं को खरामा-खरामा आगे बढ़ाया जा सकता है लेकिन जब ब्रिटिशों ने दिलचस्पी खो दी तो उन्होंने कड़ा रुख अपना लिया। उन्हें जरा देर से यह अहसास हुआ कि ब्रिटिश हिन्दुस्तान से जल्द से जल्द निकल जाना चाह रहे थे। ब्रिटिशों के अप्रत्याशित फैसले ने उनका सारा खेल उलट-पुलट दिया। उन्हें शतरंज की बिसात पर चाल-दर-चाल खेलने का अभ्यास था लेकिन यहाँ तो खुद बिसात ही हटा दी जा रही थी। इसीलिए उनका तुरुप का पत्ता—पाकिस्तान—जिसे वे सौदेबाजी का हथियार बनाना चाहते थे, उनके गले की हड्डी बन गया। आखिर—आखीर तक भी, उन्होंने अपनी योजना की रूप-रेखाएँ तय नहीं की थीं और लोग यह अनुमान ही लगाते रह गए कि असल में वे चाहते क्या हैं। और आखिरकार जब निर्णायक घड़ी आई तो उन्हें हासिल क्या हुआ ? न सिर्फ मुस्लिम अल्पसंख्यक प्रदेशों के मुसलमान और जिन्ना की ताकत इन्हीं के बूते पर बनी थी, मझधार में छूट गए बल्कि मुस्लिम बहुसंख्यक प्रदेशों—पंजाब और बंगाल का भी—आधा कटा टुकड़ा उन्हें मिला। जबकि बँटवारे से पहले इन दोनों प्रदेशों में मुसलमानों को काफी स्वायत्तता और भारी शक्ति हासिल थी। इन प्रदेशों के विभाजन ने उन्हें अविभाजित साधन-स्रोतों के फायदों से वंचित कर दिया।

पाकिस्तानी विद्वान आएशा जलाल की पुस्तक 'द सोल स्पोक्स मेन' में पहली बार जिन्ना की असली मंशा को, तथ्यात्मक विश्लेषण और सुसंगत दलीलों के आधार पर उद्घाटित किया गया है। उसमें कहा गया है :

> कलकत्ता और पश्चिम बंगाल से वंचित, पूर्वी बंगाल का दर्जा एक ऐसी अतिआबादीवाली ग्रामीण बस्ती का-सा रह गया जो न तो बाहरी हमलों का बचाव कर पाने में समर्थ थी और न ही एक मुस्लिम राष्ट्र के तहत समकक्षी साझेदार की तरह विकसित होने में सक्षम। जहाँ तक ब्रिटिश भारत के अन्य प्रदेशों के अल्पसंख्यक मुसलमानों का सवाल है, उन्हें तो एक ऐसे देश के बीच बेसहारा छोड़ दिया गया जिस पर पूर्व और पश्चिम के उनके बहुसंख्यक सहधर्मियों का कोई प्रभाव या दबाव नहीं था।[3]

तो फिर जिन्ना ने ऐसे कटे-छँटे विभाजन को कबूल क्यों किया ? और कांग्रेसी नेताओं ने भी इतनी जल्दबाजी में इसे सहमति क्यों दे दी ? जितना ही हम अतीत की गहराई में जाते हैं उतना ही यह निश्चित होता जाता है कि यह सत्ता का ही लोभ था जिसने लीग और कांग्रेस के थके-माँदे और बूढ़े हो रहे नेताओं को मजबूर किया कि वे इस फैसले को कबूल कर लें फिर चाहे उसके लिए भारत की एकता को दाँव पर

क्यों न लगाना पड़े या इस उपमहाद्वीप के मुसलमानों के वृहत्तर हितों की बलि चढ़ानी पड़ जाए।

डॉ. लोहिया ने इस अवधारणा की खिल्ली उड़ाई है कि "बँटवारे के बगैर भारत को स्थायित्व या विकास हासिल नहीं हो सकता था।"[4] सचाई तो, इससे कुछ अलग ही लग रही है। न तो नेहरू, जिन्हें आज़ाद ने दोषी ठहराया है और न ही जिन्ना, जो आमतौर पर इस घटनाक्रम के मुख्य खलनायक माने जाते हैं, बँटवारा चाहते थे लेकिन फिर भी उन्होंने उसे कबूल किया, उन राक्षसी शक्तियों के दबाव में जिन्हें जिन्ना ने बे-लगाम छूट दे दी थी और जिन्हें नेहरू और पटेल नियन्त्रित नहीं कर पाए। यहाँ तक कि गाँधी भी उनका प्रतिरोध करने में अपने को असमर्थ पाने लगे। उन्होंने 1 जून, 1947 को यह साफ-साफ कबूल किया कि "आज मैं अपने को अकेला पा रहा हूँ। यहाँ तक कि सरदार और जवाहरलाल भी यही सोचते हैं कि हालात की मेरी जो समझ है, वह गलत है और अगर बँटवारा कबूल कर लिया जाएगा तो फिर से शान्ति जरूर स्थापित हो जाएगी।" फिर उन्होंने 22 जून, 1947 के 'हरिजन' में लिखा कि जहाँ तक इंसान देख सकता है, हिन्दुस्तान का बँटवारा एक तयशुदा बात लगती है। उन्होंने जनता से अपील की कि वे इस स्थिति पर शोक न करें, लेकिन उन्होंने यह भी साफ कर दिया था कि "मैंने कायदे-आज़म जिन्ना के 'दो-राष्ट्र सिद्धान्त' पर कभी यकीन नहीं किया है और न ही कभी करूँगा।"

जलाल की किताब में कुछ चौंकानेवाले तथ्य हैं। वह सच है कि जिन्ना ने मुस्लिम साम्प्रदायिकता का इस्तेमाल अपने पक्ष को मजबूत करने के लिए किया। उन्हें पूरा भरोसा था कि उसका फायदा उठाकर वे अपने लिए केन्द्र में कांग्रेस के साथ बराबरी का दर्जा हासिल कर सकेंगे और साथ ही मुसलमानों को पर्याप्त सुरक्षा भी दिलवा सकेंगे। द्वितीय महायुद्ध की समाप्ति तक राजनीतिक परिस्थिति उनके लिए बड़ी अनुकूल साबित हुई। एक के बाद एक कामयाबी उन्हें हासिल होती चली गई। लेकिन कैबिनेट मिशन की योजना जिसका उन्होंने स्वागत किया था, की नाकामयाबी के बाद वे फिसलते चले गए।

उसके बाद तो जिन्ना जैसे एक के बाद एक ज्यादा से ज्यादा बदहवासी-भरे कदम उठाते गए जिसका नतीजा यह निकला कि उनके कन्धों पर एक ऐसे फैसले का बोझ आ पड़ा जिसके लिए वे कतई तैयार नहीं थे। जलाल ने बड़े सटीक शब्दों में जिन्ना की दुरावस्था का चित्रण किया है :

> ब्रिटिश शासन के आखिरी तेरह महीनों ने जिन्ना की रणनीति को बड़े त्रासद ढंग से धराशायी होते देखा—त्रासदी इसलिए कि कायदे-आज़म ने हमेशा ही खुद को साम्प्रदायिकता की विद्रूपता के ऊपर रखने की कोशिश की थी और हिन्दुस्तान की एकता की अपनी एक मुकम्मल तस्वीर को बड़े चाव से पाल रखा था। छह वर्ष तक वे ऐसे हितों के ऊपर एकजुटता और सर्वसहमति की हल्की-सी कलई पोतकर दिखाने में कारगर होते रहे, जो न तो एकजुट थे और

> न ही जिनमें सर्वसहमति थी। ऐसा कर पाने में वे इसलिए कामयाब हुए क्योंकि उन्होंने अपने मकसदों को अपने दिल की गहराइयों में छुपाए रखा और अपने मुस्लिम सहयोगियों को छूट दे दी कि वे 'पाकिस्तान' के बारे में अपने तईं मायने निकाल लें और जिसे उन्होंने जान-बूझकर अपरिभाषित ही रहने दिया था।[5]

जब कैबिनेट मिशन हिन्दुस्तान आया, जिन्ना को मजबूरन अपने हाथ के पत्ते थोड़े से दिखाने पड़े, खासकर इसलिए कि मिशन के 16 मई, 1946 के प्रस्तावों ने उन्हें कुछ ज्यादा ठोस चीज प्रदान की थी। मुस्लिम प्रदेशों को अनिवार्यतः एक वर्ग में समूहीकृत कर, ब्रिटिशों ने जिन्ना को बच निकलने की और अपने निर्वाचकों को शान्त रखने की राह दे डाली थी। लेकिन कांग्रेस, वर्गीकरण नहीं चाहती थी और बुनियादी तौर पर एक कमजोर केन्द्र के खिलाफ थी। वह लीग को कोई रियायत देने के लिए तैयार नहीं थी। मिशन और कुछ करने में भले ही नाकामयाब रहा हो लेकिन वह जाने-अनजाने जिन्ना की अपने सहयोगियों पर पहले ही अनिश्चित पकड़ को और कमजोर करने में जरूर कामयाब रहा; उनके अनुयायियों को पहली बार यह अहसास हुआ कि अब खेल खतम हो चुका है और उनका नेता बड़ी असुरक्षित स्थिति में है।

अब तक जिन्ना ने आक्रामक तेवर बना रखे थे; अब उन्होंने प्रतिरक्षात्मक रवैया अपनाना शुरू किया। वे मुहलत चाहते थे लेकिन न तो ब्रिटिश और न ही कांग्रेस उन्हें वह देने को तैयार थे। जिन्ना चाहते थे कि ब्रिटिश तब तक हिन्दुस्तान में बने रहें जब तक कोई समझौता न हो जाए। लेकिन एटली ने घोषणा कर दी कि चाहे जो हो, जून, 1948 तक ब्रिटिश, भारत छोड़ देंगे। जिन्ना तो, सचमुच ही धर्मसंकट में पड़ गए। जलाल के कथनानुसार :

> पाकिस्तान की माँग को अब भी सुस्पष्ट तौर पर परिभाषित करने में अक्षम और आदेश देने या आगे की राह साफ-साफ देख सकने की अपनी क्षमता के प्रति अनाश्वस्त, जिन्ना ने अपनी कौंसिल से साफ-साफ कह दिया कि आप लोग जबरन कोई फैसला मेरे गले में ठूँस दें तो और बात है वरना भविष्य के बारे में कोई फैसला करने की जिम्मेदारी से वे हाथ खींच रहे हैं। ये शब्द तो किसी 'क़ाइद' के नहीं लगते, ये तो किसी विवश व्यक्ति के लगते हैं।[6]

इन हालात में उन्होंने लीग की भाग्यनिर्णायक 'सीधी कार्रवाई' को सहमति दी और घोषणा कर दी कि 'उन्होंने संवैधानिक तरीकों को अलविदा' कह दिया है। यह बात निश्चित ही उनकी फितरत के खिलाफ थी क्योंकि वे तो पक्के संविधानवादी थे और कानूनी बारीकियों के खेल के माहिर उस्ताद थे। 1920 की शुरुआत में उन्होंने कांग्रेस पार्टी छोड़ दी थी क्योंकि वे गाँधी के जन-आन्दोलन को पसन्द नहीं कर पा रहे थे। अपने आखिरी दिनों में उन्हें उसी भीड़ के धार्मिक उन्माद के आगे झुकना पड़ गया,

जिसे वे नापसन्द करते थे और निश्चित ही वे इस पर दिल मसोसकर रह गए होंगे। वे अब नेता नहीं रह गए थे और एक ऐसी उन्मादी भीड़ के शिकार हो गए थे जिसे वे काबू में नहीं रख पा रहे थे। न तो लीग के प्रस्ताव में और न ही उनके बयान में तथाकथित 'सीधी कार्रवाई' के बारे में कोई ब्यौरा या निर्देश है। उन्होंने 'आगामी संघर्ष' के आरम्भ का फैसला अपने तक ही सीमित रखा था। उसका वक्त और तरीका 'जब और जैसे जरूरत पड़े' तय करने का निश्चय उन्होंने किया था लेकिन घटनाओं के सैलाब में वे और उनके सारे तयशुदा फैसले बह गए। जलाल की टिप्पणी है :

> सो, कायदे-आल़म, कौंसिल चेम्बर के योद्धा, तर्कों और संवादों के माहिर उस्ताद, कोई रातो-रात, भीड़-उकसाऊ नेता नहीं बन बैठे थे। और किसी से भी बेहतर उन्हें यह जानकारी थी कि उनका संगठन कितना जर्जर और कमजोर था और यह उनकी जान-बूझकर की गई अवहेलना और मुस्लिम राजनीति में अन्तर्निहित दबावों का शिकार था और यह भी उन्हें मालूम था कि नीचे से उठते आन्दोलनों का प्रवर्तन करने व नियन्त्रण करने में, आज या कल या जहाँ तक नजर देख सकती है ऐसे भविष्य में वह संगठन कितना अक्षम था।[7]

लीग ने 16 अगस्त, 1946 को 'सीधी कार्रवाई' का दिन घोषित किया। जिन्ना ने अपने अनुयायियों से अपील की कि 'इस दिन को शान्तिपूर्ण आत्ममन्थन' का दिन बनाया जाना चाहिए और इस बात पर जोर दिया कि यह दिन 'किसी भी प्रकार या रूप की सीधी कार्रवाई' का दिन नहीं होना चाहिए। जिन्ना की अपील बहरे कानों पर पड़ी; कलकत्ते के अपराधी तत्त्वों ने बागडोर छीन ली और हिन्दुस्तान को, अपने इतिहास के सबसे दुखद साम्प्रदायिक हत्याकांडों में से एक का नजारा देखना पड़ा। और इसके बाद तो, कांग्रेस को जिन्ना से कोई सरोकार नहीं रह गया। जिन्ना ने बड़ी बेताबी से अपनी प्रतिष्ठा का बचाव करने के लिए हाथ-पाँव मारे। बंगाल में उनके मुख्य सहयोगी ख्वाजा सर नज़ीमुद्दीन ने साफ-साफ कबूल किया कि अगर कांग्रेस, प्रदेशों के समूहीकरण को निश्चित रूप से कबूल कर ले तो जिन्ना कैबिनेट मिशन की योजना को मान लेंगे और हिन्दुस्तान को बँटवारे से बचा लेंगे। जिन्ना के कुछ और सहयोगियों ने वाइसराय लार्ड वेवल को आश्वासन दिया कि कायदे आज़म अब संयत हो चुके हैं और पाकिस्तान के सवाल पर अपने ही शब्दों को वापस लेने को तैयार हैं। लेकिन तब तक इतना लहू बह चुका था कि विवेक के वापस लौटने की गुंजाइश न थी। जो कांग्रेस एक जमाने में जिन्ना की मनुहार करती फिरती थी, आज उसी के लिए जिन्ना एक मनहूस नाम और शख्सियत बन चुके थे। केन्द्र की अन्तरिम सरकार में लीग के प्रतिनिधियों के प्रवेश ने हालात को बदतर कर दिया। नेहरू और उनके सहकर्मियों के प्रति उनके रवैए ने उनकी नीयत पर विश्वसनीयता नहीं बढ़ाई। उल्टे, कांग्रेस और लीग के बीच कड़वाहट और बढ़ी और मुसलमानों के प्रति हिन्दुओं का अविश्वास और गहरा हुआ।

इस खूनी हलचल और कांग्रेस और लीग के बीच की बेमानी झड़पों के दौरान, ब्रिटिश प्रधानमन्त्री एटली ने लार्ड वेवल को बर्खास्त कर दिया और उनकी जगह पर लार्ड माउंटबेटन को नया वाइसराय चुना गया ताकि हिन्दुस्तानियों को सत्ता का हस्तान्तरण करने के काम को जल्द सम्पन्न किया जा सके। माउंटबेटन बेहद चुस्त संचालक थे। उन्होंने बँटवारे की प्रक्रिया को तेज किया और एक योजना पेश की जिसने नेहरू, पटेल और अन्य कांग्रेसी नेताओं को तो सन्तुष्ट किया लेकिन इससे जिन्ना को काफी तकलीफ पहुँची। माउंटबेटन के 3 जून, 1947 के प्रस्ताव में बंगाल और पंजाब का बँटवारा कर, एक कटे-छँटे पाकिस्तान के निर्माण की पेशकश थी। जिन्ना ने, जैसाकि नए वाइसराय से 8 अप्रैल, 1947 को हुई उनकी भेंट के उपलब्ध दस्तावेजों से पता चलता है, अनुरोध किया कि "बंगाल और पंजाब की एकता का खात्मा न करें क्योंकि उनका एक सामान्य इतिहास और जीवन-प्रणाली का राष्ट्रीय चरित्र है और वहाँ का हिन्दू कांग्रेस के सदस्य के तौर पर अपनी उतनी पहचान नहीं रखता जितनी बंगाली और पंजाबी के तौर पर।" क्या ये उस व्यक्ति के शब्द हो सकते हैं जो 'हिन्दुस्तान का साम्प्रदायिक आधार पर बँटवारा करने के लिए प्रतिबद्ध था ?'

जैसे-जैसे दिन बीतते गए, जिन्ना ज्यादा परेशान होते गए। माउंटबेटन ने उनसे कहा कि वे हिन्दुस्तान के पश्चिमोत्तर और पूर्वोत्तर हिस्से से मुस्लिम बहुमतवाले हिस्सों को काटकर पाकिस्तान की ठोस रूपरेखा प्रस्तुत करें लेकिन जिन्ना ने इनकार कर दिया और उल्टे यह कहा कि वे पंजाब और बंगाल का बँटवारा करने के कांग्रेस के प्रस्ताव को पहले देखना चाहेंगे ताकि वे अपना जवाबी प्रस्ताव रख सकें। हताशा में जिन्ना ने ऐसा एक बेमानी सुझाव भी दिया कि उन्हें पूर्वी और पश्चिमी पाकिस्तान को जोड़ने के लिए हिन्दुस्तान के बीच से एक हजार मील का एक रास्ता भी दिया जाना चाहिए।

माउंटबेटन ने ब्रिटिश गवर्नरों की एक बैठक बुलवाई, ताकि उनसे अपने 'प्लान बाल्कन' (बँटवारा-योजना, यह नाम इसे दिया गया था) पर चर्चा की जा सके। पंजाब के गवर्नर ने चेतावनी दी कि अगर उसके प्रदेश का बँटवारा किया गया तो उससे 'फौरी विस्फोट' हो जाएगा, और तीन मुख्य समुदाय—हिन्दू, मुस्लिम, सिख—एक-दूसरे के खून के प्यासे हो जाएँगे। उन्होंने कहा कि इससे बड़ी भारी फौजी समस्या भी खड़ी हो जाएगी और कम-से-कम चार आपरेशनल सक्रिय डिविजनों की जरूरत पड़ेगी, जो कि उपलब्ध नहीं हैं। बंगाल के गवर्नर भी उतने ही अनिश्चित थे; उन्होंने कहा फिर पूर्वी बंगाल तो सिर्फ एक ग्रामीण, झोंपड़पट्टी भर रह जाएगा। यही नहीं, बंगाली मुसलमान इतने सुदूर प्रदेश में बसे पंजाबी मुसलमान से जुड़ने के लिए बड़े उत्सुक भी नहीं हैं। वैसे भी, वे तो हमेशा से ही उर्दू भाषी बंगालियों को अविश्वसनीय मानते आए हैं, इन दोनों के बीच का यह संघर्ष तो मध्ययुग से चला आ रहा है। इसलिए आखिरी वक्त पर मुस्लिम लीग के वरिष्ठ नेता शाहिद सुहरावर्दी और कांग्रेसी नेता शरत्चन्द्र बोस ने भरसक प्रयास किया कि एक स्वतन्त्र बंगाल पर सहमति हो जाए। वे नहीं चाहते थे कि बंगाल का बँटवारा हो। जिन्ना राजी थे, लेकिन नेहरू ने बोस-सुहरावर्दी प्रस्ताव को नामंजूर कर

दिया। यह एक और भूल थी क्योंकि अन्ततः एक संयुक्त बंगाल का भारत के साथ विलय हो ही जाता। बंगाली मुसलमान और पंजाबी मुसलमान की बनिस्बत बंगाली हिन्दू और बंगाली मुसलमान के बीच ज्यादा समानताएँ हैं। प्रो. रफ़ीउद्दीन अहमद के शब्दों में, जो उन दिनों चटगाँव विश्वविद्यालय में इतिहास विभाग के चेयरमैन तथा फैकल्टी ऑफ आर्ट्स के डीन थे, कहा जाए तो :

> (बंगाली मुसलमान) उसी सामाजिक कक्षा के हिन्दुओं जैसी स्थितियों में ही रहते थे और जीवन के प्रति उनका दृष्टिकोण भी एक-जैसा ही था और कोई भी धर्मशास्त्र उसमें बदलाव नहीं ला सकता था। जिस धर्म को उन्होंने अपनाया था, उससे उनके सम्बन्ध सुदूर और सैद्धान्तिक थे, जबकि जिन स्थानीय परिस्थितियों में वे जन्मे और पले थे, उससे उनके सम्बन्ध-सूत्र हमेशा ही सीधे प्रत्यक्ष थे। उनसे उन्हें अपने विचारों और नजरियों का निर्माण करने में मदद मिलती थी। इसलिए स्थानीय समन्वयवादी आस्थाएँ और आचार-विचार, जो उस हिस्से में, इस्लाम के आगमन के पूर्व से प्रचलित थे, एकदम शुरुआत ही से बंगाली इस्लाम में जन-संस्कृति का एक हिस्सा बन चुके थे।[8]

लेकिन, माउंटबेटन को न तो इन दो मुस्लिम बहुल हिस्सों के रिश्तों की वास्तविकताओं से कोई सरोकार था और न ही उन्होंने अपने ही गवर्नरों द्वारा दी गई खून-खराबे की चेतावनियों की कोई परवाह की और यह बात 15 अप्रैल, 1947 की बैठक के कार्यविवरण से साफ उजागर होती है। उन्होंने अपने एक दोस्त को विश्वास में लेकर यह भी कहा था कि यों भी हिन्दुस्तानियों को कत्लेआम की आदत है। यह बात, हाल ही में प्रकाशित एक ब्रिटिश पुस्तक 'द एमिनेंट चर्चीलियन' में उल्लिखित है। ऐसा लगता है कि बैठक में हिस्सा लेनेवाले सिर्फ अपने-अपने पक्षों के लिए ज्यादा-से-ज्यादा राजनीतिक फायदा बटोरने की फिक्र में थे और उन्हें उसके भावी रक्तरंजित दुष्परिणामों का कोई ख्याल ही नहीं था। यहाँ तक कि हिन्दुस्तानी सेना को विभाजित करने के परिणामों पर भी गम्भीरता से विचार नहीं किया गया। घटनाक्रमों का विश्लेषण करते हुए जलाल इस निर्णय पर पहुँचती हैं कि 'कांग्रेस ने ही बँटवारे पर जोर दिया। जबकि जिन्ना बँटवारे के खिलाफ थे।' उन्होंने पंजाब और बंगाल के हिन्दुओं को यह आश्वासन तक दिया था कि उन्हें पाकिस्तान से डरने की जरूरत नहीं है क्योंकि वह धर्मतान्त्रिक देश नहीं होगा, वरन् उसमें, उनके ही शब्दों में कहा जाए तो, 'एक लोकप्रिय प्रतिनिधित्व और लोकतान्त्रिक राज्य व्यवस्था की सरकार होगी जो अन्ततः किसी प्रकार के जाति, धर्म या सम्प्रदाय के भेदभाव के बगैर, अपने निर्वाचकों के प्रति सामान्य जनता के प्रति जवाबदेही होगी।'

आखिरी दृश्य, 3 जून, 1947 को अभिनीत हुआ जब माउंटबेटन ने विभाजन-योजना की घोषणा की। वाइसराय और जिन्ना के बीच एक दिन पहले हुई बैठक में जिन्ना

ने उनके प्रस्ताव को मानने से सरासर इनकार कर दिया। माउंटबेटन चिढ़ उठे और उन्होंने कहा, "मिस्टर जिन्ना ! इस समझौते को तैयार करने में जो मेहनत लगी है मैं आपको उसे चकनाचूर नहीं करने दूँगा। चूँकि आप मुस्लिम लीग के लिए इसे कबूल नहीं करेंगे सो मैं उनकी ओर से बोलूँगा।"[9] जिन्ना स्तम्भित हो गए, लेकिन वे चुप रहे; और उन्हें अहसास हो गया कि अब आखिरी दाँव खेला जा चुका है और उनकी तकदीर पर मुहर लग चुकी है।

अगले दिन सवेरे की भाग्यनिर्णायक बैठक में, माउंटबेटन ने योजना के ब्यौरों का विश्लेषण किया, कांग्रेसी नेताओं ने उसे कबूल कर लिया; जिन्ना रूठे हुए-से चुप रहे। वाइसराय उनकी ओर से बोले। उन्होंने कहा, "मिस्टर जिन्ना ने मुझसे कहा है कि वे योजना से सहमत नहीं हैं लेकिन वे इसे मंजूर करते हैं।"[10] वाइसराय के जनसम्पर्क अधिकरी कैम्पबेल जानसन के अनुसार, कायदे-आज़म ने अपरिहार्य परिस्थिति की 'उपयुक्त मौन और जरा-सा सिर हिलाकर' पुष्टि कर दी।

उसके बाद, कथानक साम्प्रदायिक हत्याकांडों का जो विस्फोट हुआ, हिन्दुस्तान के समूचे इतिहास के अनुभव-संसार में अकल्पनीय था। हालाँकि माउंटबेटन ने दावा किया कि वह 'इतिहास की महानतम प्रशासनिक कार्रवाई थी' लेकिन हुआ तो यही कि सर्वाधिक पाशविक हत्याकांड था; जिसमें करीब दस लाख हिन्दू, मुसलमान और सिख मारे गए और एक करोड़ लोग भोजन, आश्रय और अपने जान-माल की सुरक्षा की खोज में, दहशत के मारे, सरहदों के आर-पार बेघर-बार हो गए।

बँटवारे का परिणाम

आज़ाद भारत में भारतीय मुसलमानों को सबसे पहले जो आघात सहना पड़ा, वह था—उनके उद्योग, व्यापार, दुकान, मकान, जमीन, जायदाद और सम्पदा का हरण—इस आधार पर कि वे या उनके परिवार के सदस्य पाकिस्तान देशान्तरित हो गए हैं। ऐसा इवाक्यूई प्रापर्टी लॉ—निष्क्रान्त सम्पत्ति कानून के तहत किया गया। इस प्रकार हजारों-लाखों परिवार कंगाल हो गए। साम्प्रदायिक उपद्रवों की वजह से जिन्होंने देशान्तर करने की कोशिश की थी, उनके अलावा ऐसे अनेक थे जो सिर्फ अपने रिश्तेदारों से मिलने के लिए या सैर के लिए पाकिस्तान गए थे। उनका वहाँ बसने का कोई इरादा नहीं था लेकिन कानून का क्रियान्वयन इतना बेरहम था कि सिर्फ एक दिन की यात्रा उन्हें इस नए कानून के शिकंजे में कसने के लिए काफी थी : इतिहास में लोगों के लिए ये सर्वाधिक महँगी यात्राएँ थीं।

नेहरू के मन्त्रिमंडल में जो मन्त्री, इस कानून का क्रियान्वयन करवा रहे थे, वे स्वयं पाकिस्तान से आए शरणार्थी थे और पश्चिमोत्तर सीमान्त प्रदेश में अपना सब-कुछ गँवाकर आए थे। मन्त्री मेहरचन्द खन्ना के मन में हिन्दुस्तानी मुसलमानों के लिए कोई हमदर्दी नहीं थी क्योंकि उनके मुताबिक उन जैसे हिन्दुओं को घर-बार से वंचित करने के लिए ये मुसलमान जिम्मेदार थे। नेहरू से बार-बार निवेदन किया गया कि वे इस कानून में संशोधन करें ताकि उन बेगुनाह मुसलमानों को तंग करने की हरकत पर रोक लग सके जो दरअसल पाकिस्तान देशान्तरित नहीं हुए थे लेकिन उन निवेदनों पर कोई प्रतिक्रिया नहीं मिली। 'द इवाक्यूई प्रापर्टी लॉ', जैसा कि उसका नाम था, कानूनी इतिहास में अतुलनीय है और अन्तर्राष्ट्रीय समाज ने एक स्वर से उसकी निन्दा की है उसने भारतीय मुसलमानों को बुरी तरह से अपना शिकार बनाया।

प्रधानमन्त्री नेहरू ने यह कबूल किया कि यह एक अमानवीय कदम है लेकिन अपनी लाचारी भी जाहिर की क्योंकि पाकिस्तान ने भी वैसा ही एक कानून लागू कर रखा था। पश्चिमी पाकिस्तान से करीब-करीब सभी हिन्दू और सिख भारत भाग आए थे। उनकी सम्पत्तियाँ बड़ी आसानी से कानूनन जब्ती का निशाना बन गईं। पूर्वी पाकिस्तान से देशान्तरित कर आनेवालों की तादाद कम थी और सो उनके जान-माल की हिफाजत पाकिस्तानी प्राधिकारी कर पाए। लेकिन हिन्दुस्तान की यह स्थिति नहीं थी, यहाँ से सिर्फ थोड़ी-सी तादाद में लोग देशान्तरित हुए थे और सो भी अधिकतर कराची गए थे; बहुतांश

मुस्लिमों ने हिन्दुस्तान में रहने का फैसला किया था। और फिर भी इवाक्यूई प्रापर्टी लॉ को सभी जगहों पर बड़ी बेरहमी से मुसलमानों पर लागू किया गया; उसका मकसद था—हिन्दू और सिख शरणार्थियों को जो नुकसान हुआ है उसकी भरपाई हिन्दुस्तानी मुसलमानों की सम्पत्ति से की जाए। सो पाकिस्तानियों के पापों की सजा हिन्दुस्तानी मुसलमानों को भुगतनी पड़ रही थी। बाद में इस कानून में एक और धारा जोड़ी गई जिससे देशान्तरण का इरादा रखनेवाले को जाल में पकड़ा जा सकता था। उसके अनुसार, अगर अधिकारियों को यह शुबहा हो जाता कि कोई खास मुसलमान पाकिस्तान जाने का इरादा रखता है तो उसकी सम्पदा जब्त कर ली जाती थी; सिर्फ एक पुलिस रिपोर्ट-भर की जरूरत होती थी और उसे उसकी अपनी चल-अचल सम्पत्ति से वंचित कर दिया जा सकता था। उसी प्रकार से, अगर कोई मुसलमान बँटवारे के जरा पहले आम सैर के लिए या सिर्फ अपने दोस्तों से मिलने कराची, लाहौर या ढाका गया हुआ था और वक्त पर लौट न पाया था तो तुरन्त ही उसकी भारतीय नागरिकता खारिज कर दी जाती—जब पाकिस्तान जाने के लिए उसने हिन्दुस्तान छोड़ा था तब परमिट प्रणाली नहीं थी लेकिन जब उसने लौटना चाहा, तब थी। नतीजतन, रातोरात एक व्यक्ति बेगाना और विदेशी बन जाता था—उसे न तो हिन्दुस्तान में प्रवेश करने की अनुमति मिलती थी और न ही उस पार के अधिकारी उसे वहाँ बने रहने की अनुमति देते थे।

हजारों हिन्दुस्तानी मुसलमान इस मनमानी कार्रवाई के शिकार हुए। उन्होंने कभी कल्पना तक नहीं की होगी कि पाकिस्तान के बनने पर उनकी ऐसी दुर्गति होगी; अपनी जन्मभूमि में वे अनचाहे हो गए और अपने सपनों की सरजमीं में अस्वीकार्य। मैं उन दिनों वकालत किया करता था और मैंने ऐसे अनेक लाचार मुसलमानों के देशान्तरण और परमिट के मामलों की पैरवी की थी; लेकिन उनके खिलाफ इतना जबर्दस्त पूर्वाग्रह था कि अच्छे न्यायाधीश भी उनके लिए कुछ खास नहीं कर पाते थे। इस कानून को बड़ी कड़ाई से लागू किया जाता था। हजारों उसकी गिरफ्त में आ गए थे; वे न्याय पाने के लिए एक अधिकारी से दूसरे के यहाँ मारे-मारे फिरते रहते लेकिन उनके हाथ सिर्फ ज्यादा और ज्यादा वंचना ही लगती।

इन कानूनों को जिस अन्धाधुन्ध तरीके से लागू किया जा रहा था, उससे नेहरू बेहद परेशान थे; इससे विदेशों में भारत की छवि भी कुछ खास अच्छी नहीं बन रही थी। प्रधानमन्त्री ने इन कानूनों को लागू करनेवाले क्षेत्रीय मुख्यमन्त्रियों को आगाह किया। उन्होंने 15 अप्रैल, 1950 को उन्हें लिखा, "यह जरूरी है कि इन कानूनों का कार्यान्वयन बड़ी सतर्कता से, छानबीन करने के बाद किया जाए और किसी भी प्रकार का अन्याय या अत्याचार किए जाने की प्रतीति से बचा जाए। हो सकता है कि कुछ गुनहगार इसकी वजह से छूट भी निकलें। लेकिन यह ज्यादा जरूरी है कि बेगुनाहों को तकलीफ न हो।" वे 'कस्टोडियंस ऑफ इवाक्यूई प्रापर्टी' के रवैए से भी परेशान थे जो उनके मुताबिक एक प्रकार के धर्मदंडाधिकारियों की तरह पेश आ रहे थे। और न ही नेहरू ने 'इंटेडिंग इवाक्यूई' वाली धारा के अन्धाधुन्ध लागू करने को ही पसन्द किया।

उन्होंने मुख्यमन्त्रियों को समझाया कि यह अवधारणा ही अपने में 'विलक्षण' है। कभी-कभी मेरे सामने जिस तरह के मामले आते हैं वे मुझे चकित कर देते हैं क्योंकि किसी भी सामान्य कानून या प्रक्रिया द्वारा उन्हें न्यायसंगत नहीं ठहराया जा सकता। ऐसे मामलों के दूरगामी परिणाम होते हैं क्योंकि उससे बड़ी तादाद में लोग आतंकित हो उठते हैं और असुरक्षित महसूस करने लगते हैं।[1] लेकिन, उनके मन्त्रिमंडलीय सहयोगी, केन्द्र में और राज्यों में, ऐन यही काम तो करना चाहते थे और सो वे नेहरू की दुश्चिन्ताओं की परवाह न करते हुए अपना काम करते गए और जो-जो जमीन और जायदाद और व्यापार उनके हाथ लग पाया, उसका अधिग्रहण करते गए।

और न ही उस परमिट-प्रणाली के दुरुपयोग के खिलाफ, जिसके तहत हिन्दुस्तान से पाकिस्तान की यात्रा का नियमन होता था, प्रधानमन्त्री की फटकार का उन पर कुछ असर पड़ा। नेहरू ने आगाह किया कि "परमिट सिस्टम ऐसा कोई हथियार नहीं है जिसके तहत हम उन लोगों को खदेड़कर निकाल दें, जिन्हें हम राजनीतिक या नैतिक आधारों पर नापसन्द करते हैं।" और यह भी कि "वे लोग जो परमिट सिस्टम लागू होने से पहले कुछ वक्त के लिए हिन्दुस्तान से चले गए थे, उस कानून के क्रियान्वयन के तहत दंडित नहीं किए जा सकते।[2] नेहरू चिन्तित थे और जैसा कि उन्होंने मुख्यमन्त्रियों को याद भी दिलाया कि "मुसलमानों का बड़ी तादाद में उत्तर प्रदेश से, और आंशिक रूप से राजस्थान और दिल्ली से जो निष्क्रमण हो रहा है, उसे रोका जाना चाहिए। लेकिन, इन प्रदेशों के तत्कालीन मुख्यमन्त्रियों—गोविन्द वल्लभ पन्त (1887-1961) और मोहनलाल सुखाड़िया ने केन्द्रीय गृहमन्त्री सरदार पटेल के निर्देशानुसार अलग ढंग से प्रतिक्रिया की। उन्होंने एक-न-एक बहाना बनाकर ज्यादा-से-ज्यादा मुसलमानों को खदेड़ दिया। नेहरू के जीवनीकार एस. गोपाल ने यह रहस्योद्घाटन किया है कि उनके ऐसे सहयोगी, जो उच्च पदों पर थे, जैसे दिल्ली में पटेल और राजेन्द्रप्रसाद और बहुत सारे मुख्यमन्त्री, सक्रिय रूप से प्रधानमन्त्री के निर्देशों को प्रत्यादेशित करने में लगे हुए थे, जिसका नतीजा यह निकला कि मुसलमानों का निष्क्रमण कभी न रुका। इससे नेहरू को बहुत दुःख पहुँचा। उन्हें लगा कि ऐसे रवैए से दुनिया की नजरों में हमें शर्मसार होना पड़ेगा और ऐसा लगेगा कि हम असलियत में संकीर्ण, क्षुद्र, अनुदार, मानसिकतावाले दुराग्रही हैं जो बातें लोकतन्त्र और धर्मनिरपेक्षता की करते हैं लेकिन विश्व या इस विशाल देश के स्तर पर भी सोच पाने में अक्षम हैं।"[3]

ये बड़े साहसी और शानदार शब्द थे लेकिन उनसे उन लोगों पर कोई असर नहीं पड़ा जो प्रशासन के कार्यकारी थे; असल में इन ओहदेदारों ने तो जैसे मुसलमानों को पाकिस्तान में पलायन कर जाने की सहूलियतें ही मुहैया कर दीं। नेहरू ने बाद में यह कबूल किया कि :

> कुछ लोगों की मान्यता है कि हमें कुछ विशिष्ट परिस्थितियों में इस नीति का परित्याग कर देना चाहिए और अपने विरोधियों के तौर-तरीकों को अपनाना चाहिए। मुझे पक्का यकीन है कि यह सरासर गलत और मूर्खतापूर्ण होगा

> लेकिन इस देश में और यहाँ तक कि कांग्रेस में भी ऐसी मान्यतावाला वर्ग बढ़ता जा रहा है जो चाहता है कि हम वैसा ही करें। अगर हिन्दुस्तान को तरक्की करनी है तो, हमें हिन्दुस्तान के विविध अल्पसंख्यक समुदायों को और खासतौर पर मुसलमानों को अपना मानना होगा और अपने में मिलाना होगा।[4]

उन्होंने हिन्दुस्तानी मुसलमानों से होनेवाले व्यवहार की निन्दा की :

> हममें से कुछ लोगों में यह प्रवृत्ति देखी गई कि वे हिन्दुस्तान के मुसलमानों से हिन्दुस्तान के प्रति वफादारी की माँग करते हैं और अगर उनमें से पाकिस्तान के प्रति कोई रुझान दिखता है तो उसकी घोर निन्दा करते हैं। ऐसी रुझान, निश्चित ही गलत है और उसकी निन्दा होनी चाहिए। लेकिन, मेरे ख्याल से, हमेशा ही, हिन्दुस्तानी मुसलमानों की वफादारी पर जोर देते रहना गलत है। वफादारी, सिर्फ हुक्म देने-भर से या डरा-धमकाकर हासिल नहीं हो जाती। वफादारी तो ऐसे हालात की सहज-स्वाभाविक उपज होती है जो सिर्फ वफादारी को मनपसन्द भावना ही नहीं बनाती वरन् लम्बे दौर में फायदेमन्द भी बनाती है। हमें ऐसे हालात पैदा करने होंगे जिससे ये आज़ादाएँ पैदा हो सकें।[5]

इस बीच, संविधान परिषद नए संविधान की रचना करने में व्यस्त थी; और उसके उद्देश्यपरक प्रस्तावना के अनुसार भारत, लोकतान्त्रिक धर्मनिरपेक्ष गणतन्त्र होगा। उसके नागरिकों के बीच जाति, धर्म या लिंग के आधार पर भेदभाव नहीं किया जाएगा। चुनाव वयस्क मताधिकार के आधार पर होगा लेकिन ये नाजुक सवाल कि अल्पसंख्यकों को, अपना अलग निर्वाचन क्षेत्र जारी रखने दिया जाए या नहीं, सदस्यों को परेशान करता रहा। मुसलमान प्रतिनिधियों ने जोर दिया कि उन्हें इस अधिकार से वंचित न किया जाए जो ब्रिटिशों ने दिए थे। दूसरी तरफ, हिन्दू सदस्यों की यह मान्यता थी कि अलग निर्वाचन क्षेत्र ने ही पाकिस्तान की बुनियाद डाली थी। अगर तत्काआज़ादाइसराय लार्ड मिंटो ने 1906 में आग़ा ख़ान के नेतृत्व में आए मुस्लिम शिष्टमंडल को यह अधिकार न दिया होता तो हिन्दुओं और मुसलमानों के बीच दरार इतनी चौड़ी न हुई होती। चेम्सफर्ड–मार्ले सुधार (1868-1933) ने इस प्रावधान की पुनर्पुष्टि की और 1919 के भारत सरकार अधिनियम में उसका समावेश किया गया जिसके तहत जिन प्रादेशिक कौंसिलों का गठन हुआ वे अन्तर-सामुदायिक प्रतिद्वन्द्विताओं के युद्ध क्षेत्र बन गए। 1916 के मशहूर लखनऊ समझौते में कांग्रेस ने भी उसे मंजूरी दी थी लेकिन वह उससे कभी खुश नहीं रही और कुछ साल बाद 1928 के लखनऊ समझौते में वह उस शर्त से मुकर गई। मुस्लिम नेतृत्व ने इस बात की भर्त्सना की। इसलिए, अल्पसंख्यकों और उसमें भी खासकर मुसलमानों के लिए अलग निर्वाचन क्षेत्र, संवैधानिक घटना-क्रमों का एक नियमित अंग बनता रहा। 1933 में तत्कालीन ब्रिटिश प्रधानमन्त्री रेम्से मैकडोनाल्ड द्वारा प्रदत्त कम्यूनल एवार्ड में उसकी पुष्टि की गई और उसे 1935 के भारत

सरकार अधिनियम में समाविष्ट किया गया जिसके तहत केन्द्र और प्रादेशिक विधानसभाओं के परवर्ती चुनावों का आयोजन किया गया।

एक बार जो दिया जाता है उसे वापस ले लेना हमेशा ही कठिन होता है। इसलिए संविधान परिषद दुविधा का सामना कर रही थी। वह अल्पसंख्यकों के लिए अलग निर्वाचन-क्षेत्र जारी रखे या उसे बन्द कर दे ? अगर जारी रखा जाएगा तो वह राष्ट्रीय हित के अनुकूल नहीं होगा; अगर खतम कर दिया जाएगा तो उससे अल्पसंख्यक नाराज हो जाएँगे। संविधान परिषद द्वारा अल्पसंख्यकों एवं मौलिक अधिकारों पर गठित सलाहकार परिषद के सामने बड़ी कठिन जिम्मेदारी थी; बहुत सोच-विचार के बाद उसने यह संशोधित फार्मूला पेश किया :

- कि केन्द्रीय और क्षेत्रीय विधायिकाओं के सभी चुनाव संयुक्त निर्वाचन-क्षेत्रों के आधार पर कराए जाएँगे और उनमें निर्धारित अल्पसंख्यकों के लिए उनकी जनसंख्या के अनुपात में सीटों का आरक्षण होगा। यह आरक्षण दस साल की अवधि के लिए होगा जिसके अन्त में स्थिति पर पुनर्विचार किया जाएगा। मतों को कोई अतिरिक्त महत्त्व नहीं दिया जाएगा। लेकिन जिन अल्पसंख्यक समुदायों के लिए सीटें आरक्षित की गई हैं, उनके सदस्यों को सामान्य सीटों पर चुनाव लड़ने का अधिकार होगा।
- कि मन्त्रिमंडलों में अल्पसंख्यकों के लिए सीटों का कोई वैधानिक आरक्षण नहीं होगा लेकिन गवर्नमेंट ऑफ इंडिया एक्ट 1935 के तहत गवर्नरों को जारी किए गए इंस्ट्रूमेंट्स ऑफ इंस्ट्रक्शंस के पैराग्राफ सात के अनुरूप एक परम्परा का प्रावधान, संविधान की एक अनुसूची में किया जाएगा।
- कि अखिल भारतीय और प्रादेशिक सेवाओं में नियुक्तियाँ करते समय आवश्यक कुशलताओं को ध्यान में रखते हुए अल्पसंख्यकों के दावों को ध्यान में रखा जाएगा।
- कि अल्पसंख्यकों की सुरक्षा को सुनिश्चित करने के लिए राष्ट्रपति द्वारा केन्द्र में और राज्यपाल द्वारा प्रदेशों में एक अधिकारी नियुक्त किया जाएगा जो क्रमशः संघ और राज्य विधानमंडलों को सुरक्षा की क्रियाविधि की रिपोर्ट देगा।

हालाँकि इन सिफारिशों के बारे में कमेटी को 'कतिपय आशंकाएँ थीं' लेकिन फिर भी उन्होंने उसे स्वीकार करने का निश्चय किया 'ताकि अल्पसंख्यकों को यह आशंका न हो कि अनिर्बाध संयुक्त निर्वाचन क्षेत्रोंवाली व्यवस्था के तहत विधान मंडलों में उनके प्रतिनिधित्व पर प्रतिकूल असर पड़ेगा।''

नेहरू ने इन सिफारिशों को अपना समर्थन तो दिया लेकिन उसके बचाव में क्षमा-याचना के-से स्वर में कहा :

> पहली वजह तो यह थी कि हमारा यह ख्याल है कि हम सम्बन्धित अल्पसंख्यकों की सद्भावना के बगैर इन सुविधाओं को हटा नहीं सकते। इसमें उन्हें पहल करनी चाहिए या कहना चाहिए वे ऐसा (प्रावधान) नहीं चाहते। बहुसंख्यकों

की ओर से जबरन उनके गले इस बात को उतारना, अतीत में उन्हें हमारी ओर से दिए गए आश्वासनों को देखते हुए, अनुचित होगा और यों भी वैसा करना न्यायसंगत नहीं लग रहा था। दूसरी वजह यह कि हमें अपने बारे में और अपने लोगों के बारे में, मन की गहराइयों में यह विश्वास नहीं था कि अगर ये आरक्षण हटा दिए जाएँगे तो उनका काम करने का तरीका क्या होगा, हम सहमत तो हुए···लेकिन सदैव हमारे दिलों में यह सन्देह बना रहा कि क्या हमने एक गलत काम किया, कमजोरी दिखाई···।[7]

संविधान परिषद के अनेक हिन्दू सदस्यों को समिति की सिफारिशें स्वीकार्य नहीं थीं और उसका पुनर्परीक्षण करने के लिए सरदार पटेल की अध्यक्षता में एक विशेष उपसमिति का गठन किया गया। उसने, न सिर्फ मुसलमानों के लिए बल्कि सिखों के लिए भी विशेष आरक्षण की माँग को इस आधार पर नामंजूर किया कि इससे एक धर्मनिरपेक्ष राष्ट्र की समग्र अवधारणा ही टूट जाएगी जो कि नए संविधान का मूलाधार था।

सो उपसमिति ने अल्पसंख्यकों के लिए अलग निर्वाचन क्षेत्रों को अमान्य किया और सलाहकार समिति ने अपनी सिफारिशों को रद्द कर दिया। उसकी जगह पर यह स्वीकृत किया कि, "अनुसूचित जातियों को छोड़कर अन्य अल्पसंख्यकों के लिए विधान मंडलों में आरक्षण की व्यवस्था को समाप्त किया जाए।"[8] 13 मई, 1949 को संविधान परिषद ने उसे विधिरूप भी प्रदान कर दिया और संविधान में समाविष्ट किया। आम तौर पर मुस्लिम सदस्य इस नतीजे से नाखुश थे लेकिन उस वक्त के माहौल में उसे चुपचाप कबूल कर लेने के अलावा उनके सामने और कोई चारा नहीं था। उसका विरोध करना न सिर्फ धर्मनिरपेक्षताविरोधी वरन् राष्ट्रविरोधी भी माना जाता। और पाकिस्तान-आन्दोलन में अपनी भूमिका के लिए हिन्दुस्तानी मुसलमानों को यह बड़ी भारी कीमत चुकानी पड़ी। इस मसले पर सरासर पलट जाने की अपनी नीति की सफाई में नेहरू ने यह कहा कि "इससे यह पता चलता है कि हम सचमुच ही धर्मनिरपेक्ष लोकतन्त्र की रचना करना चाहते हैं।" लेकिन पटेल अल्पसंख्यकों की आशंकाओं के प्रति सचेत थे और उन्होंने, उन्हें आश्वासन दिया कि उनके हितों की रक्षा की जाएगी। उन्होंने संविधान परिषद से कहा, "मेरे विचार से, असन्तुष्ट अल्पसंख्यक एक बोझ और खतरा होता है और हमें ऐसा कुछ भी नहीं करना चाहिए जिससे कि अल्पसंख्यक समुदाय की भावनाओं को जब तक कि वे नितान्त अविवेकपूर्ण न हों, चोट पहुँचे।"[9]

मैं, एक अलग अध्याय में, इस बात पर चर्चा करूँगा कि अलग निर्वाचन क्षेत्रों से वंचित रह जाने की वजह से, खासकर विधानमंडलों और अन्य निर्वाचनीय निकायों में भारतीय मुसलमानों के प्रतिनिधित्व पर क्या प्रभाव पड़ा, बहरहाल, यहाँ यह तो दर्ज किया जाना चाहिए कि इस कार्रवाई से धर्मनिरपेक्ष भावना को पुष्ट करने में कोई खास मदद नहीं मिली। मुसलमान पर्याप्त प्रतिनिधित्व से वंचित रह गए और हिन्दुओं ने उनके लिए

जगह बनाने की कोई कामना नहीं दर्शाई। दोनों समुदायों के बीच की पुरानी दुश्मनियाँ बरकरार रहीं; करीब-करीब हर चुनावी संघर्ष में वे झलकती रहीं। जिससे मुसलमानों में पहले से भी ज्यादा कुंठा-निराशा पैदा होती चली गई। वे साम्प्रदायिक मतदान की प्रवृत्ति से परिचित थे, लेकिन अब हिन्दुओं ने भी, हालाँकि उन्होंने ऐसा न करने का ही ढोंग रचा, असल में साम्प्रदायिक आधार पर ही मतदान करना शुरू कर दिया और नतीजा यह निकला कि धर्मनिरपेक्ष पार्टियों ने भी उम्मीदवारों को साम्प्रदायिक आधार पर टिकट बाँटने शुरू कर दिए। इसमें कुछ अपवाद जरूर रहे लेकिन इससे इनकार नहीं किया जा सकता कि संयुक्त निर्वाचन क्षेत्रों ने उस ढंग की अन्तर-धार्मिक समझदारी और लेन-देन की भावना को पैदा नहीं किया जैसा कि संविधान के रचनाकारों ने सोच रखा था। यहाँ तक कि मौलाना आज़ाद को भी जो मूल कलकत्ते के थे, 1952 और 1957 में रामपुर के मुस्लिम-बहुल निर्वाचन क्षेत्र से चुनाव लड़ना पड़ा था क्योंकि कांग्रेस संसदीय बोर्ड को यह लगा था कि उनके अपने गृह-निर्वाचन क्षेत्र कलकत्ते से उनका चुना जाना बहुत सुनिश्चित नहीं होगा क्योंकि प्रतिद्वन्द्वी हिन्दू उम्मीदवार उन्हें पराजित कर सकता है। चूँकि ऐसे निर्वाचन क्षेत्र ज्यादा नहीं थे जहाँ मुसलमान बड़ी तादाद में बसे हुए हों इसलिए हर प्रदेश में मुसलमानों के प्रतिनिधित्व पर गहरा प्रतिकूल असर पड़ा।

नतीजा यह हुआ कि हिन्दुस्तानी मुस्लिम राजनीतिक तौर पर बेसहारा हो गए; उनकी आवाज प्रभावपूर्ण नहीं बन पाई। मन्त्रीगण और सरकारी अधिकारी उनकी समस्याओं के प्रति लापरवाह हो गए और मुसलमानों में भी विरोध करने की इच्छा-शक्ति तक खतम हो गई। उनकी देशभक्ति पर सवाल उठाया जाता रहा; भारत की सुरक्षा के प्रति उनकी दिलचस्पी को शुबहा से देखा जाता रहा। नेहरू ने, हिन्दुओं के इस रवैए के खिलाफ तीव्र प्रतिक्रिया की लेकिन उसे बदल पाने में वे खास कुछ नहीं कर सकते थे। हिन्दुओं की इस भावना की अभिव्यक्ति नेहरू के ही उद्योग मन्त्री डॉ. श्यामाप्रसाद मुखर्जी (1901-53), जो बाद में जनसंघ के संस्थापक बने, द्वारा जारी एक गोपनीय परिपत्र में हुई। इस परिपत्र में सभी सम्बन्धित व्यक्तियों-समुदायों को सूचना दी गई थी कि वे 'पाकिस्तानियों या सम्भावित पाकिस्तानियों को' सम्भावित केन्द्रीय और राज्य सरकार के विभागों को और उनकी नियुक्ति करनेवाले अधिकारियों को भेजा गया था और इसके बाद तो वे किसी भारतीय मुसलमान को रोजगार देने की हिम्मत ही नहीं कर सकते थे क्योंकि उसे बड़ी आसानी से आज़ादावित पाकिस्तानी' माना जा सकता है। यही वह सबसे बड़ी वजह थी, जिसने युवा मुसलमानों में बड़े पैमाने पर बेरोजगारी का सिलसिला शुरू कर दिया। आज भी हर शहर और नगर में, कोनों-नुक्कड़ों में खड़े-मँडराते ऐसे हजारों सक्षम, काबिल जवान दिख जाते हैं जिनके पास न कोई रोजगार है न कोई रास्ता और न ही कोई बतानेवाला कि वे क्या करें ! नतीजतन, उनमें से कुछ तस्करी, अवैध शराब-बिक्री और ऐसी ही दूसरी समाजविरोधी गतिविधियों की ओर खिंच गए। ये नौजवान अपने समुदाय और देश की प्रगति के लिए भी बोझ बनते गए।

करीब दो दशकों तक, मुसलमानों को जान-बूझकर 'मुख्यधारा' से अलग करने की

प्रक्रिया चलती रही; और नतीजतन देश-भर के हजारों मुसलमान परिवार बरबाद हो गए। कुछ वक्त के लिए तो पाकिस्तान ने उनमें से कुछ को पनाह देना कबूल किया लेकिन बाद में ज्यादा-से-ज्यादा पाबन्दियाँ लगती चली गईं; वे मुसलमान जो पहले ही देशान्तरित होकर पाकिस्तान जा चुके थे, वहाँ की जिन्दगी को असुविधाजनक पाने लगे; न तो वहाँ का मौसम और न ही सामाजिक माहौल उन्हें अनुकूल लगा। वे हिन्दुस्तान नहीं लौट सकते थे उसके दरवाजे तो उनके लिए हमेशा-हमेशा के लिए बन्द हो चुके थे। बेशक, उनमें से अनेक ऐसे थे जिन्होंने बड़े जोशो-खरोश से जिन्ना का समर्थन किया था; उन्हें यकीन था कि वे उन्हें एक नई जन्नत बख्शेंगे। और असलियत में उन्हें हासिल हुआ एक ऐसा दोजख, जिसकी वे कल्पना तक नहीं कर सकते थे। लीग ने मुसलमानों को सत्ता में समान अधिकार दिलवाने के लिए आन्दोलन किए थे लेकिन ये मुसलमान तो, जो थोड़े-बहुत अधिकार उन्हें पहले हासिल थे, उससे भी हाथ धो बैठे। बँटवारे के बाद हिन्दुस्तानी मुसलमानों को गद्दार कहा गया क्योंकि उन्होंने मातृभूमि के दो टुकड़े करवा डाले। उन्होंने आर्थिक तौर पर उनकी जो उपलब्धियाँ थीं उन्हें तो गँवाया ही, साथ ही राजनीतिक उपलब्धियाँ भी लुट गईं। और अब वे विरोध भी नहीं प्रकट कर सकते थे क्योंकि इसका नैतिक अधिकार वे खो चुके थे। कहाँ वे खुद का एक राष्ट्र पाना चाहते थे और कहाँ अपने सर की छत तक नहीं बचा पाए।

23 अक्तूबर, 1947 को दिल्ली के जामा मस्जिद की प्राचीर से, मौलाना आज़ाद ने, दर्द और पीड़ा से रुँधी हुई आवाज में, बड़ी हताशा के साथ, उन्हें सम्बोधित करते हुए कहा :

> आप लोगों के चेहरों पर घिरी हुई परेशानी और आपके दिलों की मायूसी, जो आज मुझे दिख रही है, वह पिछले कुछ सालों की घटनाओं की याद दिलाती है, याद है आपको ? मैंने आप लोगों को आवाज दी थी, आप लोगों ने मेरी जबान काट दी। मैंने अपनी कलम उठाई, आप लोगों ने मेरा हाथ काट दिया। मैंने आगे कदम बढ़ाना चाहा, आपने मेरे पाँव काट दिए। मैंने करवट बदलना चाहा, आपने मेरी पीठ पर वार किया। जब पिछले सात सालों के कड़े सियासी खेल अपने चरम शिखर पर थे तब मैंने हर एक खतरे के संकेत पर आप लोगों को आगाह करने की कोशिश की। आपने न सिर्फ मेरी आवाज को अनसुना कर दिया बल्कि पिछली सारी उपेक्षा और नकार के सिलसिले को फिर से जिन्दा कर दिया। नतीजा यह हुआ कि आज उन्हीं संकटों ने आपको घेर लिया है जिसकी शुरुआत ने आप लोगों को सही राहों से भटका दिया था।[10]

विभाजन-पूर्व के मुसलमानों ने आज़ाद के नेतृत्व को मानने से इनकार कर दिया था। उन्होंने उसका अपमान किया और उन्हें निराश भी किया था। अब मायूस और असहाय होकर वे उनकी ओर मुड़ रहे थे लेकिन मौलाना ने कहा :

आज मैं एक बेजान-सी जिन्दगी लाचार पुकार-भर रह गया हूँ। मैं अपनी ही मातृभूमि में अनाथ हो गया हूँ। मेरी संवेदनाएँ कुंठित है गई हैं, मेरा मन भारी है। एक पल-भर के लिए सोचो तो ! तुम लोगों ने क्या राह चुनी ? तुम कहाँ पहुँचे और आज तुम कहाँ खड़े हो ? क्या आज, तुम्हारी संवेदनाएँ सुन्न नहीं हो गई हैं ? क्या तुम लोग एक अन्तहीन आतंक की स्थिति में नहीं जी रहे हो ? यह आतंक तुम्हारी अपनी रचना है, तुम्हारी अपनी करतूतों का फल है।[11]

अतीत को और उनके द्वारा की गई भारी गलतियों को याद करते हुए मौलाना ने कहा :

बहुत वक्त नहीं बीता है जब मैंने तुम लोगों को आगाह किया था कि दो-राष्ट्रों का सिद्धान्त एक सार्थक, गरिमामय जिन्दगी के लिए मृत्यु-सूचक घंटी साबित होगा; उसे छोड़ दो। मैंने तुम लोगों से कहा था कि जिन खम्भों से टिककर तुम खड़े हो वे लाजिमी तौर पर चरमराकर गिर जाएँगे। इन सब बातों को तुम लोगों ने अनसुना कर दिया। तुम लोगों को इस सचाई का अहसास नहीं हुआ कि तेज रफ्तार से चल रहा वक्त, तुम्हारी सहूलियत के मुताबिक अपने सफर को नहीं मोड़ेगा। वक्त तेजी से गुजरता चला गया। और अब तुम लोगों को यह अहसास हुआ है कि तुम्हारे तथाकथित भरोसेमन्द लंगरों ने तुम्हें मँझधार में छोड़ दिया है और किस्मत के थपेड़े मनमाने तरीके से तुम लोगों को यहाँ-वहाँ भटका रहे हैं।[12]

मौलाना आज़ाद ने याद दिलाया कि उनके निकट पूर्व नेताओं ने उन्हें कैसे संकट में फँसा दिया है :

ब्रिटिश खिलाड़ियों की शतरंज की बिसा़त उलट गई है। वे मोहरे जिन्हें तराश-काटकर तुम लोगों ने 'नेता' बना रखा था, रातोरात गायब हो गए··· । लेकिन आज मुझे जो कुछ कहना है वह सीधी और ऐन मुद्दे की बात होनी चाहिए। हिन्दुस्तान का बँटवारा एक बुनियादी भूल थी। जिस तरीके से मजहबी फर्क को उभारा गया और भड़काया गया उससे अपरिहार्य तौर पर वह विनाश-लीला होनी ही थी जिसे हमने अपनी आँखों से देखा··· । पिछले सात सालों की घटनाओं को गिनाने से कोई फायदा नहीं, और न ही उससे कुछ भला होनेवाला है। फिर भी, यह कहना ही पड़ेगा कि हिन्दुस्तानी मुसलमानों की तबाही, मुस्लिम लीग के दिग्भ्रमित करने वाले नेतृत्व द्वारा की गई भूलों का नतीजा है। ये नतीजे, अलबत्ता मेरे लिए कोई अचरज की बात नहीं थे, मैंने शुरुआत ही से उनका अन्दाजा लगा लिया था।[13]

दिल्ली के उस ऐतिहासिक केन्द्र में जहाँ हर शुक्रवार को श्रद्धालुओं की भीड़ जुटती

थी, सन्त्रस्त मुसलमानों के आँसू-भरे चेहरों को देखकर आज़ाद ने भावुक स्वर में कहा, "भाइयो ! मेरे पास तुम लोगों के लिए कोई नया नुस्खा नहीं है। मेरे पास वही पुराना नुस्खा है जिसका इलहाम इंसान के महानतम कल्याणकारी व्यक्ति को हुआ था, जो क़ुरान शरीफ का नुस्खा है, "डरो मत और शोक मत करो। अगर तुममें सच्चा ईमान है तो तुम्हारा हाथ ऊँचा रहेगा।""[14]

विपदा की इस घड़ी में जब देश-भर में आतंक मँडरा रहा था, तब महात्मा गाँधी ही थे, जो हिन्दुस्तानी मुसलमानों के बचाव के लिए आगे आए। जिन्ना ने उन्हें मुसलमानों का 'सबसे बड़ा दुश्मन' कहा था लेकिन मुसलमानों के भयानक संकट के दौर में जब जिन्ना ने उन्हें लापरवाही और बेमुरव्वती से छोड़ दिया और खुद कराची में अपने गलत तरीकों से हासिल की गई जीत के फायदों का मजा लूटने में लगे थे, तब गाँधी ही एकमात्र ऐसे सन्त थे जिसने साम्प्रदायिक कड़वाहट-भरे हिन्दुओं के क्रोध का साहस से सामना किया और हिन्दुस्तानी मुसलमानों को नेस्तनाबूद होने से बचाया। हिन्दुस्तान को दिल्ली और अन्य जगहों पर सिखों और हिन्दुओं द्वारा मुसलमानों पर ढाए जा रहे अत्याचारों से स्तम्भित होकर उन्होंने साम्प्रदायिक सद्‌भावना और शान्ति की पुनर्स्थापना के लिए आमरण अनशन शुरू कर दिया। एक सप्ताह के भीतर ही उन्होंने लूट, आगजनी, बलात्कार, मौत और विध्वंस के माहौल को मुसलमानों के प्रति शान्ति, सौहार्द और सद्‌भावना के माहौल में बदल दिया और मुसलमानों को वह राहत और मदद प्रदान की जिसकी उन्हें बहुत जरूरत थी। लेकिन यह माहौल ज्यादा देर नहीं टिक पाया। ज्यों-ज्यों महीने बीतते गए, त्यों-त्यों साम्प्रदायिक भावावेश फिर से भड़कने लगे और पाकिस्तान से हिन्दू शरणार्थियों का रेला हिन्दुस्तान में आने लगा। मुस्लिम, फिर एक बार आतंक और अनिश्चय की गिरफ्त में जकड़ गए।

करीब-करीब सभी उच्चस्तरीय मुसलमान प्रशासकों के निकल जाने के बाद, जिन्होंने अपने भविष्य की बेहतरी के लिए पाकिस्तान को चुना था, हिन्दुस्तानी मुसलमान और ज्यादा लाचार हो गए। प्रशासन में, फिर वह केन्द्र हो या प्रदेश, बमुश्किल ही ऐसा कोई था जो किसी भारतीय मुसलमान की शिकायत को समझ सके या उसकी समस्याओं पर विचार कर सके। हिन्दू अफसरों में ऐसे आदमी के लिए कोई हमदर्दी नहीं थी। उनका ख्याल था कि लीग का साथ देकर, जो कि उन्होंने दिया था, इन्हीं मुसलमानों ने देश का बँटवारा किया है। इसलिए वह अपनी किसी भी शिकायत की, फिर वह कितनी भी जायज क्यों न हो, क्षतिपूर्ति का अधिकार खो चुका है। पूरे वातावरण में उसके प्रति उग्र भावनाएँ थीं; वह अब तक के अपने नेताओं से भी सम्पर्क नहीं कर सकता था क्योंकि उनमें से अधिकांश, यहाँ तक कि चौधरी ख़लीकुज़ ज़मान, नवाब इस्माइल खान, आई. आई. चुंद्रीगर और महमूदाबाद के राजा साहब जैसे वरिष्ठ नेता भी पाकिस्तान भाग चुके थे जबकि वे भारत की संविधान परिषद में, गैर-पाकिस्तानी मुसलमानों का प्रतिनिधित्व करने के लिए मुस्लिम अल्पमतवाले प्रदेशों से निर्वाचित हुए थे। यह सचमुच बड़ा शोचनीय नजारा था कि कुछ ही समय पहले के ये जंगबहादुर जो

जबानी तलवारें भाँजा करते थे, अब मुस्लिम राजनीति के डूबते जहाज को छोड़कर पलायन कर गए थे।

एच. एस. सुहरावर्दी ने, जो बाद में पाकिस्तान के प्रधानमन्त्री बने, दुःखपूर्वक यह कबूल किया कि देश के बँटवारे ने भारतीय संघ के मुसलमानों को मँझधार में छोड़ दिया। उन्होंने पाकिस्तान की संविधान परिषद से कहा कि लीग के नेताओं ने कभी भी हिन्दू-बहुल प्रदेशों के मुसलमानों को आगाह नहीं किया कि 'वे एक लाचार अल्पसंख्यक बनकर गुलामी की बेड़ियों में जकड़े रह जाएँगे।' उल्टे, उनकी आँखों के आगे बड़ी रंगीन तस्वीरें उकेरी गईं और उन्हें यह आश्वासन दिया गया कि 'हिन्दुस्तान का बँटवारा सारे साम्प्रदायिक मसलों को हल कर देगा; यह, पाकिस्तान व भारत दोनों के अल्पसंख्यकों के लिए सबसे बड़ी सुरक्षा-जमानत होगा।'

उन्हें बचाने और उनकी मदद करने की बजाय उन्होंने सिर्फ इतना कहा कि 'तुमने अपनी सरहदें उनके लिए बन्द कर दीं।' उत्तर प्रदेश के मुसलमानों के नेता चौधरी ख़लीकुज़ ज़मान ने, जो कराची भाग गए थे, बहुत देर से यह जाना कि दो-राष्ट्र का सिद्धान्त 'दोनों तरफ के मुसलमानों के लिए पक्के तौर पर घातक साबित हुआ। इससे विभाजन-पूर्व भारत में मुसलमानों को जो भी शक्ति हासिल थी उसका भी खात्मा हो गया।' मशहूर शायर ग़ालिब (1707-96) ने कितनी सटीक मार्मिक बात कही है :

की मेरे क़त्ल के बाद उसने ज़फ़ा से तौबा
हाय उस ज़ोदे-पशेमाँ का पशेमाँ होना।

उनकी हालत इतनी शोचनीय हो गई कि विख्यात पाकिस्तानी इतिहासकार, डॉ. आई. एम. कुरैशी ने तो निराश होकर यह घोषणा कर डाली कि 'सौ साल में, या शायद उससे भी पहले ही हिन्दुस्तान में मुसलमानों का नामो-निशाँ नहीं रह जाएगा।' लेकिन, निश्चित ही भविष्य उतना अन्धकारमय नहीं है; और वह हो भी नहीं सकता क्योंकि दुनिया की कोई भी ताकत चाहने-भर से ही 12 करोड़ जनता की समूची हस्ती को मिटा नहीं सकती। लेकिन यह सच है कि उनकी हालत पर गम्भीर विचार करना पड़ेगा और खासकर हिन्दुओ को सोचना पड़ेगा क्योंकि पाँच हजार साल के धूप-छाँही घटना-प्रधान इतिहास में हिन्दुस्तान पर कभी यह तोहमत नहीं लगाई गई है कि उसने अन्य धर्मावलम्बियों को नेस्तनाबूद कर दिया।

4 नवम्बर, 1947 को दिल्ली में, बड़ी जल्दबाजी में बुलाए गए एक मुस्लिम अधिवेशन में आज़ाद ने, संकटों से घिरे अपने सहधर्मियों को यह आश्वासन देने की कोशिश की कि उन्हें भविष्य के बारे में चिन्ता करने की जरूरत नहीं है; लेकिन ज्यों-ज्यों साल गुजरते गए न तो आज़ाद और न ही सरकार में स्थित उनके सहयोगी, मुसलमानों की जानों को बचा पाए और न ही उनकी जमीन-जायदाद की सुरक्षा कर पाए। बँटवारे के जहर ने धीरे-धीरे और पक्के तौर पर एक औसत हिन्दू की मानसिकता और आत्मा को ग्रस्त करना शुरू कर दिया। और तब से न तो आज़ाद और न ही बाद के अन्य मुसलमान नेता उसकी रोकथाम करने में सक्षम हुए हैं।

पहचान का संकट

हिन्दुस्तानी मुसलमानों की तादाद आज बारह करोड़ है और वह पाकिस्तान या समूचे अरब, विश्व की आबादी से ज्यादा है। इसलिए, स्वाभाविक तौर पर यह आशंका उन्हें परेशान करती रहती है कि कहीं वे हिन्दुओं के महासागर के बीच अपनी पहचान न खो बैठें क्योंकि हिन्दू, भारत की आबादी का करीब पचासी प्रतिशत है जबकि मुसलमान उनकी तुलना में करीब बारह प्रतिशत ही हैं। खासतौर से पाकिस्तान के निर्माण ने उन्हें ज्यादा चिन्तित किया है क्योंकि उसके साथ उनकी कतिपय धार्मिक और सांस्कृतिक एकरूपताएँ हैं। हिन्दुस्तान के रिश्ते, पाकिस्तान से जितने ज्यादा कड़वे होते चले गए, उतने ज्यादा हिन्दुओं ने हिन्दुस्तानी मुसलमानों की पहचान पर प्रश्नचिह्न लगाने शुरू कर दिए क्योंकि उन्हें वे अपनी सुरक्षा के लिए खतरा मानते हैं। उनमें से अनेक की नजरों में, मुसलमान, पाकिस्तान के ही सीमावर्ती चौकीदार हैं और हिन्दुस्तान के प्रति उनमें कोई वफादारी नहीं है। कई हिन्दू उन्हें सम्भावित पाकिस्तानी मानते हैं, इस तथ्य के बावजूद कि पाकिस्तान के खिलाफ हर लड़ाई में उन्होंने बड़ी दृढ़ता से हिन्दुस्तान का साथ दिया। ब्रिगेडियर उस्मान और लेंस कारपोरल अब्दुल हमीद के नाम, जिन्हें बहादुरी और कुर्बानी का सर्वोच्च फौजी परमवीर चक्र प्रदान किया गया हिन्दुस्तान के फौजी इतिहास में स्वर्णाक्षरों में लिखे गए हैं; लेकिन इतने-भर से हिन्दुस्तानी मुसलमानों की वफादारी के बारे में हिन्दुओं का शुबहा मिटा नहीं है। वे मानते हैं कि ये इक्की-दुक्की मिसालें तो सिर्फ अपवाद-स्वरूप हैं।

उनके खिलाफ अविश्वास क्यों बना रहा ? अतीत में बलराज मधोक से आज लालकृष्ण आडवाणी तक और स्वतन्त्रता संग्राम के दौरान, लाला लाजपत राय (1865-1928) से वीर सावरकार (1883-1966) तक, हिन्दुओं का मुसलमानों के प्रति रवैया विद्वेषपूर्ण रहा है; हमेशा ही उनकी देशभक्ति पर शुबहा किया गया है। जब तक गाँधी और नेहरू जिन्दा रहे, वे बड़े साहस के साथ इस रवैए के खिलाफ लड़ते रहे लेकिन उनके बाद हालात बदतर होते चले गए। इन्दिरा गाँधी ने इस शुबहे को दूर करने की कोशिश की लेकिन उन्हें कोई खास कामयाबी नहीं मिली। अब तो वह हिन्दू मानसिकता में गहरे पैठ चुका है। और भारतीय मुसलमानों ने उसे दूर करने में, अपनी ओर से खास कोई मदद नहीं की है; उलटे उनके कुछ नेताओं के रवैए की वजह से हालात और विस्फोटक तथा बदतर होने के आसार नजर आने लगे हैं।

हिन्दू साम्प्रदायिकतावादी इन दिनों उग्र और आक्रामक हो रहे हैं और उन्होंने भारतीय मुसलमानों के 'भारतीयकरण' की अपनी माँग को ज्यादा जोर से पेश करना शुरू किया है। मुसलमानों से कहा जा रहा है कि वे अपनी विशिष्टता को छोड़ दें और तथाकथित राष्ट्रीय मुख्यधारा में विलीन हो जाएँ। केन्द्रीय गृहमन्त्री के तौर पर यशवन्तराव चह्वाण ने 24 नवम्बर, 1969 को राज्य सभा के अपने भाषण में बड़ी अकाट्य दलील दी थी कि "जब हम कहते हैं कि भारतीय मुसलमानों का 'भारतीयकरण' होना चाहिए तो उसका मतलब यह हुआ कि हम यह मानते हैं कि वे भारतीय मुसलमान नहीं हैं। और भारत के एक विशाल अल्पसंख्यक समुदाय के खिलाफ इस प्रकार की भावना पैदा करना इस देश में सबसे बड़ा गुनाह होगा। ऐसे इक्के-दुक्के व्यक्ति हो सकते हैं जो देशभक्त नहीं हैं; मैं यह नहीं कहता कि ऐसे लोग नहीं हो सकते। हिन्दुओं में भी तो देशभक्तिहीन लोग हो सकते हैं। हम सब इस बात को जानते हैं। शायद ऐसे मुस्लिम भी हों जो देशभक्तिहीन हों। लेकिन क्या हम इन अपवादों के आधार पर समूचे समुदाय को देशभक्तिहीन और राष्ट्रद्रोही करार देंगे ?" उल्टे, इस प्रकार के आरोपों से वे और ज्यादा सिमटकर एक-दूसरे तक सीमित रहते हैं। लेकिन क्या उनका यह रवैया, जैसाकि भारतीय जनता पार्टी तोहमत लगाती है, राष्ट्रविरोधी है ? भारतीय मुसलमान ऐसे आरोपों का न सिर्फ जोरदार खंडन करते हैं बल्कि उससे रुष्ट भी होते हैं। समाजशास्त्री टी. के. ऊमन ने 1992-94 में, 'द टाइम्स ऑफ इंडिया' अखबार में अनेक विचारोत्तेजक लेख लिखकर इन दोनों रवैयों की विसंगतियों का विश्लेषण करते हुए यह सही निदान निकाला था कि इसके मूल में 'नागरिकता और राष्ट्रीयता के बीच की टूटन है।' सोवियत संघ के विघटन के बाद और विश्व के विभिन्न हिस्सों में भिन्न-भिन्न जातीय और धार्मिक राष्ट्रीयताओं के बीच हो रही छोटी-छोटी लड़ाइयों ने इस स्थिति को उल्लेखनीय रूप से प्रकट किया है। अतीत में भी, इस मामले में, दक्षिण एशिया को बड़ी तकलीफें झेलनी पड़ी थीं; लेकिन उसकी हैरतअंगेज सांस्कृतिक जटिलताओं और दीर्घ इतिहास' के चलते एक और ज्यादा भयावह भविष्य उसके सामने मुँह बाए खड़ा हो जाएगा अगर पहले ही से यह समझ नहीं लिया जाता कि नागरिकता और राष्ट्रीयता ये दोनों अवधारणाएँ, न सिर्फ परस्पर अभिन्न हैं बल्कि सम्पूरक भी हैं।

नस्ली जातीय विविधताओं ने अमरीका को समृद्ध बनाया, उसी तरह से धार्मिक और सांस्कृतिक विविधताओं ने भारत को उसका समग्र स्वरूप दिया। जैसा कि यहूदी-अमरीकी दार्शनिक होरेस कालेन ने समझाया है, 'अमरीका में नस्ली-जातीय अन्तरमिश्रण की वजह से उत्पन्न हुआ है। राष्ट्रीय संस्कृतियों का एक संघ या राष्ट्रमंडल, राष्ट्रीयताओं का एक प्रजातन्त्र जो सामान्य संस्थाओं के माध्यम से स्वेच्छा और स्वायत्तता के साथ परस्पर सहयोग करता है...जो एकता में बहुलता है, मानव जाति का एक सामूहिक संगीत है।' कालेन ने इसे 'सांस्कृतिक बहुलवाद' कहा है और यह उसका ही परिणाम है जिसे हिन्दू साम्प्रदायिकतावादी या तो जानबूझकर तोड़-मरोड़कर

या गलत तौर पर पेश करते हैं। वे तो हमारी राष्ट्रीय विरासत के प्रति भी सच्चे नहीं हैं जिसने युगों-युगों से विविधता में एकता को बढ़ावा दिया है।

जिसका परिणाम यह था कि अपने धार्मिक मतभेदों के बावजूद हिन्दू, मुसलमान, सिख, ईसाई, बौद्ध और जैन—सभी ने उस राष्ट्र को शक्ति और स्थिरता में अपना-अपना योगदान किया है जिसने उन्हें पीढ़ी-दर-पीढ़ी आश्रय दिया और जहाँ वे वक्त के उतार-चढ़ाव के बीच भी शान्ति और सामंजस्य से जीते रहे। असल में अमरीका, भारत की ही प्रतिकृति है; मशहूर उर्दू शायर रघुपति सहाय फ़िराक़ गोरखपुरी ने उसका यों वर्णन किया है :

सरज़मीने हिन्द पर अक़वामे आलम के फ़िराक़
क़ाफ़िले बसते गए, हिन्दोस्ताँ बनता गया।

लेकिन, जैसा कि अमरीका में होता रहा है, उसी तरह हिन्दुस्तान में भी समय-समय पर ऐसी गलतियाँ हुई हैं जिसने बुनियादों को कमजोर किया है; अमरीका कालों को बराबरी का दर्जा दे पाने में नाकामयाब रहा है; भारत हिन्दुस्तान और मुसलमानों के बीच सही समीकरण रचने में चूक गया है। एलेक्सी टोकीविले को डर था कि अमरीका के राष्ट्रीय चरित्र में नस्ली पूर्वाग्रह बड़ा गहरा पैठा हुआ है लेकिन राल्फ वाल्डो इमर्सन को विश्वास था कि अमरीका की विशाल हँड़िया में वह अपने-आप ही गलकर, घुल-मिल जाएगा। उसी तरह से, जहाँ सावरकर और जिन्ना मानते थे कि हिन्दू और मुसलमान कभी साथ नहीं रह सकते वहीं, गाँधी, नेहरू और आज़ाद मानते थे कि अन्तर-सामुदायिक, अन्तर-साम्प्रदायिक एकता भारत की साझा नियति है और उसे विनष्ट नहीं किया जा सकता। आज उस नियति को विनष्ट करने का सुनियोजित अभियान चलाया जा रहा है और देश पर एक और किस्म की एकता थोपने की कोशिश की जा रही है जो अन्ततः देश का विघटन करके रहेगी। उसका मूलाधार हिन्दुओं में मुसलमानों के प्रति घृणा पैदा करना है और इस अनिष्टकारी अभियान का लक्ष्य यह है कि या तो इस देश से पैग़म्बर मुहम्मद (570-632) के अनुयायियों को खदेड़ दिया जाए या उन्हें स्थायी तौर पर अपने अधीन कर लिया जाए।

मध्य युग में, कुछ मुसलमान शासकों ने हिन्दुओं के पवित्र मन्दिरों को ध्वस्त किया था। क्या वर्तमान पीढ़ी को, जिसका इन करतूतों से कुछ लेना-देना नहीं है, उसके लिए सजा दी जानी चाहिए ? पहली बात तो यह कि, इस तरीके से अतीत के गड़े मुर्दे उखाड़ना वर्तमान के लिए नुकसानदेह है और यह भविष्य के लिए बहुत ज्यादा घातक साबित होगा। इसके अलावा, यह नहीं भूलना चाहिए कि उन शासकों ने हिन्दुस्तान में जो कुछ किया वह मध्ययुगीन यूरोप में जो कुछ किया गया उससे बहुत ही कम जघन्य था। पवित्र रोमन साम्राज्य के जमाने से, ईसाइयों ने, जो आज प्रेम और करुणा के सन्देशवाहक होने का दम भरते हैं, हजारों मस्जिदों और यहूदी सिनेगागों को ध्वस्त किया, विधर्मियों को मौत के घाट उतारा, उनकी सम्पदाओं को जब्त किया और न सिर्फ गैर-ईसाइयों को बल्कि उन ईसाइयों को भी उत्पीड़ित किया जिन्होंने चर्च की सर्वोपरिता

और अमोघता को समर्थन नहीं दिया। असल में पश्चिम ने ही 'इन्किवज़िशन'—धर्माधिकरण—की स्थापना की थी; इस्लाम ने उसकी कभी अनुमति नहीं दी; अलबत्ता एक खलीफा ने 'संघत्यागियों और धर्मत्यागियों' के खिलाफ ऐसे धर्माधिकरण की स्थापना एक छोटी-सी अवधि के लिए जरूर की थी लेकिन उसका उग्र विरोध हुआ और इमाम हम्बल जैसे सुप्रतिष्ठित धार्मिक व्यक्तित्व ने उसका नेतृत्व किया। और सो उसके उत्तराधिकारी खलीफा को यह योजना रद्द करनी पड़ी। ईसाइयों द्वारा यहूदियों पर किए गए अत्याचार यूरोपीय इतिहास का एक घिनौना अध्याय है; इंग्लैंड में अभी हाल के वर्षों तक भी कैथोलिकों को कई प्रतारणाओं का शिकार होना पड़ता है। पश्चिम के अन्य कई देशों में लम्बे अरसे तक प्रमुख धार्मिक समुदाय, अल्पसंख्यकों से बेहद अमानवीय बर्ताव किया करता था, जबरन धर्मान्तरण करवाता था और आस्थाहीनों पर अत्याचार करता था, उनके पूजा-स्थलों को ध्वस्त करता था और उनकी सम्पत्ति जब्त कर लेता था।

इसके मुकाबले भारत के मुसलमान शासक अपनी हिन्दू प्रजा के प्रति काफी सहिष्णु थे। तत्कालीन इतिहासकारों में से एक बेहद विश्वसनीय ज़ियाउद्दीन बरनी ने, जो कट्टर मुसलमान था, बड़ी व्यथा के साथ यह दर्ज किया है कि मुसलमान शासक हिन्दुओं के प्रति जरूरत से ज्यादा उदार हैं। वह लिखता है :

> (हिन्दुस्तान के) मुसलमान सुल्तानों के दिलों में काफिरों को हराने और मूर्तिपूजकों व बहुदेववादियों का खात्मा करने की तमन्ना नहीं है। उल्टे उन्हें यह ख्याल है कि चूँकि ये काफिर और बहुदेववादी जज़िया देते हैं इसलिए 'धिम्मी' (संरक्षित व्यक्ति) हैं सो इन काफिरों का सम्मान किया जाता है, आदर किया जाता है, अनुग्रह-पात्र बनाया जाता है और ऊँचे-प्रतिष्ठित ओहदे दिए जाते हैं; सुल्तान उन्हें नगाड़े, पताकाएँ, आभूषण, रेशमी-जरीदार वस्त्र, सुसज्जित घोड़े तोहफे में देते हैं, उन्हें सूबेदारी और दूसरे बड़े-बड़े ओहदों पर नियुक्त करते हैं और यहाँ तक कि सुल्तान अपनी राजधानी (दिल्ली) में, जिसके रुतबे की वजह से अन्य मुस्लिम शहरों का गौरव बढ़ता है, इस बात की न सिर्फ अनुमति देते हैं बल्कि ये जानकर खुश भी होते हैं कि ये काफिर, बहुदेववादी, मूर्तिपूजक और गोबर-पूजक, महलों जैसे आलीशान मकान बनाते हैं, रेशमी-जरीदार वस्त्र पहनते हैं और सोने-चाँदी से मढ़े सुसज्जित अरबी घोड़ों की सवारी करते हैं। उन्हें हजारों शक्ति-स्रोतों से सम्पन्न किया जाता है। वे मौज-मजे की जिन्दगी बसर करते हैं। वे मुसलमानों को अपने यहाँ नौकर रखते हैं और उन्हें अपने घोड़ों के आगे दौड़ाते हैं। गरीब मुसलमान उनके दरवाजे पर भीख माँगते हैं और इस्लाम की इस राजधानी में, जिसकी वजह से इस्लाम का आलीशान महल बना है, ये लोग रईस, राणा, ठाकुर, शाह, मेहता और पंडित कहलाते हैं। ऐसे हालात में झूठे धर्मों के ऊपर इस्लाम का वर्चस्व कैसे कायम होगा या केन्द्र में सचाई कैसे कायम होगी ?[1]

मुग़लपूर्व और मुग़ल-युग के दौरान हिन्दुओं के सर्वोच्च पदों पर नियुक्त होने की कई मिसालें हैं; पहले के एक अध्याय में मैंने उसका उल्लेख किया है; लेकिन अब यह बात अविवादास्पद है कि अधिकांश मुसलमान शासकों के अधीन हिन्दुओं को बड़े से बड़े ओहदे दिए जाते थे, मुग़लों के युग में इसमें और बढ़ोतरी हुई; यह बात हिन्दू राजाओं पर भी लागू होती है; वे भी मुसलमानों को अत्यन्त विश्वास और भरोसे के पदों पर नियुक्त करते थे। शिवाजी ने औरंगज़ेब को भेजे गए एक पत्र में उसके पूर्वजों की उदार नीतियों को उलट देने के खिलाफ विरोध प्रकट करते हुए लिखा था :

> बादशाह सलामत कृपया याद रखें, साम्राज्य के निर्माता अकबर बादशाह ने पूरे बावन चन्द्र वर्षों तक पूरी सत्ता के साथ हुकूमत चलाई है। उन्होंने अलग-अलग धर्मों के साथ सम्बन्ध बनाए रखने में सुन्दर सामंजस्य की सराहनीय नीति अपनाई।...उसके बाद नूरुद्दीन जहाँगीर ने बाईस साल, अपनी उदार छत्र-छाया फैलाई...। (शिवाजी ने बेबाक शब्दों में औरंगज़ेब से कहा कि जनता का दमन करना और हिन्दुओं को आतंकित करना कोई धार्मिकता की निशानी नहीं है !)[2]

शिवाजी धार्मिक सहिष्णुता के आचरण के प्रति बड़े सतर्क थे; उन्होंने हजारों मुसलमानों को अपने विश्वासपात्र अधिकारियों और सिपाहियों के तौर पर नियुक्त किया। शिवाजी की मृत्यु के बाद भी उनकी उदार परम्परा जारी रही। सदाशिवराव भाऊ ने इब्राहिम ख़ान ग़ारदी को अपने तोपखाने का नायक बनाया था और पानीपत की तीसरी लड़ाई में उसने अपने स्वामी के तोपखाने की रक्षा करते-करते अपनी जान की कुर्बानी दे दी थी। उसी प्रकार, माधवजी सिन्धिया ने शक्तिहीन मुग़ल बादशाह शाह आलम की रक्षा की थी और मराठों ने शाह आलम को अन्धा करने के जुर्म में गुलाम कादिर रोहिला को सजा दी थी। यह स्थितियाँ, केवल उच्च पदों के लिए ही नहीं थीं छोटे-छोटे पदों के लिए तो यह और ज्यादा बड़े पैमाने पर सच थीं। जैसा कि के. एम. पणिक्कर ने सबूत के साथ कहा है :

"निम्नतर कर्मचारी वर्ग में हमेशा ही मुख्य तौर पर हिन्दू ही थे। यह स्थिति अलाउद्दीन के जमाने में भी थी लेकिन उच्चस्तरीय अधिकारियों के पदों को हिन्दुओं के लिए उपलब्ध कराना अकबर की अपनी नीति थी। इस कदम से उसने ऊँचे-ऊँचे खानदानों के हिन्दुओं की महत्त्वाकांक्षाओं के द्वार खोल दिए और उन्होंने नई हुकूमत को अपना दुश्मन मानने के बजाय अनजाने ही एक ऐसी संस्था मानना शुरू किया जो गौरव और प्रतिष्ठा के लिए सुअवसर प्रदान करती है। अकबर के दरबार के हिन्दू अधिकारियों में से सभी मानसिंह की तरह राज परिवार के वंशज नहीं थे। उनका महान राजस्व मन्त्री टोडरमल मध्यवर्गीय परिवार से आया था और इसी तरह बादशाह का सखा और दरबारी बीरबल भी। 'जैसी प्रतिभा वैसी नौकरी' की नीति ने एक ही पीढ़ी में मुग़ल साम्राज्य को एक विदेशी हुकूमत से एक राष्ट्रीय सरकार बना दिया।"[3]

ऐसे थे नाते-रिश्ते, हिन्दुओं और मुसलमानों के बीच, लेकिन आज जो तस्वीर पेश की जा रही है और सो भी खासकर हिन्दुओं के सामने व धार्मिक अत्याचारों की विकृत गाथाएँ हैं। मैं इस बात से इनकार नहीं करता कि कुछ मुसलमान शासकों ने अपनी हिन्दू प्रजा पर अत्याचार किए, उनके मन्दिरों को तोड़ा और भयावह बर्बरता दिखाई। लेकिन वे अपवादस्वरूप थे और निश्चित ही इस्लाम की आम प्रवृत्तियों का प्रतिनिधित्व नहीं करते, और यह बात सिर्फ हिन्दुस्तान पर ही नहीं वरन् जहाँ-जहाँ इस्लाम का प्रभुत्व रहा है, वहाँ-वहाँ लागू होती है। जबकि, इस रवैए के मुकाबले, ज्यों ही मुसलमानों को कुछ रियायत दी जाती है तो हिन्दू साम्प्रदायिकतावादी 'तुष्टीकरण' का आरोप लगाते हैं। पचास साल गुजर चुकने के बाद भी यह रवैया नहीं बदला है; उल्टे वह और कठोर बना है। भारतीय जनता पार्टी के भूतपूर्व अध्यक्ष डॉ. मुरलीमनोहर जोशी ने हिन्दुस्तानी मुसलमानों से कहा है कि वे अपने को मुहमदिया हिन्दू कहा करें। बँटवारे के तुरन्त बाद ही हिन्दू महासभा के एक सर्वोच्च नेता ने मुसलमानों से कहा था कि अगर वे चाहते हैं कि उन्हें भारतीय माना जाए तो उन्हें रामायण और महाभारत को अपना पवित्र ग्रन्थ मानना होगा और अपने फ़ारसी और अरबी ग्रन्थों का बहिष्कार करना होगा। उन्हें राम और कृष्ण को राष्ट्रीय महानायक की तरह आदर-सम्मान देना होगा और अपने व्यक्तिगत अरबी नामों को बदलकर हिन्दू नाम रखने होंगे।

सवाल यह उठता है कि हिन्दुस्तानी मुसलमानों के खिलाफ ही यह विद्वेषभाव क्यों है ? इतिहास के समूचे दौर में हर अल्पसंख्यक समुदाय ने अपनी पहचान को बरकरार रखने के लिए जी-तोड़ कोशिश की है। प्राचीन काल में छोटे—पराजित कबीले भरसक कोशिश किया करते थे कि प्रबल-विजेता कबीला उनके समूचे अस्तित्व को ही हड़प न जाए। उसके बाद धार्मिक संघर्ष शुरू हुए; जिनके बाद भाषाई झगड़ों का सिलसिला चला। धार्मिक संघर्ष ने हिन्दुस्तान का बँटवारा किया; भाषाई संघर्ष ने पाकिस्तान के टुकड़े किए। भारतीय मुसलमान, चूँकि विभाजित भारत में अल्पमत में हैं, सो यह डर पाले हुए हैं कि विशाल हिन्दू सागर में वह अपना वजूद खो बैठेगा; हिन्दुओं को मुसलमानों पर यह शुबहा है कि वे कोई कुटिल चाल चलकर हिन्दुस्तान को और भी विखंडित कर देंगे। और जैसा कि हमने देखा—इससे हिन्दुओं और मुसलमानों के बीच फासला बढ़ा है। बँटवारे ने स्थितियों को बदतर बना दिया। तब से, भारतीय मुसलमान, जिन्हें मुस्लिम हिस्सों के उनके सहधर्मियों ने छोड़ दिया अपने को ऐसे कोने में धकेला हुआ पाते हैं जहाँ से बच निकलने की, सुरक्षित भविष्य की कोई उम्मीद नजर नहीं आती। उन्हें सचमुच यह डर है कि वह दिन दूर नहीं जब वे अपनी धार्मिक और सांस्कृतिक दोनों ही पहचान गँवा बैठेंगे। इसलिए वे एक छोटे से कबीले की तरह अलग-थलग से रहने लगे हैं और ऐसे कुछ प्रगतिशील कदमों का भी विरोध करते हैं जो सत्ताधारी वर्ग ने स्वयं पहलकदमी कर, उन्हीं की बेहतरी के लिए उठाए होते हैं। एक एकीकृत नागरिक कानून को लागू करने के खिलाफ उनका विरोध उस बुनियादी असुरक्षा की भावना से उपजा है, जो उन्हें जकड़े हुए हैं; इसमें उन्हें अपनी धार्मिक

पहचान को जान का खतरा दिखता है। इसमें सन्देह नहीं कि संविधान में इसके कार्यान्वयन के लिए निर्देश हैं इसलिए मुसलमानों के रवैए से न सिर्फ साम्प्रदायिकतावादी हिन्दू नाखुश होते हैं बल्कि धर्मनिरपेक्षतावादी हिन्दू भी गलतफहमी में पड़ जाते हैं क्योंकि उन्हें इस रवैए में पिछड़ेपन लक्षण नंजर आते हैं। फिर भी भारतीय मुसलमानों की धार्मिक भावनाओं को चोट न पहुँचे, इस ख्याल से धर्मनिरपेक्ष राजनीतिक दलों, खासकर कांग्रेस ने, यह स्पष्ट आश्वासन दिया है कि ऐसा कानून उन पर थोपा नहीं जाएगा। लेकिन यह माँग जारी है और मुसलमानों का प्रतिरोध भी इस तथ्य के बावजूद कि ब्रिटिश हुकूमत के तहत मुसलमानों ने फौजदारी और दीवानी कानूनों में कई ऐसे बदलावों को चुपचाप मान लिया था जो कि शरीअत के अनुरूप नहीं थे। उन्हें बदलते वक्त की माँगों के साथ समझौता करना पड़ा था और यह काम कुछ उलेमाओं के विरोध के बावजूद हुआ था जो हमेशा ही परिवर्तन का प्रतिरोध करते हैं। एक मिसाल लें, तो एक परम्परा है और उसे पैग़म्बर द्वारा कहा गया बताया जाता है कि 'कयामत के दिन सबसे ज्यादा सजा पानेवालों में तस्वीर बनानेवाले—चित्रकार—होंगे। कुछ न्यायविदों ने उसका स्पष्टीकरण देते हुए कहा कि चूँकि चित्रकार सजीव प्राणियों की हूबहू तस्वीरें बनाते हैं, सो वे खुदा को चुनौती देने का गुनाह करते हैं क्योंकि एक खुदा ही सजीव प्राणियों का निर्माता है। उसी आधार पर पुतलों का भी निषेध किया जाता है। और उसके लिए एक अतिरिक्त वजह यह दी जाती है कि तस्वीरें और पुतले मूर्ति-पूजा को बढ़ावा देते हैं। यह व्याख्या बेहद हास्यास्पद है लेकिन रूढ़िवादी अब भी अपनी बात पर डटे हुए हैं, हालाँकि फोटो खिंचवाने या अपनी पोर्ट्रेट बनवाने से उन्हें परहेज नहीं है। इक़बाल ने कहा है :

आईने नौ से डरना तर्ज़े कुहन पे अड़ना
मंज़िल यों ही कटी है क़ौमों की ज़िन्दगी में

सऊदी अरब ने भी इनमें से अनेक पुरानी बाधाओं को छोड़ दिया है—मिस्र, इराक और सीरिया में पुतले बगैर रोक-टोक के लगाए जाते हैं। हिन्दुस्तान में बदलाव की प्रक्रिया धीमी है। अतीत के कुछ उलेमाओं द्वारा पुरानी पड़ चुकी परम्पराओं से बेमानी तौर पर कट्टरता से चिपके होने की वजह से इस्लाम की छवि विकृत हुई है, जबकि इस्लाम एक ऐसा धर्म है जो जीर्ण-शीर्ण परम्पराओं को बदलने के लिए आया था न कि उन्हें बरकरार रखने के लिए।

लेकिन एक एकीकृत नागरिक कानून बनाने की माँग हिन्दुत्ववादियों द्वारा इतने जोशो-खरोश से की जा रही है और उस पर इतना जोर दिया जा रहा है कि भारतीय मुसलमानों को उसमें अपने उन पारम्परिक मूल्यों पर हमला नजर आता है जो उनके धर्म के अभिन्न अंग हैं। और सो उनमें सुधार की गति धीमी हो जाती है, और दोनों ही पक्षों में अनावश्यक दुश्मनी पैदा होती है। मुसलमान हिन्दुओं की नीयत पर शक करते हैं और हिन्दू, मुसलमानों की हठधर्मिता पर रुष्ट होते हैं।

एक एकीकृत नागरिक कानून का मतलब एक 'समान' नागरिक कानून नहीं होता;

उसे भारत के विभिन्न समुदायों में प्रचलित निजी कानूनों की विशिष्टताओं को ध्यान में रखना होगा; उनके सामान्य तत्त्वों को उभारना होगा और अगर जरूरत पड़ी तो भिन्न-भिन्न धार्मिक परम्पराओं और विधियों के निष्पादन के लिए प्रावधान करना होगा। जब हिन्दू कोड बिल का विधीकरण हो रहा था तब इतने ज्यादा परस्पर विरोधी स्वर और नजरिए उठे कि एक वक्त पर तत्कालीन राष्ट्रपति डॉ. राजेन्द्रप्रसाद (1884-1963) के त्यागपत्र दे देने की धमकी तक दी थी। नेहरू ने पाँच साल तक कड़ा संघर्ष किया कि उसे विधानमंडल में उसके समूचे रूप में पारित करवाया जा सके आज़ाद फिर हार मान ली। उन्नीसवीं सदी तक किसी ने मुसलमानों पर पिछड़ेपन का आरोप नहीं लगाया; यह तो जब अपने विविध रूपों में पश्चिम ने हमला शुरू किया, तब पुरानी सभ्यताओं की आलोचना शुरू हुई और उनकी निन्दा तक की गई। इस सन्दर्भ में हिन्दुत्व का हाल भी इस्लाम से कोई खास बेहतर नहीं रहा। इसके अलावा, यह माना गया कि ईसाई धर्म पर आधारित पश्चिमी सभ्यता अन्य धर्मों पर आधारित सभ्यताओं से हर मामले में बेहतर है। मेरे ख्याल से, धार्मिक सुधारों की अवधारणाओं में यही एक बड़ी कमजोरी है। इसके अलावा, तर्कसंगत निष्पन्नताएँ बहुत लाभकारी नहीं होतीं क्योंकि सभ्यताएँ, मानव द्वारा परमसत्ता की तलाश में किए गए प्रयासों से पैदा हुई हैं और परमसत्ता-परमेश्वर आस्था का विषय है, न कि तर्क की। भौतिकतावादी पश्चिमी सभ्यता भी ताश की महल की तरह ढह जाएगा अगर उसकी ईसाई बुनियाद को तोड़ दिया जाए, जैसा कि भूतपूर्व सोवियत संघ में हुआ। इसलिए किसी भी समुदाय के लिए, धर्म की बुनियादी विशिष्टताओं से छेड़खानी करना आत्मघाती साबित होता है। सुधार और नवीनीकरण उस धर्म के ढाँचे के भीतर ही होने चाहिए; उसे विनष्ट करना विघटन को न्यौता देना होगा।

आस्था को मानव के साथ-साथ विकसित होना होता है। इस मामले में पिछले करीब सौ सालों के दौरान, इस्लाम निस्सन्देह अन्य धर्मों के मुकाबले पिछड़ रहा है, और उसकी मुख्य वजह इसके अनुयायियों में फैली राजनीतिक गुलामी, आर्थिक पिछड़ापन और शिक्षा का अभाव है। इन क्षेत्रों में अपने सहधर्मियों की प्रगति को जिन रूढ़िवादी मुल्लाओं ने शास्त्रों का गलत उद्धरण दे-देकर और पुरातन पन्थी आचार-विचारों से चिपके रहकर कुंठित किया, वे ही असली रुकावटें हैं। किंग अब्दुल अज़ीज़ यूनिवर्सिटी जद्दाह के प्रोफेसर ज़ियाउद्दीन सरदार ने उनकी नकारात्मक भूमिका को इन शब्दों में चित्रित किया है :

> नमाज़ पढ़ने और वजू करने की नियमनिष्ठता पर, दाढ़ी की लम्बाई और लिबास के स्वरूप पर जोर दे-देकर उन्होंने व्यक्तिगत स्वतन्त्रता को नजरअन्दाज कर दिया; अनेक इस्लामी विधि-निषेधों में निहित गतिशीलता को, इस्लामी ढाँचे के भीतर ही रचनात्मकता, अभिनवता और परिवर्तनीयता को पोषित करनेवाली शक्ति को भुला दिया। उन्होंने असहिष्णु, बाध्यकर और निरंकुश व्यवस्थाओं की रचना की और तानाशाही भाई-भतीजावादी शासन व्यवस्था

को राजनीतिक वैधता प्रदान की। उन्होंने अवस्तुपरक तुलनाओं, शब्दों के मायनों पर वितंडावादों पर जोर दे-देकर अनेक अन्वेषक दिमागों को बन्द और बन्दी कर डाला। उन्होंने खुद को मानवीय जरूरतों व हालात से काट लिया। फिर अगर आज बहुसंख्यक मुसलमान उनकी बातों पर बहुत कम ध्यान देते हैं, यहाँ तक कि खुलेआम उनके प्रति विरोध की भावना पालते हैं, भला इसमें अचरज की क्या बात है।[4]

असल में, सुधार की प्रक्रिया मुसलमानों में लगातार जारी रही है; वह कभी भी रुकी नहीं है, हालाँकि उसकी गति कभी-कभी धीमी रही है। कला और विज्ञान के क्षेत्र में इस्लाम का योगदान अभिनव और क्रान्तिकारी रहा है; उसके प्रभाव को हर क्षेत्र में महसूस किया गया है। शरीअत का रूप भी अनेक बार बदला है और निश्चित ही वह अब वैसा नहीं है जैसा कि एक सदी पहले था। सऊदी अरब में, जो कि परम्परावादिता का गढ़ है, स्थितियों की माँग को पूरा करने के लिए उनमें उल्लेखनीय संशोधन किए गए हैं। अनेक मुस्लिम देशों ने क्रान्तिकारी सुधार लागू किए हैं। रूढ़िवादियों ने, जैसा सब जगह होता है, हर धर्म में होता है, बड़े ऊँचे सुर में विरोध किया लेकिन वे लोग, सुधारों की विकास-यात्रा को रोकने में बुरी तरह नाकामयाब रहे हैं। अनेक देशों में पुराने फौजदारी कानून की जगह पर नए कानून बनाए गए हैं, उसी प्रकार से दीवानी कानून को भी बड़े पैमाने पर बदला गया है। व्यक्तिगत और पारिवारिक मामलों में भी अनेक संशोधन किए गए हैं, और धर्मावलम्बियों ने उन्हें कबूल किया है।

शरीअत सिर्फ क़ुरान या हदीस नहीं है। भारत में यह लार्ड मैकाले (1800-59) के निर्देश पर बनाई गई न्यायिक घोषणाओं का संग्रह मात्र है। अनेक मामलों में वह फतूहत-ए-आलमगीरी पर आधारित है जो कि न्यायविदों द्वारा औरंगज़ेब के निर्देशों पर तैयार किया गया था। इसमें कई नई-नई परिकल्पनाएँ हैं और आज 'मुहम्मडन लॉ' के रूप में वह हम तक पहुँचा है और यह नामकरण अपने-आपमें अवास्तविक है ब्रिटिश राज के दौरान प्रिवी कौंसिल के निर्णयों द्वारा और विभाजनपूर्व सेंट्रल असेम्बली के मुस्लिम सदस्यों द्वारा प्रस्तुत कुछ वैधानिक कदमों द्वारा उसमें काफी परिवर्तन लाया जा चुका है। कुछ दशकों पहले तक, मुस्लिम के कुछ वर्ग हिन्दू उत्तराधिकार कानून से या एक विशिष्ट धर्म के परम्परागत कानून से परिचालित होते थे। उसी प्रकार से, सूदखोरी को लें तो शरीअत में उसे निषिद्ध बताया गया है लेकिन पठान और आप्रवासी अरबों जैसे परम्परानिष्ठ, कर्मकांडी मुसलमान वह व्यवसाय करते थे। दुनियावी दबावों की वजह से धर्मवेत्ता इन धर्मच्युत व्यवहारों को अनदेखा करते रहे। तो फिर भला, हिन्दुस्तानी मुसलमान अपने धार्मिक कानूनों में सुधार का विरोध क्यों करते हैं ? वजह ढूँढ़ने के लिए बहुत दूर नहीं जाना पड़ेगा; उनकी सोच, फिर वह गलत हो या सही, यह है कि इससे उनकी अलग पहचान खत्म हो जाएगी। इसके अलावा, वे मानते हैं कि इससे हिन्दुओं को उनके इस्लाम का हिन्दूकरण करने का अवसर मिल जाएगा। आखिरकार, वे धर्मनिरपेक्ष सुधारों का तो विरोध कर नहीं रहे हैं। वह तो केवल उनके ऐसे निजी

मामलों से जुड़ा हुआ है जिससे सिर्फ मुसलमानों को सरोकार है; इससे हिन्दुओं के अधिकारों का कोई अतिक्रमण नहीं हो रहा है क्योंकि मुस्लिम पर्सनल लॉ में आज मोटे तौर पर छह विषयों का समावेश होता है—शादी, तलाक, भरण-पोषण, दान, दहेज और उत्तराधिकार। उन्हें क़ुरान की कुछ ऐसी आयतों से वैधता प्राप्त हुई है जो पैग़म्बर साहब के वक्तव्य और आचरणों द्वारा समर्थित है। उनके निहितार्थ बड़े जटिल निकल सकते हैं और परिणामस्वरूप उनकी व्याख्याएँ भी विविध और अक्सर परस्पर-विरोधी भी हुई हैं। वे हिन्दू, जो इन मुस्लिम कानूनों में सुधार की माँग को लेकर उग्र रूप से मुखर हैं, उन्हें तलाक, दहेज, दान, भरण-पोषण या उत्तराधिकार के कानून की ज्यादा परवाह नहीं है। उन्हें जो बात चुभती है वह है विवाह का कानून जिसके तहत बहुविवाह की अनुमति है। उन्हें यह घबराहट है कि जहाँ भारतीय मुसलमानों को एक वक्त पर चार पत्नियाँ रखने की अनुमति है वहाँ वे सिर्फ एक ही रख सकते हैं और उसके परिणामस्वरूप यह हो सकता है कि भविष्य में मुसलमानों की आबादी हिन्दुओं से ज्यादा हो जाएगी।

मैं बहुविवाह के उलझावों पर एक अलग अध्याय में चर्चा करूँगा, यहाँ बस इतना ही उल्लेख कर देना पर्याप्त होगा कि हिन्दुत्ववादियों द्वारा सभी भारतीयों के लिए एक एकीकृत नागरिक कानून लागू करने की वकालत करने के पीछे सुधारवादी नीयत की बनिस्बत राजनीतिक इरादे ज्यादा हैं। न ही इसके पीछे मुसलमानों का उद्धार करने की कोई खास मंशा है। इसके बहाने उन्हें मुसलमानों की पिटाई करने के लिए एक डंडा मिल गया है। भारतीय मुसलमानों के नेतागण भी, ऐसी एक विधि-संहिता बनाने के पीछे निहित मुश्किलों का अहसास किए बगैर ही, अपने विरोधियों के हाथ का खिलौना बन गए हैं। इन नेतागणों ने उस हिन्दू कोड बिल के एकीकरण के इतिहास का अध्ययन करने की कोई जरूरत नहीं समझी, जिसने हिन्दुओं में भारी विवाद खड़ा कर दिया था। प्रधानमन्त्री नेहरू ने दायाधिकार, विरासत, विवाह, तलाक, दत्तक और संरक्षकत्व पर हिन्दुओं के विभिन्न विचारधाराओं के दृष्टिकोणों को अभिव्यक्त करते हुए उन सबके बीच एक आम सहमति तैयार करने हेतु रिपोर्ट बनाने के लिए दो विशेषज्ञ समितियों की नियुक्ति की थी। इन समितियों की सिफारिशों के आधार पर तत्कालीन विधि मंत्री डॉ. बी. आर. आम्बेडकर ने एक ऐसा विस्तृत सर्वसमावेशी बिल तैयार किया जिसमें सभी हिन्दू कानूनों का संहिताकरण किया गया था और उसे 1948 में प्रावधानिक संसद में प्रस्तुत किया लेकिन शुरुआत ही से उसे कड़े विरोध का सामना करना पड़ा। संशोधन पर संशोधन प्रस्तुत किए गए और कुछ सदस्यों ने ऐसी अड़ंगेबाजियाँ भी कीं ताकि वह पारित न हो सके। प्राथमिक खंडों को पारित करने तक के लिए कई दिन लग गए। नेहरू ने आगे बढ़ने की व्यर्थताओं को समझा और कार्यवाही को स्थगित कर दिया। इस तथ्य के बावजूद कि कांग्रेस को भारी बहुमत प्राप्त था, प्रधानमन्त्री सांसदों को अपनी सुधारवादी सोच की राह पर चलने के लिए मनवा नहीं पाए। उनमें से कइयों ने तो खुलेआम कह दिया कि उसका समर्थन करने से उनकी धार्मिक संवेदनाओं को चोट पहुँचेगी। नेहरू ने ये विचार ही छोड़ दिया और 1950 तक कुछ भी नहीं किया

और फिर डॉ. आम्बेडकर की सलाह पर उन्होंने उससे सर्वसमावेशी बिल को अलग-अलग वैधानिक कार्रवाइयों में विभाजित करने और विरोधियों को शान्त करने के लिए धीरे-धीरे सुधारों का समावेश करने का फैसला किया।

प्रावधानिक लोकसभा को सामने लाया गया विधि का पहला टुकड़ा था—हिन्दू विवाह और विवाह-विच्छेद बिल। उसने मौजूदा कानून में कोई क्रान्तिकारी परिवर्तन नहीं प्रस्तुत किया था; उसने सिर्फ दम्पतियों के बीच कानूनी अलगाव के प्रावधानों को ज्यादा सरल और कारगर बनाने की कोशिश की थी फिर भी उसे दोनों सदनों की एक संयुक्त चयन समिति के मशविरे के लिए भेजना पड़ा और उसने कुछ सुधार-संशोधन सुझाए और अनेक समझौतों के बाद सरकार उसे पारित करवा सकी। इसके बाद आया—हिन्दू उत्तराधिकार बिल, जो अलग-अलग कोनों से अनेक आपत्तियों की वजह से टलता रहा। नतीजा यह हुआ कि मिताक्षर (संयुक्त परिवारों से जुड़े प्रावधानों को, जो 80 प्रतिशत से अधिक हिन्दुओं पर लागू होता है, छोड़ दिया गया। इस पारम्परिक न्यायविधान के अनुसार स्त्रियों को विरासत से वंचित रखा जाता है क्योंकि सिर्फ पुरुष को ही पैतृक सम्पत्ति के उत्तराधिकारी हो सकने का अधिकार है। स्त्रियों को अपने पुरखों के 'निवास स्थान' पर रहने तक का कानूनी अधिकार नहीं है। और निश्चित ही नेहरू जिस तरह का सुधार समाज में लाना चाहते थे, उससे यह कोसों दूर था। यह महिलाओं के उद्धार की जड़ पर कुठाराघात था। हिन्दू दत्तक और संरक्षण बिल पर ज्यादा विवाद नहीं उठा और वह बगैर किसी मुश्किल के पारित हो गया; इसने स्त्रियों को बालक दत्तक लेने का अधिकार दिया और बालिकाओं को दत्तक लेने को कानूनी बनाया गया। हिन्दू कोड बिल को पारित करने में उसके प्रस्तुतकर्ताओं को इन समस्याओं का सामना करना पड़ा; सो यह मानना सिर्फ एक मनचाही कामना है कि अलग-अलग समुदायों के व्यक्तिगत कानूनों का आसानी से संहिताकरण किया जा सकेगा। एक बार अगर यह प्रक्रिया शुरू कर दी जाती है तो उससे भारत-भर में न सिर्फ धार्मिक अल्पसंख्यकों के बीच बल्कि बहुसंख्यक हिन्दू समुदाय के बड़े-बड़े तबकों के बीच भी अभूतपूर्व धार्मिक विरोध और आन्दोलन उठ खड़े होंगे क्योंकि वह अनेक जातियों और उपजातियों में बँटा हुआ है और हरेक के अपने विशिष्ट विधि-विधान, परम्पराएँ, नियम और विनियमन हैं।

बहरहाल, कानून ने कभी समाज का सुधार नहीं किया। शारदा एक्ट के बावजूद बाल विवाह और कड़े दंड-प्रावधानों के बावजूद दहेज प्रथा को खतम नहीं किया जा सका है। इस प्रकार, हिन्दुओं को भी कारगर सुधारों की उतनी ही जरूरत है जितनी कि मुसलमानों को। हो सकता है कि परिवर्तन के खिलाफ हिन्दुओं का विरोध उतना मुखर हो लेकिन उनका प्रतिरोध तो कम महत्त्वपूर्ण नहीं है। बदकिस्मती से, भारतीय मुसलमानों ने अपने को बलि का बकरा बना दिया है। अगर वे चाहते हैं कि उनके बारे में गलतफहमियाँ न फैलें और राष्ट्रीय एकता के मार्ग में उन्हें अवरोधों की तरह न प्रस्तुत किया जाए तो उन्हें अपने पत्ते बेहतर तरीके से सतर्क होकर खेलने चाहिए। वे खुद

इस बात से इनकार नहीं कर सकते कि उनके पर्सनल लॉ में सुधार करने की जरूरत है। ब्रिटिशों के समय में विवाह-विच्छेद और अन्य मामलों पर कुछ परिवर्तन किए गए थे। इसके अलावा तीन बार तलाक और बहुविवाह का निरंकुश आचरण जैसे मुद्दे भी हैं। ऑल इंडिया पर्सनल लॉ बोर्ड ने भी आधुनिक आवश्यकताओं की रोशनी में शरीअत के संहिताकरण की जरूरत को कबूल किया है। इस मामले में उनके प्रयास अभी तक फलीभूत नहीं हो पाए हैं; लेकिन अगर वे इसमें विलम्ब करते हैं या सच्चाई से आँखें मूँदते हैं तो यह उनकी भूल होगी।

चाहे जो भी हो, मैं एक समान नागरिक कानून को क्रियान्वित करने के बारे में हो रहे हंगामे को समझने में खुद को असमर्थ पाता हूँ, मुझे वह सुधार की सच्ची कामना की बनिस्बत बनावटी मुद्रा लगता है। हमारे जैसे बहुधर्मीय जातिग्रस्त समाज में और भी अनेक ऐसे महत्त्वपूर्ण मसले हैं जिन पर फौरी कार्यवाही करना जरूरी है। मिसाल के तौर पर प्राथमिक स्तर पर अनिवार्य शिक्षा, रोजगार का अधिकार, समान काम के लिए समान वेतन वगैरह। ये और ऐसे ही अनेक मुद्दे हमारे संविधान के निर्देशक सिद्धान्तों के आवश्यक अंग हैं। और फिर भी उनको क्रियान्वित करने के लिए कोई आन्दोलन नहीं चलाया जा रहा है। इसलिए मुसलमानों की यह कहकर निन्दा करना गलत होगा कि सिर्फ वे ही एक ऐसे अवरोध हैं जिसकी वजह से यह देश पिछड़ेपन से प्रगतिशीलता की राह में अग्रसर नहीं हो पा रहा है।

मुसलमान, उर्दू के सवाल को भी अपनी सांस्कृतिक पहचान के लिए एक खतरा मानते हैं। बँटवारे के बाद, धीरे-धीरे वह विलीन होती जा रही है और इससे मुसलमान अपने अधिकांश धार्मिक और सांस्कृतिक साहित्य से वंचित हो जाएगा। उर्दू साहित्य, सचमुच ही उनके अतीत का वैभव-कोश है और उनके वर्तमान का आईना। हालाँकि भारतीय मुसलमानों की करीब आधी आबादी उर्दू भाषा से सुपरिचित नहीं है लेकिन उसके प्रति उनके लगाव में सन्देह की कोई गुंजाइश नहीं। उसकी खूबसूरती और समृद्धि उन्हें मुग्ध करती है, उनकी विरासत से उसका सम्पर्क उन्हें निश्चिन्त करता है। और फिर, उनका दावा है कि जंगे-आज़ादी के दौरान उर्दू के लेखकों और शायरों में से अधिकांश ने खंडित नहीं वरन् अखंड भारत की हिमायत की थी। उर्दू का साहित्य अधिकांशतः गैर-साम्प्रदायिक है और उसने उदार-प्रगतिशील विचारों को जन्म दिया है। हालाँकि उसमें इस्लामी सन्दर्भ बहुत ज्यादा है लेकिन साथ ही हिन्दू देवी-देवताओं, खासकर राम और कृष्ण, सीता और राधा का श्रद्धापूर्वक उल्लेख भी है। नज़ीर अकबराबादी की शायरी तो अत्यन्त पूर्वाग्रह ग्रस्त हिन्दू के दिल को भी जीत लेगी। आज भी पाकिस्तानी शायर कृष्ण की प्रेम लीलाओं और राम की उदात्त आदर्शों की सराहना के गीत गाते हैं। जमालुद्दीन आली के उर्दू दोहों में हिन्दू शब्दों और हिन्दू भावनाओं की भरमार है। एक जाने-माने लेखक जमनादास अख़्तर के मुताबिक—वेद, उपनिषद, रामायण, महाभारत के हजारों उर्दू तर्जुमे हो चुके हैं और उनमें से कई पद्य में हैं। वे उर्दू के शास्त्रीय साहित्य का एक महत्त्वपूर्ण हिस्सा हैं। बँटवारे के बाद भी हिन्दू पुराणों

और दर्शन के प्रति दिलचस्पी हिन्दुस्तान और पाकिस्तान दोनों में बरकरार है। हाल ही में लाहौर की मक़बूल अकादमी ने अब्दुल अज़ीज़ ख़ालिदी द्वारा उर्दू में किया गया महाभारत का तर्जुमा प्रकाशित किया है। इस पुस्तक का शीर्षक है 'महाभारत कथा-माला' और यह इतना लोकप्रिय हुआ है कि अब इसका तीसरा संस्करण निकल रहा है। पुस्तक के समर्पण में लिखा है—'भारत-पाकिस्तान के अतीत की उस सम्मिश्रित संस्कृति को जिसमें एक अभिनव स्फूर्तिदायक भविष्य के रहस्य छिपे हैं।'

उर्दू दरअसल सम्पूर्णतया भारतीय उपज है। बेशक, वह मुस्लिम हुकूमत के दौरान तुर्की सिपाहियों और देशी निवासियों के बीच संवाद के सुविधाजनक माध्यम के रूप में पैदा हुई लेकिन वह पूरे तौर पर खड़ी बोली पर आधारित है जो हिन्दी का पूर्वगामी रूप है और हिन्दी आज देश की राष्ट्रभाषा है। उर्दू भाषा, फ़ारसी, संस्कृत और अनेक स्थानीय भारतीय बोलियों का मिश्रण है। उसका व्याकरण हिन्दी के समान है। क्रिया, क्रियाविशेषण, संज्ञा और सर्वनाम सभी भारतीय मूल के हैं; केवल विशेषण की संरचना आंशिक तौर पर फ़ारसी जैसी है। और चूँकि, फ़ारसी दरबार की भाषा थी, सो ज्यों-ज्यों उर्दू सत्ता के गलियारों में प्रवेश करती गई त्यों-त्यों उसका फ़ारसीकरण होता गया। उर्दू और हिन्दी इन दो भाषाओं में भारत की अन्य किन्हीं दो भाषाओं की बनिस्बत ज्यादा समानताएँ हैं; दोनों सगी बहने हैं क्योंकि दोनों की माँ एक है। सुप्रसिद्ध, लेखक और समीक्षक मलिक राम, जिनके साथ मैंने जामिया उर्दू में दो दशकों तक काम किया, मुझे हमेशा इसकी याद दिलाते रहते थे। वे ध्यान दिलाया करते थे कि दोनों भाषाओं की अस्सी प्रतिशत से ज्यादा शब्दावली एक-सी है; उन पर व्याकरण के एक से नियम लागू होते हैं। दक्षिण भारत में जब हिन्दू-विरोधी आन्दोलन चरम शिखर पर था तब मौलवी अब्दुल हक़ ने, जो बाबा-ए-उर्दू नाम से जाने जाते हैं, उर्दूभाषी जनता से अपील की थी कि वह हिन्दी-विरोधियों का समर्थन न करे क्योंकि 'दक्षिण के लोग ज्यों-ज्यों हिन्दी को जानते जाएँगे त्यों-त्यों वे उर्दू से ज्यादा परिचित होते जाएँगे क्योंकि कोई भी दो जबान एक-दूसरे के इतने करीब नहीं है जितनी कि हिन्दी और उर्दू है।'

भारत के एक प्रमुख उदारवादी नेता सर तेज बहादुर सप्रू (1875-1949) ने उर्दू को हिन्दुओं और मुसलमानों को 'जोड़नेवाली बेहतरीन कड़ी' कहा था। लेकिन उसके बावजूद आज़ाद भारत की सरकारों ने, केन्द्र और राज्य दोनों में, उर्दू के खिलाफ पूर्वाग्रहपूर्ण रवैया अपनाया है। हिन्दू साम्प्रदायिकतावादी उससे चिढ़ते हैं क्योंकि उसकी पृष्ठभूमि मुस्लिम है, वह फ़ारसी लिपि में लिखी जाती है और भारतीय मुसलमानों का एक बहुत बड़ा तबका उसे बोलता है।

बँटवारे से पहले अनेक हिन्दू उर्दू बोलते थे और साहित्य में उन्होंने प्रतिष्ठा भी हासिल की थी। दयाशंकर नसीम, प्रेमचन्द और किशनचन्दर जैसे हिन्दू कथाकारों ने और चकबस्त, मुल्ला और फ़िराक़ गोरखपुरी जैसे हिन्दू शायरों ने उसकी समृद्धि में योगदान किया। उनका योगदान, भारतीय मुसलमानों के सर्वश्रेष्ठ साहित्यिक अवदान के समकक्ष है। लेकिन उर्दू को साम्प्रदायिक रंग दिए जाने की वजह से, ज्यों ही अंग्रेज,

प्रशासन के मामले में हिन्दुस्तानियों से सलाह-मशविरा करने लगे, उर्दू हमलों का निशाना बनने लगी और उत्तर प्रदेश में उसकी जगह पर हिन्दी को बैठाने की पुरजोर कोशिश होने लगी। अजीब बात तो यह थी कि उर्दू के खिलाफ का आन्दोलन सर सैयद अहमद ख़ाँ के बड़े करीबी हिन्दू दोस्त ने शुरू किया। इसने बुजुर्ग सैयद साहब को इतना कटु बना दिया कि हिन्दुओं और मुसलमानों के बीच किसी प्रकार का सहयोग-सम्बन्ध बनने की सम्भावना पर से ही उनका यकीन उठने लगा। अनेक इतिहासकारों के अनुसार उनके हिन्दू दोस्तों ने उर्दू के सवाल पर जिस ढंग की प्रतिक्रियाएँ कीं उससे सैयद साहब को बहुत धक्का पहुँचा और उनके कांग्रेस-विरोध के पीछे यह एक बहुत बड़ा कारण बना। उसके बाद से हिन्दी-उर्दू विवाद बेहूदा स्वरूप लेता गया और उससे दोनों समुदायों के बीच कटुता में इजाफा हुआ और गाँधीजी द्वारा समझौता करवाने के प्रयासों के बावजूद, इन दोनों के बीच का वैमनस्य कभी समाप्त नहीं हुआ।

जिन्ना ने, जो उर्दू का एक शब्द भी नहीं बोल सकते थे, दोनों समुदायों को राजनीतिक तौर पर बाँटने के लिए उर्दू का दुरुपयोग करना शुरू किया। नतीजतन उर्दू का भी साम्प्रदायीकरण हो गया; अभी तक वह उस समस्या के दलदल से उबर नहीं पाई है। पाकिस्तान के निर्माण के बाद वह वहाँ की राष्ट्रभाषा बनी, जिससे भारत में उसके विरोधियों को, उसे उसकी जन्मभूमि से उखाड़ फेंकने की कोशिश के लिए एक साधन मिल गया, हालाँकि संविधान के अन्तर्गत उसकी गणना गणतन्त्र की अनुसूचित भाषाओं में होती है। लेकिन अब इस भाषा के खिलाफ भारत में पूर्वाग्रह इतना गहरा पैठ चुका है कि उसका दर्जा सिर्फ मुस्लिम भाषा का रह गया है। और फिर, चूँकि अब वह आर्थिक जीवन से जुड़ी हुई नहीं है सो उर्दूभाषी मुसलमानों की तादाद भी तेजी से घट रही है। इसके लिए अनेक तत्त्व जिम्मेदार हैं :

- सरकारी सहायता की कमी;
- क्षेत्रीय भाषाओं का उदय;
- हिन्दी का वर्चस्व;
- इस भाषा को सीखनेवालों के लिए नौकरियों और रोजगार के अवसरों की कमी।

बदकिस्मती से अन्तिम दो कारणों ने उर्दू को सबसे ज्यादा आघात पहुँचाया है। हिन्दी समर्थकों ने उर्दू के प्रति अपनी दुश्मनी इस हद तक जारी रखी है कि वे उत्तरी भारत से, जो कि उर्दू का पारम्परिक घर था, उसका नामोनिशान मिटा डालने में कामयाब हो गए हैं। उत्तर प्रदेश में, जो कभी उसकी केन्द्रीय भूमि होती थी, मुसलमान लड़के-लड़कियाँ भी बमुश्किल इस भाषा में लिख-पढ़ सकते हैं क्योंकि उन्हें अनिवार्यतः हिन्दी में शिक्षा ग्रहण करनी पड़ती है। उर्दू को किसी प्रकार का सरकारी समर्थन दिए जाने पर हिन्दू साम्प्रदायिकतावादियों की भौंहें चढ़ जाती हैं और अब तो उनका कुनबा और भी फल-फूल रहा है; न ही सरकार को उर्दू को बचाए रखने की कोई खास परवाह है।

भारत के शिक्षामन्त्री मौलाना आज़ाद और हिन्दी के कट्टर समर्थकों के नेता और

कांग्रेस के भूतपूर्व अध्यक्ष पुरुषोत्तमदास टंडन के बीच 29 मार्च, 1954 को लोकसभा में एक दिलचस्प झड़प हुई। टंडन ने भारत सरकार द्वारा शिबली अकादमी को दिए गए 60,000 रुपए के अनुदान का विरोध किया। इस अकादमी की स्थापना एक महान मुस्लिम विद्वान अल्लामा शिबली नूमानी ने की थी और शिबली साहब सर सैयद अहमद ख़ाँ की राजनीति के प्रबल विरोधी और मुस्लिम लीग के कट्टर आलोचक थे। आज़ादी की लड़ाई में अकादमी के योगदान को भुलाकर टंडन ने इस अनुदान का विरोध इस आधार पर किया कि यह उर्दू के प्रति आज़ाद के पक्षपातपूर्ण रवैए को दर्शाती है। मौलाना ने राजर्षि को जो जवाब दिया वह बड़ा अवसादपूर्ण था; उन्होंने अकादमी के इतिहास को प्रस्तुत किया और उसके विकास में गाँधी और नेहरू द्वारा ली गई दिलचस्पी का ब्यौरा देते हुए कहा कि अगर यह मान भी लिया जाए, जो कि गलत है, कि उर्दू सिर्फ भारतीय मुसलमानों की जबान है तो सिर्फ इसी आधार पर उसकी अवहेलना नहीं की जानी चाहिए। उन्हें लगा कि टंडन का वह रवैया हिन्दी-प्रेम की वजह से उतना नहीं था जितना उर्दू-विद्वेष की वजह से। आज़ाद ने कहा कि हिन्दी का विकास बड़ी तेजी से हो रहा है और वह और भी बड़ी ऊँचाइयों को हासिल करेगी लेकिन यह कामयाबी उर्दू को नुकसान पहुँचाकर हासिल नहीं की जानी चाहिए।

लेकिन न तो आज़ाद और न ही नेहरू, जो बड़े फ़ख्र से कहा करते थे कि उर्दू उनकी मातृभाषा है, इस भाषा की लगातार अवनति को रोक पाए। डॉ. ज़ाकिर हुसैन (1897-1969) ने, जो बाद में भारत के राष्ट्रपति बने, उर्दू को बचाने के लिए एक विराट हस्ताक्षर अभियान चलाया; लाखों उर्दूभाषी स्त्री-पुरुषों ने उपचारात्मक कदमों का सुझाव देते हुए एक अनुस्मारक पर हस्ताक्षार किए लेकिन उसका कोई नतीजा नहीं निकला।

एक और मुसलमान नेता फ़ख़रुद्दीन अली अहमद (1905-1977) ने, जो नेहरू की बेटी इन्दिरा गाँधी के मन्त्रिमंडल के एक वरिष्ठ सहयोगी थे, यह कोशिश की कि सरकार को यह अहसास दिलाया जाए कि उर्दू की गिरती हालत को सुधारना जरूरी है, लेकिन वे भी नाकामयाब रहे। मुझे एक वाकया याद आता है जो उर्दू के प्रति आम रवैए की मिसाल है। 1969 में अहमद, भारत सरकार को इस बात के लिए राजी करने में कामयाब हो गए कि महान उर्दू शायर मिर्ज़ा ग़ालिब की जन्म-शताब्दी अखिल भारतीय स्तर पर मनाई जाए। परिणामस्वरूप, बम्बई में एक विशाल आम समारोह आयोजित किया गया। मैंने उसकी अध्यक्षता की। केन्द्र और राज्य के अनेक गण्यमान्य व्यक्तियों ने समारोह में हिस्सा लिया। उसमें भाग लेनेवाले प्रमुख उर्दू लेखकों और शायरों में लोकप्रिय गीतकार साहिर लुधियानवी भी थे। जब शान्त, विनम्र साहिर अपने सामान्य गम्भीर व्यक्तित्व के साथ अपनी रचना पढ़ने के लिए खड़े हुए तो तालियों की प्रचंड गड़गड़ाहट हुई; सभी ने बड़ी उम्मीद के साथ सुनना शुरू किया कि अब उर्दू कविता के शिखर पुरुष मिर्ज़ा ग़ालिब को श्रद्धांजलि अर्पित करनेवाली एक मार्मिक रचना सुनने को मिलेगी। लेकिन जब साहिर ने रचना पढ़नी शुरू की और पंक्ति-दर-पंक्ति

पढ़ते गए तो सभी दंग रह गए; मंच पर बैठे मन्त्री व अधिकारी धक्क रह गए और विशाल जन-समुदाय उछल पड़ा। साहिर ने गाया :

इक्कीस बरस गुजरे आजादिए कामिल को
तब जाके कहीं हमको ग़ालिब का ख़याल आया
तुरबत है कहाँ उसकी मिसकिन था कहाँ उसका
तब अपने सुफन परवर ज़हनों में ख़्याल आया।

सौ साल से जो तुरबत चादर को तरसती थी
अब उस पर अक़ीदत के फूलों की नुमाइश है
उर्दू के तआल्लुक़ से कुछ भेद नहीं खुलता
ये जश्न, ये हंगामा, ख़िदमत है कि साज़िश है।

जिन शहरों में गूँजी थी ग़ालिब की नवाँ बरसों
उन शहरों में बरसों अब उर्दू बे नामो निशाँ ठहरी
आज़ादिए कामिल का एलान हुआ जिस दिन
मातूब जबाँ ठहरी ग़द्दार-ए-ज़बाँ ठहरी।

जिस अहदे सियासत ने यह ज़िन्दा जबाँ कुचली
उस अहदे सियासत को मरहूमों का ग़म क्यों है
ग़ालिब जिसे कहते हैं उर्दू ही का शायर था
उर्दू पे सितम ढाके ग़ालिब पे करम क्यों है।

साहिर ने अपनी इस अमर कविता में आज के हिन्दुस्तान में उर्दू की बदहाली की जो मार्मिक तस्वीर खींची है वह सटीक है। इसमें उर्दूभाषी हिन्दुस्तानियों के दर्द को शब्द दिए गए थे। बहरहाल, यह कहना पूरी तरह से सही नहीं होगा कि भारत सरकार हमेशा ही उर्दू के प्रति सहानुभूतिहीन रही है। उसने उसे बचाने के लिए अनेक कदम उठाए भी, जिसमें से एक था 10:40 का फार्मूला, जिसके तहत 40 विद्यार्थियों की कक्षा में अगर उर्दू को शिक्षा के माध्यम के रूप में लेना चाहनेवाले 10 भी विद्यार्थी हों तो उसके लिए जरूरी सुविधाओं का, जिनमें उर्दू अध्यापकों की नियुक्ति भी शामिल थी, प्रावधान किया गया। लेकिन जिन राज्य सरकारों को इन्हें लागू करना था, उन्होंने बहुत कम ही ऐसा किया। उनका आम बहाना होता था कि या तो पर्याप्त विद्यार्थी नहीं हैं या अध्यापक नहीं हैं या दोनों नहीं हैं। केन्द्रीय मन्त्रिमंडल ने इस पर अपनी नाखुशी जाहिर भी की और इस बात पर जोर दिया कि उर्दू विद्यालयों के सही-सही रजिस्टर तैयार किए जाएँ; लेकिन विद्यार्थियों के प्रिंसिपल, माता-पिता से ये मनवाने में कामयाब हो गए कि अगर वे यह जोर देते हैं कि उनके बच्चों को उर्दू माध्यम से पढ़ाया जाए तो उन्हें आगे

चलकर नौकरियाँ नहीं मिलेंगी। सो उर्दू भाषा को जिन्दा रखने का यह प्रयास भी नाकामयाब रहा।

उर्दूभाषी लोगों समेत अन्य भाषाई अल्पसंख्यकों की रक्षा के लिए नेहरू ने 1962 में एक भाषाई कमिश्नर की नियुक्ति की जिसका काम उनको उपलब्ध कराई जाने वाली सुविधाओं का पुनर्निरीक्षण और निरीक्षण करना और उनकी शिकायतों को दूर करना था। हर रिपोर्ट में एक के बाद एक भाषाई कमिश्नर ने शिकायत की कि अधिकांश राज्य, उर्दू के प्रति अपने दायित्वों को नहीं निभा रहे हैं और उर्दू विद्यार्थियों और अध्यापकों की संख्या तेजी से घट रही है। आज उत्तर प्रदेश में शायद ही कोई उर्दू माध्यम का स्कूल है। बिहार और पश्चिम बंगाल में उर्दू स्कूलों की हालत बेहतर है, लेकिन राजस्थान और मध्य प्रदेश में आधिकारिक स्तर पर लगातार यह कोशिश जारी है कि उर्दू की पढ़ाई को निरुत्साहित किया जाए; सिर्फ महाराष्ट्र में और दक्षिण के राज्यों में हालत कुछ अनुकूल है हालाँकि इन क्षेत्रों में भी साल-दर-साल उर्दू विद्यार्थियों की संख्या घटती जा रही है। इसके पीछे आर्थिक कारण और आधिकारिक निष्क्रियता दोनों ही का हाथ है। सच्चाई यही है कि कुल मिलाकर उर्दू को किसी भी राज्य में उस ढंग की सरकारी सहायता नहीं मिल रही है जो किसी भी भाषा की प्रगति के लिए जरूरी है; यों करीब-करीब हर राज्य में एक उर्दू अकादमी है; लेकिन देखा गया है कि उसका इस्तेमाल अधिकतर अपने मनचाहे लेखकों, शायरों और पत्रकारों को प्रश्रय-दान देने के लिए किया जाता है, आम लोगों के बीच उर्दू के प्रचलन को प्रोत्साहन देने की कोई खास परवाह की जाती हो, ऐसा नहीं लगता। इन अड़चनों को दूर हटाने और उर्दूभाषी जन समुदाय की शिकायतों को दूर करने के लिए इन्दिरा गाँधी ने, बतौर प्रधानमन्त्री, अपनी सरकार के एक मन्त्री इन्द्र कुमार गुजराल की अध्यक्षता में, जिनके उर्दू-प्रेम पर कोई सवाल नहीं उठता, एक समिति नियुक्त की थी। समिति ने दो-तीन साल काम किया और एक रिपोर्ट तैयार की जिसे सहानुभूतिपूर्ण और रचनात्मक कहकर सराहा गया। उसकी कई सिफारिशें उर्दू के लिए बड़ी प्रेरणादायक साबित होतीं। लेकिन श्रीमती गाँधी ने उसे ताक़ पर रख दिया। वह तब तक सार्वजनिक न की गईं, जब तक विश्वनाथप्रताप सिंह सत्ता पर नहीं आ गए और उनकी सरकार ने उसे लोकसभा के दोनों सदनों के सामने प्रस्तुत नहीं कर दिया। लेकिन चूँकि तब तक बहुत वक्त बीत चुका था और उर्दू भाषा को बचाने के लिए कोई सार्थक काम नहीं किया गया था, सो गुजराल समिति की सिफारिशों का पुनर्निरीक्षण करने और उन्हें क्रियान्वित करने हेतु उपायों और मार्गों का सुझाव देने के लिए मशहूर उर्दू शायर अली सरदार जाफ़री की अध्यक्षता में एक समिति नियुक्त की गई। जाफ़री समिति ने करीब छह साल पहले अपनी रिपोर्ट प्रस्तुत कर दी है, लेकिन उसकी सिफारिशों पर अब सिर्फ गर्द की और तहें जमा हो रही हैं।

उर्दू को सबसे बड़ा आघात तथाकथित त्रिभाषा-फार्मूला से लगा; उत्तरी भारत में इसके तहत निम्न भाषाओं की शिक्षा दी जाती है :

- मातृभाषा;
- कोई आधुनिक भारतीय भाषा और
- कोई यूरोपीय भाषा

उर्दू विद्यार्थी को प्रान्तीय भाषा हिन्दी, संस्कृत, जो कि अनिवार्य कर दी गई है और अंग्रेजी—अपनी आर्थिक बेहतरी के लिए—लेनी पड़ती है। दक्षिण में प्रान्तीय भाषा का समावेश करने के लिए फार्मूले को परिवर्तित कर—तमिल, तेलुगु या कन्नड़, हिन्दी और अंग्रेजी—लागू किया गया। पूर्वोत्तर में भी करीब-करीब इसी ढाँचे में फार्मूले को ढाला गया। नतीजा यह निकला कि उर्दू अनाथ हो गई, उसे कोई पूछने वाला न रहा; सिवाय उन स्कूलों के, जिन्हें मुसलमान भावनात्मक वजहों से चलाया करते हैं, और कहीं उसे आसरा न मिला। बदकिस्मती से, एक कश्मीर को छोड़कर और किसी भी राज्य में उर्दू प्रान्तीय भाषा नहीं है। उसे द्वितीय भाषा बनाने की माँग से, जिसे बिहार और उत्तर प्रदेश ने कबूल किया है, कोई खास फायदा नहीं हुआ है। जामिया उर्दू के वाइस-चांसलर डॉ. मसूद हुसैन ख़ाँ ने उल्लेख किया है कि पुरुषोत्तमदास टंडन ने तत्कालीन राष्ट्रपति ज़ाकिर हुसैन से कहा था कि 25 साल के अन्दर ही भारत में उर्दू की किस्मत मुहरबन्द हो जाएगी; यह 1968 की बात थी। कितनी सटीक थी वह भविष्यवाणी और सांस्कृतिक रूप से कितने असुरक्षित हो गए हैं मुसलमान इस दौरान ! पहचान का संकट इतने सूक्ष्म, अनजान तौर से उन पर अपनी गिरफ्त कस रहा है कि वह दिन दूर नहीं जब अपने सारे आन्दोलनों के बावजूद वे सचमुच ही हिन्दुत्व के सैलाब में अपना पूरा वजूद ही गँवा बैठेंगे !

उर्दू ने भारतीय मुसलमानों को एक विशिष्ट पहचान दी थी; उनकी धार्मिक सम्पदाएँ उसमें श्रद्धापूर्वक प्रतिष्ठापित हैं; उनकी सांस्कृतिक प्रकृति उसकी वजह से संरक्षित हैं; लेकिन चाहे हम इसे कबूल करें या नहीं, यह भाषा अब हिन्दुस्तान से कूच कर जाने की राह पर है। वे मुसलमान भी, जो इसको जिन्दा रखने के लिए लड़ रहे हैं, अपने बच्चों को ऐसे स्कूलों में भेज रहे हैं जहाँ शिक्षा का माध्यम प्रान्तीय भाषाएँ हैं। नतीजतन, ये बच्चे अब उर्दू पढ़ या लिख नहीं सकते। मुस्लिम माता-पिताओं को यह अहसास हो चुका है कि अगर उनके बच्चे प्रान्तीय भाषाओं में दक्षता नहीं प्राप्त कर लेते तो उनका कोई आर्थिक भविष्य नहीं होगा; सामाजिक तौर पर भी वे बहुत ज्यादा नुकसान में रहेंगे। ऐसा सिर्फ उत्तर प्रदेश और बिहार में—उर्दू के केन्द्रीय भाग में—ही नहीं हो रहा है—बल्कि दक्षिण में और महाराष्ट्र में भी—जो कि उर्दू के प्रति बड़ा सहानुभूतिपूर्ण रहे हैं—हो रहा है। उर्दू माध्यम से आए विद्यार्थियों की संख्या तेजी से घट रही है; उर्दू अखबारों की पाठक-संख्या तेजी से घट रही है। शादियों के दावतनामे भी अब उर्दू की बजाय क्षेत्रीय भाषाओं में लिखे जाते हैं। इन राज्यों, जैसा कि उत्तर में भी, पाठकों की बढ़ती माँग के चलते क्षेत्रीय भाषाओं में पत्र-पत्रिकाओं को प्रकाशित करने का चलन शुरू हुआ है क्योंकि अब ऐसे मुसलमानों की तादाद बढ़ती जा रही है जिन्होंने उर्दू छोड़कर क्षेत्रीय भाषाएँ अपना ली हैं।

उर्दू को इसके बावजूद बचाया जा सकता था, अगर माँ-बाप ने बच्चों को

कम-से-कम घर पर यह भाषा सिखाने की सावधानी बरती होती लेकिन उन्होंने वैसा नहीं किया। उन्होंने उर्दू को बचाने की कोई फिक्र नहीं की। वे क्षेत्रीय भाषाओं को अपनाकर ही सन्तुष्ट हैं; उनमें से सम्पन्न लोग अपने बच्चों को उर्दू की बजाय अंग्रेजी या हिन्दी स्कूलों में भेजना पसन्द करते हैं। उर्दूभाषी जन-समुदाय इसलिए अब बहुत ही घट गया है; सिर्फ मुशायरे, गजल गायकी और कव्वालियों के कार्यक्रम उसे जिन्दा रख रहे हैं। फिल्में भी, जो अतीत में उर्दू को बचाए हुए थीं अब ज्यादा-से-ज्यादा संस्कृत-भरी हिन्दी का इस्तेमाल कर रही हैं।

विभिन्न राज्यों की उर्दू अकादमियाँ सिर्फ सजावट की वस्तुएँ हैं; वे भाषा को बचा नहीं सकतीं। वे ज्यादा-से-ज्यादा लेखकों या शायरों की एक ऐसी छोटी सी जमात को मदद दे सकती हैं जिनकी किताबें अनुदान या आर्थिक मदद के बगैर प्रकाशित नहीं हो सकतीं। मुसलमानों के सामने इसके सिवाय और कोई चारा नहीं है कि बदलते हालात को चुपचाप कबूल कर उससे ताल-मेल बैठा लें। मुझे डर है, भारत में उर्दू का भविष्य अन्धकारमय हो चुका है।

असुरक्षा की तलवार

कुछ साल पहले, मेरे दोस्त, डॉ. नूरुल हसन बरलास ने मुझे फटकारा कि मैं मुसलमानों की कोई मदद नहीं कर रहा हूँ जो एक के बाद एक दंगों की चपेट में आ रहे हैं। उन्होंने नाराज होकर पूछा, 'फायदा क्या है आप जैसे लोगों का ? आपको उनके वोटों की तो गरज है लेकिन उन्हें बचाने के लिए आप एक उँगली तक नहीं हिलाएँगे !' उनकी टिप्पणी तब से मेरे दिलो-दिमाग में घुमड़ रही है, 'क्या कर सकते हैं ये गरीब बेचारे प्राणी ? अगर वे घरों में दुबके बैठे रहते हैं तो गुंडे आते हैं और आग लगाकर चले जाते हैं। अगर वे दहशत से बाहर भागते हैं तो उनकी पीठ पर छुरा भोंका जाता है। अगर मजबूर होकर वे पुलिस के पास मदद के लिए जाते हैं तो उन्हें गोलियाँ मिलती हैं।' बारलास की बातों में तीव्र व्यथा थी। उनका अन्दाज थोड़ा-सा नाटकीय भी था लेकिन उसमें वह असुरक्षा की भावना रेखांकित थी जो आम मुसलमान को जकड़े हुए है। 6 दिसम्बर, 1992 को बाबरी मस्जिद के ध्वंस के बाद हुए दंगे पूर्वनियोजित थे। मुसलमानों में दहशत फैलाने के लिए वे किए गए थे; अनेक मुसलमानों को बेरहमी से मारा-पीटा गया और उनके घरों को उजाड़ दिया गया। किसी को नहीं बख़्शा गया, न अमीर को, न ताकतवर को। बम्बई सबसे ज्यादा प्रभावित क्षेत्रों में से एक था। एक रात, जब शहर मुसलमान-विरोधी आग में सुलग रहा था, सुरक्षित और महानगरीय हिस्सों के मुसलमानों के मकान और फ्लैट भी हिन्दू गुंडों के हिंसक हमलों के निशाना बन रहे थे; तब भारत के पूर्व एटार्नी जनरल सोली सोराबजी ने, जो हमारे अच्छे दोस्त रहे हैं, मेरी पत्नी को फोन किया और हमें अपने दिल्ली के घर में आश्रय देने की पेशकश की। ऐसा था वह आतंक जिसने आस-पास और दूर-दराज के लोगों को जकड़ रखा था।

बी. बी. सी. के एक इंटरव्यू में मैंने मुसलमानों की असुरक्षा की भावना का चित्रण करने के लिए डॉ. नूरुल हसन ने मुझसे जो कहा था उसे उद्धृत किया। 1990 के मेरे लोकसभाई चुनाव-प्रचार के दौरान शिवसेना प्रमुख बाल ठाकरे ने डॉ. बरलास की टिप्पणी को सीधे मेरा मन्तव्य बताते हुए मुझ पर देशभक्ति के अभाव का आरोप लगाया। उन्होंने कहा कि अगर मुसलमान लगातार दहशत में रह रहे हैं तो यह उनकी गलती है; वे हिन्दुओं के आक्रोश को निमन्त्रित करते हैं। हिन्दुओं पर जुल्म का आरोप लगाना गलत है, वह राष्ट्रविरोधी है। खुशकिस्मती से ऐसे अनेक हिन्दू हैं, जो बाल ठाकरे

की विचारधारा से सहमत नहीं हैं, वे मुसलमानों पर होते बर्बर जुल्मों की निन्दा उतने ही सबल रूप से करते हैं जितना कि बाल ठाकरे उसकी सराहना करते हैं। दिसम्बर 1992 में और जनवरी 1993 में हिन्दुस्तान के विभिन्न भागों में भड़क उठे साम्प्रदायिक दंगों में धर्मनिरपेक्ष हिन्दुओं और भारतीय प्रेस ने बहुत ही साहसी भूमिका अदा की; उन्होंने गाँधी की चेतना को फिर से जागृत कर दिया। धर्मनिरपेक्ष मूल्यों का समर्थन करने और हिन्दुत्व के पैरोकारों को फटकारने में हिन्दू सम्पादकों, रिपोर्टरों, बुद्धिजीवियों और कुछ राजनीतिज्ञों ने जो साहस दिखाया वह आधुनिक भारत के इतिहास का एक उज्ज्वल अध्याय बना रहेगा। उसके बाद वे आम हिन्दुओं पर भाजपा की गिरफ्त को भी ढीली करने में कामयाब हुए; जनता उसके खिलाफ हुई और उ. प्र., राजस्थान हिमाचल प्रदेश और मध्य प्रदेश में 1993 के मध्यावधि चुनावों में उसके उम्मीदवारों की करारी हार हुई। मुस्लिमों के खिलाफ नफरत का सैलाब, इसकी वजह से थोड़ा थमा; लेकिन क्या यह नियन्त्रण बना रहेगा, यह तो सिर्फ वक्त ही बताएगा। लेकिन गुजरात और महाराष्ट्र में मार्च 1995 के विधान सभा चुनावों के नतीजों से तो साम्प्रदायिक ताकतों के फिर सबल होने के ही आसार दिखते हैं।

हिन्दुओं के एक बहुत बड़े तबके में मुसलमानों के प्रति नफरत की भावना, कोई हाल की उपज नहीं है; उसका एक लम्बा इतिहास है जो ब्रिटिश राज तक जाता है। ब्रिटिश राज के दौरान ज्यों-ज्यों स्वायत्तता का संघर्ष तीव्र होता गया राजनीतिक मतभेद सिर उठाने लगे और उसकी अभिव्यक्ति अधिकांशतः साम्प्रदायिक अशान्ति के रूप में होने लगी। उसके बाद शायद ही कोई ऐसा साल गया होगा जब हिन्दुस्तान के किसी-न-किसी कोने में, किसी-न-किसी प्रकार का साम्प्रदायिक दंगा न भड़का हो। विस्फोट के लिए कोई भी बहाना काफी हो जाता। मेरे ख्याल से, राजनीतिक तू-तू मैं-मैं की बनिस्बत, इन दुर्भाग्यपूर्ण घटनाओं ने, दोनों समुदायों के बीच अलगाव की दीवारें खड़ी कीं। इसके बावजूद, इनकी वजहों को खत्म करने की बात तो दूर रही उनका विश्लेषण करने तक का प्रयास, कम-से-कम सार्वजनिक स्तर पर तो बहुत ही कम किया गया है। हर रंग की सरकार, फिर वह ब्रिटिश हो या भारतीय, फायर ब्रिगेड की भूमिका निभाती रही है, वह आग बुझाने का काम करती रही है। और आग बुझ चुकने के बाद सब-कुछ भुला दिया जाता है। आयोगों की नियुक्तियाँ हुईं, लेकिन अपनी जाँच-पड़ताल पूरी करने में उन्होंने बरसों लगाए। उनकी प्रवृत्ति तात्कालिक भड़काऊ घटनाओं का पता लगाने की ज्यादा रही और उन्होंने दूरगामी नजरिया बहुत कम अपनाया। और जब उन्होंने अपनी रिपोर्ट सरकार को दे भी दीं तो उनकी सिफारिशों पर कोई खास कार्रवाई नहीं की गई।

मादन आयोग ने, जो 1979 के भिवंडी दंगों की वजहों की पड़ताल कर रहा था, अपनी जाँच को पूरी करने में दस साल लगाए। उसकी रिपोर्ट एक विराट दस्तावेज है लेकिन उसका कोई सार्थक व उपचारात्मक परिणाम न निकला। उसके बाद और दंगे हुए। यह हर ऐसे आयोग की नियति रही है। इसीलिए आजकल न्यायाधीश लोग ऐसी

बेमानी जिम्मेदारियों को उठाने में हिचकिचाने लगे हैं। और अगर कोई कार्रवाई की भी जाती है तो वह इतने बेमन से और मन्द-गति से होती है कि पूरी तरह सम्पन्न नहीं होती। दंगों के शिकार, पीड़ितों के आत्मविश्वास को पुनर्स्थापित करने के लिए आश्वासन दिए जाते हैं, लेकिन उन्हें निभाने की अपेक्षा तोड़ा ज्यादा जाता है।

मिसाल के तौर पर 1983 में उ.प्र. के दंगों के एक क्रम के बाद, सभी राजनीतिक पार्टियों के मुस्लिम सांसदों ने प्रधानमन्त्री, इन्दिरा गाँधी को एक स्मरण पत्र दिया और अपने सहधर्मियों के जान-माल की रक्षा की माँग की। मेरे साथी सांसदों ने मुझसे वह आवेदन पत्र उन्हें प्रदान करने के लिए कहा और प्रधानमन्त्री ने हमारे शिष्टमंडल को एक घंटे से ज्यादा वक्त दिया। नतीजे के तौर पर उन्होंने अपने कैबिनेट सचिव, अपने मुख्य सचिव और गृह सचिव से कहा कि वे एक कार्रवाई योजना तैयार करें। लोकसभा में कांग्रेस पार्टी का उपनेता होने के नाते उन्होंने मुझे इन अधिकारियों के साथ जुड़ने को कहा। हमने करीब एक सप्ताह तक काम किया, साम्प्रदायिक दंगों के हर पहलू पर विचार किया और सिफारिशें प्रधानमन्त्री के सामने प्रस्तुत कीं जो बाद में उनके द्वारा 15 सूत्री कार्यक्रम के रूप में जारी की गईं। वह काफी विस्तृत दस्तावेज था लेकिन बाद की घटनाओं ने यह साबित किया कि न तो राज्यों के और न ही केन्द्र के अधिकारियों ने उस पर गम्भीरता से विचार किया। उससे पहले, राष्ट्रीय एकता परिषद ने, समय-समय पर, साम्प्रदायिक दंगों पर काबू पाने के लिए कुछ कदम उठाने की जोरदार सिफारिशें की थीं लेकिन उनका भी कोई नतीजा नहीं निकला। उन्हें लागू करने की कोई राजनीतिक मंशा नहीं थी और जहाँ उसे लागू किया भी गया वहाँ नौकरशाही ने उसे कुंठित कर दिया। सो ज्यों-ज्यों साल गुजरते गए हालात बदतर होते गए और मुसलमान खुद को ज्यादा-से-ज्यादा असुरक्षित महसूस करते गए।

साम्प्रदायिक दंगों का विश्लेषण, उनके विस्फोट के पीछे निहित असली मंशा को उजागर करता है; अधिकांश मामलों में वह धार्मिक उतनी नहीं जितनी कि आर्थिक नजर आती है। बम्बई, सूरत, अहमदाबाद, मेरठ, अलीगढ़, जमशेदपुर, भिवंडी, मालेगाँव, औरंगाबाद, मुरादाबाद, पुणे और ऐसे वाणिज्यिक केन्द्रों में सबसे ज्यादा भयावह वारदातें घटी हैं, और ये वे जगहें हैं जहाँ मुसलमान आर्थिक रूप से ऊपर उठने में कामयाब हुए हैं। दंगों के परिणामस्वरूप करीब-करीब उनका सफाया कर दिया गया। पहले यह आरोप लगाया जाता था कि अधिकतर मामलों में मुसलमानों ने दंगे शुरू किए लेकिन अब बहुत कम लोग इस दलील को सही मानते हैं। मुसलमान वाकई सरफिरे होंगे अगर वे अपनी बरबादी को खुद ही न्यौता देते हैं। 1967 में भिवंडी दंगों के बाद, तत्कालीन जनसंघ ने इस विचार को बड़े जोशो-खरोश के साथ प्रचारित किया था और यह दर्शाने की कोशिश की थी कि मुसलमान ही असली खलनायक हैं। 14 मई, 1970 को लोकसभा ने महाराष्ट्र के भिवंडी और जलगाँव के दंगों पर बहस की शुरुआत की जो पाँच घंटे से ज्यादा वक्त तक चली। जनसंघ के नेता अटलबिहारी वाजपेयी ने बहस की शुरुआत की। अपने भाषण की भूमिका में उन्होंने यह टिप्पणी की कि वे कुछ

'खरी-खरी बातें' कहना चाहेंगे। उन्होंने यह दलील दी कि हर बार मुसलमान ही दंगों की शुरुआत करते हैं हालाँकि आखिर में मुसलमान ही ज्यादा मारे जाते हैं और उनकी सम्पत्ति को ही ज्यादा नुकसान पहुँचता है।

वाजपेयी ने कहा, जबकि अन्ततोगत्वा मुसलमानों को ही ज्यादा नुकसान होता है फिर भी वे क्यों दंगे भड़काया करते हैं इसके पीछे तीन सम्भावित कारण हो सकते हैं; या तो वे इस नतीजे पर पहुँच चुके हैं कि हिन्दुस्तान में उनका कोई भविष्य नहीं; सो बेहतर है कि लड़ते-लड़ते मर जाएँ, या कुछ मुसलमान जिनके पाकिस्तान के साथ ताल्लुकात हैं, दंगे शुरू करवाते हैं, ताकि वे हिन्दुस्तान को बदनाम कर सकें; या ऐसे मुसलमान हैं जो नहीं चाहते कि इनका समुदाय राष्ट्र की मुख्यधारा में शरीक हो और इसलिए अपने साथी मुसलमानों को गुमराह करते हैं। उन्होंने जोर देकर कहा कि मुसलमान इतने घोर साम्प्रदायिक होते जा रहे हैं कि हिन्दुओं के सामने सिवाय उग्र बनने के और कोई विकल्प नहीं रह जाता। हिन्दुओं ने बड़े लम्बे अर्से तक बर्दाश्त किया है और अब और ज्यादा बर्दाश्त करने का इरादा वे नहीं रखते।

इन्दिरा गाँधी ने बड़ा जोशीला जवाब देते हुए कहा, "मुझे अफसोस है कि श्री वाजपेयी ने इस मौके का इस्तेमाल खासकर मुसलमानों पर और मेरे ख्याल से आमतौर पर सभी अल्पसंख्यकों पर हमला करने के लिए किया। उन्होंने बाँह उठाकर, हिटलर की बड़ी सुपरिचित मुद्रा में, बड़ा उग्र भाषण दिया है। मैं उन दिनों उसी देश में थी और जानती हूँ कि वे कैसे-कैसे शब्दों का इस्तेमाल किया करते थे।" वाजपेयी स्तम्भित रह गए। अपनी बात जारी रखते हुए श्रीमती गाँधी ने पूछा, 'ये दंगे कैसे शुरू हुए ?' उन्होंने आगे कहा :

> क्या वह छोटा लड़का, जिसने एक पत्थर फेंका, दंगे की शुरुआत करता है ? क्या वह एक व्यक्ति, जिसने शायद पहली हत्या की, दंगे की शुरुआत करता है, या, इसे शुरू करता है वह माहौल, जो ऐसे भाषणों से, जो हमने आज यहाँ सुना, तैयार किया जाता है ? मेरी राय में यह माहौल ही है जो इस साम्प्रदायिक अशान्ति को शुरू करता है और यह कोई नई बात नहीं है। यह कोई ऐसी बात नहीं है जो आज पहली बार हुई हो। क्या यह केवल संयोग है कि जब राष्ट्रीय स्वयंसेवक संघ या जनसंघ के लोग कहीं जाते हैं तो फिर कुछ वक्त बाद ही उस जगह के आस-पास दंगे भड़क उठते हैं। हो सकता है कि यह संयोग हो; मुझे नहीं मालूम लेकिन मुझे और उन सभी को जो इन हालात को देख चुके हैं, यह बड़ा अजीबोगरीब संयोग मालूम पड़ता है।

प्रधानमन्त्री इन्दिरा गाँधी ने स्पष्ट किया कि बहुसंख्यक समुदाय की यह विशेष जिम्मेदारी होती है कि वह अल्पसंख्यक की रक्षा करे और वह तभी सम्भव है जबकि सही माहौल बनाया जाए। उन्होंने राजनेताओं और अखबारों की आलोचना की और ध्यान दिलाया कि सिर्फ इतना सवाल कर देना ही काफी नहीं है कि पहला पत्थर किसने

फेंका बल्कि यह भी कि किसने माहौल को इतनी विस्फोटक स्थितियों तक पहुँचाया। उन्होंने कहा कि त्रासदी तो यह है कि गुनहगार सबसे पहले छूट निकलते हैं। और सिर्फ बेगुनाह ही लूटे और मारे जाते हैं। निस्सन्देह, इन्दिरा गाँधी ने गलतियों को सुधारने की बड़ी कोशिशें कीं लेकिन नाकामयाब रहीं। कई वर्षों बाद, उनके मुख्य सचिव, वी. एन. हक्सर ने, जो सरकार की निर्णय-रचना में काफी प्रभाव रखते थे, सार्वजनिक तौर पर इस बात पर अफसोस जाहिर किया कि सारी कोशिशों के बावजूद दंगे बाद में भी हुए, बार-बार हुए और उन्होंने यह कबूल किया कि "अगर प्रशासन साम्प्रदायिक और जातिगत आधारों पर बँट जाता है और अर्धसैनिक और पुलिसबलों को जनता के जान-माल को खतरा पहुँचाने दिया जाता है तो फिर हम राष्ट्र की सम्बद्धता और एकता को कैसे टिकाए रख पाएँगे?"

हालाँकि एक के बाद एक बने आयोग ने मुसलमानों के खिलाफ लगाए आरोपों के झूठ को उजागर किया है लेकिन उसके बावजूद हिन्दू साम्प्रदायिक नेता उन पर आरोप लगाते ही रहते हैं और उनके बहुसंख्यक अनुयायी उस पर यकीन भी करते हैं। एक वक्त था जब महात्मा गाँधी ने टिप्पणी की थी कि 'मुसलमान दबंग है और हिन्दू दब्बू।'[1] वह स्थिति शायद ब्रिटिशों के अन्तर्गत अविभाजित भारत में रही होगी लेकिन आज़ादी के बाद स्थितियाँ उलट गई हैं। मुसलमान तो अब खुद अपनी रक्षा तक करने में अक्षम हो गए हैं क्योंकि पुलिस, जो कि संरचना में बहुतांश हिन्दू है, उनकी रक्षा करने की बजाय अपने सहधर्मी आक्रामकों के साथ हाथ मिला लेती है। जब भी दंगा भड़क उठता है, सरकार वायदे करती है कि वह बहुधर्मी दंगा-पुलिसबल का गठन करेगी, लेकिन आज तक, उसने यह काम नहीं किया है। जब चाह नहीं है तो राह नहीं निकल सकती। अपने को विकट स्थिति में पाकर अनेक गुमराह मुसलमान नौजवानों ने जिस-किसी तरीके के आतंकवाद को अपना लिया है। शायद उन्हें यह लगता है कि यही एक रास्ता है जिसके जरिए वे अपने लाचार लोगों को बचा सकते हैं। यह पागलपन है—एक तरह की आत्मघाती वृत्ति है—लेकिन घोर निराशा अक्सर विवेकहीन काम करवाती है।

जस्टिस डी. पी. मदान ने, जो बाद में सुप्रीम कोर्ट में नियुक्त हुए, महाराष्ट्र राज्य के भिवंडी, जलगाँव और महाड में हुए साम्प्रदायिक उपद्रवों के कारणों की पड़ताल के लिए तथ्य और आँकड़े जमा किए थे और अपनी विस्तृत रिपोर्ट में यह टिप्पणी दी थी कि :

> अगर किसी दंगे के तथ्यों का सिर्फ सतही अवलोकन करें तो पता चलेगा कि दंगा एक बड़ी मामूली-सी घटना से शुरू हुआ था और हम दंग रह जाएँगे कि इतना मामूली-सा मामला इतनी आगजनी, लूट-पाट और हत्या तक कैसे जा पहुँचा। लेकिन इसके लिए खास गहरे सोच-विचार की जरूरत नहीं है कि वह एक घटना दंगे की असली वजह नहीं थी, वरन् सिर्फ एक नतीजा था, किसी और बात का जिसने दंगे के रूप में अपने को ठोस तरीके से

अभिव्यक्त किया। सभी साम्प्रदायिक उपद्रवों की बुनियादी वजह देश में व्याप्त साम्प्रदायिक माहौल और दोनों समुदायों के बीच निर्मित साम्प्रदायिक तनाव होता है। यह साम्प्रदायिक माहौल, साम्प्रदायिक मानसिकतावाले लोगों को तैयार जमीन दे देता है जिसमें वे नफरत के बीज बोते हैं और तब तक उसे पाल-पोसकर पनपाते रहते हैं जब तक कि साम्प्रदायिक दंगों की जहरीली फसल तैयार न हो जाए और वे मनचाही कटाई करें। साम्प्रदायिक अखबारों और पत्रिकाओं और साम्प्रदायिक मंचों से लगातार प्रचारित होता साम्प्रदायिक दर्शन और विचार दोनों ही समुदायों के नासमझ लोगों, यहाँ तक कि शिक्षित और पढ़े-लिखे लोगों के कुछ तबकों के मानस को भी इतना विषाक्त बना चुका है कि विरोधी समुदाय के सदस्य की हर एक गतिविधि को अविश्वास और शुबहे की नजर से देखा जाता है और उस पर बहुत ही निर्मम आरोप लगाए जाते हैं। कुछ मामलों में तो वे अधिकारी भी, जिनकी यह जिम्मेदारी है कि दोनों समुदायों के बीच सन्तुलन बनाए रखें, इस दाग से मुक्त नहीं हैं।[2]

बाबरी मस्जिद के ध्वंस के बाद दिसम्बर 1992 और जनवरी 1993 में हुए सिलसिलेवार दंगों में सैकड़ों बेगुनाह मुसलमान मारे गए; उसके बाद 12 मार्च, 1993 को बम्बई ने बम विस्फोट की शृंखला देखी जिसमें 200 से ज्यादा अभागे लोग, जिसमें अधिकतर सड़कों पर खड़े, चलते लोग थे, मारे गए। इस पर बड़े पैमाने पर यह शुबहा फैला कि कुछ समाजविरोधी मुसलमानों ने दंगों के दौरान अपने सहधर्मियों पर, और अनेक मामलों में पुलिस की मिलीभगत से, हुए अत्याचारों का यह मुँहतोड़ जवाब दिया है। इन विस्फोटों ने, दंगों की तरह ही, देश की आत्मा को झकझोर दिया; निश्चित ही इसमें पाकिस्तानी हाथ था, जिसने इस प्रकार की कायरतापूर्ण करतूत के लिए कुछ कुख्यात अंडरवर्ल्ड के गुंडों से मिलकर साजिश की थी। इसने गैर-सामाजिक तत्त्वों की जघन्य भूमिका का भंडाफोड़ किया; इसने यह भी दर्शाया कि हिंसा से हिंसा का जन्म होता है। इसने एक प्रकार के विष-चक्र की रचना की जिसने एक या दूसरे समुदाय के बेगुनाह लोग बड़ी भारी तादाद में बारी-बारी से मारे जाने लगे। देश-भर के अखबारों ने इन पाशविकताओं को भड़कानेवालों और करनेवालों—दंगों और विस्फोटों—दोनों की तीव्र निन्दा की और उनके खिलाफ कड़ी कार्रवाई करने की माँग की। समाचारों की रिपोर्टिंग में भी साम्प्रदायिक पूर्वाग्रह नहीं के बराबर था; सम्पादकीय भी मुक्त, स्पष्ट और निर्भीक थे और उनमें हिन्दू साम्प्रदायिकतावादी की उतनी ही भर्त्सना की गई थी जितनी कि मुस्लिम अंडरवर्ल्ड के सदस्यों की !

लेकिन राज्य सरकारों ने विशेषकर महाराष्ट्र ने टेररिस्ट एंड डिस्रप्टिव एक्टीविटीज (प्रिवेंशन) एक्ट (आतंकवाद तथा विघटनकारी गतिविधि (रोधक) कानून) टाडा का अन्धाधुन्ध उपयोग कर दो सौ से ज्यादा मुसलमानों को बगैर किसी सुनवाई या मुकदमे के जेल में डाल दिया; उनमें से कइयों का बम-विस्फोट से कुछ लेना-देना नहीं था। सिर्फ

शुबहे पर, लोगों को अन्धाधुन्ध गिरफ्तार कर लिया गया और कई बेगुनाहों को तो पुलिस की मुट्ठियाँ गर्म कर अपने को गिरफ्तारी से बचाना पड़ा। अनेक स्वतन्त्र जाँच-पड़तालों ने इस सचाई को साबित कर दिया है कि दंगों और बम-विस्फोटों के दौरान पुलिस ने जान-बूझकर मुसलमानों को निशाना बनाया और सरकार के उच्चस्तरीय अधिकारियों की भी इसमें मिलीभगत थी। इससे निश्चित ही मुसलमानों में भय और असुरक्षितता की भावना और भी बढ़ गई। दंगों के बाद 15 लाख से ज्यादा मुसलमान बम्बई से सुदूर अपने उत्तरी और दक्षिणी गाँवों की ओर भाग गए। उनमें से अधिकतर लोग मजदूर और कारीगर थे; उनके अचानक पलायन कर जाने से शहर की औद्योगिक जिन्दगी पर प्रतिकूल असर पड़ा। विशेष रूप से ये लोग श्रमिक और महीन दस्तकारी के काम में कुशल कारीगर थे और कई इकाइयाँ उन पर बड़े पैमाने पर निर्भर थीं। लोगों का विश्वास इतना हिल गया था कि बाद में जो लौटकर आए वे भी मिली-जुली बस्तियों में रहने से डरने लगे। साम्प्रदायिक ध्रुवीकरण आम बात हो गई; मुसलमान, जो कि दंगों के दौरान विशेष रूप से हमलों का निशाना बन गए थे, अपने सहधर्मियों के घने मुहल्लों में बसने के लिए चले गए, झुग्गी-झोंपड़ियों में घिरकर-दुबककर रहने लगे, बाहर सिर निकालने का उनका साहस खतम हो गया।

वे इतना ज्यादा डरे हुए थे कि एसोसिएटेड प्रेस की एक रिपोर्ट के मुताबिक 'उन्होंने मुसलमान के तौर पर पहचान लिए जाने के डर से, अपनी दाढ़ियाँ मुँडवा ली थीं और टोपियाँ पहननी छोड़ दी थीं।' बम्बई के दंगों के दौरान, सम्पन्न मुसलमानों के घरों को भी, जो कि शानदार, मिले-जुले मुहल्लों में बसे हुए थे, निशाना बनाया गया था; उनके दरवाजों पर चेतावनियाँ चिपकाई ग़ई थीं कि वे घर खाली कर दें वरना उनके जान-माल को खतरा है। हालाँकि गरीबों को सबसे ज्यादा नुकसान हुआ, लेकिन पहली बार ऐसा हुआ कि मध्य और उच्च वर्ग को भी निशाना बनाया गया। कइयों ने अपने मकान छोड़ दिए; कुछ ने योरोप, अमरीका या मध्यपूर्व में फिर से जिन्दगी शुरू करने की योजनाएँ बनानी शुरू कीं। वे पाकिस्तान या बांग्लादेश तो जा नहीं सकते थे क्योंकि वहाँ तो वे अनचाहे थे। उन्हें अपने उन पूर्ववर्ती सहधर्मियों की दुखद नियति की जानकारी थी जो सब-कुछ छोड़कर इस उम्मीद में देशान्तरित हुए थे कि वे एक इस्लामी मातृभूमि में रहने जा रहे हैं। लेकिन वहाँ उनकी संकटपूर्ण स्थिति उन मुसलमानों से भी बदतर थी जो हिन्दुस्तान में रह गए थे। इसने 'इस्लामी भाई-चारे' के मिथक को बेनकाब कर दिया था। मुसलमान वैश्विक भाई-चारे की, सम्बन्धों की बातें करते हैं लेकिन इतिहास तो यही कहता है कि उन्होंने बमुश्किल कभी एक-दूसरे की मदद की है। असल में, युगों के दौरान, मुस्लिमों ने गैर-मुस्लिमों की बनिस्बत मुस्लिमों की ज्यादा हत्या की हैं। और यह बात तैमूर हो या औरंग़जेब, सद्दाम हुसैन हो या अयातुल्ला खुमैनी—सब पर सच उतरती है।

इन दंगों के दौरान हत्या, आगजनी और लूट-मार करनेवाले गुनहगारों के प्रति अधिकारियों के रवैए ने भारतीय मुसलमानों को सबसे जयादा क्षुब्ध किया। अहमदाबाद

दंगों के बाद ख़ान अब्दुल गफ़्फ़ार ख़ान ने बँटवारे के बाद अपनी पहली भारत-यात्रा के दौरान, 24 नवम्बर, 1969 को भारतीय लोकसभा के संयुक्त सत्र के समक्ष अपने भाषण में संकेत रूप से उसका उल्लेख करते हुए कहा :

> अगर साम्प्रदायिक उपद्रवों को भड़कानेवालों को या उनमें भाग लेनेवालों को समुचित दंड नहीं दिया जाता तो फिर बदमाशों को हमेशा ही देश की शान्ति को खतरा पहुँचाने की छूट मिल जाएगी। मुझे बताया गया कि सुप्रीम कोर्ट के एक भूतपूर्व चीफ जस्टिस ने एक रिपोर्ट में कहीं यह कहा है कि इन सारे वर्षों में साम्प्रदायिक उपद्रवों में जान और माल का विनाश करने के गुनाह में एक भी व्यक्ति को फाँसी नहीं दी गई है। अगर यह सच है, तो फिर आप इन उपद्रवों से छुटकारा पाने की उम्मीद कैसे कर सकते हैं ?

हमारे स्वतन्त्रता-संग्राम के इस वरिष्ठ सेनानी ने सांसदों को दो टूक शब्दों में कहा कि इन दंगों से :

> हो सकता है कि उन दलों और व्यक्तियों को, जो उन्हें बढ़ावा देते हैं या साजिश रचते हैं या बाद में उसके गुनहगारों का बचाव करते हैं, प्रभाव और शक्ति का अस्थायी लाभ मिले, लेकिन उससे न तो देश की प्रतिष्ठा में कोई इजाफा होता है और न ही राजनीतिक स्थिरता या राजनीतिक और आर्थिक प्रगति हासिल होती है। अफसोस की बात यह है कि इस रोग ने अब समूचे देश को ग्रस्त कर लिया है। वक्त आ चुका है कि आप नजरें उठाकर देखें और इस फैलती बुराई पर ध्यान दें।

गुनहगारों को सजा देने की माँग गला फाड़-फाड़कर की जाती है लेकिन कोई भी सरकार, चाहे वह कांग्रेसी हो या गैर-कांग्रेसी वैसा करने की हिम्मत नहीं जुटा पाई है क्योंकि उसे डर रहता है कि कहीं इससे हिन्दू-प्रतिक्षेप का मुकाबला न करना पड़ जाए और वोटों का नुकसान न हो जाए। एमनेस्टी इंटरनेशनल ने कई रिपोर्टों में कड़ी और तत्काल कार्रवाई की माँग की लेकिन उसकी माँग के अनुकूल कार्रवाई करने के बदले एक के बाद एक गृहमन्त्री ने, फिर वह केन्द्र का हो या राज्य का, एमनेस्टी को फटकार दिया कि 'हमारे अन्दरूनी मामलों में दखलन्दाजी' न करे और अपना काम देखे। वे यह भुला बैठे कि एमनेस्टी का तो यह काम ही है कि दुनिया में जहाँ भी मानव अधिकारों का उल्लंघन हो रहा हो उसे रोशनी में लाए और उसे सुधारने की माँग करे। अपने इसी काम की वजह से तो संस्था ने नैतिक बल और अन्तर्राष्ट्रीय समुदाय का सम्मान हासिल किया है।

राष्ट्रीय एकता परिषद ने भी बार-बार उन नागरिक और पुलिस अधिकारियों के खिलाफ अनुशासनात्मक कार्रवाई की माँग की है जिनके अधिकार क्षेत्र में ये दंगे हुए थे लेकिन प्रधानमन्त्री के ऐसे गम्भीर आश्वासनों के बावजूद कि सम्बन्धित डी एस पी

और कलेक्टर को तुरन्त निलम्बित या स्थानान्तरित किया जाएगा, राज्य सरकारों ने उसका कार्यान्वयन नहीं किया—और इस तथ्य को श्रीमती गाँधी ने सार्वजनिक तौर पर कबूल करते हुए कहा कि इस मामले में वे मजबूर हैं क्योंकि राज्य अपनी निष्क्रियता के लिए बहाने बनाना पसन्द करते हैं बनिस्बत इसके कि उपचारात्मक कदम उठाएँ। इन्दिरा गाँधी के बाद जो प्रधानमन्त्री आए उनमें यह बात कबूल करने जितना भी साहस नहीं था।

बदकिस्मती से, हिन्दुओं को लम्बे अर्से से यह यकीन दिलाया जा रहा है कि साम्प्रदायिक दंगों में मुसलमान ही असली आक्रामक हैं; पुलिस रिपोर्टों में भी अक्सर यह उल्लेख किया जाता है कि इस या उस मुसलमान ने एक मन्दिर को भ्रष्ट किया या गाय पर अत्याचार किया या हिन्दुओं के धार्मिक जुलूस को रोका और उसके बाद दंगा हो गया। अनेक आयोगों ने हिन्दू साम्प्रदायिक संगठनों की विद्वेषपूर्ण भूमिका का ब्यौरा दिया है लेकिन अब भी यह झूठा प्रवाद कि मुसलमान ही दंगा भड़काते हैं, बरकरार है। एक हिन्दी पत्रिका 'सार-संकलन' में एक सेवानिवृत्त वरिष्ठ इंडियन पुलिस सर्विस (आई. पी. एस.) अधिकारी विभूतिनारायण राय ने एक विचारोत्तेजक लेख लिखा है। वे दंगाग्रस्त गाज़ियाबाद जिले में कार्य कर चुके हैं और उन्होंने साफ-साफ यह कबूल किया है कि इस बात पर भले ही दो राय हो सकती है कि दंगा किसने शुरू किया लेकिन किस समुदाय को ज्यादा नुकसान पहुँचा इस बात पर कोई विवाद नहीं है।[3] उन्होंने लिखा है :

> "न सिर्फ यह कि करीब हर दंगे में मुसलमान ज्यादा मारे जाते हैं बल्कि उनमें से आधे से भी अधिक दंगों में मारे जानेवालों में 90 प्रतिशत लोग मुसलमान होते हैं। सरकारी आँकड़े दर्शाते हैं कि हर बड़े दंगे में मारे जानेवालों में तीन-चौथाई लोग मुसलमान थे और क्षतिग्रस्त सम्पत्ति में 75 प्रतिशत मुसलमानों की थी। इतना ही नहीं दंगों में गिरफ्तार किए गए लोगों में भी मुसलमानों की तादाद अविश्वसनीय तौर पर बहुत ज्यादा है।

राय ने उसके बाद 1960 से 1988 के दौरान हुए 56 बड़े दंगों का विश्लेषण किया है और कहा है :

> 1960 के बाद सबसे बड़ा दंगा अहमदाबाद में हुआ था। जस्टिस जगमोहन रेड्डी की अध्यक्षतावाले आयोग को राज्य सरकार द्वारा दिए गए आँकड़ों के मुताबिक 6,742 मकान/दुकान जलाए गए थे, जिनमें से 671 हिन्दुओं के थे और बाकी 6,071 मुसलमानों के थे। कुल विनष्ट सम्पत्ति का मूल्य 4,23,24,068 रु. आँका गया जिसमें से हिन्दू-सम्पत्ति का मूल्य 75,85,845 रु. था तो मुस्लिम का 3,47,38,224 रु. था। 512 मृतकों में 24 हिन्दू और 413 मुसलमान थे, शेष 75 की शिनाख्त नहीं हो पाई।

राय ने 1970 के भिवंडी दंगे का भी उल्लेख किया है जिसमें 79 लोगों की हत्या हुई थी। उन्होंने ध्यान दिलाया है कि उनमें से 17 हिन्दू थे और 59 मुसलमान और 2 की शिनाख्त नहीं हो पाई थी। जस्टिस डी. पी. मदान आयोग को दिए गए विवरणों में यह रहस्योद्घाटन हुआ था कि 9 मुसलमान औरतों पर बलात्कार हुआ लेकिन एक भी हिन्दू औरत पर नहीं। उसी प्रकार से जलगाँव दंगों में भी, जो कि भिवंडी हत्याओं से भड़क उठे थे, 43 व्यक्ति मारे गए थे जिनमें एक हिन्दू था शेष 42 मुसलमान। कुल विनष्ट सम्पत्ति में 33,90,977 रु. मूल्य की मुसलमानों की थी और 83,725 रु. मूल्य की हिन्दुओं की थी।

राँची, हटिया और नौसकरा में 1967 में हुए दंगों में 187 व्यक्ति मारे गए थे—164 मुसलमान और 19 हिन्दू—एक की शिनाख्त नहीं हो पाई। फिर जमशेदपुर, अलीगढ़, वाराणसी और बम्बई में दंगे हुए और राय ध्यान दिलाते हैं कि वहाँ भी हालात अलग नहीं थे। वे समापन करते हैं :

> ऐसा मुश्किल से कोई दंगा रहा होगा जिसमें मरे हुओं में कम-से-कम 70 प्रतिशत मुसलमान न रहे हों। लेकिन गिरफ्तार किए गए लोगों में भी अधिकतर मुसलमान हैं और उन्हीं के घरों में छापे भी डाले जाते हैं। बहुसंख्यक समुदाय की ही तरह पुलिस भी यही सोचती है कि दंगों के लिए मुसलमान ही जिम्मेदार हैं और उनके खिलाफ कड़ी कार्रवाई करने से ही उन्हें रोका जा सकता है। सरकारी आँकड़े बहुसंख्यक समुदाय की इस धारणा/मान्यता को नहीं बदल सकते कि हिन्दू ही ज्यादा मारे जाते हैं। एक औसत हिन्दू यह नहीं कबूल करेगा कि हिन्दू ज्यादा आक्रामक होते हैं।

और गहराई से विश्लेषण करें तो हिन्दुओं के मानस में यह धारणा बचपन ही से गहरी पैठी दिखाई देगी कि मुसलमान क्रूर होते हैं, वे हत्या करने से नहीं हिचकिचाते और हिन्दू नर्म दिल के होते हैं। यह आमतौर पर कहा जाता है कि हिन्दू-घर में तो सिर्फ सब्जी काटने का चाकू मिलेगा। और मुसलमानों के लिए यह माना जाता है कि उनके घरों में हथियारों का ज़खीरा भरा हुआ होता है। इस अवधारणा के बारे में कि मुसलमान दंगे शुरू करते हैं, राय समझाते हैं :

> उच्च अधिकारीगण, पढ़े-लिखे लोग, पत्रकार, पुलिसवाले या न्यायपालिका के अधिकारी भी यही मानते हैं। दंगे मुस्लिम बहुसंख्यक इलाकों में होते हैं इसे भी एक दलील के तौरपर पेश किया जाता है। मुस्लिम जानते हैं कि करीब हर दंगे में उन्हें ही ज्यादा तकलीफें उठानी पड़ी हैं, यह कोई छिपी हुई बात नहीं है। हर मुसलमान जानता है कि अगर दंगे भड़के तो वह मारा जाएगा, उसकी जायदाद बरबाद होगी या वह गिरफ्तार किया जाएगा। यह हिन्दू पर भी बीत सकता है पर बहुत कम ही बार। ऐसी हालत में मुसलमान भला दंगा क्यों शुरू करेगा ? क्या समूचे समुदाय ने खुदकुशी करने की ठान ली

है ? या क्या साल-दर-साल तकलीफें उठाने के बावजूद वह और भी मार खाना और मारना चाहता है ? अविश्वसनीय है, लेकिन एक औसत हिन्दू ऐसा नहीं सोचता। यह सवाल कि किसने दंगा शुरू किया उसी तरह से पूछा जाता है कि पहला पत्थर किसने फेंका। जाहिर है, इनसे गलत निर्णय निकलते हैं; यह वास्तविकताओं को नजरअन्दाज करता है। जो दंगों के प्रत्यक्षदर्शी रहे हैं वे जानते हैं कि हर फेंका हुआ पत्थर दंगा शुरू करवाने की क्षमता नहीं रखता। वह तो शत्रुतापूर्ण साम्प्रदायिक माहौल होता है जो उसे उकसाता है। महीनों से अफवाहों, प्रचारों, अविश्वासों का माहौल तैयार किया जाता है। तनाव का पिरामिड एक ऐसे बिन्दु तक रचा जा चुका है कि एक पत्थर या एक उत्तेजक नारा बारूद सुलगाने के लिए काफी होता है। किसने पहला पत्थर मारा, यह बात तब बेमानी होती है, असल में तो वह तनाव-भरा माहौल होता है जो उसे भड़काता है।

सम्बन्धित सरकारों की घोषणाओं और राजनीतिक नेताओं की उद्घोषणाओं, तात्कालिक प्रतिबन्धक और निवारक उपायों की जरूरत पर जोर देनेवाले अखबारी लेखों और सम्पादकीयों और ऐसे उपायों को कारगर बनाने के आश्वासनों के बावजूद, हाल के वर्षों में पहले से ज्यादा दंगे हुए हैं, जान-माल को ज्यादा क्षति पहुँची है। मई 1994 में भोपाल में साम्प्रदायिक दंगों पर आयोजित राष्ट्रीय सेमिनार में, जिसमें देश-भर के वरिष्ठ पुलिस अफसर शरीक थे और मुझे भी शिरकत करने का निमन्त्रण मिला था, मध्य प्रदेश के डाइरेक्टर जनरल ऑफ पुलिस जे. एन. सक्सेना ने बताया कि पिछले वर्षों में 319 वारदातें हुईं जिनमें 196 लोग मारे गए और 2000 घायल हुए और अब वारदातों की तादाद चार गुना बढ़ गई है। 1993 में मरनेवालों की संख्या 13,000 हो गई। आगे सक्सेना ने बताया कि 1963-67 के दौरान 200 वारदातों और 1968-85 की 700 वारदातों की तुलना में वर्ष 1986-88 में 700 वारदातें हुईं। 1990 से आँकड़ों ने एक हजार की संख्या पार कर ली है। सक्सेना ने कहा, 'एक और चिन्ताजनक स्थिति यह है कि हाल के वर्षों में साम्प्रदायिक हिंसा व्यापक हुई है और उसने अनेक राज्यों को अपनी चपेट में लिया है।' उन्होंने यह भी बताया कि ये घटनाएँ अब सिर्फ कुछ इलाकों या शहरों या नगरों तक सीमित नहीं रह गई हैं वरन् ग्रामीण क्षेत्रों में भी फैल गई हैं जो कि अब तक इनसे अछूते थे। उन्होंने साफ-साफ कहा कि 'चूँकि ग्रामीण क्षेत्रों में पुलिसबल की शक्ति और यातायात व संचार के साधन अपर्याप्त हैं इसलिए ग्रामीण क्षेत्रों में साम्प्रदायिक स्थितियाँ गम्भीर मोड़ ले लेती हैं।' समाचार और सूचनाओं के अनियमित आदान-प्रदान और प्रतिक्रियाओं की जानकारी के लिए अपर्याप्त साधनों की वजह से स्थिति बदतर हो जाती है। नतीजा यह निकलता है कि 'उपचारात्मक कदम उठाने से पहले ही मामला अक्सर हाथ से निकल जाता है।'

सक्सेना ने यह भी उद्घाटित किया कि इन दंगों का चरित्र भी तेजी से बदल रहा है; अब ज्वलनशील वस्तुओं का इस्तेमाल बढ़ रहा है जिससे आगजनी और मृत्यु की

घटनाएँ बढ़ रही हैं। बलात्कार के मामले भी बढ़ रहे हैं। उन्होंने हताशा से कहा, 'जब औरतें और बच्चे साम्प्रदायिक हिंसा के शिकार बनते हैं तो मानवीय संवेदनाओं का नितान्त अभाव दिखाई पड़ता है।' उन्होंने इस पर जोर दिया कि साम्प्रदायिक जुनून को भड़कानेवाले पैम्फलेटों और पर्चों का बड़े पैमाने पर वितरण और आडियो और वीडियो कैसेटों का इस्तेमाल भी, जनता की सुरक्षा को खतरा पहुँचाते हैं। उन्होंने जोर देकर कहा कि 'पिछले पाँच वर्षों के दौरान हुई साम्प्रदायिक घटनाओं और दुर्घटनाओं की समीक्षा यह दर्शाती है कि साम्प्रदायिक हिंसा की मात्रा और साम्प्रदायिक मुद्दों पर उग्र प्रचार के बीच एक गहरा रिश्ता है।' पुलिस ने पक्षपाती रवैए का उल्लेख करते हुए सक्सेना ने जहाँ इस आरोप का खंडन किया कि देश का समूचा पुलिसबल ही साम्प्रदायिक हो गया है, वहीं यह भी कबूल किया कि 'अल्पसंख्यक समुदाय के लोगों का पुलिसबल की निष्पक्षता के प्रति अविश्वास दिन-ब-दिन बढ़ता जा रहा है' और यह अनुरोध किया कि इसके परिणामों का गम्भीरता से विचार किया जाना चाहिए। विभूतिनारायण राय, जो सीमा सुरक्षा बल के प्रमुख थे, इस समय 'साम्प्रदायिकता और भारत का पुलिसबल पर अनुसन्धान कार्य कर रहे हैं। राय ने, जो बहुत ही सम्माननीय पुलिस अफसर होने के अलावा प्रसिद्ध लेखक भी हैं, 'द टाइम्स ऑफ इंडिया'(1 मार्च, 1995) को एक विशेष इंटरव्यू में कहा कि वरिष्ठ पुलिस नेतृत्व भी साम्प्रदायिक पूर्वाग्रहों और पक्षपातों से मुक्त नहीं है। उन्होंने कहा कि इनकी 'इस प्रकार की निष्क्रियता और मिलीभगत के ऐतिहासिक सबूत हैं।' उनके शब्दों को उद्धृत करें :

> 1990 में, जब मुलायम सिंह यादव की सरकार सत्ता में थी, 300 सिपाहियों ने अयोध्या में बाबरी मस्जिद की रक्षा की। हालाँकि, करीब 100 जुनूनी लोग गुम्बद पर चढ़ गए थे लेकिन वे उसे क्षति नहीं पहुँचा पाए। दो साल बाद, 6 दिसम्बर, 1992 हमारे सामने एक ऐसी स्थिति है जहाँ उ.प्र. पुलिस का समूचा बल, सी. आर. पी. एफ. और आई.टी.बी.पी. (इंडो-टिबेटन बोर्डर पुलिस) समेत 20,000 से ज्यादा संरक्षक ढाँचे का 'बचाव' कर रहे थे। इंटेलिजेंस ब्यूरो के वीडियो कैसेट रिकार्डिंग ने साफ-साफ दर्ज किया कि 3,000 या 4,000 से ज्यादा 'कार सेवक' मस्जिद के इर्द-गिर्द नहीं थे। ऐसी दृश्यावली में क्या कोई कारगर कार्रवाई नहीं की जा सकती थी ? कोई कार्रवाई क्यों नहीं की गई इसकी वजह कुछ और है। वही वीडियो कैसेट यह भी दिखाता है कि जब बाबरी मस्जिद ध्वस्त की गई तब पुलिसवाले हाथ उठा-उठाकर जीत की खुशी का इजहार कर रहे थे। जिला मजिस्ट्रेट और दूसरे अधिकारी खुशी से नाच रहे थे। और इसीलिए कार सेवकों को रोका नहीं जा सका।

वे इस बात को नहीं मानते कि यह सब राजनीतिक दबाव की वजह से हुआ; एक कर्तव्यनिष्ठ पुलिस अफसर को 'न्यायपूर्ण निष्पक्ष कार्रवाई' करने में डरने की कोई

जरूरत नहीं थी। राय ने यह बताया कि वे ऐसी कोई स्थिति नहीं जानते जहाँ ऐसे पुलिस अधिकारी को, जिसने तुरन्त कार्रवाई कर दंगा रोका हो, उस काम के लिए सजा दी गई हो। उन्होंने कहा, 'अक्सर हम अपनी गलती छिपाने के लिए राजनीतिज्ञों की ओट लेते हैं। अलबत्ता, गुनहगारों को दंडित न किए जाने के पीछे बड़े पैमाने पर राजनीतिज्ञ जिम्मेदार हैं और यह बात उ. प्र. की मुलायम सिंह यादव की और बिहार में लालूप्रसाद यादव की सरकार पर उतनी ही लागू होती है। मुलायम सिंह ने मेरठ के हाशीमपुरा में 40 मुसलमानों की नृशंस हत्या करनेवाले प्रोविंशियल आर्मड कांस्टेबलरी के सदस्यों को दंडित करने के लिए कुछ नहीं किया; जबकि लालूप्रसाद यादव की सरकार उन लोगों की करतूतों पर चुप्पी साधे रही जिन्होंने भागलपुर में 100 मुसलमानों की हत्या की। राय ने सिफारिश की है कि पुलिसबल का ऊपर से नीचे तक गहन और प्रभावशाली गैर-सम्प्रदायीकरण किया जाना चाहिए और अल्पसंख्यक समुदायों के सदस्यों की भी पर्याप्त संख्या में भर्ती की जानी चाहिए। उनके अनुसार, 'इस प्रकार की सकारात्मक कार्रवाई' अमरीका और यू. के. जैसे देशों में कारगर साबित हुई है। जहाँ 'कालों और अन्य नस्ली और जातीय समुदायों के लिए आरक्षण किया गया है। सुदूर अतीत से ही अल्पसंख्यकों का संरक्षण साम्राज्य या राज्य की बुनियादी जिम्मेदारी माना गया है; और उनसे यह माँग करना कि बहुसंख्यकों के साथ एकरंग होने पर ही उन्हें संरक्षण मिल सकेगा, इस सिद्धान्त को नकारना है। क्योंकि अगर अल्पसंख्यकों को बहुसंख्यकों के साथ एकरस ही हो जाना है तो फिर उनके संरक्षण का सवाल ही बेमानी हो जाता है। संयुक्तराष्ट्र संघ के मानव-अधिकार कमीशन की अल्पसंख्यकों पर उप-कमीशन ने अल्पसंख्यकों के संरक्षण को इस प्रकार परिभाषित किया है :

> अल्पसंख्यकों को संरक्षण ऐसे गैर-वर्चस्वी समुदायों का संरक्षण करना है, जो, यों आमतौर पर बहुसंख्यकों के समान ही व्यवहार पाने की आकांक्षा पालते हुए भी कुछ मात्रा में अलग व्यवहार की भी कामना करते हैं। ताकि अपने उन बुनियादी विशिष्टताओं को बरकरार रख सकें जो उन्हें आबादी के बहुसंख्यक समुदाय से अलग करते हैं। और ऐसे संरक्षण का अधिकार उसकी कामना करनेवाले व्यक्तियों पर भी लागू होता है। इसका आशय है कि ऐसे समुदायों या ऐसे समुदायों से जुड़े व्यक्तियों से विशिष्ट व्यवहार, अगर उनके हित में प्रयुक्त होता है, तो न्यायसंगत है।[4]

लार्ड एक्टन ने कहा था कि "वह शासन जो विभिन्न नस्लों (या समुदायों) को सन्तुष्ट कर सकने में अक्षम है, अपने को निकम्मा साबित करता है; वह शासन जो उन्हें निष्प्रभावी करने, विलयन करने या निर्वासित करने की कोशिश करता है, अपनी ही ओजस्विता को नष्ट करता है।"

बहरहाल, सक्सेना ने जिन तत्त्वों का उल्लेख किया उनके अलावा और भी बातें हैं जो यों तो सामान्य किस्म की हैं लेकिन जिन्होंने माहौल को जहरीला बनाने में कम

भूमिका नहीं अदा की है। इंडियन कौंसिल ऑफ साइंटिफिक एंड इंडस्ट्रियल रिसर्च के तत्त्वावधान में संचालित नेचुरल इंस्टीट्यूट ऑफ साइंस, टेक्नोलोजी एंड डेवलपमेंट स्टडीज के डाइरेक्टर रह चुके विश्वविख्यात वैज्ञानिक डॉ. ए. रहमान ने इन बातों को सूचीबद्ध किया है। उन्होंने 'मैनस्ट्रीम' (28 जनवरी, 1995) में लिखा है :

> "पहले तो, चित्र कथाओं—के जरिए बच्चों का मन मुसलमानों के प्रति पूर्वाग्रह ग्रस्त बनाया जाता है क्योंकि उनमें मुसलमानों को, अत्याचारी, विलासी, मूल्यों और नैतिक आचारों के प्रति कोई आदर या सम्मान का भाव न रखनेवालों के तौर पर दर्शाया जाता है और ऐसे मुसलमान हिन्दुओं से लड़ते हैं, उनकी हत्या करते हैं और उन पर अत्याचार करते हैं।
>
> "दूसरे, फिल्मों और ऑडियो-विज्युअल माध्यमों के जरिए मुसलमानों की गलत तस्वीर पेश की जाती है; उन्हें व्यसनी, पतित नवाबों के तौर पर शराब पीनेवालों, नाचनेवालियों के यहाँ मुजरा देखनेवालों और दलालों और गुंडों के रूप में प्रस्तुत किया जाता है।
>
> "तीसरे, मुसलमानों में फैली सामाजिक बुराइयों को रेखांकित करने के लिए संचार माध्यमों ने विशेष मुद्दों को उठा लिया जैसा कि अमीना के मामले में हुआ या सरकार द्वारा मुसलमानों को लाड़ लड़ाने की मिसाल के तौर पर शाह बानो के मामले को उछाला गया।"

डॉ. रहमान मानते हैं कि इन गतिविधियों से ज्यादा खतरनाक तो सरकार की खुली छूट है जो हिन्दू सम्प्रदायवादी ताकतों को छूट देता है कि हिन्दुओं को मुसलमानों के खिलाफ भड़काएँ, नौजवानों को मुस्लिम-विरोधी प्रचारों से दीक्षित करें और मुसलमानों से लड़ने के लिए उन्हें अर्धसैनिक बना दें और साथ ही सरकार की वह नीति है कि वह गुनहगारों के खिलाफ कोई कार्रवाई नहीं करती चाहे फिर वे रँगे हाथों ही क्यों न पकड़े गए हों ! इन हालात में हिन्दुओं और मुसलमानों के बीच एकता बनाए रखने की बात तो दूर ही रही वह भावना ही कैसे पैदा होगी और पनपेगी ?

यह बात मैंने बार-बार कही है कि अल्पसंख्यकों को भी, बहुसंख्यकों की भावनाओं के प्रति संवेदनशील होना चाहिए; वे कानून अपने हाथ में नहीं ले सकते और फिर यह उम्मीद नहीं कर सकते कि उन्हें बचाया जाएगा। उनकी शिकायत चाहे जितनी सही और वैध क्यों न हो, उन्हें संयम से काम लेना पड़ेगा और कानून की समुचित प्रक्रिया से गुजरना पड़ेगा। अपने समुदाय के गर्ममिजाज लोगों के उकसावे पर कई बार मुसलमानों ने विवेकहीन आचरण किया है और नतीजतन गम्भीर तकलीफें पाई हैं। जनता में और कानून-क्रियान्वित करनेवाले अधिकारियों में उनके प्रति चाहे जो पूर्वाग्रह क्यों न हों, अगर वे स्वयं हिंसा पर आमादा हो जाएँगे तो फायदे की बजाय नुकसान में रहेंगे। इससे मुसलमानों के हितों को और ज्यादा नुकसान पहुँचेगा। लेकिन, कभी-कभी बगैर किसी वजह से उनका नरसंहार किया जाता है, जैसा कि बंगलौर में हाल ही में

हुए एक दंगे में हुआ। यहाँ दूरदर्शन पर एक दस मिनट के उर्दू समाचार-बुलेटिन के प्रसारण ने 8 अक्तूबर, 1994 को एक विवेकहीन साम्प्रदायिक उपद्रव भड़का दिया। मुसलमानों ने, निश्चित ही उर्दू-विरोधी जुलूस पर पत्थरबाजी कर विवेकहीनता का परिचय दिया; आखिर उन्होंने खुद तो कभी उर्दू समाचार बुलेटिन के प्रसारण की माँग की नहीं थी; फिर उन्हें इतना ज्यादा उत्तेजित होने की जरूरत क्या थी ? सबका यही मानना है कि यह किन्हीं अति-उत्साही धर्मनिरपेक्षतावादी कार्यकर्ताओं और उनके सहयोगियों की सूझ थी कि राज्य विधान सभा के नवम्बर, 1994 के चुनावों की पूर्व सन्ध्या में इस कारनामे से मुस्लिम वोटर खुश हो जाएँगे। उसकी बजाय परिणाम निकला—मौत और बरबादी—कम-से-कम 23 जानें गईं। मुख्यमन्त्री वीरप्पा मोइली ने, जिन्होंने पहले उर्दू बुलेटिन की पैरवी की थी, वक्त पर कार्रवाई नहीं की; खून-खराबे के बाद वे पीछे हट गए और उन्होंने टेलि प्रसारण को खारिज करने की माँग की। नतीजा यह निकला कि धर्मनिरपेक्षतावादियों ने मुँह की खाई और सम्प्रदायवादी फायदे में रहे। किस प्रकार निहित स्वार्थी पक्ष इस अखाड़े में उतरे और इस दुर्भाग्यपूर्ण घटना का उन्होंने फायदा उठाया, जिसके लिए 23 जानों की कीमत चुकानी पड़ी, इसका मार्मिक चित्रण जयन्त कोडकनी ने 'द टाइम्स ऑफ इंडिया' (16 अक्तूबर, 1994) में देकर यह सटीक निष्कर्ष निकाला है :

> एक ऐसे राज्य में जहाँ 33 प्रतिशत आबादी कन्नड़ से इतर (इस समूह में उर्दू का 10 प्रतिशत हिस्सा है) भाषाएँ बोलती हैं और एक ऐसी स्थिति में जहाँ इस शहर में कन्नड़ कार्यक्रमों तक को पर्याप्त टेलिविजन वक्त नहीं मिलता, व्यापक परामर्श किए बगैर, उर्दू बुलेटिन की शुरुआत ने स्वाभाविक ही दोनों पक्षों को हिला दिया। अगर कन्नड़-समर्थकों ने इस कार्रवाई में अपनी भाषा के वक्त पर 'अतिक्रमण' देखा तो मुसलमानों ने, जिन्होंने कि ऐसी कोई व्यवस्था चाही ही नहीं थी, इसे उन्हें अलगाव की गतिविधियों का एक कदम माना। समूचे कदम को मानों ज्यादा निन्दनीय बना दिया चुनावपूर्व दृश्यपटल ने और उसमें मौकापरस्ती की बू आने लगी।

राजनीतिक अवनति

भारतीय गणतन्त्र के धर्मनिरपेक्ष चरित्र ने, जैसा कि यह संविधान में अधिष्ठित है, हताश और मायूस मुसलमानों में कुछ मायनों में नई उम्मीदें पैदा कीं; इस दस्तावेज के तहत उन्हें दर्जे और अवसर की समानता की गारंटी दी गई थी लेकिन चूँकि उनके प्रति अधिकांश हिन्दुओं के मानस में बड़े गहरे में पूर्वाग्रह पैठे हुए थे, इसलिए वे अपने बल-बूते पर अपनी स्थिति सुधार न सके। उनमें कामना और क्षमता दोनों का अभाव था। उनके खिलाफ मोर्चाबन्द खड़ी शक्तियाँ इतनी ज्यादा ताकतवर थीं कि उनका मुकाबला नहीं किया जा सकता था। हमलों से घिरे अल्पसंख्यक समुदाय होने की वजह से वे किसी भी क्षेत्र में अपना जोर दिखाना तो दूर रहा, मामूली प्रयास तक नहीं कर पाए। राजनीतिक तौर पर वे सन्देहास्पद हो चुके थे। इसलिए वे स्थानीय, राज्यस्तरीय या राष्ट्रीय चुनावों में कोई उल्लेखनीय सफलता नहीं पा सके; बीते दिनों के उनके संगठन अब अपनी प्रतिष्ठा खो चुके थे और उनकी प्रासंगिकता खतम हो चुकी थी। आम मुसलमान का उन पर से भरोसा उठ गया था। उनका नेतृत्व सिर्फ मौकापरस्त था।

संयुक्त निर्वाचन क्षेत्र में मुसलमान हिन्दुओं के समर्थन के बगैर सीट नहीं जीत सकते। और ऐसे मुसलमान बहुत कम ही हैं जिनका इतिहास बेदाग और गैर-साम्प्रदायिक है और जो इतनी मात्रा में समर्थन जुटा सकते हैं कि चुनावों में कामयाबी हासिल कर सकें। और वे भी जो अब तक निर्वाचित होने में कामयाब हुए हैं, अपने सहधर्मियों के लिए कुछ भी करते हुए डरते हैं कि कहीं उन पर मुसलमान-समर्थक होने का ठप्पा न लगा दिया जाए और यों उन पर साम्प्रदायिक होने का आरोप लग जाए। एक निर्वाचित मुसलमान को हमेशा सतर्क रहना पड़ता है और अपनी धर्मनिरपेक्षता का प्रमाण देते रहना पड़ता है। इसीलिए अधिकांश मुसलमान चुपचाप व्यवस्था का समर्थन करते हैं, क्योंकि वह सबसे सुविधाजनक काम है।

विभाजन के तुरन्त बाद उनकी उम्मीद सिर्फ जवाहरलाल नेहरू पर टिकी हुई थी जो मुसलमानों के हमदर्द के तौर पर जाने जाते थे। और मुसलमान, उन्हीं पर ज्यादा-से-ज्यादा भरोसा करते गए। आज़ादी के बाद 1952 के पहले आम चुनाव में उन्होंने करीब-करीब एकजुट होकर कांग्रेस को वोट दिया और कांग्रेस भारी बहुमत के साथ सत्ता में लौटी। गाँधीजी की हत्या ने हिन्दू-मुस्लिम एकता के लिए अनुकूल माहौल

तैयार तो कर दिया था लेकिन उसके बावजूद लोकसभा में अधिकांशतः कांग्रेस टिकटों पर चुने गए मुसलमानों की संख्या उनकी आबादी के अनुपात को देखते हुए आधे से भी कम थी। स्वतन्त्र निर्वाचन क्षेत्र में 500 सदस्यों में से कम-से-कम 60 उनके होते लेकिन इस चुनाव में उन्हें केवल 22 सीटें मिलीं।

इसलिए, पहली ही परीक्षा में, आज़ादी के संघर्ष के दौरान हिन्दू राष्ट्रवादियों द्वारा किया गया यह दावा गलत निकला कि अल्पसंख्यकों के लिए अलग निर्वाचन क्षेत्र की समाप्ति से एक व्यापक, गैर-साम्प्रदायिक राजनीतिक वातावरण का निर्माण होगा। लोकसभा के आगामी चुनावों में स्थिति नहीं सुधरी। जैसा कि विभिन्न राज्य विधान सभाओं के चुनावों ने साफ-साफ दिखाया, स्थिति बदतर होती चली गई। और पंचायत समितियों, म्युनिसिपलिटियों और जिला परिषदों के चुनावों में तो हिन्दू साम्प्रदायिक और जातिवादी घटकों ने मुसलमान उम्मीदवारों के तो परखच्चे ही उड़ा दिए; अनेक जगहों पर एक मुसलमान तक चुनकर नहीं आया।

तब से हर चुनाव के साथ मुसलमानों की स्थिति बदतर होती गई है, कोई राजनीतिक पार्टी तब तक किसी मुसलमान उम्मीदवार को खड़ा करने का साहस नहीं करती जब तक कि उस निर्वाचन क्षेत्र में बड़ी तादाद में मुसलमान न हों। 'धर्मनिरपेक्ष' पार्टियाँ भी अपने उम्मीदवारों का चुनाव करने में साम्प्रदायिक नजरिए के दबाव में आती रही हैं। बेशक, इसके कुछ अपवाद वो क्षेत्र रहे हैं जहाँ किसी विशेष उम्मीदवार की लोकप्रियता की ताकत या पार्टी का बहुत भारी दबाव उम्मीदवार की जीत को सुनिश्चित कर सका है; अन्यथा उम्मीदवार का चयन तो अपरिहार्य तौर पर जातिवादी और साम्प्रदायिक लेबलों पर ही किया जाता है। नेहरू इस बात पर काफी नाखुश रहते थे कि कांग्रेस मुस्लिम निर्वाचन क्षेत्र में मुसलमानों को ही उम्मीदवार बना रही है क्योंकि अप्रत्यक्ष रूप से यह कबूल कर लेना था कि मुसलमान, हिन्दू निर्वाचन क्षेत्र से चुनाव जीत नहीं सकते। इसका मतलब मुसलमानों के उस भय को भी कबूल कर लेना था, जिसे 1906 से अभिव्यक्त किया जा रहा था और जिसके आधार पर ब्रिटिशों ने उन्हें अलग निर्वाचन क्षेत्र प्रदान किया। नेहरू ने चुनाव माहौल को बदलने की कोशिश की लेकिन नहीं कर पाए। उनके सहायकों-प्रबन्धकों ने उन्हें समझा दिया कि हिन्दू बहुल निर्वाचन क्षेत्रों से मुसलमानों को खड़ा करने से अधिकांशतः कांग्रेस को वे सीटें हारनी पड़ेंगी। राजनीति, आखिरकार सम्भव को कर दिखाने की कला है, सो नेहरू को सत्ता बनाए रखने के लिए अपनी धर्मनिरपेक्ष मान्यताओं की कुरबानी देनी पड़ी, हालाँकि उन्होंने बगैर संघर्ष किए हथियार नहीं डाले।

उन्होंने अपने सहयोगियों से कहा कि कुछ सीटें गँवानी भी पड़ जाएँ तो चिन्ता नहीं, लेकिन उनकी पार्टी की हर संसदीय समिति, जिसे अल्पसंख्यक समुदाय का कोई उम्मीदवार खड़ा करने को कहा गया था, इतना साहस नहीं जुटा पाई। नेहरू ने उन्हें आगाह किया :

> यह हमारे लिए सिर्फ प्रतिष्ठा का सवाल नहीं वरन् बहुत ही व्यावहारिक महत्त्व का भी मामला है कि हम अल्पसंख्यक समुदायों के पर्याप्त प्रतिनिधियों को खड़ा करें। हमने अलग निर्वाचन क्षेत्र और आरक्षणों को छोड़ दिया है सो इस मामले में हमारी जिम्मेदारियाँ बढ़ गई हैं। हम अगर इस जिम्मेदारी को निभाने में चूक जाएँगे तो आलोचकों को यह कहने का मौका मिलेगा कि संयुक्त निर्वाचन क्षेत्र नाकामयाब रहे हैं और हम अल्पसंख्यकों के हितों की समुचित रक्षा नहीं कर सके हैं।[1]

उन्होंने मतदाताओं के सामने भी यह मुद्दा रखने का खतरा उठाया। मसलन, एक बार कांग्रेस ने एक समूचे हिन्दू क्षेत्र में हिन्दू महासभा के अध्यक्ष के खिलाफ एक मुसलमान को खड़ा किया। निश्चित ही यह बड़ा साहसी कदम था लेकिन नेहरू उसे निर्वाचित करवा पाने में कामयाब हुए। और भी ऐसे मामले थे, जहाँ नेहरू का प्रभाव मुसलमान उम्मीदवारों के लिए अनुकूल सिद्ध हुआ। लेकिन ये अपवाद-स्वरूप हैं और उनसे सामान्य नियमों को सिद्ध नहीं किया जा सकता। आम तौर पर, चुनावी नतीजे, मतदाताओं के साम्प्रदायिक पूर्वाग्रहों को प्रतिबिम्बित करते रहे हैं। प्रधानमन्त्री की कोशिशों के बावजूद पहली लोकसभा में मुस्लिम प्रतिनिधित्व 4 प्रतिशत से भी कम था जबकि वे 10 प्रतिशत के हकदार थे। 1957 के अगले आम चुनाव में हालत उससे भी बदतर थी; लोकसभा के लिए सिर्फ 26 मुसलमान चुने गए जबकि अलग निर्वाचन क्षेत्र के तहत अपनी आबादी के मुताबिक वे निश्चित ही 70 को चुन सकते थे।

1962 का आम चुनाव नेहरू के जीवन का आखिरी चुनाव था। इसमें लोकसभा के लिए निर्वाचित मुसलमानों की तादाद और घट गई; 66 के बदले 20 आए—जो उस संख्या का एक-तिहाई भी नहीं है जो वे अलग निर्वाचन क्षेत्र में पा सकते थे। मुस्लिम लीग जो बँटवारे के बाद करीब-करीब मृतप्राय हो चुकी थी, पुनर्जीवित होने की एक मुख्य वजह संयुक्त निर्वाचन क्षेत्र के प्रयोग का नाकामयाब होना है, जिसके परिणामस्वरूप मुस्लिम प्रतिनिधित्व में भारी गिरावट आई। लीग ने प्रमुख रूप से मुस्लिम बहुल निर्वाचन क्षेत्रों में उम्मीदवार खड़े किए और मुसलमान वोटों की वजह से उन्हें जितवाने में कामयाब हुई। यह लोकसभा चुनाव क्षेत्रों में उतना देखने में नहीं आ सका क्योंकि वहाँ ऐसी मुस्लिम वोटरों की सघन आबादी वाली जगहें थोड़ी ही थीं। लेकिन राज्यस्तरीय और म्युनिसिपल चुनावों में ऐसा आसानी से सम्भव हो सका। मिसाल के तौर पर केरल के कुछ हिस्सों में लीग के नेता, मुस्लिम बहुल निर्वाचन क्षेत्रों से आसानी से चुने गए। मुस्लिम साम्प्रदायिकतावादियों ने बम्बई, अहमदाबाद, भोपाल और विशाल मुस्लिम आबादीवाले अन्य प्रमुख शहरों में भी कामयाबी दर्ज की। यह एक प्रकार से उस मिंटो-मार्ले सुधार को सही सिद्ध करता था जिसने साम्प्रदायिक प्रतिनिधित्व की बुनियाद डाली। इन घटनाओं से धर्मनिरपेक्षतावादियों को काफी आघात पहुँचा क्योंकि वे नहीं चाहते थे कि मुसलमान फिर से अलगाववादी जाल में फँसें। लीग की वजह से हुए

बँटवारे के परिणामस्वरूप वे काफी तकलीफें भुगत चुके थे; मुसलमान राष्ट्रवादी भी नहीं चाहते थे कि इतिहास अपने को दोहराए।

जमायत-उलमा-ए-हिन्द के प्रमुख संचालक-मौलाना हिफ़ज़ुर रहमान, अपने सहधर्मियों के बीच फैल रही इस प्रवृत्ति को देखकर इतने घबराए कि उन्होंने भारतीय मुसलमानों का एक सम्मेलन बुलवाया जिसमें मुसलमानों को यह आग्रह किया गया कि वे अपने गैर-मुस्लिम भाइयों के साथ, धर्मनिरपेक्ष, राजनीतिक और सामाजिक संगठनों में कन्धे से कन्धा मिलाकर खड़े रहें और साम्प्रदायिक नजरिए को संकल्पपूर्वक त्याग दें जिसने पहले ही उनके भविष्य को खतरे में डाल रखा है।

नेहरू के बाद, उनकी बेटी इन्दिरा गाँधी को 1967 में अगले आम चुनावों का सामना करना पड़ा। हालाँकि धर्मनिरपेक्ष परम्पराओं के गहरे संस्कार उन पर थे लेकिन वे मुसलमानों को जीतने में मदद नहीं कर सकती थीं। सच तो यह है कि उनके नेतृत्व के अन्तर्गत कांग्रेस ने पहले से भी कम मुसलमान उम्मीदवारों को चुनावी मोर्चे पर उतारा। प्रधानमन्त्री होने के बावजूद, वे पार्टी के मामलों में अपनी बात जोर देकर कह नहीं सकती थीं और पुराने नेताओं का 'सिंडिकेट', जिसमें अध्यक्ष के. कामराज, एस. निजलिंगप्पा, एस. के. पाटिल, अतुल्य घोष और एन. संजीव रेड्डी थे, खर्राट राजनीतिज्ञों का था। उन्हें किसी भी तरीके से सत्ता हासिल करने से सरोकार था, बनिस्बत इसके कि धर्मनिरपेक्ष मूल्यों को बचाए रखने की फिक्र की जाए। खुशकिस्मती से चुनाव में उस टोली की करारी हार हुई; उनके कई उम्मीदवार यहाँ तक कि खुद कई वरिष्ठ नेता तक अपनी जमानत खो बैठे। जिसने प्रकारान्तर से श्रीमती गाँधी को कांग्रेस संगठन में ज्यादा ताकतवर बना दिया। उन्होंने सिंडिकेट की अवहेलना करनी शुरू कर दी और अपने अधिकारों को दावे के साथ प्रयोग में लाने लगीं। हालाँकि कांग्रेस ने चुनावों में अपना बहुमत बनाए रखा, लेकिन उसकी सदस्य-संख्या काफी घट गई लेकिन इससे एक तरह से श्रीमती गाँधी को फायदा ही हुआ क्योंकि अब वे ज्यादा आत्मविश्वास के साथ प्रधानमन्त्री के तौर पर सरकार चला सकने की स्थिति में थीं। उनके पहले कदमों में से एक था मुसलमानों को स्नेह से वापस बुलाना और कांग्रेस के प्रति उनकी सद्भावना में आती कमी की रोकथाम करना। अपने प्रतिनिधित्व में आती गिरावट के बावजूद मुसलमान कांग्रेस के प्रति निष्ठावान रहे और सभी चुनावों में लगातार उसी के उम्मीदवारों को वोट देते रहे; जिसके परिणामस्वरूप वे अनेक निर्वाचन क्षेत्रों में राजनीतिक सन्तुलन को बदलने में कामयाब रहे, यह सब उन स्थितियों के बावजूद था कि कांग्रेस पार्टी पर उनका विश्वास डगमगाने लगा था और खासकर नेहरू की मृत्यु के बाद तो वे और भी विचलित हो गए थे। नेहरू की बेटी के सत्ता पर आने के बाद उनका विश्वास फिर से जगने लगा। इन्दिरा गाँधी ने उनके विश्वास के अनुकूल प्रतिक्रिया दर्शाई और उनके प्रति अपना सरोकार कई तरीकों से प्रकट किया। अपनी चुनावी जीत के बाद उनके सर्वप्रथम कदमों में से एक था एक मुसलमान—डॉ. ज़ाकिर हुसैन को, जो उस वक्त उपराष्ट्रपति थे—भारत के राष्ट्रपति पद के लिए चुनना। इन्दिरा गाँधी के

अधिकांश वरिष्ठ सहयोगियों ने उन्हें ऐसा न करने की सलाह दी क्योंकि निर्वाच्य मतदाताओं के बीच कांग्रेस का बहुमत नहीं था। यह भी आशंका दर्शाई गई कि साम्प्रदायिक नजरिया भी उनके खिलाफ जाएगा। कामराज ने, कांग्रेस के अध्यक्ष के तौर पर इस नामजदगी को पसन्द नहीं किया। उन्होंने गाँधी को उसमें निहित खतरों से आगाह किया। लेकिन गाँधी ने चुनौती कबूल की, कड़ी मेहनत की और अलग-अलग पार्टियों और गुटों के धर्मनिरपेक्षतावादियों का सहयोग जुटाया। और वरिष्ठ नेतागण यह देखकर दंग रह गए कि इन्दिरा गाँधी बाजी मार ले गईं, डॉ. ज़ाकिर हुसैन अच्छे बहुमत से जीते। पहली बार इससे इन्दिरा गाँधी का नेतृत्व भी पुख्ता हुआ और हिन्दू साम्प्रदायिकतावाद के उभरते ज्वार को धक्का लगा।

इसने इन्दिरा गाँधी को और साहस दिया कि वे गणतन्त्र के धर्मनिरपेक्ष आधार को मजबूत बनाने के लिए और अनेक कदम उठा सकें। उन्होंने, स्थानीय राजनीति में बहुत कम महत्त्वपूर्ण मुस्लिम विधायक बरकतुल्ला ख़ाँ को, बेहद हिन्दूवादीवाले राज्य राजस्थान का मुख्यमन्त्री नियुक्त किया। उसके बाद उन्होंने एक और मुस्लिम, अब्दुल गफ़्फ़ूर को जातिवादग्रस्त राज्य विहार का मुख्यमन्त्री बनाया। इसके अलावा और भी ऐसी महत्त्वपूर्ण नियुक्तियाँ हुईं जिसने मुसलमानों के समक्ष, इन्दिरा गाँधी की धर्मनिरपेक्ष मान्यताओं के सबूत प्रस्तुत किए। जस्टिस हिदायतुल्ला को सुप्रीम कोर्ट का चीफ जस्टिस बनाया गया और इदरीस लतीफ़ को इंडियन एयरफोर्स का प्रमुख बनाया गया। इन नियुक्तियों से आम मुसलमान की स्थितियों पर कोई सीधा असर नहीं पड़ा लेकिन उसने कांग्रेस की धर्मनिरपेक्ष पहचान की पुष्टि जरूर की। जब मैंने श्रीमती गाँधी से कहा कि उनके ऐसे साहसी फैसलों के बावजूद, आम मुसलमान अब भी चपरासी और क्लर्क जैसी मामूली नौकरियों से भी वंचित रखा जा रहा है, तो उन्होंने कहा, 'यह बात सच है; लेकिन इन नियुक्तियों से समुदाय को अपनेपन का अहसास होता है जो हमारे धर्मनिरपेक्ष चरित्र को सुदृढ़ करने के लिए कम महत्त्वपूर्ण नहीं है।' बहुत कम नेताओं ने अल्पसंख्यक-समस्या के मनोविज्ञान को उतनी गहराई से जाना था, जितना वे जानती थीं। वे अपने पिता की तरह द्रष्टा नहीं थीं, लेकिन उन्हें राजनीतिक यथार्थ की समझ थी और अपने सामने खड़ी होनेवाली समस्याओं का समाधान ढूँढ़ने के लिए जरूरी व्यावहारिक दृष्टिकोण भी उनके पास था।

बाद में हुई घटनाओं का, खासकर सन् 1969 में डॉ. ज़ाकिर हुसैन की मृत्यु के बाद भारत के राष्ट्रपति पद के लिए पार्टी की नामजदगी के सवाल पर इन्दिरा गाँधी और सिंडिकेट में हुए संघर्ष का परिणाम अन्ततः कांग्रेस पार्टी के दो टुकड़े—कांग्रेस (आर्गनाइज़ेशनल—संगठनात्मक) और कांग्रेस (रूल—सत्ताधारी) हो जाने के रूप में हुआ। हालाँकि श्रीमती गाँधी सत्ता में बनी रहीं, लेकिन उन्होंने 65 सांसदों का समर्थन खो दिया क्योंकि उन्होंने श्रीमती गाँधी की कांग्रेस (आर) के मुकाबले अपने को कांग्रेस (ओ) कहा; 'आर' में अब सिर्फ 200 सांसद ही रह गए थे। फिर एक बार वे एक अल्पमतवाले सरकार की प्रमुख बनीं। उनकी सरकार के खिलाफ विश्वास प्रस्ताव लाया

गया लेकिन कम्युनिस्ट पार्टी के 40 सदस्यों और कुछ अन्य सांसदों के समर्थन से उनकी सरकार बच गई। श्रीमती गाँधी ने जिस अगले चुनाव का सामना किया वह 1971 में बांग्ला देश के संकट पर उनके द्वारा की गई शानदार कार्रवाई के बाद आया; इस संकट ने पाकिस्तान के टुकड़े कर दिए। इन्दिरा के घोर आलोचक जनसंघ के नेता अटल बिहारी वाजपेयी ने भी उनके नेतृत्व की सराहना की और उन्हें 'दुर्गा' (पाप-संहारिणी देवी) कहा। उसके बाद के चुनाव में जनता ने उन्हें और कांग्रेस को भारी बहुमत से विजयी किया। लेकिन, धर्मनिरपेक्ष ताकतों की जीत के बावजूद लोकसभा में मुस्लिम सदस्यों के संख्या-बल में कोई बदलाव नहीं आया। कुल 518 सीटों में से वे सिर्फ 30 हासिल कर पाए। अगले साल, 1972 में विभिन्न राज्य विधान सभाओं में जो चुनाव हुए उनमें अधिकांश में कांग्रेस की शानदार जीत हुई; लेकिन ताज्जुब की बात है कि मुस्लिम प्रतिनिधित्व में सुधार नहीं हुआ। धर्मनिरपेक्षता की जीत से उन्हें कोई फायदा नहीं मिला; वे राजनीतिक रूप से बहिष्कृत ही बने रहे।

1975 में इलाहाबाद हाईकोर्ट ने इन्दिरा गाँधी को पदच्युत किया; इन्दिरा ने राष्ट्रीय आपातकाल घोषित कर दिया। जो 1977 तक लागू रहा जब कि लोकसभा के लिए चुनाव हुए। चुनाव की परिणति इन्दिरा गाँधी की पराजय और उनकी पार्टी की करारी हार में हुई। मुसलमानों ने भी उन्हें छोड़ दिया क्योंकि दो साल के आपातकाल के दौरान मुख्यतः उनके पुत्र संजय के निर्देशों पर आम नसबन्दी अभियान और मुसलमानों के अनधिकृत मकानों का अन्धाधुन्ध ध्वंसन जैसी मनमानी कार्रवाइयों ने मुसलमानों को उनसे विमुख कर दिया। विपक्षी पार्टियाँ जनता पार्टी के झंडे तले एकजुट हुईं और मुसलमानों ने सामान्यतया उसे वोट दिया। लेकिन, हिन्दू-मुस्लिम साझेदारी पर जोर दिए जाने के बावजूद लोकसभा में, परिवर्तित परिस्थितियों में भी मुस्लिम प्रतिनिधित्व सिर्फ दो सीटों से बढ़ा, वह तीस से बत्तीस हो गया।

केन्द्र में जनता पार्टी का शासन, अपने दो स्वरूपों में, बमुश्किल तीन साल तक चला। 1980 के मध्यावधि चुनावों में श्रीमती गाँधी फिर सत्ता में आईं। मुस्लिमों ने आम तौर पर उन्हें वोट दिया क्योंकि उन्हें लगा कि जनता पार्टी सरकार ने उन्हें नाउम्मीदी ही दी है। इन्दिरा गाँधी ने भी अपनी पार्टी की टिकट पर सबसे ज्यादा तादाद में मुस्लिम उम्मीदवार खड़े किए। नतीजा यह निकला कि लोकसभा में मुसलमानों का प्रतिनिधित्व बढ़कर 32 से 47 हुआ जो अब तक का सर्वोच्च अंक था। उसी तरह से 1985 के लोकसभा चुनाव में, इन्दिरा गाँधी की हत्या के बाद की सहानुभूति लहर के दौरान, उनके बेटे राजीव के नेतृत्व में मुस्लिमों के प्रति कांग्रेस ने वही रवैया अपनाया। नतीजतन मुस्लिम सांसदों की संख्या पर बहुत प्रतिकूल प्रभाव नहीं पड़ा; यों वह घटकर 47 से 42 हो गई। राजीव को जो विराट विजय मिली उसमें मुसलमानों ने उल्लेखनीय भूमिका निभाई। इससे पहले भी बाबू जगजीवन राम ने, जिन्होंने 1980 में इन्दिरा के कांग्रेस का विरोध किया था, यह कबूल किया था कि इन्दिरा गाँधी को बड़े भारी पैमाने पर मुसलमानों का समर्थन मिल रहा है। उन्होंने कहा, "जाहिर है कि मुसलमानों ने कांग्रेस

(आई) को वोट दिया। उन्हें तो कांग्रेस (आई) को वोट देना ही था क्योंकि उन्हें इस मुल्क में रहना है और सो वे सत्ताधारी पार्टी का विरोध नहीं करना चाहते।" बड़ी निर्मम टिप्पणी है, और जाहिर है पराजय के गुस्से में कही गई है लेकिन साथ ही इसमें इन्दिरा गाँधी के उम्मीदवारों को मुसलमानों ने जो जबर्दस्त समर्थन दिया, उसे भी साफ-साफ कबूल किया गया है।

जैसे-जैसे साल गुजरते गए, मुसलमानों का श्रीमती गाँधी की कांग्रेस से भरोसा उठता चला गया। यह प्रक्रिया तब शुरू हुई जब अपने कार्यकाल के दूसरे दौर में वे अपनी प्रबल धर्मनिरपेक्ष निष्ठाओं से हटने लगीं और हिन्दुत्व की लहरों की ओर उनका रुझान बढ़ने लगा। परिणामतः 1980 से 1984 के पाँच सालों के दौरान मुसलमानों ने फिर एक बार अपने को भ्रमभग्न और परित्यक्त समुदाय के तौर पर सीढ़ी के निचले पायदान पर पाया। इन्दिरा की हत्या के बाद प्रधानमन्त्री बने उनके पुत्र राजीव। हालाँकि वे अपने नजरिए में धर्मनिरपेक्ष थे लेकिन ऐन निर्णायक संकट की घड़ी में वे डगमगा गए। और फिर उनके सत्ता में आने के एक साल के भीतर ही साम्प्रदायिक ताकतों ने खुद को एकजुट करना शुरू किया और खासकर भाजपा ने बाबरी मस्जिद-राम जन्मभूमि विवाद को उभारकर अपने लिए भारी समर्थन जुटा लिया। 1989 के आम चुनाव में उसका प्रतिफल दिखाई पड़ा और कांग्रेस ने अपना बहुमत खो दिया। मुस्लिम प्रतिनिधित्व भी घट गया जबकि मुसलमानों ने जनता दल के नए नाम के साथ गठित हुए संयुक्त विपक्ष के विश्वनाथ प्रताप सिंह का बड़े जोश के साथ समर्थन किया था और विश्वनाथ प्रताप सिंह विजयी नेता के रूप में उभरे थे। उन्होंने केन्द्र में सरकार बनाई। 1991 के मध्यावधि चुनाव में, हिन्दुत्व की लहर ने मतदाताओं के बहुत बड़े तबके को अपनी गिरफ्त में ले लिया और लोकसभा में भाजपा सबसे बड़ी अकेली पार्टी बनकर आई। कई निर्वाचन क्षेत्रों से मुस्लिम उम्मीदवारों का सफाया हो गया। उन्हें सिर्फ 97 सीटें मिलीं। विधान सभा चुनावों में, भाजपा, उत्तर के पाँच राज्यों में जीती और उसने सरकारें बनाईं। इन राज्यों के विधायकों में मुस्लिम प्रतिनिधित्व बहुत कम रह गया।

राज्यसभा में भी, जहाँ पार्टी नेतृत्व की आवाज निर्णायक होती है, मुसलमानों की स्थिति कोई बेहतर न थी। 1952 से 1992 के चालीस वर्षों के दौरान राज्यसभा के कुल 1500 सदस्यों में से मुस्लिम सदस्यों की संख्या सिर्फ 154 थी। 1980 के बाद से मुस्लिम प्रतिनिधित्व और भी घट गया है। यहाँ एक मौका था कि सभी धर्म-निरपेक्ष पार्टियाँ मिलकर ज्यादा मुस्लिम सदस्यों को राज्यसभा में भेजतीं ताकि लोकसभा के असन्तुलन की क्षतिपूर्ति हो, लेकिन उनमें से किसी ने ऐसा करने की परवाह नहीं की।

राज्य स्तर पर मुस्लिम प्रतिनिधित्व में गिरावट, केन्द्र से भी बदतर थी। मिसाल के तौर पर, 1952 से 1991 तक उत्तर प्रदेश के विभिन्न चुनावों को लें, जो आज भी भारतीय राजनीति का केन्द्र है और भारतीय मुसलमानों की नियति में निर्णायक भूमिका निभाता है :

उ प्र. विधान सभा में मुस्लिम प्रतिनिधित्व

1952	43
1957	37
1977	45
1980	49
1984	52
1989	40
1991	21 (अब तक का न्यूनतम)

उ. प्र. में कुल सीटें : 425

प्रोफेसर औसफ़ अहमद ने मुस्लिम प्रतिनिधित्व की गिरावट का तुलनात्मक आँकड़ा इस प्रकार प्रस्तुत किया है :

> लोकसभा में 1982 में 8.45 प्रतिशत था; 1991 में 4.77 प्रतिशत था। शून्य मुस्लिम प्रतिनिधित्ववाले राज्यों की संख्या बढ़कर 14 हो गई। उत्तर प्रदेश में संसद के लिए निर्वाचित मुसलमानों की संख्या 17 से घटकर 3 रह गई। केन्द्र में, जहाँ 1980 में कांग्रेस 8 प्रतिशत मुसलमान सदस्य थे, वहीं 1991 के चुनावों के बाद, सिर्फ 4.8 प्रतिशत रह गए।[2]

अन्य राज्य विधान सभाओं में भी स्थितियाँ कोई बेहतर नहीं रही हैं। सिर्फ केरल में, कुछ मुस्लिम बहुल अन्तरक्षेत्रों की मेहरबानी से, उनके प्रतिनिधित्व के सन्तोषजनक माना जा सकता है। उत्तर के पाँच राज्यों में 1993 को मध्यावधि चुनावों के दौरान जिनमें भाजपा का सफाया हो गया था, मुस्लिम उम्मीदवार कोई खास सफलता नहीं पा सके। मध्य प्रदेश में एक भी मुसलमान नहीं चुना गया, हालाँकि अनेक मैदान में उतरे। कांग्रेसी मुख्यमन्त्री दिग्विजय सिंह ने एक मुस्लिम गैर-विधायक को अपने मन्त्रिमंडल में इस उम्मीद से शामिल किया कि नियम-निर्धारित छह महीने के अन्दर वे उन्हें उपचुनावों में निर्वाचित करवा लेंगे लेकिन उनके लिए कोई निरापद निर्वाचन क्षेत्र नहीं मिल पाया और अन्ततः उन्हें मन्त्रिमंडल छोड़ना पड़ा। मुख्यमन्त्री ने मुझसे भोपाल में कहा, 'मैंने भरसक कोशिश की कि मैं उनके लिए एक सुरक्षित सीट ढूँढ़ निकालूँ लेकिन माहौल अब भी इतना दूषित है कि मैं यह खतरा नहीं उठा सका।' उ. प्र. में, मुलायम सिंह और कांशीराम द्वारा उठाई गई हिन्दुत्व-विरोधी लहर में, जहाँ पिछड़े वर्ग के हिन्दू उम्मीदवारों को मुसलमान-समर्थन से फायदा हुआ, वहीं मुसलमानों के प्रति हिन्दू मतदाता का पूर्वाग्रह बरकरार रहा। लगता है कि यह पूर्वाग्रह सिर्फ उच्चवर्णीय हिन्दुओं तक ही सीमित नहीं है वरन् पिछड़े वर्ग के हिन्दुओं में भी गहरे पैठा हुआ है। नतीजा यह हुआ कि ऐसे कांग्रेसी उम्मीदवारों की उ. प्र. और बिहार में जमानतें तक जब्त हो गईं। जिन्हें हिन्दू धर्मनिरपेक्ष मानते थे और मुसलमान साम्प्रदायिक, उन पर न तो हिन्दू

मतदाता को विश्वास था और न मुसलमान को।

दिसम्बर 1994 में इसके बावजूद कि उनके समुदाय ने एन. टी. रामाराव की तेलुगू देशम पार्टी और एच. डी. देवेगौड़ा के जनता दल को जबर्दस्त समर्थन दिया था और उनकी सफलता में योगदान किया था। आन्ध्र प्रदेश और कर्नाटक के विधान सभा चुनावों में मुस्लिम उम्मीदवारों की स्थिति और भी बदतर हुई। इन दोनों ही राज्यों में मुस्लिम प्रतिनिधित्व पिछले चुनावों की तुलना में आधा रह गया। यह बात थोड़ी अजीब-सी है लेकिन है सच कि जब भी, जहाँ भी मुसलमानों ने करीब-करीब एकजुट होकर धर्मनिरपेक्षता को अपना मत दिया है वहाँ उनके उम्मीदवार, फिर वे चाहे किसी भी पार्टी के क्यों न हों, करारी मात खा जाते हैं। उनके वोटों से धर्मनिरपेक्ष पार्टियों को मदद मिलती है लेकिन वे ही पार्टियाँ, मुसलमानों को वोट दिलाने के लिए हिन्दुओं को प्रभावित कर पाने में बुरी तरह नाकामयाब रहती हैं। बँटवारे के बाद के शुरुआती वर्षों में कांग्रेस पार्टी उनमें से कुछ को जिता पाने में कामयाब रही; लेकिन हाल के वर्षों में पूर्वाग्रह इतना गहरे पैठ गया है कि कांग्रेस को भी अपने मुसलमान उम्मीदवारों का कोटा घटाना पड़ा कि कहीं उन सीटों से हाथ ही न धोना पड़ जाए। महाराष्ट्र में मिसाल के तौर पर, हाल के विधान सभा चुनावों में कांग्रेस ने 288 सीटों के लिए सिर्फ 9 मुसलमानों को खड़ा किया जबकि जनसंख्या की दृष्टि से उनकी तादाद करीब 10 प्रतिशत है। और हुआ यह कि सिर्फ दो मुसलमान जीते। धर्मनिरपेक्षता के प्रति सवैधानिक प्रतिबद्धता के बावजूद हिन्दुत्व भारतीय चुनावी राजनीति का एक निर्णायक तत्त्व बन गया।

पराजित और अपमानित कांग्रेस तब से हिन्दुओं को अपने पक्ष में करने की बड़ी पुरजोर कोशिशें करती आ रही हैं और साथ ही यह मनसूबे भी बाँधती है कि नेहरू-गाँधी विरासत के चलते मुसलमान तो आखिरकार उसी के पास लौट आएँगे। विख्यात स्तम्भकार एम. जे. अकबर ने 'द आफ्टरनून' (7 जून, 1994) में लिखा है, 'यह उतना आसान नहीं है। कांग्रेस, मुस्लिम गुस्से की उस ताकत को कम आँक रही है जिसमें अनेक दंगों की झुलसाती स्मृतियों का ईंधन पड़ा है। यह एक ऐसी मनःस्थिति है, जिसमें आत्महत्या कर लेना बेहतर विकल्प लग सकता है।' लेकिन इसका यह मतलब नहीं कि मुसलमान ज्यादा साम्प्रदायिक हो गए हैं। उल्टे, उन्होंने अनेक राज्यों और लोकसभा के उपचुनावों में भी अपने हाल के मतदानों के रवैए से यह दर्शाया है कि वे दिन-ब-दिन ज्यादा धर्मनिरपेक्ष होते जा रहे हैं। उन्होंने इमाम बुख़ारी और उनके समान विचारवालों की उस अपील को अनसुना कर दिया जिसमें जनता दल को वोट देने के लिए कहा गया था और उन लोगों ने मुलायमसिंह यादव के उम्मीदवारों को वोट दिया जिन्होंने सार्वजनिक तौर पर इमाम को झिड़का था और उनसे कहा था कि वे राजनीति में दखलन्दाजी न करें। मुसलमानों ने, जैसा कि प्रफुल्ल बिदवाई ने अपने 7 दिसम्बर, 1993 के 'द टाइम्स ऑफ इंडिया' में प्रकाशित विचारोत्तेजक लेख में टिप्पणी की है :

धर्मनिरपेक्ष उम्मीदवारों को मत देकर उच्च स्तर की राजनीतिक परिपक्वता दर्शाई है। उन्होंने मुसलमान उम्मीदवारों को मुस्लिम होने के नाते समर्थन नहीं दिया। और न ही उन्होंने अपना वोट ऐसे उम्मीदवारों पर नष्ट किया जो भाजपा को हरा नहीं सकते थे। यह रवैया, मिसाल के तौर पर, पंजाबी सिखों के रवैए से तुलनीय हो सकता है जो सन् अस्सी के सालों में उनकी दृष्टि में उनके प्रति अन्यायपूर्ण और पक्षपातपूर्ण व्यवहार का सामना होते ही अन्दर सिमट गए और धर्मनिरपेक्ष पार्टियों को नहीं वरन् अकाली दल के गुटों को समर्थन देने लगे।

मुसलमान मतदाताओं में आए इस परिवर्तन के बावजूद हर क्षेत्र में उनके प्रतिनिधित्व में एक अनवरत गिरावट काफी स्पष्ट नजर आती है। और ग्राम पंचायत, जिला परिषद और नगर निगमों के चुनावों के नतीजों में यह ज्यादा साफ दिखने लगता है कि मुसलमान बमुश्किल ही कोई सीट जीत पाता है जब तक कि उसके वार्ड या गाँव में उसके सहधर्मियों की पर्याप्त आबादी न हो। मिसाल के तौर पर महाराष्ट्र के औरंगाबाद जिले में, मुसलमानों की पर्याप्त आबादी के बावजूद, और उनके बहुत बिखरे हुए न होने के बावजूद, कोई मुसलमान न तो जिला परिषदों का और न ही पंचायत समितियों का सदस्य बन पाया। अन्य जिलों में भी उनकी हालत कोई बेहतर नहीं है। निर्वाचन सीढ़ी जितने छोटे स्तर पर होती है उतनी ही उसकी स्थिति बदतर होती है। कुछ शहरी केन्द्रों में जहाँ मुसलमानों का वर्चस्व है, मुसलमान उम्मीदवार, फिर उनकी पार्टी-निष्ठा चाहे जो हो, निर्वाचित हो पाते हैं, हालाँकि अधिकांशतः कांग्रेस ही उससे लाभान्वित होती है; वही निरपवाद रूप से मुसलमानों को उम्मीदवार के तौर पर खड़ा करती है। जहाँ पर चुनाव अप्रत्यक्ष रूप से होते हैं या चुनिन्दा या सीमित मतदान पर होते हैं; वहाँ भी उनका प्रतिनिधित्व उतना ही कम है। राज्यसभा या विधान सभाओं में मुसलमानों का प्रतिनिधित्व अधिकांशतः उनकी आबादी का 5 प्रतिशत तक नहीं है; जहाँ प्रतिनिधित्व नामजदगी के आधार पर होता है, वहाँ भी उनकी हालत कोई बेहतर नहीं है।

आज़ादी के बाद मुसलमानों के प्रतिनिधियों की संख्या में आई तीव्र गिरावट ने उनकी इस आशंका को संगत ठहराया है कि एक आम संयुक्त निर्वाचन क्षेत्र में उन्हें न्यायसंगत मौका नहीं मिल सकता। हर एक चुनाव के साथ उनकी हालत बदतर होती गई है। साम्प्रदायिक प्रतिनिधित्व की निन्दा करना एक बात है लेकिन इसे भी नजरअन्दाज नहीं किया जा सकता कि उससे वंचित हो जाने के बाद मुसलमानों का एक बड़ा तबका अपना प्रतिनिधित्व ही खो चुका है। इस प्रणाली के आलोचकों की दलील है—मुसलमानों का प्रतिनिधित्व किसी सहधर्मी को ही क्यों करना चाहिए ? क्या किसी हिन्दू पर यह भरोसा नहीं किया जा सकता कि वह उनके हितों की हिफाजत करेगा ? यह सच है कि एक धर्मनिरपेक्ष हिन्दू कभी-कभी 'नाम मात्र' के मुस्लिम की अपेक्षा मुसलमानों के हितों का बेहतर रक्षक साबित हुआ है। वरिष्ठ कांग्रेसी नेता सीताराम केसरी ने एक बार मुझसे कहा था कि किसी तेज-तर्रार मुसलमान को भी ज्यों

ही मन्त्री का या अन्य कोई महत्त्वपूर्ण पद दे दिया जाता है वह 'हिन्दू' बनने की कोशिश करता है। वह अपने सहधर्मियों के बारे में बोलने से कतराता है कि कहीं उस पर साम्प्रदायिक होने का आरोप न लग जाए।

मनोवैज्ञानिक तौर पर किसी राष्ट्र के स्वास्थ्य के लिए यह कल्याणकारी नहीं है कि उसका एक महत्त्वपूर्ण वर्ग चुनाव में अवहेलना का शिकार हो जाए। प्रतिनिधित्व से अपनेपन की भावना जागती है। और फिर एक समुदाय का प्रतिनिधित्व आधुनिक प्रजातन्त्र का मूल सार है। इसलिए डॉ. आम्बेडकर ने गोलमेज परिषद की चर्चाओं के दौरान अनुसूचित जातियों के लिए एक अलग निर्वाचन क्षेत्र की माँग पर जोर दिया था और ब्रिटिश प्रधानमन्त्री रैमसे मैकडोनाल्ड ने अपने कम्यूनल एवार्ड में उसे प्रदान भी कर दिया था। महात्मा गाँधी को आमरण अनशन पर बैठकर अनुसूचित जाति के नेता को मजबूर करना पड़ा था कि वे अलग निर्वाचन क्षेत्र की माँग को छोड़ दें लेकिन गाँधी को भी उनके लिए सीटों के आरक्षण की माँग को कबूल करना पड़ा था। उसके बाद से यह आरक्षण एक स्थायी अंग बन गया है जिसे 1950 में संविधान के क्रियान्वयन की शुरुआत के बाद से सिर्फ दस साल तक लागू रहना था। और अब कोई भी राजनीतिक पार्टी उसे चुनौती देने की हिम्मत नहीं कर पाती।

मंडल आयोग की सिफारिशों को कबूल कर लिए जाने के बाद अब यह आरक्षण अन्य समुदायों को भी, जिन्हें बेहतर शब्दावली में 'अदर बैकवर्ड क्लासेस' (ओ.बी.सी.) कहा जाता है, दिया जाने लगा है। मेयर, म्युनिसिपल चेयरमैन, जिला परिषद अध्यक्ष और अन्य निर्वाचनीय पदाधिकारियों के ओहदे भी क्रम से उनके लिए आरक्षित रखे जा रहे हैं। जो बात करीब एक सदी पहले बुराई के तौर पर निन्दनीय थी वही आज अच्छाई के तौर पर सराहनीय बन रही है और उस पर आचरण किया जा रहा है। अगर धर्म के आधार पर आरक्षण की माँग करना गलत है तो फिर जाति के आधार पर वह सही कैसे हो जाता है ? सामाजिक न्याय की बात तो सिर्फ एक छद्म आवरण है यह तो सीधे-सीधे जातिवादी माँग है। इसमें भी विघटनकारी तत्त्व उतने ही अन्तर्निहित हैं जितने कि साम्प्रदायिक आरक्षण में। हमारे समाज में धार्मिक और जातिवादी लोक लुभावन राजनीति की कलहकारी समस्या का सही समाधान है—सानुपातिक प्रतिनिधित्व। जवाहरलाल नेहरू यूनिवर्सिटी (जे. एन. यू.) के प्रोफेसर सी. पी. भाँभरी ने अपनी पुस्तक 'पोलिटिकल प्रोसेस इन इंडिया' इस प्रणाली की समुचितता की पैरवी की है। वे लिखते हैं :

> अल्पसंख्यकों को प्रतिनिधित्व परिषदों में उचित प्रतिनिधित्व मिलना चाहिए। अल्पसंख्यकों के प्रतिनिधित्व का अभाव उन्हें व्यवस्था से अलग कर देगा। हिन्दुस्तान, अनेक प्रकार के अल्पसंख्यकों का घर है और वे समूचे भारत में फैले हुए हैं। उन्हें उनका उचित प्रतिनिधित्व मिलना चाहिए, और वह विद्यमान निर्वाचन प्रणाली के अन्तर्गत सम्भव नहीं है। भारतीय विशिष्ट जनगण ने वर्तमान निर्वाचन व्यवस्था को ब्रिटिश प्रणाली से अपने सम्पर्क की

> वजह से और अशिक्षित मतदाताओं के लिए सुगमता की वजह से अपनाया। किसी भी प्रकार की जटिल निर्वाचन प्रणाली को भारतीय स्थितियों के अनुकूल नहीं माना गया। इस बात को महसूस नहीं किया गया कि यह प्रणाली जटिल भारतीय सामाजिक स्थिति के लिए समुचित नहीं है अगर उसे देश की सत्ता में साझेदारी नहीं दी जाएगी। कोई भी प्रबल धार्मिक या भाषाई अल्पसंख्यक समुदाय इस व्यवस्था के लिए खतरा बन सकता है।[3]

प्रोफेसर भाँभरी ने इसलिए यह सुझाव दिया है कि चूँकि भारतीय जनतन्त्र के निर्बाध संचालन के लिए पार्टी-प्रणाली जरूरी है सो सर्वोत्तम तरीका यही रहेगा कि सूची प्रणाली के साथ सानुपातिक प्रतिनिधित्व की प्रणाली को अपनाया जाए ताकि बहुसंख्यक और अल्पसंख्यक दोनों को सन्तुष्ट किया जा सके। मैं पक्के तौर पर यह तो नहीं कह सकता कि इस प्रणाली के तहत मुसलमान किस हद तक कामयाब होंगे लेकिन मेरी मान्यता है कि इस प्रणाली का प्रयोग करना उपयोगी होगा क्योंकि स्पष्ट बहुमत से जीत निर्धारित करने की नीति ने अल्पसंख्यकों को लाभान्वित नहीं किया है।

विख्यात सामाजिक विचारक एलेक्सी तोकेविले की मान्यता थी कि जनतन्त्र हर व्यक्ति को अपने पूर्वजों का विस्मरण करवा देता है; लेकिन बदकिस्मती से भारत में यह ठीक उल्टे तरीके से काम कर रहा है। यह नेताओं के लिए अखाड़ा बना हुआ है जिसमें सरकार या राजनीतिक पार्टियों की कार्य-प्रणालियों को सुधारने या आर्थिक या वर्गीय हितों के निर्धारण का सही समाधान ढूँढ़ने की बजाय साम्प्रदायिक संघर्षों और जातिवादी मुठभेड़ों का खतरनाक खेल खेला जाता है। नेताओं की ओर से, जनता को मानवीय, सर्वदेशीय और उदार विचारों के पनपने के लिए अनुकूल वातावरण प्रदान करने की दिशा में कोई प्रयास नहीं किया जा रहा है। सिर्फ बाहरी छिलका ही छिलका है, अन्दर का सारतत्त्व गायब है।

वे देश के बदन में चाकू धँसाते हैं और तराश लेते हैं
एक ताक अपनी तीखी, अतृप्त महत्त्वाकांक्षा के लिए
ओढ़ा देते हैं उसे लबादा जनता की इच्छाओं का।
वे फहराते हैं झंडा और इस ताक को नाम दे देते हैं एक राष्ट्र का
वे नफरत बोते हैं, कँटीले तारों की बाड़ों की फसल उगाते हैं
सींचते हैं उसे इनसानी खून से।
लेकिन वह तुम हो जो बाहर कदम रखते ही
इन बाड़ों से टकराते हो
और लहूलुहान होते हो जबकि सत्ता खरीदने के लिए
तुम्हारे वोटों को भुना रहे होते हैं।

मुस्लिम प्रतिनिधित्व में कमी आना दुखदायी बात तो है ही लेकिन उससे भी ज्यादा त्रासदायक बात यह हुई है कि जहाँ तक सम्भव हो सका है प्रमाणित मुस्लिम नागरिकों को मतदाताओं की सूची से बाहर रखने की सुनियोजित कोशिश की गई है। गणना

करनेवालों ने ऐसे-ऐसे घरों और मकानों को छोड़ दिया जहाँ ये मुसलमान पीढ़ी-दर-पीढ़ी रहते आए हैं। निर्वाचन अधिकरियों के पास शिकायत दर्ज कराई गई लेकिन कोई खास फायदा नहीं हुआ। और अब उनके नाम सिर्फ दस्तावेजी सबूत पेश किए जाने के बाद ही शरीक किए जा सकते थे लेकिन दस्तावेज आसानी से हासिल नहीं हो सकते थे। साम्प्रदायिक पूर्वाग्रह ने बड़ी भारी अफरा-तफरी तो मचाई लेकिन मुस्लिम नागरिकों की तादाद इतनी ज्यादा थी कि उन्हें आसानी से नजरअन्दाज नहीं किया जा सकता था। उससे बड़ी बदनामी फैल जाती। लेकिन कुल मिलाकर निष्पक्ष आकलन यह है कि कम-से-कम 20 प्रतिशत वैध मुसलमान वोटरों को अपना नाम मतदाता सूची में नहीं मिला और इसलिए वे अपने मताधिकार का इस्तेमाल नहीं कर पाए। कुछ अरसे से भाजपा और अन्य हिन्दू साम्प्रदायिक पार्टियाँ, बांग्लादेशी मुसलमानों की हिन्दुस्तान में घुसपैठ पर हंगामा कर रहे थे। सरकार के खिलाफ हमले के लिए असम मुख्य केन्द्र बना हुआ था, जहाँ यह आरोप लगाया गया कि लाखों मुसलमान सरहद पार कर घुस आए हैं। लेकिन दिसम्बर 1992 में बाबरी मस्जिद ध्वंस के बाद और आक्रामक हिन्दुत्व के उभार के बाद यह माँग बढ़ती जा रही है कि इन बांग्लादेशियों को हिन्दुस्तान के बाहर निकाल दिया जाए। उनके खिलाफ विद्वेष अब और व्यापक हो गया है और खुल्लम-खुल्ला यह कहा जा रहा है कि वे तो अब सब जगह पाए जाते हैं। सो, केन्द्र ने राज्य को आगाह किया कि वे चौकन्ने रहें।

इस निदेश का फायदा उठाकर बम्बई के मुख्य चुनाव अधिकारी ने दिसम्बर 1994 को स्थानीय पुलिस से कहा कि वह हजारों वैध मुसलमान परिवारों को यह साबित करने का नोटिस जारी करें कि वे भारतीय हैं; उन्हें सूचित किया गया कि वे और उनके परिवार के सदस्य 'विदेशी नागरिक लगते हैं।' लेकिन, जैसा कि महाराष्ट्र राज्य अल्पसंख्यक आयोग के अध्यक्ष हुसैन दलवई ने पूछा, 'कोई व्यक्ति विदेशी नागरिक लगता कैसे है ?' रंग एक कसौटी हो सकता है; लेकिन यहाँ तो वैसा था नहीं। उनमें से अधिकतर मराठी बोलते थे; हर इंच महाराष्ट्रीय लगते थे लेकिन फिर भी उन पर शुबहा किया गया। उनमें से बमुश्किल कोई बांग्ला बोलता था। उन्हें एक साथ बुलाया गया और निम्न दस्तावेज, सभी मूल रूप में, लाने के लिए कहा गया :

- उनका अपना जन्म प्रमाण पत्र और उनके पिता का भी (मानो यह हासिल करना आसान था);
- उनका अपना आवास प्रमाण पत्र और पिता का भी (जो बड़ी लम्बी प्रक्रिया और सबूतों के बाद सिर्फ मजिस्ट्रेट ही दे सकता है);
- उनका अपना राशन कार्ड और पिता का भी (कोई अपने पिता का राशन कार्ड भला क्यों रखेगा, अगर वे कहीं और रहते हों ?);
- उनका अपना पासपोर्ट (अगर कोई विदेश जाने का इरादा न रखता हो तो वह पासपोर्ट क्यों रखेगा ?) और कोई अन्य दस्तावेज जो उनकी राष्ट्रीयता की स्थिति को साबित करता हो।

> अन्यथा यह माना जाएगा कि आप विदेशी नागरिक हैं और विदेशी नागरिक कानून, 1946 और अन्य कूननों के प्रावधानों के तहत आपके खिलाफ उचित कार्रवाई की जाएगी।

ज्यों ही मैंने ये नोटिसें देखीं तो तुरन्त 'द टाइम्स ऑफ इंडिया' के एक्जेक्यूटिव एडीटर गौतम अधिकारी को एक पत्र लिखा, जिसमें इस नोटिस की एक प्रति संलग्न की और यह विरोध प्रकट किया कि यह भारतीय मुसलमानों को मताधिकार से वंचित करने की एक घिनौनी साजिश है, और उसके बारे में 1989 में राष्ट्रीय एकता परिषद की एक बैठक के दौरान लालकृष्ण आडवाणी ने इसकी चर्चा मुझसे की थी। मुस्लिम वोट बैंक के प्रतिरोध के लिए कुछ नौकरशाहों ने उन्हें यह सुझाव दिया था; लेकिन जैसा कि जाने-माने लेखक और स्तम्भकार खुशवन्त सिंह ने आडवाणी से कहा कि असल में तो वे खुद सबसे बड़े गुनहगार हैं। उनकी 'राम मन्दिर' की धार्मिक नारेबाजी, हमारी चुनावी राजनीति के इतिहास में सबसे बड़ा वोट-बटोरू मन्त्र साबित हुआ। उससे भाजपा को लोकसभा में 189 सीटें मिलीं जबकि भंग लोकसभा में उनकी संख्या कुल 2 थी। खुशवन्त सिंह ने 'द हिन्दुस्तान टाइम्स' के अपने स्तम्भ (8 अक्तूबर, 1994) में पूछा था :

> क्या संघ परिवार मस्जिदों को तोड़-तोड़कर उनके खंडहरों पर मन्दिर बनाने और मांसाहारियों को खुराक देनेवाले कसाईखानों को बन्द करवाने के अलावा और कोई रचनात्मक काम नहीं सोच सकता ? हमें एक अभिनव और समृद्ध भारत का निर्माण करना है। यह हम तभी कर सकते हैं जब हमारी समूची जनता उसमें हाथ बँटाएगी न कि उन हाथों का इस्तेमाल एक-दूसरे का गला घोंटने या काटने के लिए करेगी।

बम्बई में रहनेवाले हजारों मुसलमानों को अपनी राष्ट्रीयता पुनर्सिद्ध करने के लिए दिए गए नोटिसों के मामले ने तब तो और भी भयावह रूप धारण कर लिया जब एक महीने के अन्तराल के बाद बम्बई की पुलिस ने मुख्य रूप से मुस्लिम-बहुल इलाकों में यह कार्रवाई फिर शुरू कर दी। मैंने मुख्यमन्त्री शरद पवार से बातचीत की, और उन्होंने बताया कि उनके अधिकारियों के अनुसार यह कार्रवाई मुख्य चुनाव आयुक्त टी. एन. शेषन के निदेश के तहत की जा रही है लेकिन शेषन ने इस बात से सरासर इनकार कर दिया और खुल्लम-खुल्ला शरद पवार पर आरोप लगाया कि वे दोमुँही बातें कर रहे हैं। जाहिर है कि आदेशों को परिभाषित करने में और निर्देशों का पालन करने में गलतियों और गलतफहमियों का सिलसिला चला था और जवाबदेही की नौबत आने पर हरेक अधिकारी दूसरे पर तोहमत थोपने की कोशिश करता रहा। इस प्रक्रिया में शरद पवार पर ज्यादा बुरी बीती; जनता को यह यकीन दिलवाया जाने लगा कि सच्चे मुस्लिम वोटरों को परेशान करने के लिए वे ही जिम्मेदार थे। मैं जब हुसैन दलवई के साथ मुख्य चुनाव आयुक्त से मिला तो मैंने उन्हें यह आश्वासन दिया कि पवार भी

घटनाक्रमों से उतने ही नाखुश हैं जितने कि शेषन खुद हैं। तो शेषन ने दृढ़ता से कहा कि 'अगर ऐसा है तो फिर उन्हें उन लोगों को सजा देनी चाहिए जिन्होंने यह गड़बड़ी फैलाई, जिसकी वजह से सभी बदनाम हुए। उन्हें माफ नहीं किया जाना चाहिए; अगर गुनहगार को सजा नहीं दी जाती तो प्रशासन नहीं चल सकता।' और नौकरशाही को साम्प्रदायिकता के रोगाणुओं से मुक्त करना हो तो ऐसा करना जरूरी है।

इस मामले में, पवार को यह अहसास नहीं हुआ कि अनेक नौकरशाह उनकी तरह धर्मनिरपेक्ष दृष्टिकोण के हिमायती नहीं हैं; कानून का शब्दशः पालन करने की ओट में, हालाँकि यहाँ तो उन्होंने कानून को समझने में भी भूल की थी, उन्होंने उसकी मूल भावना को ध्वस्त कर दिया और अन्ततोगत्वा मुख्य चुनाव आयुक्त और बम्बई उच्च न्यायालय ने, जिसमें कुछ पीड़ित मुसलमानों ने याचिका दायर की थी, इस चेतना को फिर से स्थापित किया। शेषन ने 'इंडियन एक्सप्रेस' (15 नवम्बर, 1994) की सुजाता आनन्दन को एक विशेष इंटरव्यू में निश्चयात्मक रूप से कहा कि 'अगर कोई इसे साम्प्रदायिक रंग देता है तो उसके पीछे कोई अन्य गुप्त उद्देश्य है और चुनाव आयोग उसकी ओर देखने से इनकार करता है।' आखिरी बचाव के तौर पर पुलिस ने यह कहा कि मुसलमानों से ज्यादा हिन्दुओं को ऐसे नोटिस दिए गए हैं। लेकिन जैसा कि 'द टाइम्स ऑफ इंडिया' ने अपने 16 नवम्बर, 1994 के सम्पादकीय में कहा, 'यह बहानेबाजी काम नहीं आएगी।' और यह भी टिप्पणी की कि 'जो लोग साम्प्रदायिक उद्देश्य के लिए ऐसी प्रक्रियाओं का दुरुपयोग करते हैं, वे राष्ट्रीय सौमनस्य के हित में कोई योगदान नहीं करते।'

ताज्जुब की बात यह हुई कि इस विवाद के तुरन्त बाद ही जब मेरी पत्नी फातिमा, जो 'द टाइम्स ऑफ इंडिया' से करीब 25 साल से जुड़ी हुई थी और जो हमेशा बम्बई में ही रही, अपने आइडेंटिटी कार्ड के लिए फोटो खिंचाने गई तो उससे कहा गया कि उसका नाम वोटरों की सूची में नहीं है जबकि दशकों से उसका नाम हुआ करता था। उसने अपने पास आई सरकारी पर्ची दिखाई, अपना पासपोर्ट भी दिखाया, लेकिन कोई असर नहीं हुआ। उन्होंने बताया कि संशोधित सूची में उनका नाम नहीं है, सो उन्हें आइडेंटिटी कार्ड नहीं दिया जा सकता। पूछताछ करने पर पता चला कि मेरा भी नाम नहीं था और वह इस तथ्य के बावजूद कि सिर्फ कुछ सप्ताह पहले ही बतौर रजिस्टर्ड वोटर मेरा फोटोग्राफ लिया गया था।

मैंने बम्बई के कलेक्टर रमेशचन्द्र कानड़े को फोन किया। वे अवाक् रह गए। वे दौड़े-दौड़े मेरे यहाँ आए और बोले कि अनजाने में ऐसा हो गया होगा। फिर भी यह संयोग बड़ा रहस्यमय था। मैंने मामले को तूल नहीं दिया कि कहीं साम्प्रदायिक माहौल और बदतर न हो जाए। लेकिन मैंने मुख्यमन्त्री को लिखा, 'अगर यह मेरे साथ हो सकता है तो फिर हजारों बे-जुबान गरीबों पर क्या बीतती होगी, पंजीयन की प्रणाली में ही कहीं कोई खामी है कि यह काम ऐसे अप्रशिक्षित, गैर-जिम्मेदार, अस्थायी कर्मचारियों को सौंपा जाता है जिनकी धर्मनिरपेक्ष वृत्ति भी कई बार संदिग्ध हो सकती

है; इस प्रणाली को पूर्ण रूप से सुधारने की जरूरत है।' पवार ने अपनी मजबूरी जाहिर की और महाराष्ट्र के मुख्य चुनाव अधिकारी पर सारी तोहमत डाल दी। मेरे और मेरी पत्नी के खिलाफ रिप्रेसेंटेशन ऑफ द पीपल एक्ट की धारा 31 के तहत फौजदारी मुकदमा दायर किया गया; बम्बई के एडीशनल मेट्रोपालिटन मजिस्ट्रेट सी. एल. थूल ने, जो मामले की सुनवाई कर रहे थे, इस आधार पर मामला खारिज कर दिया कि न तो तथ्य और न ही कानून के तहत उस शिकायत में कोई दम था। मैं ब्यौरे में जाना नहीं चाहता लेकिन उस मुकदमे ने मुझे काफी मानसिक तनाव दिया। आखिरकार, सी. एल. थूल ने हमें बाइज्जत बरी किया। विख्यात न्यायविद ननी पालखीवाला ने हमें एक लिखित राय दी कि उस शिकायत में कोई दम न था। भारत के भूतपूर्व एटार्नी जनरल सोली सोराबजी ने कहा कि शिकायत इतनी बेमानी है कि न्यायिक जाँच के आगे टिक ही नहीं सकती।

फैसले के बाद बम्बई हाईकोर्ट के निवृत्त जज एम. एम. क़ाज़ी ने मामले का बड़ी गहराई से अध्ययन किया और टिप्पणी की कि मजिस्ट्रेट ने बड़ी सावधानी से सभी तथ्यों पर चर्चा की, सम्बन्धित पक्षों की दलीलों को पूरी तरह से विश्लेषित किया और यह सही फैसला दिया कि हम दोनों को गुनहगार साबित करने के लिए 'एक कण-भर भी सबूत नहीं है।'

इन सबके बावजूद वह अनुभव भयावह था; और उसकी याद आज भी हमें कँपा जाती है ! क्या इस ढंग से बदला लेने की जरूरत थी ? लाखों मतदाताओं को मताधिकार से वंचित रखे जाने का खतरा था और वह अधिकार का सरासर दुरुपयोग था। अगर मैंने उन लोगों की पैरवी की तो क्या वह कोई गुनाह था ! जार्ज इलियट ने सही कहा कि झूठा आरोप लगाना आसान है लेकिन सच को साबित करना मुश्किल है।

उन नोटिसों का और हजारों मुसलमान वोटरों को सूची से निकाल देने का मामला आखिरकार सुप्रीम कोर्ट में गया, जिसने मतदाताओं के तौर पर उनके अधिकारों को पुनर्स्थापित किया और उसके साथ ही भारत में धर्मनिरपेक्षता की अन्ततः सफलता पर हमारे विश्वास को फिर से सुदृढ़ किया हालाँकि यह भी साफ दिखता है कि इस आदर्श को, कदम-कदम पर अलग-अलग कोनों से अनेक अवरोधों का सामना करना पड़ रहा है।

अंग्रेज कवि जॉन बनयन ने अपने विख्यात 'द पिल्ग्रिम्स प्रोग्रेस' में इसे कितने मार्मिक ढंग से रखा है :

नहीं जानना चाहता कि सब-कुछ खो गया है,
खो भी गया हो—मुझे मत बाँधो
इस निराशा से, इस लाशनुमा दुल्हन से।

शैक्षिक पिछड़ापन

मुसलमानों में बहुत बड़े पैमाने पर फैली गरीबी और बेरोजगारी के लिए उनके शैक्षिक पिछड़ेपन को जिम्मेदार माना जाता है, और उसके लिए समुदाय की जवाबदेही भी उतनी ही है जितनी कि सरकार की। यह बात आज जितनी सच है उतनी ही अतीत में भी थी।

1857 के गदर के बाद मुसलमानों को अंग्रेज शासकों के शत्रुतापूर्ण रवैए के साथ-साथ बदलते वक्तों की माँगों के प्रति अपनी दकियानूसी रवैए का भी सामना करना पड़ा। सर सैयद अहमद ख़ाँ को दोनों पर विजय पाने के लिए कड़ा संघर्ष करना पड़ा। आज कोई सर सैयद नहीं है और न ही उन जैसी शख्सियत के अनुकूल समय ही है। अंग्रेजों को हिन्दू और मुसलमान दोनों की मदद की जरूरत थी; वे कभी हिन्दुओं की तरफदारी करते तो कभी मुसलमानों की। इस प्रक्रिया में उन्होंने दोनों समुदायों के साथ समान सन्तुलन बनाए रखने की कोशिश थी। आज हालत बिल्कुल बदल गई है; आज कोई तीसरा पक्ष नहीं है जो सन्तुलन बनाए रखने की कोशिश करे। हिन्दू, सर्वाधिक वर्चस्वी समुदाय है और मुसलमानों को उनकी सद्भावना पर निर्भर रहना है।

हालाँकि भारत ने अपने को एक धर्मनिरपेक्ष गणतन्त्र घोषित किया लेकिन मुसलमानों को व्यावहारिक स्तर पर उसका कोई ज्यादा फायदा नहीं मिला। हर मामले में उनकी अवनति हुई है। शिक्षा में भी उत्तरोत्तर आनेवाली सरकारों ने उन्हें हिन्दुओं के समकक्ष लाने के कोई प्रयास नहीं किए। अगर भारत की जनसंख्या रिपोर्टों ने समुदायगत आँकड़े दिए होते तो यह तथ्य उभरकर सामने आता। धर्मनिरपेक्षता के नाम पर आजादी के बाद से यह परम्परा खत्म कर दी गई है नतीजतन सब कुछ अँधेरे में है। यह एक दुर्भाग्यपूर्ण स्थिति है क्योंकि इससे मुसलमानों की तकलीफों का प्रामाणिक आकलन कर पाना मुश्किल हो गया है।

कुछ अनुसन्धानकर्ताओं और शैक्षिक संगठनों ने कुछ आँकड़े जमा किए हैं जोकि बड़ी मायूसी-भरी तस्वीर पेश करते हैं लेकिन ये अध्ययन न तो समग्र थे और न ही विश्वसनीय। वे प्रवृत्ति-रुझान की ओर निर्देश-भर कर पाए। 1984 में भारत सरकार द्वारा नियुक्त अल्पसंख्यकों के लिए उच्चाधिकार पेनल (हाई पावर पेनल फ़ार माइनोरिटीज) ने शिक्षा में मुसलमानों के पिछड़ेपन को उजागर किया। मैं उसका सदस्य-सचिव था और मुख्य प्रभारी के रूप में, समूचे हिन्दुस्तान में किए गए सेम्पल सर्वे के आधार पर जमा

किए गए आँकड़ों और निर्णयों को अन्तिम रूप देने की जिम्मेदारी मेरी थी। डॉ. गोपाल सिंह अध्यक्ष थे। इन्दिरा गाँधी को हमने जो रिपोर्ट प्रदान की उससे यह स्पष्ट होता था कि सम्बद्ध कालावधि में मुस्लिम बच्चों की प्राथमिक स्कूल स्तर पर नामांकन की दर 12.39 प्रतिशत थी जबकि बाल-जनसंख्या 16.81 प्रतिशत थी। कर्नाटक, तमिलनाडु और मध्य प्रदेश में स्थिति थोड़ी बेहतर थी। अनुसूचित जातियों में ये संख्या 12.50 प्रतिशत थी और बाल-जनसंख्या 20 प्रतिशत थी। माध्यमिक स्तर पर कक्षा 1 में भर्ती हुए 100 मुसलमान छात्रों में से 35 कक्षा 5 तक पहुँचते थे; यों छँट जानेवालों की दर 65 प्रतिशत थी। अनुसूचित जातियों में वह 67 प्रतिशत थी। इस प्रकार मुसलमानों की कुल स्कूल जानेवाली 18.54 प्रतिशत जनसंख्या की तुलना में छँटने वालों की दर 10.47 प्रतिशत हुई जो करीब 60 प्रतिशत होती है। उ.प्र. और बिहार में स्कूल जानेवालों की संख्या न्यूनतम थी। अनुसूचित जातियों के मामले में उनकी 13.89 प्रतिशत जनसंख्या की तुलना में 9.74 प्रतिशत था। मुसलमान छात्रों का कक्षा 10 का परीक्षाफल भी कम निराशाजनक नहीं था। कुल 16 प्रतिशत की तुलना में उत्तीर्ण होने की दर सिर्फ 4 प्रतिशत थी; यों अलग-अलग जगहों की स्थितियाँ अलग-अलग थीं। हरियाणा में 0.33 प्रतिशत थी तो बिहार में 6.33 प्रतिशत। अनुसूचित जातियों में उसकी दर 7. 39 प्रतिशत थी।

बारहवीं कक्षा में कुल पंजीकृत छात्रों में परीक्षा में बैठनेवाले मुसलमान छात्र 2.49 प्रतिशत थे लेकिन परीक्षाफल औसत से बहुत कम था। अनुसूचित जाति के छात्रों का अनुपात काफी बेहतर 6.76 प्रतिशत था। ग्रेजुएट स्तर पर (बी.ए, बी.एस-सी. और बी.कॉम.) परीक्षा में बैठनेवाले मुस्लिम विद्यार्थी कुल संख्या के 6.21 प्रतिशत थे। उनकी हिस्सेदारी तमिलनाडु, बिहार, मध्य प्रदेश और उत्तर प्रदेश में बेहतर थी; अलीगढ़ और मराठवाड़ा में सर्वोत्तम थी तो हरियाणा और दिल्ली में सबसे खराब। परीक्षाओं में उनके उत्तीर्ण होने की दर 51.22 प्रतिशत थी जबकि औसत दर 52.07 प्रतिशत थी। अनुसूचित जातियों के छात्रों की हिस्सेदारी 6.91 प्रतिशत थी जबकि उनका उत्तीर्ण होने का प्रतिशत 35.01 था और आम उत्तीर्ण होने का प्रतिशत 57.11।

पोस्ट ग्रेजुएट स्तर (एम.ए, एम. एस-सी., एम.कॉम.) पर अन्तिम परीक्षा में बैठनेवाले मुस्लिम छात्रों की दर 9.11 प्रतिशत थी और उनके उत्तीर्ण होने की दर 75.8 प्रतिशत थी जब कि आम प्रतिशत 77.5 प्रतिशत था। अनुसूचित जाति के छात्रों के मामले में वह दर कुल का 7.64 प्रतिशत थी जबकि उनकी उत्तीर्ण होने की दर 69.83 प्रतिशत थी और आम उत्तीर्ण होने की दर 75.85 प्रतिशत थी।

व्यावसायिक डिग्री पाठ्यक्रमों में मुसलमान छात्रों की तादाद हमेशा ही कम रही है; बी.इ. में 3.41 प्रतिशत से लेकर एल-एल.बी. में 5.36 प्रतिशत तक भिन्न-भिन्न दर रही है। बी.एड में उनका प्रदर्शन काफी सन्तोषजनक रहा है, आम उत्तीर्ण दर 65 प्रतिशत की तुलना में उनकी दर 45 प्रतिशत रही। एम.बी.बी.एस. और अन्य व्यावसायिक परीक्षाओं में भी उनकी भागीदारी दूसरों से बहुत ही कम थी। सफलता का अनुपात और

भी कम था। अनुसूचित जातियों के छात्रों की संख्या तुलना में ज्यादा थी—बी.इ. में 62 प्रतिशत और एम.बी.बी.एस. में 11.24 प्रतिशत थी लेकिन उत्तीर्ण होने की दर कमतर थी; एम.बी.बी.एस. में औसत 62 प्रतिशत की तुलना में 35 प्रतिशत थी और बी.इ. में औसत दर 59.42 की तुलना में 33.44 प्रतिशत थी। अनुसूचित जातियों की भागीदारी, मुसलमानों की तरह ही सभी स्तरों पर बहुत कम थी लेकिन उच्चतर स्तरों पर उनके उत्तीर्ण होने का प्रतिशत बदतर था। 1982 की सिविल सर्विस परीक्षाओं का विश्लेषण यह दर्शाता है कि 963 कामयाब उम्मीदवारों में से केवल 19 मुसलमान थे। मुख्य कैडरों—आई.ए.एस., आई.पी.एस. और आई.एफ.एस. में एक भी मुसलमान चुना नहीं गया।

एम.बी.बी.एस. परीक्षाओं में 1981 में कुछ प्रमुख राज्यों में गैर-मुसलमानों की तुलना में सफल मुसलमान उम्मीदवारों का अनुपात इस प्रकार रहा :

असम में 174 में 6 मुसलमान थे, बिहार में 289 में 21; दिल्ली में 424 में 5; महाराष्ट्र में 95 में 3; मध्य प्रदेश में 246 में 8; राजस्थान में 310 में 8। बी.एस-सी. (इंजीनियरिंग) और बी.इ. परीक्षाओं में भी मुसलमान उम्मीदवारों की कामयाबी का अनुपात कोई बेहतर नहीं था। असम में 148 में 6 मुसलमान थे, बिहार में 467 में 27; दिल्ली में 172 में 2; मध्य प्रदेश में 224 में 1; राजस्थान में 555 में 1; उत्तर प्रदेश में 202 में 5। उसी प्रकार से एम.ए, एम.एस-सी. और एम.कॉम. की पोस्टग्रेजुएट परीक्षाओं में—असम में 774 कामयाब छात्रों में 42 मुसलमान थे; बिहार में 2,201 में 194; केरल में 1,006 में 86; मध्य प्रदेश में 3,929 में 106, मराठवाड़ा (महाराष्ट्र) में 1,911 में 98; उड़ीसा में 43 में एक भी नहीं; तमिलनाडु में, 3540 में 277; उत्तर प्रदेश में 5,688 में 830 थे।

कुछ और अध्ययनों ने भी इसी प्रकार की दयनीय तस्वीर पेश की है। प्रारम्भिक अध्ययनों में से एक का संचालन मशहूर विद्याविद प्रो. गोपाल कृष्ण ने किया था। यह कार्य केन्द्रीय गृहमन्त्रालय द्वारा सौंपा गया था। उनकी रिपोर्ट ने उद्‌घाटित किया कि मुसलमानों का शैक्षिक स्तर हिन्दुस्तान में निम्नतम है। और इस रिपोर्ट को जानबूझकर ताक पर रख दिया गया ताकि कहीं उसके परिणाम विस्फोटक न साबित हो जाएँ। नौकरशाही का मानना है कि किसी समस्या से निपटने का बेहतरीन तरीका यह है कि अरुचिकर तथ्यों को बुहारकर गलीचे के नीचे छिपा दिया जाए।

इंस्टीट्यूट आफ़ इकोनोमिक एंड सोशल चेंज, बैंगलोर के डॉ. श्री थिम्मैया के सर्वेक्षण ने भी शिक्षा के विभिन्न स्तरों पर अन्य धार्मिक समुदायों की तुलना में मुसलमानों की बुरी स्थिति की पुष्टि ही की। 1983 में प्रकाशित अपनी पुस्तक इक्वालिटी एंड पावरटी ए केस स्टडी आफ कर्नाटक (समता एवं गरीबी : कर्नाटक का एक स्थिति-अध्ययन) में विद्वान डाक्टर ने यह निष्कर्ष दिया है कि भारत में मुसलमानों का आर्थिक और शैक्षिक स्तर गरीब-से-गरीब समुदाय से बदतर है।

केरल में भी, जो भारत में सर्वोच्च साक्षरता-दर वाला प्रदेश है, नेत्तूर आयोग ने

यही दर्शाया कि मिडिल स्कूल तक मुसलमान और अनुसूचित जाति-समुदाय कन्धे से कन्धा मिलाकर चलते हैं। लेकिन कक्षा 8 के बाद से अनुसूचित जाति मुसलमानों से आगे बढ़ जाती है। बैंगलोर के अखबार 'डेक्कन हेराल्ड' ने अपने 23 अप्रैल, 1984 के अंक में इस ओर साफ इशारा किया। बाद में इस दैनिक ने अपने 10 अगस्त, 1984 के सम्पादकीय में टिप्पणी की कि कर्नाटक की सरकारी सेवाओं में मुश्किल से 2 प्रतिशत मुसलमान हैं और सो भी अधिकतर तृतीय श्रेणी के ओहदों पर हैं जबकि उनकी आबादी राज्य का 13 प्रतिशत है। अखबार की टिप्पणी थी कि उस निम्नतर प्रतिशत की वजह आंशिक तौर पर समुदाय का शैक्षिक पिछड़ापन था और आंशिक तौर पर सरकार द्वारा उनकी की जाती उपेक्षा थी।

'एक्सप्रेस न्यूज सर्विस' की सेवन्ती नयनन ने उ.प्र. के उन तीन साम्प्रदायिक तौर पर संवेदनशील शहरों के जो समय-समय पर हिन्दू-मुस्लिम दंगों के गवाह रहे हैं—यानी—मुरादाबाद, अलीगढ़ और सम्भल के शैक्षिक पिछड़ेपन का एक सर्वेक्षण किया। उन्हें पता चला कि गरीबी की वजह से मुसलमान माता-पिता अपने बच्चों को स्कूल वगैरह नहीं भेजते। उन्हें अपने परिवार के काम-धन्धों में हाथ बँटाकर घर की आमदनी में इजाफा करना पड़ता है। पूछे जाने पर माता-पिता ने यही कहा कि पढ़-लिख जाएँगे तो भी नौकरी मिलेगी ही इसकी क्या गारंटी है ? सेवन्ती ने, फिर भी, सरकार की आलोचना की है कि वह मुसलमानों के बीच शिक्षा के प्रसार के प्रति उदासीन और लापरवाह है। उसी प्रकार से, दिल्ली के हमदर्द एजूकेशन सोसाइटी द्वारा किए गए एक सर्वेक्षण ने दर्शाया कि मुसलमानों द्वारा संचालित स्कूलों में भी नौवीं, दसवीं और बारहवीं कक्षा में मुसलमान छात्रों के छँट जाने की दर बहुत ज्यादा है नतीजतन बहुत कम छात्र ग्रेजुएट या पोस्टग्रेजुएट स्तर तक पहुँच पाते हैं।

अलीगढ़ मुस्लिम यूनिवर्सिटी के प्रोफेसर क़मर हसन और प्रो. एम.एन. ख़ान ने अलीगढ़ में स्कूली शिक्षा समाप्त करने के कगार पर स्थित हिन्दू और मुसलमान छात्रों के भावी शैक्षिक और व्यावसायिक इरादों का एक तुलनात्मक अध्ययन किया। उन्हें पता चला कि हिन्दू छात्रों में से एक ने भी स्कूल नहीं छोड़ा जबकि 4.5 प्रतिशत मुसलमान लड़के और 5.7 प्रतिशत मुसलमान लड़कियाँ छँट गए। उनके विश्लेषण ने यह स्पष्ट किया कि जहाँ 57.72 प्रतिशत हिन्दू लड़कों और 67.79 प्रतिशत हिन्दू लड़कियों को किसी प्रकार की आर्थिक समस्या का सामना नहीं करना पड़ता वहीं अधिकांश मुसलमान लड़के और लड़कियों को अपने माता-पिता की गरीबी की वजह से पढ़ाई छोड़नी पड़ती है।

ये सभी अध्ययन दर्शाते हैं कि मुसलमान निजी स्थानीय और सरकारी संस्थाओं द्वारा प्रदत्त शैक्षिक सुविधाओं का लाभ उठाने में अक्षम रहे। दुर्भाग्य से, स्थानीय मुस्लिम नेतृत्व ने उन्हें वक्त के साथ आगे बढ़ने की कोई खास प्रेरणा नहीं दी। ये नेतागण, मुस्लिम माता-पिता को यह समझा सकते थे कि अपनी गरीबी के बावजूद उन्हें अपने बच्चों के भविष्य को खतरे में नहीं डालना चाहिए और खासकर इसलिए कि स्कूली स्तर

की पढ़ाई और नौकरी—व्यवसाय की बुनियाद डालती है। लेकिन जैसा कि अल्पसंख्यकों के लिए उच्चाधिकार पेनल द्वारा उद्घाटित किया गया, सबसे महत्त्वपूर्ण कारक, दिहाड़ी मजदूरी करने वाले मुसलमान कारीगरों और मजदूरों का रवैया था। ऐसे माता-पिता भी जिनका कोई पारिवारिक पेशा या व्यवसाय नहीं है, अपने बच्चों को स्कूल भेजने की बनिस्बत उनसे घर का छोटा-मोटा काम करवाना बेहतर समझते हैं। गाँवों में पढ़ाई की परम्परा नहीं के बराबर है। हैं तो सिर्फ मदरसे ही जहाँ धार्मिक शिक्षा-दीक्षा मिलती है लेकिन धर्मेतर विषयों की पढ़ाई के लिए कोई प्रावधान नहीं जिनसे छात्र को कोई रोजगार हासिल करने में मदद मिले या वह किसी प्रकार का लाभदायक व्यवसाय कर सकने में सक्षम हो।

मुस्लिम लड़कियाँ तब-तक स्कूल या कॉलेज नहीं जातीं जब-तक कि वह सिर्फ लड़कियों का स्कूल या महिला-कॉलेज न हो। पर्दा-प्रथा एक अवरोधक कारण था और सहशिक्षा के सम्भावित दुष्परिणाम निवारक बन रहे थे। ऐसे क्षेत्रों में जहाँ खास कारीगरी की चीजों का निर्माण होता है, लड़के और लड़कियों को चार-पाँच साल की उम्र से ही अपने माता-पिता की मदद करनी पड़ती है। सो, उन्हें स्कूल नहीं भेजा जाता। जिन्दगी-भर वे अनपढ़ ही रह जाते हैं। शिक्षित बेरोजगारों की बढ़ती तादाद को देखकर माता-पिता यह सोचते हैं कि औपचारिक शिक्षा से कोई खास फायदा नहीं है। इसलिए, जहाँ दूसरे समुदाय शैक्षिक तौर पर और परिणामस्वरूप आर्थिक तौर पर आगे बढ़ते गए वहीं बहुतांश हिन्दुस्तानी मुसलमान गरीबी में ही जिन्दगी गुजारते रह गए।

मुस्लिम प्रबन्धित स्कूलों और कॉलेजों की संख्याओं के बारे में कोई अधिकृत जानकारी नहीं मिलती। हमदर्द एजूकेशन सोसाइटी ने एक अखिल भारतीय रेंडम-सर्वे के आधार पर यह आकलन किया है कि स्कूलों की संख्या करीब 1000 के आसपास है और कॉलेजों की करीब 50 है। अगर ये आँकड़े सही हैं तो निश्चित ही ये नितान्त अपर्याप्त हैं। ये विभिन्न शिक्षा-क्षेत्रों में मुस्लिम विद्यार्थियों के लिए सुविधाओं के अभाव को दर्शाते हैं। बेशक, उनमें से अधिकांश सरकार-संचालित और म्युनिसिपल या स्थानीय निजी स्कूलों में जाते हैं लेकिन निश्चित ही वहाँ उन्हें उतना सुविधाजनक माहौल और विशेष ध्यान नहीं मिलता जितना अपने समुदाय द्वारा संचालित स्कूलों और कॉलेजों में मिलता है। ऐसी संस्थाओं की तादाद बहुत कम है जिसकी वजह से कई सम्भावित छात्रों का विद्यार्जन के प्रति उत्साह ठंडा-सा हो गया है । इसके अलावा जो संस्थाएँ हैं भी उनमें से अनेक में कर्मचारी अपर्याप्त हैं और साधन अधूरे। स्थानीय नेता, सरकार से अनुदान पाने की फिराक में इन संस्थाओं की शुरुआत तो कर देते हैं लेकिन उनमें व्यावसायिक दक्षता की कमी होती है। कभी-कभी तो पैसा ही हड़प लिया जाता है। नतीजा यह होता है कि वे अपने समुदाय को अत्यावश्यक सेवाएँ मुहैया करवाने में अक्षम रहते हैं। अधिकतर बुनियादी साधन-सुविधाएँ ही बहुत कम होती हैं। उसके साथ-साथ प्रशिक्षित अध्यापकों का उपलब्ध न होना और पाठ्य-पुस्तकों का अभाव जैसी समस्याएँ भी लगी रहती हैं, जिनकी जिम्मेदारी सरकार पर होनी चाहिए। कुल मिलाकर कहा जाए

तो मुसलमान विद्यार्थी बदहाली का मारा होता है, घर-परिवार में उसे कुछ खास सीखने-पढ़ने को मिलता नहीं और स्कूल में उसका प्रशिक्षण बहुत सन्तोषजनक नहीं होता। जो विद्यार्थी अल्पसंख्यक-संचालित संस्थाओं में विज्ञान-शाखा चुनते हैं, पुस्तकालयों और प्रयोगशालाओं के अभाव से बहुत नुकसान में रहते हैं। उन्हें दी जाने वाली शिक्षा निम्नस्तरीय होती है। जहाँ सरकार वित्तीय मदद देती है वहाँ भी रोजगारोन्मुख पाठ्यक्रमों की पढ़ाई करवाने का ध्यान नहीं रखा जाता।

इन स्कूलों और कॉलजों की स्थापना का मकसद छात्रों का उन्नयन उतना नहीं होता जितना कि उन स्थानीय नेताओं की बरकत के लिए होता है जो स्थानीय लोगों में अपना दबदबा बनाए रखने के लिए इन संस्थाओं को चलाए रखते हैं और इस बात से सरासर बेखबर रहते हैं कि अपर्याप्त सहूलियतों से छात्रों के बौद्धिक विकास को कितना नुकसान पहुँचता है। स्कूल के अधिकारी वर्ग, सरकार द्वारा नियुक्त निरीक्षकों को अपनी मुट्ठी में लेते हैं। इन निरीक्षकों द्वारा पेश की गई रिपार्टें इन खामियों पर रंग-रोगन कर उन खामियों को बरकरार रखने में मदद करती हैं।

एक ऐसे वक्त में जब स्कूलों और कॉलेजों में प्रवेश के लिए अन्धी दौड़ मची हुई है और ढीले-ढाले रूप से संचालित संस्थाएँ भी फल-फूल रही हैं, मुस्लिम छात्र दूसरों से बहुत ही पिछड़े हुए हैं। उनकी अपनी संस्थाओं में भी, जैसा कि राष्ट्रीय अल्पसंख्यक आयोग की 1986 की रिपोर्ट में उल्लेख किया गया है, हर साल मुस्लिम छात्रों की तादाद घटती जा रही है और गैर-मुस्लिमों की बढ़ रही है। न तो ऐसा सही माहौल है और न ही सही प्रशिक्षण जो उन्हें उपयोगी व्यवसाय ग्रहण करने की प्रेरणा दे सके।

हालत, सचमुच शोचनीय है। लेकिन मुस्लिम प्रबन्धनवाली संस्थाओं में बेशक कुछ उल्लेखनीय, सराहनीय अपवाद भी हैं। सभी मुसलमान नवजवान महत्त्वाकांक्षाहीन नहीं हैं। अब तो काफी तादाद में ऐसे युवक हैं जो अपनी दयनीय हालत से चुपचाप समझौता करने को राजी नहीं। वे ऊपर उठने के लिए संघर्ष कर रहे हैं। साथ ही कुछ मुस्लिम संचालित स्कूल और कॉलेज बहुत बढ़िया काम कर रहे हैं। वे अधिकांशतः हिन्दुस्तान के उत्तरी भाग की अपेक्षा पश्चिमी और दक्षिणी हिस्से में हैं। उत्तरी भारत में अभी जागृति होनी बाकी है। नवजवान मुसलमानों में एक नया आत्मविश्वास और कुछ उम्मीद पैदा कर पाने में इन संस्थाओं का काफी बड़ा हाथ है क्योंकि इनकी वजह से इन नवजवानों को विज्ञान और टेक्नोलॉजी के आधुनिक साधन मुहैया हो पा रहे हैं। वे गैर-मुस्लिमों से सफलतापूर्वक होड़ लगा रहे हैं। उनसे भविष्य के लिए उम्मीद की एक किरण जगती है।

मुसलमान लड़कियाँ भी उल्लेखनीय कामयाबी पा रही हैं। वे आमतौर पर लड़कों से बेहतर सफलता पाती हैं। करीब 13 इंटरमीडिएट कॉलेजों के मोटा-मोटी सर्वेक्षण से यह पता चला कि 1976 में, परीक्षा में बैठी 809 मुस्लिम लड़कियों में 468 यानी करीब 60 प्रतिशत उत्तीर्ण हुईं, हालाँकि एक भी प्रथम श्रेणी में नहीं आईं। 1990 में 98 प्रतिशत उत्तीर्ण हुईं और 19 प्रथम श्रेणी में आईं लेकिन यह स्थिति समूचे समुदाय का

प्रतिनिधित्व नहीं करती। जैसा कि 'इंडिया टुडे' पत्रिका ने अपने यंग-मुस्लिम्स : फोर्जिंग अहेड (युवा-मुस्लिम : आगे कूच) (31 अक्तूबर, 1992) के मुखपृष्ठ रिपोर्ट में टिप्पणी की है :

> प्रतिस्पर्धा करना, अपने पर तरस न खाना या अपनी सारी तकलीफों के लिए बहुसंख्यक साम्प्रदायिकता पर तोहमत न लगाना, युवा मुसलमानों की सोच की नई विशेषताएँ हैं। तर्कसंगत रूप से तो, मुसलमानों को नाराज होना चाहिए। भाजपा का पुनरुत्थान हो गया है। दंगे अब भी भड़क उठते हैं। भागलपुर के गुनहगारों को सजा नहीं मिलती। बाबरी मस्जिद विवाद उग्र रूप से भड़क रहा है। फिर भी, एक समूचे समुदाय के बीच उनके अब तक के सुपरिचित स्वभाव से अलग एक मिजाज व्याप्त हो रहा है—'मुठभेड़ से बचो'। और उसकी बहुत बड़ी वजह यह है कि मुसलमान यह महसूस करने लगे हैं कि प्रमुख राजनीतिक दलों द्वारा वोट बैंकों की तरह उनका इस्तेमाल किए जाने की वजह से और खुद उनके अपने मुल्ला-मौलवियों द्वारा जबरन अलगाव में ढकेल दिए जाने की वजह से बहुसंख्यक समाज में उनके प्रति प्रतिकूलता की भावना जन्मी है।

वे मानते हैं कि इसका एकमात्र जवाब आधुनिकीकरण है। पत्रिका ने एक बड़ी सटीक चेतावनी जोड़ी है :

> लेकिन इस नए मिजाज में भी, सतर्क रहने की जरूरत है। बस सिर्फ एक दंगा होने भर की देर है कि घड़ी की सुइयाँ पीछे चली जाती हैं और रखवालों के तौर पर मुल्ला-मौलवी और साम्प्रदायिक नेता आगे आ जाते हैं। बाबरी मस्जिद मसले पर किसी भी प्रकार की अवमानना उदारवादियों के लिए पराजय बन जाएगी। बिहार में अभी चीजें थोड़ी ठीक होती-सी लगती हैं कि सीतामढ़ी घटना हो जाती है और मुस्लिम उग्रवाद, हालाँकि कम हो रहा है लेकिन ऊपरी परत के बस नीचे ही खुदबुदा रहा है। अहमदाबाद जैसे दंगाग्रस्त शहरों में समुदाय के नौजवान उत्तरोत्तर लड़ाकू-वृत्ति के होते जा रहे हैं और कुछ यह महसूस करते हैं कि कट्टरतावाद ही माकूल जवाब है। और केरल में, उग्रवादी इस्लामिक सेवक संघ का संकल्प है कि अगर मुसलमानों को बहुत दबाया गया तो वे हथियारों से मुकाबला करेंगे। इसके अलावा एक ऐसे देश में जहाँ की अर्थव्यवस्था पर्याप्त तेजी से बढ़ नहीं रही हो वहाँ उभरती आकांक्षाओं के अपने खतरे भी हैं। और यह ऐतिहासिक तथ्य है कि कुंठित आकांक्षाएँ प्रतिक्रियाओं की अग्रदूत होती हैं।

सर सैयद के जमाने से, जो मुस्लिमों में आधुनिक शिक्षा के अग्रगामी पैरोकार हैं, इस क्षेत्र में इस समुदाय के पिछड़ेपन पर ध्यान केन्द्रित करवाने के अनेक समवेत प्रयास

हुए हैं। सर सैयद द्वारा स्थापित मुहम्मदन एजूकेशनल कांग्रेस पहला अभियान था। उसका उद्घाटन सत्र दिसम्बर 1886 में अलीगढ़ में सम्पन्न हुआ। कुछ समालोचकों के मुताबिक यह शैक्षिक की बजाय राजनीतिक कदम ज्यादा था—और बम्बई में एक ही साल पहले गठित इंडियन नेशनल कांग्रेस का जवाबी कदम था। सर सैयद निश्चित ही किसी भी प्रकार के राजनीतिक संगठन के, फिर वह कितना भी नर्म या निरुपद्रवी क्यों न हो, खिलाफ थे। उन्होंने अधिवेशन में भाग लेने वाले 87 प्रतिनिधियों से, जिनमें से अधिकतर उत्तरी भारत से आए थे, कहा :

> साहबान, मैं उन लोगों से सहमत नहीं हूँ जो यह सोचते हैं कि राजनीतिक अधिकार के बगैर राष्ट्रीय विकास नहीं हो सकता। उल्टे मेरी मान्यता है कि शिक्षा और सिर्फ शिक्षा ही राष्ट्रीय पुनर्जीवन का माध्यम बन सकती है। इसलिए, इस वक्त हमें अपने समुदाय के बीच शिक्षा के प्रसार के अलावा और किसी बात का प्रयास नहीं करना चाहिए।[1]

इस कांग्रेस ने जिसे पाँच साल बाद 'कान्फ्रेंस' नाम दिया गया, अपने संस्थापक की मृत्यु के बाद भी अपने सारे अधिवेशनों को इसी उद्देश्य के लिए समर्पित किया। लेकिन अपने एक कामयाब प्रयोग—एम.ए.ओ. कॉलेज, जो बाद में अलीगढ़ मुस्लिम यूनिवर्सिटी कहलाया, के अलावा वह और कोई ठोस परिणाम हासिल नहीं कर सकी। यह सही है कि मुसलमानों में आधुनिक शिक्षा की उपयोगिता का सन्देश फैलाने में तो वह कामयाब रही लेकिन विभिन्न प्रकार की संस्थाओं की स्थापना करने या हिन्दुस्तान के विभिन्न हिस्सों के मुसलमानों के लिए फायदेमन्द साधन-स्रोत उपलब्ध कराने में सफल नहीं रही। यह काम मुख्य रूप से अन्य नेताओं द्वारा किया गया और वे सक्रिय तौर पर मुहम्मदन एजूकेशनल कान्फ्रेंस से जुड़े हुए नहीं थे। बंगाल में नवाब अब्दुल लतीफ़ और सैयद अमीर अली; बम्बई में सदरुद्दीन तैयबजी, सिन्ध में हुसैन अली इफ़न्दी और पंजाब में अंजुमन-ए-हिमायतुल इस्लाम के संस्थापकगण ऐसे ही उल्लेखनीय नेता थे।

ताज्जुब की बात है कि एम.ए.ओ. कॉलेज के पहले प्रिंसिपल थियोडोर बेक के प्रभाव में आकर सर सैयद ने कान्फ्रेंस के पाँचवें वार्षिक अधिवेशन में भारतीय विश्वविद्यालयों के पाठ्यक्रम में तकनीकी शिक्षा की शुरुआत करने का विरोध किया और कान्फ्रेंस ने सर्वसम्मति से ब्रिटिश हुक्मरानों से सिफारिश की कि "विश्वविद्यालयों में तकनीकी शिक्षा नहीं शुरू की जानी चाहिए और साहित्यिक अध्ययन के पाठ्यक्रम में कोई परिवर्तन नहीं किया जाना चाहिए।"[2]

1898 में सर सैयद की मृत्यु के बाद, उनके उत्तराधिकारी नवाब मोहसिनुल मुल्क (1837-1907) के निर्देश पर कान्फ्रेंस ने अपने अधिवेशन, उत्तरी भारत से हटकर अन्य स्थानों पर आयोजित कर अपनी पहुँच को व्यापक बनाने की कोशिश की। 1899 का अधिवेशन कलकत्ता में हुआ और उसने बंगाल के मुसलमानों में काफी उत्साह का संचार

किया। पहली बार उनके मन में उत्तर भारतीय मुसलमानों के प्रति बिरादराना अहसास जगे। अपने उद्‌घाटन भाषण में शाह दीन ने एम.ए.ओ. कॉलेज और भारतीय मुसलमानों के करीबी सम्बन्धों पर जोर दिया—वह भावनात्मक सम्बन्ध-सूत्र आज तक अटूट है, हालाँकि उत्तर भारत के विशेषकर उत्तर प्रदेश के भारतीय मुसलमानों के अलावा बाकी मुसलमान, उच्च शिक्षा के इस केन्द्र से कोई खास लाभान्वित नहीं हुए हैं। और न ही उसकी गतिविधियाँ समुदाय की प्रतिष्ठा में कोई विशेष इजाफा कर पाई हैं।

कान्फ्रेंस या उसकी कार्यवाहियों का आम मुसलमानों पर बहुत कम प्रभाव पड़ा और उन्होंने उसकी विधियों में कोई खास दिलचस्पी नहीं ली। वह अलीगढ़ मुस्लिम यूनिवर्सिटी से संलग्न एक संस्था हो गई; उसके बाद से यूनिवर्सिटी के वाइस चांसलर सीधे ही उसके प्रेसिडेंट बनने लगे और वे ही उसके सेक्रेटरी की नियुक्ति करने लगे; मौलाना हबीब-उर-रहमान ख़ान शेरवानी उस पद पर 1949 तक रहे। वे हर साल नियमित रूप से अधिवेशन आयोजित करते रहे लेकिन वह सिर्फ एक औपचारिक रस्म-भर रह गई थी। उनकी मृत्यु के बाद कान्फ्रेंस की अहमियत और घट गई और आज वह करीब-करीब सुप्त है, हालाँकि मेरे बड़े अच्छे दोस्त प्रोफेसर ए.एच. हक़्क़ी, जो एक बहुत बड़े विद्वान हैं और अलीगढ़ मुस्लिम यूनिवर्सिटी में राजनीति-विभाग के कई वर्षों तक अध्यक्ष रह चुके हैं, इस वक्त उसके प्रभारी हैं। मैं उम्मीद करता हूँ कि वे उसे पुनर्जीवित करने में कामयाब होंगे ताकि भारतीय मुसलमानों में खासकर उत्तर के मुसलमानों में, शिक्षा के प्रति जागरूक होने की अत्यावश्यकता का अहसास जगाया जा सके। उन्हें सक्रिय कार्यकर्ताओं का एक दल तैयार करना चाहिए और उनमें वही चेतना संचारित करना चाहिए जिसने सर सैयद और उनके सहयोगियों को प्रेरित किया।

सन् सत्तर के सालों में अलीगढ़ मुस्लिम यूनिवर्सिटी के मुस्लिम चरित्र का विरलीकरण करने के सुप्रीम कोर्ट के निदेश ने देश-भर के मुसलमानों की भावनाओं को इतना आन्दोलित कर दिया कि इन्दिरा गाँधी की सरकार को पुरानी स्थिति बरकरार रखने के लिए एक विधेयक लाना पड़ा। इस आन्दोलन के पीछे विवेक के बजाय भावना ज्यादा थी। नए विधान के अनुसार यूनिवर्सिटी अब अपने अखिल भरतीय चरित्र के बावजूद उत्तर प्रदेशी मुसलमानों का परिरक्षित क्षेत्र-भर बनकर रह गई है। दूसरे राज्यों से प्रतिभाशाली मुसलमानों को आकर्षित करने के लिए कोई विशेष प्रोत्साहन या सुविधाएँ नहीं प्रदान की जातीं। उ.प्र. से बाहर के मुसलमान विद्यार्थियों को शामिल कर सकने के लिए इसके कार्यक्षेत्र को व्यापक बनाने के हर प्रयास को विफल कर दिया जाता है, हालाँकि नए कानून ने विशेष रूप से धारा 5 (2सी) के तहत यह प्रावधान रखा है कि यूनिवर्सिटी विशेष रूप से 'भारत के मुसलमानों के शैक्षिक और सांस्कृतिक विकास का संवर्धन करेगी।' बेशक, उसने 1981 में भारतीय मुसलमानों के शैक्षिक एवं सांस्कृतिक प्रगति के संवर्धन के लिए एक केन्द्र (सेंटर फ़ार द प्रमोशन आफ़ एजूकेशनल एंड कल्चरल एडवांसमेंट आफ़ द मुस्लिम्स आफ़ इंडिया) की स्थापना की लेकिन उसने अब तक अपने लक्ष्य की पूर्ति के लिए कोई खास काम नहीं किया है। हाल के दिनों में

यूनिवर्सिटी की स्थिति बद से बदतर होती चली गई है। उसकी दीवारों के बीच घोर राजनीति घुस गई है। उसके अपने शिक्षकों की एसोसिएशन ने एक श्वेतपत्र में यह माँग की है कि 'यूनिवर्सिटी की पुनर्रचना की जाए फिर चाहे उसके लिए समूचे मौजूदा यूनिवर्सिटी प्रशासन को बोरिए-बिस्तरे समेत उठाकर फेंक ही क्यों न देना पड़े।'

चारों ओर घनघोर अराजकता है। विद्यार्थी कैम्पस में हथियारों से लैस होकर आते हैं और जिस-तिस को आतंकित करते रहते हैं। लोकप्रिय स्तम्भकार कुलदीप नैयर ने बड़ी सटीक टिप्पणी की है कि "आज सबके सामने मसला यह नहीं है कि यूनिवर्सिटी अपने मुस्लिम चरित्र को बरकरार रख पाती है या नहीं; मसला तो यह है कि क्या तदर्थवाद, अव्यवस्था और भाई-भतीजावाद के चलते वह अपना चरित्र ही बचा पाती है या नहीं।" यही बात दूसरी महान यूनिवर्सिटी दिल्ली की जामिया मिलिया इस्लामिया के लिए भी लागू होती है। हमारी जंगे-आज़ादी के प्रखर सेनानियों, जैसे—मौलाना मुहम्मद अली, डॉ.एम.ए. अंसारी और हकीम अज़मल ख़ाँ ने गाँधी के सक्रिय सहयोग से इस यूनिवर्सिटी की स्थापना की थी। इसे डॉ. ज़ाकिर हुसैन और प्रो.एम. मुजीब ने पाला-पोसा था। वहाँ का भी समूचा माहौल प्रदूषित हो चुका है। कर्मचारियों में हमेशा अन्दरूनी झगड़े जारी रहते हैं, विद्यार्थी हड़ताल पर रहते हैं और गैर-सामाजिक तत्त्व हिंसाचार पर उतरे होते हैं। नतीजा यह हुआ है कि जामिया अब इस्लामी विद्या और धर्मनिरपेक्ष शिक्षा का कोशागार नहीं रहा।

मोहम्मदन एजूकेशनल कान्फ्रेंस, जैसा कि मैं पहले बता चुका हूँ, कुछ वक्त तक देश के विभिन्न शहरों में अपने वार्षिक अधिवेशन आयोजित करने के अलावा और किसी ढंग से जनता में जोश भरने या मुस्लिम शिक्षा के लक्ष्य को आगे बढ़ाने में नाकामयाब रही। अपने अस्तित्व के शुरुआती दो या तीन दशकों के दौरान वह आल-इंडिया मुस्लिम लीग की बनिस्बत ज्यादा और बेहतर भीड़ को आकर्षित करती रही; इस मायने में वह लीग की अपेक्षा भारतीय मुसलमानों की ज्यादा प्रतिनिधि संस्था थी और उनकी शिकायतों को स्वर देने व उनकी समस्याओं पर ध्यान केन्द्रित करने के लिए एक कारगर माध्यम बनी। उसे उत्तरोत्तर ताकतवर होती जाती इंडियन नेशनल कांग्रेस के प्रतिकारक जवाब के रूप में देखा जाता था और सर सैयद और उनके उत्तराधिकारियों ने जानबूझकर इस प्रतिस्पर्धात्मक रूप को पाला-पोसा था। सो इस संगठन ने मुस्लिम एकता का काफी प्रभावशाली प्रदर्शन प्रस्तुत किया; लेकिन उसकी कथनी और करनी में कभी कोई ठोस सार नहीं रहा। ज्यों-ज्यों सन् तीस के आखिरी और चालीस के शुरुआती वर्षों में लीग की पकड़ मजबूत होती चली गई त्यों-त्यों मोहम्मदन एजूकेशनल कान्फ्रेंस पृष्ठभूमि में खिसकती चली गई और मुस्लिम सार्वजनिक जीवन में एक कारक की भूमिका को गँवाती चली गई। उसके बाद किसी और संस्था ने उसकी जगह भी नहीं ली। नतीजा यह हुआ कि मुस्लिमों की शिक्षा के लक्ष्य को भारी नुकसान पहुँचा। बीच-बीच में सभाओं या परिचर्चाओं का आयोजन होता रहा लेकिन न तो उनका कोई असर पड़ा और न ही उनसे कोई नतीजा निकला। लीग, कांग्रेस के

साथ मुठभेड़वाली राजनीति में ही ज्यादा उलझी रही, उसने मुसलमानों के शैक्षिक स्तर को सुधारने से कोई सरोकार नहीं रखा; अलबत्ता वक्त-वक्त पर वह कुछ मसलों पर जैसे स्कूलों में 'वन्दे मातरम्' गाए जाने पर या पाठ्यपुस्तकों के हिन्दूकरण पर या उर्दू की उपेक्षा पर हो-हल्ला करती रही लेकिन समूचे दौर में उसने मुख्यतः राजनीति से ही सरोकार रखा और उसी में डूबी रही।

बँटवारे के बाद, भारतीय मुसलमान इतने ज्यादा पस्तहिम्मत हो चुके थे कि विरोध जताने या अपने को संगठित कर पाने में अक्षम थे। इसके अलावा उनके अधिकांश नेता और बुद्धिजीवी पाकिस्तान भाग चुके थे और शिक्षा जैसे रचनात्मक प्रयासों में भी उनका नेतृत्व करनेवाला करीब-करीब कोई नहीं था। सबसे ज्यादा क्षति हुई थी उत्तर के मुसलमानों की जो पाकिस्तान के आन्दोलन में हरावल दस्ते में थे। वे कुढ़ते रहे, विलाप करते रहे लेकिन आखिरकार मन मारकर हालात से समझौता कर बैठ गए; वे अब भी अतीत के आघात तले कराह रहे हैं और एक बेहतर भविष्य पाने की दुआ कर रहे हैं।

दक्षिण से एक नया नेतृत्व उभरा जिसने अपने को भारतीय मुसलमानों के शैक्षिक उन्नयन के लिए समर्पित कर दिया। मद्रास के जस्टिस बशीरुद्दीन अहमद और केरल के डॉ. पी.के. अब्दुल ग़फ़ूर ने मुस्लिम एजूकेशन सोसाइटी (एम.इ.एस.) की स्थापना करने में पहल की और मुसलमानों के लिए कॉलेजों और तकनीकी संस्थाओं की स्थापना करने पर ध्यान केन्द्रित किया। उनके प्रयासों और साथ ही कर्नाटक के अल-अमीन ट्रस्ट के नेताओं के सहयोग से दक्षिण के मुसलमानों के बीच उच्च शिक्षा के प्रसार को बहुत बढ़ावा मिला। डॉ. ग़फ़ूर ने एम.इ.एस. की गतिविधियों को केरल से परे व्यापक बनाने के प्रयास किए। उन्होंने पश्चिम और उत्तर के विभिन्न शहरों में उसकी वार्षिक बैठकें आयोजित कीं। आखिरकार, उन्होंने 30 मार्च, 1984 को नई दिल्ली में एक शानदार शैक्षिक अधिवेशन का आयोजन किया, जिसका उद्घाटन तत्कालीन प्रधानमन्त्री इन्दिरा गाँधी ने किया। इसमें भिन्न-भिन्न राज्यों के प्रतिनिधि बड़ी तादाद में शामिल हुए और वह सचमुच एक भव्य नजारा था। जाने-माने मुसलमान विद्वानों और शिक्षाविदों ने मुस्लिम शिक्षा के विभिन्न पहलुओं पर पर्चे पढ़े। लेकिन इन चर्चाओं से इतनी गरमागरमी फैली कि मुसलमानों से सरोकार रखनेवाले मुख्य मुद्दों पर किसी आम सहमति पर पहुँचने के बजाय, काफी उलझाव पैदा हो गए। कोई ठोस नतीजा उभरकर नहीं आया। इन सबने डॉ. ग़फ़ूर का दिल ही तोड़ दिया, वे बेहद मायूस होकर केरल लौट गए और उसी मनःस्थिति में बाद में उनकी मृत्यु हो गई। तब से भिन्न-भिन्न समूहों और संस्थाओं द्वारा समय-समय पर आयोजित अनेक सेमिनारों और सम्मेलनों के बावजूद, भारत में मुसलमानों की शिक्षा की अवस्था पहले ही की तरह शोचनीय बनी हुई है।

मुसलमान नेताओं ने तो शिक्षा और उसमें भी खासकर तकनीकी और व्यावसायिक शिक्षा को बढ़ावा और प्रोत्साहन देने की ओर लापरवाही तो बरती ही लेकिन केन्द्र और प्रदेश सरकारों ने भी मुसलमानों को उपलब्ध सहूलियतों में सुधार करने के लिए ठोस कदम नहीं उठाए। उन्होंने कारणों की छानबीन की, भारी-भरकम रिपोर्टें तैयार कीं,

योजनाओं की घोषणाएँ कीं लेकिन इन सबसे कोई ठोस नतीजा नहीं निकला। 1986 के शिक्षा की राष्ट्रीय नीति में प्रस्तुत की गई 'अल्पसंख्यकों की शिक्षा के लिए कार्रवाई' के कार्यक्रम में यह स्पष्ट कहा गया है कि :

> कुछ अल्पसंख्यक समुदाय शैक्षिक तौर पर वंचित या पिछड़े हुए हैं। समता और सामाजिक न्याय के हित में इन समुदायों की शिक्षा पर ज्यादा ध्यान दिया जाएगा। इसमें निश्चित ही उन्हें दिया गया वह संवैधानिक आश्वासन समाविष्ट है जिसके तहत उन्हें स्वयं अपनी शैक्षिक संस्थाओं की स्थापना करने और उनका प्रशासन करने का अधिकार होगा और उनकी भाषा और संस्कृति की रक्षा की जाएगी। उसी प्रकार से, पाठ्यपुस्तकों की रचना में और स्कूल की सभी गतिविधियों में वस्तुपरकता बरती जाएगी और सारभूत पाठ्यक्रमों को ध्यान में रखते हुए सामान्य राष्ट्रीय उद्देश्यों और आदर्शों के परिबोधन पर आधारित एकता का संवर्धन करने के लिए सभी सम्भव उपाय किए जाएँगे।

परिकल्पित रणनीतियों और प्रदत्त प्राथमिकताओं में इस बात पर जोर दिया गया था कि 'सामुदायिक पोलीटेक्नीकों' के जरिए तकनीकी कौशल की शिक्षा दी जाए और ये संस्थाएँ प्रमुखतया ऐसे क्षेत्रों में बनें जहाँ अल्पसंख्यकों की सघन आबादी हो। पाठ्यपुस्तकों का मूल्यांकन राष्ट्रीय एकता के दृष्टिकोण से किया जाना था। यूनिवर्सिटी ग्रांट्स कमीशन द्वारा मुस्लिम प्रबन्धनवाले कॉलेजों को कोचिंग क्लासेस शुरू करने के लिए मदद दी जानी थी। एक और मुद्दा, 'मदरसों' में विज्ञान, गणित और अंग्रेज़ी के अध्यापन के लिए सुविधाएँ मुहैया करवाना था और उन्हें, 'उपयोगी रचनात्मक काम' हाथ में लेने के लिए साधन-सम्पन्न बनाना था। अध्यापकों के पदों के लिए अनुमति देने और नियुक्तियाँ करने में होनेवाले विलम्ब को दूर करना था। अल्पसंख्यक भाषाओं में पाठ्यपुस्तकें उपलब्ध कराने के लिए, विशेष मुद्रण सुविधाएँ मुहैया करवानी थीं और कारीगरों के बच्चों को, खासकर शाम की कक्षाएँ शुरू कर स्थानीय कारीगरी और व्यवसाय में प्रशिक्षित करवाना था।

इन संस्थाओं को कम्प्यूटर ट्रेनिंग की योजना में न्यायोचित प्रतिनिधित्व दिया जाना था। उन्हें उच्च माध्यमिक स्तर पर व्यावसायिक कोर्सों के अध्यापन के लिए पूरे सहयोग का आश्वासन दिया गया था। अभिज्ञात अल्पसंख्यक कारीगरों के सघन आबादीवाले हिस्सों में शिल्प-प्रशिक्षण संस्थाओं की स्थापना की जानी थी जहाँ पर 80 प्रतिशत सीटें उनके लिए आरक्षित होनी थीं। महिलाओं की शिक्षा के सन्दर्भ में राष्ट्रीय नीति ने स्पष्ट कहा कि 'लड़कियों के लिए स्कूल खोलने, शिक्षिकाओं की नियुक्ति करने, लड़कियों का हॉस्टल खोलने और दोपहर का खाना, यूनिफॉर्म आदि के रूप में प्रोत्साहन देने की योजना में अल्पसंख्यकों की जरूरतों को पूरे तौर पर पूरा किया जाएगा।' राज्य सरकारों को 'प्रत्येक अभिज्ञात अल्पसंख्यक केन्द्रीकृत जिलों में', यथासम्भव महिला प्रशिक्षकों को

तरजीह देते हुए, सिर्फ लड़कियों के लिए, 'उत्पादन—सह-प्रशिक्षण केन्द्रों' को खोलना था। निम्नलिखित 40 जिलों की सूची दी गई थी जिनमें मुसलमानों पर विशेष ध्यान दिया गया था और जिन्हें केन्द्र और राज्य सरकार दोनों से विशेष सहायता मिलनी थी :

राज्य	**जिला**
उत्तर प्रदेश	रामपुर
	बिजनौर
	मुरादाबाद
	सहारनपुर
	मुज़फ़्फ़र नगर
	मेरठ
	बहराइच
	गोंडा
	गाजियाबाद
	पीलीभीत
	देवरिया
	बाराबंकी
	बस्ती
प. बंगाल	मुर्शिदाबाद
	माल्दा
	पश्चिमी दीनापुर
	बीरभूम
	नदिया
	चौबीस परगना
	कूच-बिहार
	हावड़ा
केरल	मलाप्पुरम
	कोलीकोड
	कन्नन्नोर
	पालघाट
	वायनाड
बिहार	पूर्णिया
	कटिहार
	दरभंगा

कर्नाटक	बीदर गुलबर्गा बीजापुर
महाराष्ट्र	वृहत्तर बम्बई औरंगाबाद
आन्ध्र प्रदेश	हैदराबाद कर्नूल
हरियाणा	गुड़गाँव
मध्य प्रदेश	भोपाल
राजस्थान	जैसलमेर
गुजरात	कच्छ

केन्द्र और राज्य स्तरों पर विभिन्न शैक्षिक बोर्डों और परामर्शदाता समितियों में मुसलमानों को समुचित प्रतिनिधित्व मिलना था और 'इन उपायों के कारगर कार्यान्वयन का निरीक्षण करने के लिए' केन्द्रीय शिक्षा मन्त्रालय और राज्य शिक्षा विभाग में एक विशेष सेल की स्थापना होनी थी। नीति की घोषणा हुए करीब एक दशक बीत चुका है लेकिन दिए गए आश्वासनों में से शायद ही किसी का पालन हुआ हो। अधिकांश प्रस्तावों को ताक पर रख दिया गया है, लेकिन मुसलमानों ने प्रतिवाद नहीं किया। और सरकारों ने सफाई देने की जरूरत नहीं समझी। सचाई यह है कि मुस्लिम-शिक्षा के क्षेत्र में राल्फ वाल्डो इमर्सन के शब्दों को उद्धृत करें तो 'समूचा ढाँचा ही लापरवाही की पैरवी करता है।'

इस रवैए की ही वजह से अनेक अग्रगण्य मुसलमानों ने मंडल आयोग द्वारा सिफारिश की गई रूपरेखा के आधार पर शिक्षा और रोजगार में आरक्षण की माँग की है, इसके खिलाफ दो एतराज उठाए गए हैं—एक, जैसा कि भाजपा के अध्यक्ष लालकृष्ण आडवाणी द्वारा व्यक्त किया गया कि यह कदम संविधान की रचना के वक्त सरदार पटेल कमेटी द्वारा अपनाई गई नीति को उलट देना होगा। और दूसरा यह कि चूँकि मुसलमानों में कोई जातियाँ नहीं हैं इसलिए उन्हें 'जातिवादी' रिआयतें नहीं मिल सकतीं। केन्द्रीय कल्याण मन्त्री सीताराम केसरी ने सार्वजनिक रूप से पैरवी की कि मुसलमान, चूँकि आर्थिक रूप से बेहद पिछड़े हुए समुदायों में से एक हैं, सो उनके 'ऊपरी मलाई की तहवाले' स्तरों को छोड़कर बाकी को आरक्षण दिया जाना चाहिए। लेकिन आडवाणी ने चेतावनी दी कि इससे अन्ततः एक और बँटवारा होगा। आडवाणी की दोनों दलीलें वास्तविकता में गलत हैं। सरदार पटेल कमेटी ने राजनीतिक आरक्षण के उन्मूलन की सिफारिश की थी लेकिन साथ ही यह भी खासतौर से कहा था कि मुसलमानों को देश

के जीवन में आर्थिक साझेदारी प्रदान करने की समुचित सावधानी बरतनी होगी। आडवाणी द्वारा बँटवारे की आशंका भी तथ्यात्मक तौर पर सही नहीं है क्योंकि सिवाय कश्मीर के और किसी राज्य में 20 प्रतिशत से ज्यादा मुसलमान नहीं हैं; असल में अधिकांश राज्यों में 10 प्रतिशत से भी कम हैं और वे भी आमतौर पर बिखरे हुए हैं। तमिलनाडु ने मुसलमानों को पहले ही आरक्षित कोटे में समाविष्ट कर लिया है; और केरल और कर्नाटक ने भी। असम ने अभी हाल में घोषणा की है कि मुसलमानों के लिए 40 प्रतिशत कोटा आरक्षित किया गया है ये सारे राज्य तब से साम्प्रदायिक सद्भावना के आदर्श प्रतिरूप बने हुए हैं। और फिर सुप्रीम कोर्ट ने 1990 के समादेश याचिका (दीवानी) नं. 930 के 16 नवम्बर, 1992 को दिए गए फैसले में यह आदेश दिया है कि (1) किसी गैर-हिन्दू धर्म में धर्मान्तरित सभी अछूतों और (2) ऐसे व्यावसायिक समुदायों को, जो अपने पारम्परिक पैतृक व्यवसाय के नाम से जाने जाते हैं और जिनके हिन्दू समकक्षियों को अदर बैकवर्ड कम्यूनिटी (ओ.बी.सी.) की सूची में शामिल किया गया है—एस.इ.बी.सी. (सोशली एडं एजूकेशनली बैकवर्ड कम्यूनिटी)—सामाजिक और शैक्षिक तौर पर पिछड़ा वर्ग माना जाना चाहिए। यह फैसला बाकी राज्यों के काम को सरल बना देता है।

आडवाणी ने केसरी पर आरोप लगाया कि वे बौने हैं, उन्हें राष्ट्रीय राजनीति की कोई समझ नहीं है, केसरी ने इसका मुँहतोड़ जवाब देते हुए कहा कि "आडवाणी उस ताड़ के पेड़ के समान हैं जिसका कद तो बड़ा होता है लेकिन जो किसी दुखियारे को छाँव नहीं देता। उल्टे वह सिर्फ कट्टर धर्मान्धों को नशीली ताड़ी मुहैया करता है।" केसरी ने आगे कहा, "मैं समझ सकता हूँ कि आडवाणी इतने कड़वे क्यों हैं ! उनके कलेजे पर घाव लगा है इसलिए उनमें बदले की भावना भर गई है। मैं उनकी ज्यादा सराहना करता अगर वे पाकिस्तान में अपने नाते-रिश्तेदारों को छोड़ न आए होते और वहीं रह गए होते और उन्होंने अल्पसंख्यकों की कैसी दुर्दशा होती है इसे भोगा-समझा होता।" केसरी ने अपनी राय की सफाई देते हुए कहा, "देश में मुसलमानों की जो दुरवस्था है वह शोचनीय है। उन्हें सामाजिक और आर्थिक तौर से ऊपर उठाने का एकमात्र तरीका उन्हें आरक्षण प्रदान करना है। जाति-आधारित आरक्षण में मुसलमानों का पूरी तरह से समावेश नहीं हो पाता।" (एशियन एज, 16 अक्तूबर, 1994) हालाँकि, इस्लाम जाति-पाँति को मान्यता नहीं देता लेकिन जैसा कि अनेक, समाजशास्त्रीय अध्ययनों ने साबित किया है, जो लोग इस्लाम में धर्मान्तरित हुए और भारत के मुसलमानों की आबादी का 90 प्रतिशत ऐसे लोग हैं, वे अपने सामाजिक स्तरभेद को बरकरार रखे हुए हैं। डुमोंट के अनुसार भारत के मुसलमानों ने सचेत रूप से हिन्दुओं से एक प्रकार का पारस्परिक आदान-प्रदान का समझौता किया। हिन्दुओं ने व्यापक रूप से फैलते जाते मुसलमानी वातावरण में सही-सही संगति बैठाने के लिए अपनी जातिवादी अन्तर्बाधाओं में थोड़ा-सा संशोधन किया जबकि मुसलमानों ने प्रमुख रूप से हिन्दू पर्यावरण से संगति बैठाने के लिए अपने जातिवादी अतीत को बरकरार रखा। कुछ

मुसलमान नेताओं ने, जिनमें वरिष्ठ नेता यूनुस सलीम का समावेश होता है, मुसलमानों को आरक्षित कोटे में शामिल किए जाने का विरोध किया है। उनकी मान्यता है कि यह इस्लाम के समता और भातृभावना के बुनियादी उसूलों के प्रतिकूल है। और फिर इससे मुस्लिम एकता भंग हो जाएगी और उनका वोट बैंक जातिवादी आधार पर बँट जाएगा। लेकिन इस मान्यता को स्वीकर करनेवाले ज्यादा लोग नहीं हैं, 'आरक्षण' की आकांक्षा मुसलमानों के दिलो-दिमाग में जाग उठी है; उन्हें लगता है कि उनकी आर्थिक कमजोरी और रुग्णता को दूर करने के लिए वह एक अचूक दवा है।

आर्थिक दुर्दशा

ज्यों-ज्यों आजाद हिन्दुस्तान आर्थिक मोर्चे पर आगे बढ़ता गया, क्रमशः पंचवर्षीय योजनाएँ उसकी जनता की गरीबी की रेखा को घटाती गईं और कृषि व औद्योगिक विकास में सुधार होता गया, भारतीय मुसलमानों की आर्थिक स्थिति बिगड़ती गई। हर क्षेत्र में इसे महसूस किया गया। हर आर्थिक विश्लेषक ने इसे कबूल किया और इसकी कई वजहें बताईं। यह दलील दी गई कि उच्च और मध्यमवर्गीयों के रोजगार में घटाव की वजह मुसलमान अफसरों, व्यापारियों और उद्योगपतियों का पाकिस्तान में देशान्तरित हो जाना था। और जहाँ तक गरीब तबके का सवाल है, बँटवारे की वजह से पैदा हुआ धार्मिक पूर्वाग्रह उनकी बेहतरी में अड़ंगे डाल रहा था।

शुरुआती सालों में ऐसी हालत रहना तो समझ आता है लेकिन हालात तो बदतर ही होते जा रहे हैं। सिर्फ निजी सेक्टर में ही नहीं वरन् सभी सरकारी विभागों में भी यही हाल है फिर चाहे वह केन्द्र के हों या राज्य के। मिसाल के तौर पर, अल्पसंख्यक आयोग के अनुसार सरकारी नौकरियों में भारत-भर में मुसलमानों की हिस्सेदारी, निम्नतर स्तरों में भी कभी 6 प्रतिशत से ज्यादा नहीं रही जो कि उनकी जनसंख्या अनुपात का करीब आधा है। दूसरे क्षेत्रों में भी आँकड़े कोई बेहतर नहीं हैं, असल में कोटा, अनुदान और लाइसेंसों के आवंटन में तो आँकड़े और भी शोचनीय हैं।

सरकार द्वारा निर्मित आवासों में उनकी हिस्सेदारी सिर्फ 2.86 प्रतिशत है। सहकारी क्षेत्र में वह और भी कम है—औद्योगिक संस्थानों, दुकानों, बैंकिंग, कपड़ा या शक्कर कारखानों में तो करीब-करीब नगण्य है। नतीजतन मुसलमान नौजवान जैसे-तैसे आजीविका कमाने के लिए समाजविरोधी गतिविधियों में जुट गए हैं। वे हमेशा कांग्रेस को इस उम्मीद से वोट देते आए थे, कि उसकी सरकारें उनकी तकलीफों को दूर करने में मददगार होंगी। लेकिन अब उनकी उम्मीदों पर बुरी तरह पानी फिर गया है।

बीच-बीच में वे दूसरी पार्टियों की ओर भी मुड़े। 1977 में उन्होंने जनता पार्टी को इस यकीन के साथ वोट दिया कि वह सत्ता में आएगी और अपने चुनाव-घोषणापत्र में उनके आर्थिक उन्नयन व लिए-दिए गए कई आश्वासनों को पूरा करेगी। लेकिन ये वायदे पूरे नहीं किए गए। यही हाल तब भी हुआ जब 1980 में इन्दिरा गाँधी सत्ता में लौटीं। उन्होंने आश्वासन दिया था कि सरकार उनके आर्थिक पिछड़ेपन की वजहों की छानबीन करेगी और उनकी हालत को सुधारने के लिए कदम उठाए जाएँगे। इन

आश्वासनों को क्रियान्वित करने के लिए श्रीमती गाँधी ने 1980 के शुरुआती वक्त के आम चुनाव में कांग्रेस (आई) की जीत के तुरन्त बाद ही अल्पसंख्यकों और अनुसूचित जातियों की आर्थिक दुर्दशा का अध्ययन करने और उनकी हालत सुधारने के उपाय सुझाने के लिए एक उच्चाधिकार पैनल की स्थापना की।

मैं इस पैलन का सदस्य-सचिव और प्रशासनिक प्रमुख था। स्वर्गीय डॉ. गोपाल सिंह उसके अध्यक्ष थे। पैनल ने हर राज्य में 200 रिसर्च करनेवाले भेजे ताकि सैम्पल सर्वे के आधार पर हर क्षेत्र में—सरकारों, सार्वजनिक सेक्टर के उपक्रमों, सहकारी सेक्टरों, स्थानीय निकायों और निजी उद्योगों और व्यापारों में भी नौकरियाँ पाने की उनकी असली स्थिति का जायजा लिया जा सके। करीब चार साल तक उन्होंने जगह-जगह यात्राएँ कीं और पूरी लगन व मेहनत से काम किया। उन्होंने जो तथ्य जमा किए उनमें बड़ी ही आँखें खोल देनेवाली बातें थीं, भारतीय मुसलमानों की स्थिति अनुसूचित जातियों से भी बदतर थी। इस प्रकार जमा किए गए तथ्यों और आँकड़ों के आधार पर पैनल ने एक तुलनात्मक रिपोर्ट तैयार की जिसने दिल्ली के साउथ ब्लाक स्थित प्रधानमन्त्री कार्यालय के गलियारों में सनसनी-सी फैला दी। श्रीमती गाँधी ने उस रिपोर्ट को ताक पर रखना ही बेहतर माना। उन्होंने मुझसे कहा कि पोस्टमार्टम से कभी फायदा नहीं होता, समझदारी इसी में है कि अतीत को भूल जाएँ और भविष्य के लिए योजनाएँ बनाएँ। उनकी दिलचस्पी गलतियों का पता लगाने की अपेक्षा इलाज ढूँढ़ने में ज्यादा थी। बहरहाल, भारतीय मुसलमान और अनुसूचित जातियों का तुलनात्मक आँकड़ावार विवरण बहुत ही तथ्योद्घाटक था और भारतीय मुसलमानों की आर्थिक गिरावट और उसके पीछे निहित कारणों के बारे में एक सही अन्तर्दृष्टि प्रदान करता था। जब तक सही निदान नहीं किया जाता तब तक सही इलाज भी नहीं हो सकता; अतीत के सन्दर्भ के बगैर भविष्य का निर्माण नहीं किया जा सकता। पैनल ने पाया कि 1 जनवरी, 1980 को आई.पी.एस. में मुसलमानों का प्रतिशत 3.27 तक उतर आया जबकि अनुसूचित जातियों का 9.9 था। आई.ए.एस. में 2.6 प्रतिशत था जबकि अनुसूचित जातियों का 9.8 था। आई.पी.एस. में वह 3.37 था जबकि अनुसूचित जातियों का 16.48 था। ये लोकसेवा के केन्द्रीभूत अंग हैं और नीति-निर्णयों, विकासगत कार्यक्रमों के कार्यान्वयन के लिए और राष्ट्रीय व राज्यस्तरीय गतिविधियों का बीड़ा उठाने के लिए जिम्मेदार होते हैं। नौकरशाह, सुनिर्धारित नीतियों को भी मनमाने ढंग से तोड़-मरोड़ सकते हैं, यह एक जानी-मानी बात है। और मुसलमानों को उनकी वैध हिस्सेदारी से वंचित रखने में उन लोगों का, अपने राजनीतिक आका—मन्त्रियों से भी ज्यादा बड़ा हाथ है। सेंट्रल सबॉरडिनेट सर्विसेस में भी मुसलमानों का अनुपात सिर्फ 1.56 प्रतिशत है जबकि अनुसूचित जातियों का 13.1 प्रतिशत है।

सरकार के निचले ओहदों पर नियुक्तियाँ रोजगार-भर्ती विभाग के जरिए होती हैं। सर्वे के दौरान यह पाया गया कि कुल पंजीकृत उम्मीदवारों में मुसलमान सिर्फ 5.86 प्रतिशत थे। उनमें से, मैट्रिक्यूलेशन में फेल हुए लोगों का प्रतिशत 74.75 था और

उत्तीर्ण कर चुका 97.05 प्रतिशत था। ग्रेजुएट और पोस्टग्रेजुएट 2.48 प्रतिशत थे और व्यावसायिक तौर पर प्रशिक्षित 0.09 प्रतिशत। भर्ती विभाग के जरिए रोजगार पाए हुए मुसलमानों की तादाद 2 प्रतिशत थी और अनुसूचित की 13.25 प्रतिशत।

14 राज्यों के 150 केन्द्र-सरकार के कार्यालयों से जमा आँकड़ों के अध्ययन ने दर्शाया कि 75, 953 कर्मचारियों में मुसलमान सिर्फ 3.346 यानी 4 प्रतिशत थे। जिनमें 'ए' ग्रुप में 61 प्रतिशत थे तो 'डी' ग्रुप में 5.12 प्रतिशत। अनुसूचित जातियों की कुल संख्या 14.46 प्रतिशत थी।

सर्वेक्षण किए गए राज्यों में सरकार के विभिन्न विभागों में नौकरी कर रहे मुसलमानों का कुल अनुपात 6.01 प्रतिशत था जबकि अनुसूचित जातियों का 13.29 प्रतिशत था। सार्वजनिक क्षेत्र उपक्रमों में सैम्पल सर्वेक्षण ने उद्घाटित किया कि नौकरी पर रखे गए मुसलमानों का अनुपात उनकी कुल आबादी का 10.85 प्रतिशत था; लेकिन अनुसूचित जातियों का 18.71 प्रतिशत था। अलबत्ता अधिकारी संवर्ग में मुसलमानों की स्थिति थोड़ी-सी बेहतर रही यानी कुल कर्मचारियों का अनुपात 3.19 प्रतिशत था। सुपरवाइजरी कैडर में 4.30 प्रतिशत था, (गैर-तकनीकी) सुपरवाइजरी वर्ग में 12.14 प्रतिशत था; चतुर्थ श्रेणी (अधीनस्थ) में 10.46 था।

निजी सेक्टरों में, जिनमें टाटा और बिड़ला के दो प्रमुख व्यापारी और औद्योगिक घरानों का समावेश होता है, यह पता चला कि मुस्लिम नौकरी दर 8.16 प्रतिशत थी। अनुसूचित जाति की दर 11.50 प्रतिशत थी। अधिकारी कैडर में मुस्लिम केवल 1.5 प्रतिशत थे जबकि कारकून वर्ग में उनकी तादाद 8.28 प्रतिशत थी। अनुसूचित जाति का कारकून वर्ग में अनुपात 12.31 प्रतिशत था; तो अधिकारी वर्ग में वह 1 प्रतिशत भी नहीं था। मजदूरों में मुसलमानों की दर 7.93 प्रतिशत थी और अनुसूचित जाति की 12.29 प्रतिशत। सरकार द्वारा छोटे किसानों, सीमान्त किसानों, खेतिहर मजदूरों, भूमिहीन मजदूरों की मदद के लिए बनाए गए विभिन्न कार्यक्रमों का लाभ भी मुसलमानों को खास नहीं मिला। जैसे, समेकीकृत ग्रामीण विकास कार्यक्रम (इंटीग्रेटेड रूरल डेवलपमेंट प्रोग्राम—आई.आर.डी.पी.) के अन्तर्गत दी जाती प्रशिक्षण योजनाओं, ग्रामीण कारीगरों के लिए कार्यक्रमों, ट्राइसेम्स जिनके तहत वन पालन, नर्सरी-बागवानी, कीट-नियन्त्रण, पशुचिकित्सा सेवाओं, ट्रैक्टर और पम्प सेवाओं वगैरह का प्रशिक्षण देकर स्वरोजगार के लिए तैयार किया जाता है—का भी फायदा उन्हें नहीं मिला। आँकड़े हासिल करना तो मुश्किल रहा लेकिन जगह-जगह पर की गई पूछ-ताछ से यह दिखाई पड़ा कि 50 प्रतिशत लोगों को भी ये सुविधाएँ नहीं हासिल हो पाईं जो उनकी आबादी के मद्देनजर उन्हें मिलनी चाहिए थी। उसी तरह से राष्ट्रीय ग्रामीण रोजगार कार्यक्रम (नेशनल रूरल एम्प्लायमेंट प्रोग्राम-एन.आर.ई.पी.) और ऐसे ही अन्य ग्रामीण कार्यक्रमों में मुसलमानों के रोजगार की तस्वीरें बहुत उत्साहवर्धक नहीं थीं।

लघुउद्योग वर्ग में मुस्लिम स्वामित्व के आँकड़े सन्तोषजनक नहीं थे, कुल संख्या का 15 प्रतिशत था जिसे उच्चतर मानना चाहिए। लेकिन उन्हें सरकार की पैकेज

सहायताओं और परामर्शदाता सेवाओं, बैंक क्रेडिटों, कच्चे माल के विनियोजन—आवंटन का ज्यादा लाभ नहीं मिल पाया। यहाँ उन्हें अपनी करीब 12 प्रतिशत आबादी की तुलना में फायदों का सिर्फ 8.14 प्रतिशत मिल सका। औद्योगिक प्लाटों के आवंटन में उनका हिस्सा 6.14 प्रतिशत रहा। अनुसूचित जातियों के लिए तस्वीर और भी बदतर थी; उनका स्वामित्व ही 6.14 प्रतिशत था। यही नहीं, मुसलमानों में और उनमें एक फर्क यह भी था कि जहाँ मुसलमानों के स्वामित्ववाली इकाइयाँ वे ही चला रहे थे वहीं अनुसूचित जातियों के नाम पर आवंटित इकाइयों को असल में दूसरे ही लोग चलाया करते थे और आमतौर पर वित्तीय अभाव ही उसकी वजह हुआ करती थी। परिणामस्वरूप उनकी कई इकाइयाँ बन्द पड़ गईं; मुसलमान मालिकों का काम उनसे बेहतर था।

दस्तकारी उत्पादन में भी मुस्लिमों की हिस्सेदारी सन्तोषजनक थी, और यह इसके बावजूद कि न तो उत्पादन इकाइयों पर उनका मालिकाना हक था और न ही वे अपने उत्पादन की बिक्री खुद करते थे। कुल इकाइयों में से सिर्फ 4.40 प्रतिशत पर मुस्लिमों का मालिकाना हक था जबकि तुलना में अनुसूचित जातियों के पास 16.21 प्रतिशत इकाइयाँ थीं। इन इकाइयों में काम पर रखे गए मुसलमान कारीगरों का प्रतिशत अनुसूचित जातियों की तुलना में बहुत ज्यादा था।

सहकारी क्षेत्र में मुसलमानों की तस्वीर बेहद मायूस कर देनेवाली है; उनकी हालत अनुसूचित जातियों से बदतर है। मुस्लिमों को कुल फायदे का सिर्फ 2.04 प्रतिशत मिला; उन्हें वे वित्तीय सहायताएँ भी नहीं मिलीं जिनके वे हकदार थे; उन्हें सिर्फ 2.52 प्रतिशत ही फायदा मिला जबकि दूसरी ओर अनुसूचित जातियों को 15.70 प्रतिशत तक फायदे मिले।

हथकरघा क्षेत्र में हालत काफी बेहतर थी; यहाँ पर मुसलमान समूचे कार्य-बल का 65 प्रतिशत थे। वे विभिन्न सरकारी योजनाओं का फायदा उठा रहे थे और 54.32 प्रतिशत तक वे लाभान्वित हुए; लेकिन सहकारी क्षेत्र में उन्हें सिर्फ 22.96 प्रतिशत तक ही फायदा मिला। अनुसूचित जातियों की इस सन्दर्भ में स्थिति बहुत ही शोचनीय थी; उन्हें सिर्फ 4.04 प्रतिशत तक ही फायदा मिला। मुस्लिम 54.32 प्रतिशत करघों के मालिक थे तो अनुसूचित जातिवाले सिर्फ 6.07 प्रतिशत के। इस क्षेत्र में मुसलमानों की कामयाबी के बावजूद, उन्हें दी जा रही वित्तीय मदद उतनी अच्छी और फौरी नहीं थी जितनी कि वे अपने योगदान की वजह से हकदार थे। फिर भी उसकी दर 49.34 थी जबकि अनुसूचित जातियों की 4.11 प्रतिशत।

खादी और ग्रामोद्योग कार्यक्रमों (खादी एंड विलेज इंडस्ट्रीज प्रोग्राम—के.वी.आई. पी.) में मुसलमानों के प्रति बड़ी बेरुखी का व्यवहार किया गया। वे इकाइयों के सिर्फ 2.76 प्रतिशत के मालिक बन सके जबकि अनुसूचित जातियों को 20.3 प्रतिशत दिया गया। इस कार्यक्रम के अन्तर्गत कारीगरों को दी जाती मदद भी बहुत ही कम, सिर्फ 2.6 प्रतिशत थी जबकि अनुसूचित जातियों के लिए वह 20.25 प्रतिशत थी।

बैंकों से ऋण पाने के सन्दर्भ में मुसलमानों की हिस्सेदारी 9.41 प्रतिशत होनी थी

जबकि वास्तविक वितरण सिर्फ 3.73 प्रतिशत हुआ। अनुसूचित जातियों के लिए वह 20.7 प्रतिशत थी तो वास्तविक वितरण 12.7 प्रतिशत तक गया। राशि एक लाख रुपए से शुरू कर नीचे अलग-अलग संख्या की थी। दीर्घकालीन ऋण के लिए मुसलमानों की संख्या 7 प्रतिशत थी; अनुसूचित की 7.4 प्रतिशत थी। हालाँकि मुसलमान और अनुसूचित दोनों के लिए ऋण का प्रवाह समान रूप से अपर्याप्त था लेकिन मुसलमानों को ऋण हासिल करने में ज्यादा परेशानियों का सामना करना पड़ता था नतीजतन मुसलमानों को कुल का सिर्फ 6.97 प्रतिशत मिला; अनुसूचित जातियों को 3.45 प्रतिशत।

ट्रकों (17 प्रतिशत), आटो-रिक्शाओं, टैक्सियों वगैरह के परमिट पाने के सन्दर्भ में मुसलमानों को बेहतर (20.20 प्रतिशत) अवसर मिले। इसकी वजह यह है कि मुसलमान कार, ट्रक और आटो-रिक्शा चलाने में ज्यादा कुशल हैं; दूसरे लोग इन कामों में ज्यादा दिलचस्पी नहीं दिखाते।

मुसलमानों को, सरकार द्वारा शुरू की गई अनगिनत आवास योजनाओं का नहीं के बराबर फायदा मिला है। सरकार की सभी तीन प्रमुख श्रेणियों—आर्थिक रूप से कमजोर वर्ग; निम्न आय वर्ग; मध्यम आय वर्ग—में उनकी हिस्सेदारी 2.81 प्रतिशत रही जबकि अनुसूचित जातियों की 7.65 प्रतिशत थी।

यह मोटे तौर पर अनुसूचित जातियों की तुलना में भारतीय मुसलमानों की दुर्दशा की तस्वीर है और अनुसूचित जातियाँ समाज के सबसे निचले पायदान पर स्थित मानी जाती हैं। यह सच है कि सिर्फ आरक्षण की ही वजह से उनकी स्थितियों में सुधार हुआ है; लेकिन फिर हम मुसलमानों को ऊपर कैसे उठाएँ जो अनुसूचित जातियों से भी निचली हालत में गिर गए हैं। इस पर अधिकृत या गैर-अधिकृत एजेंसियों द्वारा कोई गम्भीर विचार नहीं किया गया है। हमारे पैनल की सिफारिशें धूल खा रही हैं और उत्तरोत्तर आती सरकारों ने, फिर वे कांग्रेस की रही हों या गैर-कांग्रेसी, उसे क्रियान्वित करने की परवाह नहीं की है।

हमारे पैनल की रिपोर्ट के अलावा, जो मुसलमानों, अनुसूचित जातियों और अनुसूचित जनजातियों की आर्थिक स्थितियों का अब तक का सर्वाधिक विश्वसनीय सर्वेक्षण है, और जो उनकी दुर्दशा की वजहों का वैज्ञानिक विश्लेषण प्रस्तुत करती है, और भी खोज-रिपोर्टें आई हैं जो हमारे निष्कर्षों की पुष्टि करती हैं। खासकर, मुसलमानों की आर्थिक स्थिति में गिरावट अनवरत जारी है और वह हर क्षेत्र में झलकती है। ऐसा नहीं है कि समुदाय के निचले स्तर पर स्थिति खराब है और उच्च स्तरों पर सन्तोषजनक है। समूचे, स्तर पर वह एक-सी है और मुसलमानों में सम्पन्न लोगों की तादाद उतनी ही तेजी से घट रही है जितनी तेजी से उनमें गरीबों की तादाद बढ़ रही है। यह बात व्यापार और उद्योग में उतनी ही सच है जितनी कि व्यवसायों व नौकरियों में।

मिसाल के तौर पर, सन् अस्सी के सालों में भारत सरकार के कुल 33 जाइंट सेक्रेटरियों में सिर्फ 3 मुसलमान थे; कुल 67 एडीशनल सेक्रेटरियों में सिर्फ 1 मुसलमान

था और कुल 54 सेक्रेटरियों में सिर्फ 2 मुसलमान। उसी तरह से कुल 63 सार्वजनिक सेक्टर उपक्रमों के कुल 481 डाइरेक्टरों में सिर्फ 6 मुसलमान थे; जबकि 22 शेड्यूल्ड बैंकों में के 99 डाइरेक्टरों में सिर्फ 10 मुसलमान थे। उनमें से एक भी चेयरमैन या मैनेजिंग डाइरेक्टर नहीं था।

ताज्जुब की बात तो यह है कि महाराष्ट्र जैसे प्रगतिशील राज्य में भी मुस्लिम प्रतिनिधित्व के प्रति लापरवाही बढ़ती जा रही है। सबसे ताजातरीन मामला महाराष्ट्र के उन तीन विकास बोर्डों का है जो महाराष्ट्र के तीन क्षेत्रों–विदर्भ, मराठवाड़ा और बाकी महाराष्ट्र के पिछड़ेपन को कम करने के लिए गठित किए गए हैं और उनमें एक भी मुसलमान को शामिल नहीं किया गया है। समुदाय इसे अपनी अवमानना मानता है और उसे गहरी चोट पहुँची है। ज्यादा चोट पहुँचानेवाली बात है–मुसलमानों को जान-बूझकर गुप्तचर एजेंसियों से बाहर रखना। जैसा कि कलकत्ते के 'द टेलिग्राफ' (18 मार्च, 1994) में मुरली कृष्णन ने टिप्पणी की है, 'संविधान में सुप्रतिष्ठित धर्मनिरपेक्षता के सिद्धान्तों के बावजूद सरकार में कोई मुसलमान इंटेलिजेंस ब्यूरो (आई.बी.) और रिसर्च एंड एनालिसिस विंग (आर.ए.डब्ल्यू.) में काम नहीं कर रहा है।' क्यों ! विजय करण, भूतपूर्व सी.बी.आई. डाइरेक्टर ने निस्संकोच जवाब दिया, 'यह एक प्रकार की अलिखित-सी आचार-संहिता है। सभी इसके बारे में जानते हैं और इसे एक तथ्य के रूप में कबूल कर लिया जाता है।' इस पर टिप्पणी करते हुए 'संडे' के सम्पादक वीर संघवी ने (27 मार्च–2 अप्रैल, 1994) लिखा, 'गुप्तचर सेवाएँ मुसलमानों को नौकरी पर क्यों नहीं रखतीं ! इसका कोई परिष्कृत-सा जवाब तलाश करने की कोशिश बेकार है लेकिन सचाई, तो साफ उजागर है; मुसलमानों पर भरोसा नहीं किया जाता।' यह अविश्वसनीयता उन सुदूर दिनों तक पहुँचती है जब नेहरू प्रधानमन्त्री थे। उन्होंने इसके खिलाफ लड़ाई लड़ी थी लेकिन वे पूर्वाग्रह को दूर करने में कामयाब नहीं हुए। और अब तो हालत और भी बदतर हैं। यह एक मान्य तथ्य है कि मुसलमानों को इन एजेंसियों से इस आधार पर बाहर रखा जाता है कि वे सम्भावित भेदिए हैं। क्या इस समुदाय पर इससे बुरी कोई तोहमत लगाई जा सकती है ! ऐसे कोई खास ऐतिहासिक सबूत नहीं हैं कि जिम्मेदार ओहदों पर बैठे मुसलमानों ने कोई गोपनीय बात उजागर कर दी या चोरी-छिपे राष्ट्रीय हित के खिलाफ कोई आचरण किया; लेकिन जैसा कि फ़ारसी कहावत है कि शुबहे की दवाई तो हकीम लुकमान के पास भी नहीं होती।

डॉ.बी.आर. आम्बेडकर ने 25 नवम्बर, 1949 को संविधान सभा में अपने समापन भाषण में ध्यान दिलाया था :

> सिन्ध पर जब मुहम्मद-बिन-क़ासिम ने हमला किया तब बादशाह दाहर के सेनापति ने मुहम्मद-बिन-क़ासिम के मध्यस्थों से रिश्वत ली और अपने बादशाह के पक्ष में लड़ने से इनकार कर दिया। वह जयचन्द था जिसने मुहम्मद ग़ोरी को हिन्दुस्तान पर हमला करने और पृथ्वीराज से लड़ने का निमन्त्रण दिया था और अपनी व दूसरे सोलंकी राजाओं की मदद का वायदा

> किया था। जब शिवाजी, हिन्दुओं की आजादी के लिए लड़ रहे थे तब दूसरे मराठा सामन्त और राजपूत राजा मुग़ल बादशाहों के पक्ष से लड़ रहे थे। जब अंग्रेज, सिख शासकों का खात्मा करने की कोशिश कर रहे थे तब उनका मुख्य सेनापति गुलाब सिंह खामोश बैठा रहा और उसने सिख समुदाय को बचाने के लिए कोई मदद नहीं की। 1857 में जब हिन्दुस्तान के एक बहुत बड़े हिस्से ने अंग्रेजों के खिलाफ आजादी की लड़ाई की घोषणा कर रखी थी तब सिख मौन दर्शकों की तरह सारी घटना देखते खड़े रहे।[1]

न्यायपालिका में भी वही पूर्वाग्रह व्याप्त है, हालाँकि वहाँ हालत गुप्तचर सेवाओं जैसी खराब नहीं है। फिर भी हजारों जिला मजिस्ट्रेटों में से कुल दर्जन-भर मुसलमान हैं, सैकड़ों हाईकोर्ट जजों में से तो दर्जन-भर भी नहीं हैं। कुछ होईकोर्टों में तो आजादी के बाद से कोई मुसलमान जज ही नहीं बना, कुछ अन्य हाईकोर्टों में उनकी संख्या मुश्किल से दो से ज्यादा हो पाई है। महाराष्ट्र जैसे प्रगतिशील राज्य में 40 से ज्यादा जजों के बीच बड़े लम्बे अर्से से कोई मुसलमान जज नहीं है; अतीत में कभी-कभी एक या ज्यादा से ज्यादा दो जज हुआ करते थे। दूसरे हाईकोर्टों में भी स्थिति उतनी ही शोचनीय है। विभिन्न हाईकोर्टों में मुस्लिम जजों की संख्या को दर्शाती यह सूची सचाई को उजागर करती है :

हाईकोर्ट : मुस्लिम जजों की संख्या (1.9.1985 पर)

हाईकोर्ट का नाम	मुस्लिम जजों की संख्या	कुल पदों की संख्या
इलाहाबाद	2	60
आन्ध्र प्रदेश	1	26
बम्बई	2	43
कलकत्ता	1	39
दिल्ली	1	27
गोहाटी	1	9
गुजरात	2	21
हिमाचल प्रदेश	—	6
जम्मू-कश्मीर	3	7
कर्नाटक	2	24
केरल	2	18
मध्य प्रदेश	1	29
मद्रास	2	25
उड़ीसा	—	11

पटना	4	35
पंजाब एवं हरियाणा	—	23
राजस्थान	1	22
सिक्किम	—	3
कुल	**25**	**428**

मुसलमानों का प्रतिशत : 5.8

सुप्रीम कोर्ट में हालत थोड़ी बेहतर है; उसमें दो मुसलमान चीफ जस्टिस हुए हैं हालाँकि जजों की संख्या बहुत उल्लेखनीय नहीं रही, हाल ही में सुप्रीम कोर्ट के प्रमुख के रूप में एक तीसरा मुसलमान लिया गया है।

आई.ए.एस., आई.पी.एस. और आई.एफ.एस. में पिछले सालों में कामयाब उम्मीदवारों का विश्लेषण भी वैसी ही स्थिति दर्शाता है। हर तीन या चार साल के दौरान एकाध यहाँ-वहाँ से घुसने में कामयाब हो जाता है। दिसम्बर 1993 और जनवरी 1994 में आयोजित यूनियन पब्लिक सर्विस कमीशन (मुख्य) की परीक्षाओं ने और मई और जून 1994 में पर्सनालिटी टेस्ट बोर्डों द्वारा आयोजित परीक्षाओं ने हालात को बदला नहीं है। 742 कामयाब उम्मीदवारों में से सिर्फ 21 मुसलमानों को चुना गया जिनमें दो महिलाएँ भी थीं। इसके मुकाबले 152 अनुसूचित जाति के उम्मीदवार और 79 अनुसूचित जनजाति के उम्मीदवार लिये गए। मुसलमानों की जनसंख्या के अनुपात में उनकी संख्या 95 होनी चाहिए थी। इन चुने गए 21 मुसलमानों में से बमुश्किल एक या दो भारतीय प्रशासनिक सेवा में लिये जाएँगे। हाल ही में मंडल आयोग की सिफारिशों को मान्य किए जाने के मद्देनजर अनुसूचित जातियों और अनुसूचित जनजातियों के अलावा अन्य पिछड़े वर्गों के उम्मीदवारों को भी तरजीह दी जाएगी। इससे मुसलमानों को कोई खास फर्क नहीं पड़ेगा क्योंकि उनमें से सिर्फ जुलाहा और कसाई जैसी कुछ जमातों को ओ.बी.सी. की सूची में शामिल किया गया है।

आम मुसलमान का वर्तमान गरीबी और पिछड़ेपन से ग्रस्त है तो उनका भविष्य भी उतना ही अन्धकारमय दिखता है। निजी क्षेत्रों के ऊँचे सोपानों पर उनका अनुपात सार्वजनिक क्षेत्र से भी बदतर नहीं तो उतना ही बुरा है; रैंडम सैम्पलिंग में चुनी गई 452 बड़ी कम्पनियों वे 8,812 डाइरेक्टरों में से मुस्लिम डाइरेक्टरों की संख्या 115 थी; उनमें से कार्यकारी अधिकारयुक्त तो देश-भर में 10 भी नहीं थे। मिसाल के तौर पर सर्वेक्षण की गई 265 औद्योगिक इकाइयों में से जिनका कुल पूँजीनिवेश 1085.05 करोड़ रु. था, यह पाया गया कि सिर्फ 2 का मालिकाना मुस्लिमों का था, और 2832 कारपोरेट इकाइयों में से सिर्फ 4 का मालिकाना मुस्लिमों का था। किसी मुस्लिम व्यापारिक संस्था का न कोई इजारेदारी घराना है, और न ही कोई मुस्लिम एम.आर.टी.पी. एक्ट से रक्षित है। जहाँ तक गरीबों का सवाल है, उनकी बदहाली का तो बयान नहीं हो सकता। गरीबी की रेखा के नीचे उनकी तादाद सबसे ज्यादा, कुल आबादी की करीब 80 प्रतिशत है।

मैंने जो आँकड़े उद्धृत किए हैं उनसे ही आँखें खुलनी चाहिए, उसके बाद के तथ्य और आँकड़े न सिर्फ उसकी पुष्टि करते हैं बल्कि और ज्यादा गिरावट को दर्शाते हैं।

बुद्धिजीवियों में भी जहाँ गुण ही कसौटी है मुसलमानों की हालत उतनी ही शोचनीय है; यूनिवर्सिटियों और कॉलेजों में, बेहतरीन योग्यताओं—अर्हताओं के बावजूद नौकरियाँ पाने में वे नाकामयाब रहते हैं; यहाँ भी उनका अनुपात अन्य सेवाओं जैसा ही कमजोर है। पत्रकारिता के क्षेत्र में भी उनकी हालत उतनी ही निराशाजनक है; उद्यमी मुसलमान पत्रकारों को रोजगार की तलाश में एक अखबार से दूसरे में दौड़-भाग करनी पड़ती है लेकिन उन्हें कोई सन्तोषजनक प्रतिक्रिया नहीं मिलती। सम्पादक के पद के मामले में तो स्थिति और भी बदतर है; मुसलमान अगर प्रतिभाशाली भी हों तो सिर्फ मजहब की वजह से, वे ऊँचे पद पर नहीं पहुँच पाते। धर्मनिरपेक्ष के तौर पर प्रशंसित मुसलमानों पर भी पूरा-पूरा यकीन नहीं किया जाता। कोई भी अन्य व्यावसायिक क्षेत्र ले लीजिए और स्थिति उतनी ही मायूस कर देनेवाली है। भारत के आर्थिक जीवन के हर क्षेत्र में मुस्लिम विरोधी दुर्भीति उनका अब भी पीछा कर रही है।

बम्बई के यूनाइटेड इकोनोमिक फोरम के प्रेसिडेंट के.एम. आरिफ़ ने अगस्त 1994 में वित्त मन्त्री डॉ. मनमोहन सिंह को एक स्मरण-पत्र दिया जिसमें भारतीय मुसलमानों की आर्थिक परिस्थितियों से सम्बन्धित मौजूदा तथ्यों और आँकड़ों का ब्यौरा था। उसे पढ़ते ही मुसलमानों की शोचनीय हालत स्पष्ट हो जाती थी और डॉ. सिंह को उससे काफी धक्का पहुँचा था। मिसाल के तौर पर, स्मरण-पत्र ने यह उजागर किया कि मुस्लिम समुदाय में के कुल 1.6 प्रतिशत आई.ए.एस. आफीसर हैं (4,872 में 80); 2.5 प्रतिशत चिकित्सा-व्यवसायी हैं (41,733 में 1,064) और 1 प्रतिशत चार्टर्ड एकाउंटेंट हैं (54,000 में 549)। विशाल कारपोरेशनों के औद्योगिक संस्थानों में उसकी स्थिति अब भी पहले से बेहतर नहीं है। स्मरण-पत्र को उद्धृत करें—'विशाल कारपोरेट इकाइयों के 2832 औद्योगिक संस्थानों के समूह में मुसलमानों के स्वामित्व की सिर्फ 4 इकाइयाँ हैं। और फिर, पब्लिक लिमिटेड कम्पनियों में सिर्फ 110 मुसलमान थे और 8 मैनेजिंग डाइरेक्टर और वे भी कारपोरेट सेक्टर के निचले पदों पर थे..।'[2] मैंने आरिफ से उनकी जानकारी के स्रोतों के बारे में पूछा तो उन्होंने जवाब दिया कि इंडियन एडमिनिस्ट्रेटिव सर्विस, द इंस्टीट्यूट आफ़ चार्टर्ड एकाउंटेंट्स आफ़ इंडिया और मेडिकल रजिस्टर की अधुनातन सूची में खोज-बीन कर इन आँकड़ों को पाया है। एक विवरण के अनुसार, 1994 में बिहार और उत्तर प्रदेश में भी, जहाँ की सरकारें मुसलमानों के प्रति ज्यादा सहानुभूतिपूर्ण होने का दावा करती हैं, 2700 पुलिसकर्मियों में सिर्फ 12 मुसलमानों को भर्ती किया गया। बिहार के 1,640 सब इंस्पेक्टरों में 35 मुसलमान थे और उत्तर प्रदेश में 3,000 सब इंस्पेक्टरों में 116 मुसलमान थे।

कुछ रिसर्च समूहों द्वारा संचालित ऐसे ही सर्वेक्षणों से प्राप्त पहले के आँकड़े भी ऐसी ही निराशाजनक तस्वीर पेश करते हैं। मिसाल के तौर पर पाया गया कि सबसे बड़ा टाटा संस्थान टिस्को, अपने अधिकारी वर्ग में केवल 4.1 प्रतिशत, सुपरवाइजरी वर्ग

में 5.6 प्रतिशत और मजदूरों में 10.30 प्रतिशत मुसलमानों को कर्मचारी के तौर पर नियुक्त करता है। महिन्द्रा एंड महिन्द्रा की हालत बदतर थी—1048 अधिकारी वर्ग में 2.25 प्रतिशत सुपरवाइजरी वर्ग में और 5.02 प्रतिशत मजदूर वर्ग में थे। उसी तरह से मफतलाल में अधिकारी वर्ग में एक भी मुसलमान नहीं था, सुपरवाइजरी वर्ग में 1.72 प्रतिशत थे और 3.53 प्रतिशत मजदूरों में। और दूसरे विशाल औद्योगिक घरानों, जैसे—बिड़ला, बजाज, थापर, अम्बानी और मोदी के आँकड़े भी वैसे ही थे। एक दशक पहले किए गए एक रेंडम सर्वे ने दर्शाया है कि दिल्ली क्लाथ मिल में 987 में से सिर्फ 2 मुसलमान थे; पाँड के वरिष्ठ 115 पदों में से एक मुसलमान था; अम्बालाल सारा भाई में 628 में से 5 थे; मुकुन्द में 625 में से 7 थे; जेके में 536 में से 5 थे; ओबेराय होटेल समूहों में, जो कई मुस्लिम देशों में भी संचालित हैं, 120 में से 6 हैं; इंडिया टोबेको कम्पनी में 966 में 17 हैं। जितनी ज्यादा खोजबीन की जाए उतनी ज्यादा निराशाजनक तस्वीरें उभरती हैं।

राज्य और केन्द्रीय दोनों ही सरकारी सेक्टरों में स्थिति बेहतर नहीं है। जैसा कि हमने देखा, मुस्लिमों की नौकरी का दर न सिर्फ सेक्रेटरी और डिप्टी सेक्रेटरी के स्तर पर बल्कि नीचे क्लर्कों और चपरासियों के स्तर पर भी घटता गया है। किसी भी वक्त पर कुल 500 या ज्यादा सेक्रेटरियों में से 6 से ज्यादा; या 4000 या ज्यादा आई.ए.एस. अफसरों में से 100 से ज्यादा; या 2000 या ज्यादा आई.पी.एस. अफसरों में से 50 से ज्यादा उनकी संख्या बढ़ी नहीं है। जहाँ तक प्रतिरक्षा सेवाओं का सवाल है, आँकड़ों को प्रकट करने में गोपनीयता बरती जाती है और वह समझने जैसी बात भी है लेकिन यह बात गोपनीय नहीं है कि उसके दरवाजे मुसलमानों के लिए करीब-करीब बन्द ही हैं; मिसाल के तौर पर 1983 में संयुक्त प्रतिरक्षा सेवाओं की परीक्षाओं के कामयाब 374 उम्मीदवारों में सिर्फ 4 मुसलमानों के नाम दिखे; और मेरी जानकारी में स्थिति अब तक सुधरी नहीं है। उसी प्रकार से रिज़र्व बैंक आफ़ इंडिया में, जो भारत के सभी बैंकों को नियन्त्रित करती है, मुख्य अधिकारियों या मैनेजरों में बमुश्किल ही कोई मुसलमान होगा; जब सर्वोच्च निकाय ऐसी मिसाल पेश करता है तो दूसरे बैंकों से इस बात के लिए शिकायत नहीं की जा सकती कि वे मुसलमानों के प्रति गैर-सहानुभूतिपूर्ण रवैया क्यों अपनाते हैं। जीवन बीमा निगम और यूनिट ट्रस्ट ऑफ़ इंडिया इस मामले में बड़ी ईमानदारी से बैंकों के नक्शे-कदम पर चल रहे हैं।

विभिन्न सेक्टरों में मुस्लिम रोजगार के उपलब्ध आँकड़ों का विश्लेषण करते हुए अलीगढ़ मुस्लिम यूनिवर्सिटी में डिपार्टमेंट ऑफ़ इकोनोमिक्स के प्रो. ताहिर बेग ने उसके निम्न विशिष्ट स्वरूप को अंकित किया है :

- सार्वजनिक और निजी सेक्टरों में मैनेजरों और मजदूरों के रूप में और पूँजी निवेशकों के रूप में भी मुसलमानों की नगण्य-सी उपस्थिति है।
- मुसलमानों की लघु उद्योग और गृह-संचालित सेक्टरों में नाम-मात्र की उपस्थिति है जबकि दस्तकारी और कारीगरी में वे अग्रणी रहे हैं।

- कृषि की मुख्य और सहायक गतिविधियों में मुसलमानों की नाममात्र की उपस्थिति है।
- जहाँ तक तृतीय स्तरीय सार्वजनिक क्षेत्र का सवाल है, मुस्लिमों की सरकारी प्रशासन, पुलिस और प्रतिरक्षा सेवाओं में नाममात्र की उपस्थिति है और वित्तीय और बैंकीय संस्थाओं में तो लगभग न के बराबर हिस्सेदारी है। लेकिन, निजी सेवा क्षेत्रों, जैसे—यातायात, मरम्मत और अन्य सामुदायिक सेवाओं में मुस्लिमों की हिस्सेदारी का प्रतिशत बेहद ज्यादा है।[3]

भारतीय मुसलमान, आमतौर पर या तो छोटे-मोटे काम-धन्धे करके या असंगठित सेक्टरों में नौकरी करके अपनी रोजी-रोटी जैसे-तैसे कमा रहे हैं; वे अधिकतर इमारत बनाने वाले मजदूर, रिक्शा-टैक्सी और ट्रक ड्राइवरी, गाड़ी-हाथगाड़ी चालक, कुली, नाई, दर्जी, बढ़ई, फुटपाथिए हॉकर या बहुत बेहतर हुआ तो मैकेनिक, फिटर, प्लम्बर, इलैक्ट्रीशियन या वेल्डर के तौर पर काम करते हैं। शहरों और नगरों में, जहाँ गैर-सामाजिक तत्त्व सक्रिय हैं, उनकी गतिविधियों में मुसलमानों की अच्छी-खासी हिस्सेदारी होती है; गरीबी, अपराधों को पैदा करने के लिए बड़ी उपजाऊ जमीन साबित होती है।

जब हिन्दुस्तान की आबादी का करीब 12 प्रतिशत ऐसी भयावह हालत में है तो आखिरकार उसका नतीजा क्या निकलेगा ?

डॉ. मोइन शाकिर ने, जो अपने विचारों-दृष्टिकोणों में मुसलमान की अपेक्षा हिन्दू ज्यादा हैं, यह कबूल किया है कि 'बहुसंख्यक समुदाय में ऐसे बेहद सुसंगठित निहित स्वार्थी तत्त्व हैं' जो 'प्रशासन पर बहुत ज्यादा प्रभाव डालते हैं और बड़े सूक्ष्म और अप्रत्यक्ष तरीके से' मुसलमानों को नौकरी से बाहर रख पाने में कामयाब होते हैं। शाकिर अफसोस प्रकट करते हुए कहते हैं कि 'इस प्रकार रोजगार, लाइसेंस, परमिट, ठेका प्रदान करने में और विभिन्न संस्थाओं में खासकर टेक्निकल संस्थाओं की भर्ती में मुसलमानों के खिलाफ किए जाते भेदभावपूर्ण रवैए ने उन्हें करीब-करीब आर्थिक बरबादी के कगार पर ला दिया है।'[4]

जाने-माने पत्रकार इन्दर मल्होत्रा ने तथ्यों और आँकड़ों को उद्धृत करते हुए साबित किया है कि 'इस नंगी सच्चाई को नकारा नहीं जा सकता कि सार्वजनिक नौकरियों में मुसलमानों की हिस्सेदारी सरासर नीचे तलहटी पर पहुँच गई है।' उन्होंने एक दिलचस्प वाकया बयान किया है जो इन्दिरा गाँधी के पति फिरोज़ गाँधी से ताल्लुक रखता है। एक सार्वजनिक क्षेत्र उपक्रम के चेयरमैन के तौर पर फिरोज़ गाँधी ने फैसला लिया कि वे चपरासी के सारे पद मुसलमानों और अनुसूचित जातियों के लिए आरक्षित रखेंगे। लेकिन उस पर तो अफसरों और दूसरे लोगों में खलबली मच गई और उन्होंने फिरोज़ से कहा, 'साहब, हम अपने-अपने घरों से दूर नौकरी के लिए यहाँ रह रहे हैं। हमारा खाना पकाने और पानी भरने का काम चपरासी नहीं करेगा तो और कौन करेगा ? आप चाहते हैं कि हम ये काम मुसलमानों और हरिजनों के हाथों करवाएँ ? हम तबादला ले लेंगे, या इस्तीफा दे देंगे, लेकिन ये नहीं करेंगे !' मल्होत्रा ने लिखा है

कि 'फिरोज़ गाँधी ने हारकर हथियार डाल दिए।'

पूर्वाग्रह कई तरह से काम करता है। प्रो. औसाफ़ अहमद के अनुसार, 'अध्ययन बताते हैं कि मुसलमानों की अधिकतम तादाद अपनी रोजी-रोटी छोटे-मोटे धन्धों, लघु-उद्यमों और कम आमदनीवाली नौकरियों—कामों से पाती है।' वे कहते हैं कि '6,00,000 औद्योगिक इकाइयों में सिर्फ 3 प्रतिशत मुसलमानों की हैं।' असल में आँकड़े इससे भी कम हैं क्योंकि मुसलमानों की सिर्फ 2,000 इकाइयाँ ही 'अधिकृत परिभाषा के मुताबिक लघु-स्तरीय उद्योग हैं। बाकी, इस सूचकांक से नीचे हैं। मजदूर तबके की हालत को सुधारने के मकसद से बनाई गई विभिन्न सरकारी योजनाओं का भी फायदा मुसलमानों को नहीं मिल सका है। जहाँ तक वाजिब दरों की दुकानों के लाइसेंसों का सवाल है उन्हें उसका सिर्फ 6.9 प्रतिशत मिला है। खादी और ग्रामोद्योग कमीशन द्वारा कारीगरों को दी जानेवाली सुविधाओं में मुसलमानों को सिर्फ 0.25 प्रतिशत मिला है। 50,000 रु. से 1,00,000 रु. तक की श्रेणी में मुसलमानों को सिर्फ 3 प्रतिशत और 10 लाख रु. तक की श्रेणी में सिर्फ 2 प्रतिशत मिला है।'[5]

अगर मुसलमान मजबूरन समाजविरोधी गतिविधियों की ओर खिंचा जा रहा है तो क्या समूचे राष्ट्र के लिए यह दुखदायी बात नहीं होगी ? मुसलमानों का हुजूम अब ग्रामीण क्षेत्रों से शहरी इलाकों में उमड़ा आ रहा है; करीब 50 फीसदी समुदाय इस समय गन्दी झुग्गियों-बस्तियों में बसा है। रोजगार की तलाश ने उन्हें गाँवों से खदेड़ा है; लेकिन शहरों और नगरों में भी उनकी जिन्दगी उतनी ही तकलीफों से भरी हुई है। नेशनल सैम्पल सर्वे आर्गनाइज़ेशन द्वारा जमा किए गए और 1990 में प्रकाशित आँकड़ों के मुताबिक मुसलमानों में शहरी गरीबी की स्थिति हिन्दुओं की तुलना में 17 प्रतिशत ज्यादा है। शहरी मुसलमानों का आधे से ज्यादा तबका गरीबी की रेखा से नीचे है जबकि हिन्दुओं में ये दर 35 प्रतिशत है। हिन्दुओं में अनुसूचित जातियों और अनुसूचित जनजातियों का समावेश किया गया है; वरना यह अन्तर और बहुत अधिक होता। मुसलमानों के कामों का भी कोई निश्चित स्वरूप नहीं है। अधितकर मुसलमान कथित रूप से 'स्व-रोजगार' में जुटे हैं। वे फैक्टरियों या संस्थाओं में नियमित नौकरियाँ नहीं कर रहे हैं क्योंकि वे दरवाजे उनके लिए बन्द हैं। वे या तो फेरीवाले हैं या मामूली कारीगर, छोटे-मोटे धन्धा-व्यापारी या ताँबे-पीतल का काम या मोची का काम वगैरह करते हैं। वे चोरी-छिपे बगैर लाइसेंसों के ये धन्धे करते हैं और जब गैर-कानूनी रूप से धन्धा करने के जुर्म में पकड़े जाते हैं तो नगर निगम अधिकारी और पुलिस उन्हें बेहद परेशान करती है। या तो उन्हें धकियाकर निकाल दिया जाता है या जेल में फेंक दिया जाता है। भिवंडी, जमशेदपुर, सूरत, मुरादाबाद जैसे शहरों में मुसलमानों ने अपना धन्धा नियमित कानूनी तौर पर जमा लिया था लेकिन हिन्दू व्यापारियों ने हिन्दू साम्प्रदायिक तत्त्वों की मिली-भगत से उनके खिलाफ साजिश की ताकि दंगे भड़कें और वे आर्थिक रूप से कंगाल हो जाएँ। अधिकांश मामलों में वे कामयाब भी हुए। अनेक न्यायिक आयोगों की जाँच ने इस बात की पुष्टि की है लेकिन त्रस्त मुसलमानों को

उसकी वजह से कोई बेहतर सुरक्षा हासिल नहीं हुई।

मिसाल के तौर पर सतीश सबरवाल द्वारा मुरादाबाद दंगों की वजहों का अध्ययन करवाए जाने पर यह उजागर हुआ कि उसकी बुनियादी वजह मुस्लिम कारीगरों द्वारा सहकारी सोसाइटियों की स्थापना थी क्योंकि वे उन हिन्दू व्यापारियों के शिकंजे को ढीला करना चाहते थे जो उनके व्यवसाय की पूरी मलाई को खुद चट कर जाते हैं, दंगों ने इन मुसलमान कारीगरों को इतनी बुरी तरह जड़ों से उखाड़ दिया कि उन्हें सब कुछ फिर शून्य से शुरू करना पड़ा। ग्रामीण इलाकों में भी हालत उतनी ही शोचनीय है। अधिकांश मुसलमानों के पास जमीन नहीं है। वे गैर-कृषि रोजगार पर निर्भर करते हैं जो तेजी से घटता जा रहा है। सितम्बर, 1990 में 'सर्वेक्षण' संस्था द्वारा किए गए सर्वे में ग्रामीण परिवारों के स्वामित्व वाली जमीनों के बारे में, यह पता चला कि जमीन का मालिकानावाले 90 प्रतिशत मुसलमानों के पास एक हेक्टेअर से भी कम जमीन थी; सो उनके पास किसी पैदावार के लिए जरूरी कोई आवश्यक साधन नहीं थे। उसके बाद से हालत कोई खास सुधरी नहीं है। गाँवों के मुसलमानों को मजबूरन जुटाने के लिए गाँव छोड़कर करीब के शहरों में जाना पड़ता है। इसलिए शहरी मुसलमानों की आबादी साल-दर-साल बढ़ती जा रही है और गाँवों की घटती जा रही है शहरी इलाकों में वे अपने-अपने समूह में सिमटे बसे रहते हैं और अपने को सुरक्षित महसूस करते हैं लेकिन उनकी आर्थिक स्थिति में कोई सुधार नहीं होता; उल्टे वह और भी बदतर हो जाती है। नतीजतन इससे अनेक सामाजिक बुराइयाँ पनपती हैं।

प्रफुल्ल बिदवई ने 'मिड-डे' (24 अक्टूबर, 1994) के अपने स्तम्भ में यह साबित करने के लिए कि मुसलमान, 'हिन्दुस्तान में सबसे ज्यादा गैरलाभान्वित समुदाय है' कतिपय संगत तथ्य और आँकड़े दिए हैं। उन्होंने लिखा है :

> उनमें से बावन प्रतिशत गरीबी की रेखा के नीचे रहते हैं (सभी भारतीयों के 30 प्रतिशत के मुकाबले) और 51 प्रतिशत अशिक्षित हैं। हाईस्कूल पूरा करनेवाले भारतीयों में मुसलमान सिर्फ चार प्रतिशत हैं। कॉलेज ग्रेजुएट के लिए उनकी दर तो और भी कम 1.6 प्रतिशत है। सरकारी नौकरियाँ करनेवाले भारतीयों में मुसलमान सिर्फ 4.4 प्रतिशत हैं। सरकार से औद्योगिक ऋण पानेवालों में मुसलमान पाँच प्रतिशत से भी कम हैं। सेना में और अधिकांश राज्य पुलिस सेवाओं में मुसलमानों की दर दो प्रतिशत है। संस्थागत-क्षेत्र रोजगार में कुल मिलाकर मुसलमानों का हिस्सा दो प्रतिशत है। प्रशासनिक सेवाओं, व्यवसायों या विश्वविद्यालयों में उनकी तादाद और भी कम है। भारतीय प्रशासनिक सेवा की, मसूरी अकादमी से हाल में उत्तीर्ण हुए बैच में, एक भी मुसलमान नहीं है।

इन नग्न कठोर सचाइयों के बावजूद भारतीय मुसलमानों को कोई सहानुभूति नहीं मिलती, उल्टे उन्हें खलनायक साबित किया जाता है। इस प्रकार लांछन लगाने वालों

में अरुण शौरी जैसे स्तम्भकार अग्रणी हैं। 'एशियन एज' में शौरी द्वारा लिखी गई लेख-मालाओं से चिढ़कर दिल्ली वक्फ बोर्ड के ज़फर जंग ने नवम्बर, 1994 में यह अफसोस जाहिर किया था कि 'भारतीय मुसलमान आज शौरी और उनके कुनबेवालों के सतत प्रयासों की मेहरबानी से चारों तरफ से घिर गए हैं। हिन्दुत्ववादी ताकतों द्वारा बे-लगाम छोड़ी गई साम्प्रदायिक हिंसा के बढ़ते हुए हमलों ने उन्हें भयानक शारीरिक और मनोवैज्ञानिक असुरक्षा की भावना से आक्रान्त कर डाला है।' ('एशियन एज', 20 दिसम्बर, 1994) उन्होंने गृहमामलों के केन्द्रीय राज्य मन्त्री के द्वारा 1989 और 1991 के पूर्वार्ध में देश में हुए दंगों के बारे में संसद में दिए गए बयान पर भी ध्यान दिलाया। इन घिनौने अपराधों के लिए एक भी आदमी को सजा नहीं दी गई; उल्टे जैसा कि जंग ने ध्यान दिलाया है, 'देशी अखबार, पुलिस और प्रशासन की दुर्भावना व पक्षपातपूर्ण रवैया, उनकी अल्पसंख्यक समुदाय के खिलाफ हो रही हिंसा में सक्रिय सहभागिता और समर्थन अल्पसंख्यकों को हुए नुकसानों को कम करके दिखाने के प्रयास और मुसलमानों पर ही तोहमत मढ़ने की कोशिश, आँकड़ों को छिपाना और सबूतों को बदलना तथा झूठे सबूत तैयार करना—ये सब मिलकर एक विरोधाभासी तस्वीर खड़ी करते हैं। बदकिस्मती से अरुण शौरी ने एक बूँद आँसू नहीं बहाया जब मेरठ (1987) में गंगा नहर के किनारे सैकड़ों बेगुनाह मुसलमानों को कतार में खड़ा कर राज्य रिज़र्व कांस्टेबलरी ने बेरहमी से गोली मार दी; या नेल्ली (1980) में हजारों मुसलमानों मर्द, औरत और बच्चों की बेरहमी से हत्या कर दी गई या भागलपुर (1989) में पाँच हजार से ज्यादा मुसलमानों पर भयानक अत्याचार कर उन्हें मौत के घाट उतार दिया गया। दिसम्बर, 1992 में बाबरी मस्जिद के विध्वंस के बाद हालात और बदतर हो गए, मुसलमानों पर हुए अत्याचार नृशंसतम थे लेकिन गुनहगारों को सजा देना तो दूर रहा, उल्टे उन्हें महिमामंडित किया गया। सुल्तान शाहीन ने ज़फर जंग के प्रत्युत्तर में ('एशियन एज', 20 दिसम्बर, 1994) लिखते हुए यह कबूल किया है कि मुसलमानों पर 'भारी अन्याय और अत्याचार ढाए गए हैं' लेकिन उनका सवाल है कि 'उनके लिए हिन्दुत्ववादी शक्तियों को कैसे कसूरवार ठहराया जा सकता है ?' उनके अनुसार कसूर तो कांग्रेस पार्टी का है क्योंकि केन्द्र और राज्यों में कुछ घटना पूर्ण अन्तरालों को छोड़ दें तो वही तो आजादी के बाद से राज करती आई है। उसने कसूरवारों को सजा क्यों नहीं दी ? शाहीन ने तो उल्टे दंगों के लिए कांग्रेस को ही सीधे कसूरवार ठहराया है कि जहाँ-जहाँ और जब-जब कांग्रेस सत्ता में होती है तभी ये दंगे भड़कते हैं। उनके शब्दों में, 'जब से पश्चिम बंगाल में कम्युनिस्ट सत्ता में आए हैं मुसलमानों का बार-बार होता नरसंहार रुका है, यही हाल बिहार और उत्तर प्रदेश का है, जहाँ इस समय समाजवादी सत्ता में हैं। यहाँ तक कि भाजपा शासित राज्यों में भी, मेरी याददाश्त में तो मुसलमानों की व्यापक पैमाने पर हत्या नहीं हुई है और न ही तेलगूदेशम-शासित आन्ध्र प्रदेश में या द्रविड़ मुनेत्र कड़गम—शासित तमिलनाडु में...आखिरकार इस धर्मनिरपेक्ष उदार, प्रबुद्ध पार्टी में जरूर कुछ बेहद रुग्ण होना चाहिए। निश्चित ही हिन्दुत्ववादी भीड़ अपनी

भूमिका निभाती है। लेकिन जब कांग्रेस सत्ता में नहीं होती तो वे बेअसर हो जाती है।' अधिकांश मुसलमान इसी नतीजे पर पहुँचे हैं इसीलिए सामूहिक रूप से वे कांग्रेस के खिलाफ हो गए हैं और नवीनतम चुनावी नतीजों ने भी यही दर्शाया है।

तो फिर इन सबका इलाज क्या है ? क्या मुसलमानों के लिए आरक्षण इसका जवाबी कदम हो सकता है ?

बिदवई ने मुसलमानों के लिए आरक्षण का विरोध इस बुनियाद पर किया है कि यह 'अलहदा निर्वाचन क्षेत्र' की याद दिलाता है। उनकी टिप्पणी है :

> इतिहास का यह बोझ इतना भारी है कि यह अन्यथा सहिष्णु, अनेक गैर मुसलमानों के मन में मुसलमानों के प्रति पूर्वाग्रह पैदा कर देगा। उससे भी ज्यादा महत्त्वपूर्ण बात यह है कि हिन्दू साम्प्रदायिक ताकतें, जो किसी न किसी ऐसे बहाने के लिए बेचैन रहती हैं ताकि समर्थकों की भीड़ जुटा सके, इस आरक्षण की माँग को लपक लेंगी और झूठा वितंडावाद खड़ा कर देंगी कि मुसलमान अलगाववादी हैं।'' (उन्हें इस बात की भी परेशानी है कि साम्प्रदायिक मुसलमान नेता आरक्षण को एक हथियार के तौर पर इस्तेमाल करने लगेंगे जैसा कि उन्होंने बाबरी मस्जिद मामले का किया था; बिदवई के अनुसार, बाबरी मस्जिद के विध्वंस ने सिर्फ हिन्दू साम्प्रदायिकतावादियों की राष्ट्रविरोधी प्रकृति को ही उजागर नहीं किया, बल्कि आम मुसलमान की नजरों में तो, उसने पारम्परिक मुस्लिम नेताओं के दिवालिएपन को भी बेनकाब कर दिया, जिन्होंने पहले तो मस्जिद को एक प्रतिष्ठा का विषय बनाया और फिर उसका बचाव करने में नाकामयाब रहे। ऐसे अनेक नेताओं की नजरों में आरक्षण का मामला, अपनी खोई हुई समर्थन-शक्ति को वापस पाने का जरिया बन सकता है।)

बिदवई की, जो सदैव मुस्लिमों की दुरावस्था के प्रति सहानुभूतिपूर्ण रहे हैं और बड़े साहस के साथ उनकी जरूरतों का समर्थन करते रहे हैं, आशंकाएँ सही हो सकती हैं : लेकिन जैसा कि सीताराम केसरी ने 'संडे ऑब्ज़र्वर' (23 अक्तूबर, 1994) को दिए गए अपने एक इंटरव्यू में ध्यान दिलाया है, अगर मुसलमानों का आर्थिक उन्नयन करना है तो हमें यह खतरा उठाना ही पड़ेगा। वे नहीं मानते कि उनके लिए आरक्षण किए जाने पर साम्प्रदायिक तनाव उभरेंगे। वे कहते हैं, 'इस तनाव की जड़ें कहीं और हैं; ये सत्ता की उस लालसा में है जो उन लोगों की मानसिकता में छाई हुई है जिनके पास कोई सैद्धान्तिक-वैचारिक आदर्श नहीं है और जो सत्ता के आसन पर जमे रहने के लिए कुछ भी, जी हाँ, कुछ भी कर सकते हैं।'

अगर मुसलमानों को नौकरियों और शिक्षा-संस्थाओं में आरक्षण दे भी दिया गया तो उसका पूरा-पूरा फायदा उठाने के लिए उन्हें कई साल, शायद लग जाएँगे; अनुसूचित जातियों और अनुसूचित जनजातियों का मामला इसका सूचक है। पचास साल गुजर

जाने के बाद भी उनका पिछड़ापन बड़े पैमाने पर बरकरार है। केरल ने, जो मुसलमानों को आरक्षण देनेवाले अग्रणी राज्यों में से एक है, अभी अपना लक्ष्य-बिन्दु पूरा नहीं किया है। जैसा कि 'इंडिया टुडे' (30 नवम्बर, 1994) ने टिप्पणी की है :

> आधी सदी की सकारात्मक कार्रवाइयों के बावजूद, केरल का मुस्लिम समुदाय, जो राज्य की आबादी का 22 प्रतिशत है, राज्य की नौकरशाही में अल्पप्रतिनिधित्व में है। पिछड़े वर्गों के कल्याण के लिए राज्य विधायकों की समिति की एक रिपोर्ट में यह पाया गया कि मुसलमान राज्य की सरकारी नौकरियों में सिर्फ 8 प्रतिशत ही पाए जाते हैं जो कि उनके लिए आरक्षित 12 प्रतिशत से काफी कम है। और यह भी कि गजटेड आफ़ीसरों के 1,282 पदों में—इनमें आई.ए.एस. का समावेश नहीं है—8 प्रतिशत से बस थोड़े ही ज्यादा हैं—जबकि इस आखिरी कर्मचारी कोटि में उनकी हिस्सेदारी सिर्फ 4 प्रतिशत है।

इसलिए यदि केसरी की उपचार-औषधि को कबूल कर लिया जाए तो भी बीमारी का इलाज करने में दशकों लग जाएँगे। जब तक कि मुसलमानों को शिक्षित करने के लिए व्यापक तौर पर जोरदार प्रयास नहीं किए जाएँगे।

इस दौरान मुसलमानों की युवा पीढ़ी, अन्य किसी भी समुदाय के अपने हमउम्रों की तुलना में ज्यादा आर्थिक तकलीफों का सामना कर रही है—वे अवांछित और उपेक्षित हैं—नतीजतन उनमें से अनेक अपराध की राह पकड़ लेते हैं और गैर-सामाजिक तत्त्व उनका नाजायज फायदा उठाते हैं। असल में तो वे गरीबों में भी गरीबतम हैं, और उनका भविष्य नितान्त अनिश्चित है। इनकी हालत उतनी दयनीय हो गई है कि फरवरी 1995 में एक कांग्रेसी उम्मीदवार के चुनाव अभियान के दौरान एक युवा मुसलमान मेरे पास आया और उसने मुझे एक उर्दू कविता थमाई जो एक मशहूर शायर की कविता का संशोधित संस्करण था। कविता ने मुझे इतना झकझोर दिया कि मैंने उसका अंग्रेज़ी में अनुवाद किया। कविता यों है :

मैं एक मुसलमान हूँ, मैं अपने आँसू रोक नहीं सकता;
लम्बे-लम्बे तीस वर्षों तक बर्दाश्त करता रहा मैं
भूख की कसक, अपमान की टीस;
दंगों, गोलियों, तलवारों, छुरों को झेलता रहा
जला दिया मेरा घर उन्होंने, जला दी मेरी माँ और बहन;
शिकायत की मैंने तो फेंक दिया सलाख़ों के पीछे।
कोई रोजगार नहीं, ज़िन्दगी सिर्फ एक विराट नरक है,
अपनी प्यारी मातृभूमि के उदार आसमान तले
भूखा हूँ मैं, खड़ा हूँ हाथ पसारे।
थका, हारा, हमदर्दी की तलाश में
भटक रहा हूँ दर-ब-दर।

मेरा कोई घर नहीं, सो कोई राशन कार्ड नहीं,
और सो कोई वोट नहीं, कोई आई कार्ड नहीं।
देने को कुछ नहीं सो शादी नहीं कर सकता मैं
हताश और पस्त अकेला हूँ मैं।
काश, मेरे पिता में वह दूरन्देशी होती
शादी ने करते वे भी, बचा लेते मुझे इस बदहाली से !

अधिग्रहण का आतंक

यह एक निर्विवाद तथ्य है कि भारतीय मुसलमानों की आबादी हिन्दुओं की बनिस्बत तेजी से बढ़ती जा रही है। पिछले चालीस वर्षों के जनगणना के आँकड़े इस बात की पुष्टि करते हैं कि इन दोनों समुदायों के बीच बढ़ोतरी की दर में करीब 5 प्रतिशत का फर्क है। 1981 की. जनगणना-रिपोर्ट के मुताबिक जो प्रकाशित रिपोर्टों में नवीनतम है, हिन्दुओं में आबादी की बढ़त की दर 24.15 प्रतिशत थी और मुसलमानों में 30.59 प्रतिशत। 1991 की जनगणना ने प्रेस रिपोर्टों के मुताबिक इस अनुपात में कोई खास फर्क नहीं दर्शाया है। इस असमानता के लिए दो मुख्य वजहें बताई जाती हैं और उनमें से एक यह है कि मुसलमान एक साथ चार बीवियाँ रख सकता है और दूसरी यह कि अपनी धार्मिक पाबन्दियों की वजह से वह परिवार-नियोजन के उपायों को अपनाने के लिए रजामन्द नहीं होता।

हिन्दू, और उसमें धर्मनिरपेक्ष लोगों की भी काफी तादाद है, इस प्रकार के सुधारों की आवश्यकता महसूस करते हैं जिससे भारतीय शासन में बहुसंख्यक सम्प्रदाय का वर्चस्व बना रहे। यह एक वैध इच्छा है और इस पर सवाल नहीं उठाया जा सकता। लेकिन जिस तरीके से हिन्दू साम्प्रदायिकतावादी अपने मुद्दों को पेश करते हैं वह न सिर्फ बेहद उत्तेजनापूर्ण होता है बल्कि शरारतपूर्ण भी। विश्वहिन्दू परिषद के पैम्फलेट में उसे यूँ प्रचारित किया गया है :

> भारतीय मुसलमानों का तुष्टीकरण करने के लिए उन्हें चार बीवियाँ रखने की अनुमति दी गई है जबकि आजकल इस्लामी देशों में भी यह चलन बन्द कर दिया गया है। परिणामस्वरूप भारत में मुसलमानों की आबादी जो बँटवारे के वक्त 2.5 करोड़ थी अब बढ़ते-बढ़ते एकदम से 10 करोड़ हो गई, जबकि हिन्दुओं की आबादी तब से सिर्फ दोगुनी हुई है। यू.एन.ओ. की खोज के मुताबिक आज से 25 साल बाद हिन्दुओं की आबादी सिकुड़कर देश की कुल आबादी का सिर्फ 50 प्रतिशत रह जाएगी क्योंकि उनकी बढ़ोतरी दर सिर्फ 23.69 प्रतिशत है जबकि मुसलमानों की 30.85 प्रतिशत है।

यह वास्तविक स्थिति का सरासर गलत प्रस्तुतिकरण है और उनकी मंशा हिन्दुओं को आतंकि करना है। जनगणना विशेषज्ञ इस बात पर सहमत हैं कि अगर हिन्दुओं

और मुसलमानों की जनसंख्या-वृद्धि की गति यही रही तो आगामी 25 सालों में मुसलमानों की आबादी 13.55 प्रतिशत हो जाएगी। हिन्दुओं के बराबर होने के लिए मुसलमानों को कम-से-कम 265 साल लगेंगे। जाहिर है, ये निष्कर्ष इस बात को मानकर चलते हैं कि जनसंख्या बढ़ोतरी का कारण सिर्फ धर्म ही होता है, जबकि अब दुनिया-भर के जनसंख्या विशेषज्ञ इस बात को सिरे से नकारते हैं और उन्होंने सांख्यिकीय विश्लेषण से यह साबित कर दिया है कि किसी जन-समुदाय के जनन-क्षमता आचरण पर सबसे बड़ा प्रभाव उसके सामाजिक-आर्थिक कारकों का पड़ता है। अपने बहुप्रशंसित अध्ययन—'आसपेक्ट्स आफ फर्टिलिटी : विद स्पेशल रेफरेंस टू डेवलपिंग कंट्रीज' (जननक्षमता के पहलू : विकासशील देशों के विशेष सन्दर्भ में) सम्माननीय समाजवैज्ञानिक आर.एच. चौधरी ने लिखा है, मुसलमानों और अन्य धार्मिक समुदायों के बीच दृष्टिगत होती जनन-क्षमता की भिन्नता अधिकांशतः सामाजिक-आर्थिक भिन्नताओं की वजह से है। एक बार, इन भिन्नताओं से निपट लिया जाए तो फिर मुस्लिमों और अन्य धार्मिक समुदायों के बीच की जनन-क्षमता की भिन्नता बड़े पैमाने पर खतम हो जाएगी।" इस बात की पुष्टि इस तथ्य से भी होती है कि जहाँ केरल, तमिलनाडु, कर्नाटक, महाराष्ट्र और गुजरात जैसे आर्थिक रूप से विकसित प्रदेशों में हिन्दू और मुसलमान दोनों में जनन-क्षमता दर कम है वहीं उत्तर प्रदेश, बिहार और मध्य प्रदेश जैसे आर्थिक रूप से पिछड़े हुए प्रदेशों में वह दोनों ही समुदायों में ज्यादा है। उच्च जनन-क्षमता के दो सर्वाधिक प्रमुख कारण हैं—गरीबी और शिक्षा का विशेषकर स्त्रियों में अभाव। मुसलमानों में शिशु-मृत्यु की दर भी हिन्दुओं से ज्यादा है और वह भी जनसंख्या-बढ़ोतरी पर अंकुश लगाती है।

ऐसा लगता है कि हिन्दू साम्प्रदायिकतावादियों की मुसलमानों के खिलाफ बहुत बड़ी शिकायत बहुपत्नी प्रथा को लेकर है; उन्हें यकीन है कि एक बार मुसलमानों को इससे वंचित कर दिया जाए तो हालात नाटकीय तौर पर बदल जाएँगे। लेकिन यह सच नहीं है। जवाहरलाल नेहरू यूनिवर्सिटी (जे.एन.यू.) के प्रोफेसर मोहन राव के अनुसार, "जनसंख्या बढ़ोतरी का बहुविवाह प्रथा से कोई खास लेना-देना नहीं है। मुसलमानों की तुलना में ऐसे हिन्दू ज्यादा हैं जिनकी एक से अधिक पत्नी हैं।" जनगणना कमिश्नर तथा रजिस्ट्रार जनरल द्वारा दिए गए आँकड़ों से इसकी पुष्टि होती है, "भारत में कुल मिला कर बहुपत्नी प्रथा के मामले सर्वाधिक उन व्यक्तियों में हैं जो अपने को जनजाति—आदियासी धर्म के गतावलम्बी बताते हैं (12.25 प्रतिशत), उसके बाद बौद्ध (7.97 प्रतिशत) और फिर जैन (6.72 प्रतिशत) की बारी आती है। इसके बाद सवर्ण हिन्दुओं की और आखिर में मुसलमानों की बारी आती है। इसकी पुष्टि एन्थ्रोपोलोजिकल सर्वे आफ इंडिया (भारत का मानवशास्त्रीय सर्वेक्षण) ने भी की है जो कि मानव-आचरण के विभिन्न पहलुओं पर क्षेत्रगत खोजकार्यों के जरिए अध्ययन की एक महत्त्वाकांक्षी परियोजना चला रहा है। भारत-भर में करीब 5,500 गाँवों और नगरों में 4,625 समुदायों और उपसमुदायों का सर्वेक्षण करने के बाद यह सर्वे प्रतिपादित करता है कि मुसलमानों में बहुपत्नी रखने के मामले बहुत कम होते हैं क्योंकि उनमें से अधिकांश के पास चार

बार शादी करने के लिए पैसे नहीं होते।''

फिर जैसा कि प्रो. मोहन राव ने 'द इकोनोमिक टाइम्स' (25 जनवरी, 1993) में टिप्पणी की है :

> बहुपत्नी प्रथा के वास्तविक आँकड़े चाहे जो हों लेकिन जैसा कि आमतौर पर प्रचारित किया जाता है, उससे जनन-क्षमता में बढ़ोतरी नहीं होती। 1981 की जनगणना के इस तथ्य के चलते कि हिन्दू और मुसलमान दोनों में सेक्स-अनुपात स्त्रियों के लिए सरासर प्रतिकूल है (1000 में क्रमशः 993 और 937), एक पुरुष के एक से ज्यादा स्त्री से विवाह करने पर जनन-क्षमता बढ़ने की सम्भावना नहीं है; उल्टे उससे दोनों ही समुदायों को जनन-क्षमता के घटने की ज्यादा सम्भावना है।

इसलिए भारतीय मुसलमानों में आबादी की दर बढ़ने की असली वजहें उनकी बढ़ती हुई गरीबी है। इसके अलावा शहरी/ग्रामीण असमानता भी है; 66 प्रतिशत मुसलमान शहरी इलाकों में रहते हैं जबकि हिन्दू 22 प्रतिशत। मुसलमान गन्दी बस्तियों में ठुसे पड़े रहते हैं; मन-बहलाव का और कोई जरिया नहीं होता; करीब-करीब जानवरों के से हालात में रहते हैं। काम-वासना के अलावा और कोई दिल-बहलाव नहीं होता और निरोधक उपायों की जानकारी न होने की वजह से बार-बार गर्भधारण की नौबत आती है। शोध संस्थानों द्वारा संचालित क्षेत्र—सर्वेक्षणों से इन स्थितियों पर काफी रोशनी पड़ी है।

नेशनल सैम्पल सर्वे आर्गनाइज़ेशन ने मुस्लिम-बहुल शहरी इलाकों से आँकड़े इकट्ठे किए और वह इस नतीजे पर पहुँचा कि 'शहरी भारत के मुसलमान प्रतिव्यक्ति मासिक खर्च में औसत दर्जे से करीब 20 प्रतिशत नीचे है यानी वे करीब-करीब अनुसूचित जातियों और अनुसूचित जनजातियों जितने ही गरीब हैं। तुलना में, दूसरे धर्मावलम्बियों (जैन, पारसी, ईसाई, सिख आदि) का प्रति व्यक्ति व्यय कुल शहरी सेक्टर की आम आबादी से करीब 18 प्रतिशत ऊपर है।' अमीर, मध्यम वर्ग और गरीब तबके के जन्म दर के अलग-अलग आँकड़े उपलब्ध नहीं हैं। अन्यथा इनसे सम्भवतः यह पूरे तौर पर साबित किया जा सकता था कि मुख्य तौर पर सामाजिक-आर्थिक कारक जनन-क्षमता का निर्धारण करते हैं।

सन्देहवादी, सांख्यिकीय आँकड़ों को स्वीकार नहीं करते; उनका मानना है कि आँकड़ों से तथ्य को झुठलाया जा सकता है। आमतौर पर हिन्दुओं को यह पक्का यकीन है कि बहुपत्नी प्रथा से जनसंख्या की दर बढ़ती है। इसलिए मुसलमानों के हित में यह नहीं है कि उस प्रथा को बरकरार रखने पर ज्यादा जोर देते रहें; यों भी वे बहुत कम ही इस प्रथा को व्यवहार में आचरित करते हैं। शरीअत के मुताबिक भी वे इसे मानने को बाध्य नहीं हैं। सूरा-अल-निस्सा का कुरान का सम्बन्ध आयत 3, इस मुद्दे पर बड़ा स्पष्ट है :

जो औरतें तुमको पसन्द हों,
दो या तीन या चार, उनसे निकाह कर लो
अगर इस बात का डर हो कि
सब औरतों से बराबर का व्यवहार न कर सकोगे
तो एक औरत से ही करो।

यही बात उसी सूरे के 129वें आयत में कही गई है जो पूरी तरह से स्पष्ट कर देता है कि मुसलमान के लिए एकपत्नी प्रथा ही बेहतर है; आयत में कहा गया है :

और तुम चाहे कितना ही चाहो,
औरतों में हरगिज़ बराबरी नहीं कर सकोगे।

उमैयाद शासकों के प्रभाव के तहत शास्त्रीय न्यायविदों ने कुरान द्वारा दी गई अनुमति की इतनी उदार व्याख्या की कि बहुपत्नीत्व, अपवाद की बजाय नियम बन गया। शासकों ने अपनी वासना की भूख को मिटाने के लिए उसका नाजायज फायदा उठाया। जस्टिस अमीन अली (1849-1928) जैसे अनेक आधुनिक न्यायविदों और अब्दुल्ला यूसुफ़ अली जैसे भाष्यकारों की तो राय यह है कि इस्लाम बहुपत्नीत्व की बनिस्बत एकपत्नीत्व की पैरवी करता है और मुसलमान देशों ने उसी के अनुरूप कानून बनाए हैं। हिन्दुस्तान उनके नक्शे-कदम पर चल सकता है। इससे समान नागरिक कानून बनाने की जोशीली माँग की हवा ही निकल जाएगी और गुरु गोलवलकर जैसे हिन्दू नेता भी उसकी निरर्थकता की पोल खोल चुके हैं। यह उम्मीद कि समान नागरिक कानून से समानता की स्थापना हो जाएगी सिर्फ हवाई मनोकामना है; उल्टे सम्भावना तो यह है कि इससे न सिर्फ धार्मिक समुदायों में बल्कि जातिगत समुदायों में भी असमानताएँ गहराएँगी।

20 अगस्त, 1972 को नई दिल्ली में दीनदयाल रिसर्च इंस्टीट्यूट के उद्‌घाटन के अवसर पर गुरु गोलवलकर ने इस मुद्‌दे पर, एक जमाने में जनसंघ का मुखपत्र रहे (अब बन्द हो चुके) 'मदरलैंड' के संवाददाता द्वारा पूछे गए सवालों का साफ-साफ शब्दों में जवाब दिया :

सवाल : क्या आप नहीं मानते कि राष्ट्रीय एकता-अखण्डता को बढ़ावा देने के लिए समान नागरिक कानून जरूरी है ?

जवाब : नहीं, मैं ऐसा नहीं मानता। आप और दूसरे कई इसे सुनकर चकित होंगे लेकिन मैं सचाई को जैसा देखता हूँ वैसा अभिव्यक्त करना चाहता हूँ...ऐसा नहीं है कि समान नागरिक कानून पर मुझे कोई आपत्ति है। लेकिन साथ ही साथ यह भी ध्यान में रखना चाहिए कि कोई चीज इसलिए स्पृहणीय नहीं हो जाती क्योंकि उसका उल्लेख संविधान में किया गया है...

सवाल : क्या आपको नहीं लगता कि मुसलमान समान नागरिक कानून का सिर्फ इसलिए विरोध कर रहे हैं ताकि उनकी अपनी स्वतन्त्र पहचान और

व्यक्तित्व बना रहे !

जवाब : कोई भी वर्ग, समुदाय या बिरादरी अगर अपनी पहचान या व्यक्तित्व को बरकरार रखने की कामना करती है तो मुझे उससे कोई शिकायत नहीं है बशर्ते कि यह 'पहचान' राष्ट्रभक्ति की भावना के मार्ग में बाधा न डालती हो...जब-तक मुसलमान इस देश से और उसकी संस्कृति से मुहब्बत करते रहेंगे, हम उनकी अपनी जीवन-प्रणाली का स्वागत करेंगे।

सवाल : क्या मुसलमान औरतों को पर्दे में रहने देना और बहुपत्नी प्रथा को बर्दाश्त करने पर बाध्य करते रहना सही होगा ?

जवाब : मुसलमानों को एक मौका दिया जाना चाहिए कि वे अपने दकियानूसी कानूनों को छोड़ दें। अगर वे खुद ही इस नतीजे पर पहुँचते हैं कि बहुपत्नीत्व उनके लिए अच्छा नहीं है तो मुझे बड़ी खुशी होगी। लेकिन मैं अपना नजरिया उन पर थोपना नहीं चाहूँगा।

कुरान द्वारा अनुमत बहुपत्नीत्व के बारे में गलत अवधारणाओं की वजह से पैग़म्बर के आलोचकों ने उनकी पत्नियों की संख्या को लेकर उन पर प्रहार किए हैं और उनके चरित्र को भद्दे रंगों में चित्रित किया है। विलियम मूर से लेकर सलमान रश्दी तक यह उनका प्रिय विषय रहा है। कई हिन्दुओं में उनकी रचनाओं की वजह से पूर्वाग्रह पैदा हुए हैं। दूसरी तरफ, ऐसे सीधे-सादे भोले मुसलमान भी हैं जिन्हें उनके मुल्ला मौलवी समझाते हैं कि चूँकि पैग़म्बर साहब ने भी कई शादियाँ की थीं सो उनकी मिसाल का अनुकरण करना उनके लिए सुन्नाह होगा। सचाई यह है कि पैग़म्बर साहब इतनी ज्यादा समस्याओं से घिरे हुए थे कि उनसे निबटने के लिए उन्हें कई प्रकार के तरीकों को अपनाना पड़ा। मध्य युग में शादी एक ऐसा जरिया था जो कबीलों को आपस में बाँधता था, मित्रताओं को पुख्ता करता था, विधवाओं को आश्रय, तलाकशुदाओं को सामाजिक रुतबा या शाहीबन्दी को सम्मान दिलवाता था। मांटगोमरी वियट् जैसे प्राच्यविदों ने अब यह कबूल किया है कि मुहम्मद साहब की शादियों के पीछे सामाजिक, राजनीतिक या मानवीय वजहें थीं। मैंने अपनी किताब 'मुहम्मद एंड द कुरान' में, जो रश्दी के 'सेटनिक वर्सेस' का प्रत्युत्तर है, मुहम्मद साहब की हर शादी से जुड़ी परिस्थितियों का वर्णन किया है और उन्हें निम्न प्रकार से समझाया है :

> इन ब्यौरों से यह देखा जा सकता है कि पैग़म्बर साहब की कोई भी शादी भोग-वासना के लिए नहीं हुई थी। उनकी पहली बीवी ख़दीजा, उनसे उम्र में पन्द्रह साल बड़ी थी; उनकी दूसरी बीवी सौदा की उम्र करीब चालीस साल की थी जब उन्होंने उससे शादी की थी और यह उन्होंने अपनी चार बेटियों को, जो उस वक्त बहुत छोटी थीं, एक माँ दिलवाने के लिए की थी; आयशा और हफ़सा, उनके बड़े करीबी दोस्त अबूबकर (पहले खलीफ़ा 632-634) और उमर (दूसरे ख़लीफ़ा-634-644) की बेटियाँ थीं जो इस तरीके से अरब परम्परा के अनुसार पैग़म्बर साहब से अपनी घनिष्ठता को और पुख्ता बनाना

चाहते थे। जैनब बिन्त खुसयमा, औहद की लड़ाई के एक शहीद की बेवा थी; इस लड़ाई में सत्तर मुस्लिम औरतें बेवा हुई थीं। मुहम्मद साहब अपने अनुयायियों के सामने एक मिसाल कायम करना चाहते थे। सलमा पहली मुसलमान औरत थी जो अपना देश छोड़कर मदीना गई थी और उसके शौहर ने औहद की लड़ाई में अपनी जान गँवाई थी। उनके पहले बच्चे को गैर-मुसलमानों ने बहुत यन्त्रणा दी थी। ज़ैनब बिन्त जहाश, पैग़म्बर साहब की फुफेरी बहन थी जिसे उन्होंने अपने गुलाम ज़ैद को निकाह में दिया था। ज़ैनब का ज़ैद से निबाह नहीं हो सका और उसने यह दबाव डाला कि उसकी सामाजिक प्रतिष्ठा को पुनर्स्थापित करने के लिए मुहम्मद साहब उससे, निकाह करें। जुवैरिया और सफ़िया दो युद्ध-बन्दी थीं जो दो प्रतिष्ठित यहूदी कबीलों की थीं; रमला, अबू सूफियाँ की बेटी थी जो गैर-मुस्लिम कुरैश के नेता थे; और मयमूना मुहम्मद साहब के चाचा अब्बास की विधवा साली और इस्लाम के एक बड़े पराक्रमी सेनापति की फूफी थी। मारिया, आर्चबिशप आफ़ एलेक्जेंड्रिया के यहाँ से उपहार के तौर पर प्रस्तुत की गई थी और एक प्रमुख कोप्ट नायक की बेटी थी। उनमें से अधिकांश औरतें करीब चालीस या पचास साल की उम्र की थीं और सो जब मुहम्मद साहब ने उनसे शादी की तब वे अपने यौवनकाल को लाँघ चुकी थीं; दो या तीन बार तलाकशुदा या बेवा हो चुकी थीं और उनमें से अधिकांश के अपनी पिछली शादियों से बच्चे थे। ख़दीजा और मारिया के अलावा इन बीवियों में से किसी से मुहम्मद साहब के बच्चे नहीं हुए। ये तथ्य निर्णायक रूप से यह स्थापित करते हैं कि ये शादियाँ या तो सामाजिक या राजनीतिक मकसद से की गई थीं या उनके पीछे मानवीय वजहें थीं। जिन आदर्शों और मूल्यों को वे दिल की गहराइयों से चाहते थे उन्हें बढ़ाने-फैलाने के लिए ये काम हुए थे।

इतालवी विद्वान लारा वेशा वेगलियरी ने इसे ज्यादा ओजस्वी शब्दों में प्रस्तुत किया है :

इस्लाम के दुश्मनों ने मुहम्मद को एक विलासी व्यक्ति और कामुक इंसान के तौर पर चित्रित करने की ठान रखी है और उनकी शादियों को इस बात के सबूत के तौर पर पेश किया है कि उनका चरित्र बेहद कमजोर था और वह उनके द्वारा संचालित अभियान से बेमेल था। वे जान-बूझकर इस तथ्य पर ध्यान देने से इनकार करते हैं कि अपनी जिन्दगी के उन वर्षों में जब स्वाभाविक ही कामवासना प्रबल होती है, और अरब समुदाय के ऐसे समाज में रहने के बावजूद, जहाँ शादी नामक़ संस्था लगभग न के बराबर थी और जहाँ बहुपत्नीत्व का आम चलन था और जहाँ तलाक बेहद आसान था; वे सिर्फ एक और एक ही स्त्री ख़दीजा से जो उनसे उम्र में बहुत बड़ी थी,

विवाहित रहे और सो भी पच्चीस वर्ष तक वे बड़े निष्ठावान स्नेही पति बने रहे। और सिर्फ उसकी मृत्यु के बाद ही और वह भी जब उनकी अपनी उम्र पचास से ज्यादा हो चुकी थी, उन्होंने फिर से शादी की और एक से अधिक बार की। इनमें से हर शादी के पीछे सामाजिक या राजनीतिक कारण था क्योंकि शादी के जरिए वे उन स्त्रियों की पवित्रता की रक्षा करना चाहते थे या इस्लाम के प्रचार-प्रसार के मार्ग खोलने के लिए दूसरे खानदानों-कबीलों से विवाह-सम्बन्ध जोड़ना चाहते थे। सिर्फ एक आयशा को छोड़कर, और जिन भी औरतों से उन्होंने शादी की वे न तो कुँवारी थीं, न ही जवान थीं और न ही खूबसूरत। क्या इसे कामुकता कहेंगे !

मुसलमानों के खिलाफ एक और शिकायत है कि वे परिवार नियोजन के खिलाफ हैं और वह भी उनकी आबादी के बढ़ने की एक वजह बनता है। कई सुशिक्षित और धर्मनिरपेक्ष हिन्दुओं की भी यह मान्यता है। आमतौर पर माना जाता है कि इस्लाम अपने अनुयायियों को गर्भ निरोधक उपायों को अपनाने की अनुमति नहीं देता। कुछ आधुनिक धर्मवेत्ताओं ने 'गोली' और 'कंडोम' का अनुमोदन किया है लेकिन आई.यू.डी. का नहीं; और कुछ ने आई.यू.डी. को सही माना है लेकिन वेसक्टोमी और ट्यूबक्टोमी पर असहमति दर्शाई है। यह अलग-अलग व्याख्याओं का मामला है; इसलिए इन नजरियों के साथ किसी पवित्रता को चस्पाँ नहीं किया जा सकता। इमाम गज़ाली (1058-1111) ने, जिन्हें मुसलमान बहुत सर्वोच्च आदर प्रदान करते हैं और 'धर्म के पुनर्जीवनकार' के रूप में सम्मानित करते हैं, कुछ स्थितियों में जन्म-नियन्त्रण की सिफारिश की है। पश्चिम में परिवार-नियोजन पर किसी प्रकार की चर्चा शुरू हो उससे बहुत पहले मध्य युग में ही मुस्लिम धर्मवेत्ताओं ने उस पर तीव्र चर्चाएँ की थीं। इब्न हज़्म जैसे विद्वानों ने इस आधार पर उसका विरोध किया कि पैग़म्बर साहब ने, मैथुन-अवरोध को 'छिपे तौर पर की गई भ्रूण-हत्या' मानकर उसकी निन्दा की थी लेकिन इसी दलील पर जवाब दिया गया कि यह सोच इतनी कमजोर है कि इस पर यकीन नहीं किया जा सकता। इस दलील के खिलाफ पैग़म्बर साहब के कई दूसरे वचनों को उद्धृत किया गया जिनसे यह पुष्टि होती है कि मुहम्मद साहब ने मैथुन-अवरोध की (कोइटिस-इंटरप्ट्स) हिमायत की थी। गज़ाली ने अपने विराट श्रेष्ठ ग्रन्थ इह्याउलूमल-दिन में इसके रेशे-रेशे की छान-बीन कर उसके पक्ष और विपक्ष पर विचार किया है। उनकी राय है कि इस्लाम में अपनी बीवी के साथ गर्भनिरोधक उपायों का इस्तेमाल करना कई वजहों से जायज माना जाता है :

- उसे शिशु-जन्म के खतरों से, अगर सम्भावना हो तो, बचाना ;
- उसकी खूबसूरती और तन्दुरुस्ती की हिफाजत करना; और
- परिवार की आर्थिक स्थिति में सुधार लाना।

उन्होंने बेटियाँ पैदा होने के डर से गर्भ-निरोधक उपायों को अपनाने का सख्त विरोध किया है, 'यह जानने का कोई उपाय नहीं है कि कौन अच्छा साबित होगा।

बेटोंवाले ऐसे कई बाप हैं जो यह कामना करते हैं कि काश, बेटों के बदले उन्हें बेटियाँ होतीं।'[1] कुछ न्यायविदों ने इसका समर्थन तो किया है लेकिन इसे मकरूह या 'दोषपूर्ण' बताया है क्योंकि इस तरह ये एक विशुद्धवस्तु हो जाएगा लेकिन जैसा कि गज़ाली ने समझाया है ऐसा उसी हालत में होगा अगर गर्भ-निरोधक उपायों को सिर्फ शारीरिक सुख के लिए अपनाया जाए।

शाह अब्दुल अज़ीज़ (1746-1842) ने, जो विख्यात शाह वलीउल्लाह के सुपुत्र और अपने वक्त के बहुत ही सम्माननीय धर्मवेत्ता और धार्मिक नेता थे, कुरान पर अपने भाष्य में, ख़लीफ़ा उमर की सनद से यह साफ-साफ कहा है कि अगर औरत के लिए प्रसव कठिन हो (खतरत-ए-अयाल) या बहुत ज्यादा बच्चे हों (उर्से वलादत) या गरीबी (किल्लते माल) हो तो ऐसी सूरत में गर्भपात भी वैध है। उन्होंने चौथे खलीफ़ा अली, जो कि पैग़म्बर साहब के दामाद भी थे, के वचनों को भी आधार बनाया है कि 'खुदा की नजरों में गर्भपात को मरवदह (शिशु को जिन्दा गाड़ना) की बराबरी का (गुनाह) नहीं मानना चाहिए। अगर (भ्रूण) सातवीं अवस्था तक न पहुँच गया हो।'[2] सितम्बर 1994 में कैरो में संयुक्त राष्ट्र संघ द्वारा आयोजित परिवार-नियोजन और विकास के कान्फ्रेंस में कुछ कैथोलिकों के साथ मिलकर कुछ देशों ने जो हाय-तोबा मचाई थी उसके पीछे धार्मिक प्रेरणा कम राजनीतिक उकसावा ज्यादा था।

आज जबकि जनसंख्या विस्फोट भारत की स्थिरता और प्रगति के लिए संकटकारी साबित हो रहा है, सभी समुदायों ने, और इसमें मुसलमानों का भी शुमार होता है, परिवार-नियोजन की आवश्यकता को कबूल कर लिया है, क्योंकि हर एक को यह अहसास है कि इसके बगैर हमारा भविष्य अन्धकारमय है। यह स्थिति अधिकांश विकासशील देशों की है और इनमें मुसलमान देश भी आते हैं। इसीलिए इस्लामी विद्या के अल-अज़हर और अन्य विख्यात केन्द्रों के भी अधिकांश उलेमाओं ने इसका बड़े जोर से समर्थन किया है। उसे अपनाने के लिए संयुक्त राष्ट्र संघ द्वारा जारी की गई अपील पर करीब-करीब सभी मुस्लिम राष्ट्रपतियों और प्रधानमन्त्रियों ने अपने हस्ताक्षर किए हैं। अपील में कहा गया है कि 'हम बड़ी संजीदगी से यह उम्मीद करते हैं कि दुनिया-भर के नेता हमारे दृष्टिकोण के साझेदार होंगे और हर जगह की जनता के कल्याण और खुशी के लिए उठाए गए इस विराट उपक्रम में हमारे साथ आ मिलेंगे।' आँकड़ों से पता चलता है कि मुस्लिम-बहुल देशों में गर्भ-निरोध और गर्भ-निरोधक उपायों का इस्तेमाल करनेवाले दम्पतियों का प्रतिशत बढ़ता जा रहा है। तुर्की में वह 63 प्रतिशत है, और इंडोनेशिया में करीब 50 प्रतिशत, मिस्र में मुस्लिम ब्रदरहुड के प्रचार के बावजूद यह 40 प्रतिशत से ज्यादा बढ़ चुके हैं। इराक, सीरिया, ट्यूनीशिया और अल्जीरिया में वही स्थिति है। पाकिस्तान भी बड़े जोश से उसे कार्यान्वित कर रहा है।

विभिन्न सर्वेक्षण दलों द्वारा इकट्ठा किए गए आँकड़ों से अब यह पक्के तौर पर स्थापित हो चुका है कि भारत के मुसलमानों का परिवार नियोजन से परहेज नहीं है। बड़ौदा के ऑपरेशन रिसर्च ग्रुप (ओ.आर.जी.) ने 1970-71 में ऐसा ही एक सर्वेक्षण

किया था। उसने दर्शाया कि 13.8 प्रतिशत हिन्दुओं की तुलना में 8.8 प्रतिशत मुसलमान सन्तति-निग्रह का पालन कर रहे थे। 1980-81 में आयोजित उनके अगले सर्वेक्षण में हिन्दुओं के 36.1 प्रतिशत की तुलना में मुसलमानों का प्रतिशत 22.5 हो गया। सन् सत्तर के सालों में 23.3 प्रतिशत हिन्दुओं की तुलना में 2.8 प्रतिशत मुसलमानों ने नसबन्दी ऑपरेशन करवाया। ओ.आर.जी. द्वारा 1988 में आयोजित तीसरे सर्वेक्षण में प्रत्येक राज्य के समुदायगत वर्गीकरण से यह पता चलता है कि सन्तति-निग्रह के विभिन्न उपायों को अपनाने में मुसलमान हिन्दुओं से बहुत पीछे नहीं हैं, हालाँकि नसबन्दी में वे अब भी सबसे पीछे हैं।

मालिका बी. मिस्त्री ने इन आँकड़ों का विश्लेषण करते हुए 'मेनस्ट्रीम' (22 जनवरी, 1994) में लिखा, "मुसलमानों का सामाजिक-आर्थिक पिछड़ापन और मुस्लिम औरतों के निम्न शैक्षिक स्तर व आर्थिक तथा सामाजिक गतिविधियों में कम भागीदारी की वजह से उनका निम्न दर्जा—ये सब मुख्य वजहें लगती हैं।" इन अक्षमताओं के बावजूद मुसलमान अब ज्यादा तादाद में परिवार नियोजन को अपना रहे हैं। मिस्त्री ने आगे कहा है, "इस्लाम परिवार-नियोजन के खिलाफ नहीं है और मुसलमान परिवार-नियोजन का पालन कर रहे हैं। असल में भारत के कुछ प्रदेशों के मुसलमानों में परिवार-नियोजन का पालन अन्य कुछ धार्मिक समुदायों की तुलना में ज्यादा ही है। अन्य प्रदेशों में जहाँ यह दर कम है, सामाजिक-आर्थिक विकास के साथ-साथ वक्त गुजरते-गुजरते यह उम्मीद की जाती है कि मुसलमानों में यह रिवाज बढ़ता जाएगा।"

हिन्दुत्ववादियों के इस आरोप और प्रचार का कि मुसलमान सन्तति-निग्रह का पालन नहीं करते, मुँहतोड़ जवाब देने का सबसे बेहतर तरीका यह होगा कि पहले तथ्यों का पता लगाया जाए और फिर हालात को सुधारने के लिए कार्रवाई-योजना की रूपरेखा बनाई जाए। मैं जब 1967 में महाराष्ट्र का स्वास्थ्य मन्त्री था, तब मैंने यही किया, मैंने यह निर्देश दिया कि परिवार-नियोजन के लिए फार्म भरते समय प्रत्येक व्यक्ति के धर्म का विशेष रूप से उल्लेख किया जाना चाहिए। केन्द्र सरकार असहमत थी और उसने मुझे आदेश वापस लेने को कहा। सरकार को डर था कि इस प्रकार से प्राप्त जानकारी, जनसंघ के इस आरोप की पुष्टि करेगी कि मुसलमान परिवार-नियोजन को कबूल नहीं कर रहे हैं। मेरी दलील थी कि सचाई से आँखें मूँद लेने से कोई फायदा नहीं, उसका सामना करना चाहिए क्योंकि तभी उसे सुधारने के उपाय किए जा सकेंगे। बड़ी चर्चाओं के बाद मुझे अपना प्रयोग करने की अनुमति दी गई जिसने निर्णयात्मक तौर पर यह साबित कर दिया कि मुसलमान उत्तरोत्तर इस कार्यक्रम को अपना रहे हैं हालाँकि उनमें और हिन्दुओं में थोड़ा-सा फासला जरूर है।

अब, दूसरे राज्यों के भी आँकड़े उपलब्ध हैं और अब परिवार-नियोजन में मुसलमानों के शरीक न होने के आरोप करीब-करीब खत्म हो चुके हैं। बदकिस्मती से 1977-79 की कालावधि में जनता पार्टी के शासन के दौरान केन्द्रीय स्वास्थ्य मन्त्री राजनारायण ने इस कार्यक्रम पर कुठाराघात ही कर दिया और अभी तक उस आघात से वह मुक्त

नहीं हो पाई है। राजनारायण की मंशा संजय गाँधी (1947-80) का मखौल उड़ाना और अवमानना करना था जिन्होंने 1975-77 में आपातकाल के दौरान अनिवार्य वन्ध्यीकरण करवाने का कोटा नियत कर सरकारी अधिकारियों के जिम्मे वह काम सौंपा था और उनमें से कई अतिउत्साह में आ गए और उन्होंने प्रजनन आयु पार कर चुके वृद्ध-वृद्धाओं और अविवाहित मर्दों-औरतों, विधुर-विधवाओं का भी जबरन नसबन्दी ऑपरेशन करवाया। इस प्रकार एक लाभदायक अच्छे कार्यक्रम का बंटाधार कर दिया गया। उसके बाद से तो उसे करीब-करीब ताक पर ही उठाकर रख दिया गया है और उससे हिन्दू और मुसलमान दोनों ही के कल्याण पर प्रतिकूल प्रभाव पड़ता है। ताज्जुब की बात है कि भाजपा ने, जो उस वक्त उस सरकार का एक हिस्सा थी, इस कार्यक्रम को बचाने की कोई कोशिश नहीं की, यहाँ तक कि उसने प्रतिवाद में मुँह तक नहीं खोला।

ऐतिहासिक विरूपण

युगों से हिन्दू-मुस्लिम रिश्तों को, उनकी धार्मिक मान्यताओं के विकृत संस्करण प्रस्तुत कर-करके बहुत क्षति पहुँचाई गई है। यह काम एक ओर समकालीन टिप्पणीकारों और दरबारी वाकयानवीसों ने किया तो दूसरी ओर पश्चिमी आलोचकों और निन्दकों ने। और इन लोगों की इन करतूतों की वजह तो स्पष्ट है। टिप्पणीकारों और वाकयानवीसों ने तो अपने सुल्तानों की राजनीतिक सफलताओं को प्रभामंडित किया और उन्हें किसी धार्मिक फतवे या परम्परा के आधार पर न्यायसंगत ठहराया जबकि आलोचक और निन्दक ईसाई धर्म को ज्यादा उज्ज्वल रोशनी में और इस्लाम व हिन्दू धर्म को काले रंगों में चित्रित करना चाहते थे। बदकिस्मती से, इन गलत प्रस्तुतिकरणों ने हिन्दुओं और मुसलमानों के रिश्तों पर गहरा प्रतिकूल प्रभाव डाला और परिणामस्वरूप उसे असुधार्य क्षति पहुँची। लेकिन पश्चिम का हमला हिन्दुत्व की बनिस्बत इस्लाम के खिलाफ ज्यादा उग्र था क्योंकि उसने हमेशा ही इस्लाम के खिलाफ को अपना सनातन शत्रु माना। उसने इस्लाम को मिथ्या और मुहम्मद को शैतान के रूप में निन्दनीय तौर पर प्रस्तुत करने के अलावा इस्लाम को हिंसा-प्रतिपादक धर्म के रूप में चित्रित किया और उसके मुकाबले ईसाइयत को प्रेम-प्रतिपादक धर्म के रूप में।

किताबों और पैम्फलेटों और अपने मिशनरियों की, जो ब्रिटिश शासकों के साथ-साथ ही हिन्दुस्तान में कदम रख चुके थे, सक्रिय गतिविधियों के जरिए, पश्चिमी प्रचारवादियों और उनके गम्भीर भाष्यकारों ने भी हिन्दुओं के मन पर यह छाप बैठाई कि मुसलमानों के साथ उनका सामंजस्य नहीं बैठ सकता क्योंकि इस्लाम गैर-मुसलमानों को सिर्फ दो ही विकल्प देता है—कुरान या तलवार। यह अवधारणा प्रयासपूर्वक हिन्दुओं के बीच प्रचारित की गई, उन्हें उनके अतीत की पराधीनता की याद दिलाई जाती रही और यह सब इस तथ्य के बावजूद जिसे प्रसिद्ध विद्वान सर थामस अर्नाल्ड ने अपने गहन शोधाधारित विराट ग्रन्थ 'द प्रीचिंग आफ इस्लाम' में तथ्यों और आँकड़ों के जरिए विश्वसनीय रूप से यह साबित कर दिया है—कि इस्लाम के व्यापक प्रसार की वजह उनके शब्दों में, 'एक हाथ में तलवार और दूसरे में कुरान लिया हुआ मिथकीय मुसलमान लड़ाकू व्यक्तित्व नहीं वरन् कुरान के उपदेशों और पैग़म्बर साहब के व्यक्तित्व की प्रभावपूर्णता थी।' एच.जी.वेल्स ने, जो यों इस्लाम के कट्टर आलोचक हैं, अपनी 'आउटलाइन आफ़ हिस्ट्री' में इस तथ्य को कबूल किया है कि 'इस्लाम का वर्चस्व बढ़ा

क्योंकि वह उस युग में कार्यान्वित होने वाला सर्वोत्तम सामाजिक और राजनीतिक संघ था वह दुनिया में तब-तक की वास्तविक रूप से सक्रिय राजनीतिक विचारधाराओं में सबसे ज्यादा उदार, नूतन और निर्मल था और वह जनसमुदाय को किसी भी अन्य व्यवस्था की बनिस्बत बेहतर स्थितियाँ प्रदान करता था।' सो, वह कुरान के उपदेशों की शक्ति थी जो गरीबों, कमजोरों, प्रताड़ितों और वंचितों को इस्लाम के दायरे में ले आई न कि पैग़म्बर साहब की या उनके उत्तराधिकारियों की सैन्य-शक्ति। भारत में उत्तरी भारत, जिसमें राजधानी दिल्ली का भी समावेश होता है, जहाँ मुस्लिम साम्राज्यवादी प्रभुत्व सर्वाधिक था, बड़े पैमाने पर हिन्दू बना रहा; इस्लाम में धर्मान्तरण हुए लेकिन उनकी दर कभी भी कुल आबादी के एक बटा छह हिस्से से ज्यादा नहीं रही और जिन्होंने इस्लाम अंगीकार किया उन्होंने शासकों या उनके सेनानायकों के दबाव के फलस्वरूप यह कदम उतना नहीं उठाया जितना कि व्यक्तिगत लाभ और विकास के लिए।

और यह आरोप भी बेबुनियाद है कि मुसलमानों ने धर्मान्तरण कबूल न करनेवाले हिन्दुओं से लड़ाई की और उनका कत्ल किया; इस आरोप की पुष्टि कि लिए कुरान की कुछ आयतों को उद्धृत किया जाता है। वास्तविक तथ्य को शायद इससे ज्यादा तोड़-मरोड़कर विकृत नहीं किया जा सकता क्योंकि ये आयतें तो असल में पैग़म्बर साहब को निर्देश के तौर पर तब दी गई थीं जब वे मक्का के गैर-मुसलमानों से जिन्दगी और मौत की लड़ाई लड़ रहे थे और वे गैर-इस्लामी जन पैग़म्बर के अनुयायियों पर जुल्म ढा रहे थे। असल में तो मुसलमानों के प्रदेशान्तरित होकर मदीना चले जाने के बावजूद उन्होंने मुसलमानों के खिलाफ एक के बाद एक हमला जारी रखा। उन्होंने यहूदियों के साथ मिलकर साजिश रची कि पैग़म्बर साहब की हत्या करवा दी जाए और उनके द्वारा निर्मित किए जा रहे उस नगर-राज्य को हथिया लिया जाए जिसमें उन्होंने सभी को अपनी-अपनी इच्छानुसार धर्मपालन की स्वतन्त्रता का आश्वासन दिया था और उदार मानवीय चेतना जिसका आधार था। और उसका सबूत है मदीनों के शासक के तौर पर उनके द्वारा प्रवर्तित 'मदीना का संविधान' जो मानव-अधिकार का साक्षात् घोषणापत्र है। एकता के उनके प्रयासों को नाकामयाब करने के लिए मुहम्मद साहब के आलोचकों, यहूदियों और गैर-इस्लामियों ने उनके खिलाफ साजिशें रचीं और लड़ाइयाँ लड़ीं। इन चुनौतियों का मुकाबला करने के लिए अल्लाह ने उन्हें विशिष्ट निर्देश दिए। इसलिए इन आयतों का अपना एक ऐतिहासिक महत्त्व है, हालाँकि उस प्रकार की परिस्थितियों में वे निश्चित ही उपयुक्त भी हैं। उस दृष्टि से उनका आम सामान्य महत्त्व भी है। मैं सम्बद्ध आयतों को उद्धृत करूँगा जिनका उद्देश्य स्पष्ट है।

सूरः बक़रः, आयत 190 से 193 में कहा गया है :

और जो लोग तुमसे लड़ते हैं,
तुम भी ख़ुदा की राह में उनसे लड़ो,
मगर ज्यादती न करना कि

खुदा ज्यादती करनेवालों को दोस्त नहीं रखता।

और यह चेतावनी भी दी गई है :

और उनसे उस वक्त तक लड़ते रहना
कि फ़साद खत्म हो जाए और
(मुल्क में) खुदा ही का दीन हो जाए
और अगर वे (फ़साद से) बाज आ जाएँ,
तो जालिमों के सिवा किसी पर ज्यादती नहीं (करनी चाहिए।)

उसी सूरः में, आयत 216 कहती है :

तुम पर (खुदा के रास्ते में) लड़ना फर्ज कर दिया गया है,
वह तुम्हें ना-गवार तो होगा।
मगर अजब नहीं कि एक चीज तुमको बुरी लगे
और वह तुम्हारे हक में भली हो
और अजब नहीं कि एक चीज तुमको भली लगे
और वह तुम्हारे लिए नुकसानदेह हो।
और (इन बातों को) खुदा ही बेहतर जानता है
तुम नहीं।

आयत 217 में समझाया गया है :

फित्ना फैलाना खून बहाने से भी बढ़कर है
और ये लोग हमेशा तुमसे लड़ते रहेंगे,
यहाँ तक कि अगर ताकत रखें तो
तुमको तुम्हारे दीन से फेर दें।

सूरः निसा आयत 74 में आस्थावानों (मोमिन) को आश्वासन दिया गया है :

तो जो लोग आखिरत (को खरीदते और उस) के बदले
दुनिया की जिन्दगी को बेचना चाहते हैं,
उनको चाहिए कि खुदा की राह में जंग करें
और जो शख्स खुदा की राह में जंग करे,
फिर शहीद हो जाए या गलबा पाए,
हम बहुत जल्द उसको बड़ा सवाब देंगे।

आयत 75 में कहा गया है कि जुल्मों तले पिसनेवाले बे-बस मर्दों और औरतों और बच्चों की मदद के लिए और खुदा की राह में लड़ना चाहिए।

आयत 84 में पैग़म्बर साहब से कहा गया है :

तो (ऐ मुहम्मद !) तुम खुदा की राह में लड़ो,
तुम अपने सिवा किसी के जिम्मेदार नहीं हो।
और मोमिनों को भी उभारो।
करीब है कि खुदा काफिरों की लड़ाई को बन्द कर दे

और खुदा लड़ाई के एतबार से बहुत सख़्त है
और सजा के लिहाज से भी बहुत सख़्त है।

सूरः अन्फाल, आयत 39 में वही चेतावनी फिर दुहराई गई है :

और उन लोगों से लड़ते रहो,
यहाँ तक कि फित्ना (कुफ़्र का फसाद) बाकी न रहे
और दीन सब खुदा ही का हो जाए
और अगर वे (कुफ़्र करनेवाले) बाज आ जाएँ
तो खुदा उनके कामों को देख रहा है।

उसी सूरः में आयत 65 कहती है :

ऐ नबी ! मुसलमानों को जिहाद पर उभारो।
अगर तुममें बीस आदमी साबित कदम रहनेवाले होंगे,
तो दो सौ काफिरों पर गालिब रहेंगे
और अगर सौ (ऐसे) होंगे,
तो हजार पर गालिब रहेंगे,
इसलिए कि काफिर ऐसे लोग हैं कि कुछ भी समझ नहीं रखते।

सूरः तौबा में उस स्थिति के लिए निर्देश हैं जब मुश्रिकों (एकेश्वर पर अनास्थावादी) ने मुसलमानों से की गई पवित्र सन्धियों का उल्लंघन किया। तब तक मुसलमानों को उनसे लड़ाई करने से रोका गया था; लेकिन उनके विश्वासघाती कदम के बाद यह जरूरी हो गया कि सन्धियों को रद्द कर दिया जाए और मुसलमानों को उनसे लड़ने के लिए कहा जाए। तब भी, कुरान ने आयत 5 में मुसलमानों से कहा है :

जब इज्जत के महीने गुजर जाएँ,
तो मुश्रिकों को जहाँ पाओ, कत्ल कर दो
और पकड़ लो और घेर लो
और हर घात की जगह पर उनकी ताक में बैठे रहो।

लेकिन साथ ही यह भी आगाह किया है :

फिर अगर वे तौबा कर लें
और नमाज पढ़ने और जकात देने लगें,
तो उनकी राह छोड़ दो।
बेशक खुदा बख़्शने वाला मेहरबान है।

इसके अलावा आयत 6 में पैग़म्बर साहब को निर्देश था :

और अगर कोई मुश्रिक तुमसे पनाह चाहता हो,
तो ऐ पैग़म्बर ! उसको पनाह दो,
यहाँ तक कि खुदा का कलाम सुनने लगे,
फिर उसको अम्न की जगह वापस पहुँचा दो,
इसलिए कि ये बे-खबर लोग हैं।

उसी सूरः में, आयत 12 इसका आगे स्पष्टीकरण करती है :

और अगर अहद (समझौता) करने बाद
अपनी कसमों को तोड़ डालें
और तुम्हारे दीन पर ताने कसने लगें,
तो उन कुफ़्र के पेशवाओं से जंग करो,
इनकी कसमों का कुछ एतबार नहीं है।
अजब नहीं कि (ये अपनी हरकतों से) बाज आ जाएँ।

आयत 13 में मोमिनों से कहा गया :

भला तुम ऐसे लोगों से क्यों न लड़ो,
जिन्होंने अपनी कसमों को तोड़ डाला
और (खुदा के) पैग़म्बर को निकालने का पक्का इरादा कर लिया
और उन्होंने तुमसे (किया गया समझौता तोड़ना) शुरू किया।
क्या तुम ऐसे लोगों से डरते रहोगे ?
डरने लायक तो खुदा है।

और फिर वही आह्वान आयत 14 में दिया गया है :

उनसे लड़ो। खुदा उनको तुम्हारे हाथों से अजाब (पापकष्ट) से डालेगा
और रुसवा करेगा और तुमको उन पर गलबा देगा।

उसी सूरः में आयत 123 में कहा गया है :

ऐ ईमान वालो ! अपने नजदीक के (रहने वाले) काफिरों से जंग करो
और चाहिए कि वह तुममें सख्ती मालूम करें।

सूरः अल-हज्ज, आयत 39 स्पष्ट किया है :

जिन मुसलमानों से (ख़ामख़ाह) लड़ाई की जाती है,
उनको इजाजत है (कि वे भी लड़ें),
क्योंकि उन पर जुल्म हो रहा है।

सूरः मुहम्मद, आयत 4 में कहा गया है :

जब तुम काफिरों से भिड़ जाओ,
तो उनकी गर्दनें उड़ा दो,
(जो जिन्दा पकड़े जाएँ, उनको)
फिर इसके बाद या तो एहसान रखकर छोड़ देना चाहिए
या कुछ माल लेकर।

हर आयत में गैर-मतावलम्बियों से लड़ने के लिए उनकी ओर से किए जाते आक्रमण, उपद्रव और अत्याचार को वजह बताया गया है और हरेक में यह ताकीद दी गई है कि ज्यों ही संकट दूर हो जाए शत्रुता समाप्त हो जानी चाहिए। आयतें तो स्पष्ट हैं लेकिन उन्हें एक ओर तो धर्मान्ध मुसलमानों ने तोड़-मरोड़कर प्रस्तुत किया और दूसरी ओर विरोधी गैर-मुसलमानों ने अपनी मनमानी व्याख्याएँ पेश कीं; और इससे

कुरान की बुनियादी विशिष्टताओं और स्वधर्म-पालन की स्वतन्त्रता के सिद्धान्त का हनन होता है। ऐसी आयतों को सन्दर्भ से अलगकर उद्धृत करना मुस्लिम धर्मवेत्ताओं और गैर-मुस्लिम निन्दकों का नियमित खिलवाड़ हो चुका है और ये लोग कुछ चुनिन्दा और सन्दर्भरहित उद्धरण के धन्धे में माहिर हो चुके हैं। सन् 1985 में कलकत्ता उच्च न्यायालय में एक याचिका दायर की गई जिसमें कुरान पर प्रतिबन्ध लगाने की प्रार्थना की गई थी क्योंकि कथित तौर पर वह ऊपर उद्धृत आयतों में निहित हिंसात्मक विचार-दर्शन पर टिका हुआ है; और उसकी वजह से इस्लाम के प्रति हिन्दुओं में अनेक गलत अवधारणाएँ पैदा होने लगीं। हिन्दुत्व के पुरोधा गिरिलाल जैन, उन दिनों 'द टाइम्स आफ इंडिया' के सम्पादक थे और उन्होंने मुझसे इन आरोपों का खंडन करने को कहा। मैंने उस अखबार में तीन लेख लिखे (14, 15, 16 मई, 1995) और इन आयतों के सही मायनों और महत्त्वों को समझाया। याचिका पर आखिरी सुनवाई के दौरान जस्टिस सी.सी.बसाक ने याचिका को खारिज करते हुए कहा, 'मेरी राय में, यह नहीं कहा जा सकता कि कुरान किसी भी दूसरे धर्म की अवमानना करता है। वह गैर-मुस्लिमों की धार्मिक भावनाओं को ठेस पहुँचाने के लिए किसी प्रकार की सायास या शरारतपूर्ण नीयत को भी प्रतिबिम्बित नहीं करता। यहाँ-वहाँ से चुने हुए इक्के-दुक्के सन्दर्भ से अलग करके पढ़े गए वाक्यांश वस्तुस्थिति को नहीं बदल सकते। बहरहाल, इस बात को बड़ी सहूलियत से भुला दिया जाता है कि हर एक धर्मशास्त्र, किसी न किसी रूप में अच्छाई और बुराई, सत्य और असत्य, आस्था और अनास्था के समर्थकों के संघर्ष को प्रस्तुत करता है। मसलन, कृष्ण ने अर्जुन को कुरुक्षेत्र की रणभूमि में निर्देश दिया कि उसे अपने ही चाचाओं और भाइयों का वध करने में हिचकिचाना नहीं चाहिए। कृष्ण ने अर्जुन से गीता के द्वितीय अध्याय के 31वें श्लोक में कहा :

अपने धर्म को भी सोचकर
घबराना उचित नहीं है,
क्योंकि क्षत्रियों के लिए
धर्मपूर्वक युद्ध से बढ़कर और कुछ पुण्यकारक नहीं है।

उसी अध्याय में 34वें श्लोक में कृष्ण ने अर्जुन को चेतावनी देते हुए कहा कि अगर वह युद्ध से विमुख हो गया तो :

सब लोग सदैव तुम्हारी अपकीर्ति फैलाएँगे
और प्रतिष्ठावान पुरुषों के लिए अपयश मृत्यु से भी बढ़कर है।

37वें श्लोक में कृष्ण, अर्जुन को आश्वासन देते हैं :

यदि युद्ध में नष्ट हो गए तो स्वर्ग प्राप्त करोगे
जीतने पर पृथ्वी पर राज्य-भोग करोगे;
इसलिए युद्ध के निमित्त दृढ़-प्रतिज्ञ होकर
खड़े हो जाओ।

11वें अध्याय के 31-34 श्लोकों में निर्देश बड़े स्पष्ट हैं :

तुम केवल निमित्त मात्र हो जाओ,
मेरे द्वारा (नियतमृत्यु) मारे हुए द्रोण, भीष्म,
जयद्रथ, कर्ण और अन्य योद्धाओं को मारो,
घबराओ मत, युद्ध करो तुम
युद्ध में शत्रुओं को जीतोगे।

गीता का उपदेश साफ-स्पष्ट है कि धर्म की स्थापना के लिए और दुराचारियों के विनाश के लिए आस्थावानों का यह कर्तव्य है कि, जैसा कि डॉ. राधाकृष्णन ने कहा है, 'वे शक्ति-प्रयोग कर सुव्यवस्था बनाए रखें।'[1] इस प्रकार ये पद कुरान में कहे गए वचनों से भिन्न नहीं हैं; उनकी समानता तो एकदम सुस्पष्ट है। गीता की तरह ही कुरान में भी, जोर उस संघर्ष पर दिया गया है जो परेमश्वर पर आस्था रखनेवालों और उसके अस्तित्व को नकारनेवालों के बीच चलता है।

अब, इसी प्रकार की गलत अवधारणा की वजह से एक और झूठा प्रवाद भी फैलाया जाता है और वह यह कि मुसलमान दुनिया को दो अलग और विशिष्ट हिस्सों में बाँटते हैं—दार-उल-अमन, अमन की दुनिया जहाँ इस्लाम का वर्चस्व है—और दार-उल-हरब, संघर्ष की दुनिया, जहाँ इस्लाम का दमन किया जाता है। कुरान, इस प्रकार का कोई भेदभाव नहीं करता, उल्टे वह मानव-मात्र की एकता और विश्वबन्धुत्व पर जोर देता है। शास्त्रीय विधिवेत्ता, अपने शासकों की प्रेरणा से, अपने मालिकों के सुभीते के लिए इन शब्दों को ढालने के लिए जिम्मेदार हैं। कुरान, लोगों को ईश्वर में आस्था रखनेवालों और उसमें आस्था न रखनेवालों में बाँटता है; उसका सत्य और असत्य, पाप और पुण्य के बीच की भिन्नता ही है। यह वैसा ही अन्तर है जैसाकि धर्म और अधर्म के बीच का अन्तर है। इन दोनों के बीच सनातन संघर्ष है; और सत् की विजय असत् पर कराने के लिए यह युद्ध निरन्तर छेड़ना पड़ता है।

निस्सन्देह, कुरान आस्थावानों के बन्धुत्वभाव पर जोर देता है और पैग़म्बर साहब ने बार-बार अपने अनुयायियों को एकजुट रहने का उपदेश दिया है। इसका यह मतलब नहीं है कि यह बन्धुभाव, विश्वबन्धुत्व के खिलाफ था या उसमें इसका शुमार नहीं होता क्योंकि कुरान ने विश्वबन्धुत्व पर भी उतना ही जोर दिया है; इसीलिए पैग़म्बर साहब को 'अल्लाह के सभी जीवों पर रहम करनेवाला' कहा गया है। इस्लाम प्रत्येक मानव को पावन मानता है; वह निरर्थक रक्त-पात से घृणा करता है। कुरान ने इसे सूरः अल-माइदः, आयत 32 में इस प्रकार समझाया है :

जो शख्स किसी को (ना-हक) कत्ल करेगा
(यानी) बगैर इसके कि जान का बदला जान लिया जाए
या मुल्क में खराबी पैदा करने की सजा दी जाए,
उसने गोया तमाम लोगों को कत्ल किया
और जो उसकी जिन्दगी की वजह बना,
तो गोया तमाम लोगों की जिन्दगी की वजह बना।

मानव-मात्र की एकता का सन्देश बड़े स्पष्ट शब्दों में सूरः अल-हुजुरात, आयत 13 में दिया गया है :

लोगो ! हमने तुमको एक मर्द और एक औरत से पैदा किया
और तुम्हारी कौमें और कबीले बनाए,
ताकि एक-दूसरे की पहचान करो (और)
खुदा के नजदीक तुममें ज्यादा इज्जतवाला वह है,
जो ज्यादा परहेजगार है।
बेशक खुदा सब कुछ जाननेवाला (और)
सबसे खबरदार है।

और फिर से सूर : माइदः, आयत 48 में आस्थावानों (ईमानवालों) से कहा गया है :

हमने तुममें से हर एक (फिर्के) के लिए
एक दस्तूर और एक तरीका मुकर्रर किया है
और अगर खुदा चाहता तो तुम सबको
एक ही शरीअत पर कर देता,
मगर जो हुक्म उसने तुमको दिए हैं,
उनमें वह तुम्हारी आजमाइश करना चाहता है,
सो नेक कामों में जल्दी करो।
तुम सबको खुदा की तरफ लौट कर जाना है,
फिर जिन बातों में तुमको इख्तिलाफ था, वह तुमको बता देगा।

लोगों में निहित भिन्नताओं को इस प्रकार सूरः अल-मुअमिनून, आयत 53 में समझाया गया है :

फिर उन्होंने आपस में
अपने काम को मुतफर्रिक करके जुदा-जुदा कर दिया।
जो चीज जिस फिर्के के पास है,
वह इससे खुश हो रहा है।

कुरान ने बार-बार यह स्पष्ट किया है कि मुहम्मद साहब जो पैगाम लेकर आए हैं वह अलग-अलग समय पर दूसरे पैग़म्बरों द्वारा लाए गए पैगामों के सिलसिले की ही कड़ी है। जाहिर है, उन पैगामों को भ्रष्ट कर दिया गया फिर इसलिए एक नवीनीकरण की जरूरत पड़ गई। कुरान ने ऐसे पैग़म्बरों में मुहम्मद साहब को आखिरी माना है क्योंकि जैसा कि अल्लामा इक़बाल ने कहा है, उसके बाद मानव जाति को अपना भाग्य स्वयं निर्धारित करने के लिए छोड़ दिया गया। उनके शब्दों को उद्धृत करें, 'इस्लाम में पैग़म्बरियत अपनी पूर्ण पराकाष्ठा पर पहुँचकर ये बोध कराती है कि अब आगामी पैग़म्बर की आवश्यकता का ही उन्मूलन कर देना चाहिए। इसमें यह प्रबल बोध समाविष्ट है कि जीवन को सदैव किसी कठपुतली के सूत्रों से बाँधकर नहीं रखा जा

सकता; कि अपनी सम्पूर्ण आत्मचेतना को उपलब्ध करने के लिए इंसान को आखिरकार अपने ही संसाधनों पर निर्भर रहना होगा।' एक धर्म की दूसरी धर्म से श्रेष्ठता-वरिष्ठता का सवाल ही नहीं उठता क्योंकि परमात्मा का सन्देश सभी लोगों के लिए, सभी समय में एक-सा ही है। इसीलिए मुसलमान अपने धर्म को 'मुहम्मदी' कहा जाना नापसन्द करते हैं; इस्लाम ही सनातन धर्म है। कुछ टिप्पणीकारों का कहना है कि सूरः सफ्फ, आयत 9, मुहम्मद साहब को इल्हाम हुए धर्म की अन्य धर्मों पर वरिष्ठता को स्थापित करता है। वह आयत इस प्रकार है :

वही तो है, जिसने अपने पैग़म्बर को
हिदायत और दीने हक देकर भेजा,
ताकि उसे और सब दीन पर गालिब करे,
चाहे मुश्रिकों को बुरा ही लगे।

इसे सूरः तौबा, आयत 33 और सूरः फ़तह (61), आयत 28 में दुहराया गया है। लेकिन, अल्लामा अब्दुल्ला यूसुफ़ अली ने यह समझाया है कि इन आयतों में प्रयुक्त किया गया 'दीन' शब्द एकवचन में है, बहुवचन में नहीं। वे लिखते हैं :

> केवल एक ही सच्चा धर्म है, अल्लाह का पैगाम, अल्लाह की इच्छा के सम्मुख समर्पण—यही इस्लाम है। यह वही धर्म है जिसका प्रचार मूसा और ईसा ने किया था : यह इब्राहिम, नोहा और अन्य सभी पैग़म्बरों का भी धर्म रहा, फिर चाहे उसका नाम जो भी रहा हो। अगर लोग उस विशुद्ध प्रकाश को भ्रष्ट करते हैं और अपने धर्मों को दूसरे नामों से पुकारते हैं तो हमें उन्हें बर्दाश्त करना चाहिए और सहूलियत के लिए उन नामों को बरकरार रहने दे सकते हैं। लेकिन सत्य सर्वोपरि होना चाहिए।[2]

और सत्य एक है।

कुरान, मुसलमानों को परमेश्वर के चुनिन्दा लोग नहीं कहता। उल्टे वह ईसाइयों और यहूदियों को इस बात के लिए फटकारता है कि वे अपने को ऐसा मानते हैं। जैसा कि मौलाना आज़ाद ने याद दिलाया है :

> यहूदी यह दावा करते थे कि जब तक कोई व्यक्ति यहूदी जमात का सदस्य नहीं है, तब तक वह मोक्ष का पात्र नहीं है उसी तरह से ईसाई भी जोर देकर कहते थे कि जब तक कोई व्यक्ति ईसाई दायरे में प्रवेश नहीं करता तब तक उसके लिए मुक्ति नहीं है। जबकि दूसरी तरफ कुरान जोर देकर कहता है कि मोक्ष पाना तो पूरे तौर पर अल्लाह पर आस्था रखने और सदाचरण करने पर निर्भर करता है न कि किसी विशिष्ट समुदाय का अनुयायी होने पर।[3]

अगर मुसलमान सही मार्ग पर चलने में चूक करते हैं तो अल्लाह की ओर से स्पष्ट चेतावनी दी गई है कि फिर उनकी जगह कोई और ले लेगा। सूरः तौबा, आयत 39

में यह साफ कहा गया है। उस पर टिप्पणी करते हुए आजाद ने कहा है :

> आयत 39 में और अन्य कई आयतों में भी कुरान ने मुसलमानों को आगाह किया है कि अगर एक समुदाय के तौर पर उन पर समुदाय और राष्ट्र के प्रति जो जिम्मेदारियाँ डाली गई हैं, उन्हें निभाने में वे चूकते हैं तो अल्लाह का कानून अपने अपरिहार्य परिणाम-चक्र के तौर पर उनके स्थान पर दूसरे ऐसे समुदाय को ला देगा जिसमें उस जिम्मेदारी को निभाने की प्रतिभा होगी। इतिहास इस बात का साक्षी है कि कुरान द्वारा यहाँ प्रतिपादित सत्य कितनी-कितनी बार राष्ट्रों की जिन्दगी में प्रतिफलित हुआ है ![4]

अनेक मुसलमान शासकों ने हिन्दुओं पर जज़िया लगाया जो इस्लाम के धर्मविधान के अनुसार वैध नहीं ठहराया जा सकता। जज़िया का मूल उन लड़ाइयों में है जिसका सामना पैग़म्बर मुहम्मद को करना पड़ा था; यह एक तरह का व्यक्ति-कर था जो पैग़म्बर साहब ने गैर-मुस्लिमों पर लगाया जबकि मुसलमानों पर जकात या दान-कर लगाया जाता था और उसे अनिवार्यतः चुकाना होता था। इसके तहत मुसलमानों और गैर-मुस्लिमों पर लगाए गए करों का न्यायसंगत वितरण किया गया। इसके अलावा, जहाँ मुसलमानों के लिए फौज में भर्ती होना और इस्लाम की उसके दुश्मनों से रक्षा करना अनिवार्य माना जाता था वहीं गैर-मुस्लिमों को सैनिक सेवाओं से छूट मिली हुई थी और वह न्यायसंगत भी था क्योंकि ये लड़ाइयाँ या मुठभेड़ें विशुद्धरूप से धर्माधारित हुआ करती थीं और पैग़म्बर साहब ने यह उचित नहीं माना कि जिन गैर-मुस्लिमों ने इस्लाम कबूल नहीं किया है उन्हें इस्लाम की रक्षा के लिए कहा जाए। सूरः तौबा में सिर्फ एक ही आयत 29 है जो जज़िया से ताल्लुक रखती है :

जो लोग अह्ले किताब में से
खुदा पर ईमान नहीं लाते
और न आखिरत के दिन (यकीन रखते हैं)
और न उन चीजों को हराम समझते हैं,
जो खुदा और उसके रसूल ने हराम की हैं
और न दीने हक को कुबूल करते हैं,
उनसे जंग करो,
यहाँ तक कि जलील होकर
अपने हाथ से जज़िया दें।

उस पर टिप्पणी करते हुए अल्लामा अब्दुल्ला यूसुफ़ अली ने लिखा है :

> **जजिया :** मूल अर्थ है—मुआवजा। व्युत्पन्न अर्थ बना, जो कि उसका पारिभाषिक अर्थ बन गया—उन लोगों पर लगाया गया व्यक्ति-कर जो इस्लाम कबूल नहीं करते लेकिन इस्लाम के संरक्षण के अन्तर्गत रहने को तैयार हैं और इस प्रकार से अव्यक्त रूप से मुस्लिम राज पर इस्लाम के आदर्शों के प्रवर्तन

को स्वीकार करते हैं और सिर्फ अपनी आत्मा के तई अपनी व्यक्तिगत आस्था को बरकरार रखते हैं। जज़िया की कोई नियत राशि नहीं थी, और यों भी यह केवल प्रतीकात्मक ही था और यह दर्शाता था कि जिन गैर-मुस्लिमों की धार्मिक आस्थाओं को बर्दाश्त किया जा रहा है वे भी अपनी ओर से इस्लाम के प्रचार और प्रसार में हस्तक्षेप नहीं करेंगे। इमाम शाफ़ई (767-820) ने प्रति साल एक दीनार का सुझाव दिया था जो कि मुस्लिम राज्यों की अरबी सोने की दीनार होगी, जिसका मूल्य करीब आधी गिन्नी या करीब 5-6 या 7 रु. होगा। कर की राशि भिन्न-भिन्न हुआ करती थी और गरीबों, औरतों और बच्चों और अबू हनीफ़ा के मुताबिक (699-767) गुलामों और मठवासियों और आश्रमवासियों (साधु-संन्यासियों-फकीरों) को छूट दी जाती थी। सेना में भर्ती होने की उम्रवाले तन्दुरुस्त पुरुषों पर लगाया गया यह कर, एक मायने में फौजी सेवाएँ न प्रदान करने की वजह से चुकाया जानेवाला हरजाना था।[5]

विख्यात इस्लामी विद्वान अल्लामा शिबली नूमानी के मतानुसार जज़िया एक अस्थायी कर था न कि स्थायी; सुप्रसिद्ध प्राच्यविद्या-विशारद डॉ. डी.एस. मारगोलिआउथ ने यह कबूल किया है कि 'सैद्धान्तिक रूप से मुहम्मद की यह प्रणाली, सैनिक सेवाओं से छूट पाने के लिए व्यक्ति-कर का प्रतिकर प्रदान करती थी।' लेकिन यह भी सच है कि कई मुसलमान शासकों ने इसका दुरुपयोग किया और उसे जबरन गैर-मुसलमानों पर थोपा जबकि उसके पीछे उन्हें सताने और अपमानित करने के अलावा और कोई वजह नहीं थी। जाने-माने प्राच्यविद् प्रो. बर्नाड लेविस ने यह कबूल किया है कि कुरान में निहित आयत में गैरधर्मियों की अवमानना करने का संकेत नहीं दिया गया है लेकिन प्रो. लेविस ने टिप्पणी की है कि 'आयत के मूल अर्थ से हमारा सरोकार नहीं है बल्कि उस तरीके से है जिस तरीके से ऐतिहासिक इस्लाम में उसे व्याख्यायित किया गया।'[6] मध्य युग में धर्मवेत्ताओं ने शासकों की सहूलियत के अनुरूप उन्हें परिभाषित कर उन्हें उपकृत किया; लेकिन कोई भी व्याख्या, फिर वह कितनी भी चतुराई से न की गई हो, कुरान के मूल पाठ को न तो विस्तारित कर सकती है और न ही उसकी असली मंशा को विकृत कर सकती है। भारत में इन शासकों द्वारा की गई कोई भी लड़ाई धार्मिक नहीं थी और हिन्दुओं को बेरोक-टोक फौज में भर्ती किया जाता था और सैनिक सेवाओं में कोई छूट नहीं दी जाती थी। औरंगज़ेब जैसे शासकों द्वारा लड़ी गई लड़ाइयों में भी हिन्दुओं ने सक्रिय भाग लिया, उसके कई सेनापति हिन्दू थे और सो यह अपने-आप में जज़िया थोपने के मूलाधार को ही खारिज कर देता है।

इन शासकों ने 'जिहाद' शब्द का भी दुरुपयोग किया ताकि अपनी लड़ाइयों को धार्मिक रंग दिया जा सके; जबकि इन लड़ाइयों को इस्लाम द्वारा निर्दिष्ट किसी भी प्रकार की लड़ाई से कुछ लेना-देना नहीं था। इस शब्द की व्युत्पत्ति हुई है 'जेहाद' शब्द से जिसका अर्थ होता है 'संघर्ष'। इसलिए यह अल्लाह की राह में या सत्य की स्थापना के लिए किए गए संघर्ष से ताल्लुक रखता है। शक्ति-प्रयोग का निश्चित ही इसमें निषेध

नहीं है; लेकिन आमतौर पर जिहाद को दो वर्गों में बाँटा जाता है; अलजिहादुल अकबर-वृहत्तर युद्ध और अलजिहादुल असगर-लघुतर युद्ध। पहले के अन्तर्गत आता है इन्द्रिय-निग्रह, पापोन्मुखता पर विजय, इसमें क्रोध, प्रतिशोध, लोभ, चोरी, धोखाधड़ी यहाँ तक कि अवैध सम्बन्ध-व्यभिचार आदि का समावेश होता है; और दूसरे में इस्लाम के दुश्मनों के खिलाफ व्यक्तिगत तौर पर या सामूहिक तौर पर शक्ति के जरिए संघर्ष कर, इस्लाम की रक्षा का समावेश होता है। हिन्दुस्तान में गोरियों, खिलजियों, तुगलकों, लोदियों और मुग़लों द्वारा लड़ी गई सभी लड़ाइयाँ अपने खानदानी वैभव को बढ़ाने के लिए थीं, उनमें से एक भी इस्लाम के लिए नहीं थी और उनमें से किसी ने ऐसा दावा भी नहीं किया। और फिर भी चूँकि वे शासक मुसलमान थे इसलिए इतिहासकारों ने उनकी लड़ाइयों को जिहाद कहा है।

अल्लामा अब्दुल्ला यूसुफ़ अली मे यह ध्यान दिलाया है कि सूरः तौबा में सिर्फ आयत 20 में यह सही विवरण मिलता है कि जिहाद से अल्लाह की मंशा क्या है और इस प्रकार हिन्दुस्तान में लड़ी गई लड़ाइयों को अल्लाह की राह में लड़ी गई लड़ाइयों की गिनती से खारिज किया जा सकता है :

जो लोग ईमान लाए और वतन छोड़ गए
और खुदा की राह में माल और जान से जिहाद करते रहे,
खुदा के यहाँ इनके दर्जे बहुत बड़े हैं,
और वही मुराद को पहुँचनेवाले हैं।

इस पर टिप्पणी करते हुए अली ने आगे समझाया है :

> जिहाद में खुदा की राह में लड़ते हुए आत्म-बलिदान की जरूरत पड़ सकती है। लेकिन उसका मूल अन्तर्निहित सार है—1. एक ऐसी सच्ची और ईमानदार आस्था जिसमें अल्लाह पर दृष्टि इस प्रकार केन्द्रित हो जाती है सभी स्वार्थी और दुनियावी उद्देश्य क्षुद्र नजर आने लगते हैं और फीके पड़कर ओझल हो जाते हैं और 2. खुदा की राह में ईमानदार और अनवरत गतिविधि जिसमें (अगर जरूरत पड़े तो) जान, व्यक्ति या सम्पत्ति की कुर्बानी देनी होती है। जिहाद की सम्पूर्ण भावना में सिर्फ वहशियाना लड़ाई की अवधारणा नकारी गई है, जबकि किसी ईमानदार सच्चे विद्वान की कलम या उपदेशक की वाणी या सम्पन्न व्यक्ति द्वारा दान, जिहाद का सर्वाधिक महत्त्वपूर्ण रूप हो सकता है।[7]

मौलाना आज़ाद ने अपनी 'कमेंट्री ऑन द कुरान' में ये तक कहा है कि जिहाद तो मुसलमानों द्वारा अपने उन सहधर्मियों के खिलाफ भी छेड़ा जा सकता है जो सत्य के मार्ग के सही अनुयायी नहीं हैं। उन्होंने कहा कि अल्लाह की नजरों में :

> जिन्होंने सच्चाई की राह में सब कुछ कुर्बान किया और सचाई की राह पर आए संकटों और इम्तिहानों को दृढ़ता से बर्दाश्त किया वे ही सबसे अच्छे

> गिने जाते हैं, अच्छाई का पैमाना वही है। आज के उन मुसलमानों के लिए, जिन्होंने इस्लाम द्वारा दी गई शिक्षाओं से बेहद बेगानी जीवन-दृष्टि विकसित की है और जीवन-प्रणाली अपनाई है, यह एक सबक है।[8]

इसलिए जिहाद का निहितार्थ एक सदाचारपूर्ण कार्य भी होता है जिससे एक व्यक्ति को खुद को पावन करने में मदद मिलती है और जिहाद का अर्थ उन लोगों के खिलाफ हथियारबन्द प्रतिरक्षा भी होता है जो सचाई की राह पर चलना चाहनेवाले आस्थावानों को रोकते हैं। इसलिए मुसलमान शासकों ने अपनी व्यक्तिगत, पारिवारिक या कबीलाई प्रभुसत्ता कायम करने के लिए जो लड़ाइयाँ लड़ीं उन्हें जिहाद नहीं कहा जा सकता। उन्होंने तो जिस मुस्लिम या गैर-मुस्लिम जनता को परास्त किया, उस पर अपना कब्जा बनाए रखने की अपनी स्वार्थी नीयत को ढँकने के लिए इस शब्द का दुरुपयोग किया। मौदूदी ने (1903-79) स्पष्टीकरण दिया है कि 'सिर्फ इस बात से कि आप इस्लाम में शरीक हो गए हैं...आपको यह हक नहीं मिल जाता कि आप अल्लाह के जीवों पर हमला करें, न ही इससे आपको यह आजादी मिल जाती है कि अल्लाह या उसके पैग़म्बर का नाम लेकर आप वे सारे कुकर्म करें जो सिर्फ अत्याचारी और अल्लाह से बगावत करनेवाले करते हैं।'[9]

कुछ पारम्परिक धर्मवेत्ताओं ने हिन्दुओं को 'काफिर' कहा है लेकिन कुरानी शब्द काफिर की यह सही व्याख्या नहीं है क्योंकि वह तो परमात्मा के अस्तित्व को ही नकारने का द्योतक है; वह 'कुफ्र' शब्द से बना है जिसका शाब्दिक अर्थ होता है—'छिपाना' या 'ढाँपना'; और काफिर का मतलब होता है वह जो परमात्मा की सर्वोपरिता को छिपाता है या ढाँपता है। तो फिर यह उन हिन्दुओं पर कैसे लागू हो सकता है जो परमात्मा पर विश्वास रखते हैं और उसकी एकमेवता और सर्वोपरिता को स्वीकार करते हैं और अगर यह हिन्दुओं पर लागू होता है तो फिर ईसाइयों पर भी क्यों नहीं लागू हो सकता जो परमेश्वर के साथ-साथ उसके पुत्र ईसा और 'होली घोस्ट' को जोड़ते हैं ! और अगर ईसाइयों और यहूदियों को 'अहलुल किताब' (ग्रन्थ पर आस्था रखनेवाले) के तौर पर कबूल कर लिया जाता है तो फिर हिन्दुओं को उससे कैसे वंचित रखा जा सकता है, जबकि कुरान खासतौर पर यह उल्लेख करता है कि दुनिया में ऐसी कोई जमीन नहीं है जहाँ एक सत्य-ग्रन्थ का उद्‌घाटन न हुआ हो। निरीश्वरवादी भले ही इस श्रेणी में आ जाएँ लेकिन परमसत्ता की सर्वोपरिता, अलौकिकता में आस्था रखनेवाले नहीं। मौदूदी और आज़ाद उन मुसलमानों को भी जो धार्मिक ढोंगी हैं, इस श्रेणी से बाहर नहीं रखते।

मौदूदी ने एक बार जिन्ना को, जिन्हें भारतीय मुसलमानों ने 'क़ायदे-आज़म' के विशेषण से विभूषित किया था, काफ़िरे-आज़म कहा क्योंकि मौलाना की यह मान्यता थी कि वे अपने आचरण में मुस्लिम नहीं हैं। मौलना ने समझाया, 'जिन्ना के विचारों, आदर्शों और राजनीतिक कार्यप्रणाली में इस्लाम का नामोनिशान तक नहीं है। मामूली-से-मामूली लेकर बड़े-से-बड़े मसलों के बारे में उनके नजरिए से यह नहीं लगता

कि उन्हें कुरान के नजरिए की कोई जानकारी है और या वे उसे जानने की कोई जरूरत भी समझते हैं।'[10] उसी तरह से अतीत में कुछ धर्मशास्त्रियों ने सर सैयद अहमद ख़ाँ और अल्लामा इक़बाल को 'काफ़िर' कहकर धिक्कारा था। परमात्मा पर आस्था रखनेवाला गैर-मुस्लिम काफिर नहीं है; अगर वे दिव्य-ग्रन्थों द्वारा संचालित होते हैं तो अहलुल किताब 'या' ग्रन्थ के लोगों के तौर पर उनसे सम्मानपूर्ण व्यवहार किया जाना चाहिए। पैग़म्बर साहब ने उन्हें 'धिम्मी' या 'संरक्षित' कहा; उन्होंने कहा कि मुस्लिम उनसे बदसलूकी करेगा वह कयामत के दिन खुदा के सामने जवाबदेह होगा और वे खुद धिम्मियों की तरफदारी के लिए खड़े होंगे। इसके बावजूद कई मुसलमान शासकों ने इन आदेशों का उल्लंघन किया और गैर-मुस्लिमों पर अत्याचार किए। कुछ न्यायविदों ने इन आचरणों को वैध ठहराया। लेकिन, उनकी करतूतों के लिए न तो इस्लाम और न ही मुसलमानों की बाद की पीढ़ियाँ जिम्मेदार ठहराई जा सकती हैं।

और इसके अलावा यह भी एक सिद्धान्त लगातार प्राच्यविदों द्वारा प्रचारित किया जाता है कि इस्लाम न सिर्फ आतंकवाद को मुआफ करता है बल्कि उसे बढ़ावा भी देता है क्योंकि कुरान में हिंसा का अनुमोदन किया गया है। इस विरूपीकृत सिद्धान्त का एक उपसिद्धान्त यह भी है कि इस्लाम लोगों को सिर्फ दो विकल्प देता है—कुरान या तलवार। मिस्र, अल्जीरिया, लेबनान और कश्मीर में तथाकथित मुस्लिम कट्टरपन्थियों के हाल के अचानक फूट पड़े आतंकवादी हमलों ने कुरान की ऐसी व्याख्याओं की और भी पुष्टि ही की है; फिर एक बार धर्मावलम्बियों की करतूतों के लिए धर्म पर तोहमत लगाई जा रही है। जबकि सच यह है कि 'इस्लाम' का मतलब होता है—शान्ति, अमन; कुरान में बार-बार इस बात पर जोर दिया गया है और मुसलमानों को कड़ी हिदायत दी गई है कि वे सहिष्णुता और संयम से काम लें।

सूरः अल् शूरा, आयत 40, में उनसे कहा गया है :

और बुराई का बदला तो
उसी तरह की बुराई है,
मगर जो दरगुजर करे
और (मामले को) दुरुस्त कर दे
तो इसका बदला खुदा के जिम्मे है।
इसमें शक नहीं कि यह जुल्म करनेवालों को पसन्द नहीं करता।

उसी सूरः के आयत 43 में उसे और स्पष्ट किया गया है :

और जो सब्र करे
और कुसूर माफ कर दे,
तो ये हिम्मत के काम हैं।

और भी कई आयतें हैं जिनमें हिंसा की भर्त्सना की गई है और करुणा और क्षमा की महत्ता पर जोर दिया गया है। सूरः हामीम अस-सज्दा में आयत 34 और 35 में मुसलमानों से कहा गया है :

और भलाई और बुराई
बराबर नहीं हो सकती,
तो (सख्त बातों का) ऐसे तरीके से जवाब दो,
जो बहुत अच्छा हो, (ऐसा करने में तुम देखोगे)
कि जिसमें और तुममें दुश्मनी थी,
वह तुम्हारा गर्म-जोश दोस्त है।

पैग़म्बर साहब ने अपने अनुयायियों को सलाह दी कि आक्रामकों को भी दोस्त बनाना चाहिए। यह पूछे जाने पर कि 'ऐसा क्यों' उन्होंने जवाब दिया कि उन्हें आगामी आक्रमणों से रोकने के लिए यह सबसे बेहतरीन रास्ता है। इसी तरह की अनेक उपदेश-परम्पराएँ हैं। पैग़म्बर साहब की निम्न दो नसीहतें अनेक बार उद्धृत की जाती हैं :

- जो अपने हमइंसानों पर रहम नहीं दिखाता उसे अल्लाह से भी रहम नहीं मिलेगा और,
- जो अल्लाह के जीवों से मुहब्बत नहीं करता वह अल्लाह की मुहब्बत को गँवा बैठेगा।

इसलिए बेमानी हिंसा और खून-खराबे को इस्लाम के साथ जोड़ना इतिहास का मखौला उड़ाना है। इस्लाम में दमन, आतंकवाद यहाँ तक कि प्रतिशोध तक की मान्यता नहीं दी गई है। यहाँ-वहाँ, कभी-कभी किन्हीं मौलवियों की ओर से किसी गुनहगार या जिन्हें वे गुनहगार मानते हैं ऐसे व्यक्ति को मृत्यु-दंड का भागी बनाने के लिए जारी किया गया 'फतवा' भी कुरान पर आधारित नहीं है। कई हिन्दू बुद्धिजीवियों ने, जिसमें कई प्रमुख धर्मनिरपेक्ष व्यक्ति भी थे, इस बात के लिए भारत सरकार की कड़ी आलोचना की कि उसने, सलमान रुश्दी की पुस्तक 'द सेटानिक वर्सेस' पर, जिससे उत्तेजित होकर ईरान के अयातुल्ला खुमैनी ने मुसलमानों का आह्वान किया था कि रुश्दी की हत्या कर दी जाए, पाबन्दी लगाई। फतवा और पाबन्दी—इन दोनों को साथ नहीं जोड़ना चाहिए; पाबन्दी लगाई गई क्योंकि सरकार को अन्देशा था कि उस पुस्तक की वजह से व्यापक अशान्ति फैलेगी। वह एक प्रतिरोधक उपाय था। 'फतवा'—जिसका शाब्दिक अर्थ होता है 'धमदिश'— एक प्रकार का धार्मिक फैसला होता है जो कोई इमाम या काजी जारी करता है। यह कुरान की किसी आयत या पैग़म्बर साहब की किसी परम्परा की उसके द्वारा की गई परिभाषा होती है लेकिन शासन की अनुमति के बगैर वह एक बेमानी कार्रवाई बनकर रह जाता है। इस्लाम के इतिहास में ऐसी बेमानी घोषणाओं की भरमार है जिनका आम औसत मुसलमान पर बहुत कम असर पड़ा है। इन पर धार्मिक दायरों में बहस-मुबाहिसे हुए हैं लेकिन कानून की मान्यता के बगैर या उसे लागू करने के अधिकार के बगैर ये फतवे सिर्फ पावन फैसले-मात्र बनकर रह गए।

मुस्लिम शासक या इस्लामी राष्ट्र के अन्तर्गत किसी अधिकृत काजी या मुफ्ती द्वारा न्याय-निर्णय के तौर पर जारी किए गए फतवे को, एक विशिष्ट राज्य-विस्तार के अन्तर्गत

कानून का दर्जा प्राप्त है। अतीत के कुछ फतवों का संग्रह किया गया है; जैसे कि 'फतवा-ए-आलमगीरी' जो मुग़ल बादशाह औरंगज़ेब के शासन-काल में जारी की गई थीं। वे अधिकारियों के लिए मार्ग दर्शिकाएँ थीं लेकिन वे हर स्थान के और हर वक्त के मुसलमानों पर बन्धनकारी नहीं हैं क्योंकि उन्हें कोई धार्मिक अनुमोदन प्राप्त नहीं है।

सुन्नी, जो कुल मुसलमान आबादी के 90 प्रतिशत हैं, किसी धार्मिक पदाधिकारी को मान्यता नहीं देते मिसाल के तौर पर इमाम अब्दुल्ला बुख़ारी, दिल्ली के जामा मस्जिद में नमाज पढ़वाते हैं और उनका बड़ा सम्मान भी किया जाता है लेकिन उनकी मान्यताओं औरं धार्मिक घोषणाओं को भी कोई धार्मिक मान्यता प्राप्त नहीं है। असल में, मौलाना आज़ाद या मौलाना मौदूदी की रचनाओं को मुसलमानों के बीच ज्यादा सम्मान प्राप्त है जबकि वे दोनों मान्य अर्थों में इमाम नहीं थे। उसी तरह से निहित स्वार्थवाले समूह के दबाव में आकर समय-समय पर किसी मौलवी या काजी द्वारा जारी किए गए फतवे को भी कोई वैधता हासिल नहीं है। बदकिस्मती से, अखबारों द्वारा उनको दिए जाने वाले महत्त्व की वजह से उनकी तरफ ज्यादा ध्यान आकर्षित होता है। और उनका भी मकसद उस व्यक्ति को, जिसके खिलाफ फतवा जारी किया गया है, बचाना उतना नहीं होता जितना कि शरीअत की बदरंग तस्वीर खड़ी करना। दक्षिण अफ्रीकी नेता नेल्सन मंडेला के गालों पर मशहूर फिल्म अभिनेत्री शबाना आजमी के चुम्बन का मामला ऐसी ही एक मिसाल है। भारत के कुछ प्रमुख अखबारों ने उसे इतना बढ़ा-चढ़ाकर छापा कि व्यापक सर्कुलेशनवाले उर्दू अखबार 'नई रोशनी' ने सही इशारा किया यह सारा अभियान इस्लाम पर हमला करने के लिए चलाया गया था न कि शबाना के बचाव के लिए :

बोसए शबाना तो बहाना है
अस्ल में इस्लाम ही निशाना है।

उन्नीसवीं सदी में मुस्लिम धार्मिक दायरों में इस बात पर काफी बहसें हुई थीं कि ब्रिटिश राज के अन्तर्गत हिन्दुस्तान को दार-उल-अमन माना जाए या दार-उल-हरब। कुछ हिन्दुस्तानी मुसलमान, मक्का के सदर मुफ्ती का निर्णय लेने के लिए उन तक पहुँचे। उन्होंने निम्न फतवा दिया जो पारम्परिक शब्दावली में अंकित है, 'तमाम तारीफ अल्लाह के लिए है, जो तमाम सृष्टि का स्वामी है। ऐ अल्लाह, मेरे इल्म में इजाफा फरमा ! जब तक किसी मुल्क में इस्लाम के चन्द बुनियादी रिवाजों का भी पालन करने की अनुमति है, तब तक वह दार-उल-अमन है। अल्लाह ताला हर चीज का इल्म रखनेवाला है और आला तरबियत वाला है। यह फतवा ब्रिटिश-समर्थक गुट ने हासिल किया था; लेकिन बाद में जब प्रथम विश्व युद्ध में आटोमन खलीफा ने मित्र राष्ट्रों के खिलाफ जर्मनी का साथ दिया तो उसने सर्वोच्च न्यायिक प्राधिकारी शैखुल इस्लाम द्वारा एक फतवा जारी करवाया; जिसमें सभी मुसलमानों का आह्वान किया गया था कि वे उस महान जिहाद में शरीक हों; लेकिन उनमें से अनेक ने खासकर अरबों ने उसको नजरअन्दाज कर दिया और तुर्कों के खिलाफ ब्रिटिशों को सक्रिय समर्थन दिया। रुश्दी

के खिलाफ खुमैनी के फतवे को ही लें: उसमें दो कमजोरियाँ हैं—एक, वह एक ऐसे व्यक्ति के खिलाफ है जो ईरान के क्षेत्राधिकार के अन्तर्गत नहीं है; और दूसरी वह न्यायोचित मुकदमे के बगैर जारी किया गया है। इसीलिए खुद को अल-अजहर ने, जो कैरो स्थित सर्वोच्च सुन्नी न्यायाधिकरण है, खुद को सार्वजनिक तौर पर इस फतवे से असम्बद्ध कर लिया; और सऊदी अरब के उलेमाओं ने भी ऐसा ही किया। इसके बावजूद अगर इस फतवे ने दुनिया-भर में तहलका मचा दिया तो उसकी मुख्य वजह यह थी कि इमाम और उनके समृद्ध और शक्तिसम्पन्न अनुयायियों ने यह घोषणा कर दी थी कि जो भी व्यक्ति रुश्दी का वध करेगा उसे लाखों डालरों के इनाम मिलेंगे।

निहित स्वार्थयुक्त गुटों ने अपने विरोधियों के खिलाफ ऐसे अनेक फतवे जारी किए हैं। उन्नीसवीं सदी के अन्तिम चरणों के सबसे कद्दावर नेता और अलीगढ़ मुस्लिम यूनिवर्सिटी के संस्थापक सर सैयद अहमद ख़ाँ का मामला तो इसकी बेहतरीन मिसाल है; उनके खिलाफ तो अनेक ऐसे फतवे जारी किए गए जिसमें उन्हें काफिर कहकर उनकी भर्त्सना की गई थी, क्योंकि उन्होंने मुसलमानों को सलाह दी कि वे ईसाइयों के साथ खान-पान का रिश्ता रखें और अंग्रेजी शिक्षा ग्रहण करें। उसी प्रकार से, आधुनिक इस्लाम के महानतम कवि-दार्शनिक अल्लामा इक़बाल को भी एक फतवे में काफिर कहा गया था क्योंकि उन्होंने राम और मूसा की तारीफ में कविताएँ लिखी थीं और वैदिक प्रार्थना—गायत्री-मन्त्र की प्रशंसा की थी। यह फतवा उस वक्त के अखंड पंजाब में सियालकोट के एक जाने-माने इमाम ने जारी किया था। पिछले लोकसभा चुनाव में मेरे विरोधियों ने मेरी धर्मनिरपेक्षता की वजह से एक मौलवी के जरिए मुझे काफिर कहलवाया, लेकिन औरंगाबाद के मेरे निर्वाचन क्षेत्र के 95 प्रतिशत मुसलमानों ने मुझे वोट दिया।

फतवों को अक्सर मुसलमानों के एक गुट ने दूसरे गुट के खिलाफ हथियार के तौर पर भी इस्तेमाल किया है। मिसाल के तौर पर बरेलवी, अक्सर वहाबियों की भर्त्सना करते हैं और वहाबी बरेलवियों की, सुन्नी और शियाओं में अनेक धार्मिक अवधारणाओं और आचरणों पर मतभेद है। अपने-अपने दृष्टिकोण पर जोर देने कि लिए वे फतवे और जवाबी फतवे जारी करते रहते हैं। नवीनतम मामला बांग्लादेशी लेखिका तसलीमा नसरीन का है। इस्लाम के खिलाफ उसके उग्र हमलों के बावजूद, उसके खिलाफ एक अनाम-से मौलवी द्वारा जारी किए गए फतवे ने मुस्लिम समाज में तो मामूली सुगबुगी तक नहीं पैदा की; लेकिन भारत और यूरोप में तहलका मच गया क्योंकि इनका दावा है कि वे अभिव्यक्ति की स्वतन्त्रता के पैरोकार हैं।

सचाई तो यह है कि नसरीन परम्पराभंजक है, वह स्वच्छन्द प्रेम की हिमायती है और कहती है कि औरतें, पुरुषों पर बलात्कार करें। उसके उपन्यास 'लज्जा' को पढ़कर कुछ हिन्दुओं की बाँछें खिल गईं क्योंकि उसने उसमें बाबरी मस्जिद शहादत के बाद बांग्ला देश में कुछ धर्मान्ध मुसलमानों द्वारा हिन्दू औरतों पर किए गए अत्याचार, बलात्कार का वर्णन किया था; लेकिन यही हिन्दू यह जानकर दहशत में आ जाएँगे कि

तसलीमा की उदारवादिता का यह आलम है कि वह औरतों को यह सलाह देती है कि 'वे मनमाने तरीके से अपने पतियों को त्याग दें और लैंगिक स्वच्छन्दतावाद को अपनाएँ।' उसके शब्दों को उद्धृत करें—पति औरतों को गुलामों की तरह जंजीर से बाँधकर रखते हैं; मैं 'मर्दों के साथ रहना और सोना ज्यादा पसन्द करती हूँ।' वह आगे कहती है, 'हाँ, औरत को यह अधिकार होना चाहिए कि वह यह अपने चुनाव के मुताबिक नियत शुक्राणु से भ्रूण पैदा करे; वह तय करे कि वह उसके पति का होगा या किसी और मर्द का।' उसने इसे 'गर्भाशय क्रान्ति' कहा। ऐसी अभिव्यक्तियाँ न सिर्फ हमारे नैतिक मूल्यों पर हमला करती हैं वरन् हमारे समाज के समूचे ताने-बाने को छिन्न-भिन्न करना चाहती हैं। तेज-तर्रार पत्रकार और टी.वी. टिप्पणीकार प्रीतीश नन्दी ने 31 जुलाई, 1994 के 'द डेली' अखबार में तसलीमा को रातोंरात मिली शोहरत की अपने ही अनूठे अन्दाज में इस प्रकार चीर-फाड़ की है :

> सलमान रुश्दी की ही तरह, सुर्खियों के लिए बेताब खुदगर्ज मीडिया ने तसलीमा को लगातार बढ़ावा दिया। उसे मालूम था कि उसका इस्तेमाल किया जा रहा है लेकिन वह जानबूझकर आत्मदाह की राह में तेजी से बढ़ती चली गई क्योंकि खुद उसके अन्दर सार्वजनिक ध्यानाकर्षित करने की बेताब माँग थी। एक मामूली-सी शोहरत और कौशलवाली लेखिका से वह सीधे अन्तर्राष्ट्रीय ख्यातिप्राप्त व्यक्ति बनी तो सिर्फ अपने चतुर व चटख जुमलों की वजह से जिन्होंने उसके देश के मुल्लाओं को क्षुब्ध किया और दुनिया-भर में सुर्खियाँ हासिल कीं।

ज़ैसा कि मुहम्मद अब्दूह (1849-1905) ने, जो कि आधुनिक युग में इस्लाम के सुधारकों में अग्रदूत थे और विश्वविख्यात अल-अजहर के रेक्टर रहे, बताया है कि जब तक किसी फतवे को, राज्यशासन का अनुमोदन नहीं मिलता, वह न्यायिक घोषणा नहीं होता; ज्यादा से ज्यादा उसे धार्मिक टिप्पणी माना जा सकता है। अक्सर राजनेता या राजनीतिक पार्टियाँ अपने प्रतिद्वन्द्वियों को धर्मबहिष्कृत करने के लिए फतवे का इस्तेमाल करते हैं। वे अपना काम बनवाने के लिए किसी काजी या मुफ्ती को पकड़ लेते हैं। यह इस्लाम के बुनियादी उसूलों के सरासर खिलाफ हैं। इस्लामी न्यायशास्त्र के चार संस्थापकों में से प्रमुखतम इमाम अबू हनीफ़ा ने घोषित किया कि वह मुसलमान 'जो ईमान तो रखता है लेकिन अमल नहीं करता, वह मुसलमान तो है लेकिन गुनहगार है। अब यह अल्लाह पर निर्भर करता है कि वह उसे सजा दे या माफ करे।'[11] इक़बाल ने भी कहा कि किसी मुसलमान को, फिर वह चाहे जितना विद्वान या गण्यमान्य क्यों न हो, दूसरे मुसलमान को बिरादरी से बहिष्कृत करने का हक नहीं है। अगर कोई मुसलमान खुदा से बेईमानी भी करता है तो खुदा उसे सजा देगा। हो सकता है वह उसे माफ भी कर दे। शायर ने अपने सहधर्मियों को यह याद दिलाया कि यही इस्लाम की बुनियादी भावना है और मुहम्मद साहब के जीवन-कार्य का सारभूत तत्त्व है।

धार्मिक मिथ्या अवधारणाएँ

ऐतिहासिक विरूपीकरण की वजह से हिन्दुओं और मुसलमानों के मन में एक-दूसरे के धर्म के प्रति अनेक दूसरी मिथ्या अवधारणाएँ घर कर गई हैं। काफी वक्त गुजर जाने के बावजूद और दोनों ही पक्षों के अनेक सद्‌भावनायुक्त व्यक्तियों के प्रयासों के बावजूद यह गहरी दरार बरकरार है। ब्रिटिशों के आगमन के तुरन्त बाद से यह दरार और गहरी होती गई। आज इन दोनों समुदायों के बीच दुर्भावना पैदा करने और अविश्वास के अवरोधों को खड़ा करने के लिए अंग्रेजों को दोषी ठहराया जाता है। अतीत में भी सन्तों और सूफियों ने उदार मानवतावाद के आधार पर दोनों धर्मों के बीच एक प्रकार का समन्वय निर्मित करने के प्रयास किए थे लेकिन उनके परिणाम दीर्घजीवी न रह सके। वे दोनों समुदायों के अनुयायियों के पारम्परिक दृष्टिकोण में ज्यादा परिवर्तन नहीं ला सके। यह दावा करना भर पर्याप्त नहीं था कि इन दोनों धर्मों के बीच बहुत कुछ सामान्य है, एक-सा है; इन धर्मों के अनुयायियों में व्यावहारिक निष्ठा पैदा करने के लिए बहुत ही कम काम किया गया। उल्टे, उन्हें इस बहाने से अलग-थलग रखा गया कि दोनों का सह-अस्तित्व सम्भव नहीं था।

वे कौन सी मिथ्या अवधारणाएँ, खासकर इस्लाम के सन्दर्भ में हैं, जो युगों से हिन्दुओं के बीच व्याप्त हैं ! सबसे प्रमुख यह है कि इस्लाम, हिन्दुओं के देव मूर्तियों को तोड़ने की कोशिश करता है। यह जरा भी सच नहीं है। बेशक, इस्लाम मूर्ति-पूजा के खिलाफ है; लेकिन वह तो ईसाइयत और यहूदी धर्म भी है। और जैन, बौद्ध और हिन्दुओं के भी कई पन्थ इसी विचार के हैं। लेकिन हिन्दुओं का आक्रोश सिर्फ मुसलमानों के प्रति उन्मुख है। इससे हिन्दुओं में आमतौर पर यह विश्वास जमा हुआ है कि मुसलमान बुनियादी तौर पर हिन्दुत्व के खिलाफ हैं।

फिर भी, मूर्ति-पूजा के प्रति इस्लाम के विरोध को समझने के लिए उसकी ऐतिहासिक पृष्ठभूमि को समझना होगा। मक्का के मूर्ति-पूजक, जिनका सामना मुहम्मद साहब ने किया, हिन्दू मूर्ति-पूजकों से भिन्न थे, क्योंकि हिन्दू एक सर्वोपरि परमेश्वर के अस्तित्व को नहीं नकारते हालाँकि वे उसे भिन्न-भिन्न नामों से पुकारा करते हैं। सातवीं सदी के अरब की मूर्तियाँ कबीलाई प्रतिद्वन्द्विताओं का प्रतिनिधित्व करती थीं। इसलिए इन भिन्न-भिन्न कबीलों के देवी-देवता एक-दूसरे से लगातार लड़ते-भिड़ते रहते थे। जनता को परमात्मा की सर्वोपरिता और एकता पर आस्था नहीं थी; और न ही उसमें

अच्छे और बुरे, पाप और पुण्य के बीच फर्क करने का शऊर था। उन्हें तो पाशविक शक्ति का प्रदर्शन करने में, युद्ध को महिमामंडित करने में गर्व का अनुभव होता था। उनमें शिशुहत्या का प्रचलन था और वे स्त्रियों से दासियों की तरह व्यवहार किया करते थे।

मुहम्मद के आगमन के पूर्व वे एक लेखक के शब्दों में 'भोंडी मूर्तिपूजा' में लिप्त थे। उनकी मूर्तियाँ विशालकाय और अनगढ़ पत्थरों से बनी होती थीं, और उन्हें वे अपने-अपने घरों में प्रतिस्थापित करते थे; प्रत्येक कबीले की एक विशिष्ट पूजनीय वस्तु होती थी। हिमोयार सूरज की पूजा करते थे; मिसाम बैल की आँख की तो लोखाम और जोरहाम कबीला गोरहेम की पूजा करते थे; कैस के लोग शेअरा की पूजा करते थे तो असद मर्क्युरी-बुध की; ताय कबीला केनोपास की तो कुरैश शनि की पूजा करता था। उसके अलावा और भी देव-मूर्तियाँ थीं जिनमें से दस का उल्लेख कुरान में हुआ है। उनमें से सबसे ज्यादा प्रतिष्ठित थीं 'परामात्मा की तीन बेटियाँ' यानी अल्-लात् अल-उजा और मनात; इनकी पूजा कुरैश कबीला किया करता था और मुहम्मद साहब उसी कबीले से थे। मूर्तिपूजक अरबों का सबसे लोकप्रिय देवता था हब्बाल; जिसे बारिश का देवता माना जाता था। जब इस देवता की मूर्ति का एक हाथ संयोग से टूट गया तो कुरैशों ने उसकी जगह पर सोने का बना हाथ इस उम्मीद से लगा दिया कि देवता तुष्ट हो जाएँगे और बहु-अपेक्षित वर्षा करेंगे।

इस्लाम-पूर्व अरब के विशेषज्ञ इब्न अल्-कलबी ने उनकी पूजा-प्रणाली का वर्णन किया है, "मक्का के घर-घर में अपना-अपना देवता था जिसकी घरवाले पूजा किया करते थे। जब कोई यात्रा पर निकलता था तो वह उस देव-मूर्ति पर हाथ रखकर थपथपाता था ताकि संकटों का निवारण हो सके। ज्यों ही वह लौटकर आता था, घर में प्रवेश करते ही सबसे पहले वह उसी विधि को दुहराता था ताकि देवता का प्रसाद प्राप्त हो सके।"

मूर्तिपूजक अरबों के पास मार्गदर्शक कोई ग्रन्थ नहीं था। हिन्दुओं के पास अनेक शास्त्र थे। इनमें प्राचीनतम वेद थे जो एक ईश्वर पर केन्द्रित थे। उसे ही कभी वरुण, कभी इन्द्र तो कभी अग्नि कहा जाता था; लेकिन अन्ततोगत्वा उसे परमात्मा, प्रजापति या विश्वकर्मा कहा गया। यह प्रवृत्ति मोहनजोदड़ो के खंडहरों में भी दिखाई देती है जिसके निवासी अनेकानेक देवताओं की बनिस्बत एक परमेश्वर की पूजा करते थे। उसे 'ओऽम्' कहा गया और जैसा कि मौलाना आज़ाद ने बताया है, उनकी मान्यता थी कि यह चरमसत्ता उन सभी तत्त्वों पर शासन करती है जो उसके द्वारा बनाए सृष्टि-नियमों के अन्तर्गत समाविष्ट हैं और उस चरम सत्ता की विशिष्टता है– 'वेदुकुन' या 'सनातन चैतन्य' या जैसा कि कुरान में कहा गया है, "उसको न नींद आती है न ऊँघ।"[1] उसके बाद उपनिषदों का आत्मन् और ब्रह्मन् का दर्शन। ब्रह्मन् भी एक परम ईश्वर था जो 'सभी जीवों में अन्तर्निहित, सर्वव्यापी, अन्तर्यामी, सर्वसंचालक, सर्ववासी, साक्षी, द्रष्टा, एकमेव और सभी गुणों से वियुक्त था।'

पैग़म्बर इब्राहिम ने, जिन्होंने कि काबा बनवाया, अरबों को एक अल्लाह, एक खुदा की आराधना सिखाई, लेकिन बाद में उन लोगों ने उस आराधना का परित्याग कर दिया और अनेक देवी-देवताओं की पूजा करनी शुरू कर दी। कुरान को इसलिए उन्हें अपनी गलतियों का अहसास करवाना पड़ा और उन्हें एक धर्म की आराधना की राह पर लौटाकर लाना पड़ा। उसी तरह से हिन्दू भी वेदों के सन्देश को भूल गए, 'एकम् एवम् अद्वैतम्'– यानी परमात्मा एक है; उसके समान दूसरा कोई नहीं है, जो कुरान की उक्ति 'ला इलाहा इल्लल्लाह'– यानी 'अल्लाह के अलावा और कोई देवता नहीं है' के करीब है।

भारत में अपनी यात्राओं के दौरान अलबरूनी ने भी इसे देखा था और इसकी पुष्टि की थी। उसने लिखा, "हिन्दू मानते हैं कि परमात्मा एकमेव है, सनातन, अनादि और अनन्त है, स्वतन्त्र है, सर्वशक्तिमान है, सर्वज्ञाता, जीवन्त, जीवनदाता, जीवनरक्षक है, उसकी सत्ता चरम और अनूठी है, वह अनुपमेय है और वह किसी के सदृश्य नहीं है और न ही कोई उसके सदृश्य है।"[2]

कालान्तर में वैदिक एकेश्वरवाद धीरे-धीरे बहुदेववाद में बदलता गया। डॉ. एस. राधाकृष्णन (1888-1975) ने, जो हिन्दू धर्म के विख्यात आधुनिक व्याख्याता हैं, गीता पर अपने भाष्य में समझाया है :

> जहाँ परमात्म-चिन्तन, अस्तित्व की तलाश कर रहा है, वही विद्यमान विश्व, परिपूर्णता के लिए प्रयासरत है। अलौकिक संरचना और अन्तर्निहित तत्त्व, दोनों ही परमात्मा से उद्भूत हुए हैं और वही आदि है, मध्य है और अन्त है, ब्रह्मा, विष्णु और शिव है। परमात्मा अपनी रचनाधर्मिता में ब्रह्मा है। परमात्मा जो स्नेह उँडेलता है और अपने स्नेह से ही तुलनीय सहिष्णुता के साथ कार्यरत होता है, वह विष्णु है और वह विश्व के संरक्षण के लिए अनवरत कार्यरत रहता है। जब प्रत्ययात्मक ब्रह्मांडव्यापी हो जाता है, तब पृथ्वी पर स्वर्ग स्थापित हो जाता है तब हमें वह सम्पूर्ति प्राप्त होती है जिसका प्रतिनिधित्व शिव करते हैं। परमात्मन एक साथ ही ज्ञान, स्नेह और परिपूर्णता है। इन तीनों कार्यों को अलग-अलग विच्छिन्न नहीं किया जा सकता। ब्रह्मा, विष्णु और शिव मूलतः एक हैं यद्यपि उन्हें त्रिरूप में अवधारित किया गया है।[3]

कुरान में अल्लाह के निन्यानवे नाम दिए गए हैं, और उनमें से हरेक भिन्न-भिन्न विशिष्टताओं का द्योतक है।

एकेश्वरवाद की हिन्दू अवधारणा को परम्परावादी हिन्दू धर्म के पुरोधाओं ने भी स्वीकार किया है। आदि शंकराचार्य के दर्शन की व्याख्या करते हुए काँची के शंकराचार्य श्रीचन्द्रशेखरेन्द्र सरस्वती ने समझाया है कि शास्त्री के अनुसार, "परमेश्वर, जो एकमेव है, अपने को तीन बनाता है। तीन समयों में वह तीन भिन्न-भिन्न रूप धारण करता

है...ताकि सर्जन, संरक्षण और संहार के कार्यों को कर सकें।" शंकराचार्य ने आगे कहा है, "...जो यह कहता है कि विष्णु महान है और शिव से भिन्न है...गलत कहता है। परमात्मा में हमसे कहीं ज्यादा शक्ति है। असल में तो वह सर्वशक्तिमान है, इसीलिए वह एक ही समय में भिन्न-भिन्न रूप ग्रहण करता है...परमात्मा एकमेव है।"

बेशक, हिन्दू धर्म, इस्लाम की तरह कट्टर एकेश्वरवादी नहीं है, लेकिन परमेश्वर की एकमेवता की भावना दोनों ही धर्मों में सामान्य है। डॉ. राधाकृष्णन को फिर से उद्धृत करें :

> परम सत्य, पराब्रह्मांडीय, सनातन, देशातीत, कालातीत ब्रह्मन है जो देश और काल में स्थित इस ब्रह्मांडीय आविर्भाव को सम्बल देता है। वह परम चैतन्य, परमात्मन् है जो ब्रह्मांडीय रूपों और गतिविधियों को वश में रखता है। वह परमेश्वर है जो व्यक्तिगत आत्माओं और प्रकृति की गतिविधियों का अधिष्ठाता है और ब्रह्मांडीय सम्भवन का नियन्ता है। वह पुरुषोत्तम भी है, जिसकी दुहरी प्रकृति ब्रह्मांड के क्रमविकास में अभिव्यक्त है। वह हमारे अस्तित्व को आपूरित करता है, हमारी बुद्धि को प्रदीप्त करता है और उसके छिपे हुए स्रोतों को गतिमान करता है।[4]

यह कुरान के सूरः अल्-हश्र, आयत 23 और 24 की उक्तियों के बहुत कुछ समतुल्य है :

वही खुदा है,
जिसके सिवा कोई इबादत के लायक नहीं।
बादशाह (हकीकी) पाक जात (हर ऐब से) सलामती,
अम्न देने वाला, निगहबान,
गालिब, जबरदस्त, बड़ाईवाला।
खुदा उन लोगों के शरीक
मुकर्रर करने से पाक है।
वही खुदा (तमाम मख्लूक का) पैदा करनेवाला,
ईजाद करनेवाला,
सूरतें बनानेवाला,
उसके सब अच्छे नाम हैं।
जितनी चीजें आसमानों और जमीन में हैं,
सब उसकी तस्बीह करती हैं
और वह गालिब हिक्मतवाला है।

इन सबके बावजूद, हिन्दू धर्म में देवी-देवताओं की बहुलता की वजह से एक प्रबल सर्वेश्वरवादी विचारधारा का प्रवर्तन हुआ। वैदिक युग के बाद इसमें और जोर आया, शायद आर्येतर प्रभावों की वजह से ऐसा हुआ हो, लेकिन इस प्रवृत्ति ने भी परमात्मा

की एकमेवता की भावना को मन्द नहीं किया। सातवीं सदी के अरेबिया में प्रचलित और कुरान में उल्लिखित मूर्तिपूजा और भारत के मूर्तिपूजकों में बड़ा भारी अन्तर था क्योंकि भारतवासी किसी-न-किसी रूप में परमेश्वर की एकमेवता पर आस्था रखते रहे। बेशक, हिन्दुओं के कई वर्गों में सर्वेश्वरवाद ने इस आस्था को कमजोर बनाया। मुसलमानों में, अनेक नवाचारों और विकृतियों के बावजूद, एकेश्वरवाद अपने कट्टर रूप में उनकी धर्मास्था का आधारभूत सिद्धान्त बना रहा। कुरान ने उन सभी को जो ईश्वर की एकमेवता से इनकार करते हैं 'मुन्किर' करार दिया और चेतावनी दी कि कयामत के दिन उन्हें उसकी कड़ी सजा मिलेगी। लेकिन उसने यह नहीं कहा कि खुदा पर ईमान रखनेवालों को उन्हें प्रताड़ित करना चाहिए, सजा देने का अधिकार सिर्फ खुदा को ही है।

इसमें शक नहीं कि पैग़म्बर साहब ने मूर्तिपूजा के खिलाफ उपदेश दिया लेकिन न तो अपने 13 साल की पैग़म्बरी के दौरान मक्का में और न ही अपने दस साल के शासन-काल के दौरान मदीना में उन्होंने मूर्तियों का भंजन किया। सन् 630 में काबा में अपने विजयपूर्ण प्रवेश के बाद उन्होंने वहाँ पर रखी गईं उन 360 मूर्तियों को हटाया जो मूर्तिपूजक अरबों ने अपने पूर्वज पैग़म्बर इब्राहीम के उपदेशों का उल्लंघन करके स्थापित किया था लेकिन मुहम्मद साहब ने उन मूर्तियों को तोड़ा-फोड़ा नहीं था। चूँकि सभी अरबों ने इस्लाम कबूल कर लिया था इसलिए काबा में उनकी स्थापना बेमानी हो गई थी। उस समय के अरब इतिहासकार ताबरी (839-923) ने इस बात की पुष्टि की है कि उस वक्त मूर्तियों का विध्वंस नहीं किया गया था।

इब्न साद ने अपने 'अल्-तबाकत-अल्-कुबरा' में कहा है कि जैसे ही मुहम्मद साहब काबा का तवाफ (परिक्रमा) करने लगे और उन्होंने घोषणा की कि 'सत्य का आगमन हुआ है और झूठ गायब हो चुका है' और उन्होंने अपनी छड़ी से उन बुतों की ओर इशारा किया तो एक-एक कर वे मूर्तियाँ अपनी पीठिकाओं से लुढ़ककर गिर पड़ीं और टूट गईं। असल में तो, पैग़म्बर साहब कुछ वक्त पहले तक मूर्तिपूजक रहे लोगों की भावनाओं के प्रति इतने सतर्क थे कि उन्होंने काबा की चाभियाँ उसके पुश्तैनी परिरक्षकों के पास ही बनी रहने दीं जबकि उनके अपने दामाद अली, उस सम्मान के दावेदार थे। पैग़म्बर साहब उस समुदाय की भावनाओं को चोट नहीं पहुँचाना चाहते थे; वे जानते थे कि भावनात्मक परिवर्तन होने में कुछ वक्त लगेगा। वही बात पहले चार खलीफाओं—ख़ुलफाए-राशदीन के लिए भी सच है और कई मुसलमान इतिहासकारों ने यह ध्यान दिलाया है कि उन्होंने 'कुछ संयोगवश हुई घटनाओं को छोड़कर, जो किसी लड़ाई में अपरिहार्य हैं' कभी किसी मूर्ति या देवालय को भ्रष्ट नहीं किया।

इब्न साद ने दर्ज किया है, 'फारस की अगियारियों में पावन अग्नि का जलना जारी रहा। फिलिस्तीन, सीरिया, मिस्र और इराक के गिरजाघरों में पावन प्रतिमाएँ और सन्तों के स्मृतिचिह्न बरकरार रहे और गिरजे की घंटियाँ पहले ही की तरह बजती रहीं।' लेकिन कालान्तर में हुई घटनाओं के लिए न तो कुरान के उपदेशों पर और न तो पैग़म्बर

साहब के अमल पर और न ही 'ख़ुलफ़ाए-राशदीन' के आचरणों पर सवालिया निशान लगाया जा सकता है। असल में कुरान में ऐसा कोई विधान नहीं है जो मुसलमानों को यह आदेश देता हो कि वे मूर्तियों को तोड़ें, हालाँकि मूर्तिपूजा को जैसा कि मैंने पहले ही समझाया है, निस्सन्देह अनुचित माना गया है। सूरः अलू-काफ़िरून में अल्लाह ने पैग़म्बर से कहा कि वह मक्का के मूर्तिपूजकों से (उनके इस्लाम अपनाने से पहले) यह कहे कि :

जिन (बुतों) को तुम पूजते हो,
उनको मैं नहीं पूजता,
और जिस (खुदा) की मैं इबादत करता हूँ,
उसकी तुम इबादत नहीं करते,
और जिनकी तुम पूजा करते हो
उनकी मैं पूजा करनेवाला नहीं हूँ।
और न तुम उसकी बन्दगी करनेवाले हो
जिसकी मैं बन्दगी करता हूँ।
तुम अपने दीन पर, मैं अपने दीन पर

सूरः अलू-अन्आम, आयत 108 में कुरान ने ईमानवालों को भी फटकारा है :

और जिन लोगों को ये मुश्रिक
खुदा के सिवा पुकारते हैं,
उनको बुरा न कहना कि
ये भी कहीं खुदा को
बे-अदबी से बे-समझे बुरा (न) कह बैठे।
इस तरह हमने हर एक फिर्के के आमाल
(उनकी नजरों में) अच्छे कर दिखाए हैं।
फिर उनको अपने परवरदिगार की तरफ
लौट कर जाना है,
तब वह उनको बताएगा कि
वे क्या-क्या किया करते थे।

हिन्दू, राजा राममोहन राय (1772-1833) और ऋषि दयानन्द सरस्वती (1824-1883) जैसे व्यक्तित्वों की उपलब्धियों की भूरि-भूरि प्रशंसा करते हैं और ये मूर्तिपूजा के उग्र विरोधी थे। राममोहन राय द्वारा स्थापित 'ब्रह्गोसमाज' ने हिन्दुओं के बीच एकेश्वरवाद के प्रचार-प्रसार को बहुत बढ़ावा दिया। संस्था के चार्टर में, जिसे 'एनसाइक्लोपीडिया आफ रिलिजन एंड एथिक्स' ने 'एक उल्लेखनीय दस्तावेज' कहा है, उसके अपने सदस्यों का आह्वान किया है :

> वे, सनातन, अनन्वेषणीय और अपरिवर्तनीय सत्ता की जो अखिल विश्व का रचयिता और संरक्षक है, आराधना और उपासना के लिए व्यवस्थित, गम्भीर,

धर्मयुक्त और श्रद्धायुक्त तरीके से आचरण और व्यवहार करें लेकिन उस (सत्ता) को ऐसा कोई और काम या पद या उपाधि न दें जो किसी विशिष्ट तत्त्व या सत्ता के लिए किसी व्यक्ति या व्यक्ति-समूह द्वारा प्रयुक्त होता है या लगाया जाता है और यह भी कि किसी भी प्रकार की किसी की भी प्रतिकृति, प्रतिमा, मूर्ति या शिल्पाकृति, उत्कीर्णन, पेंटिंग, तस्वीर, व्यक्ति-चित्र उक्त भवन के भीतर प्रविष्ट नहीं किए जाएँगे।

देवेन्द्रनाथ ठाकुर (1817-1905) ने ब्रह्मो घोषणापत्र की रचना की थी जिसमें हिन्दुओं से विशेष रूप से कहा गया था कि वे वेदों की ओर लौटें और यह 'संकल्प करें कि मूर्तिपूजा से अलग रहेंगे और प्रभु की आराधना करेंगे।' महर्षि दयानन्द सरस्वती द्वारा स्थापित आर्यसमाज, मूर्तिपूजा के खिलाफ उनके सीधे विद्रोह का परिणाम था। उन्होंने हिन्दुओं से लगातार यही सवाल पूछा, 'क्या वेदों में मूर्तिपूजा है !' उनके जीवनीकार इस बात पर एकमत हैं कि उन्होंने मूर्तिपूजा का उग्र विरोध किया और अपने अनुयायियों से कहा कि जहाँ भी उन्हें मूर्तियाँ मिलें, उनको नष्ट कर दें। स्वामी विवेकानन्द (1863-1902) ने भी, जो रामकृष्ण परमहंस (1834-86) के मुख्य शिष्य थे, मूर्तिपूजा को 'उच्च आध्यात्मिक सत्यों को ग्रहण करने में असमर्थ अविकसित मानस का चिह्न' बताया। तो फिर भला इस्लाम के पैग़म्बर के प्रति इतना भारी आक्रोश क्यों, जो स्वयं में सहिष्णुता की आदर्शमूर्ति थे और जिन्होंने मक्का के ऐसे मूर्तिपूजकों से बहुत ही नर्म भाषा में संवाद किया जो न तो एकमेव ईश्वर पर विश्वास रखते थे और न ही जिनके पास सही मार्गदर्शन के लिए वेदों जैसे ग्रन्थ थे। परमहंस के कार्य को ऋषि-तुल्य देवेन्द्रनाथ ठाकुर ने, जो महाकवि रवीन्द्रनाथ ठाकुर (1861-1941) के पिता थे, आगे बढ़ाया। आर्यसमाज के उभार ने मूर्तिपूजा की समस्त अवधारणा पर कड़ा प्रहार किया। आर्यसमाज ने सार्वजनिक रूप से मूर्तियों को तोड़ा। आर्यसमाज ने अपने दायरे में अनेक प्रभावशाली हिन्दुओं को आकर्षित किया—भारतीय राष्ट्रीय कांग्रेस के पूर्व अध्यक्ष और स्वतन्त्रता संग्राम के दुर्दम्य सैनिक लाला लाजपतराय से लेकर आजाद भारत के एक प्रधानमन्त्री चरण सिंह तक आर्यसमाज के सिद्धान्त के अनुयायी थे।

हिन्दू धर्म अनेकानेक विश्वासों-मान्यताओं का विशाल सागर है जिसमें सदियों के दौरान अनेक प्रकार के सिवार उग आए हैं; लेकिन उसका केन्द्रीय वैचारिक-तत्त्व एवेश्वरवाद रहा है। इसीलिए अल्लामा इक़बाल ने गायत्री मन्त्र की अपनी भूमिका में कहा कि 'हिन्दू धर्म को 'शिर्क' (ईश्वरत्व में ईश्वर के सिवा और किसी को सम्मिलित करना) में मानना, मेरी राय में सही नहीं होगा।' मिसाल के तौर पर आठवीं सदी में, समरक़न्द को विजित करनेवाला मुस्लिम सिपहसालार क़ुतैबा वहाँ की सारी सोने की मूर्तियाँ उठा ले गया और उसने उन्हें गला डाला, क्योंकि उसे पैसे की बहुत ज्यादा जरूरत थी इसलिए नहीं कि वह कोई पावन धार्मिक कृत्य कर रहा था। उसी तरह से, महमूद गज़नवी ने सोमनाथ के मन्दिर को लूटा क्योंकि वह अपने खजाने को समृद्ध बनाने के लिए वहाँ से सोने-हीरे के जेवरात ले जाना चाहता था।

इस्लाम का मूर्तिपूजा के प्रति मुख्य विरोध इस आधार पर है कि वह एकेश्वरवाद का उल्लंघन करता है; वह दैवी एकत्व की कीमत पर मानव के दैवीकरण में परिणत होता है। पैग़म्बर साहब स्वयं अपने भी प्रकार के दैवीकरण के इतने खिलाफ थे कि उन्होंने अपनी मामूली तस्वीर तक बनाने की अनुमति नहीं दी ताकि कहीं उनके अनुयायी, दीन पर ईमान रखनेवाले लोग, पैग़म्बर साहब की प्रतिकृति की ही पूजा न करने लग जाएँ। उन्होंने तस्वीरें या मूर्तियाँ बनाने को सिरे से निषिद्ध नहीं किया था, लेकिन शास्त्रीय धर्मवेत्ताओं ने मुहम्मद साहब द्वारा अपने ही दैवीकरण के खिलाफ उठाए गए कदम को इस प्रकार गलत व्याख्यायित किया कि उन्होंने हर प्रकार की चाक्षुष प्रतिकृतियों पर पाबन्दी लगाई है।

मूर्तियों के भंजन के अलावा जो बात इस्लाम की आलोचना में खासकर हिन्दुओं द्वारा उठाई जाती है वह है मन्दिरों को ध्वस्त करने की उसकी तथाकथित हिदायत; अतीत के कुछ मुस्लिम शासकों की करतूतों की वजह से इस बात को सही माना गया। कुरान ने ऐसे उच्छृंखल कामों के खिलाफ साफ-साफ हिदायत दी है। सूरः अल्-हज्ज, आयत 40 में उल्लेख है :

अगर खुदा लोगों को
एक-दूसरे से न हटाता रहता तो
(राहिबों के) पूजा-घर और (ईसाइयों के) गिरजे
और (यहूदियों के) प्रार्थना घर और (मुसलमानों की) मस्जिदें,
जिनमें खुदा का बहुत-सा जिक्र किया जाता है,
गिराई जा चुकी होतीं।

कुरान मुसलमानों को यह आदेश नहीं देता कि वे दीन पर ईमान न रखनेवालों के पूजास्थलों को ध्वस्त करें और उस पर अपने मस्जिद बनवाएँ। ऐसी प्रवृत्ति को तो खासतौर से नापसन्द किया गया है। सूरः अल्-बक़रः आयत 114 में यह साफ कहा गया है :

और उससे बढ़कर जालिम कौन है
जो खुदा की मस्जिदों में खुदा के नाम का
जिक्र किए जाने को मना करें
और उनकी वीरानी में कोशिश करे।
उन लोगों को कुछ हक नहीं कि
उनमें दाखिल हों मगर डरते हुए।
उनके लिए दुनिया में रुसवाई है
और आखिरत में बड़ा अजाब।

सूरः अन्आम, आयत 52 में मुसलमानों को स्पष्ट शब्दों में चेतावनी दी गई है :

और जो लोग सुबह व शाम
अपने परवरदिगार से दुआ करते हैं

और उसकी जात की तलब में हैं,
उनको (अपने पास से) मत निकालो।
उनके हिसाब (आमाल) की जवाबदेही
तुम पर कुछ नहीं और
तुम्हारे हिसाब की जवाबदेही
उन पर कुछ नहीं।
अगर उनको निकालोगे,
तो जालिमों में हो जाओगे।

सूरः अल्-यूनुस (10), आयत 99 में पैग़म्बर साहब को अपने जीवन-कार्य के बारे में समझाया गया है :

और अगर तुम्हारा परवरदिगार चाहता,
तो जितने लोग जमीन पर हैं,
सब के सब ईमान ले आते।
तो क्या तुम लोगों पर जबरदस्ती करना चाहते हो
कि वे मोमिन हो जाएँ।

सूरः अल्-हज्ज, आयत 67 में भी पैग़म्बर साहब को बताया गया कि :

हमने हर एक उम्मत के लिए
एक शरीअत मुकर्रर कर दी
जिस पर वे चलते हैं
तो ये लोग तुमसे इस मामले में
झगड़ा न करें।

उसी सूरः की आयत 68 और 69 में पैग़म्बर साहब से कहा गया कि अन्तर-धार्मिक विवादों का फैसला बेहतर है कि खुदा पर ही छोड़ दिया जाए :

और अगर ये तुमसे झगड़ा करें,
तो कह दो कि जो अमल तुम करते हो,
खुदा उनको खूब जानता है।
जिन बातों में तुम इख्तिलाफ करते हो,
खुदा तुममें कियामत के दिन
उनका फैसला कर देगा।

इस बात के कोई दस्तावेजी सबूत नहीं कि पैग़म्बर साहब ने कभी भी किसी मन्दिर, गिरजा या यहूदी प्रार्थना-घर को ध्वंस किया; उल्टे जब नाजरान का ईसाई शिष्ट-मंडल उनसे मिलने मदीना आया, तो उन्होंने उनकी प्रार्थना-सभा के लिए अपनी मस्जिद पेश की। सूरः तौबा, आयत 6 में मूर्तिपूजकों के प्रति भी ऐसी ही भावना रखने की हिदायत दी गई है :

और अगर कोई मुश्रिक

तुमसे पनाह चाहता हो,
तो उसको पनाह दो,...
फिर उसको अम्न की जगह
वापस पहुँचा दो।

पैग़म्बर साहब ने सभी गैर-मुस्लिमों को, फिर चाहे वे ईसाई, यहूदी या मूर्तिपूजक हों 'धिम्मी' (संरक्षित) कहा।

मध्ययुगीन इस्लाम के एक प्रमुख विधिवेत्ता अल्-मावर्दी (974-1058) के अनुसार पैग़म्बर साहब ने अपनी मृत्यु-शय्या पर अपने सहयोगियों को यह साफ निर्देश दिए थे, 'गैर-मुसलमानों को मैं जो संरक्षण देता रहा हूँ, पूरी ईमानदारी से उसका निबाह करते रहना, याद रखो कयामत के दिन मैं उनकी पैरवी करूँगा।'

उसी तरह से, उनके निकटतम सहयोगी, पहले चार खलीफा, अन्य धर्मों के पूजा-स्थलों का सम्मान करते रहे। असल में तो, दूसरे खलीफा उमर ने, अन्य धर्मों के अनुयायियों के धार्मिक स्थलों की पवित्रता को बरकरार रखने के लिए विशेष कदम उठाए। अनेक घटनाएँ इसकी पुष्टि करती हैं और उसमें सबसे मशहूर सन् 637 में येरुशलम की पवित्र नगरी पर कब्जे के बाद यहूदियों और ईसाइयों के साथ किया गया उनका सलूक है। फौजी सिपहसालार ख़ालिद ने आत्मसमर्पण के लिए जो शर्तें रखी थीं उन्हें पेट्रियार्क सेफ्रोनियस ने एक शर्त पर मंजूर किया कि स्वयं खलीफा पधारें और नगरी को ग्रहण करें। उमर ने उसे मंजूर किया और मदीना से लम्बा सफर कर वहाँ पहुँचे। उन्होंने ईसाई और यहूदी नागरिकों के प्रति असीम सद्भावना दर्शाई और उन्हें पूर्ण संरक्षण का आश्वासन दिया। पेट्रियार्क के निमन्त्रण पर वे पवित्र गिरजाघर में गए; इस गिरजाघर को ईसाई बहुत पावन मानते हैं क्योंकि माना जाता है कि यह, ईसा मसीह की कब्र की जगह पर बना है। जब उमर, चर्च का दौरा कर रहे थे तब दोपहर की नमाज़ का वक्त हो गया। पेट्रियार्क ने उमर से निवेदन किया कि वे चर्च में ही नमाज़ पढ़ लें, लेकिन उमर ने चर्च के बाहर, खुली जमीन पर नमाज़ पढ़ी; 'अगर मैं चर्च में नमाज़ पढ़ूँगा तो मुमकिन है कोई जोशीला मुसलमान उसे मस्जिद में तब्दील कर दे।'

ज्यों-ज्यों इस्लाम फैलता गया, उन क्षेत्रों के मन्दिरों, चर्चों या सिनेगोगों की महत्ता घटती गई और उनका इस्तेमाल भी घटता गया। लेमरताइन ने अपने 'हिस्तोरी द ला तुर्की' में बड़े सटीक ढंग से इसे प्रस्तुत किया है, 'धर्मवेत्ताओं की बड़ी-बड़ी बातों के बीच परमात्मा की एकमेवता की बात अपने-आप में एक ऐसा चमत्कार थी कि (पैग़म्बर साहब के) होंठों से उसका उच्चार होते ही सारे प्राचीन बुतखाने ध्वस्त हो गए और एक तिहाई दुनिया में आग लग गई।'

इस प्रकार कुरान में पूजास्थलों को ध्वंस के खिलाफ साफ-साफ आदेश दिए हैं और इस्लाम के शुरुआती शासकों ने बड़ी सतर्कता से उनका पालन भी किया। इसलिए जिसने भी इन निर्देशों के खिलाफ काम किया है उसने गुनाह किया है चाहें वह महमूद गज़नवी हो या अल्लाउद्दीन ख़िलजी या बहुत ही धर्मनिष्ठ बादशाह औरंगज़ेब।

अलाउद्दीन ख़िलजी ने दिल्ली के मुफ्तियों को दो-टूक जवाब दे दिया था कि उसे नहीं मालूम कि शरीअत में किस बात की अनुमति दी गई है और नहीं दी गई है, वह तो वही काम कर रहा है जो उसकी सत्ता के लिए अनुकूल है। लेकिन, अफ़गानिस्तान या मध्य एशिया से आए बहुत शुरुआती हमलावरों का यह नजरिया नहीं था।

जैसा कि मौलाना सैयद सुलेमान नदवी ने अपनी पुस्तक 'अरब-व-हिन्दू के ताल्लुकात' में ध्यान दिलाया है, 'तुर्क, अफगान और मुग़ल, जिन्होंने सिलसिलेवार उत्तरी भारत पर हमले किए, बेशक इस्लाम के अनुयायी होने का दावा करते थे लेकिन उनके सभी, अच्छे-बुरे कामों के लिए इस्लाम को जवाबदेह ठहराना गलत होगा। खैबर के दर्रे से जो कबीलाई हमलावर घुसते चले गए हालाँकि नाम से मुसलमान थे, लेकिन असल में वे इस्लाम का प्रतिनिधित्व नहीं करते थे।'[5] हाल ही में धर्मान्तरण हुआ था और जिन्हें कुरान की हिदायतों या पैग़म्बर साहब के अमलों की करीब-करीब कोई जानकारी नहीं थी।

अफ़गानिस्तान में जहाँ से वे भारी तादाद में भारत आए थे, मुस्लिम धर्मदर्शन या विचार का एक भी शिक्षा-केन्द्र नहीं था। इसलिए, जैसा कि नदवी ने कहा है, "...इस बात पर यकीन करने के लिए कोई न्यायोचित वजह नहीं है कि युद्ध या शान्ति के दौरान अफगान कबीलाइयों के आचरण, इस्लाम द्वारा नियन्त्रित होते थे।"[6] यही बात मध्य एशिया की टोलियों पर, जिन्होंने मुग़ल सल्तनत की नींव डाली, लागू होती है। असल में मुहम्मद-बिन-क़ासिम ने, जिसने 711 में सिन्ध पर हमला किया और हिन्दुस्तान की जमीन पर पहली बार इस्लाम का झंडा गाड़ा, हिन्दुओं को वैसा ही बराबरी का दर्जा दियां जैसा कि पैग़म्बर साहब और उनके सहयोगियों ने यहूदियों और ईसाइयों को दिया था।

कुछ मुसलमान शासकों द्वारा कुछ मन्दिरों के विध्वंस के अलावा, और उन्होंने वह काम इस्लाम का गौरव बढ़ाने के लिए उतना नहीं बल्कि अपने बागी हिन्दू अवाम को डराने और आतंकित करने के लिए ज्यादा किया था, ऐसा कोई दस्तावेजी सबूत नहीं मिलता कि मध्य युग के आम मुसलमानों ने इस प्रकार की बर्बर तोड़-फोड़ की थी। उसके विपरीत ऐसे अनेकानेक उदाहरण मिलते हैं जहाँ उन्होंने हिन्दू पूजास्थलों को आदर-सम्मान प्रदान किया। महान उर्दू शायर मिर्ज़ा असदुल्ला ख़ान ग़ालिब (1797-1869) ने बनारस या काशी के वैभव पर एक लम्बी कविता फ़ारसी में लिखी है और बनारस को इतना मार्मिक सम्मान किसी कवि ने, किसी भाषा में नहीं दिया है।

कविता का शीर्षक है 'चराग़-ए-दैर' (मन्दिर का दीपक) और मशहूर उर्दू उपन्यास-कार व ज्ञानपीठ पुरस्कार विजेता लेखिका क़ुर्रतुलैन हैदर ने उसका बड़ा खूबसूरत तर्जुमा अंग्रेजी में किया है कविता में उस महाकवि ने बनारस की कल्पनातीत महिमा का वर्णन करते हुए शब्दों की अनूठी चित्रकारी प्रस्तुत की है :

खुदा बनारस को बुरी नजर से बचाए,
यह उल्लास से भरा स्वर्ग है,

आवागमन करती रूहों की
यात्रा का अन्तिम पड़ाव है।
वक्त के झंझावात इस देवालय-भूमि को नहीं छूते
बनारस सदाबहार है।
यहाँ पतझर बन जाता है माथे का चन्दन
वसन्ती बयार पहनती है जनेऊ फूलों का,
गोधूलि बेला में आसमान के माथे पर तिलक लगता है
काशी की मिट्टी का।
हिन्दू का यह काबा, शंख बजानेवालों का आराधना गृह
इसकी मूर्तियाँ और प्रतिमाएँ
बनी हैं उसी नूर से जो
कभी कौंधी थी सिनाई के पर्वत पर...
मैंने कहा एक रात एक ऋषि से
(जानता था जो काल-चक्र के रहस्यों को)
'महात्मन, आप देख ही रहे हैं
अच्छाई और ईमानदारी
निष्ठा और प्रेम
बिदा हो गए इस दुखियारी दुनिया से।
बाप और बेटे जानी दुश्मन हैं
भाई से लड़ता है भाई,
एकता, एकजुटता का खात्मा हो गया।
ऐसे अपशकुनों के बावजूद
कयामत क्यों नहीं आती !
आखिरी बिगुल क्यों नहीं बजता !
महाप्रलय की बागडोर किसके हाथों में है !
उस त्रिकालदर्शी महात्मा ने
इशारा किया काशी की ओर
और हौले-से मुस्कराए
सरजनहार को इस रचना से प्यार है
इसकी वजह से जिन्दगी में रंग है
वह नहीं चाहता कि यह नष्ट हो गिरे।

अलबत्ता, यह दलील दी जा सकती है कि ग़ालिब या उनकी शायरी का इस्लाम की हिदायतों से कोई खास लेना-देना नहीं था। यह सच भी हो, लेकिन इसमें शक की कोई गुंजाइश नहीं कि अपने वक्त के अनेक महान मुसलमान विचारकों के आचार और विचार में, और शब्दों में भी ग़ालिब जैसी ही भावनाएँ प्रतिबिम्बित होती हैं। इस्लाम

के इतिहास में मौलाना रूमी का अत्यधिक सम्मान किया जाता है यहाँ तक कि उनकी मसनवी को 'फ़ारसी ज़बान की क़ुरान' कहा जाता है। अपनी समूची रचना में उन्होंने मानव-मात्र की एकता पर जोर दिया है, मौलाना की मसनवी में एक उल्लेखनीय पद है जिसमें खुद अल्लाह की वाणी सभी धर्मों-मजहबों के अनुयायियों को सम्बोधित कर कहती है :

जहाँ तक मुमकिन हो, अपकार मत करो,
सम्बन्ध-विच्छेद मुझे बेहद नापसन्द है।
हर एक शख़्स को हमने विशिष्ट रूप दिया है
हर एक को हमने विशिष्ट आचार दिया है।
जो तुममें सराहनीय है वह उसमें निन्दनीय है
जो तुम्हारे लिए जहर है वह उसके लिए शहद है।
जो उसमें भलाई है वह तुममें बुराई है,
जो उसमें उचित है वह तुममें घृणित है,
मैं हर शुचिता और अशौच से मुक्त हूँ।
मुझे लोगों की सुस्ती या चुस्ती से सरोकार नहीं।
मैंने मानवों को किसी फायदे के लिए नहीं रचा
बल्कि अपनी मेहरबानियाँ बरसाने के लिए रचा।
हिन्द के लोगों में हिन्द के आचार सराहनीय हैं,
सिन्ध के लोगों में सिन्ध के।
उनकी सराहनाओं से मैं पावन नहीं बनता
वे उससे पावन और उज्ज्वल बनते हैं।
मैं बाहरी (रूप) और शब्दों पर ध्यान नहीं देता,
मैं भीतरी (रूप) और मन पर ध्यान देता हूँ।
मैं देखता हूँ कि क्या दिल में विनम्रता है
भले ही शब्दों में विनम्रता न दिखे।
क्योंकि दिल ही तो असली सत्व है, और शब्द महज संयोग,
संयोग तो सिर्फ माध्यम है, सत्व ही अन्तिम लक्ष्य है।
और कितनी देर तुम शब्दों और सतही चीजों में रमे रहोगे ?
मुझे चाहिए एक ज्वलन्त मानस; ज्वाला से तुम मेल करो !

रूमी ने मानव-मात्र को जो सन्देह दिया है वह नितान्त स्पष्ट है :

तुम्हें अल्लाह ने भेजा है लोगों को जोड़ने के लिए
तुम्हें नहीं भेजा है उन्हें तोड़ने के लिए।

सुधार एवं परिवर्तन

हिन्दुस्तानी मुसलमानों पर अक्सर यह आरोप लगाया जाता है कि वे आधुनिक समय के साथ-साथ नहीं चलते। कहा जाता है कि वे अपने धार्मिक दृष्टिकोण, विधानों और आचरणों में किसी भी प्रकार के सुधार के खिलाफ हैं। सम्भव है कि इस बात में तथ्य का कुछ अंश हो लेकिन मुसलमानों के विरोध को समझने में हिन्दू गलती कर रहे हैं और उन्हें गुमराह भी किया जा रहा है। मुसलमानों को यह सन्देह है कि हिन्दू उनके धर्म और आचार में सुधार लाने पर जोर देकर यह चाहते हैं कि वे प्रचलित हिन्दू मान्यताओं और परम्पराओं के अनुरूप हो जाएँ और अन्ततोगत्वा हिन्दू मुख्यधारा में विलीन हो जाएँ। हिन्दू, जबकि दूसरी ओर मुसलमानों के अड़ियल रवैए से बेहद नाखुश होते हैं और उन्हें लगता है कि इससे फिर एक बार वे हिन्दुओं के खिलाफ एकजुट होकर सत्ता और समाज में विघटनकारी तत्त्वों को बढ़ावा देंगे। मैंने भिन्न-भिन्न अध्यायों में इन प्रतिक्रियाओं का विश्लेषण किया है, लेकिन यह जरूरी है कि हिन्दुओं और मुसलमानों दोनों के दिमागों से इस विषय से सम्बन्धित मकड़जालों को साफ किया जाए। क्योंकि कोई भी देश सही मायने में प्रगति नहीं कर सकता अगर उसका एक हिस्सा, और सो भी एक काफी बड़ा हिस्सा, अपने अतीत से चिपका रहे और आगे कूच करने से इनकार कर दे। बदकिस्मती से अनेक हिन्दुओं की मान्यता है कि खुद इस्लाम ही सुधारों के खिलाफ है। जैसाकि ब्रिटिश, जनरल ने कहा था, 'सुधरा हुआ इस्लाम, इस्लाम नहीं रह जाता।' इस बयान में कोई सच्चाई नहीं है लेकिन मुसलमानों के बीच के दकियानूसी और कट्टरपन्थी लोगों का आचरण ऐसा रहा है कि इस मान्यता को विश्वसनीयता का बल मिल गया है।

हिन्दुस्तानी मुसलमान आज दो प्रकार के आघात से ग्रस्त हो रहा है—एक, उनके खिलाफ धार्मिक पूर्वाग्रह, जिसकी जड़ें इतिहास में हैं लेकिन जिसे आजकल हिन्दुत्व के समर्थकों ने खूब जोर-शोर से प्रचारित करना शुरू किया है, और दूसरा है हिन्दुत्व के समर्थकों द्वारा धर्मनिरपेक्षता—जिसे वे 'नकली धर्मनिरपेक्षता' कहते हैं—के खिलाफ चलाया जाता अभियान जिसके तहत उनके कथनानुसार मुसलमानों को शासकीय दायरों से प्राथमिक व्यवहार मिलता है।

इन दो विचारों के फैलने की वजह से इस्लाम के खिलाफ। यह व्यापक गलत अवधारणा व्याप्त है कि यह मजहब अतीतोन्मुखी है और अपने अनुयायियों को वक्त के साथ कदम मिलाकर चलने की अनुमति नहीं देता। यह इस्लाम के खिलाफ, ईसाई

धर्माधिकारियों द्वारा, मुहम्मद साहब की मृत्यु के सिर्फ पचास साल के बाद से ही फैलाए गए निन्दा-अभियान क़ा परिणाम है। यह अभियान इतनी उग्र कटुता और विद्वेष के साथ चलाया गया कि मानवीय इतिहास में उसके समान और कोई घटना नहीं मिलती। वजह बहुत ही साफ है। इस्लाम, उन देशों में फैला जहाँ ईसाइयत का वर्चस्व था और उसने जनता के दिलो-दिमाग से ईसाइयत की पकड़ को खतम कर दिया।

ईसाई शासकों और धर्मप्रचारकों के लिए इस्लाम का यह विजय-अभियान बड़ा घातक था, ज्यों-ज्यों वे अपने द्वारा शासित देशों से पीछे हटते गए उन्होंने खुद को दिलासा देने के लिए मुहम्मद को डेविल (शैतान) और इस्लाम को मिथ्या धर्म के रूप में चित्रित करना शुरू कर दिया। आज कई प्रमुख प्राच्यविदों ने, सर एडवर्ड डेनिस रास के शब्दों में धर्मान्ध ईसाइयों द्वारा गढ़ी गई विकृत रिपोर्टों का पर्दाफाश किया है जिनकी वजह से 'ठोस भोंडे मिथ्यावाद का बड़े पैमाने पर प्रचार किया गया।' उन्होंने ध्यान दिलाया है कि इस्लाम में, जो कुछ अच्छा था उसे तो 'सरासर नजरअन्दाज कर दिया गया' और जो कुछ यूरोप की नजरों में अच्छा नहीं था उसे बढ़ा-चढ़ाकर और गलत तरीके से प्रस्तुत किया गया।

हिन्दुस्तान में ब्रिटिशों के आगमन तक, इस्लाम, हालाँकि एक वर्चस्वी धर्म था, जैसाकि मैं पहले भी उल्लेख कर चुका हूँ, कभी विकृत प्रस्तुति या गलत प्रतिनिधित्व का शिकार नहीं हुआ; लेकिन ब्रिटिशों के शासन-काल में, इस के खिलाफ अन्य स्थानों के अतीत के अभियानों की तरह ही अभियान छेड़ दिया गया और उसमें ब्रिटिश अधिकारियों और धर्माधिकारियों की सहभागिता थी। हिन्दू जन-समुदाय की मानसिकता पर उसका गहरा असर पड़ा। ब्रिटिशों के चले जाने के बाद भी इस्लाम के खिलाफ व्याप्त पूर्वाग्रह को बदलने के लिए कोई खास काम नहीं हुआ है। भारतीय मुसलमानों को अब भी भारत के विकास में बाधक, विदेशी, असहिष्णु, आक्रामक और अड़ियल समुदाय माना जाता है जो टूट जाएगा पर झुकेगा नहीं, गन्दे कबीलानुमा बस्तियों में घिरा रहेगा लेकिन गैर-मुस्लिमों से मेल-जोल नहीं करेगा और बदलती परिस्थितियों की आवश्यकताओं के अनुरूप बदलेगा नहीं। यह बड़ी अजीब बात है कि एक ऐसा धर्म जिसने दुनिया में महानतम क्रान्ति पैदा की और मानवीय इतिहास को बदल डाला आज सभी धर्मों से बेहद पिछड़ा हुआ और प्रतिगामी माना जा रहा है।

इस धर्म का बचाव करनेवाले बड़ी सौजन्यता से समझाते हैं कि गलती सम्भवतः इस्लाम की नहीं है, वरन् मुसलमानों की है। असल में दोनों ही दलीलें सच नहीं हैं। बुनियादी तौर पर इस्लाम उतना ही प्रगतिशील है जितना कि कोई और धर्म। और मुसलमान अपने धर्म के आचार-विचार का पालन करने में उतने ही पक्के या कच्चे हैं जितने कि दूसरे धर्मावलम्बी। असली समस्या यह है कि मुसलमान अब वर्चस्वी सत्ता नहीं रहे और शासित समुदाय हो गए हैं; अब तक जो उनके द्वारा शासित प्रजा-वर्ग था वह अब सत्ताधारी शासक-वर्ग हो गया है और उसमें उनके प्रति न कोई हमदर्दी है और न कोई लिहाज। नतीजा यह हुआ कि मुसलमानों के हर एक काम की आलोचना की

जाती है, हर एक कदम की निन्दा की जाती है, हर एक प्रतिक्रिया की गलत व्याख्या की जाती है और कुछ लोगों की गलतियों और अधिकांश की उदासीनता की वजह से समूचे समुदाय को धिक्कारा जाता है।

इस्लाम पर बड़े सूक्ष्म तरीके से हमला किया जाता है। कहा जाता है कि इस्लाम इतना अश्मीभूत-सा कड़ा है कि वह परिवर्तन कबूल नहीं कर पाता। यह भी कि अगर मुसलमान क़ुरान का सम्पूर्णतया अनुसरण करना नहीं छोड़ते तो फिर उनके धर्म में न तो सुधार हो सकता है और न ही उसका नवीनीकरण। और यह ज्यादा जोर देकर कहा जाता है, ऐसी स्थिति में उनका तो विनाश होना ही है। यानी, असल में मुसलमानों से यह कहा जा रहा है कि वे इस्लाम छोड़ दें। क्योंकि क़ुरान ही असल में इस्लाम का मूलाधार है; कोई भी मुसलमान उसके एक भी शब्द को संशोधित या परिवर्तित नहीं कर सकता।

जो क़ुरान को दिव्य ग्रन्थ नहीं मानते, वे इस्लामी बिरादरी में बने नहीं रह सकते। पैग़म्बर साहब सिर्फ क़ुरान में निहित बातों के सम्प्रेषक थे। उन्हें वह स्थान प्राप्त नहीं है जो ईसा को ईसाइयों में, मूसा को यहूदियों में, बुद्ध को बौद्धों में या कृष्ण को हिन्दुओं में प्राप्त है। मुहम्मद साहब न तो भगवान हैं और न ही उसके अवतार हैं। वे मानव हैं और उनके साथ कोई अलौकिकता जुड़ी हुई नहीं है; क़ुरान के एक अध्याय में, दरअसल उन्हें इस बात के लिए डाँटा गया है कि उन्होंने एक भिखारी को दुत्कारा। हालाँकि वे एक आदर्श मानव थे लेकिन गलती उनसे भी हो सकती थी। मुहम्मद साहब के अमलों को दर्ज करनेवाले सर्वाधिक दो प्रामाणिक ग्रन्थों में से एक के लेखक इमाम मुस्लिम (मृत्यु 875) द्वारा दर्ज एक अमल के मुताबिक खुद पैग़म्बर साहब ने अपने अनुयायियों को चेतावनी दी कि उनके धार्मिक मन्तव्य, निस्सन्देह उन पर बन्धनकारी थे, क्योंकि वे इलहामी थे, लेकिन उनके दुनियावी मन्तव्य नहीं क्योंकि वे कभी-कभी त्रुटिपूर्ण भी हो सकते थे।

मुसलमानों के लिए क़ुरान वह धुरी है जिसके इर्द-गिर्द सब कुछ घूमता है। हालाँकि यह अरबी भाषा में ईश्वरादिष्ट हुआ और अरबवासियों को इसमें सम्बोधित किया गया लेकिन इसका सन्देश वैश्विक है; यों, असल में इसका मूल-पाठ नहीं वरन् उसकी अन्तश्चेतना महत्त्वपूर्ण है। उसके शब्दों का, उनके ऐतिहासिक परिप्रेक्ष्य में, अन्वयार्थ निकालना होगा। इसीलिए इलहाम की वजहों को ध्यान में रखना होगा; और असल में यह एक विज्ञान का रूप ले चुका है। इनमें स्थानीय, ऐतिहासिक, प्रतीकात्मक और बुनियादी आयतों की ऐसी सन्निकटता है कि कोई, नया अप्रशिक्षित पाठक उलझन में पड़ सकता है। जैसाकि मैंने अपने 'मुहम्मद एंड द क़ुरान' ग्रन्थ में समझाया है :

> क़ुरान एक अपूर्व मिश्रण है आध्यात्मिकता और भौतिकता का, अलौकिकता और ऐहिकता का; इसमें सूरज से लेकर पतंगे तक को समेटा गया है। यह एक आयत में वह नैतिक सबक सिखाता है जिसके लिए आमतौर पर एक समूचे ग्रन्थ की जरूरत पड़ सकती है, वह एक सिद्धान्त को अनेक कोणों से

निरूपित करता है और एक गलती पर अनेकानेक दिशाओं से हमला करता है। उसके बावजूद उसके मुख्य मूल्यों को न सिर्फ असन्दिग्ध रूप में बल्कि बड़े प्रबल रूप में, प्रस्तुत किया गया है। ये, एक मायने में, उसके सारभूत तत्त्व हैं।

मौलाना रूमी ने, (मृत्यु 1273) जिनकी रहस्यवादी कविताओं की मसनवी को मुसलमान बहुत सम्मान प्रदान करते हैं, इसी बात को ऐसे शब्दों में व्यक्त किया है जो शायद परम्परावादियों को धक्का पहुँचाए :

क़ुरान में से मैं गूदा ले लेता हूँ
और हड्डियाँ कुत्तों के लिए फेंक देता हूँ।

यहाँ 'कुत्तों' से मतलब उन लोगों से है जो ऊपरी खोखली बातों को लेकर अनावश्यक तर्क-वितर्क किया करते हैं; इस शब्द को अपमानजनक अर्थ में इस्तेमाल नहीं किया गया है। क़ुरान, अपने बुनियादी तत्त्वों में इतना व्यापक और विशाल है कि काल और स्थान के विनाशकारी तत्त्व उसे क्षति नहीं पहुँचा पाए हैं। आधुनिकतम युग में सूर्य, चन्द्र और नक्षत्रों पर जो विजय पाई गई है उसका भी संकेत क़ुरान में मिलता है क्योंकि वह कहता है कि ये सब इंसान की पहुँच के भीतर हैं और उसके फायदे के लिए हैं। इसलिए जैसाकि अल्लामा इक़बाल ने टिप्पणी की है, क़ुरान में 'जीवन एक प्रगतिशील रचना है'; वह बड़े स्पष्ट शब्दों में परिवर्तन पर जोर देता है :

खुदा किसी जन-समुदाय के हालात नहीं बदलता,
जब तक कि वे खुद उसे बदलना नहीं चाहते। (7:35)

इसलिए, मुसलमानों में किसी प्रकार की गतिहीनता के लिए, क़ुरान पर तोहमत नहीं लगाई जा सकती; इक़बाल को फिर से उद्धृत करें, कि क़ुरान तो यह सिखाता है कि "हर पीढ़ी को अपने पूर्वगामियों का प्रदर्शन मिलना चाहिए लेकिन उनके काम उनकी राह में अवरोध नहीं बनने चाहिए और हर पीढ़ी को अपनी समस्या को अपने ही तईं सुलझाने देना चाहिए।"[1] क़ुरान मुसलमानों को ऊर्जस्वी और प्रगतिशील बनने की सीख देता है; वह यथास्थितिवादी रवैए की निन्दा करता है और अनवरत संघर्ष पर जोर देता है। 'इज्तिहाद' यानी 'जहाँ क़ुरान और हदीस का आदेश साफ न पता चले वहाँ अपनी सोच से सही रास्ता निकालना' यानी स्वतन्त्र चिन्तन एक ऐसा मान्य माध्यम है जिसके जरिए आवश्यक सुधारों को लागू किया जा सकता है; और अतीत में अनेक गण्यमान्य न्यायविदों और धर्मवेत्ताओं ने उसका मुक्त रूप से उपयोग किया भी है। यह इस क़ुरानी आयत पर आधारित है कि 'और वे लोग जो हमारी राह में मेहनत करते हैं, हम उन्हें सही रास्ता दिखाते हैं।' (69:29)। इसके अलावा, पैग़म्बर साहब द्वारा अपने यमन के नव-नियुक्त सूबेदार, मा'ज़ को दिया गया यह मशविरा भी ध्यान रखने योग्य है कि जहाँ क़ुरान और अमल, खामोश हों, वहाँ विवाद का निपटारा करने के लिए उसे अपने विवेक का प्रयोग करना चाहिए।

मंगोलों (1258) द्वारा बगदाद को उजाड़ने और अब्बासी सल्तनत के पतन के बाद

इज्तिहाद के दरवाजे बन्द हो गए। इब्न तयीमिया (1263-1328) ने उन्हें फिर से खुलवाने की बड़ी कोशिशें कीं; उसी तरह उनसे पहले इब्न हज़्म (994-1064) ने और उनके बाद सूयूती (1445-1505) ने भी कोशिशें की थीं लेकिन इन लोगों के प्रयासों के बावजूद और उनकी प्रतिष्ठाओं के बावजूद वे दरवाजे को बहुत देर तक खुला नहीं रख पाए। परम्परावादी तत्त्वों ने एक के बाद एक रोड़े अटकाए और 'तक़लीद' या अनुकरण पर जोर दिया। लेकिन सुधारवादी उनके खिलाफ अथक लड़ाई लड़ते रहे और कई बार वे कानूनी सिद्धान्तों के बुनियादी तत्त्वों को भी इस प्रकार बदलवाने में कामयाब हुए ताकि बदलते वक्त के साथ कदम मिलाकर चला जा सके। हर पीढ़ी में ऐसे व्यक्ति उभरे जिन्होंने परम्परावादियों पर हमले किए और इस्लाम में नवपरिवर्तन की साँस फूँकी। उन्होंने जीवन के हर क्षेत्र में मुक्त और अनवरत सुधार की धारा प्रवाहित रखने में मदद की, इसीलिए मानवीय प्रयास के अधिकांश क्षेत्रों में उनका योगदान उल्लेखनीय रहा है और उसने सभ्यता और संस्कृति को समृद्धतर बनाया है।

असल में, यह है वह विरासत जो मुस्लिमों ने पाई है। सातवीं सदी के अन्धकार युग में, जब शराबखोरी फैली हुई थी पैग़म्बर साहब ने शराब को निषिद्ध ठहराया, जब मेहनत-मजदूरी को नीची निगाहों से देखा जाता था तो उन्होंने लोगों को काहिली से बचाने की सीख दी, जब अनुशासनहीनता का बोलबाला था तो उन्होंने अपने अनुयायियों को आदेश दिया कि वे रोजाना पाँच बार नमाज पढ़ें; जब टोलियों और कबीलों के बीच एकता और एकजुटता नाम-भर के लिए भी नहीं थी तब उन्होंने मुसलमानों को आदेश दिया कि हर शुक्रवार, खुदा की याद करने के लिए एकत्र हों; जब लोग मौज-मस्ती और दावतें उड़ाने में मशगूल रहते थे तब उन्होंने महीने-भर चलनेवाला कड़ा उपवास-रोजा रखने का निर्देश दिया। उन्होंने औरतों को उत्तराधिकार का भागी बनाया और पुरुषों पर सिर्फ चार बीवियाँ रख सकने की पाबन्दी लगाई जबकि उस वक्त अनगिनत बीवियाँ रखने का चलन था। क़ुरान ने घोषित किया कि चार बीवियाँ भी उसी स्थिति में रखी जानी चाहिए अगर उन सबसे बराबरी का बर्ताव कर पाना सम्भव हो; और उसने यह चेतावनी भी दी कि व्यवहार में ऐसा कर पाना सम्भव नहीं होता। पैग़म्बर साहब ने गरीबों को अमीरों के साथ बराबरी का दर्जा देकर गरीबों का उद्धार किया; उन्होंने अपने अनुयायियों से कहा कि उन्हें जिन्दगी में कम-से-कम एक बार हज करने के लिए मक्का में जाना चाहिए ताकि विश्व-बन्धुत्व पर उनकी आस्था फिर से मजबूत हो। पैग़म्बर साहब दो कबीलाई लड़ाई-झगड़ों, खून-खराबों, नस्ली विषमताओं और शिशु-हत्याओं का उन्मूलन किया। ये उनकी उपलब्धियों में से सिर्फ कुछ को गिनाया गया है। क्या ये सुधार और नवीनीकरण को अंकित नहीं करते ? यूरोप में रेशनालिज्म-बुद्धिवाद के पुरोगामी विचारक विन्वुड रीड ने अपने विख्यात ग्रन्थ 'द मार्टिरडम ऑफ मैन' में सही कहा है, 'ये शिकायतें करने के बदले कि मुहम्मद ने इतना ही क्यों किया, हमें तो ताज्जुब करना चाहिए कि वे इतनी अवधि में इतना कुछ कर सके। उनका समूचा कार्यकाल इस बात की बेहतरीन मिसाल है कि मानवीय इतिहास में एक अकेला व्यक्ति कितना ज्यादा

प्रभावकारी साबित हो सकता है।'[2]

तो फिर यह सवाल उठता है कि ऐसा क्यों है कि जब शुरुआती मुसलमान इतने प्रगतिशील और ऊर्जस्वी थे तो आज के इतने पिछड़े हुए क्यों हैं ? इसका जवाब ढूँढ़ने से पहले हमें यह समझ लेना चाहिए कि पिछड़ेपन से हमारा क्या मतलब है। क्या मुसलमानों पर राजनीतिक, आर्थिक, सामाजिक या धार्मिक पिछड़ेपन का आरोप लगाया जा रहा है ? अगर वह राजनीतिक, आर्थिक या सामाजिक है तब तो इस्लाम को इसके लिए दोषी नहीं ठहराया जा सकता क्योंकि वह प्रगति के लिए पर्याप्त सम्भावनाएँ प्रदान करता है और इतिहास दर्शाता है कि बड़े भव्य रूप में इस प्रकार की प्रगति को हासिल भी किया गया। उन्नीसवीं सदी तक किसी ने मुसलमानों पर पिछड़े होने का आरोप नहीं लगाया; पश्चिम के अपने विविध रूपों में आविर्भूत होने और आक्रामक होने के बाद ही से प्राचीन सभ्यताओं की आलोचना ही नहीं, निन्दा भी शुरू हुई है। और इस मुद्दे पर हिन्दू धर्म का भी हश्र कोई बेहतर नहीं रहा है। इसके अलावा, यह माना जा रहा है कि पाश्चात्य सभ्यता हर मायने में अन्य सभ्यताओं से बेहतर है यानी ईसाइयत के अलावा अन्य धर्मों पर आधारित अन्य सभ्यताएँ कमतर हैं। और मुझे आशंका है कि सुधार और पुनर्नवीनीकरण की अवधारणा के प्रति रवैए में वह सबसे बड़ी कमजोरी है। यहाँ तर्कसंगत अनुमितियाँ भी ज्यादा मददगार नहीं साबित होतीं क्योंकि मानव द्वारा परमसत्ता-परमेश्वर की खोज की प्रक्रिया के प्रतिफलन के रूप में सभ्यताओं का उदय हुआ है और परमेश्वर आस्था का विषय है तर्क का नहीं। यहाँ तक कि भौतिकवादी पाश्चात्य सभ्यता भी ढह जाएगी अगर उसकी ईसाई बुनियाद को तोड़ दिया जाए जैसाकि भूतपूर्व सोवियत यूनियन में हुआ। इसलिए किसी धर्म की मूलभूत विशिष्टताओं से छेड़-छाड़ करना आत्मघाती साबित होगा। सुधार और नवीनीकरण को उस विशिष्ट धर्म के बुनियादी ढाँचे के भीतर ही होना चाहिए; उसे ध्वस्त करना उसके विघटन को निमन्त्रण देने जैसा होगा।

धार्मिक आस्था को मानव के साथ ही साथ विकसित होना होता है। इस सन्दर्भ में, पिछले करीब सौ साल के दौरान, बेशक, इस्लाम अन्य धर्मों की तुलना में पीछे रह गया है और उसकी मुख्य वजह उसकी राजनीतिक गुलामी, आर्थिक पिछड़ापन और शिक्षा का अभाव है। इन क्षेत्रों में जिन दकियानूसी मुल्ला-मौलवियों ने, शरीअत को गलत उद्धृत करते हुए और पुराने पड़ चुके आचार-विचारों से चिपके रहने की जिद करते हुए अपने सहधर्मियों के विकास में रोड़े अटकाए हैं वे अपने समुदाय के हित में काम नहीं कर रहे हैं।

लेकिन इन सबके बावजूद मुसलमानों में सुधारों का सिलसिला अनवरत जारी है; अलबत्ता परम्परावादियों या धार्मिक और राजनीतिक दस्तावेजों की अवसरवादिता की वजह से उसकी गति थोड़ी धीमी रही है। कला और विज्ञान के हर एक क्षेत्र में इस्लाम का योगदान युगान्तकारी और अभिनव रहा है और उसके प्रभाव को महसूस किया गया है। शरीअत में भी तब्दीलियाँ होती गई हैं और निश्चित ही वह वैसा नहीं रहा है जो एक

सदी पहले था। सऊदी अरब में, जो परम्परावादिता का गढ़ है, हालात की माँग के अनुकूल शरीअत में उल्लेखनीय परिवर्तन किए गए हैं। कई मुस्लिम राष्ट्रों ने मूलभूत सुधारों को लागू किया है। परम्परावादियों ने, और हर जगह हर धर्म में ऐसे लोग हैं, उग्र-मुखर विरोध किया लेकिन वे उनके क्रियान्वयन को रोक नहीं पाए; उनके राजनीतिक समर्थक भी घड़ी की सुइयों को पीछे नहीं ले जा पाए। कई मुस्लिम देशों में पुराने फौजदारी कानून की जगह पर नए बनाए गए हैं, उसी तरह से दीवानी प्रक्रिया की नियमावली में काफी बदलाव लाया गया है। यहाँ तक कि व्यक्तिगत और पारिवारिक मामलों के नियमों में भी कई संशोधन किए गए हैं। मुसलमानों ने इन्हें चुपचाप मान लिया है।

इस प्रकार की पृष्ठभूमि के होते हुए, भारतीय मुसलमानों ने आज़ादी के बाद से अपने 'पर्सनल लॉ' में किसी भी प्रकार के परिवर्तन पर आपत्ति क्यों उठाई ? अपने धार्मिक नेताओं के उकसावे में उन्होंने अपने को बदलते वक्त से तोड़ लेना क्यों मंजूर किया है जबकि उन्हें मालूम होना चाहिए कि यथास्थिति को बनाए रखने में धार्मिक नेताओं के स्वार्थ निहित हैं। यहाँ तक कि करीब-करीब हर धर्मनिरपेक्ष दल को उन्हें यह आश्वासन देना पड़ता है कि उनके कानूनों में, जिनमें से कुछ सचमुच ही पुरातन हैं, कोई परिवर्तन नहीं किया जाएगा। असल में, शाहबानो के मुकदमे में, जिसमें एक मुस्लिम तलाकशुदा औरत को भारत के सर्वोच्च न्यायालय ने भरण-पोषण खर्च की रकम बढ़ाकर देने का फैसला सुनाया तो मुसलमानों ने इतनी उग्र प्रतिक्रिया की कि सरकार को संविधान में संशोधन करने पर मजबूर होना पड़ा और परम्पराबद्ध न्यायविदों के फैसले को बरकरार रखना पड़ा। राजीव गाँधी मन्त्रिमंडल के एक मुस्लिम मन्त्री जेड.आर. अंसारी ने परम्परानिष्ठ मुस्लिम भावनाओं को प्रतिध्वनित करते हुए जजों का मखौल उड़ाया और कहा कि उनमें क़ुरान की व्याख्या करने की पात्रता नहीं है। लेकिन मुसलमानों ने, ब्रिटिश शासन-काल में प्रिवी कौंसिल द्वारा मुस्लिम पर्सनल लॉ के तहत आते मामलों में न्याय-निर्णय दिए जाने पर कोई आपत्ति नहीं उठाई थी। मैंने प्रधानमन्त्री राजीव गाँधी को सुझाव दिया था कि सुप्रीम कोर्ट के फैसले को उलटने के बदले उनकी सरकार को चाहिए कि उस फैसले का विरोध करनेवाले उलेमा उसी कोर्ट के एक व्यापक पीठ के समक्ष उसका पुनर्निरीक्षण करें और अदालत को कायल करवाएँ कि शाहबानो के मुकदमे में फैसला करनेवाले जजों ने भूल की है। बदकिस्मती से सरकार ने जो गलत कदम उठाया उसने न सिर्फ भारतीय मुसलमानों को बदनाम किया बल्कि घोर हिन्दू कोप को भी जन्म दिया। इतने मुस्लिम तलाकशुदा औरतों को भी पहले से बदतर हालत में पटक दिया : और कोई भी वक्फ बोर्ड न तो उनके बचाव के लिए आया और न ही उसने उनकी देखभाल करने की चिन्ता ही की।

प्रो. ताहिर महमूद ने, जिन्होंने फैसले को रद्द करने की सक्रिय पैरवी की थी और जो उस ऑल इंडिया मुस्लिम पर्सनल लॉ बोर्ड के कानूनी सलाहकार थे, जिसने सुप्रीम कोर्ट के खिलाफ अभियान में अगुआई की थी, बाद में यह कहा कि बोर्ड ने विशेषज्ञों

द्वारा तैयार किया गया मुस्लिम लॉ का एक सर्वसमावेशी 'ड्राफ्ट कोड' प्रस्तुत करने का अपना वायदा पूरा नहीं किया। उसके बाद एक दशक से ज्यादा वक्त बीत चुका है लेकिन किसी परिवर्तन या सुधार के आसार नजर नहीं आते। एक और विवाद जरूर भड़क उठा है और वह 'तीन तलाक' की वैधता के सवाल पर है। यह विवाद उठ खड़ा हुआ जमात-अहल-ए-हदीस के अध्यक्ष मौलाना मुख़्तार अहमद नदवी द्वारा जारी इस फतवे की वजह से, कि तलाक का यह तरीका अवैध है। जमायत-उलमा-ए-हिन्द के अध्यक्ष मौलाना असद मदनी ने उसका खंडन करते हुए कहा कि वह वैध है। इस धर्मशास्त्रीय वाद-विवाद की जो रिपोर्टें अखबारों में छपीं उनसे मुसलमानों के शरीअत की बड़ी कठोर तस्वीर लोगों के सामने बनी। आल इंडिया मुस्लिम पर्सनल लॉ बोर्ड ने, इन दोनों मौलानाओं को तो फटकारा नहीं, जो उसके पदाधिकारी थे, उल्टे अखबारों पर तोहमत लगाई कि वे इस्लाम को बदनाम करने की साजिश में शरीक हैं। 'तीन तलाक' के सवाल पर बोर्ड ने बड़ी सन्दिग्ध-सी भूमिका निभाई और कहा कि हालाँकि वह गुनाह है लेकिन वैध है। मामले को और बदतर बनाते हुए बोर्ड ने यह प्रस्ताव रखा कि मुस्लिम पर्सनल लॉ से सम्बन्धित सभी मामलों को निपटाने के लिए हर एक जिले में एक शरीअत कोर्ट स्थापित किया जाए।

'इंडिया टुडे' (15 नवम्बर, 1993) में अपने एक लेख में मैंने लिखा कि न सिर्फ यह प्रस्ताव गलत वक्त पर लाया गया है वरन् असंगत भी है क्योंकि इससे यह छाप पड़ेगी कि मुसलमान एक समानान्तर न्यायपालिका चाह रहे हैं। बाद में पर्सनल लॉ बोर्ड ने इस आरोप से बच निकलने के लिए यह सफाई दी कि शरीअत कोर्ट इंडियन आरिबिट्रेशन एक्ट द्वारा परिचालित होगी। इससे भ्रम और उलझनें और बढ़ गईं। इस तथ्य को ध्यान में रखा जाना चाहिए कि पर्सनल लॉ के मामलों का सर्वोच्च न्यायाधिकरण के शासनकाल में प्रिवी कौंसिल था और आज़ादी के बाद सुप्रीम कोर्ट है, और उनमें किसी प्रकार का परिवर्तन या सुधार विधायिका द्वारा ही किया जा सकता है।

सन् 1937 में जब सेंट्रल लेजिस्लेटिव असेम्बली द्वारा शरीअत एप्लीकेशन बिल पारित किया जा रहा था, तब एक मुसलमान सदस्य ने यह संशोधन प्रस्तुत किया कि उसके तहत आनेवाले मुकदमों का फैसला मुस्लिम जजों द्वारा ही किया जाना चाहिए। और तब मुस्लिमों के महान नेता क़ायदे-आज़म जिन्ना खड़े हुए और उन्होंने उस सदस्य को यह कहकर झिड़क दिया कि यह बड़ा असंगत सुझाव है। उस सदस्य ने अपना संशोधन वापस ले लिया और वह बिल, कानून बन गया, जिसके तहत गैर-मुस्लिम जजों को भी शरीअत के मामलों में निर्णय देने का उतना ही अधिकार है जितना कि मुस्लिम जजों को।

ऐसे विवादों के परिणामस्वरूप और भारतीय मुसलमानों के परम्परावादी नेताओं के दकियानूसी रवैए की वजह से, लगातार यह माँग उठाई जा रही है कि जैसा संविधान के डाइरेक्टिव प्रिंसिपल्स में सोचा गया है, एक समान नागरिक कानून संसद द्वारा बनाया जाना चाहिए। असल में इस माँग के पीछे सुधार की असली मंशा उतनी नहीं है जितनी

कि राजनीतिक चालबाजी है, और जितनी तीव्रता से मुसलमान उसका विरोध करते जाते हैं उतनी उग्रता से हिन्दू उसके लिए दबाव डालते हैं।

सबसे पहली बात तो यह कि मुस्लिम पर्सनल लॉ, पूरे तौर पर क़ुरान पर आधारित नहीं है, वह लार्ड मैकाले के निर्देश पर मौलवियों के एक समूह द्वारा तैयार व्याख्याओं और अमलों का संग्रह है। उसका मुख्य आधार-स्रोत फतूहात-ए-आलमगीरी में निहित-निर्णय हैं। इसमें नवाचारों की भरमार है और यह 'मुहम्मडन लॉ' कहलाता है जो अपने-आप में मिथ्या नामकरण है। ब्रिटिश राज के दौरान प्रिवी कौंसिल के कुछ निर्णयों द्वारा और विभाजनपूर्व सेंट्रल लेजिस्लेटिव असेम्बली के मुस्लिम सदस्यों द्वारा प्रस्तावित कुछ वैधानिक कदमों के जरिए इसमें काफी फेरबदल किए गए थे। इसकी आवश्यकता इसलिए पड़ गई कि मुसलमानों के कुछ समुदायों में कई सदियों से हिन्दू उत्तराधिकार कानून प्रचलित था और बाकी पारम्परिक कानूनों से परिचालित थे। उसी प्रकार से सूदखोरी जिसे शरीअत में निषिद्ध माना गया है, कई पारम्परिक आचारनिष्ठ मुसलमानों, जैसे—पठानों और आप्रवासी अरबों का व्यवसाय था। धर्मवेत्ताओं ने दुनियावी दबावों की वजह से इन दोषों को नजरअन्दाज कर रखा था। इनमें से अनेक अनियमितताओं को बाद में सुधार लिया गया लेकिन कई आज भी नजरअन्दाज किए जा रहे हैं।

विभिन्न इस्लामी राष्ट्रों द्वारा क्रियान्वित शरीअत में विभिन्नताओं और परिवर्तनों के अनेकानेक उदाहरण मिलते हैं। पाकिस्तान बड़े उग्र-मुखर रूप से खुद को इस्लामी राष्ट्र घोषित करता है, लेकिन वह बैंकों द्वारा ब्याज दिए जाने की अनुमति देता है और उसने विवाह और तलाक के कानूनों में क्रान्तिकारी सुधारों को क्रियान्वित किया है। सऊदी अरब ने भी कुछ परिवर्तनों को लागू किया है और उसके लिए उलेमाओं की मंजूरी हासिल की है। सिर्फ हिन्दुस्तान में मुसलमान पिछड़े हुए हैं। बहुविवाह के सवाल पर भी, जिसका वे आमतौर पर आचरण नहीं कर रहे हैं, उनके नेता अवरोधक बने हुए हैं। वे चाहें तो, क़ुरानी निर्देशों की रक्षा करते हुए, मुसलमानों के लिए एक विवाह का कानून लागू करवा सकते हैं। अतीत में जस्टिस अमीर अली ने इसका प्रबल समर्थन किया था और आज भी मिस्र के मुस्लिम ब्रदरहुड के विचारक इसकी पैरवी करते हैं। सईद कुत्ब के भाई मुहम्मद कुत्ब की राय यह है कि यह बेहतर विकल्प होगा। ताज्जुब की बात है कि, जिन्ना ने ही पहले एक मौके पर यह ध्यान दिलाया कि किस प्रकार मुसलमानों ने धर्मनिरपेक्ष विधानों द्वारा परिचालित होने की सहमति देकर गैर-मुसलमानों के साथ सहयोग किया था। उन्होंने कहा, "मिसाल के तौर पर, इस्लामी फौजदारी कानून, जो प्रारम्भिक ब्रिटिश राज के दौरान भी क्रियान्वित होता था, अब समूचा ही खारिज हो चुका है। इस देश में अब कहीं भी सबूत-साक्षी का इस्लामी कानून नजर नहीं आता।" इन सबसे बढ़कर अभी हाल ही में क्रियान्वित कास्ट डिजेबिलिटीज रिमूवल एक्ट (जाति-निर्योग्यता निराकरण कानून) एक मायने में क़ुरान के इस प्रावधान को निरस्त्र करता है जिसके तहत धर्मत्यागी व्यक्ति को उसके विरासती अधिकार से वंचित किया जाता है। मेरी यह राय है कि ये कुछ उदाहरण हैं जिनका हमें अनुकरण करना

चाहिए ताकि हम वर्तमान सामाजिक आवश्यकताओं और वक्त की माँगों के साथ कदम मिलाकर चल सकें और इस्लामी न्यायिक इतिहास में ही उसके लिए अनेक उदाहरण प्राप्त होते हैं।

उसी प्रकार से शरीअत के अन्तर्गत ही विवाह, तलाक, मेहर और भरण-पोषण से सम्बन्धित कानूनों को संशोधित करने की पर्याप्त गुंजाइश है। तलाक के कानून में, बहुत पहले 1939 में ही तत्कालीन सेंट्रल लेजिस्लेटिव असेम्बली ने बड़े महत्त्वपूर्ण परिवर्तन किए थे। असेम्बली ने डिस्सोल्यूशन ऑफ मुस्लिम मैरिजेस एक्ट (मुस्लिम विवाह-विच्छेद कानून) को क्रियान्वित किया जिसके तहत कुछ परिस्थितियों में मुस्लिम पत्नी को तलाक का अधिकार दिया गया था। मेहर असल में दहेज का ही जवाबी रूप है; इसके तहत पति को, विवाह के अवसर पर अपनी पत्नी को एक निश्चित धन-राशि देनी होती है। यह एक अनिवार्य वचनबद्धता है जिसे पति को निभाना होता है। सो, जहाँ तक तथाकथित सुधारों का सवाल है सिर्फ उत्तराधिकार का मसला ही बचता है, और यहाँ पर कोई महत्त्वपूर्ण परिवर्तन सम्भव नहीं है क्योंकि उत्तराधिकार का मुस्लिम कानून अन्य समुदायों के कानून से काफी ज्यादा प्रगतिशील है। और इसके अलावा, यह अन्य मामलों की तरह नहीं है इसमें विभिन्न उत्तराधिकारियों की सम्पत्ति में हिस्सेदारी के बारे में क़ुरान में निर्धारित निर्देशों के अनुरूप कानून में परिवर्तन करना होगा। अन्य मामलों में ज्यादा परेशानी के बगैर ही परिवर्तन लागू किए जा सकते हैं क्योंकि क़ुरानी प्रावधानों में उनकी अनुमति है। अतीत में प्रतिष्ठित न्यायवेत्ताओं ने 'इज्तिहाद'—का मुक्त रूप से प्रयोग किया था और आज भी उसका इस्तेमाल करने की बेहद जरूरत है; सर सैयद अहमद ख़ाँ और अल्लामा इक़बाल—दोनों ही, जिन्होंने क्रमशः उन्नीसवीं सदी के अन्तिम और बीसवीं सदी के प्रारम्भिक चरणों में भारतीय मुसलमानों की सोच पर सर्वाधिक प्रभाव डाला, इसके सक्रिय पैरोकार थे। उलेमाओं द्वारा 'तक़लीद' पर दिए जाते जोर का उन्होंने प्रतिवाद किया। दोनों ही सुधारकों की मान्यता थी कि क़ुरान में बुनियादी तौर पर एक ऊर्जस्वी जीवन-दर्शन अन्तर्निहित है और वह हरेक पीढ़ी को यह प्रेरणा देता है कि वह अतीत से बोझ तले न दबे और अपने लिए स्वयं एक कर्म-मार्ग निर्धारित करे। यहाँ तक कि इक़बाल ने तो शरीअत पर रचे गए सुप्रतिष्ठित ग्रन्थों को भी अस्वीकार कर दिया और कहा कि कोई भी धर्मवेत्ता, फिर वह कितना भी प्रतिष्ठित क्यों न हो, यह अधिकार नहीं रखता कि वह इस्लाम में निहित न्यायिक विचारों के बारे में अन्तिम रूप से या 'इदमित्थं' कुछ कह सके। शायर-दार्शनिक इक़बाल ने लिखा है कि 'ऐसे दावे तो सिर्फ बौद्धिक काहिली और आध्यात्मिक सड़न की वजह से किए जाते हैं जो महान विचारकों को बुतों में तब्दील कर देते हैं।' यही वजह है कि हिन्दुस्तानी मुस्लिम पिछड़ गए हैं और हिन्दू आगे बढ़ गए हैं। लेकिन दरअसल हिन्दुत्व के समर्थकों की नीयत मुस्लिम पर्सनल लॉ में सुधार करने की नहीं है वे तो उसका समूचा बोरिया-बिस्तरा ही उठाकर फेंक देना चाहते हैं। समान नागरिक कानून लागू करने के उनके आग्रह के पीछे यह मंशा काम कर रही है, लेकिन कानूनों से एकता नहीं बनती और न ही कानूनों ने

समाजों को सुधारा है। जैसाकि इक़बाल ने कहा है :

> पुराने से चिपके रहना और नए से ख़ौफ़ खाना मुल्की ज़िन्दगी के लिए दोनों मुश्किल है।

डॉ. आम्बेडकर ने इस सन्दर्भ में हिन्दुओं को ज्यादा जिम्मेदार बताया है; वे मानते हैं कि मुसलमानों में सुधार की राह में मुख्य अवरोध हिन्दू हैं। उनकी मान्यता थी कि हिन्दुओं ने ऐसी परिस्थितियाँ बना दी हैं कि मुसलमान वक्त के साथ कदम मिलाकर आगे चलने की बनिस्बत रुद्ध और गतिहीन होना पसन्द करने लगे हैं। उन्होंने कहा :

> भारत से बाहर के सभी मुस्लिम राष्ट्रों में जो हलचल और आन्दोलन हो रहे हैं, जिन्दगी के हर क्षेत्र में अन्वेषण की मानसिकता, परिवर्तन की चेतना, सुधार की आकांक्षा दिखाई पड़ती है तो फिर उसकी वजह क्या है ? असल में तुर्की में जो सामाजिक सुधार हुए हैं वे नितान्त क्रान्तिकारी हैं। अगर इन देशों के मुसलमानों की राह में इस्लाम बाधा नहीं बनता तो फिर वह हिन्दुस्तान के मुसलमान की राह में बाधा क्यों बन रहा है ? निश्चित ही भारत के मुस्लिम समुदाय की सामाजिक और राजनीतिक गतिहीनता के पीछे कोई विशेष वजह होनी चाहिए। वह विशेष वजह क्या हो सकती है ? मुझे ऐसा लगता है कि भारतीय मुसलमान में परिवर्तन की चेतना के अभाव के पीछे जो वजह है वह है भारत में उसकी विचित्र-विशिष्ट स्थिति ! वह एक ऐसे सामाजिक वातावरण में अवस्थित है जो मुख्यतया हिन्दू है। हिन्दू वातावरण सदैव खामोशी से लेकिन सुनिश्चित रूप से उस पर अतिक्रमण करता रहता है।[3]

अयोध्या कांड

भारतीय मुसलमानों की अस्मिता और आत्म-गौरव को विभाजन के बाद सबसे बड़ा आघात पहुँचाया बाबरी मस्जिद के बेमानी विध्वंस ने। यह उनकी धार्मिक पहचान पर सीधा प्रहार था। लेकिन उनके खिलाफ, यह आरोप लगाया जाता है कि उन्हें हिन्दू साम्प्रदायिकतावादियों की माँगों को चुपचाप मान लेना चाहिए था और मस्जिद उन्हें सौंप देनी चाहिए थी। इसकी वजह यह बताई जाती है कि यह मस्जिद ऐन उस जगह पर बनी है जहाँ 5 हज़ार साल से भी ज्यादा पहले हिन्दुओं के भगवान राम का जन्म हुआ था। और यह कि वहाँ पहले एक मन्दिर मौजूद था जिसे पहले मुग़ल बादशाह बाबर के एक सिपहसालार मीर बाक़ी ने ध्वस्त किया और उसके ध्वंसावशेषों पर मस्जिद खड़ी की, जो बाद में बाबरी मस्जिद कहलाई। साम्प्रदायिकतावादियों का आग्रह था कि हिन्दू भावनाओं का सम्मान करते हुए, भारतीय मुसलमानों को चाहिए था कि वे खुद आगे आते, खुद ही मस्जिद को गिराते और हिन्दुओं को वहाँ पर एक भव्य मन्दिर का निर्माण करने देते। उसके बदले, यह कहा गया कि, उन्होंने हिन्दुओं की माँग का प्रतिरोध किया, विरोध-सभाएँ और मोर्चे आयोजित किए और जानबूझकर हिन्दुओं की धार्मिक भावनाओं को चोट पहुँचाई।

दूसरी ओर भारतीय मुसलमानों को भय था कि वह तो सिर्फ एक छोटी-सी शुरुआत थी, और अगर वे इस माँग को मान लेते हैं, तो हिन्दू और ज्यादा बड़ी माँगों के लिए गुहार मचाएँगे। हिन्दुओं के धर्मान्धों ने यह दावा करना तो शुरू कर ही दिया था कि वे 3 हज़ार से ज्यादा मस्जिदों को ध्वस्त करने का इरादा रखते हैं, जो उनके अनुसार मन्दिरों के ध्वंसावशेषों पर बनाए गए थे। उन्होंने घोषणा की थी कि बाबरी मस्जिद के बाद उनका अगला निशाना मथुरा की ईदगाह होगा जो भगवान श्रीकृष्ण की जन्मभूमि है और उसके बाद बनारस के मस्जिद की बारी होगी।[1] दिल्ली के जामा मस्जिद को भी इस सूची में रखा गया था।

इसलिए वह सिर्फ एक मस्जिद का मसला नहीं था, वरन् भारतीय मुसलमानों को सुनियोजित रूप से अपमानित करने के सिलसिले का और महमूद गज़नवी से लेकर आखिरी मुग़ल बादशाह औरंगज़ेब तक सदियों से मुसलमानों के हाथों हिन्दुओं की होती कथित अवमानना और प्रताड़ना के प्रतिशोध का था।

इस विषय पर बहुत कुछ लिखा जा चुका है, और मौजूदा सामग्रियों के ढेर में और

इजाफा करने का मेरा इरादा नहीं है, यहाँ मेरा मकसद भारतीय मुसलमानों का तुष्टीकरण किए जाने के आरोप पर ध्यान केन्द्रित करना और यह पता लगाना है कि यह बात कहाँ तक सच है। मैं उन बाबरी मस्जिद एक्शन कमेटियों का कोई बचाव नहीं करना चाहता जिन्होंने पूरे मामले को ऐसे उठाया जैसे यह हिन्दुओं और मुस्लिमों के बीच कोई धर्मयुद्ध है और यों मामले को और उलझा दिया लेकिन इतना कहना चाहूँगा कि उनके दाँव-पेंच चाहे जितने निन्दनीय रहे हों लेकिन विश्व हिन्दू परिषद्, बजरंग दल और उनके कट्टर अनुयायियों द्वारा उभारी गई घृणा की लहरों के आगे वे बिल्कुल ही बेअसर हो गए।

अखबारों और राजनीतिज्ञों ने, धर्मनिरपेक्षता पर हो रहे इस आक्रमण का प्रतिरोध करने की बजाय, किनारे खड़े रहकर तमाशबीनों की भूमिका निभाई और कभी एक दल का समर्थन किया तो कभी दूसरे का। साम्प्रदायिकता का भस्मासुर इतना ताकतवर हो उठा कि उसने करीब-करीब इस गणतन्त्र की धर्मनिरपेक्ष बुनियाद को ही चकनाचूर कर डाला था। सत्ताधारी कांग्रेस पार्टी को डर था कि कहीं हिन्दू वोट उसके हाथ से न निकल जाएँ सो वह आँखमिचौली खेलती रही। जब उसे कार्रवाई करनी चाहिए थी तब वह हिचकिचाती रही और आखिरकार जब उसने कार्रवाई की तब तक बहुत देर हो चुकी थी। बाबरी मस्जिद के विध्वंस से न सिर्फ भारतीय मुसलमानों को चोट पहुँची; वरन् उसने गाँधी-नेहरू विरासत को भी क्षति पहुँचाई और हिन्दू साम्प्रदायिकतावादियों को यह खुली छूट दे दी कि वे एक धर्मतन्त्रीय राष्ट्र—नाम से न सही पर आत्मा से तो निश्चित ही—की स्थापना के लिए राह खोल दें।

आधुनिक धर्मनिरपेक्ष मूल्यों और एक पुरातन उग्र साम्प्रदायिक विचारधारा के बीच के संघर्ष को एक नया पहलू प्रदान किया गया। वे लोग जो घोषणा कर रहे थे कि उन्हें गर्व है कि वे हिन्दू हैं वे विभाजनपूर्व जिन्ना और उनके सहयोगियों के उस नारे की ही नकल कर रहे थे कि जिसमें मुसलमानों से कहा गया था इस्लाम खतरे में है और उन्हें अपनी समूची ताकत लगाकर उसे बचाना चाहिए। मध्ययुग में इस प्रकार के धार्मिक युद्ध सिर्फ कुछ व्यक्तियों और कुछ स्थलों तक ही सीमित रहा करते थे लेकिन आज वे व्यापक, विशाल जन-समुदाय को प्रभावित करते हैं और आतंक का निरंकुश साम्राज्य फैलाते हैं और उनसे जो मौतें और विनाश होता है वे पहले के राजाओं-सुल्तानों द्वारा ढाए जाते विनाश-कर्मों से हजार गुना बदतर हैं।

बाबरी मस्जिद के सवाल पर भारतीय मुसलमानों ने कहाँ पर चूक की थी ? पहले हम तथ्यों को सिलसिलेवार जान लें। बाबरी मस्जिद का निर्माण मुग़ल बादशाह के एक सामन्त ने सन् 1528 में किया था। और 1855 तक, जब ब्रिटिशों ने मुग़लों से साम्राज्य छीन लिया, ऐसा कोई मौखिक या लिखित सबूत इस बात का नहीं मिलता कि हिन्दुओं ने मस्जिद का कोई विरोध किया। तुलसीदास के 'रामचरितमानस' तक में जो हिन्दुओं द्वारा भगवान राम के जीवन और कर्मों की एक प्रामाणिक गाथा मानी जाती है, इस बात का उल्लेख तक नहीं है कि ऐन वह स्थान भगवान राम की जन्मभूमि है।[2] सन् 1855

में पहली बार कुछ हिन्दुओं ने अयोध्या में ऐसा हल्का-सा दावा किया, जिसमें मुस्लिम-विरोधी रंग चढ़ गया। परिणामस्वरूप दोनों समुदायों के बीच दंगे हो गए और 65 लोगों की जानें गईं।

दो साल बाद 1857 में, एक पुजारी के उकसावे पर कुछ हिन्दुओं ने मस्जिद के बाहरी आँगन के एक हिस्से पर कब्जा कर लिया और राम तथा सीता के लिए एक छोटा सा मन्दिर बना दिया। अयोध्या के मुसलमानों ने इस अनधिकृत कब्जे को चुपचाप सहन कर लिया और हिन्दुओं को भी समाविष्ट करने के लिए सहमत हो गए; उसके बाद से दोनों समुदाय अपने लिए निर्धारित स्थानों पर अपने-अपने निर्धारित रूप से उपासना करते रहे। ब्रिटिशों को आशंका हुई कि इन दोनों समुदायों के बीच संघर्ष हो सकते हैं इसलिए उन्होंने सन् 1859 में दोनों हिस्सों को अलग करने के लिए एक दीवार बना दी। इस विभाजन से साहस पाकर कुछ हिन्दू पुजारियों ने स्थानीय दीवानी अदालत में सन् 1885 में एक याचिका दर्ज की कि उनके हिस्सेवाले आँगन में उन्हें एक स्थायी मन्दिर बनाने दिया जाए, लेकिन यह याचिका नामंजूर हुई। उसके बाद लगभग आधी सदी तक कुछ भी नहीं हुआ। यह पहले का ही समझौता जारी रहा और शान्ति बनी रही। 1934 में कुछ हिन्दुओं ने कानून अपने हाथ में तो लिया, मस्जिद में घुसपैठ की, उसकी एक दीवार को तोड़ डाला और उसकी कुछ गुम्बदों को क्षति पहुँचाई। मुसलमानों ने मस्जिद की मरम्मत करवाई, लेकिन चूँकि वह जगह विवादास्पद हो चुकी थी सो बहुत कम लोग वहाँ नमाज पढ़ने जाने लगे। उसके बाद हिन्दुओं ने दावा किया कि वहाँ कोई मस्जिद ही नहीं है। लेकिन स्थानीय मुसलमानों ने उसका प्रतिवाद किया और फिर से वहाँ जाने का फैसला किया।

बहरहाल, 1949 तक, विभाजन के दो साल बाद तक, कोई अप्रिय घटना नहीं हुई। उस वक्त कुछ हिन्दुओं ने चोरी-छिपे भगवान राम की एक मूर्ति मन्दिर में स्थापित कर दी और घोषणा कर दी कि वहाँ भगवान स्वयं प्रकट हो गए हैं। किसी ने इस दावे को बहुत गम्भीरता से नहीं लिया और सरकार ने, साम्प्रदायिक संघर्ष को बचाने के लिए मस्जिद में ताला लगवा दिया, लेकिन हिन्दुओं को उनके हिस्से के आँगन में पूजा जारी रखने की अनुमति मिली। विभाजन की वजह से मुसलमान कड़वा सबक सीख चुके थे और साथ ही हिन्दू आक्रोश का शिकार होने का डर भी था सो वे झुक गए और उसके बाद से मस्जिद में कभी नमाज नहीं पढ़ी गई। इस गैर कानूनी और अवैध आधार पर, भाजपा के अध्यक्ष एल.के. आडवाणी ने दावे से घोषणा की कि सन् 1949 से ही वहाँ मस्जिद नहीं रह गई थी। यह सच नहीं है। सच तो यह है कि सरदार पटेल ने केन्द्रीय गृह मन्त्री की हैसियत से उत्तर प्रदेश के तत्कालीन मुख्यमन्त्री पंडित गोविन्द वल्लभ पन्त को यह निर्देश दिया था कि अतिक्रमणकारियों को, अगर जरूरत पड़े तो बल-प्रयोग कर वहाँ से हटा दिया जाए।

1950 में हिन्दुओं और मुसलमानों ने अलग-अलग तौर पर अदालतों में याचिकाएँ दर्ज की थीं कि उन्हें मस्जिद पर कब्जा करने की अनुमति दी जाए, लेकिन अदालतों ने

दोनों ही पक्षों को इस आधार पर अनुमति देने से इनकार कर दिया कि उससे 'शान्ति-भंग' होने की सम्भावना है। इसलिए यथास्थिति को बरकरार रखा गया। उसके बाद लगभग पच्चीस साल तक मामला दबा पड़ा रहा, हिन्दुओं ने कोई उपद्रव नहीं किया और मुसलमानों ने मस्जिद में प्रवेश करने की कोई कोशिश नहीं की।

यह सन् 1983 की बात है, जब विश्व हिन्दू परिषद ने यह राष्ट्रव्यापी अभियान शुरू किया कि मस्जिद पर हिन्दुओं का कब्जा हो जाना चाहिए और वहाँ पर उनके भगवान राम की अलौकिक महिमा के अनुरूप उनका एक भव्य मन्दिर निर्मित किया जाना चाहिए। यह आन्दोलन हिन्दुओं के बीच अभूतपूर्व तेजी पकड़ता चला गया। और जाहिरा तौर पर तो कम-से-कम इन्हीं से प्रभावित होकर अयोध्या के जिला मजिस्ट्रेट ने मस्जिद का ताला खोल देने के आदेश दिए। हिन्दुओं ने तेजी से वहाँ प्रवेश किया और तब से मस्जिद में अवस्थित राम की मूर्ति की पूजा शुरू हो गई। स्थानीय हिन्दुओं की मान्यता थी कि चूँकि भगवान राम वहाँ दिव्य रूप से प्रकट हुए थे इसलिए मुसलमानों को उदारतापूर्वक हिन्दुओं की धार्मिक भावनाओं का सम्मान करना चाहिए। इस बीच आया शाहबानो का मुकदमा, जिसमें राजीव गाँधी ने सुप्रीम कोर्ट के फैसले को पलट देने की मुसलमानों की माँग को कबूल कर लिया और मुस्लिम भावनाओं का सम्मान करने के लिए संविधान में संशोधन किया। फिर तो हिन्दू प्रतिक्रियाओं का ज्वार उफन उठा। हिन्दुओं को यह महसूस होने लगा कि उनकी सरकार, भारतीय मुसलमानों का तुष्टीकरण करने के लिए तो हरदम तत्पर रहती है लेकिन हिन्दुओं की धार्मिक संवेदनाओं के प्रति वह सरासर बेरुखी का रवैया अपनाती है। अयोध्या में राममन्दिर का निर्माण किए जाने की माँग ने सारे वातावरण को इतना तनावपूर्ण कर दिया कि राजीव गाँधी को यह भय लगने लगा कि 1990 में होनेवाले लोकसभा के आमचुनावों में उन्हें हिन्दुओं के प्रबल आक्रोश का शिकार होना पड़ेगा सो उन्होंने बाबरी मस्जिद के करीब एक स्थान पर मन्दिर-निर्माण के लिए प्राथमिक शिलान्यास का कार्य प्रारम्भ करने की अनुमति विश्व हिन्दू परिषद को दे दी। मुसलमानों ने तुरन्त उसका विरोध किया और परिणामस्वरूप भयानक खूनी दंगे हुए और 600 से ज्यादा लोगों की जानें गईं।[3]

राजीव गाँधी ने चुनावों का वक्त 1989 में, मन्दिर के शिलान्यास की कार-सेवा के आस-पास नियत किया; लेकिन उसके बावजूद, उनकी पार्टी अपना बहुमत खो बैठी। 1990 में आडवाणी ने, इसके बावजूद कि भाजपा विश्वनाथ प्रताप सिंह की सरकार की समर्थक थी (जो राजीव गाँधी की कांग्रेस पार्टी के पराजय के बाद सत्ता में आई थी), बाबरी मस्जिद के विध्वंस के लिए प्रचार किया। और 1992 में, अल्पमतीय कांग्रेस सरकार के नेता नए प्रधानमन्त्री नरसिंह राव ने मस्जिद की सुरक्षा करने की अपनी वचनबद्धता को निभाने में खुद को असमर्थ सिद्ध किया और उसके विध्वंस के एक असहाय दर्शक बने रहे। हिन्दुओं का आक्रोश इतना उग्र था कि न तो सरकार, न ही संसद और न ही सुप्रीम कोर्ट मस्जिद के विध्वंस को रोक पाई। कलकत्ता की साप्ताहिक पत्रिका 'संडे' (13-19 दिसम्बर, 1992) ने उस दृश्य का चित्रमय वर्णन किया है :

> कुछ हजार गुंडों ने, धर्म-सेवकों के भेष में इतिहास को अपनी गन्दी-घिनौनी उँगलियों से दबोच लिया, सदियों की परम्परा को लोहे की सलाखों से चकनाचूर किया और उस ढाँचे को जो आधुनिक भारतीय राजनीति का एक लाक्षणिक प्रतीक बन चुका था, ध्वस्त कर दिया...कोई भी भारतीय जो उस 'काले रविवार' के दिन जिन्दा था उसे आजीवन नहीं भूल पाएगा। और कोई भी ऐसा भारतीय, जिसमें जरा भी आत्म-गौरव है, उस कांड के बाद अपनी शर्म को छिपा नहीं पाएगा।

भाजपा भी दहल गई थी, अटलबिहारी वाजपेयी ने मगरमच्छी आँसू बहाए। आडवाणी ने लोकसभा में विपक्ष के नेता के पद से त्यागपत्र दे दिया और अफसोस व्यक्त किया, लेकिन उनके सहयोगी आह्लादित थे। जब मस्जिद गिराई जा रही थी तब उमा भारती भाव-विभोर होकर बोल उठीं, 'यह मेरी जिन्दगी का चरम आनन्दमय दिन है। मैं तो अपने को बार-बार चिकोटी काटकर यह अहसास कराती हूँ कि हाँ मैं जगी हुई हूँ।' ('इंडिया टुडे', 31 दिसम्बर, 1992)। उनकी आवाज भाजपा की आवाज थी, वे साध्वी ऋतम्भरा, विनय कटियार और अशोक सिंघल साम्प्रदायिक हिन्दुओं के प्रतिनिधि थे और उन्हें बाबरी मस्जिद के पतन में एक नूतन हिन्दू शक्ति का उदय दिखाई पड़ रहा था जो अतीत के मुसलमान शासकों के हाथों हिन्दुओं की हुई अवमानना का प्रतिशोध लेकर रहेगा।

6 दिसम्बर, 1992 को पुलिस ने अयोध्या में भीड़ पर नियन्त्रण करने से इनकार कर दिया। वे चुपचाप हाथ बाँधे भयानक, घिनौने नजारों को देखते रहे और गुंडों ने जिसे भी अपना दुश्मन समझा उससे बदला लिया और उसे अपने आक्रोश का निशाना बनाया। वहाँ आस-पास चूँकि धर-दबोचने के लिए कोई मुसलमान नहीं था इसलिए उन्होंने अखबारों के रिपोर्टरों और फोटोग्राफरों को निशाना बनाया। दुनिया-भर की समाचार एजेंसियों के पत्रकार वहाँ सैकड़ों की तादाद में आ जुटे थे क्योंकि उन्हें लगा था कि वहाँ बहुत बड़ी सनसनीखेज घटना होनेवाली है। बड़ी तेज चमकदार धूप फैली थी और समूचे इलाके में भगवे वस्त्रों में साधुओं का हुजूम उमड़ पड़ा था और उनके साथ थे—विश्व हिन्दू परिषद, बजरंग दल, शिवसेना और भाजपा के उग्रदिमाग अनुयायी, और उनमें से कई बड़ी शान और अकड़ के साथ त्रिशूल, भाला, तलवार, धनुष-बाण लिये हुए थे। दोपहर तक मस्जिद की गुम्बदें आडवाणी और अन्य हिन्दू नेताओं की उपस्थिति में तोड़कर गिरा दी गईं। खूब जय-घोष हुए, नारे लगे और मुसलमानों के खिलाफ अपशब्दों का इस्तेमाल हुआ। जब मस्जिद पर पूरे जोर-शोर के साथ प्रहार हो रहे थे तब औरतें भी उन्मत्त-सी होकर जय-जयकार करने लगीं। स्वाभाविक ही रिपोर्टरों और फोटोग्राफरों ने बड़ी फुर्ती से अपना काम करना शुरू किया : और फिर तो कार-सेवकों ने आतंक का साम्राज्य फैला दिया। 'द पायोनियर' के प्रवीण जैन की पकड़कर पिटाई की गई। यही हालत 'गामा' के फोटोग्राफर पैब्लो बार्थोलोमोव की भी की गई जिन्हें उन्होंने मुसलमान समझा और उनके बार-बार मना करने पर भी उन्हें नहीं बख्शा।

'संडे' के नितिन राय उनकी मदद के लिए दौड़े लेकिन उन पर लातों और घूँसों की वर्षा की गई। बार्थोलोमोव राय को बचाने दौड़े तो उनके सिर पर वार हुए और खून बहने लगा। एक विदेशी एजेंसी के फोटोग्राफर ने इस दृश्य का फोटो लिया लेकिन भीड़ ने उसे खूब पीटा और उसका कैमरा छीन लिया। इन लोगों की ऐसी दुर्गति होते देखकर बाकी प्रेसवाले अपनी जान लेकर भागने लगे। कुछ ठोकर खाकर गिर पड़े, कुछ कँटीले तारों की बाड़ में गिर पड़े और घायल हुए। सैकड़ों गुंडों ने उन्हें चारों ओर से घेर लिया, उनमें से एक-दो को चाकू के गहरे घाव लगे।

कलकत्ते के 'द टेलिग्राफ' के फोटोग्राफर आलोक मित्रा भी उनमें से एक थे, उन्हें गलती से मुसलमान समझ लिया गया था। उन्हें बड़ी बेरहमी से पीटा गया; उनका कीमती कैमरा और सोने की जंजीर छीन ली गई। उनके नकद 1000 रु. भी चोरी हो गए। वे बेहोश हो गए और दो घंटे से ज्यादा वक्त तक उनकी ओर कोई ध्यान नहीं दिया गया। इंटरनेशनल प्राइम टाइम नेटवर्क द्वारा वहाँ भेजे गए रवि शर्मा को इतनी बुरी तरह पीटा गया कि उनकी टाँग टूट गई। जैसाकि उन्होंने नितिन राय को बताया, 'मुझे लोहे की सलाख से सिर पर मारा गया। कोई एक आदमी शीशे की बोतल को तोड़कर उसे हाथ में लिये मेरी ओर झपटा। सौभाग्य से, उस भगदड़ में कोई आकर मुझ पर गिर पड़ा। उसकी पीठ पर वह बोतल भोंकी गई। जब मुझे होश आया तब मुझे अयोध्या में एक अस्पताल में ले जाया गया, जहाँ मुझे मामूली-सा प्राथमिक उपचार दिया गया।' ('संडे', 13-19 दिसम्बर, 1992)

महिला रिपोर्टरों को भी नहीं बख्शा गया। रुचिरा गुप्ता, जो उन दिनों 'बिजनेस इंडिया' में थीं बड़ी भयावह कहानी सुनाती हैं : 'मैं उनसे कहती रही मैं जर्नलिस्ट हूँ, रुचिरा गुप्ता हूँ, लेकिन वे चिल्लाते रहे, 'मुसलमान, मुसलमान' !' (संडे, 13-19 दिसम्बर, 1992)। उनका ब्लाउज फाड़ दिया गया, उन्हें घसीटकर एक गड्ढे में फेंक दिया गया। अन्तर्राष्ट्रीय स्तर पर विख्यात फोटोग्राफर रवि राय ने लम्बी साँस लेकर कहा, 'मैं पचीस सालों से अखबारी फोटोग्राफर रहा हूँ, लेकिन ऐसा अनुभव पहले कभी मेरी जिन्दगी में नहीं आया ('संडे', 13-19 दिसम्बर, 1992) रवि राय ने दंगा, आगजनी और लड़ाइयों की बरसों से तस्वीरें खीचीं हैं और वे एक वरिष्ठ फोटोग्राफर हैं लेकिन इससे पहले वे कभी इतने आतंकित न हुए थे। समूचे अखबारी जगत के खिलाफ ऐसा आक्रोश क्यों फूट पड़ा था ? 'क्योंकि वे लोग 'उन लोगों' (मुसलमानों) का साथ दे रहे थे 'हम' (हिन्दुओं) लोगों का नहीं'—ऐसा जवाब भाजपा के प्रवक्ता जय दुबाशी ने दिया। लेकिन रुचिरा गुप्ता ने इसका सरासर खंडन करते हुए कहा कि वे गुंडे नहीं चाहते थे कि उनकी फोटो खींची जाए ताकि बाद में उनकी शिनाख्त की जा सके क्योंकि वे जानते थे कि वे अपराधी हैं। नितिन राय ने विहिप के सेक्रेटरी जनरल अशोक सिंघल को खासकर दोषी ठहराते हुए कहा कि उन्होंने असहाय प्रेसवालों पर ऐसे घिनौने हमले करने के लिए लोगों को उकसाया। उन्होंने कार-सेवकों की भावनाओं को इतना भड़काया था कि वे बे-लगाम हो गए, रिपोर्टों और फोटोग्राफरों की अन्धाधुन्ध पिटाई

करने लगे और उन्हें वही गालियाँ देते रहे जो वे मुसलमानों के लिए इस्तेमाल कर रहे थे। यह घिनौना खुला तमाशा लगभग छह घंटे तक चलता रहा, 'पत्रकार, फोटोग्राफर और टी.वी. समाचार टीमों को पीटा जाता रहा, लात-घूँसे मारे जाते रहे और छुरों से वार होते रहे।' ('संडे', 13-19 दिसम्बर, 1992)

और जब विध्वंस का काम निबट गया तो कार-सेवकों ने रात-भर जगकर मलबे को हटाया। और फिर ईंट, गारा और सीमेंट लेकर, जो उन्हें बड़ी तत्परता से मुहैया करवाया गया, उन्होंने सुरक्षा अधिकारियों और पुलिस की उपस्थिति में, उन्हीं की आँखों के सामने उसी स्थान पर, जहाँ मस्जिद खड़ी थी एक चबूतरा बनाया और भगवान राम की मूर्ति को, जिसे वे एहतियातन पहले ही से मन्दिर से हटा चुके थे ताकि मस्जिद और उसके परिसर का विध्वंस करने में सहूलियत हो, वहाँ पर प्रतिष्ठापित किया।

आडवाणी ने बाद में यह अस्वीकार किया कि उन्हें इस पूर्वनियोजित अभियान की पहले से कोई जानकारी थी, लेकिन वे इस समूचे विश्वासघाती नाटक के साक्षी थे। मुरली मनोहर जोशी और भाजपा के अन्य कई नेता भी साक्षी थे। उनके अनुयायी वही नारा लगातार लगा रहे थे जो उन्होंने 1990 में आडवाणी की रथयात्रा की अगवानी पर लगाए थे : 'मन्दिर वहीं बनाएँगे, मस्जिद जहाँ खड़ी है।' उन्होंने जो करने की धमकी दी थी, वह करके दिखाया और बड़ी उद्दंडता के साथ संसद और सुप्रीम कोर्ट की अवज्ञा की। भारत के राष्ट्रपति डॉ. शंकरदयाल शर्मा ने उन लोगों की 'गुंडागर्दी' की निन्दा की और कहा ('पारलेंस', दिसम्बर 1992—जनवरी 1993) :

> जिन लोगों ने मस्जिद के ढाँचे को क्षति पहुँचाई है, उन्होंने भारत की सदियों पुरानी उस प्रकृति को क्षति पहुँचाई है जिसे भारत की स्वतन्त्रता और राष्ट्रीय पुनर्निर्माण के लिए संघर्ष करनेवाले शहीदों और नेताओं ने परिपुष्ट किया और मजबूत बनाया। उन लोगों ने, कानून के नियमों का उल्लंघन किया है, सभी धर्मों के प्रति पारस्परिक सद्भावना की भारतीय परम्परा का और हिन्दू जीवन प्रणाली के मूलभूत सिद्धान्तों और मूल्यों का उल्लंघन किया है।

क्षेत्रीय भाषाओं के और अंग्रेजी के अधिकांश भारतीय अखबार घटना-चक्र के इस उलट-फेर से स्तम्भित रह गए थे और उन्होंने भाजपा और हिन्दू धर्मान्धों की कड़ी निन्दा की। 'द टाइम्स ऑफ इंडिया' (8 दिसम्बर, 1992) ने अपने मुख-पृष्ठीय सम्पादकीय में बाबरी मस्जिद के विध्वंस को 'धर्मनिरपेक्षता की गणतन्त्रीय अवधारणा पर प्रबलतम आघात' बताते हुए कहा कि इसका उद्देश्य 'सिर्फ मुसलमानों को आतंकित करना नहीं है बल्कि धर्मनिरपेक्षता की अवधारणा को भी मान्यता और वैधता से वंचित करना है।' सम्पादकीय में कहा गया कि भाजपा, आर.एस.एस. बजरंग दल के संयुक्त संगठनों ने जो रणनीति अपनाई है उसका 'मुख्य उद्देश्य हिन्दू-मुस्लिम भेदभाव की दरार को और ज्यादा चौड़ा करना उतना नहीं है जितना कि हिन्दू-हिन्दू के बीच की दरार को और गहरा करना है। और यह संघर्ष धर्मनिरपेक्ष व्यवस्था के हिमायतियों और उसकी हिमायत न

करनेवालों या उसके बदनाम होते ही तुरन्त उसे छोड़ देनेवालों के बीच छेड़ देना ही उनका उद्देश्य है।' इस परिणाम को पाने के लिए दो-स्तरीय अभियान छेड़ा गया—एक था 'मुस्लिमों के खिलाफ आग और जहर उगलना' और दूसरा था धर्मनिरपेक्षता के मौजूदा स्वरूप को 'अल्पसंख्यकवाद' और 'छद्म-धर्मनिरपेक्षता' करार देकर उसको नाकाम बना देना। उस अखबार ने आगे और समझाते हुए कहा था कि 'सारी लफ्फाजियों की परतों को हटा देने के बाद इन दो शब्दों का मतलब था उन सभी लोगों को सिरे से अस्वीकार कर देना जो अल्पसंख्यकों के संरक्षण को समर्थन देते थे, जो धर्म को राजनीति से अलग रखने के लिए प्रयासरत थे और हमारी संस्कृति और राज व्यवस्था की बहुरूपीय प्रकृति को बचाए रखने के लिए उद्यत थे।'

इस रणनीति के सफल होने की एक वजह कांग्रेस पार्टी का हिन्दुत्व की ओर बढ़ता हुआ रुझान भी था। माना कि वह उतनी घोर हिन्दुस्तानी नहीं थी जितनी कि भाजपा, लेकिन जैसाकि 'द टाइम्स ऑफ इंडिया' ने ध्यान दिलाया कि 'अगर स्पर्धा ही होनी है तो भला फिर कोई कांग्रेस से नकली माल क्यों खरीदेगा जबकि भाजपा असली माल बेच रही है !' नतीजा यह हुआ कि भाजपा धर्मनिरपेक्षता के हिमायतियों के ऊपर अपनी शक्तिमत्ता और वर्चस्व को साबित करने में समर्थ हो गई।

एक उल्लेखनीय परिच्छेद के साथ इस अखबार ने समापन करते हुए लिखा :

> बाबरी मस्जिद के विध्वंस ने ऐसा ही एक अवसर प्रदान किया है। इसने निर्धारित संकेत भेजे हैं : पृथ्वी की कोई भी ताकत—कोई संसद, कोई अदालत, कोई कानून, कोई मन्त्र या प्रार्थना जो सहिष्णुता का उपदेश देती हो—इस संघ द्वारा अनधिकार से अधिग्रहीत धर्म की विजय-यात्रा के मार्ग की बाधा नहीं बन सकेगी। उपासना-स्थलों को ध्वस्त करना, इतिहास की पुस्तकों में मनचाहा परिवर्तन करना, सड़कों और शहरों का नाम बदलना, वेश-भूषा और भाषा की संहिताओं को थोपना, साधु-संन्यासियों के जमावड़े को अति महत्त्व देकर अपना मकसद पूरा करना जैसे अनेकानेक कारनामे करने की उसने छूट ले रखी है। अगर इससे हिंसा पनपती है, दूसरे धर्मावलम्बियों—भिन्न मतावलम्बियों का घोर अपमान होता है, वे शारीरिक भय, भावनात्मक ब्लैकमेल और बौद्धिक आतंकवाद से संत्रस्त होते हैं, तो हों।

प्रधानमन्त्री राव ने भारतीय मुसलमानों को आश्वासन दिया कि सरकार उसी जगह पर मस्जिद फिर से बनवाएगी जहाँ वह पहले थी लेकिन जैसे-जैसे दिन और महीने बीतते गए, उनकी सरकार ने पाया कि वह अपने वायदे को पूरा नहीं कर सकती। हिन्दू भावनाएँ उग्र रूप से उसके खिलाफ थीं और हिन्दुस्तान की कोई भी ताकत उसे दबा नहीं सकती थी। भारतीय मुसलमानों के लिए सबसे बेहतरीन रास्ता यही रह गया था कि वे यथार्थवादी बनें और मामले को सत्ताधारी हिन्दू बहुसंख्यक समुदाय की अन्तरात्मा

पर छोड़ दें। उसकी सद्भावना के बगैर, अल्पसंख्यक समुदाय उसका पुनर्निर्माण नहीं कर सकेगा। उन मुसलमान नेताओं से जो चीख-चीखकर गला सुखा रहे हैं कि मस्जिद उसी जगह पर फिर से बनाई जानी चाहिए, यह प्रश्न करना चाहिए कि कौन करेगा उसका पुनर्निर्माण ? कोई सरकार नहीं कर सकती; तो फिर कौन करेगा ? उनकी चीख-पुकार या मोर्चे-आन्दोलन से पुरानी स्थिति फिर से कायम नहीं हो सकती। अलबत्ता, इन लोगों की उग्र नेतागिरी को जिन्दा रखने के लिए कुछ और मासूम जिन्दगियाँ और भी ज्यादा खतरे की शिकार बनेंगी।

बाबरी मस्जिद ध्वंस के बाद फूट पड़े भयानक दंगे। ये भी उन्हीं लोगों की कारस्तानी थी जिन्होंने उकसावा देकर मस्जिद को ध्वस्त करवाया था। कुछ जगहों पर मुसलमान विरोध करने के लिए बाहर निकले जरूर थे लेकिन आमतौर पर उनकी ओर से बगैर किसी उकसावे के, उन्हें हमलों का निशाना बनाया गया। साम्प्रदायिक हिन्दुओं ने ठान लिया था कि मस्जिद के खात्मे के बावजूद मुसलमानों को चुप रहना चाहिए। उन्होंने मुसलमानों पर हमले किए और अक्सर पुलिस की मदद से ये काम किए गए। मैंने मुम्बई की सड़कों पर ये नज़ारे देखे थे। ये सड़कें तो जैसे खून से नहाई हुई थीं।[4] सूरत और अहमदाबाद जैसे शहरों में तो अविश्वसनीय हत्याओं और लूटमार की वारदातें हुईं, बलात्कार और सम्पत्ति की अन्धाधुन्ध बरबादी का कहर बरपा हुआ। मैंने अपने ही निर्वाचन क्षेत्र औरंगाबाद में जो कुछ देखा वह भी उतना ही दिल दहला देनेवाला था। पुलिस ने मुहल्लों में आतंक फैला दिया था, वह आती और मुसलमानों को घसीटकर घरों से ले जाती, उन्हें मारती-पीटती और उनके घरों की चीजों को लूट-लूटकर चली जाती। पुलिस आयुक्त ने मुझे बताया कि इन उपायों को इसलिए अपनाना पड़ रहा है ताकि कहीं दंगे न फूट पड़ें। उन्हें आतंकित करके रखो ताकि वे तमीज से पेश आएँ, ये निर्देश उन्हें मिले हुए थे। व्याप्त तनाव में जैसे इजाफा करने के लिए सरकार ने विहिप और भाजपा के नेताओं को कैद कर लिया और इस प्रकार उन्हें महानायक बना दिया और उनके अनुयायियों का दुस्साहस और ज्यादा बढ़ गया।

'संडे आब्जर्वर' ने इन भयावह घटनाओं पर मेरी प्रतिक्रियाओं को जानना चाहा था, मैंने अपने दिल की समूची व्यथा और पीड़ा को उँडेल दिया। मैंने केन्द्रीय गृहमन्त्री के लापरवाही भरे रवैए की आलोचना की, जिन्होंने गुप्तचर ब्यूरो की रिपोर्टों के बावजूद कि बाबरी मस्जिद में कार-सेवा की अनुमति देने से मस्जिद पर आँच आने की गुंजाइश है, वह सेवा करने की अनुमति दी, और बाद में बहाना किया कि उन्हें ऐसी कोई जानकारी नहीं थी और यह भी कहा कि वे लाचार थे। विध्वंस के बाद भी, सरकार ने मुसलमानों के जान-माल की सुरक्षा और संरक्षण सुनिश्चित करने के लिए कोई कदम नहीं उठाया। बाद में उसने वरिष्ठ भाजपा नेताओं को गिरफ्तार कर सिर्फ दबंगपने का नाटक किया जिसके परिणामस्वरूप और भयानक हत्याकांड हुए। मैंने लिखा :

> मैं एल.के. आडवाणी या मुरली मनोहर जोशी की किसी भी तरह से पैरवी नहीं कर रहा हूँ, मेरी मान्यता है कि हिंसा को उकसावा और साम्प्रदायिक

> कलह को उकसावा देने के लिए वे दंडनीय हैं। लेकिन उनकी गिरफ्तारी सरासर असमयोचित है। इससे उनके अनुयायियों को मुसलमानों पर और अत्याचार ढाने के लिए उकसावा मिला। वैसे ही, इस घोषणा ने कि सरकार बाबरी मस्जिद का पुनर्निर्माण करेगी, कोई मदद नहीं पहुँचाई। कोई मुसलमान इस झाँसे में नहीं आएगा। जहाँ पर राम मन्दिर बनाया जाना है, वहाँ पर पहले ही मूर्तियों की स्थापना की जा चुकी है। अब कोई भी सरकार उस जगह पर मस्जिद का फिर से निर्माण नहीं करवा पाएगी। तो फिर ऐसी खोखली व झूठी घोषणाओं की क्या जरूरत है ?

मैंने भारत के बाहर के उन मुसलमानों को भी चेतावनी दी, जो 'बाबरी मस्जिद के विध्वंस का बदला लेने के लिए' मन्दिरों का विध्वंस करने लगे थे। मैंने ध्यान दिलाया कि इससे 'वे भारतीय मुसलमानों की जिन्दगियों को और ज्यादा संकट में डाल रहे हैं, वे अपने सहधर्मियों की और ज्यादा मौतों और नुकसानों के लिए जिम्मेदार होंगे। इस्लाम इस प्रकार की निरर्थक प्रतिशोधात्मक कार्रवाइयों को मान्यता नहीं देता। असल में कुरान ने तो बड़े साफ-स्पष्ट शब्दों में उसकी भर्त्सना की है।' मैंने उन्हें खासतौर से याद दिलाया कि अल्लाह ने ऐसे अकारण आचरण को नापसन्द किया है क्योंकि अगर मुसलमान, गैर-मुसलमानों के देवताओं का अपमान करेंगे तो फिर गैर-धर्मावलम्बी अल्लाह का अपमान करेंगे।

मैंने भारत के सामने मुँह बाए खड़े गम्भीर खतरे पर भी जोर दिया :

> पंजाब या असम या कश्मीर के संकट फिर तो इनके सामने मामूली पड़ जाएँगे। क्योंकि आखिरकार वे सभी कतिपय निर्धारित और छोटे क्षेत्रों में सीमित हैं। लेकिन अब हमारे सामने जो खतरा खड़ा है वह उन सबसे बदतर है; अगर बदले की वह भावना, प्रतिशोध का यह पागलपन और आतंकवादी कार्रवाई का ज्वार हिन्दुओं और मुसलमानों को अपनी गिरफ्त में ले लेता है तो फिर मैं यह सोचकर काँप उठता हूँ कि भारत-भर के, दोनों ही समुदायों के लाखों लोगों पर क्या बीतेगी ? क्या वे शान्ति से जी पाएँगे ? क्या उनके मस्जिद और मन्दिर सुरक्षित रह पाएँगे ? क्या देश की सुरक्षा और अखंडता खतरे में नहीं पड़ जाएगी ? घृणा एक शक्तिशाली भावना है; लेकिन वह सिर्फ हमारे उदीयमान लोकतन्त्र को विनष्ट ही कर सकती है। सिर्फ प्रेम ही निर्माण करने की क्षमता रखता है; क्या हम उसे फिर से जीवित कर पाएँगे या क्या हमारी नियति यही रह गई है कि हम उन अँधेरे युगों में लौट जाएँ जहाँ सिर्फ जंगल का कानून लागू था ? अयोध्या ने हमें उसका एक पूर्वानुभव तो दे ही डाला है।

और फिर, मानो दुष्कर्मियों के घिनौने और अमानवीय मनसूबों की परितृप्ति के लिए दंगों के सदमे और तकलीफें ही पर्याप्त नहीं थीं सो, पाकिस्तान के गुप्तचर संगठन

इंटर सर्विस इंटेलिजेंस (आई. एस. आई.) ने कुछ सिरफिरे मुसलमानों को प्रशिक्षित कर मुम्बई भेजा और दंगों के थोड़े शान्त हो चुकने के कुछ महीनों बाद, अलग-अलग खास-खास जगहों पर करीब दर्जन-भर बम रखवाए। इन बम-विस्फोटों ने हिन्दुस्तान को हिला दिया; उनसे करीब 258 लोगों की मृत्यु हुई; उनमें से अधिकतर हिन्दू थे और अपने रोजमर्रा के कामों पर आ-जा रहे थे। यह बड़ा घिनौना और अमानवीय जुर्म था। जिन मुसलमानों ने, प्रतिशोध की भावना से यह करतूत की वे पागल धर्मान्ध थे; अपनी विवेकहीन मुजरिमाना हरकत से उन्होंने अपने धर्मावलम्बियों को जितना नुकसान पहुँचाया उतना तो दंगाइयों ने भी नहीं पहुँचाया था।[5] उन्होंने मुसलमानों के खिलाफ हिन्दुओं की नफरत को और गहरा कर दिया।

मैंने, सभी प्रकार की विचारधाराओं के मुसलमान नेताओं से, जिनमें तथाकथित—रूढ़िवादी—भी थे, सम्पर्क किया और उनसे कहा कि समूचे मुसलमान समुदाय को इन बम-विस्फोटों की निन्दा करनी चाहिए। पल-भर की भी हिचकिचाहट के बगैर सभी ने इसे कबूल किया और विभिन्न सम्प्रदायों और दलों के करीब पचास गण्यमान्य मुसलमानों के हस्ताक्षर के साथ निम्न बयान, अखबारों में जारी किया गया :

> सैकड़ों निरपराध और असहाय लोगों की मृत्यु के लिए और अन्य अनेक लोगों को घायल कर व सम्पत्ति का विनाश करके अवर्णनीय तकलीफें ढाने के लिए हम पाकिस्तान की भर्त्सना करते हैं। यह सचमुच ही अफसोस की बात है कि एक ऐसे देश ने, जो इस्लाम के सिद्धान्तों का अनुयायी होने का दावा करता है, इतने मनमाने ढंग से उनका उल्लंघन किया और अपने मजहब के पवित्र नाम को कलंकित किया। क़ुरान ने यह निदेश दिया है कि जो भी किसी बेकसूर की हत्या करेगा वह समूची मानवता की हत्या का गुनहगार होगा। इसके अलावा अपने क्रूर और मुजरिमाना हरकत से, वे राष्ट्र-विरोधी और मानवताविरोधी तत्त्व जिन्होंने यहाँ पर पाकिस्तान के घिनौने भारत-विरोधी मंसूबों को पूरा किया, असल में भारतीय मुसलमानों के दुश्मनों के हाथों में खिलौना बन गए। इन दुश्मनों का लक्ष्य हिन्दुओं और मुसलमानों के रिश्तों को स्थायी तौर पर बरबाद करके हमारे धर्मनिरपेक्ष ताने-बाने को बिखेर देना है। ऐसे तत्त्वों का पर्दाफाश करना और उन्हें हमारे समाज से खदेड़ देना जरूरी है। वे मुसलमानों के दोस्त नहीं वरन् उनके सबसे बुरे दुश्मन हैं। हम अपने सभी धर्मावलम्बियों से अपील करते हैं कि ये लोग जहाँ भी हों, जो कोई भी हों, उनका सुराग लगाने में वे अधिकारियों के साथ सहयोग करें और उन्हें हमारे देश से समूल उखाड़ फेंकने में मदद करें।

बयान को सभी अखबारों ने प्रमुख रूप से छापा और आल इंडिया रेडियो और दूरदर्शन ने प्रसारित किया। भारत-भर के उर्दू अखबार ने उसे मुखपृष्ठ पर छापा। लेकिन कुछ सप्ताह बाद ही जानी-मानी स्तम्भ-लेखिका तवलीन सिंह की 'इंडियन एक्सप्रेस'

(23 मई, 1993) में छपी इस टिप्पणी को पढ़कर मैं स्तम्भित रह गया कि मुम्बई के मुसलमानों को बम-विस्फोटों पर गर्व है। मैंने उन्हें लिखा कि वे गलत कह रही हैं। उन्होंने अपने स्तम्भ (13 जून, 1993) में मुझे जवाब दिया कि उनकी टिप्पणी सैयद शहाबुद्दीन द्वारा उन्हें बताई गई बात पर आधारित थी। वे जब मुम्बई के कुछ मुहल्लों में दौरा करने गए तो उनसे कहा गया कि जो काम हिन्दू दो महीने में नहीं कर सके वह मुसलमानों ने दो घंटे में करके दिखा दिया। मैं यह पढ़कर स्तब्ध रह गया। मैंने उसी अखबार में उसका खंडन करते हुए तीव्र प्रतिवाद किया और लिखा (4 जुलाई, 1993) कि तवलीन सिंह को 'भारतीय मुसलमानों के महान प्रवक्ता ने' गुमराह किया है। मैंने समझाया—विस्फोटों के बाद मुसलमान पहले से भी ज्यादा घबराए हुए और आशंकित हैं। दिसम्बर-जनवरी के दंगों ने उन्हें शारीरिक और मानसिक दोनों तरीकों से इतनी बुरी तरह प्रभावित किया है कि मुम्बई के प्रमुख मनोवैज्ञानिकों की राय में उन्हें मनश्चिकित्सा की जरूरत है। विस्फोटों के बाद तो मुसलमान यह सोचकर भयभीत हैं कि अब उन पर पहले से भी बदतर संकट आने वाले हैं। उनके सामने तो यह सवाल घूम रहा था, 'अब हमारा क्या होगा ?' 'हिन्दू तो हमारा नामो-निशाँ मिटा डालेंगे।' हो सकता है किन्हीं सिरफिरे मुसलमानों ने सैयद शहाबुद्दीन से आक्रोश और सन्त्रास में आकर यह कहा हो कि मुसलमानों ने दो घंटे में वह काम करके दिखा दिया जो हिन्दू दो महीनों में नहीं कर पाए। ऐसी डींगें पागलपन की निशानी हैं; ये निश्चित ही आम मुसलमान की सोच का प्रतिनिधित्व नहीं करतीं। ताज्जुब की बात तो यह है कि उन लोगों को फटकारने के बदले शहाबुद्दीन ने सुनी-सुनाई बात तवलीन सिंह को सुना दी और उन्होंने अपनी राय की पुष्टि के लिए शहाबुद्दीन को उद्धृत कर दिया। क्या सैयद साहब को इस बात का अहसास है कि ऐसे गैर-जिम्मेदार और बेबुनियाद उद्गारों से उन्होंने भारतीय मुसलमानों के हित को कितनी क्षति पहुँचाई है ? आल इंडिया मुस्लिम पर्सनल लॉ बोर्ड के जनरल सेक्रेटरी ए.वाय. शेख़ ने मुझे बताया कि कई हिन्दू घरों में शहाबुद्दीन की तस्वीर रखी गई है और वे प्रतिदिन सवेरे उनके प्रति अपना आभार व्यक्त करते हैं कि उन्होंने अपने भड़काऊ भाषण की वजह से हिन्दुओं को जागृत किया और मुसलमानों के खिलाफ उनके मन में भावनाएँ भड़काई। उन्होंने कहा कि मुसलमानों की रक्षा और सुरक्षा को अगर किसी एक मुसलमान ने सबसे ज्यादा नुकसान पहुँचाया है तो वह इस 'महान' नेता ने पहुँचाया है जो अकड़-अकड़कर और मुस्लिम भारत की आवाज बनकर बोलता रहा।

शहाबुद्दीन के 'सच' की कौंध से चौंधियाकर, तवलीन सिंह ने मुस्लिम नेताओं को, सम्भवतः मुझ जैसों को जिन्होंने इस बात को नामंजूर किया मुसलमान बम-विस्फोट पर गर्व कर रहे हैं, सलाह दी कि वे मुम्बई के मुस्लिम-बहुल मुहल्लों में 'कुछ देर घूमें-फिरें'। दुर्भाग्य से तवलीन, सैयद के जादू का शिकार हो गईं। जिन लोगों ने बयान पर हस्ताक्षर किए थे उनमें से अधिकांश को मुस्लिम मुहल्लों में घूमने-फिरने की कोई जरूरत नहीं थी; वे तो वहीं रहते और काम करते थे। हमारे बयान के अखबारों में छापने

के कुछ दिनों बाद ही हस्ताक्षरकर्ताओं में से एक भूतपूर्व विधायक और उलेमा कौंसिल के मुख्य संयोजक, मौलाना ज़ियाउद्दीन बुख़ारी को गोलियों से भून डाला गया। पुलिस ने और हिन्दू साम्प्रदायिक तत्त्वों ने मुसलमानों पर जो अत्याचार ढाए थे, उसके प्रति वे बहुत क्षुब्ध थे; मुसलमानों को राहत पहुँचाने और उनके पुनर्वास का प्रबन्ध करने के लिए उन्होंने जितनी जी-तोड़ मेहनत की उतनी बहुत ही कम लोगों ने की होगी। लेकिन बम-विस्फोटों के बाद वे ऐसी करतूत करनेवालों पर बहुत नाराज थे; उन्होंने मुझसे पूछा था, 'क्या ये लोग यहाँ पर एक और बोस्निया बनाने जा रहे हैं ?' उन्होंने ठान ली थी कि ऐसे तत्त्वों को हमारे समाज से समूल उखाड़कर फेंक देना होगा। पर अफसोस, उन्हें उसके लिए वक्त नहीं मिला। वक्त आ गया है कि अब शहाबुद्दीन जैसे मुसलमान नेता, असली हालात को देखकर उसकी रोशनी में अपने नजरिए को बदलें; उनके शुतुरमुर्गाना रवैए से समुदाय को और भी ज्यादा नुकसान पहुँचता है। वक्त की सर्वोपरि जरूरत यह है कि सभी लोग मिलकर शब्दों और आचरणों के जरिए हिन्दू-मुस्लिम एकता को सुदृढ़ बनाने के लिए प्रयास करें न कि उसे अपाहिज बना दें। यह दर्शाकर कि मुसलमान सही हैं और हिन्दू गलत, या उसके ठीक विपरीत बात को सिद्ध करके, हम सिर्फ मनमुटाव को जिन्दा ही रख रहे हैं, उससे कुछ हासिल नहीं होगा।

'बम-विस्फोटों' का प्रभाव बड़ा ही यन्त्रणादायक था; 258 लोगों की मृत्यु के अलावा मूल्यवान सम्पत्तियों को क्षति पहुँची। पुलिस ने हथियारों और विस्फोटों का बड़ा भारी जखीरा बरामद किया, जिसमें 3.5 टन आर. डी. एक्स., 69 ए. के. 56 लाख, 38 हज़ार चक्र से ज्यादा कारतूस और 483 हैंडग्रेनेड थे। मुम्बई और सी. बी. आई. जाँच-पड़ताल ने एक भयानक साजिश का पर्दाफाश किया जो भारत के बाहर अपराधी गिरोह के सरगना दाऊद इब्राहीम ने मुम्बई में अपने कारिन्दे टाइगर मेमन और दूसरे लोगों के साथ रची थी। लेकिन इन लोगों को गिरफ्तार नहीं किया जा सका क्योंकि वे पहले ही दुबई के रास्ते पाकिस्तान भाग चुके थे। जनता की तसल्ली के लिए राज्य की सरकार ने मुम्बई में सैकड़ों मुसलमानों को जरा-से शुबहे के आधार पर गिरफ्तार करने का अभियान चलाया। उन्होंने 200 से ज्यादा लोगों को टेररिस्ट्स एंड डिस्रप्टिव एक्टिविटीज (प्रिवेंशन) एक्ट (टाडा) के तहत गिरफ्तार किया और वजह सिर्फ इतनी थी कि ये लोग कभी किसी समारोह या शादी-ब्याह में इस कांड के मुख्य अभियुक्तों के साथ, जो उस वक्त फरार हो चुके थे, देखे गए थे। कुछ और गिरफ्तार लोगों में वे कुछ मोटरसाइकिल व्यापारी थे जिन्होंने उन अभियोगियों को एकाध गाड़ियाँ बेची थीं, टी. वी. मरम्मत करनेवाले थे जिन्होंने उनके काम किए थे या कोई ट्रेवल एजेंट थे जिन्होंने उनकी हवाई जहाज की टिकटें बुक कराई थीं। अभियोग पत्र 10 हजार पृष्ठों का था; अभियुक्तों की संख्या थी 189 जिनमें से मुख्य 45 अभी तक लापता हैं।

जाने-माने वकील महेश जेठमलानी ने अभियुक्तों को तीन श्रेणियों में रखा है :

- वे जिन्होंने गुनाह में भाग लिया और उन्हें यह जानकारी थी कि वे क्या कर रहे हैं;

- अनजाने में भागीदार बने लोग;
- अन्य दूसरे जिनके मुकदमों ने खुद वकील को हैरत में डाल दिया।

महेश जेठमलानी के मुताबिक अभियुक्तों में से सिर्फ 20 प्रतिशत पर ही प्रथम दृष्ट्या मुकदमा चलाया जा सकता है। साजिश के अपराधियों का सुराग लगाने में पुलिस को पहली कामयाबी तब मिली जब उन्होंने यह पता लगा लिया कि टाइगर मेमन और उसके साथी ही असली संचालक हैं और उसका सम्बन्ध-सूत्र दाऊद इब्राहीम से जोड़ा जा सकता है। लेकिन जिन अनुमानों के आधार पर मुकदमे तैयार किए गए हैं उनमें बड़ी खामियाँ हैं। और सबसे ज्यादा तकलीफदेह बात तो इन सबमें लगनेवाला वक्त है; मुकदमों में बरसों लग जाएँगे और तब तक ये गरीब, लाचार मुसलमान, जो अधिकांशतः बेकसूर हो सकते हैं, जेलों में सड़ते रहेंगे। सरकार की इस कार्रवाई ने सभी जगहों के मुसलमानों की भावनाओं को गहरी ठेस पहुँचाई और सत्ताधारी कांग्रेस पार्टी से वे पूरी तरह कट गए।

तवलीन सिंह ने, अपने लोकप्रिय स्तम्भ ('आफ्टरनून डिस्पेच एंड कूरियर', 2 जनवरी, 1995) में मुम्बई पुलिस द्वारा टाडा कैदियों को दी जाती प्रताड़नाओं का बड़ा बीभत्स ब्यौरा प्रस्तुत किया है; इनका आधार वे विवरण हैं जो मनीष जी. लाला ने चश्मदीद गवाहों के बयानों को संग्रहीत कर तैयार किया है। मनीष के अनुसार, 'ये आर्थर रोड जेल, मुम्बई में मेरे साथी कैदियों द्वारा दिए गए तथ्यों पर आधारित हैं।' इनमें उन टाडा कैदियों का हाल बताया गया है जिन्हें मार्च 1993 में हुए मुम्बई बम-विस्फोट से तथाकथित रूप से जुड़े हुए लोगों का रिश्तेदार बताया जाता है। शाह नवाज़ अब्दुल क़ादर कुरैशी के 19 सदस्यीय परिवार पर जो कुछ बीती वह पुलिस हिरासत में टाडा कैदियों पर जो-जो गुजरी उसका एक आम नमूना है। तवलीन सिंह रिपोर्ट करती हैं :

> अब्दुल क़ादर के 75 वर्षीय बाप पर दबाव डाला गया कि वह कादर की बेटी नजमा के कपड़े उतारे और उसे अपने लिंग से खिलवाड़ करने पर मजबूर करे। उसकी दाढ़ी को चिमटियों से उखाड़ा गया और उसमें उसके बाल और खाल दोनों नोचे गए। उत्पीड़न के दौरान अब्दुल क़ादर ने विष्ठा कर दी और उसकी बेटी नजमा को उसे खाने पर मजबूर किया गया। और उसने जब ऐसा किया तो उनके उत्पीड़िकों को बहुत मजा आया। कुरैशी के भाइयों—रफ़ीक़ (22) और शफ़ी (20) की बान्द्रा में उनके घर से धर-पकड़ की गई और फिर रास्ते ही में उन्हें नंगा कर दिया और उसी हालत में उन्हें घसीटकर पैदल ले जाया गया। पुलिस माहिम पुलिस स्टेशन तक उनकी पिटाई करती रही और उन्हें गालियाँ देती रही। शाहनवाज़ के नंगे भाइयों को फिर उसकी बीवी के आगे चलवाया गया। शाहनवाज़ की बीवी के लिए तो उन्होंने खास इन्तजाम कर रखा था। एक दिन पुलिस उसे, उसके 45 दिन के शिशु के साथ दादर पुलिस स्टेशन ले गई। उसका शौहर वहाँ पहले ही से था। बिजली

> के झटकों की वजह से उसका चेहरा काला पड़ गया था¨अचानक एक अफसर ने अपने आदमियों को हुक्म दिया कि वह शाहनवाज़ की बीवी के कपड़े उतारे। उसके शौहर ने उस मजबूर हालत में भी, हालाँकि वह ठीक से बोल नहीं पा रहा था, उनसे विनती की कि उसे वे हाथ न लगाएँ। सो, शाहनवाज़ के आगे इसके अलावा और कोई चारा नहीं रह गया था कि वह (गुनाह कबूली के) कागजात पर दस्तखत कर डाले।

टाडा कोर्ट के समक्ष अनेक अभियुक्तों ने हलफनामों में इसी प्रकार के मामलों को दर्ज किया है : उन्हें पढ़कर बेहद पीड़ा होती है।

तवलीन सिंह की टिप्पणी है :

> टाडा ने पुलिस को एक आदेशपत्र ही दे डाला है; हमने इस कानूनहीन कानून को बनाया और उससे पहले पुलिस जितनी बर्बर और मुजरिमाना कार्रवाई करती थी अब इसकी वजह से और ज्यादा करने लगी है¨टाडा ने पुलिस को अनुमति दे रखी है कि बगैर किसी आरोप के 180 दिन तक और जरूरत समझे तो बगैर किसी आरोप मुकदमे के एक साल तक वह किसी व्यक्ति को हिरासत में रख सकती है। इसके अलावा, टाडा में यह भी प्रावधान है कि मुकदमा बन्द कमरे में, आमतौर पर पुलिस स्टेशन में चलाया जा सकता है और गवाहों की पहचान को गुप्त रखा जा सकता है। इस प्रकार से सिद्ध अपराधी को मृत्युदंड की भी सजा हो सकती है और सो भी तीस दिन के अन्दर की जानी चाहिए। भला कितने भारतीय इस प्रकार की कानूनी सलाह पा सकने की सामर्थ्य रखते हैं जो उन्हें बचा पाएगी ?

अगले सप्ताह, 'आफ्टरनून ऑन संडे' (8 जनवरी, 1995) के समाचार सम्पादक, मार्क मैन्यूएल ने तवलीन सिंह के सवाल के अपने प्रत्युत्तर में पुलिस के पक्ष को प्रस्तुत किया लेकिन उन्होंने शाहनवाज़ कुरैशी के या तवलीन द्वारा उल्लिखित अन्य मामलों का कोई खंडन नहीं किया; टाडा कैदियों के प्रभारी जाइंट पुलिस कमिश्नर एन. एम. सिंह ने मेरे सामने उसका खंडन किया लेकिन साथ ही यह भी कबूल किया कि आपराधिक जाँच-पड़ताल के दौरान 'थर्ड डिग्री' (शारीरिक पीड़ा) तरीकों को आमतौर पर अपनाया जाता है।

टाडा ने मुसलमानों के मानस को वह क्षति पहुँचाई जो बम-विस्फोटों ने हिन्दुओं के शरीर को पहुँचाई थी। टाडा एक कठोर कार्रवाई है जिसका लक्ष्य आतंकवादी है लेकिन जब मामूली आम नागरिक पर वह लागू किया जाता है तब वह दमन का एक हथियार बन जाता है और स्वतन्त्रता और मानवीय सम्मान का हनन करता है। जैसा कि मुम्बई हाईकोर्ट के रिटायर्ड जज जस्टिस एच. सुरेश ने टिप्पणी की है, 'टाडा एक न्यायहीन कानून है जिसका दुरुपयोग किए जाने की सम्भावनाएँ उसमें अन्तर्निहित हैं,' यह 'एक न्यायहीन कानून को न्यायपूर्ण ढंग से लागू करने की जिम्मेदारी पुलिस को

(गुनाह कबूली के मामलों में) और अफसरों को (जाँच-पड़ताल के मामलों में) सौंप देती है, और जब तक मुकदमों का फैसला उनकी नियत कालावधि में हो नहीं जाता तब तक इसके अन्तर्गत गिरफ्तार लोगों के लिए (बचाव की) कोई उम्मीद नहीं रह जाती' ('मिड-डे', 9 जुलाई, 1994)। विडम्बना यह है कि असली गुनहगार अभी भी फरार हैं, बेगुनाहों को हथकड़ी-बेड़ियों में जकड़कर रखा गया है मानो यह जताने की कोशिश हो रही है कि मध्य युग में कुछ मुसलमान शासक अगर वैसा कर सकते थे तो आज के हिन्दू शासक ऐसा कर सकते हैं और उनसे दो कदम आगे रह सकते हैं ! अंग्रेजी कवि विलियन हेजलिट ने कहा है कि 'पूर्वाग्रह अज्ञान की सन्तान है' और वह समाधान-मेल मिलाप के शत्रु के रूप में विकसित होता है; और उसे बल मिलता है 'सन्देह' से, जो मशहूर विचारक फ्रांसिस बेकन के अनुसार, 'विश्वास को समाप्त कर देता है।' हिन्दू-मुस्लिम रिश्तों को, खासकर बाबरी मस्जिद-राम जन्मभूमि विवाद के बाद तो इन्हीं दो कारकों ने सबसे ज्यादा नुकसान पहुँचाया है; इस पर बहुत कुछ लिखा जा चुका है और गड़े मुर्दों को उखाड़ने से कुछ फायदा नहीं होगा। भारत के मानवाधिकार आयोग के चेयरमैन, जस्टिस रंगनाथ मिश्र ने, जो भारत के चीफ जस्टिस भी रह चुके हैं, टाडा को खारिज करने की माँग की है। उन्होंने 'संडे आब्जर्वर' मुम्बई, 2-8 अप्रैल, 1995 को दिए एक इंटरव्यू में कहा है :

> सुप्रीम कोर्ट के निर्देशों के बावजूद कि प्रदेश की एजेंसियों द्वारा टाडा का पुनर्निरीक्षण किया जाए, कोई कारगर पुनर्निरीक्षण नहीं किया गया''हमने कुछ वक्त तक पुनर्निरीक्षणों के परिणामों का विश्लेषण किया और यह पाया कि कई राज्यों में खुले दिमाग से काम नहीं लिया गया। कमीशन नें केन्द्र सरकार से सिफारिश की कि टाडा कानून अपने दायरे में बहुत ही कठोर व क्रूर लग रहा हैं और इसे रद्द कर देना चाहिए।

लेकिन यह सच्चाई तो साफ है कि हमारे हर एक नेता के पूर्वाग्रह और सन्देह के वातावरण की वजह से हर निर्णायक घड़ी में गलती की; जब सुलह-समझौते की जरूरत थी तब टकराव को बढ़ावा दिया गया; जब-जब कड़े फैसले करने चाहिए थे तब फुसफुसे विकल्पों को चुना गया। हर रंग के राजनेता ने जनता की भावनाओं से खिलवाड़ किया, नतीजा यह हुआ कि न तो बाबरी मस्जिद बचाई जा सकी और न ही राम मन्दिर बनाया जा सका। थककर फिर मामला सुप्रीम कोर्ट को सुपुर्द किया गया कि वही यह फैसला करे कि क्या जहाँ बाबरी मस्जिद खड़ी थी वहाँ पहले कोई मन्दिर था। सरकार ने कहा कि उसके फैसले से, किसी की भावनाओं को चोट पहुँचे तो भी, उसे स्वीकार कर लिया जाएगा। लेकिन सुप्रीम कोर्ट ने दो साल की अवधि के बाद, बड़े विवेक के साथ पुरानी आग को फिर सुलगाने से इनकार कर दिया; आखिरकार इस आग ने हमारे गणतन्त्र के धर्मनिरपेक्ष ताने-बाने को लगभग जलाकर राख कर ही दिया था। 24 अक्तूबर, 1994 को, सर्वोच्च अदालत ने, जिसमें पदमुक्त हो रहे और नवनियुक्त हो रहे चीफ

जस्टिसों समेत पाँच जज थे, सर्वसम्मति से यह विवेकपूर्ण फैसला दिया :

> यह एक ऐसा मामला है जो मूलतः ऐसे समझौतों के द्वारा सुलझाया जाना चाहिए जिनमें अन्ततः एक दल विजयी और दूसरा पराजित न हो जाए जबकि न्यायिक फैसलों में अन्ततः ऐसा ही होता है। यह राष्ट्र के हित में है इस विवाद का निपटारा करने के लिए जो प्रक्रिया अपनाई जाए उसमें अन्ततोगत्वा कोई अपने को पराजित न महसूस करे ताकि परिणाम में किसी के मन में कोई विद्वेष न रह जाए। जब तक ऐसा समाधान नहीं ढूँढ़ लिया जाता जो सभी को प्रसन्न कर सके तब तक हम भारतवासियों के बीच सुसंवादिता को जारी रखने की शुरुआत नहीं हो सकती।

अदालत ने यह भी संकेत दे दिया है कि अपनाई जानेवाली प्रक्रिया का रुझान कैसा होना चाहिए; उसने कहा कि "मस्जिद के विध्वंस के परिणामस्वरूप मुसलमानों की भावनाओं को जो चोट पहुँची है उनका यथासम्भव ऐसे बेहतरीन तरीकों से इलाज किया जाना चाहिए कि उनसे दूसरे समुदाय को कोई वैध शिकायत की वजह न मिले और एक धर्मनिरपेक्ष राष्ट्र में साम्प्रदायिक सद्भावना के लिए हानिकारक साम्प्रदायिक क्षोभ को फिर से सुलगाने की सम्भावना न रह जाए।" क्या हमारे नेता देश के साथ फिर एक बार दगा करेंगे ? या क्या वे सुप्रीम कोर्ट की हिदायतों को उसकी अन्तर्निहित भावना के साथ स्वीकार करेंगे ? उनके प्रयासों की सफलता या असफलता पर हिन्दू-मुस्लिम रिश्तों का भविष्य निर्भर करता है। इन रिश्तों में आई दरार को पाटने के लिए, चाहे जो कीमत देनी पड़े दोनों पक्षों को वह देने से हिचकिचाना नहीं चाहिए।

कश्मीर की समस्या

कश्मीर, (या उसके पूरे नाम के साथ कहा जाए जम्मू तथा कश्मीर प्रदेश) भारतीय संघ का एकमात्र मुस्लिम-बहुसंख्यक प्रदेश है। इसलिए, उसे भारतीय मुसलमानों की राष्ट्रभक्ति की परीक्षा की कसौटी बनाया जाता है, हालाँकि कश्मीरी मुसलमानों ने अपनी नियति को भारत के अपने अन्य सहधर्मियों के साथ जोड़ने की कभी कोई कोशिश नहीं की। शेख़ मुहम्मद अब्दुल्ला (1905-82) से लेकर उनके बेटे फारूख़ अब्दुल्ला तक अनेक मुसलमान नेताओं ने प्रयास किए कि भारत के साथ सम्बन्ध को बरकरार रखें लेकिन उन सबके बावजूद अधिकांश कश्मीरी मुसलमान भावनात्मक रूप से पाकिस्तान द्वारा लुभाए-बहकाए जाते रहे हैं।

शुरुआत ही से भारत-विरोधी ताकतें सक्रिय रहीं; कभी उन पर विजय प्राप्त की गई, कभी उन्हें दबा दिया गया, लेकिन कभी भी पूरे तौर पर दमन नहीं किया जा सकता। संयुक्त राष्ट्र संघ में बड़े जोश के साथ हिन्दुस्तान में कश्मीर के विलयन की घोषणा कर चुकने के बाद शेख़ अब्दुल्ला भी कुछ वक्त तक ऊहापोह में रहे और उन्हें 16 वर्ष की लम्बी कालावधि तक कैद में रखा गया। उसके बाद कहीं जाकर उन्होंने इस बात को कबूल किया कि उनके राज्य का हिन्दुस्तान से सम्बन्ध बरकरार रहेगा। उसके बाद वे राज्य के मुख्यमन्त्री बने और अपने जीवन-काल तक बने रहे। अपने कद्दावर राजनीतिक महत्त्व के बावजूद वे कश्मीर के बाहर नहीं के बराबर गए और भारतीय मुसलमानों के मामलों में उन्होंने कोई उल्लेखनीय भूमिका नहीं निभाई।

उनके बाद आए कश्मीरी नेता, बख़्शी गुलाम मुहम्मद से लेकर गुलाम मुहम्मद सादिक़ और सैयद मीर क़ासिम तक, करीब-करीब उतने ही अलग-थलगवादी थे; उनका तो अपने प्रदेश की जनता के साथ ही सम्बन्ध अनिश्चित और अनियमित-सा था। कभी गहरा और प्रभावशाली तो कभी कुछ नहीं। उनके बाद जो आए वे बहुत कम लोकप्रिय थे; प्रदेश पर उनकी पकड़ बड़ी कमजोर थी। इसके लिए अधिकांशतः हालात ज्यादा जिम्मेदार थे, लेकिन उसकी एक वजह निश्चित ही यह भी थी कि वे मजबूती से अपनी जमीन से जुड़े हुए नहीं थे। इसके अलावा, उनमें से कुछ तो भ्रष्टाचार और भाई-भतीजावाद में इतने लिप्त थे कि उन्होंने बहुतांश मुसलमानों को बेगाना बना दिया और परिणामस्वरूप भारत से उनके सम्बन्ध-सूत्र कमजोर हो गए। मन्त्रियों और सरकारी अधिकारियों ने सार्वजनिक धनों को हड़पकर अपना घर भर लिया, केन्द्रीय गृहमन्त्री शंकर राव चह्वाण

ने भी इसे कबूल किया है; केन्द्र से राज्य के विकास के लिए जो कुछ आया वह मन्त्रियों और अफसरों के परिवारों की जेबों में चला गया। इसलिए, बड़ी-बड़ी भव्य योजनाओं की घोषणाओं के बावजूद, कोई औद्योगिक विकास नहीं हुआ। यहाँ तक कि दलहस्ती और सलाल जैसे हाइड्रो-इलेक्ट्रिक पावर प्रोजेक्ट भी, जो अर्थव्यवस्था के लिए बहुत महत्त्वपूर्ण थे, दशकों तक लटके रहे। सड़कों की मरम्मत नहीं की गई; अलग-अलग परियोजनाओं के लिए नियत करोड़ों रुपए गायब हो गए। न तो अच्छे स्कूल बने, न ही स्वास्थ्य-केन्द्र यहाँ तक कि पर्यटन-व्यवसाय की भी बुरी तरह उपेक्षा की गई। सरकारी गतिविधियाँ सिर्फ राजनेताओं और नौकरशाहों की छीना-झपटियों तक सीमित रहीं; और हरेक इसी फिराक में रहा कि कैसे ज्यादा-से-ज्यादा लूटकर अपना घर भरा जाए। खाद्यान्नों की फसलें उजड़ती चली गईं; फलों के बागान सूखते चले गए। चुनावों में घपले किए गए; मतदान में हेराफेरियाँ की गईं; नतीजों में धोखाधड़ी की गई। हताश होकर कश्मीरी मुसलमान इस उम्मीद से पाकिस्तान का मुँह जोहने लगे कि वह उनकी हालत को सुधारेगा। कश्मीरियों को यह विश्वास होने लगा था कि हिन्दुस्तान में उनका हश्र भारतीय मुसलमानों से भी बदतर होनेवाला है क्योंकि उन्हें यह साफ-साफ नजर आने लगा कि भारतीय मुसलमान गरीब और बेरोजगारी के बोझ तले दबे हुए कराह रहे हैं।

हिन्दू नेताओं को, फिर वे कांग्रेस के हों या अन्य धर्मनिरपेक्ष पार्टियों के, इस जटिल स्थिति से पैदा हो रहे प्रभावों का कोई अहसास नहीं था। वे बड़ी मासूमियत से यही मानते रहे कि जितना ज्यादा वे कश्मीर के स्वघोषित मुसलमान नेताओं को लाड़-प्यार से पुचकारते रहेंगे उतना ज्यादा उनका कश्मीरियों से और भारतीय मुसलमानों से स्नेह-सम्बन्ध सुदृढ़ होगा। लेकिन ऐसा नहीं हुआ; उल्टे भारत के प्रति रोष बढ़ता चला गया। उत्तरोत्तर आई सरकारों ने जिस भोंडे तरीके से कश्मीर के मामले को सँभाला उसे सोचकर हैरानी होती है; इससे न तो कश्मीर हिन्दुस्तान के ज्यादा करीब आया और न ही हिन्दुस्तानी मुस्लिमों को राष्ट्रीय मुख्यधारा का हिस्सा बन सकने में मदद मिली। इसके बावजूद इन कश्मीरी नेताओं को न सिर्फ उनके अपने राज्य में ऊँचा उठाकर रखा गया बल्कि कुछ को तो केन्द्र में भी लाया गया और उन्हें हिन्दुस्तानी मुसलमानों का प्रतिनिधि बनाया गया।

इन नेताओं को उनके समुदाय ने कभी अपने प्रतिनिधि के तौर पर मान्यता नहीं दी। और रही कश्मीरी मन्त्रियों की बात, तो उन्होंने कभी हिन्दुस्तानी मुसलमानों की कोई परवाह नहीं की। इनमें दो व्यक्ति अपवादस्वरूप हैं—एक हैं मुफ्ती मुहम्मद सईद, जिन्होंने मुसलमानों पर पुलिस द्वारा ढाए गए अत्याचार के विरोध में राजीव गाँधी-मन्त्रिमंडल से इस्तीफा दे दिया; और दूसरे हैं गुलाम नबी आज़ाद जो दिल्ली आए, जबकि कश्मीर में उनकी कोई हैसियत नहीं थी। उन्होंने नौजवानों के बीच काम किया और जमीन से जुड़ाव पैदा किया। वे राजीव गाँधी और नरसिंह राव—दोनों के मन्त्रिमंडल में मन्त्री रह चुके हैं; लेकिन उनका सम्बन्ध हिन्दुओं से ज्यादा रहा है, हालाँकि हाल के दिनों में

मुसलमानों की हालत पैरवी करने में वे काफी मुखर रहे हैं। लेकिन इन दोनों नेताओं ने भी भारतीय और कश्मीरी मुसलमानों को करीब लाने के लिए कभी कोई प्रयास नहीं किया।

ये हैं वे दुखद स्थितियाँ जिनके लिए सभी राजनीतिक दल जिम्मेदार हैं; उन सबकी मान्यता थी कि दिल्ली में सत्ता के गलियारों में कश्मीर मुसलमानों का होना-भर ही भारतीय धर्मनिरपेक्षता की सफलता की गारंटी है। लेकिन सच्चाई यह है कि यह धारणा उतनी ही खोखली है जितनी कश्मीर के विलय की धारणा। कश्मीरी और भारतीय मुसलमानों के बीच घनिष्ठ सम्बन्ध स्थापित करने के लिए कोई प्रयास नहीं किया गया, जिससे कश्मीर के विलय को सुदृढ़ बनाया जा सकता था। इन सारे सालों के दौरान इन दो मुस्लिम समूहों को साथ ले आने के लिए कोई योजना या कार्यक्रम नहीं बनाया गया, जबकि यह भारत में कश्मीरी के विलय के पक्ष में सर्वाधिक मजबूत निमित्त बन सकता था। बदकिस्मती से, बड़े सुनियोजित ढंग से इसे टाला गया। ऐसा करना हमारी इस बार-बार दुहराई जाती घोषणा के प्रतिकूल माना गया कि अगर कश्मीर हिन्दुस्तान से अलग भी हो जाता है तो भी भारतीय धर्मनिरपेक्षता बरकरार रहेगी। नेहरू इस बात की कल्पना भी नहीं कर सकते थे कि हिन्दुस्तान कभी भी धर्मनिरपेक्षता का परित्याग कर सकता है; उनको विश्वास था कि कश्मीर का दर्जा चाहे जो हो, धर्मनिरपेक्षता तो बरकरार रहेगी ही। इसलिए उन्होंने कश्मीर की नियति को भारतीय मुसलमानों की नियति से जोड़ने से इनकार कर दिया। उनके लिए धर्मनिरपेक्षता एक धर्म था; वह सौदेबाजी की दुकान नहीं थी। इसलिए उन्होंने जोर देकर कहा कि भारत धर्मनिरपेक्ष बना रहेगा, कश्मीर उसके साथ बना रहे या नहीं; मुसलमान नागरिकों के साथ हिन्दुओं के समकक्ष, समानता का व्यवहार किया जाएगा और संविधान ने उसकी जमानत दी है।

नेहरू के इंगित पर ही हमारी विदेश नीति इस मान्यता पर ही आधारित थी और विदेशों में हमारे प्रतिनिधियों ने बड़े जोर-शोर से उसका प्रचार किया।

चुनांचे 1965[1] में पाकिस्तानी हमले के बाद जब नेहरू ने उत्तराधिकारी, लाल बहादुर शास्त्री (1904-66) ने संयुक्त राष्ट्र संघ में भारत का प्रतिनिधित्व करने के लिए मुझे नियुक्त किया, तो मेरे सामने एक दुविधा आ खड़ी हुई : 'क्या मुझे अन्य प्रतिनिधियों, विशेषकर मुस्लिग देशों के प्रतिनिधियों के सामने मुस्लिम दृष्टिकोण और उसकी प्रभावात्मकता को प्रस्तुत करना चाहिए या क्या मुझे भी उसी पारम्परिक दृष्टिकोण को प्रस्तुत करना चाहिए जो मुझसे पहले के, मुझसे कहीं ज्यादा प्रतिष्ठित प्रतिनिधि करते आए थे ?' मुझे यकीन था कि मुस्लिम दृष्टिकोण को प्रस्तुत करना बेहतर होगा क्योंकि पाकिस्तानी शिष्टमंडल के नेता जेड. ए. भुट्टो (1927-79) द्वारा चलाए जा रहे भारत-द्वेषी अभियान के जहर के खिलाफ वही अकसीर दवा साबित हो सकता है। मैंने अपने सहयोगियों से निवेदन किया कि यह दृष्टिकोण मेरे वक्तव्य में प्रतिबिम्बित होना चाहिए। लेकिन, वे लोग और खासकर उनमें से दो तेज-तर्रार युवा

कूटनयिक, जो संयुक्त राष्ट्र संघ के इंडियन मिशन से सम्बद्ध थे—एस. के. सिंह जो बाद में विदेश सचिव बने और नटवर सिंह, जो बाद में विदेशी मामलों के राज्य मन्त्री बने, इससे सहमत नहीं हुए। हमारे बीच गर्मागर्म बहसें हुईं; उनकी मान्यता थी कि भारत सरकार की मान्य नीतियों से हटकर कोई काम नहीं किया जाना चाहिए।

मेरे आग्रह पर, संयुक्त राष्ट्र संघ में हमारे स्थायी प्रतिनिधि, जी. पार्थसारथी ने, नई दिल्ली में प्रधानमन्त्री के सामने मामले को भेजकर उनका निर्देश माँगा और उन्होंने बड़ी उदारता से मुझे अपनी बात, अपने ढंग से कहने की अनुमति दे दी। चूँकि मेरा वक्तव्य, तारिक़ अब्दुल्ला, जो अचानक पाला बदलकर पाकिस्तानी शिष्टमंडल में शामिल हो गए थे, के निन्दा-अभियान का प्रत्युत्तर था, इसलिए उसे सुनने के लिए लोगों में सामान्य से ज्यादा उत्सुकता थी। 15 अक्तूबर, 1965 को जनरल असेम्बली का हॉल पूरी तरह भरा हुआ था। यह मेरा सौभाग्य था कि मुझे बहुत ही अनुकूल श्रोता मिले; भुट्टो और उनकी टीम के अन्य सदस्यों के अलावा, अधिकांश मुस्लिम प्रतिनिधि भी मौजूद थे। मैंने करीब एक घंटे तक भाषण दिया; और जब मैंने बड़ी सतर्कता के साथ अपने भाषण में यह भी इशारा दिया कि पाकिस्तान द्वारा कश्मीर को हथिया लेने की सूरत में भारतीय मुसलमानों के सामने खतरे खड़े हो सकते हैं। तो, खासकर मुस्लिम देशों के शिष्टमंडलों के बीच हल्की-सी हलचल मच गई। उस वक्तव्य के कुछ प्रासंगिक अंशों को उद्धृत करना उपयुक्त होगा :

> आदरणीय वाइस प्रेसिडेंट साहब, इस बात को आसानी से और कभी-कभी सहूलियत से भुला दिया जाता है कि कश्मीर की मुस्लिम आबादी, उस 5 करोड़ मुस्लिम आबादी का एक अभिन्न हिस्सा है जो समूचे भारतीय गणतन्त्र में बसी हुई है और भारतीय समाज का एक अभिन्न अंग है। हमारा संविधान, नस्ल या धर्म के भेदभाव के बगैर सभी नागरिकों को दर्जे और अवसर की समानता की जमानत देता है और उसकी विशाल छत्रछाया में हमारी भिन्न-भिन्न नस्लों, धर्मों और समुदायों को एकजुट कर एक सद्भावनापूर्ण और समन्वयपूर्ण इकाई को विकसित करने में अगर किसी भी कोने से, किसी भी प्रकार से बाधा डाली जाएगी तो और लोगों की बनिस्बत हिन्दुस्तानी मुसलमान उसका विरोध करेगा। हिन्दुस्तान में पीछे छूट गए मुसलमानों में से अधिकांश ने पाकिस्तान के निर्माण में सक्रिय भूमिका निभाई थी लेकिन आज उनसे बेहतर इस बात का अहसास और किसी को नहीं है कि इससे बड़ी भूल और कोई उनसे नहीं हो सकती थी, यह एक ऐसी भूल थी जिससे भारतीय उपमहाद्वीप में किसी भी समस्या का समाधान होना तो दूर ही रहा, उल्टे, पाकिस्तानी सत्ताधारियों की भारत-द्वेषी नीतियों की वजह से ऐसी समस्याओं का ढेर खड़ा कर दिया है जिन्हें सुलझाया नहीं जा सकता और जिनकी वजह से हमारी जनता का भविष्य खतरे में पड़ गया है। इसलिए धर्मनिरपेक्ष लोकतन्त्र की रक्षा करना, भारतीय अल्पसंख्यकों के लिए और

बहुसंख्यक समुदाय के लिए भी जिन्दगी और मौत का सवाल हो गया है और उसकी रक्षा के लिए वे किसी भी प्रकार का बलिदान करने के लिए तैयार हो जाएँगे। अठारह साल पहले उसे संकट में डालने की उन्होंने बड़ी भारी कीमत चुकाई थी और अब फिर एक बार वे उस रक्त-पात के अनुभव से गुजरने को तैयार नहीं है।

(मैंने आगे और सविस्तार प्रतिपादित करते हुए कहा,) हिन्दुस्तान के 5 करोड़ मुसलमानों के लिए यह तथ्य ही कि भारतीय संघ के 16 राज्यों में से कम-से-कम एक, यानी, जम्मू और कश्मीर मुस्लिम बहुसंख्यक राज्य है, बड़े सन्तोष की बात है; और उन्होंने यह ठान ली है कि वे किसी को भी अपने इस सन्तोष को छीनने नहीं देंगे और उसकी सुरक्षा के लिए वे बड़ी से बड़ी कुर्बानी देंगे। पाकिस्तान के साथ हुए वर्तमान संघर्ष में अपनी मातृभूमि की रक्षा के लिए कुर्बानी देने में मुसलमान, अन्य किसी समुदाय से पीछे नहीं रहे। जैसा कि हमारे प्रधानमन्त्री, लालबहादुर शास्त्री ने कहा : 'यह याद रखा जाना चाहिए कि भारत में 5 करोड़ मुसलमान हैं और वे इस देश में एक नई व्यवस्था निर्माण करने में बराबरी के सहभागी हैं और उन्हें इस पर गर्व है। पाकिस्तान के खिलाफ हुई इस लड़ाई में उन्होंने अपने साथियों के कन्धे से कन्धा मिलाकर युद्ध किया है और सर्वोच्च सैनिक सम्मान पाए हैं।

(मैंने बड़े स्पष्ट शब्दों में कहा,) माननीय वाइस प्रेसिडेंट साहब, मैं इस बात को अब एकदम स्पष्ट कर दूँ कि हम अपने धर्मनिरपेक्ष राष्ट्र की बुनियाद को खतरा पहुँचानेवाली हर शक्ति का मुकाबला करेंगे। भारत के पाँच करोड़ मुसलमानों की ओर से, जिनमें से एक होने का मुझे सौभाग्यपूर्ण गौरव प्राप्त है, मैं यह साफ कर दूँ कि हम अपने गणतन्त्र के गैर-साम्प्रदायिक चरित्र को भंग करने की किसी भी कार्रवाई का मुकाबला, आखिरी व्यक्ति के जिन्दा रहने तक करेंगे। पाकिस्तानी प्रतिनिधि ने हमारी एकजुटता की खिल्ली उड़ाई। उन्होंने यहाँ तक सवाल किया कि भारत सरकार, ऐसी किसी भी स्थिति को सँभालने में सक्षम क्यों नहीं हो सकती या कश्मीर में जनमत संग्रह कराने की रोकथाम के लिए वह भारतीय मुसलमानों का इस्तेमाल बन्धकों की तरह क्यों कर रही है ? श्रीमान वाइस प्रेसिडेंट साहब, हम पहले ही एक भयावह अनुभव से गुजर चुके हैं; हमने देश के विभाजन को मंजूरी दे दी इस भोले विश्वास पर कि इससे हमारी सारी तकलीफें और समस्याएँ समाप्त हो जाएँगी; लेकिन हमारा बड़ा दुखद भ्रमभंग हुआ; हमारे लाखों लोगों को असहनीय कष्टों से गुजरना पड़ा; मानव के प्रति मानव की अमानवीयता की वजह से लाखों लोग बेघर हो गए और उनका पुनर्वसन करवाने के लिए हमें अपने आर्थिक संसाधनों पर इतना बोझ डालना पड़ा कि वे करीब-करीब

खतम होने के कगार पर आ गए; हमने अपने महानतम व्यक्ति महात्मा गाँधी को गँवा दिया; अपने समाज का पुनर्निर्माण करने के प्रयास में हमें असीम कठिनाइयों का सामना करना पड़ा। नहीं, श्रीमान वाइस प्रेसिडेंट साहब, हम इतिहास को दोहराने नहीं देंगे। आज हमारी एकता के सामने पहले से भी ज्यादा संकट उपस्थित है। काश, आपने उस विनाश-लीला को देखा होता जो भारत के बँटवारे की वजह से हुई; और उस बँटवारे की हिमायत ऐसी ही दलीलें दे-देकर पाकिस्तान-समर्थकों ने की थी; उस विनाश-लीला में लाखों बेकसूर स्त्री, पुरुष और बच्चों ने अपनी जानें उन विक्षिप्त लोगों के हाथों गँवाई थीं जिन्होंने ईश्वर के नाम पर हत्या और बलात्कार करने का अधिकार अपने हाथों में ले लिया था। 1965 का हिन्दुस्तान 1948 का हिन्दुस्तान नहीं है; अब वह फिर से किसी के इशारे पर साम्प्रदायिक जहर पीने के लिए तैयार नहीं है। माननीय वाइस प्रेसिडेंट साहब, इस्लाम के पैग़म्बर साहब ने फरमाया है : 'ऐ मेरे अल्लाह ! मेरी जिन्दगी और कायनात की हर चीज के मालिक ! मैं ऐलान करता हूँ कि तमाम इंसान आपस में भाई हैं।' इस तरह, इस्लाम में, जिसके आधार पर पाकिस्तान कश्मीर पर अपना दावा पेश करता है, 'दो-राष्ट्र' सिद्धान्त के लिए कोई स्थान नहीं है, और यह सिद्धान्त मानव मात्र के इतिहास में एक कलंक है। पाकिस्तान के शासक अपने मुल्क को बड़े गर्व से इस्लामी राष्ट्र के रूप में प्रस्तुत करते हैं तो फिर वे हमारे समाज में अव्यवस्था और अशान्ति फैलाने के बदले पैग़म्बर साहब़ द्वारा व्यक्त गहन सत्य के आधार पर अपने देश के नागरिकों के जीवन की पुनर्रचना क्यों नहीं करते ?

मेरे वक्तव्य का वांछित प्रभाव पड़ा; भुट्टो चीखे कि मैं मुसलमानों के हितों का दुश्मन हूँ, गद्दार हूँ। सऊदी अरब के राजदूत, विरोध में सभा-त्याग कर चले गए। लेकिन दूसरे मुस्लिम शिष्टमंडलों का रवैया सहानुभूतिपूर्ण था; वे पाकिस्तान का चाहे कितना भी समर्थन करना क्यों न चाहते रहे हों लेकिन साथ ही वे भारत के अपने सहधर्मियों को संकट में भी डालना चाहते थे। हाँ, यह सच है कि अन्य बातें भी थीं जिनका वजन उन पर पड़ रहा था। वे उस हिन्दुस्तान से दुश्मनी मोल नहीं लेना चाहते थे जिसने हर संकट में उनका साथ दिया था। इसके अलावा उनके देशों का भारत के साथ बड़ा फलता-फूलता व्यापारिक सम्बन्ध था और उसे बिगाड़ना उनके राष्ट्रीय हित में नहीं था। वे इतने यथार्थवादी थे कि पाकिस्तान के 'इस्लाम खतरे में है' जैसी नारेबाजियों के झाँसे में आनेवाले नहीं थे; वे हिन्दुस्तान में रहनेवाले 5 करोड़—जो इस समय 12 करोड़ हो चुके हैं—मुसलमानों को नजरअन्दाज नहीं कर सकते थे। भुट्टो अपने दाँव में विफल हो जाने के बाद इतने क्षुब्ध हुए कि बाद में सिक्योरिटी कौंसिल में इशारा कर-करके चीखते रहे कि 'हिन्दुस्तानी कुत्तो, वापस जाओ' और फिर खुद ही गुस्से से भरकर बाहर निकल गए। हिन्दुस्तानी वहीं बने रहे; पाकिस्तानी बाहर निकल

गए। उन्हें अहसास हो गया था कि उनका खेल खतम हो चुका है।

लेकिन खुद कश्मीर में हालात सुखद नहीं थे, भारत बाहरी तौर पर जितना ज्यादा जीतता गया, उतना ही ज्यादा अन्दरूनी तौर पर वह खोता गया। जब तक शेख़ अब्दुल्ला जिन्दा रहे अपने कद्दावर व्यक्तित्व की वजह से और केन्द्र में दिल्ली का डटकर सामना करने के कारण झेली गई तकलीफों के फलस्वरूप अपनी जनता के साथ थोड़ा-बहुत करीबी सम्बन्ध बनाए रख सके लेकिन उनका स्वभाव थोड़ा अनिश्चित-सा था और वह स्थायी समाधान पाने की दिशा में सहायक नहीं था। सन् 1976 में श्रीमती गाँधी से समझौता करने के बाद वे कश्मीर के मुख्यमन्त्री बने और उन्होंने सारे अधिकार अपनी मुट्ठी में ले लिये लेकिन अपनी लम्बे अर्से से मुसीबतमन्द जनता की गरीबी और बेरोजगारी की समस्या को सुलझाने में वे असफल रहे। उन्होंने भारतीय मुसलमानों के सामने मुँह बाए खड़ी समस्याओं पर कोई ध्यान नहीं दिया। उनकी मृत्यु के बाद, उनके उत्तराधिकारियों में न तो इतनी शक्ति थी कि वे राज्य के हालात को सुधार सकें और न ही ऐसा ऊँचा कद था कि हिन्दुस्तानी मुसलमानों के लिए किसी ढंग से मददगार साबित हों। जैसा कि मैंने उल्लेख किया है, वे कश्मीरी नेता भी जो दिल्ली में मन्त्री पदों पर आसीन थे, अपने राज्य में बढ़ते जाते असन्तोष पर नियन्त्रण पाने में जरा भी कारगर नहीं हुए और भारतीय मुसलमानों को भी किसी प्रकार का दिलासा या मदद नहीं दे पाए जबकि आए दिन होते दंगों ने मुसलमानों की जो दुर्गति कर रखी थी उसका मनोवैज्ञानिक फायदा पाकिस्तान उठा रहा था। बदकिस्मती से, सत्ताधारी कांग्रेस भी अपने-आपको इस भ्रम के जरिए बहला रही थी कि केन्द्रीय मन्त्रिमंडल में एक-दो कश्मीरी मुसलमानों को शामिल कर लेने से कश्मीरी और भारतीय मुस्लिम सन्तुष्ट हो जाएँगे। सच्चाई यह थी कि दोनों ही इस बनावटी सद्भावना-प्रदर्शन से प्रभावित नहीं हुए।

यह बात विडम्बनापूर्ण लग सकती है कि नेहरू को अपनी कश्मीरी वंश परम्परा का गर्व था[2], लेकिन फिर भी अपने सत्रह साल लम्बे प्रधानमन्त्रित्वकाल में उन्होंने एक भी कश्मीरी मुसलमान को अपने मन्त्रिमंडल में शामिल नहीं किया। वे जानते थे कि उनमें से किसी ने भी भारत के अपने सहधर्मियों के साथ ऐसी तादात्म्यता स्थापित नहीं की थी कि उनकी आशाओं और आकांक्षाओं को वे जान सकते; और न ही वे राजनीतिक या सामाजिक तौर पर उनके साथ सक्रिय रूप से जुड़े थे। ऐतिहासिक और भौगोलिक कारकों से वे लोग अपनी निजी समस्याओं में इतने अधिक उलझ गए थे कि दूसरे मुसलमानों के बारे में कुछ सोचने तक का ख़्याल उन्हें नहीं आता था। नेहरू की मृत्यु के बाद, उनके उत्तराधिकारियों ने अलग दृष्टिकोण अपनाया; लेकिन उससे वांछित परिणाम हासिल करने में सफलता नहीं मिली।

जैसा कि मैं पहले उल्लेख कर चुका हूँ, हालाँकि कश्मीरी और हिन्दुस्तानी मुसलमानों के बीच 'इस्लाम' एक सुदृढ़ सम्बन्ध-सूत्र है लेकिन असलियत में इन दोनों में कोई सम्बन्ध-सूत्र नहीं रहा; और न ही सरकार ने, या राजनीतिक या सामाजिक संगठनों ने

उन्हें रचने या विकसित करने के लिए कोई प्रयास किए। और ऐसा न करके हिन्दुस्तान ने अपने पक्ष को कमजोर बनाया है। अगर मुस्लिमों के इन दो समुदायों के बीच सभी स्तरों पर अनवरत सम्पर्क बना रहता तो हालात ने सम्भवतः अलग ही मोड़ लिया होता। इस्लाम और उर्दू, इन दोनों के बीच एक आम धर्म और भाषा है, और इनके जरिए उनके सम्बन्धों को सुदृढ़ बनाया जा सकता था और अन्य अवरोधों को, जो भौगोलिक भिन्नता और सामाजिक विभिन्नता की वजह से मौजूद थे, दूर किया जा सकता था। बदकिस्मती से इन दोनों के बीच किसी भी प्रकार का आदान-प्रदान नहीं हुआ। यहाँ तक कि विद्यार्थियों, अध्यापकों, प्राध्यापकों, व्यावसायिकों तक का आदान-प्रदान नहीं हुआ, आम जनता की तो बात दूर है। न तो सरकारी और न ही गैर-सरकारी स्तर पर इस दृष्टिकोण से कोई योजना बनाई गई। दोनों ही समुदाय के लोग, हमेशा की तरह एक-दूसरे से अलग ही रहे। जब एक मन्त्री की हैसियत से मैं कश्मीर गया तो मेरे साथ एक पर्यटक जैसा सलूक किया गया। वहाँ की आम जनता से मिलने या वहाँ के बुद्धिजीवियों से समस्याओं पर चर्चा करने का कोई अवसर मेरे लिए उपलब्ध नहीं कराया गया। मैं यह कभी नहीं समझ पाया कि सत्ताधारियों ने सोच-विचार के आदान-प्रदान की इतनी स्पष्ट और अनिवार्य रूप से आवश्यक प्रक्रिया को प्रोत्साहन क्यों नहीं दिया। क्या इसकी वजह यह है कि आज भी हमारे सत्ताधारी वर्ग की आँखों में भारतीय मुसलमानों की राष्ट्रभक्ति सन्देहास्पद है ? ऐसा होना तो नहीं चाहिए; पाकिस्तान के खिलाफ हर लड़ाई में उन्होंने बड़ी दृढ़ता से भारत का साथ दिया है। उन्होंने यह साबित कर दिया है कि अपने देश के प्रति वे उतने ही निष्ठावान हैं जितना कि कोई और समुदाय और उसके सदस्य। और फिर, उनकी मनःस्थिति कश्मीरी मुसलमानों से अलग है, उनके मन में पाकिस्तान के बारे में कोई मुगालता बाकी नहीं है; उन्होंने जो बड़ी-बड़ी उम्मीदें बाँध रखी थीं वे पूरी तरह चकनाचूर हो चुकी हैं। असल में, विभाजन के तुरन्त बाद ही से उन्होंने अपने नजरिए और सोच को बदलना शुरू कर दिया था। और उसी का नतीजा था कि वे उसी कांग्रेस की ओर सहायता और राहत के लिए मुड़े जिसका उन्होंने आज़ादी की लड़ाई के अन्तिम चरणों में कड़ा विरोध किया था; लेकिन कांग्रेस ने उन्हें निराश कर दिया।

एक और वजह है जो कश्मीरी मुसलमानों को भारतीय मुसलमानों से अलहदा करती है; और वह है इस घाटी के पाकिस्तानी और हिन्दुस्तानी हिस्सों के बीच का सम्बन्ध-सूत्र। यह भारत के प्रतिकूल जाता है। कश्मीरी मुसलमानों की त्रासदी यह है कि वे भारत और पाकिस्तान के बीच अन्तर्द्वन्द्व में ग्रस्त हैं और पाकिस्तान उन्हें अपनी ओर खींचने में ज्यादा कामयाब हो रहा है। अगर कश्मीरियों का भारतीय मुसलमानों से कोई सच्चा सम्बन्ध बन चुका होता तो हालात शायद अलग होते। दूसरी तरफ इन सब प्रक्रियाओं में, कश्मीर के सवाल पर पाकिस्तान के साथ हिन्दुस्तान के संघर्ष में जाने-अनजाने भारतीय मुसलमानों को 'बन्धक' बनाया जा रहा है; पाकिस्तानी उन पर लानत भेजते हैं और हिन्दुस्तानी उन पर शक करते हैं।

कश्मीर पर पाकिस्तान के दावे की बुनियाद 'धर्म' है जो 'दो-राष्ट्र' सिद्धान्त पर आधारित है। सरल शब्दों में कहा जाए तो दावा यह है कि कश्मीर एक मुस्लिम-बहुसंख्यक राज्य है और सो वह भारत का हिस्सा नहीं बन सकता जिसमें हिन्दुओं की बहुसंख्यक आबादी है; इसलिए कश्मीर को पाकिस्तान के इस्लामी राज का एक हिस्सा बन जाना चाहिए। लेकिन, ऐसी सूरत में 12 करोड़ मुसलमानों को हिन्दुस्तान में रहने का कोई हक नहीं है। कश्मीर के साथ-साथ पाकिस्तान को उन्हें भी अपने में मिला लेना चाहिए; जो वह न तो करेगा और न ही कर सकेगा। तो फिर यह दलील तर्कसंगति कहाँ रह जाती है ? धार्मिक आधार को धार्मिक तलवार से ही काटा जाना चाहिए; उसे धर्मनिरपेक्ष छुरे से नहीं काटा जा सकता।

विख्यात पत्रकार और स्तम्भकार एम. वी. कामथ भारतीय मुसलमानों से बेवजह ही नाराज हैं। आज बन्द हो चुके 'इंडियन पोस्ट' नामक अखबार में उन्होंने अपने एक लेख में भारतीय मुसलमानों का आह्वान किया है कि उन्हें नींद से जाग जाना चाहिए और अपने देश के प्रति अपने कर्तव्य को निभाना चाहिए। उन्होंने लिखा है :

> इतने वर्षों तक भारत के मुसलमान कश्मीर में व्याप्त लोलुप साम्प्रदायिकता को तटस्थ तमाशबीनों की तरह देखते जा रहे हैं और उसके खिलाफ उन्होंने आवाज तक नहीं उठाई। उन्होंने मेरठ और मुरादाबाद, भिवंडी और अन्य जगहों पर ध्यान केन्द्रित करना बेहतर समझा है और बेशक इन जगहों पर बहुसंख्यक साम्प्रदायिकता का स्वरूप घिनौना रहा है। लेकिन अब वक्त आ गया है कि हिन्दुस्तान के मुसलमानों के सामने साफ और स्पष्ट शब्दों में यह सवाल पूछा जाए कि क्या वे कश्मीरी मुसलमानों के प्रति अब भी तटस्थ दर्शक ही बने रहेंगे या क्या वे उनसे यह कहेंगे कि उनके तरीके की खतरनाक साम्प्रदायिकता न सिर्फ आत्मघाती है बल्कि वह देश के अन्य हिस्सों के मुसलमानों के लिए भी गम्भीर दुष्परिणाम की कारक बन सकती है ?

क्या मैं पलटकर कामथ साहब से यह सवाल पूछ सकता हूँ कि क्या कभी हिन्दुस्तान ने भारतीय मुसलमानों को कश्मीर के मामले में शरीक करने की जरूरत भी समझी थी; इन सारे वर्षों तक उन्हें तो दूर ही दूर रखा गया। कई बार यह सुझाव दिया गया कि उनमें से एक नेता को कश्मीर के राज्यपाल के तौर पर भेजा जाए ताकि प्रदेश की जनता की विक्षुब्ध भावनाओं को शान्त किया जा सके; लेकिन इसको भी उड़ा दिया गया। शायद और 50 साल बीतने के बाद ही किसी मुसलमान को ऐसे संवेदनशील ओहदे के योग्य माना जाएगा। वे सचमुच ही पुल का काम कर सकते थे। मैं कामथ की इस बात से सहमत हूँ कि, 'मामला इतना संगीन होता जा रहा है कि तुरत कार्रवाई की जानी चाहिए' यहीं पर भारत के मुसलमानों को एक बड़ी जिम्मेदारी को सँभालना होगा। केवल वे ही अपने सहधर्मियों को यह विश्वास दिला सकते हैं कि उनके दुस्साहसी कारनामों का हिन्दुस्तान के दूसरे हिस्सों पर गम्भीर परिणाम हो सकता है और इसलिए

उन्हें तुरन्त ही ऐसे कामों को छोड़ देना चाहिए।' कामथ गलत दिशा में अपील कर रहे हैं; उन्हें चाहिए कि पहले अपने हिन्दुत्ववादी मित्रों से कहें कि वे भारतीय मुसलमानों पर अविश्वास करने का अपना रवैया छोड़ें और उसके बाद कामथ साहब, कश्मीर के एकीकरण में मुसलमानों का क्या कर्तव्य होना चाहिए, यह उन्हें बताएँ।

एक और वरिष्ठ पत्रकार, प्रेम भाटिया ने 'कश्मीर टाइम्स' (6 जुलाई, 1994) में अपने एक लेख में कश्मीर और भारतीय मुसलमानों के धार्मिक सम्बन्धों पर जोर दिया है। वे लिखते हैं :

> घाटी की आबादी में बहुसंख्यक (और अब तो लगभग सभी) मुसलमान हैं। और मुस्लिम होने के नाते, उस प्रदेश के निवासियों को अपना भविष्य तय करने की आज़ादी दे देनी चाहिए। धार्मिक बहुलता की दलील ही अपने-आप में सम्बन्ध-विच्छेद की माँग का सही जवाब है। क्या हम 46 साल पहले हुए इस उपमहाद्वीप के विभाजन को और उसके आज तक जारी दुष्परिणामों को अभी से भुला चुके हैं ? कश्मीर के बाहर, हिन्दुस्तान के विभिन्न हिस्सों में बसनेवाले 12 करोड़ मुसलमानों का क्या होगा ! कश्मीर के उनके सहधर्मी मुसलमान अगर हिन्दुस्तान से मुँह फेर लेंगे तो उन्हें भला क्या खुशी होगी ? अगर यह मान लें कि कश्मीरी मुसलमान अपना स्वतन्त्र इस्लामी राष्ट्र स्थापित करने का फैसला कर लेते हैं तो भारतीय मुसलमानों को एक और पाकिस्तान के जन्म पर भला क्या खुशी होगी ?

और फिर उन्होंने एक 'कुरेदता हुआ सवाल' पूछा है जो उन्हें लगातार परेशान करता रहा है और पहले भी अखबारों में वे उसे उठा चुके हैं। सवाल है :

''क्या कश्मीर के बाहर के मुसलमानों ने यह तय कर लिया है कि वे घाटी के अपने धार्मिक बिरादरी का, उनके विध्वंसक उद्देश्य को पूरा करने के लिए किए गए प्रयासों का, विरोध नहीं करेंगे ? क्या वे घाटी में चल रही अलगाववादी आन्दोलन की गलतियों को नहीं देख पा रहे हैं ? मेरा यह कहने का इरादा नहीं है कि अलगाववादियों का तीव्र विरोध करने की बजाय मुसलमान इस विषय पर सामूहिक तौर पर जो एक अहितकारी चुप्पी साधे बैठे हैं, उन्हें उसकी सजा मिलनी चाहिए। लेकिन निश्चित ही पूरे समुदाय का राष्ट्र के प्रति अपना दायित्व है या कम-से-कम अपने विशाल समुदाय के प्रति तो है। क्या यह चुप्पी, बाबरी मस्जिद के विध्वंस के विरोध में साधी गई है ! यह सच नहीं हो सकता क्योंकि कश्मीर में हिंसा और विद्रोह तो भाजपा और उसके सहयोगियों द्वारा अयोध्या में किए गए हमले से बहुत पहले ही शुरू हो चुका था। तो फिर मुस्लिम समुदाय के रवैए की वजह क्या है ? सवाल बड़ी शिद्दत से जवाब की माँग करता है क्योंकि ऐसा लगता है इस समुदाय के प्रबुद्ध तबके ने भी अपने होंठ सी लिये हैं।''

भाटिया ने बड़ा अन्यायपूर्ण आरोप लगाया है और तथ्यों को तोड़ा-मरोड़ा है। हर एक पार्टी के कार्यकर्ताओं से लेकर नेता तक, भारतीय मुसलमानों ने कश्मीर पर भारत

के दावे का समर्थन किया है; मुसलमानों के दो जवाँमर्द सपूतों ने, ब्रिगेडियर उस्मान और लेंस कारपोरल अब्दुल हमीद ने, पाकिस्तान से लड़ते-लड़ते वीरगति पाई। हमीद को मरणोपरान्त, सर्वोच्च सैनिक सम्मान, परमवीरचक्र से विभूषित किया गया। उर्दू अखबारों ने बड़े स्पष्ट शब्दों में कश्मीरी उग्रवादियों की अलगाववादी माँग की निन्दा की है। लेकिन इन प्रतिक्रियाओं पर भला कौन ध्यान देगा ? न तो हिन्दू नेतागण, न सरकारें और न ही अखबार उनकी कही या लिखी बातों पर ध्यान देते हैं क्योंकि इस विवाद में भारतीय मुसलमानों को कभी कोई भूमिका ही नहीं दी गई; निर्णय करने की प्रक्रिया में उनकी कभी कोई आवाज ही नहीं रही। पहली बार, एक भारतीय विदेश मन्त्री दिनेश सिंह ने, कश्मीर और भारतीय मुसलमानों के बीच के सम्बन्ध-सूत्र का उल्लेख किया। 'द संडे मेल' (28 मार्च-3 अप्रैल, 1994) में एक बयान में उन्होंने आर्गनाइजेशन ऑफ इस्लामिक कान्फ्रेंस को याद दिलाया :

> उसे यह अहसास होना चाहिए कि 'मुस्लिम आबादी के लिहाज से हिन्दुस्तान दुनिया का दूसरा सबसे बड़ा देश है। और सो इस संस्था को ऐसा कुछ भी नहीं करना चाहिए जिससे यहाँ के मुसलमानों की स्थिति पर बुरा असर पड़े। वह भला पाकिस्तान की इस दलील को किस तरह पूरी तरह से कबूल कर सकती है कि कश्मीर का मामला, एक मजहबी मामला है, क्योंकि अगर (वहाँ के) मुसलमान हिन्दुस्तान में नहीं रह सकते थे तो ये 12 करोड़ मुसलमान कहाँ जाएँगे ? मेरे ख्याल से, सभी इस्लामी देश इस बात को कबूल करते हैं। भारत, मुसलमानों को दंडित नहीं कर रहा है। हो सकता है कुछ मामलों में वे पाकिस्तान का समर्थन करने के लिए एकजुट हो जाएँ। लेकिन वे इस बात को समझते हैं कि भारत को निशाना नहीं बनाया जा सकता। हिन्दुस्तानी मुसलमान भी उसे कबूल नहीं करेंगे। (वरना) उन्हें एक भयावह जोखिम का सामना करना पड़ेगा।

सैयद शहाबुद्दीन ने सच बोलने की वजह से दिनेश सिंह को आड़े हाथों लिया ('मुस्लिम इंडिया', जून 1994); और हमेशा की तरह गरजे :

> ऐसा लगता है कि दिनेश सिंह हिन्दुस्तानी मुसलमानों को कश्मीरी मुसलमानों के सही व्यवहार की जमानत के तौर पर बन्धक गान रहे हैं। भारतीय मुसलमान एक एक-रूप या एक अखंड समुदाय नहीं है। ऐसे भी भारतीय मुस्लिमों के पास ऐसा कोई साधन नहीं है कि वे मुस्लिम कश्मीरियों पर दबाव डाल सकें। उसके बावजूद, भारतीय मुस्लिमों को प्रकारान्तर से धमकाया जा रहा है कि अगर मुस्लिम कश्मीरी हिन्दुस्तान में रहने से इनकार कर देता है तो भारतीय मुस्लिमों को देशनिकाला दे दिया जाएगा और भयावह दंड दिए जाएँगे। यह न तो धर्मनिरपेक्षता की भाषा है और न ही लोकतन्त्र की; यह तो दमन और उग्र अहंकार का मुहावरा है। यह बयान कि भारत मुसलमानों

को दंडित नहीं कर रहा है, साफ-साफ जताता है कि अगर मुस्लिम कश्मीरियों ने बाहर रहना पसन्द किया तो मुस्लिम भारतीयों को सजा दी जा सकती है। यह तो नरसंहार के लिए उकसावा है।

चाहे जो हो, सच्चाई का सामना तो करना ही पड़ेगा; अगर भारत कश्मीर को खो बैठता है तो भारतीय मुसलमानों की स्थिति बड़ी नाजुक हो जाएगी। यह सिर्फ दिनेश सिंह या किसी दूसरे मन्त्री, यहाँ तक कि प्रधानमन्त्री का सवाल नहीं है या यह भी नहीं है कि वे क्या सोचते हैं, कहते हैं या करते हैं; सवाल तो यह है कि इस नुकसान का आम हिन्दुओं पर क्या असर पड़ेगा जो न तो देवदूत हैं, न ही आदर्श लोकतन्त्रवादी या धर्मनिरपेक्षतावादी हैं। हिन्दुत्व के समर्थक उनमें इतना अनियन्त्रित जुनून-भर देंगे कि इसकी पूरी सम्भावना है। बेचारे और असहाय मुसलमानों का भयानक नरसंहार शुरू हो जाए। शहाबुद्दीन और उनकी टोली की डींगें मुसलमानों को नहीं बचा पाएँगी। क्या अपनी सारी घोषणाओं के बावजूद ये लोग बाबरी मस्जिद को बचा पाए ?

भारत के खिलाफ पाकिस्तान द्वारा फैलाए जानेवाले जहर को बेअसर करने की सबसे अचूक दवा यह है कि कश्मीरी और भारतीय मुसलमानों के बीच सम्बन्धों को बढ़ावा दिया जाए और उन्हें शब्दों और आचरणों से यह आश्वासन दिया जाए कि इस देश में दोनों ही के लिए सम्माननीय जगह हैं। इसके अलावा, उनकी धार्मिक भावनाओं का समुचित सम्मान किया जाना चाहिए और उनकी सांस्कृतिक पहचान को खतरे में नहीं डालना चाहिए। कश्मीरियों का हमारी लोकतान्त्रिक और धर्मनिरपेक्ष राजव्यवस्था में विश्वास फिर से बन सके इसके लिए जरूरी है कि उन्हें ज्यादा अधिकार दिए जाएँ; और उस अधिकार का प्रयोग करने की स्वतन्त्रता का भी आश्वासन दिया जाए। कश्मीरी मुसलमानों पर अविश्वास करना, उन्हें पाकिस्तान की बाँहों में धकेलना है; सिर्फ विश्वास से ही विश्वास पैदा होता है। उग्रवाद उनकी मुसीबतों का हल नहीं है; वह पहले ही उनकी अर्थव्यवस्था को चौपट कर चुका है। बहरहाल, जरूरत इस बात की है कि हमारे नेताओं का रुझान स्पष्ट और दृढ़ हो; अपने ढुलमुलपने की वजह से सरकार ने समस्या को और भी जटिल कर दिया है। वाशिंगटन की प्रतिष्ठित पत्रिका 'फारेन पॉलिसी' (समर, 1994) ने इस स्थिति का बड़ा सटीक विश्लेषण किया है; 'नई दिल्ली की यह मान्यता है कि कश्मीर, भारत में एक स्थायी संघीय ढाँचे की कुंजी है। पाकिस्तान के लिए यह इस्लाम के विरोधी जगत में मुस्लिम राजनीति का एक प्रतीक बन चुका है। यह पाकिस्तान के लिए उसकी विदेश नीति के परीक्षण का एक माध्यम है और संयुक्त राष्ट्र संघ की रणनीति की धुरी की एक कील—यह सब इतना भारी बोझ है कि स्वायत्तता का कोई भी आन्दोलन उसे सहज ही वहन नहीं कर पाएगा।' उस बोझ को हल्का करने के लिए भारत को चाहिए कि कश्मीर में लोकतान्त्रिक आधार को सुदृढ़ करे, राज्य पर केन्द्र की कड़ी जकड़ को थोड़ा ढीली करे और राष्ट्रीय राजव्यवस्था को सही मायनों में धर्मनिरपेक्ष बनाए।

संचार माध्यमों की भूमिका

हिन्दू-मुस्लिम रिश्तों को प्रस्तुत करने में भारत के अखबारों ने अंग्रेजी और क्षेत्रीय भाषाओं दोनों में बहुत महत्त्वपूर्ण भूमिका निभाई है; यों सामान्यीकरण करना सही नहीं हुआ करता लेकिन यह तो कहना ही होगा कि कुल मिलाकर अखबारों का रवैया मददगार नहीं साबित हुआ। हिन्दू स्वामित्व वाले अखबारों और पत्र-पत्रिकाओं का रवैया मुसलमानों के प्रति विद्वेषपूर्ण रहा और मुस्लिम स्वामित्ववाले अखबारों का हिन्दुओं के प्रति। लेकिन आज़ादी की लड़ाई के दौरान ऐसी स्थिति नहीं थी; उन दिनों हिन्दू अखबार साम्प्रदायिक सद्भावना के प्रचार के बहुत मुखर थे; विभाजन के बाद उसका सुर बदल गया। जबकि दूसरी ओर, विशेषकर सन् चालीस के वर्षों में मुस्लिम-स्वामित्ववाले अखबार और पत्र-पत्रिकाएँ, दोनों समुदायों के बीच की भिन्नताओं को रेखांकित करते थे और अलगाववाद पर जोर देते थे। सन् 1890 के बाद, हिन्दी-उर्दू विवाद के जमाने से, जिसका उल्लेख पहले ही किया जा चुका है, मुस्लिम मालिकानावाले अखबारों का यही रुझान रहा; और बाद में बार-बार भड़क उठते दंगों की वजह से और कांग्रेस और मुस्लिम लीग के बीच होती राजनीतिक रस्साकशी की वजह से यह और कड़ा और तीखा होता गया, और यही सिलसिला आगे भी जारी रहा।[1] तथ्यों को पूरी तरह से या सही तरीके से पेश नहीं किया जाता था, मामलों-घटनाओं को आमतौर पर गलत रूप से प्रस्तुत किया जाता था, यहाँ तक कि किसी एक दृष्टिकोण या विचार की पुष्टि के लिए नए-नए सिद्धान्त गढ़ लिये जाते थे। परिणामस्वरूप, हिन्दुओं और मुसलमानों के आपसी रिश्तों को बेहद क्षति पहुँची और भेदभाव मिटने की बजाय और बढ़ते चले गए, गहराते चले गए; सिर्फ सन् बीस के शुरुआती वर्षों में खिलाफत आन्दोलन के दौर का वक्त इनसे अलग था, यह वह वक्त था जब हिन्दू-मुस्लिम एकता की भावना, भारतीय राजनीति में छाई रही। पाकिस्तान आन्दोलन ने दोनों के रिश्तों में तनाव पैदा कर दिया; उससे वातावरण जहरीला बनता गया और दोनों समुदायों की पारस्परिक सद्भावना और सामंजस्य में टूटन आती चली गई। उस आन्दोलन के परिणामों ने हिन्दू-मुस्लिम रिश्तों को ही तबाह कर दिया और उसमें अखबारों ने बहुत बड़ी भूमिका निभाई; जन समुदायों पर हुए अत्याचारों की विकृत और विकराल खबरें छापी गईं, जिन्होंने दोस्तों को दुश्मनों में बदल दिया।

आज ये सारी बातें इतिहास का हिस्सा बन चुकी हैं लेकिन उनके दुष्परिणाम आज

भी आम आदमी की जिन्दगियों को ग्रस्त किए हुए हैं; कुछ उल्लेखनीय अपवादों को छोड़ दिया जाए तो किसी भी अखबार ने दोनों समुदायों को करीब लाने के लिए कोई सायास प्रयत्न नहीं किए। उल्टे, तनावों-संघर्षों को हमेशा महत्त्व दिया गया, विवादास्पद मामलों को बड़ी-बड़ी सुर्खियों में छापा गया और उनमें हिन्दुओं ने मुसलमानों पर आरोप लगाया तो मुसलमानों ने हिन्दुओं पर तोहमत मढ़ी। समान नागरिक कानून, साम्प्रदायिक उपद्रव, सलमान रश्दी की पुस्तक 'द सटानिक वर्सेस', शाहबानो का मामला, अमीना-अरब शादी, तीन तलाक का सवाल, यहाँ तक कि शबाना आज़मी का चुम्बन और तसलीमा नसरीन के खिलाफ कुछ मुल्लाओं द्वारा जारी फतवा जैसी ज्वलन्त घटनाएँ और मामले मतभेद और विवाद के विषय बने।

हिन्दू और मुसलमान अखबार अपनी-अपनी खबरों और नजरियों को जिस ढंग से प्रस्तुत करते हैं उसमें बेहद फर्क होता है; हिन्दू मुसलमानों पर कठमुल्लेपन का आरोप लगाते हैं और मुसलमान हिन्दुओं पर आरोप लगाते हैं कि वे उनके मजहब को बदनाम कर रहे हैं। जब तक अखबारों के बीच यह विद्वेषभाव बना रहेगा तक तक इन दोनों समुदायों के बीच की दरार को पाटना मुश्किल होगा। इस प्रक्रिया में हिन्दुस्तान के मुसलमानों को ज्यादा तकलीफ झेलनी पड़ती है; ऐसे मसलों को जिस ढंग से प्रचारित किया जाता है उससे वे आम लोगों की सहानुभूति से वंचित रह जाते हैं। मिसाल के तौर पर 'द सटानिक वर्सेस' से जुड़े विवाद को लें, जिस पर भारत सरकार ने, सार्वजनिक अशान्ति फैलने के डर से पाबन्दी लगा दी, लेकिन मुसलमान हमलों का निशाना बन गए—उन्हें खलनायक बनाया गया—उन पर आरोप लगाया गया कि वे अभिव्यक्ति की स्वतन्त्रता का गला घोंट रहे हैं। एक बूढ़े अरब से अमीना की शादी को इस ढंग से रखा गया मानो शरीअत में यौन-विकृतियों की छूट और अनुमति दी गई है। उसी तरह से शाहबानो तलाक के मुकदमे को इतने प्रतिकूल ढंग से प्रचारित किया गया के जगदीश चैतन्य ने अपने 'संडे आब्जर्वर' (23 फरवरी, 1986) के स्तम्भ में जजों से लेकर अन्य सभी लोगों के इस रवैए की निन्दा की कि 'वे एक अल्पसंख्यक समुदाय को अपमानित और निन्दित करना चाह रहे थे और उसके पीछे हाथ धोकर पड़े थे।' शाहबानो एक राष्ट्रीय नायिका बन गई जो तथाकथित पुराने पड़ चुके इस्लामी कानून के खिलाफ युद्ध कर रही थी।[2] मुसलमानों की प्रतिक्रिया भी उतनी ही खराब थी; उन्होंने हिन्दू अखबारों की नीयत को विद्वेषपूर्ण बताया। उर्दू अखबारों की टिप्पणियाँ बड़ी उग्र और भड़काऊ थीं। इसके परिणामस्वरूप भयावह हिन्दू प्रतिक्रिया का ज्वार उठा, जिसने बाबरी मस्जिद रामजन्मभूमि विवाद को तीव्र बना दिया और उसने सारे देश में साम्प्रदायिकता की आग भड़का दी।

6 दिसम्बर, 1992 को बाबरी मस्जिद के विध्वंस के बाद प्रमुख अंग्रेजी अखबारों और कुछ क्षेत्रीय अखबारों की भूमिका, पत्रकारिता की आदर्शतम परम्परा की उज्ज्वल कड़ी बनी और निश्चित ही उस पर गाँधी और नेहरू को गर्व हुआ होता। गुंडागर्दी की उन करतूतों और अपराधों को उकसानेवालों की उन्होंने जिस बेबाकी से निन्दा की,

उससे दोनों समुदायों के बीच एकता की नई उम्मीद जगी, लेकिन उसके तुरन्त बाद ही दंगे भड़क उठे और उसके बाद 12 मार्च, 1993 को मुम्बई में बम विस्फोट हुए और इन सबने साम्प्रदायिक सद्भावना की ताकतों को कड़ा आघात पहुँचाया; इससे एकता की उम्मीदें बहुत फीकी पड़ गईं। लेकिन, इन घटनाओं के भयंकर आघातों ने अनेक हिन्दुस्तानियों को यह भी अहसास दिलाया कि टकराव की नीति दोनों ही समुदायों के हित में नहीं है और खासकर मुसलमानों के हित में तो वह कतई नहीं है। आमतौर पर अखबारों द्वारा प्रस्तुत खबरों और दृष्टिकोणों में रुझान प्रतिबिम्बित होते हैं। आज़ादी के पचास साल बाद, अंग्रेजी अखबार आज भी ज्यादा महत्त्वपूर्ण स्थान रखते हैं; साम्प्रदायिक समस्याओं पर उनका रवैया, क्षेत्रीय भाषाओं के अखबारों की तुलना में ज्यादा गम्भीर और सन्तुलित होता है।[3] आज भी, सरकारी दायरों और विभिन्न क्षेत्रों के प्रतिष्ठित लोगों के बीच उनका प्रभाव सर्वोपरि है। भारत में प्रकाशित होते, 300 अंग्रेजी अखबारों में से सिर्फ एक 'मुम्बई का मिड-डे' का स्वामित्व मुस्लिम परिवार के पास है; और यह अखबार शायद ही कभी मुस्लिम समस्याओं पर ध्यान केन्द्रित करता है और पूरी तरह से धर्मनिरपेक्ष है। सैकड़ों साप्ताहिकों और मासिकों में से सिर्फ कुछ उल्लेखनीय पत्रिकाएँ ही मुसलमानों की हैं। सैयद हामीद की पाक्षिक 'नेशन द वर्ल्ड' बड़ी हिम्मत से निकाली गई पत्रिका है लेकिन उसे जिन्दा रहने के लिए काफी जूझना पड़ रहा है। शहाबुद्दीन की मासिक 'मुस्लिम इंडिया' दो दशकों से भी ज्यादा वक्त से चल तो रही है लेकिन उसके सम्पादक की नीतियों की वजह से धर्मनिरपेक्ष हिन्दू भी इस अच्छी पत्रिका को पढ़ने से कतराने लगे हैं। सो, अक्सर मुसलमानों की समस्याओं पर किसी का ध्यान नहीं जाता क्योंकि ध्यान देनेवाले या तो नहीं हैं या कतराकर निकल जाते हैं।

अखबार, आमतौर पर अपने पाठकों की मौजूदा मनोवृत्ति को प्रतिबिम्बित करता है। इन दो सम्प्रदायों के बीच जो सद्भावना के सूत्र थे, वे बुरी तरह से छिन्न-भिन्न हो चुके हैं और उन्हें फिर से जोड़ने में काफ़ी वक्त लगेगा। जवाहरलाल नेहरू विश्वविद्यालय के प्रो. योगिन्दर सिकन्द ने एक बड़ी पते की बात कही है कि 'संचार माध्यमों में बड़े सूक्ष्म और चतुर तरीके से इस समुदाय की नकारात्मक तस्वीर खींचकर उन पर बौद्धिक हमला किया जाता है।' वे आगे कहते हैं कि 'अखबारों ने गैर-मुद्दों पर विवाद खड़े कर उसमें मुसलमानों को इतनी चतुराई से उलझा दिया है कि काफी हद तक इस समुदाय के उन महत्त्वपूर्ण सामाजिक समस्याओं पर लोगों का ध्यान नहीं जाता, जिन पर ध्यान दिए जाने की फौरी जरूरत है।' ('द आब्जर्वर ऑफ बिजनेस एंड पोलिटिक्स', 25 जून, 1994)। अखबार कोई कोशिश नहीं करते कि भारतीय मुसलमानों की वास्तविक सामाजिक स्थितियों को जाना जाए और उनका जायजा लिया जाए। उनका रवैया क्या होता है यह दिल्ली की एक न्यूज एजेंसी 'फीचर्स एंड न्यूज अलाएंस' के सम्पादक मक़बूल अहमद सिराज ने एक सर्वेक्षण करके स्पष्ट किया है। वे कहते हैं कि आमतौर पर 'मुसलमानों के बारे में अनुचित रूढ़िबद्ध धारणाओं और बेबुनियाद

कपोलकल्पनाओं को खुलेआम प्रचारित किया जाता है"'। इस सन्दर्भ में मुस्लिम स्वामित्ववाले अखबारों और उसमें भी खासकर उर्दू अखबारों का रवैया भी निन्दनीय रहा है। वे बड़े सुनियोजित तरीके से, विवादास्पद मुद्दों को सन्दर्भ से बाहर निकालकर उन्हें ऐसा स्वरूप देते आए हैं कि पाठकों की भावनाएँ भड़क उठती हैं। मुस्लिम समुदाय सम्बन्धित गैर-मुद्दों को सनसनीखेज बनाने और गैर-जरूरी मामलों को बढ़ा-चढ़ाकर पेश करने के भी वे उतने ही अपराधी हैं जितने कि हिन्दू स्वामित्ववाले कुछ अखबार और पत्र-पत्रिकाएँ। यों देखा जाए तो पत्रिकाओं-अखबारों के अखिल भारतीय सर्कुलेशन के लिहाज से उर्दू का नम्बर तीसरे या चौथे पर है, यानी अंग्रेजी और हिन्दी के बाद उसका नम्बर आता है, लेकिन यह उसकी लोकप्रियता का किसी प्रकार से सूचक नहीं है। यह क्रमांक, उन हजारों उर्दू पत्र-पत्रिकाओं के कुछ सर्कुलेशन के आधार पर हासिल हुआ है जिनमें से कई की तो सौ-सौ प्रतियाँ तक नहीं बिकतीं। इसके अलावा उनके पाठक भी बहुत बिखरे हुए हैं; हर छोटे शहर को नाज है कि वहाँ से करीब दर्जन-भर पत्र-पत्रिकाएँ निकलती हैं। सिर्फ कुछेक ऐसे हैं जो करीब 25 हजार की सर्कुलेशन तक पहुँचते हैं, यह आँकड़ा अलबत्ता थोड़ा सम्मानजनक माना जा सकता है। बाकी सब नगण्य से हैं। सिर्फ पटना शहर में ही करीब 50 उर्दू दैनिक निकलते हैं; दिल्ली को साप्ताहिकों और मासिकों में महारत हासिल है, लेकिन उनमें सिर्फ कुछ ही अखिल भारतीय पहुँच रखते हैं। दिल्ली से प्रकाशित और तेज-तर्रार पत्रकार शाहिद सिद्दीक़ी द्वारा सम्पादित उर्दू साप्ताहिक 'नई दुनिया' को उल्लेखनीय सफलता मिली है; लेकिन हाल के दिनों में शाहिद सिद्दीक़ी ने हवा के रुख को भाँपकर एक हिन्दी साप्ताहिक 'नई ज़मीन' शुरू किया है ताकि उत्तरी भारत में बढ़ते जा रहे हिन्दीभाषी मुस्लिम पाठकों की माँगों को पूरा किया जाए। कुछ जगहों पर पत्र-पत्रिकाएँ बड़े अनियमित ढंग से निकलती हैं; कई बार उन्हें निकालने का मकसद भी अलग ही होता है। इनके जरिए या तो विज्ञापन हासिल कर पैसे कमाए जाते हैं या दुश्मनों को ब्लैकमेल किया जाता है या सरकारी न्यूजप्रिंट का कोटा हासिल कर काले बाजार में बेचकर नुकसान की भरपाई की जाती है। उर्दू पाठकों की संख्या निरन्तर गिर रही है इसलिए अच्छे इरादों और अच्छे ढंग से प्रकाशित अखबार भी बहुत दिन टिक नहीं पा रहे हैं; और न ही उन्हें विज्ञापन का सहारा मिल रहा है। कुछ अलबत्ता कम्प्यूटर टेक्नोलॉजी को अपना चुके हैं लेकिन उनका रुझान कमोबेश साम्प्रदायिक है और उनके स्तम्भों में परम्परावादी धार्मिक दृष्टिकोणों को गौरवपूर्ण स्थान दिया जाता है। वे उदारवादी दृष्टिकोण को करीब-करीब नहीं प्रस्तुत करते क्योंकि उन्हें डर है कि इससे उनके सर्कुलेशन पर प्रतिकूल प्रभाव पड़ेगा। नई मुस्लिम पीढ़ी ने उत्तर में हिन्दी को या पश्चिम और दक्षिण में क्षेत्रीय भाषाओं को अपना लिया है। बंगाल में, हमेशा से ही मुसलमानों पर बांग्ला का ही प्रभाव रहा है; इसलिए वहाँ के मुसलमानों पर उर्दू की कोई पकड़ नहीं है।

उत्तर प्रदेश और बिहार में, जो मुख्य उर्दूभाषी केन्द्र हैं, अखबारों के मुस्लिम मासिक हिन्दी संस्करण निकालने लगे हैं क्योंकि उर्दू के पाठकों की संख्या गिरती जा रही है।

उनकी वित्तीय स्थिति हमेशा से ही नाजुक रही है; उन्हें कभी-कभी सरकार से विज्ञापन मिल जाते हैं लेकिन सार्वजनिक सेक्टर से बड़ी मुश्किल से मिलते हैं और निजी सेक्टर से तो मिलते ही नहीं हैं और इसकी मुख्य वजह गहरे पैठा हुआ साम्प्रदायिक पूर्वाग्रह है। कारपोरेट सेक्टर, व्यापक सर्कुलेशनवाले उर्दू अखबारों की भी अवहेलना करता है मानो उनके पाठक साबुन, बिस्किट, डिटर्जेंट नहीं खरीदते या उनके सम्पन्न लोग रेडियो, टेलिविजन, फर्नीचर या ऐसे अन्य उपकरण नहीं खरीदते। राजनीतिक दबाव में कभी-कभार एकाध उद्योग उन्हें संरक्षण भले प्रदान कर दें पर ज्यादा आश्चर्य की बात है कि सरकारी स्वामित्ववाले ट्रांसपोर्ट संस्थान भी उर्दू अखबारों में विज्ञापन देने से कतराते हैं; इन अखबारों को पब्लिक नोटिस और टेंडर विज्ञापन भी बहुत कम ही मिलते हैं। इसलिए उर्दू अखबारों और पत्र-पत्रिकाओं को तो जैसे मजबूरन रोज कुआँ खोदना और रोज पानी पीना जैसी मसल को अपनाना पड़ता है; वे न्यूज-एजेंसियों के सदस्य नहीं बन पाते। वे अविश्वसनीय स्रोतों से समाचार उठा लेते हैं और अफवाहों और गपशपों को छापते हैं। वे खोजी पत्रकारों को नियुक्त नहीं कर पाते। बेशक, इनमें से कुछ अपवादस्वरूप हैं लेकिन कुल मिलाकर उर्दू अखबारों की हालत शोचनीय है। वे उपसम्पादकों और रिपोर्टरों को समुचित वेतन नहीं दे पाते; और न ही लेखकों का मेहनताना चुका पाते हैं। परिणामस्वरूप, मुस्लिमों के बीच बुद्धिजीवियों की संख्या तेजी से घटती जा रही है। इसका यह भी नतीजा हुआ है कि उर्दू प्रकाशन, अपना विशिष्ट चरित्र विकसित करने में अक्षम सिद्ध हुए हैं और इसलिए न तो अधिकारी वर्ग और न ही आम जनसमुदाय पर उनका कोई खास असर-रसूख जम पाया है।

इस प्रकार, उर्दू दैनिकों, साप्ताहिकों और मासिकों का कोई खास भविष्य नहीं है और वह दिन दूर नहीं है जब वे हिन्दुस्तान के क्षितिज से लुप्त ही हो जाएँगे। निस्सन्देह इससे मुसलमान अपने सबसे मुखर माध्यम को खो बैठेंगे लेकिन उसे बचाने के लिए अब वे कुछ खास कर नहीं सकते। मुसलमान क़ुरानों में भी हिन्दी और अन्य क्षेत्रीय भाषाओं के अखबार और पत्र-पत्रिकाएँ स्थापित कराने की तरफ रुझान है; लेकिन निश्चित ही इन अखबारों से वह बात नहीं बनेगी जो उर्दू अखबारों में है; इन अखबारों का न सिर्फ दृष्टिकोण बहुत अलग होगा बल्कि विषय-प्रतिपादन की शैली भी अलग होगी जिससे भारत में मुस्लिम राजनीति का समूचा ताना-बाना ही बदल सकता है। और यह सब, आज़ादी के बाद से उर्दू के प्रति सरकार के रवैए का नतीजा है; यह सरदार पटेल के जमाने से शुरू हुआ था और तब से केन्द्र और राज्य—दोनों स्तरों के अधिकारी वर्ग ने उसका अक्षरशः पालन किया है। यह एक दोमुँही नीति रही है। एक ओर सरकारों ने अधिकृत अकादमियों में शानदार पुरस्कारों की स्थापना कर उर्दू लेखकों, शायरों और पत्रकारों को राजी करने की कोशिश की है; उसने उनकी रचनाओं को प्रकाशित करने के लिए अनुदान और वित्तीय मदद भी दी है जबकि दूसरी ओर उर्दू का उसके बोलनेवालों की आजीविका के साथ सम्बन्ध तोड़ दिया है। इसलिए आज एक अजीब तमाशा हम देख रहे हैं; उर्दू लेखकों और शायरों को सरकार संरक्षण प्रदान कर रही है

जबकि उनकी रचनाओं की सराहना करनेवाला पाठक या श्रोता न के बराबर रह गया है। उनके अपने दायरों में भी प्रशंसकों की संख्या सिकुड़ती जा रही है। उर्दू संचार-माध्यमों की त्रासदी यह है कि उन्हें बनावटी तौर पर जिन्दा रखा जा रहा है; न तो सरकार और न ही मुसलमान उसके आधार को मजबूत करने के लिए कुछ कर रहे हैं। सरकार उसकी जरूरत के प्रति लापरवाह है और मुसलमानों को उसके भविष्य से कोई सरोकार नहीं है।

दूसरी ओर, हिन्दी अखबार जिन्हें आमतौर पर मुसलमानों का हिमायती नहीं माना जाता, राजनीतिक तौर पर काफी शक्तिशाली हो चुके हैं और अपने उर्दू समकक्षियों की तुलना में उनकी वित्तीय स्थिति भी मजबूत है; सन् अस्सी के सालों में और समूचे अयोध्या-संकट के दौरान उसका रवैया तीव्र मुस्लिम-विरोधी रहा। प्रेंस कौंसिल ऑफ इंडिया ने जनवरी 1991 में उसकी भूमिका पर एक जाँच-पड़ताल करवाई थी और वह इस नतीजे पर पहुँची कि :

> इसमें सन्देह नहीं है कि उत्तर प्रदेश और बिहार के हिन्दी अखबारों में कुछ प्रभावशाली हिस्से भारी गैर-जिम्मेदारी और अनौचित्य के दोषी हैं—उन्होंने अफवाहों और अटकलों के आधार पर सामूहिक-जनव्यापी जुनून को बढ़ावा देकर पत्रकारिता की आचार-संहिता को भंग किया है···और ये सारी खबरें चीखती, उग्र सुर्खियों के तहत छापी जाती रहीं। कुछ मामलों में तो उन्होंने तस्वीरों में काट-छाँट और बढ़ोतरी का गुनाह किया (जैसे कि एक गिरफ्तार महन्त के फोटोग्राफ में जेलखाने की सलाखें ऊपर से चित्रित की गईं), मृतकों की मनगढ़न्त संख्या बताई (मिसाल के तौर पर '15' के आगे '1' जोड़कर मृतकों की संख्या '115' बताई), हिंसा को उकसावा दिया और सेनाओं और पुलिस के सदस्यों में भी आपसी मनमुटाव पैदा करवाया और इस प्रकार साम्प्रदायिक नफरत पैदा की।

अन्ततः कौंसिल ने साफ दो टूक शब्दों में कहा कि '···अखबारों के उस वर्ग के आचरण को किसी भी प्रकार से क्षमा नहीं किया जा सकता जिसने प्रतिस्पर्द्धापूर्ण सनसनीखेज समाचार देने की फिराक में सभी प्रकार के विवेक और पत्रकारिता के आदर्शों को—··ऐसा करके उन्होंने समूचे माध्यम की ही विश्वसनीयता को संकट में डाल दिया।' ('द आब्जर्वर ऑफ बिजनेस एंड पालिटिक्स', 22 दिसम्बर, 1992)

मुसलमानों के प्रति दूसरी क्षेत्रीय भाषाओं के अखबारों का रवैया भी उतना ही गैर-दोस्ताना है; वे ऐसी खबरों को बड़ी प्रमुखता देकर छापते हैं जो मुसलमानों की छवि को धूमिल करती हों। मराठी, बांग्ला, तेलुगु यहाँ तक कि तमिल और मलयालम तक के व्यापक सर्कुलेशनवाले अखबार इस्लामी संस्कृति, कानून और रीति-रिवाजों की विकृत छवि देनेवाली खबरों व लेखों को छापते हैं। 'फ्रंट लाइन' के सम्पादक एन. राम ने इस बात पर बड़ा अफसोस जाहिर किया था कि अधिकांश अखबार और पत्र-पत्रिकाएँ

हिन्दुत्ववादी प्रचार से इतने प्रभावित हो गए हैं कि वे 'राष्ट्र और समाज के लिए बहुत बड़ा खतरा बन गए हैं।' उन्होंने 'द आब्जर्वर ऑफ बिजनेस एंड पॉलिटिक्स' (22 दिसम्बर, 1992) में लिखा :

> हर प्रकार की व्याख्याएँ और विश्लेषण प्रस्तुत किए जाते हैं और खासकर साम्प्रदायिक संगठनों के सिद्धान्त-प्रतिपादकों और उनके बुद्धिजीवियों संचार माध्यमों में स्थित उनके समर्थकों द्वारा यह काम किया जाता है। वे जोर देकर कहते हैं कि वे 'सकारात्मक धर्मनिरपेक्षता' के पैरोकार हैं—क्योंकि हिन्दू साम्प्रदायिक चर्चाओं में यह आरोप लगाया जाता है कि भारत में जिस धर्मनिरपेक्षता का प्रचलन किया जा रहा है वह 'छद्म-धर्मनिरपेक्षता' है, 'अल्पसंख्यकों का तुष्टीकरण' है, वगैरह, वगैरह। हिन्दुत्व के सिद्धान्त-प्रतिपादकों ने राष्ट्र को एक विस्तृत विश्लेषण दिया है, असल में वह उससे भी आगे बढ़कर एक समग्र सिद्धान्त है और एक सैद्धान्तिक दृष्टिकोण है जिसके माध्यम से राजनीतिक रूप से दुरुपयोग किए गए समूचे इतिहास को ब्यौरेवार समझाया जाता है—फिर चाहे वह सोलहवीं सदी के बाबरी मस्जिद का मूल हो या धर्मनिरपेक्षता की नेहरू की अवधारणा या आचरण हो या मुस्लिम महिला विधेयक, 1986 का पारित होना या मीनाक्षीपुरम् के एक समुदाय का धर्मान्तरण कर इस्लाम कबूल करना या सन् 80 के सालों में पंजाब और कश्मीर में गुजरी घटनाएँ।

30 मई, 1993 को उत्तर प्रदेश के सिकन्दराबाद में, मौलाना आज़ाद रिसर्च एंड एजूकेशनल फाउंडेशन ने 'भारतीय मुसलमान और अखबार' विषय पर एक विचारोत्तेजक सेमिनार आयोजित किया था। विख्यात स्तम्भकार कुलदीप नैयर ने उसका उद्घाटन किया था और जे.एन.यू. के प्रो. इम्तियाज़ अहमद उसके अध्यक्ष थे; भाजपा के नेता के. आर. मलकानी मुख्य अतिथि थे। अनेक जाने-माने बुद्धिजीवियों, विद्वानों, समाजशास्त्रियों और पत्रकारों ने इसमें भाग लिया। वे सब इस बात पर सहमत थे कि विषय जटिल है लेकिन उनमें से अनेक की यह राय थी कि मुसलमानों की समस्याओं की रिपोर्ट करने और उस पर टिप्पणी करने में जहाँ अंग्रेजी अखबार सन्तुलित और वस्तुपरक थे वहीं उर्दू अखबार कट्टरतावाद को पनपा रहे थे और मुसलमानों की छवि को विकृत कर रहे थे। नैयर ने हिन्दी अखबारों की भूमिका पर अफसोस जाहिर किया और कहा कि उनका वर्तमान रुझान, उग्र हिन्दूवाद को प्रतिबिम्बित कर रहा है, लेकिन वह एक अस्थायी धारा है और दब जाएगी; लेकिन मुस्लिम स्वामित्ववाले अखबारों को अपने को सुधारना पड़ेगा और नैयर की शब्दावली में 'भड़काऊ पत्रकारिता' का खिलवाड़ बन्द करना पड़ेगा। प्रो. अतहर फारूखी ने नैयर का प्रतिवाद करते हुए ध्यान दिलाया कि यह बात सिर्फ कुछ उर्दू साप्ताहिकों पर और सो भी खासकर दिल्ली से प्रकाशित होनेवाले साप्ताहिकों पर लागू होती है और वे आम मुस्लिम सोच और दृष्टिकोण का

प्रतिनिधित्व नहीं करते और हिन्दी अखबारों की तुलना में उनकी भूमिका बहुत ही कम हानिकारक है। जामिया मिल्लिया इस्लामिया, दिल्ली के डिपार्टमेंट ऑफ इस्लामिक स्टडीज के प्रो. अख्तरुल वासे ने उर्दू अखबारों की तुलना एक ऐसे हाथी (सम्पादक) से की जिसकी, नकेल किसी-न-किसी राजनेता के हाथ में होती है और जो अपने स्वार्थ के लिए उसका इस्तेमाल करता है। नई दिल्ली के सेंटर ऑफ इंडियन लैंग्वेजस के चेयरमैन प्रो. एस. आर. क़िदवई ने समूचे राष्ट्रीय अखबारों पर आरोप लगाया कि वे मुसलमानों की गलत छवि प्रस्तुत करते हैं; कभी-कभी, एकाध कोई अपवाद भले आ जाता हो लेकिन आम रवैया तो वही है। उन्होंने कहा कि अधिकांश अंग्रेजी अखबार भी क्षेत्रीय भाषाओं के अखबारों की तरह ही दोषी हैं। अलबत्ता, उर्दू अखबारों के प्रतिक्रियात्मक और प्रहारात्मक रवैए को सही नहीं ठहराया जा सकता; उन्हें तो निश्चित ही मुसलमानों के सामने खड़ी समस्याओं के प्रति नकारात्मक नहीं वरन् सकारात्मक भूमिका निभानी चाहिए। जे. एन. यू. के डॉ. असलम परवेज़ की मान्यता थी कि आरोपों को बाँट देने-भर से भारतीय मुसलमानों की समस्याएँ सुलझाने में मदद नहीं मिलेगी; मुसलमानों को ऐसी कार्य-योजना की रूपरेखा तैयार करनी चाहिए जिससे उन पर लगाए गए आरोपों का प्रतिवाद किया जा सके और उसमें यह योजना भी शामिल की जानी चाहिए कि मुसलमानों को पत्रकारिता की कला में प्रशिक्षण दिया जाए और विभिन्न अखबारों में उन्हें काम दिलवाया जाए। 'नवभारत टाइम्स', नई दिल्ली के सहायक सम्पादक राजकिशोर ने यह मन्तव्य प्रकट किया कि भारतीय लोक-वातावरण में सहिष्णुता और उदारता काफी हद तक पाई जाती है और उन्होंने उसके ऐतिहासिक उदाहरण प्रस्तुत किए। लेकिन साथ ही उन्होंने सोदाहरण यह भी बताया कि नकारात्मक तत्त्व सदैव से प्रबल रहे हैं और उनका प्रतिरोध करना आसान नहीं है। ये शक्तियाँ बड़ी उद्दंडता के साथ फलती-फूलती रही हैं। मलकानी ने उर्दू अखबारों पर आरोप लगाया कि उनकी वजह से मुसलमान मुख्यधारा से अलग रहे हैं और उन्होंने ही मुसलमानों के मन में हिन्दुओं के प्रति विद्वेष पैदा किया है। अधिकांश हिन्दुओं को क़ुरान की आयतें सुनने में कोई एतराज नहीं होता लेकिन मुसलमानों को यह सिखाया जाता है कि वे वैदिक श्लोक न सुनें और ऐसा करना कुफ्र होगा। उन्होंने आगे कहा कि मुस्लिम स्वामित्ववाले अखबार और पत्र-पत्रिकाएँ, अपने खबरों और नजरियों के जरिए इन दोनों समुदायों के बीच भावनात्मक दीवार खड़ी करते हैं और जब तक ये अपना सुर नहीं बदलते, सही-सच्ची समझ पैदा नहीं हो सकती। अंजुमन-ए-तरक्की-ए-उर्दू (हिन्द) के जनरल सेक्रेटरी डॉ. ख़ालिक अंजुम ने मलकानी के दावों का खंडन किया और कहा कि उर्दू साहित्य में इस बात के भरपूर प्रमाण मौजूद हैं कि मुसलमानों के बेहतरीन दिल और दिमागवाले व्यक्ति, हिन्दू धर्म, उसकी संस्थाओं और परम्पराओं, ऋषियों और सन्तों का कितना सम्मान करते आए हैं और आज भी करते हैं।

मुसलमानों में असहमति की एक आवाज थी और वह थी वरिष्ठ सम्माननीय विद्वान मौलाना वहीदुद्दीन की जो राष्ट्रीय स्वयंसेवक संघ से अपनी निकटता की वजह

से मुसलमानों के बीच सन्देह के पात्र बनते हैं। उन्होंने हिन्दुओं के स्वामित्ववाले राष्ट्रीय अखबारों को मुस्लिम-विद्वेष के आरोप से मुक्त किया और कहा कि अगर मुसलमानों की गतिविधियों की चर्चा अखबारों में पर्याप्त रूप से नहीं होती तो उसके लिए खुद मुसलमान जिम्मेदार हैं। उनका मानना था कि मुस्लिम स्वामित्ववाले अखबार और पत्र-पत्रिकाएँ सिर्फ विरोध और शिकायतों का दफ्तर खोले रहते हैं और मुसलमानों की तकलीफों का मातम मना-मनाकर अपनी दुकान चमकाते रहते हैं। लाहौर के 'नेशन' (9 जुलाई, 1993) में दर्ज उनके वक्तव्य में कहा गया है कि 'तथ्य तो यह है कि वर्तमान मुस्लिम पत्रकारिता विरोध-पत्रकारिता है, और किसी भी रूप में रचनात्मक पत्रकारिता नहीं है। यही मुख्य समस्या है। मुझे यह कहने की इजाजत दीजिए कि मुस्लिम बुद्धिजीवी वर्ग ही किसी प्रकार की सकारात्मक सोच से रहित है। तो फिर भला वे आम मुसलमानों के बीच सकारात्मक सोच को बढ़ावा देने के लिए कोई काम कैसे कर पाएँगे ?' मुस्लिम अखबारों की ओर मुड़ते हुए उन्होंने कहा कि उनका मुख्य पेशा, भारतीय मुसलमानों की हालात को गहरे काले रंगों में रँगकर पेश करना है; इस बात से उन्हें कोई सरोकार नहीं कि उन्हें झपटकर अवसर को पकड़ना और अपनी हालत को सुधारना कैसे सिखाया जाए। 'राष्ट्रीय अखबारों में मुसलमानों की खबरों को पर्याप्त जगह नहीं दी जाती'—जैसे आरोपों का भी उन्होंने खंडन किया; मुसलमान तो एक के बाद एक 'गर्मागर्म खबरें' पैदा कर रहे हैं—शाहबानो का मुकदमा, अज़ान के लिए लाउडस्पीकरों का इस्तेमाल, रास्तों पर नमाज पढ़ना, बम-विस्फोट, तीन तलाक जैसी खबरों के लिए तो कालम-दर-कालम रँगे गए हैं ! मौलाना का यह ख़्याल था कि मुसलमान अच्छी खबरें देने की तो जैसे कोशिश ही नहीं करते। उन्होंने पूछा कि जब इन अखबारों में मुस्लिम-विरोधी लेख आते हैं तो फिर कितने मुसलमान इस बात की परवाह करते हैं कि उसका सही और सटीक प्रत्युत्तर दिया जाए। उन्होंने जोर देकर कहा, हर बात के लिए हिन्दुओं को दोषी मत ठहराओ, अपने को दोषी ठहराओ।

खबरों को प्रस्तुत करने की शैली में, हिन्दू स्वामित्ववाले और मुस्लिम स्वामित्ववाले—दोनों ही प्रकार के अखबार स्पष्ट रूप से पूर्वाग्रह का दबाव और वस्तुपरक दृष्टिकोण का अभाव दर्शाते हैं; रिपोर्टर अपनी खबरों को ज्यादा अनुकूल घुमाव देने के लिए खूब बढ़ा-चढ़ाकर उसे पेश करते हैं या किसी घटना को निन्दनीय बनाने के लिए शब्दों को तोड़-मरोड़कर पेश करते हैं। चूँकि समाज ज्यादा-से-ज्यादा साम्प्रदायिक होता जा रहा है इसलिए पत्रकार भी व्याप्त साम्प्रदायिक रुझानों से प्रभावित हुए बगैर नहीं रह सकते और स्वाभाविक ही वह उनके लेखों में प्रतिबिम्बित होता है। सच्चाई तो यह है कि सन् अस्सी के सालों के बाद से अधिकांश पत्रकार लगभग सक्रिय कार्यकर्ता हो गए हैं और कभी सूक्ष्मता से तो कभी खुलेआम अपने विशेष दृष्टिकोण का प्रचार करने लगे हैं। ऐसे अखबार भी जो वस्तुपरकता और समुचित खबरें देना पत्रकार का कर्तव्य मानते हैं; अपने को दुविधा में पाते हैं। स्वाति भटकल ने 'द आब्जर्वर ऑफ बिजनेस एंड पॉलिटिक्स' (17 जुलाई, 1993) में अपने 'जर्नलिस्ट्स एंड द मिथ ऑफ आब्जेक्टिविटी'

(पत्रकार और वस्तुपरकता का मिथक) शीर्षक से विचारोत्तेजक लेख में इस दुविधा का सटीक चित्रण किया है। वे कहती हैं : 'आखिरकार यह दुविधा क्या है ? असल में सत्ताधारी वर्ग की दो विचारधाराएँ जिन्दगी और मौत के उग्र संघर्ष में जुटी हुई हैं। एक ओर है नेहरूवाद, जिसने एक विचारधारा के तौर पर प्रबलतर सत्ताधारी वर्गों और उसकी राजनीतिक पार्टी, कांग्रेस के लिए 45 वर्षों तक उपयोगी बनी रही। दूसरी ओर है 'हिन्दुत्व की उग्र अपील। पहली ताकत मर रही है, दूसरी उभर रही है।' जो बातें शेष भारतीय अखबारों पर लागू होती हैं। वे मुस्लिम स्वामित्ववाले अखबारों पर भी लागू होती हैं। इसलिए एक समग्र ध्रुवीकरण हो चुका है और धर्मनिरपेक्षता और बहुधर्मीय मूल्यों को पीछे हटा दिया गया है।'

मुसलमानों के बीच एक प्रवृत्ति तेजी से पनप रही है; वे यह महसूस करने लगे हैं कि उर्दू बड़ी तेजी से मरती जा रही है और क्षेत्रीय भाषाएँ उनके विचारों-दृष्टिकोणों को अभिव्यक्त करने का बेहतर माध्यम प्रदान कर रही हैं। ज्यादा पाठक हासिल करने के लिए वे सामाजिक मामलों की बनिस्बत धार्मिक विषयों पर ध्यान केन्द्रित करते हैं; और उनका सुर निश्चित ही उर्दू अखबारों की तुलना में ज्यादा गम्भीर और सन्तुलित है। साथ ही वे साम्प्रदायिक सद्भावना को बढ़ावा देने पर जोर देते हैं। इस सन्दर्भ में कालीकट, केरल से प्रकाशित होनेवाला मुस्लिम स्वामित्व का मलयालम दैनिक 'माध्यमं', आशा की एक किरण स्वरूप है। पाँच साल के अन्दर ही उसने 1 लाख की सर्कुलेशन संख्या को पार कर लिया है और उसके मालिक वी. के. हमज़ाह ने मुझे बताया कि वे उसके और भी संस्करण निकालने की सोच रहे हैं। उन्होंने एक हिन्दू को सम्पादक के तौर पर नियुक्त किया है, लेकिन अखबार आमतौर पर भारतीय मुसलमानों की और विशेष रूप से केरल के मुसलमानों की तकलीफों और समस्याओं पर ध्यान केन्द्रित करता है। लोकप्रिय उर्दू साप्ताहिक 'अफ़्कार-ए-मिल्ली' के सम्पादक इलियास का ख्याल है कि 'दक्षिण के मुसलमान, चूँकि सामाजिक तौर पर ज्यादा जागरूक हैं और आर्थिक रूप से ज्यादा मजबूत हैं, इसलिए दो क्षेत्रों में ज्यादा उल्लेखनीय भूमिका निभा सकते हैं—एक, वे मुसलमानों के व्यापक हितों की रक्षा कर सकते हैं; और दूसरे, वे हिन्दुओं के मुसलमान विरोधी पूर्वाग्रहों को दूर कर सकते हैं क्योंकि यहाँ के मुसलमानों का हिन्दुओं से रिश्ता उतना कलहपूर्ण नहीं है।' ('इकोनोमिक एंड पोलिटिकल वीकली', 13 अगस्त, 1994)। बँगलोर दूरदर्शन द्वारा उर्दू में समाचार बुलेटिन टेलिकास्ट करने का फैसला समयोचित नहीं था; मुसलमानों ने उसकी माँग भी नहीं की थी फिर भी आन्दोलनकारियों ने उन्हें अपने हमले का निशाना बनाया, इसने कन्नड़ और उर्दूभाषियों के रिश्तों को बिगाड़ दिया। ऐसा विवेकहीन आचरण यह दर्शाता है कि दोनों ही पक्षों में सही नेतृत्व का अभाव है; जरा-सी समझदारी खून-खराबे से बचा सकती थी जबकि हिंसा के गहरे अमिट दाग हमेशा ही स्मृतियों में बने रह जाते हैं। उर्दू बहुत कम ही, किसी दंगे की वजह रही है; यह बड़े दुर्भाग्य की बात है कि ऐसी दो भाषाओं के बीच कलह फूट पड़ा जो हमेशा ही दोस्ताना सम्बन्ध निभाती आई थीं।

अफसोस की बात तो वह उग्र-आक्रामक भूमिका है जो बहुसंख्यक समुदाय या जैसे उपरोक्त मामले में बहुसंख्यक भाषा अल्पसंख्यक के खिलाफ ग्रहण करती है जबकि कमजोर होने की वजह से उनकी रक्षा की जानी चाहिए न कि उनका शिकार। बदकिस्मती से संचार माध्यम हमेशा ही आधारभूत तथ्यों को नजरअन्दाज कर देते हैं; उसकी रिपोर्टें और टिप्पणियाँ निरपवाद रूप से मुसलमानों को निन्दनीय ठहराती हैं, अलबत्ता बाबरी मस्जिद का विध्वंस जैसे विरल कांड उसमें अपवाद-रूप ठहरते हैं। अतीत की ऐतिहासिक घटनाओं का प्रभाव अभी तक इतना दिलो-दिमाग पर छाया हुआ है कि हिन्दुओं और मुसलमानों के बीच हो रहे किसी भी संघर्ष को इस प्रकार प्रचारित किया जाता है मानो यह दो समान रूप से सक्षम, सशक्त दलों के बीच का संघर्ष है। दोनों ताकत में समतुल्य नहीं हैं और न हो सकते हैं। जैसा कि खुशवन्त सिंह ने 'हिन्दुस्तान टाइम्स' (23 अक्तूबर, 1994) में टिप्पणी की है कि 'हिन्दू साम्प्रदायिकता हमारे देश की एकता-अखंडता के लिए सबसे खतरनाक चुनौती है।' नेहरू ने इसे 'फासीवाद का ही दूसरा रूप' कहा था।

खुशवन्त सिंह आगे कहते हैं, 'खुशकिंस्मती से हिन्दुओं में बड़ी तादाद में ऐसे गण्यमान्य लोग हैं जो हिन्दू साम्प्रदायिकता के बारे में मेरे दृष्टिकोण का समर्थन करते हैं; यानी यह फासीवाद का हिन्दू चेहरा है। फासीवाद अन्यायपूर्ण और राष्ट्रविरोधी है। जब भी और जहाँ भी वह अपने घिनौने सिर को ऊपर उठाता है उससे लड़ना ही होगा, उसे कुचलना ही होगा।'

एकता में रुकावटें

यह कहा जाता है कि हिन्दू धर्म बहुत उदार है; वह न सिर्फ दूसरे धर्मों के प्रति सहिष्णु है वरन् उनके पैग़म्बरों और सन्तों का भी सम्मान करता है। जबकि दूसरी ओर इस्लाम ऐकान्तिक है और उस पर यह भी आरोप लगाया जाता है कि वह दूसरों की धार्मिक मान्यताओं को सम्मान नहीं प्रदान करता। असलियत यह है कि कुछ विशिष्ट मामलों में ऐतिहासिक तौर पर यह बात शायद सच हो लेकिन ये कारनामे क़ुरान के उपदेशों और पैग़म्बर साहब के अमल-आचरणों के अनुसार नहीं किए गए हैं। इसलिए, जहाँ अनेक मुसलमान सुल्तानों ने अपने प्रभुत्व का विस्तार करने के लिए इस्लाम का इस्तेमाल आक्रामक—उग्र तौर पर किया, वहीं मुसलमान औलियाओं और सूफियों ने आध्यात्मिक उन्नयन पर जोर दिया; उन्होंने संकीर्ण धार्मिक साम्प्रदायिकतावाद का विरोध किया। वे परमसत्ता अल्लाह से अबाध सम्बन्ध स्थापित करने में यकीन करते थे, वेदों-उपनिषदों के दर्शनों का सम्मान करते थे और हिन्दू ऋषियों-महात्माओं का आदर करते थे। अपनी मजहबी आस्थाओं से संलग्न रहते हुए भी उन्होंने क़ुरान के उपदेशों और पैग़म्बर साहब के अमलों-परम्पराओं की उदार व्याख्या की। परिणामस्वरूप, लाखों हिन्दू, धर्मान्तरित होकर मुसलमान बने। इसके बावजूद यह धारणा लगातार बनी हुई है कि इस्लाम अन्य धर्मों के प्रति असहिष्णु है और उनके धर्मगुरुओं की भर्त्सना करता है। स्वाभाविक है कि इससे हिन्दुओं की धार्मिक भावनाओं को चोट पहुँचती है। इन दोनों समुदायों के बीच एकता का सम्बन्ध-सूत्र बाँधने और दरारों को पाटने में यह एक बहुत बड़ा अवरोध साबित हुआ है।

सच्चाई तो यह है कि क़ुरान में सभी धर्मों के प्रति आदर-भाव बनाए रखने की जितनी हिदायतें दी गई हैं उतनी किसी और धर्म ने नहीं दी। क़ुरान यों सिर्फ पच्चीस का उल्लेख करता है लेकिन साथ ही यह भी स्पष्ट करता है कि उनके अलावा भी अन्य अनेक हैं, जिनका उल्लेख नहीं किया गया है। पैग़म्बर साहब के अनुसार उनकी संख्या 1 लाख, 24 हजार तक पहुँचती है। उनके अनुसार, उन्होंने अपने-अपने अनुयायियों को अपनी-अपनी विशिष्ट भाषाओं में ईश्वरीय सन्देश-उपदेश दिए हैं। मैं इस बात की पुष्टि के लिए कुछ सम्बन्धित आयतों को उद्धृत करूँगा।

सूरः अल-मुअ्मिन, आयत 78 में क़ुरान, पैग़म्बर साहब से कहता है :

ऐ पैग़म्बर, हमने तुमसे पहले (बहुत से) पैग़म्बर भेजे,

उनमें कुछ तो ऐसे हैं, जिनके हालात तुमसे बयान कर दिए हैं
और कुछ ऐसे हैं, जिनके हालात बयान नहीं किए
और किसी पैग़म्बर की ताकत न थी कि
खुदा के हुक्म के बगैर कोई निशानी लाए,
फिर जब खुदा का हुक्म आ पहुँचा,
तो इंसाफ के साथ फैसला कर दिया गया।

उसी सूरः में कहा गया है कि

ऐ मुहम्मद तुम पर कोई
ऐसी वही (दिव्य सन्देश) नाज़िल नहीं की गई
जो तुमसे पहले रसूलों पर नाज़िल नहीं की गई।

और पैग़म्बर साहब से कहा गया कि वे लोगों को बताएँ कि :

ऐ मुहम्मद उनसे कह दो,
मैं तो सिर्फ अल्लाह का रसूल हूँ।
मैं कोई नया मजहब लेकर नहीं आया हूँ।
मैं नहीं जानता कि अल्लाहताला ने
मेरे, तुम्हारे या किसी और के लिए
क्या मुकद्दर तय कर रखा है
मैं तो अल्लाह के आदेशों का पाबन्द हूँ,
और उसकी तालीमात को खोल-खोलकर
वजाहत के साथ तुम्हारे सामने पेश करने का जिम्मेदार हूँ।

सूरः यूनुस, आयात 47 में क़ुरान कहता है :

याद रखो हर एक उम्मत की तरफ
पैग़म्बर भेजा गया,
जब उनका पैग़म्बर आता है,
तो उनमें इंसाफ के साथ फैसला कर दिया जाता है
और उन पर कुछ जुल्म नहीं किया जाता।

इसके अलावा सूरः इब्राहीम आयत 40 में कहा गया है :

और हमने हर रसूल को
उसकी क़ौम की बोली में
अपना पैगाम देकर भेजा
ताकि लोगों के सामने बात खुलकर आ जाए
ताकि वे गुमराह न हों।

इन आयतों के आधार पर ही, अनेक धर्मवेत्ताओं ने, मध्य युग में, जिनमें हज़रत मिर्ज़ा मज़हर जाने जानाँ (मृत्यु-1781) उल्लेखनीय हैं, यह घोषणा की कि, राम और कृष्ण मुमकिन हैं, अल्लाह के रसूल रहे हों; यह बात विवेकसंगत लगती है कि ऐसा हो

नहीं सकता कि जिस विशाल उपमहाद्वीप में अल्लाह के लाखों बन्दे रहते हों वहाँ अल्लाह के पैग़म्बर न पहुँचें क्योंकि क़ुरान ने जोर देकर कहा है कि 'हर एक उम्मत की तरफ़, पैग़म्बर भेजा गया' और यह भी कि उन्हें सिखाने के लिए, हर एक रसूल को 'उसकी कौम की बोली में पैगाम देकर भेजा।' मौलाना सैयद्द सुलेमान नदवी ने, अपने विशाल ग्रन्थ 'सीरतुन नबी' में यह मन्तव्य प्रकट किया, 'पैग़म्बर मुहम्मद साहब के उपदेशों के अनुसार यह यकीन करना जरूरी है कि चीन, ईरान या हिन्दुस्तान जैसे देशों में मुहम्मद साहब के आगमन के पूर्व अन्य रसूल आए होंगे। इसलिए इन मुल्कों द्वारा सम्मानित पथप्रदर्शकों और उनके द्वारा प्रणीत धर्मों-आस्थाओं से यहाँ की जनता को कोई मुसलमान वंचित नहीं कर सकता।' उसी प्रकार मिर्ज़ा अबुल फज़्ल ने अपनी विख्यात पुस्तक 'फेथ ऑफ इस्लाम' में जोर देकर कहा—भारत में प्राचीन काल के सभी वैदिक ऋषि-मुनियों और कृष्ण, महावीर और बुद्ध का, ईरान के जरथ्रुष्ट का और चीन के कन्फूशियस का, इस्लाम के अनुयायियों के दिलों में उतना ही सम्माननीय स्थान है' जितना कि अपने पैग़म्बर साहब का। क़ुरान में 'फिरकए साबीन' या 'सबीन' का जिक्र भी मिलता है जो शाह वलीलुल्लाह जैसे दिग्गज धर्मदर्शनवेत्ता के अनुसार, 'आर्य मूल के हिन्दुओं' की ओर संकेत करता है। नदवी ने भी, यहूदियों और ईसाइयों के साथ उनको जोड़ते हुए कहा कि उन्हें भी 'अहले-किताब' में गिना जाना चाहिए। पैग़म्बर साहब की एक विख्यात उक्ति है जिसमें उन्होंने हिन्दुस्तान की ओर इशारा करते हुए कहा था कि उन्हें वहाँ से रूहानी खुशबू आ रही है। अल्लामा इक़बाल ने उसे शेरों में यों बाँधा है :

मीर-ए-अरब को आई ठंडी हवा जहाँ से
मेरा वतन वही है, मेरा वतन वही है।

यह कहा जाता है कि चौथे खलीफा और पैग़म्बर साहब के दामाद हज़रत अली ने कहा था कि अरबों के लिए सबसे ज्यादा शक्तिवर्धक हवा हिन्दुस्तान से आई है।

क़ुरान अपनी आयतों के एक चौथाई से ज्यादा हिस्सों में दूसरे पैग़म्बरों की कहानियाँ कहता है ताकि पैग़म्बर मुहम्मद साहब अपने सामने खड़े विरोधों से हताश न हों; उनके पहले के पैग़म्बरों को भी इसी तरह से विरोधों-परेशानियों का सामना करना पड़ा था। सूरः अल-इमरान, आयत 146 में मुहम्मद साहब को जानकरी दी जाती है :

और बहुत से नबी हुए हैं
जिनके साथ होकर अक्सर
अल्लाह वाले (खुदा के दुश्मनों से) लड़े हैं,
तो जो मुसीबतें उन पर खुदा की राह में वाक़े हुईं,
उनकी वजह से उन्होंने न तो हिम्मत हारी
और न बुजदिली की, न दबे
और खुदा जमाव रखनेवालों को दोस्त रखता है।

इसके अलावा यह चेतावनी भी दी गई कि अल्लाह पर ईमान रखनेवालों को रसूलों

के बीच कोई फर्क नहीं करना चाहिए। सूरः अल-बक़रः आयत 285 में मोमिनों को हिदायत दी गई है कि वे ऐसा मानें और कहें कि :

वे उसके पैग़म्बरों से किसी में
कुछ फर्क नहीं करते।
और (खुदा से) अर्ज करते हैं कि
हमने (तेरा हुक्म) सुना और कबूल किया।
ऐ परवरदिगार ! हम तेरी बख्शिश माँगते हैं
और तेरी ही तरफ लौट कर जाना है।

सूरः अल-निसा, आयत 152 में इसे ही दुहराया गया है :

और जो लोग खुदा और उसके
पैग़म्बरों पर ईमान लाए
और उनमें से किसी में फर्क न किया,
ऐसे लोगों को वह बहुत जल्द
उन (की नेकियों का) बदला अता फरमाएगा
और खुदा बख्शनेवाला मेहरबान है।

इसलिए, भारतीय मुसलमानों पर लगाए जानेवाले इस आरोप में कोई दम नहीं है कि वे राम, कृष्ण या हिन्दुओं के अन्य देवी-देवताओं के प्रति सम्मान-भाव नहीं दर्शाते; असल में इक़बाल ने अपनी एक विख्यात कविता में राम को 'इमाम-ए-हिन्द' यानी भारत का आध्यात्मिक नेता कहा है :

लबरेज़ है शराबे हक़ीक़त से जामे हिन्द
सब फलसफ़ी हैं खित्तए मगरिब के रामे हिन्द
ये हिन्दियों के फिक्रे फलसफ़ा का है असर
रफ़त में आसमाँ से भी ऊँचा है बामे हिन्द
इस देश में हुए हैं हजारों मलिक सरिश्त
मशहूर जिनके दम से है दुनिया में नामे हिन्द
हे राम के वजूद पे हिन्दोस्ताँ को नाज़
अहले नजर समझते हैं इसको इमामे हिन्द
एजाज़ इस चिराग़े हिदायत का है वही
रोशनतराज सहर है ज़माने में शामे हिन्द
तलवार का धनी था, शुजाअत में फ़र्द था
पाकीजगी में जोश, मुहब्बत में फ़र्द था।

उसी प्रकार से इक़बाल ने एक परिच्छेद में कृष्ण के सन्देश की भूरि-भूरि प्रशंसा की है; यह सन्देश इक़बाल की अपने 'खुदी' या आन्तरिक शक्ति के दर्शन का मानों सारभूत तत्त्व है :

हिन्दुओं के दिलो-दिमाग को पोषण मिला है उन गहन चर्चाओं से जो उनके विद्वान विचारकों ने 'कर्म' के दर्शन पर निरन्तर चलाए रखा। और अन्ततः वे इस निष्कर्ष पर पहुँचे कि वह जीवन-संघर्ष, जिसमें मनुष्य को परीक्षाओं और कठिनाइयों से गुजरना होता है, मानव के 'कर्म' से सीधे जुड़ा हुआ है; या दूसरे शब्दों में उसका वर्तमान-मानव-जीवन, उसके पिछले कर्मों का परिणाम है। और जब तक कर्म का यह नियम संचालित रहेगा, परिणाम वही होता रहेगा। जब उन्नीसवीं सदी का विख्यात जर्मन कवि गेटे अपने नायक फॉस्ट को बाइबिल में 'वाणी' की जगह 'कर्म' पढ़वाता है तो गेटे की दूरदर्शी आँखें उसी नुक्ते को पकड़ती हैं जिसे हिन्दू पंडित और ऋषि सैकड़ों साल पहले देख चुके थे। इस अजीबोगरीब तरीके से उन्होंने अधिकार और स्वतन्त्रता के या दूसरे शब्दों में जबरन और जिम्मेदारी के संघर्ष का समाधान ढूँढ़ लिया था। निस्सन्देह, उनकी रचनात्मक क्षमता सराहनीय है, खासकर जिस साहस के साथ, उन्होंने इस संघर्ष की वजह से उत्पन्न विभिन्न दार्शनिक-सिद्धान्तों निष्कर्षों को स्वीकार किया वह सचमुच ही प्रशंसनीय है। उन्होंने कहा कि जब जीवन कर्म की वजह से निर्धारित होता है तो उस चक्र से बाहर निकलने का रास्ता सिर्फ यही है कि कर्म का त्याग किया जाए। यह मान्यता, व्यक्तिगत और सामुदायिक तौर पर खतरनाक थी और उसकी विसंगति को दूर करने के लिए किसी प्रखर प्रतिभावान व्यक्तित्व की जरूरत थी। मानव के बौद्धिक इतिहास में श्रीकृष्ण का नाम सदैव अत्यन्त आदर और सम्मान के साथ लिया जाएगा क्योंकि इसी प्रतापी महापुरुष ने अपने देश की और लोगों की दार्शनिक व्याख्याओं पर प्रहार किया और उनके समक्ष इस सत्य का प्रतिपादन किया कि कर्म के परित्याग का मतलब सर्वथा अकर्मण्य हो जाना नहीं होता। कर्म तो प्रकृति की माँग है, जिससे अस्तित्व का सम्बलीकरण होता है : परित्याग का अर्थ होता है कर्म के फल के प्रति अनासक्ति या अनाकांक्षा।[1]

जैसा कि मैंने अपनी पुस्तक 'इक़बाल : द पोएट एंड द पोलिटीशियन' में समझाया है, आधुनिक इस्लाम के इस शायर-दार्शनिक ने, अपने धर्म के प्रति तीव्र संलग्नता के बावजूद, श्रीकृष्ण के कर्म-सिद्धान्त के प्रति अपनी सराहना को कभी छिपाया नहीं। वे गीता के गम्भीर अध्येता थे और तत्कालीन हैदराबाद रियासत के प्रधानमन्त्री महाराजा किशन प्रसाद को 11 अक्तूबर, 1921 को लिखे अपने एक पत्र में उन्होंने लिखा था :

मुझे अफसोस है कि संस्कृत शब्दों के संगीत को उर्दू भाषा में नहीं बाँधा जा सकता... अगर वक्त ने इजाजत दी तो मैंने गीता को उर्दू में अनुवाद करने का निश्चय किया है। आपने गीता का फ़ैज़ी (मृत्यु 1595—बादशाह अकबर के नवरत्नों में से एक) द्वारा किया फ़ारसी तर्जुमा देखा होगा। फ़ैज़ी के लेखन

की श्रेष्ठता से कोई इनकार नहीं कर सकता। लेकिन मैं मानता हूँ कि गीता के अपने तर्जुमे में वे मूल पुस्तक के कथ्य और उसकी शैली से न्याय नहीं कर सके हैं। मेरी यह स्पष्ट मान्यता है कि फ़ैज़ी गीता की मूल आत्मा को ही समझने में नाकामयाब रहे।[2]

और अपने विशाल-श्रेष्ठ 'जाविदनामा' में, जो उनकी मृत्यु के कुछ वर्ष पहले प्रकाशित हुआ था, उन्होंने विश्वामित्र का चित्रण करते हुए लिखा है :

एक भारतीय ऋषि बैठा है ताल-वृक्ष के तले,
जटा-जूट बँधा है उसके सिर पर,
असामान्य व्यक्ति है वह
विश्व तो केवल एक निरी माया-कल्पना है उसके लिए;
काल-चक्र से नहीं बँधा है वह।

और फिर इक़बाल ने अपने श्रद्धेय मौलाना रूमी से विश्वामित्र की आध्यात्मिक महानता की प्रशंसा करवाई है :

यह अन्वेषक, यह खोजी
ग्रह-मंडल का एक नक्षत्र-सा है,
उसमें दुर्बलताएँ कम शक्ति ज्यादा है,
उसका जाम स्वर्ग के एक मेहराब-सा है,
उसके विचार फरिश्ते जिब्रील की तरह उड़ानें भरते हैं।
एक गरुड़ की तरह झपटता है वह
सूरज और चाँद पर
और चल पड़ता है नौ आसमानों के परे।
दुनिया के लोगों को
मस्ती में बताता है वह
अप्सराओं की बातें, देवियाँ कहता है उन्हें
उसके धुएँ में लौ लपकती है
उसके धराशायी होने में गर्व झलकता है।
बाँसुरी की तरह विलाप करता है वह
विरह और मिलन के लिए, दोनों ही अभिभूत करते हैं उसे।

उर्दू के एक और विख्यात कवि सीमाब अकबराबादी ने भी हिन्दुओं के बारे में, उनके नायकों, त्योहारों और आध्यात्मिक रहस्यवादी दर्शनों के बारे में बड़ी भावुकता के साथ लिखा है। 'श्रीकृष्ण' पर लिखी गई उनकी कविता नायाब है :

हुआ तुलू सितारों की दिलकशी लेकर
सुरूर आँख में, नज़रों में ज़िन्दगी लेकर
गुज़िश्ता सुबहे मुहब्बत को ढूँढ़ने निकला
इक आफ़ताब मुहब्बत की रोशनी लेकर

.ख़ुदी के होश उड़ाने बसद नियाज़ आया
नए पियालों में सहबाए बेख़ुदी लेकर
फ़िज़ाए दहर में गाता फिरा वो प्रीत के गीत
निशातखेज़-ओ-सुकूँरेज बाँसुरी लेकर
रहा जमाल से अनवार बारे मुद्दत तक
जिबाल-ओ-दश्त में फितरत की चाँदनी लेकर
जहाने क़ल्ब सरापा गुदाज़ बन ही गया
हरेक ज़र्रा मुहब्बत का साज़ बन ही गया
जमालो हुस्न के काफ़िर निखार से खेला
रियाज़े इश्क़ की रँगीं बहार से खेला
समझके आलमे-फ़ानी को एक बागीचा
कभी चमन से कभी कोहसार से खेला
पयम्बरों की कभी रस्म की अदा उसने
गवाला बनके कभी सब्ज़ाज़ार से खेला,
बजाके बाँसुरी, नग़मों पर अपने वज्द किया
खुद अपनी ज़िन्दगी-ए-पुरवक़ार से खेला
बहा दिए कभी ठोकर से प्रेम के चश्मे
कभी जमन कभी गंगा की धार से खेला
हँसी-हँसी में वह दुख-दर्द झेलता ही रहा
करिश्माबाज़ ज़माने से खेलता ही रहा
किया ज़माने को मामूर अपने नग़मों से
सिखाए इश्क़ दस्तूर अपने नग़मों से
सदाक़त और मुहब्बत की उसने दी तालीम
अँधेरियों में भरा नूर अपने नग़मों से
बनाए तूर, तजल्ली से अपनी बन-बन में
दिखाया जल्वा-ए-मस्तूर अपने नग़मों से
जो रूह ग़म की तहों में किहीं मिली मग़मूम
उसे भी कर दिया मसरूर अपने नगमों से
लताफ़तों से किया अर्ज़े हिन्द को लबरेज़
कसाफतों को किया दूर अपने नग़मों से
फ़लक को याद है इस अहद पाक की रातें
वो बाँसुरी वो मुहब्बत की साँवली रातें
दिलों में रँगे मुहब्बत को इस्तवार किया
सुआदे हिन्द को गीता से नगमाबार किया
जो राज कोशिश-ए-नुत की ज़ुबाँ से खुल न सका

जो राज अपनी निगाहों से आशकार किया
नुकूश सब्त किए अपनी रहनुमाई के
ज़मीं को फ़ैज़-ए-क़दम से फलकवकार किया
दिया जो दर्श जमाने को बेमिसाल दिया
किया जो काम जमाने में यादगार किया
उदासियों को नई ज़िन्दगी अता कर दी
हरेक जर्रे को दिल दे के बेक़रार किया
जो मशरब उसका न इस तरह आम हो जाता
जहाँ से नैव मुहब्बत का नाम हो जाता।

गीता के उर्दू में अनगिनत तर्जुमे हुए हैं; लेकिन अभी हाल ही में हुआ तर्जुमा बहुत ही खूबसूरत पद्य में है; इसकी प्रस्तुति इतनी भव्य और मार्मिक है कि श्रोता भाव-विभोर हो उठता है। अनुवादक, पाकिस्तान के एक विख्यात शायर शानुल हक़ हक़्क़ी हैं। इसलिए यह कहना तथ्य को विकृत करना है कि इस्लाम अन्य धर्मों के प्रति असहिष्णु है या वह गैर-मुस्लिमों के प्रति विद्वेष करने की या उनके श्रद्धेय महापुरुषों का अपमान करने की शिक्षा देता है। 632 में मक्का में विजयी के रूप में प्रवेश करने के साथ ही पैग़म्बर साहब ने अपने सभी दुश्मनों को सर्वक्षमा दे डाली; और उनमें उन नेताओं का भी शुमार था जो पैग़म्बर साहब के कट्टर दुश्मन थे। उनकी मुक्ति के साथ कोई शर्तें नहीं जोड़ी गई थीं; उनमें से अधिकांश ने स्वेच्छा से धर्मान्तरण कर इस्लाम को कबूल किया। किसी प्रकार के दबाव या जबर्दस्ती की घटना का उल्लेख यहूदी रब्बी या ईसाई पादरियों ने नहीं किया है।

सूरः अल काफ़िरून में जैसा कि हमने पहले ही देखा, मक्का के मूर्तिपूजकों को यह आश्वासन दिया गया था कि वे अपनी इच्छानुसार चाहे जैसे पूजा-आराधना कर सकते हैं; कुछ आलोचकों का कहना है कि यह एक सुरक्षात्मक कदम था ताकि काफिर अरब, मुसलमानों पर अत्याचार न करें, अगर ऐसा ही था तो फिर सूरः अल-बक़र : में, जो पैग़म्बर साहब पर, मदीना का नेतृत्व ग्रहण करने के बाद नाज़िल हुई थी; इसी बात को फिर से इतने स्पष्ट रूप में क्यों कहा गया है; उस सूरः के आयत 256 में कहा गया है :

दीने इस्लाम में जबर्दस्ती नहीं है।
हिदायत (साफ तौर पर जाहिर और) गुमराही से अलग हो चुकी है,
तो जो शख़्स बुतों से एतकाद न रखे और ख़ुदा पर ईमान लाए,
उसने ऐसी मजबूत रस्सी हाथ में पकड़ ली है जो
कभी टूटनेवाली नहीं और खुदा (सब कुछ) सुनता और (सब कुछ) जानता है।

पैग़म्बर साहब को साफ-साफ कहा गया था कि लोग सही मार्ग का चुनाव करें, इसके लिए उन्हें समझाया जाना चाहिए, दबाव नहीं डालना चाहिए। सूरः नह्ल, आयत 125 में उन्हें समझाया गया है :

(ऐ पैग़म्बर !) लोगों को दानिश और नेक नसीहत से
अपने परवरदिगार के रास्ते की तरफ बुलाओ
और बहुत ही अच्छे तरीके से उनसे तर्क-वितर्क करो।

तो फिर भला इस्लाम या उसके पैग़म्बर साहब को उन कामों के लिए कैसे दोषी ठहराया जा सकता है जो कुछ मुसलमान शासकों ने या तो अज्ञान में या अति उत्साह में किए ? और यह कोई अनहोनी बात नहीं है; इतिहास में ऐसी विसंगतियों की भरमार है, जहाँ अनुयायियों ने अपने गुरु-आचार्यों द्वारा प्रतिपादित मर्यादाओं का उल्लंघन किया या अपनी सहूलियत के लिए उनके उपदेशों-नियमों को तोड़-मरोड़ या विकृत किया है। क़ुरान ने बार-बार अपने दृष्टिकोण को स्पष्ट किया है। सूरः अल-यूनुस, आयत 108 में पैग़म्बर से कहा गया है कि वे लोगों के धर्मान्तरण की परवाह न करें :

कह दो कि लोगो ! तुम्हारे परवरदिगार के यहाँ से
तुम्हारे पास हक आ चुका है, तो जो कोई हिदायत हासिल करता है,
तो हिदायत से अपने ही हक में भलाई करता है
और जो गुमराही अख्तियार करता है,
तो गुमराही से अपना ही नुकसान करता है
तो ऐ मुहम्मद,
उनसे यह साफ कह दो कि
मैं तुम्हारा वकील नहीं हूँ।

उसे सूरः के आयत 41 में कहा गया है :

अगर वे तुम्हें झुठलाएँ, तो ऐ मुहम्मद,
तो कह दो कि मुझको मेरे अमल का (बदला मिलेगा)
और तुमको तुम्हारे अमल (का)।
तुम मेरे अमलों के लिए जवाबदेह नहीं हो
और मैं तुम्हारे अमलों का जवाबदेह नहीं हूँ।

पैग़म्बर साहब से यह नहीं कहा गया कि उनकी आवाज पर ताला लगा दें या उन्हें मजबूर करें कि पैग़म्बर साहब के मार्ग को कबूल करें; उन्हें अपनी राह चुनने की आज़ादी थी, अल्लाह ने पैग़म्बर साहब को याद दिलाया, 'हमने हर एक उम्मत के लिए एक शरीअत मुकर्रर कर दी जिस पर वे चलते हैं तो ये लोग तुमसे इस मामले में झगड़ा न करें ...।' (22-67)

हिन्दू-मुस्लिम एकता के बीच की एक और रुकावट के बारे में मुसलमानों के आलोचक बार-बार चर्चा किया करते हैं। उनके अनुसार मुसलमानों में देशभक्ति की भावना की कमी होती है; उनके लिए इस्लाम सर्वोपरि होता है और मातृभूमि या पितृभूमि का कोई खास महत्त्व नहीं होता। मैं जानता हूँ कि भारतीय मुसलमान से कई बार यह सवाल पूछा जाता रहा है कि वे किससे ज्यादा मुहब्बत करते हैं, अपने मजहब से या अपने मुल्क से; और यह सवाल बिल्कुल वैसा ही है जैसा कि किसी से यह पूछा जाना

कि वह अपने पिता से ज्यादा प्यार करता है या अपनी माता से। दोनों ही महत्त्वपूर्ण हैं; दोनों ही श्रद्धेय हैं। पैग़म्बर साहब का एक अमल, अपनी जन्मभूमि के प्रति उनके लगाव को बड़े स्पष्ट रूप से सिद्ध करता है। जब वे मक्का छोड़कर अपने अनुयायी अबू बक्र के साथ, जो बाद में पहले खलीफा बने, मदीना जाने के लिए वे अपने प्यारे शहर पर एक आखिरी नजर डालने के लिए मुड़े और बोले, 'कितने खूबसूरत शहर हो तुम ! मैं तुम्हें प्यार करता हूँ और तुम मेरे अजीज हो। अगर मेरे अपने लोगों ने मुझे यहाँ से खदेड़ न दिया होता, तो मैं तुम्हें छोड़कर कहीं और बसने के लिए कतई न जाता।' अपनी जन्मभूमि से प्यार का इससे बड़ा सबूत और क्या चाहिए और खासकर जब यह ध्यान में रखा जाता है कि ये उद्‌गार उस वक्त के हैं जब अरब देश में पैग़म्बर साहब के अनुयायी इतनी अल्पसंख्या में थे कि लगातार उन पर जुल्म ढाया जा रहा था।

मुझे एक दिलचस्प विवाद याद आ रहा है जो अग्रगण्य मुस्लिम धर्मवेत्ता, देवबन्द के मौलाना हुसैन अहमद मदनी (1879-1957), जो 'शैखुल-हिन्द' कहलाते थे और विख्यात शायर-दार्शनिक, अल्लामा इक़बाल के बीच छिड़ गया था। उनके विवाद का मुद्‌दा यह था कि इस्लाम में 'राष्ट्र' या 'मुल्क' की अवधारणा क्या है। मौलाना के अनुसार, मुल्क की संरचना में धर्म एक महत्त्वपूर्ण तत्त्व-घटक नहीं है। इक़बाल इससे असहमत थे। एक छोटी-सी फ़ारसी कविता में उन्होंने मौलाना के नजरिए को बुलहबी (विधर्म) कहकर उसकी निन्दा की थी। निश्चित ही एक बेहद सम्माननीय धर्मवेत्ता के खिलाफ यह बड़ा भारी आरोप था। लेकिन, मौलाना ने चुनौती को कबूल किया, और क़ुरान और हदीस के अध्याय-दर-अध्याय और आयतों का उद्धरण दिया, पैग़म्बर साहब के अमल का उदाहरण दिया और साबित किया कि किस प्रकार अपने उद्‌भव-काल की शुरुआत ही से मुसलमानों के साथ-साथ गैर-मुस्लिम भी रहते हैं। उन्होंने ध्यान दिलाया कि ऐसी अवधारणा कतई गैर-इस्लामी नहीं है क्योंकि खुद पैग़म्बर साहब ने मदीना में यहूदियों, ईसाइयों यहाँ तक कि अन्य धर्म के मूर्तिपूजकों के साथ समझौता कर, इसकी मिसाल पेश की है। इस करारनामे को 'मीसाक़े मदीना' (मदीना का अभिवचन) कहते हैं और इसके आधार पर मौलाना ने जोर देकर कहा कि मुसलमान और गैर-मुस्लिम अपने-अपने धर्मों का पालन करते हुए एक ही राष्ट्र-मुल्क में रह सकते हैं।

लेकिन इक़बाल अपनी इस बात पर डटे रहे कि धर्म से अलहदा रखी हुई राजनीति शैतान का कारखाना बन जाती है। इक़बाल ने मौलाना पर आरोप लगाया कि वे पाश्चात्य भौतिकवाद के शिकार हो गए हैं, जबकि यह आरोप बेबुनियाद था। दूसरी तरफ मौलाना इक़बाल पर आरोप लगाया कि वे एक मोमिन की जिन्दगी की व्यावहारिक कठिनाइयों को नजरअन्दाज कर रहे हैं। अपनी मृत्यु से कुछ वक्त पूर्व, इक़बाल ने अपने एक दोस्त को लिखा था कि असल में वह विवाद बेमानी था क्योंकि इक़बाल तो राष्ट्रीयता की समस्या के प्रति पश्चिम के अनैतिक रवैए पर आक्षेप कर रहे थे; मौलाना मदनी साहब द्वारा प्रतिपादित एक संयुक्त-सामासिक राष्ट्र की अवधारणा से उनका

विरोध नहीं था। जैसा कि उन्होंने और एक जगह पर भी समझाया है :

> यूरोप ने, गहन विवेचना किए बगैर ही आत्म-तत्त्व और भूत-तत्त्व की द्वैतता को स्वीकार कर लिया है जो सम्भवतः मैनिकियन विचारधारा की देन है। आज पश्चिम के बेहतरीन विचारक इस प्रारम्भिक भूल का अहसास कर रहे हैं लेकिन उसके राजनेता परोक्ष रूप से दुनिया पर यह दबाव डाल रहे हैं कि वे इसे एक ऐसे सिद्धान्त के तौर पर कबूल कर लें जिस पर कोई सवाल ही नहीं उठाया जा सकता। आध्यात्मिक और लौकिक की इस गलत अलहदी ने ही यूरोपीय धार्मिक और राजनीतिक सोच को आम तौर पर प्रभावित किया है और उसका नतीजा यह निकला है कि यूरोपीय देशों की जिन्दगी से ईसाई धर्म करीब-करीब बहिष्कृत हो चुका है। जिसका परिणाम यह है कि आज़ वहाँ परस्पर सही सामंजस्य न बैठा पानेवाले देशों का ऐसा एक समुदाय बन चुका है जो सार्वभौमिक मानवीय हितों से नहीं वरन् अपने-अपने राष्ट्रीय हितों से परिचालित होते हैं।[3]

यही वह दृष्टिकोण और सोच है जिसका गाँधीजी ने प्रतिपादन किया और व्यवहार में उतारा; उन्होंने उसे अपनी व्यक्तिगत आवश्यकताओं की पूर्ति जितनी हद तक प्रयुक्त किया उतना ही अपनी राजनीतिक गतिविधियों के लिए भी। उनके कई उपवास, राजनीतिक लक्ष्यों के लिए रखे गए थे, उनकी 'आत्मा की आवाज' ने अनेक विवादास्पद मामलों का समाधान किया था। मिसाल के तौर पर उन्होंने 1920 में खिलाफत आन्दोलन का इस्तेमाल, हिन्दू-मुस्लिम एकता के निर्माण के लिए किया और भारत की आज़ादी के लिए विराटतम जन-आन्दोलन का प्रवर्तन किया। उन पर ये आरोप लगाए गए थे कि वे धर्म को राजनीति के साथ मिला रहे हैं लेकिन गाँधीजी ने जोर देकर कहा कि न तो इंसान और न कोई देश, धर्म और राजनीति के बगैर जी सकता है। तकलीफ तो तब होती है जब धर्म और राजनीति के बीच मानव-निर्मित विवाद और संघर्ष उठ खड़े होते हैं और उनमें न तो धर्म को फायदा होता है और न राजनीति को। धर्म और शासन के बीच भावनात्मक संघर्ष तो सदैव रहा है; लेकिन हिन्दुस्तान में, जहाँ मुसलमान, विभाजन से पहले धर्म को लेकर उत्तेजित दिख रहे थे वहीं हिन्दू अब उसके प्रति आकर्षित होते दिख रहे हैं। अतीत के मुस्लिम साम्प्रदायिक नेताओं द्वारा प्रयुक्त शब्दावली में और आज के हिन्दू साम्प्रदायिक नेताओं की शब्दावली में बहुत कम फर्क है। हालात बदतर इसलिए होते जा रहे हैं कि न सिर्फ मन्दिर और उसका पुजारी वर्ग उसके हरावल दस्ते में है बल्कि विश्वविद्यालय और उसके शिक्षाविद् और बुद्धिजीवी भी उसमें शामिल हैं। और इन सबके बीच आम जनता को, सत्ता की राजनीति के खेल में सिर्फ मोहरों की तरह इस्तेमाल किया जा रहा है।

सामान्य हिन्दू के मानसिक धरातल पर, यह एक आम गलत अवधारणा है कि मुसलमान गाय का वध करते हैं जो कि हिन्दुओं के लिए पावन होती है। इस अवधारणा

के लिए कोई आधार नहीं है; मुस्लिम शासन के दौरान भी, हिन्दुओं की धार्मिक भावनाओं का सम्मान करते हुए गो-वध पर अक्सर पाबन्दी लगा दी जाती थी। और फिर, गो-मांस खाना कोई धार्मिक कर्मकांड का अंग नहीं है क्योंकि अरबिस्तान में तो गाएँ हैं ही नहीं। और न ही क़ुरान में या पैग़म्बर साहब के अमल में गो-मांस भक्षण का कोई उल्लेख ही है। बीच-बीच में उसे खा लेने की एकमात्र वजह यह है कि उसका दाम कम होता है; आम मुसलमान का मुख्य आहार बकरे का मांस होता है जो इससे ज्यादा महँगा होता है। आज़ादी की लड़ाई के शुरुआती दौर में, मुसलमान स्वेच्छया आगे आए थे और उन्होंने घोषणा की थी कि वे गोमांस नहीं खाएँगे। आज़ादी के बाद, बेशक, यह समस्या ही खतम हो गई क्योंकि गो-वध पर पाबन्दी लगा दी गई; मुसलमानों ने उस पर कोई आपत्ति नहीं उठाई। लेकिन जो बात पहेली-सी लगती है कि जहाँ इस सन्दर्भ में हमेशा ही मुसलमानों को हिन्दुओं के आक्रोश का निशाना बनाया जाता रहा है, वहीं ईसाइयों को और दूसरे ऐसे समुदायवालों को जो आदतन गो-मांस भक्षक रहे हैं, छोड़ दिया जाता है। इस मुद्दे पर मेरा कोई झगड़ा नहीं है क्योंकि यह हिन्दुओं की सहिष्णुता और उदारता का प्रतीक है। मेरी आपत्ति तो इस बात पर है कि उनका विद्वेष सिर्फ मुसलमानों पर ही केन्द्रित रहता है। मुझे याद है, 1963 में जब मैं महाराष्ट्र सरकार में मन्त्री था, तब मेरे निर्वाचन-क्षेत्र औरंगाबाद में एक साम्प्रदायिक दंगा फूट पड़ा। वजह यह थी कि बेकरी में काम करनेवाले एक बारह वर्षीय लड़के ने संयोग से एक गाय को हल्की-सी चोट पहुँचा दी; वह गाय को परे हटाने की कोशिश कर रहा था और उसके हाथ में ब्रेड काटने का चाकू था। गाय को जो घाव लगा वह बहुत ऊपरी और मामूली था लेकिन उस पर हिन्दुओं की जो प्रतिक्रिया हुई वह उग्र थी और परिणामस्वरूप जो दंगे भड़के उसमें कई मुसलमान घायल हुए और मारे भी गए। ऐसी अनेक घटनाएँ मिसाल के तौर पर उद्धृत की जा सकती हैं। इस आपत्ति के पीछे असल में हिन्दुओं का मुसलमानों के प्रति विद्वेष जितनी बड़ी वजह है उतनी उनकी गौभक्ति नहीं, मधुमिता मजूमदार ने सही ही कहा है कि :

> वे बड़ी सहूलियत से यह तथ्य भूल जाते हैं कि जिन लोगों ने हमें वे प्राचीनतम धर्म ग्रन्थ दिए, जिन्हें, हिन्दू अपनी अमूल्य विरासत मानते हैं—यानी चार वेद—वे खुद भी गो-मांस का भक्षण करते थे और इस बात को कोई छिपाए रखने की बात भी नहीं समझते थे। इसलिए, (गो-मांस भक्षण पर) पाबन्दी की यह माँग हमारे आर्य पूर्वजों के प्रति श्रद्धाभाव प्रकट करने के लिए नहीं की जा रही है वरन् धर्मनिरपेक्ष हिन्दुस्तान को 'हिन्दू राष्ट्र' में बदलने की नीयत से की जा रही है ताकि अपने खान-पान के चुनाव में भी अल्पसंख्यक समुदाय अपनी स्वेच्छा से फैसले न ले सकें, वरन् भगवा ब्रिगेड की सनकों को पालने के लिए मजबूर किए जा सकें।

इसके अलावा एक और मुद्दा है जो क्षोभ और रंजिश की वजह बनता है और

वह है मस्जिद के सामने बाजा बजाना; इसकी वजह से अनेक बार दंगे भड़के हैं और कई मासूमों की जानें गई हैं; असल में मुसलमानों की आपत्ति के लिए कोई धार्मिक आधार नहीं है। उल्टे पैग़म्बर साहब ने तो सहिष्णुता की जो मिसाल पेश की है वह तो मानवीय इतिहास में दुर्लभ है। पैग़म्बर साहब के अमलों के दो सम्माननीय अधिकारी विद्वान इमाम बुख़ारी और इमाम मुस्लिम ने इस घटना का उल्लेख किया है कि मुसलमानों की धर्म-प्रचार-गतिविधियों से क्षुब्ध होकर एक दिन अरब बद्दू उस मस्जिद में जा घुसा जहाँ पैग़म्बर साहब और उनके साथी दोपहर की नमाज पढ़ने गए थे और नमाज शुरू ही करने वाले थे। अरब बद्दू ने ऐन मस्जिद के बीच खड़े होकर पेशाब करना शुरू कर दिया। पैग़म्बर साहब के कुछ साथी इतने क्षुब्ध हो उठे कि उठकर उसकी ओर लपके। पैग़म्बर साहब ने उन्हें रोका, वे तब तक चुपचाप रहे जब तक वह अजनबी रुक नहीं गया। पैग़म्बर साहब ने अपने अनुयायियों से कहा कि वे पानी लाकर मस्जिद की सफाई कर दें और उसके बाद उन सबने नमाज पढ़ी। बेशक, हिन्दुओं का यह रवैया गलत है कि जानबूझकर मस्जिद के सामने जोर-जोर से बाजे बजवाएँ; लेकिन मुसलमानों का उस पर तीव्र प्रतिक्रिया करना तो और भी गलत है, अपने पैग़म्बर द्वारा प्रस्तुत सहिष्णुता के आदर्श का अनुकरण करने की बजाय वे भड़क उठते हैं; जो किसी भी प्रकार से उनके हित में नहीं है।

एक और बाधा, जिसने एक सदी से ज्यादा वक्त से हिन्दू-मुस्लिम रिश्तों में कड़वाहट पैदा कर दी है, हिन्दी-उर्दू विवाद है। मैंने एक पिछले अध्याय में इस पर लिखा ही है लेकिन यहाँ भी इतना जरूर कहना चाहूँगा कि इस विवाद का ज्यादा दुखद पक्ष यह भी है कि चूँकि उर्दू अरबी-फ़ारसी लिपि में लिखी जाती है सिर्फ इसलिए भी हिन्दू उससे विद्वेष करते हैं। इससे पहले भी कुछ क्षेत्रों में मुसलमानों ने, राजनीतिक वजहों से हिन्दी का विरोध किया था लेकिन मामले ने कभी भी उग्र रूप धारण नहीं किया था। विभाजन के बाद, मुसलमानों ने राष्ट्रभाषा के रूप में हिन्दी को पूरा-पूरा समर्थन दिया, जबकि दक्षिण और पूर्वोत्तर के हिन्दू बड़ी उग्रता से उसका विरोध करते रहे हैं। लेकिन हिन्दुओं के गुस्से का निशाना मुसलमान इसलिए बन रहे हैं क्योंकि वे उर्दू के लिए संरक्षण चाहते हैं। सरकार का रवैया, फिर वह केन्द्रीय हो या प्रादेशिक, कांग्रेसी हो या गैर-कांग्रेसी, हमेशा ही ढीला-ढाला और निरुत्साही रहा है। परिणामस्वरूप, देश की एक बेहतरीन और मीठी भाषा धीरे-धीरे दम तोड़ रही है; उत्तर प्रदेश के केन्द्रीय हिस्सों में तो वह करीब-करीब मर ही चुकी है। वहाँ के मुसलमान भी उसे भुला चुके हैं। उर्दू के अखबारों और पत्र-पत्रिकाओं को देवनागरी लिपि में संस्करण छापने पर मजबूर होना पड़ रहा है ताकि अपने पाठकों तक पहुँच सकें। अन्य प्रदेशों में हालत थोड़ी-सी बेहतर है लेकिन धीरे-धीरे उर्दू भाषियों की संख्या घट रही है। हिन्दुओं का एक अच्छा-खासा तबका गजल और कव्वाली के कार्यक्रमों का आनन्द लेता है लेकिन जब उर्दू के संरक्षण की बात आती है तो उनका विद्वेष बरकरार रहता है। और यह इसलिए नहीं कि उन्हें हिन्दी से मुहब्बत है बल्कि इसलिए है कि उनमें उर्दू के प्रति

ऐतिहासिक पूर्वाग्रह है। उर्दू जो एक भारतीय निर्मिति है, और अपने शब्द भंडार के 80 प्रतिशत हिन्दी पर अवलम्बित है और उसी के व्याकरण पर पूरी तरह आधारित है, एक बेबुनियाद शत्रुता की वजह से कुचली और मारी जा रही है। किसी भी अन्य देश में, एक ऐसी भाषा को जो राष्ट्रभाषा के इतने समरूप है, और जिसकी एकता और सौमनस्यता की इतनी विपुल समृद्ध विरासत है, राज्य और जनता की ओर से सर्वाधिक प्रोत्साहन मिला होता; लेकिन हिन्दुस्तान में, हिन्दी कट्टरपन्थी, सिर्फ मुसलमानों को अपमानित करने के लिए, उर्दू की अवहेलना कर रहे हैं, भले ही यह दूसरे का अपशकुन करने के लिए अपनी ही नाक काटने की मसल क्यों न साबित हो !

हाल के वर्षों में, हिन्दू-मुस्लिम एकता के बीच सबसे बड़ा अवरोध बना है—भाजपा और उसके नेताओं द्वारा अनवरत किया जाता यह प्रचार कि केन्द्र सरकार मुस्लिमों का तुष्टीकरण कर रही है—एल. के. आडवाणी ने इसे 'अल्पसंख्यकवाद' का नाम दिया है। कई हिन्दुओं को इस तर्क ने कायल किया है कि मुसलमानों को अनुचित अनुग्रह दिया जाता है, मैंने पिछले अध्यायों में जो तथ्य और आँकड़े प्रस्तुत किए हैं, वे इस आरोप के खोखलेपन को उजागर करते हैं। लेकिन उसके बावजूद हिन्दुत्व के प्रचारक अपना वही सुर अलापते रहते हैं। 1989 में अटलबिहारी वाजपेयी और मैं संयुक्त राष्ट्र संघ में भारतीय शिष्टमंडल के सदस्य थे और न्यूयार्क में एक चर्चा के दौरान मैंने सम्माननीय भाजपा नेता वाजपेयीजी से पूछा कि क्या वे सचमुच इन आरोपों की सच्चाई पर यकीन करते हैं। वे सिर्फ मुस्कुरा दिए। मिसाल के तौर पर कहा जाता है कि शाहबानो के मुकदमे में सुप्रीम कोर्ट के फैसले को बदलकर मुसलमानों का तुष्टीकरण किया गया; मैं मामले की अच्छाई या बुराई पर यहाँ चर्चा नहीं करूँगा लेकिन यह जरूर कहूँगा कि फिर तो उसी तर्क के आधार पर यह भी कहा जा सकता है कि हिन्दुओं की धार्मिक भावना का तुष्टीकरण किया जा रहा है, जब पार्लियामेंट ने स्पेशल मैरिज एक्ट 1954 में संशोधन किया और उसके तहत विवादित हिन्दू दम्पति को भी हिन्दू उत्तराधिकार कानून के तहत विरासत का हक दिलवाया और इस प्रकार टैक्स सुविधाओं के लिए हिन्दू संयुक्त परिवार की अवधारणा को बरकरार रखा गया। संघ परिवार संविधान की धारा 30 का भी सख्त विरोधी है और लगातार आपत्ति उठाता रहता है। इस धारा के तहत धार्मिक और भाषाई अल्पसंख्यक समुदाय अपनी-अपनी शिक्षा संस्थाएँ स्थापित कर उनका अपने ढंग से संचालन कर सकते हैं। हमारे संविधान के निर्माताओं ने इस धारा को आवश्यक माना था ताकि अल्पसंख्यक समुदायों के बीच शिक्षा का प्रसार हो सके। इस धारा के पालन से हिन्दुओं पर या किसी भी अन्य व्यक्ति या समुदाय पर कोई प्रभाव नहीं पड़ता; यह सिर्फ मुस्लिम समुदाय को प्रभावित करता है। रश्दी के 'सेटेनिक वर्सेस' पर लगाई गई पाबन्दी की भी हिन्दू कट्टरपन्थी मुसलमानों का तुष्टीकरण कहकर उसकी निन्दा करते हैं; लेकिन निश्चित ही वही एकमात्र ऐसी किताब नहीं है जिस पर सरकार ने उसी आधार पर पाबन्दी लगाई है। आब्री मेनन के 'राम रीटोल्ड' या स्टेनली वोलपर्ट के 'नाइन अवर्स टू राम' का क्या हश्र हुआ ? भाजपा

संविधान की धारा 370 को कश्मीर पर लागू किए जाने के विरोध में भी चीख-चीखकर गला सुखा रही है। इस धारा के तहत गैर-कश्मीरी घाटी में जमीन नहीं खरीद सकते; लेकिन ऐसी निषेधाज्ञा तो हिमाचल प्रदेश, नागालैंड, मिजोरम जैसे प्रदेशों में भी लागू है। उसी प्रकार से कुछ शहरों में मस्जिदों के भीतर पर्याप्त जगह न होने की वजह से शुक्रवार की नमाज पढ़ने के लिए मुसलमान बाहर गलियों या सड़कों पर भीड़ लगा देते हैं या अजान के लिए लाउडस्पीकरों का इस्तेमाल किया जाता है—जैसी शिकायतें भी मुसलमानों के खिलाफ की जाती हैं और निश्चित ही उन पर ध्यान दिया जाना चाहिए लेकिन उससे पहले, भले ही नई मस्जिदों के निर्माण के लिए अनुमति न मिल सके, लेकिन मौजूदा मस्जिदों को विस्तारित करने की अनुमति तो दी जानी चाहिए ताकि नमाजियों के लिए अन्दर ही सुविधाएँ मुहैया की जा सकें। हर सुसभ्य सत्ता, अल्पसंख्यकों के हितों का संरक्षण करती है; संयुक्त राष्ट्र संघ के चार्टर के तहत उन्हें इसकी जमानत दी गई है। इन कार्रवाइयों को 'तुष्टीकरण' बताना, पूर्वाग्रह की चरम सीमा है; इसमें से असहिष्णुता की बू आती है जो हिन्दू धर्म की मूल प्रकृति के खिलाफ है। आडवाणी ने जिसे 'अल्पसंख्यकवाद' कहा है, उसकी जटिलताओं को समझने की फौरी जरूरत है। यह एक वैश्विक समस्या है; जैसा कि रिचर्ड एलन ने अपनी किताब 'माइनोरिटीज : द न्यू यूरोप्स ओल्ड इश्यू' में समझाया है :

> दुनिया के किसी भी हिस्से के पास अब इफरात वक्त नहीं रह गया है; वक्त तो हाथ से निकल चुका है। 'अल्पसंख्यकों के अधिकारों को यह मानकर दबाया नहीं जा सकता है कि वे सिर्फ मुजरिमाना गतिविधियाँ हैं या वैध माँगें तो हैं लेकिन उन्हें व्यापक जन-समर्थन नहीं प्राप्त है। उन लोगों को पूर्व के और पश्चिम के—जो हमारे भविष्य के नियन्ता हैं—यह अहसास होना चाहिए कि अल्पसंख्यकों और राष्ट्रविहीन लोगों की माँगें बढ़ती ही जाएँगी और अगर उनका हल नहीं निकाला गया तो उससे ऐसे उग्रवाद का जन्म होगा जो भावी पीढ़ियों को सन्त्रस्त करता रहेगा। इसके अलावा, इन नियन्ताओं को, समझौते और बातचीत के एक बुनियादी कठिन सिद्धान्त को मानना ही पड़ेगा—जिन हिंसक गतिविधियों के अल्पसंख्यकों के असन्तोष को कारणीभूत माना जा रहा है सिर्फ उनकी वजह से शान्तिपूर्ण समाधान के लिए की जाती बातचीत को खतम नहीं किया जा सकता।

भविष्य क्या होगा ?

कहा जाता है कि भविष्य के बारे में तो विधाता ही जानता है; लेकिन जहाँ तक हिन्दू-मुस्लिम रिश्तों का सवाल है, जैसा कि हम देख चुके हैं, लोगों के बीच इतनी ज्यादा दुर्भावना व्यापक और गहरे बैठाई जा चुकी है कि उनमें किसी प्रकार की सद्‌भावना की सम्भावना बहुत ही क्षीण दिखती है। लेकिन इतना कुछ दाँव पर लगा हुआ है कि हिन्दुस्तान उसके प्रति लापरवाह या नियतिवादी बनकर नहीं रह सकता। एक निर्माणोन्मुख विशाल देश अपने भविष्य को भाग्य के भरोसे नहीं छोड़ सकता; और न ही, जैसा कि एडमंड बर्क ने हमें चेतावनी दी है, वह 'अपने भविष्य को अपने अतीत के अनुसार नियोजित कर सकता है।' हिन्दू, मुसलमानों के अलावा अन्य अल्पसंख्यकों के प्रति सहिष्णु है; वे मुसलमानों को अवांछनीय बेगाने मानते हैं, और ज्यादा महत्त्वपूर्ण बात यह कि वे उन्हें सम्भावित पाकिस्तानी भी मानते हैं; उनकी आबादी—जो आज 12 करोड़ है—भी उनके लिए भय की वजह बनती है; और भारत के पश्चिमोत्तर में पाकिस्तान और पूर्वोत्तर में बांग्लादेश जैसे दो इस्लामी देशों का वजूद भी उनकी असुरक्षा की भावना को बढ़ाता है, उन्हें इस बात का पक्का यकीन है कि मुसलमान उनके साथ एकीकृत होने के लिए तैयार नहीं हैं; और अन्ततः मुसलमानों के तथाकथित सार्वभौमिक मजहबी बिरादराना प्रतिबद्धता के मिथक ने हिन्दुओं में यह सन्देह पैदा कर दिया है कि मुसलमान किसी गैर-मुस्लिम देश के प्रति, फिर वह उनकी जन्मभूमि ही क्यों न हो, निष्ठावान नहीं होते। मैंने सम्बन्धित अध्यायों में, इनमें से हर एक समस्या पर चर्चा की है; मैंने अपने विश्लेषण में यथासम्भव वस्तुपरक और विवेकसंगत रहने का प्रयास किया है, लेकिन जहाँ भावनाओं को भड़काया जा रहा हो, वहाँ तर्क किसी को कायल करने में नाकामयाब ही रहता है। ज्यों-ज्यों वक्त बीतता जाता है, पूर्वाग्रह और भी गहरे पैठते जाते हैं। जवाहरलाल नेहरू ने 'ग्लिंप्सस ऑफ वर्ल्ड हिस्ट्री' में कितना सटीक लिखा है : 'जो जंजीरें कभी-कभी हमारे शरीर को बाँध देती हैं वे बुरी होती ही हैं; लेकिन विचारों और पूर्वाग्रहों की जो अदृश्य जंजीरें हमारे दिलो-दिमाग को बाँधे रहती हैं, वे बदतर होती हैं। उन जंजीरों को हमने ही गढ़ा होता है और हालाँकि अक्सर हमें उनका अहसास तक नहीं होता, वे हमें अपनी कड़ी जकड़ में बाँधे रहती हैं।'

हिन्दू-मुस्लिम रिश्तों के सकारात्मक और नकारात्मक दोनों पहलू रहे हैं—कभी एक हावी रहा है तो कभी दूसरा। इस समय नकारात्मक पक्ष ने राष्ट्रीय वातावरण को प्रदूषित

कर रखा है; खासकर हिन्दू खतरनाक तौर से मुसलमानों के प्रति विद्वेषपूर्ण और विरोध की भावना रखते हैं। यह बात सिर्फ साम्प्रदायिक लोगों के लिए ही सच नहीं है, इसने उनके धर्मनिरपेक्ष लोगों को भी प्रभावित किया है। टिप्पणीकार प्रफुल बिदवई ने 'द टाइम्स ऑफ इंडिया' (28-29 जुलाई, 1994) में दो धारावाहिक लेखों—'द चेंजिंग फेस ऑफ द सिविल सर्विस'—में कहा है :

'6 दिसम्बर, 1992 की रात को (आई. ए. एस. के) अड़तीसवें बैच के प्रोबेशनरों ने बाबरी मस्जिद के विध्वंस का जश्न मनाने के लिए एक पार्टी आयोजित की। आनन्द-समारोह में अधिकांश प्रोबेशनरों ने हिस्सा लिया। जो लोग इस काम में अग्रणी थे उनमें से कुछ ऐसे भी थे जिन्होंने अखिल भारतीय प्रतियोगी परीक्षा में उच्च अंक पाए हैं।' पहली बार मुसलमान प्रतिक्रिया करने में अक्षम हैं; उनमें न तो सामर्थ्य है और न ही संकल्प। वे उदास और हताश हैं। वे अपने भविष्य के प्रति अनिश्चित हैं। जैसा कि तथ्यों और आँकड़ों ने उजागर किया है, वे इतने परस्त और खस्ता-हाल हैं कि किसी बात से उनमें हलचल नहीं होती। लगता है कि उन्होंने अपनी तकदीर के आगे सिर झुका लिया है। हिन्दुओं के मन में उनके प्रति कोई सहानुभूति नहीं है; दोनों ही, अतीत को भुला देने और दोस्त बन जाने का इरादा नहीं रखते, दोनों ही पूछते हैं कि पहले भी कोशिशें की गई थीं, सो उनका क्या नतीजा निकला। हिन्दू, हिन्दुत्व के उमड़ते ज्वार में बहे जा रहे हैं और वे मुसलमानों से कोई ताल-मेल बैठाना नहीं चाहते। इतने भारी अवरोधों के बावजूद, ऐसे धर्मनिरपेक्ष मानसिकतावाले हिन्दू हैं जो अपने इरादों पर अटल और अविचलित हैं और भारत की बहुधर्मी बहुरंगी संस्कृति पर आस्थावान हैं। अतीत में उन्होंने 'दो-राष्ट्र' के सिद्धान्त का डटकर मुकाबला किया था और आज वे एक धर्मनिरपेक्ष राष्ट्र के लिए अनवरत युद्ध करेंगे। उनकी पक्की मान्यता है कि हिन्दुओं और मुसलमानों के शान्तिपूर्ण सहअस्तित्व में ही भारत का भविष्य निर्भर है। आज भी वे बड़ी हसरत से गाँधी के उन उद्गारों को याद करते हैं जो उन्होंने 27 जनवरी, 1947 को दिल्ली में अपनी प्रार्थना सभा में जनता के समक्ष व्यक्त किए थे :

> मैं चाहता हूँ कि आप सब यह संकल्प लें कि अब आगे से कभी भी आप शैतान की आवाज पर कान नहीं देंगे और उसके कहने पर भाई-चारे और शान्ति का रास्ता नहीं छोड़ेंगे। व्यक्तिगत तौर पर मैंने यह कभी नहीं जाना कि साम्प्रदायिक कैसे हुआ जाता है। हमारे इस विशाल देश में रहनेवाले सभी वर्गों और सभी समुदायों को एकता के सूत्र में बाँधना, मेरा सपना रहा है, और बचपन से मैंने यह सपना देखा है, और जब तक वह सपना साकार नहीं होता, मेरी आत्मा को चैन नहीं मिल सकता।

संसद और राज्य विधानसभाओं के हल के चुनाव ऐसा संकेत तो देते हैं कि महात्मा के लोग उनके सपनों को साकार करने के प्रयासों को छोड़ेंगे हालाँकि उनकी आवाज का गला घोंटने की कोशिशें लगातार जारी हैं। अजीब बात तो यह है कि हिन्दुत्व के

खिलाफ जो प्रतिक्रिया की लहर उठी है, वह पस्त मुसलमानों के प्रति सहानुभूति की वजह से नहीं बल्कि जातिवाद के उभार की वजह से उठी है, और निश्चय इस स्थिति ने महात्मा गाँधी को बेहद चिन्तित कर दिया होता। इस लहर को अचानक जोर मिला, मंडल आयोग की रिपोर्टों की सिफारिशों को केन्द्र और राज्य सरकारों द्वारा क्रियान्वित किए जाने की वजह से। जैसे अचानक निचली जातियों-जमातों को इस सच्चाई का अहसास हुआ कि उनके उन्नयन की राह में असली बाधा तो वे उच्च जाति के लोग हैं जो अपने हाथों में सत्ता और शक्ति दबोचे बैठे हैं, और मुसलमान उनका प्रतिरोधक नहीं है क्योंकि सत्ता के नए समीकरणों में वह उनका न तो प्रतिद्वन्द्वी है और न बन सकता है। 'ब्राह्मणवाद' के पुरोधा पुराने जन्मजात और नए कर्मजात ब्राह्मणों को अब जनता का असली दुश्मन बताया जा रहा है। अतीत में हजारों सालों से वे पिछड़े वर्गों का दमन और शोषण करते आए थे और आज़ादी के बाद भी उनका रवैया बदला नहीं है। निचली जमातों को यह बताया जा रहा है कि इन लोगों ने अधिकतर बड़े-बड़े प्रशासनिक ओहदों को हथिया रखा है। तो जब तक पिछड़ा वर्ग, जो भारत की आबादी का बहुसंख्यक तबका है, खुद सरकार की बागडोर अपने हाथों में नहीं ले लेता, वह पिछड़ा ही रह जानेवाला है। नतीजतन एक मौन-सी क्रान्ति शुरू हो चुकी है जिसका मकसद 'अगड़ों' को सत्ता से उठा फेंकना है। इसने साम्प्रदायिक संघर्ष को पीछे हटा दिया है; और उसका निशाना यानी मुसलमान कुछ वक्त के लिए ही सही, राहत पा गए हैं। कभी-कभी बुराई से भी भलाई का जन्म होता है लेकिन यह भी सम्भव है कि यह बुराई इस देश में और ज्यादा विखंडन की प्रवृत्ति को फैलाए; यह गठबन्धन कोई स्थायी समाधान नहीं है। पिछड़ी जमातवालों के मन में भी मुसलमानों के खिलाफ उतने ही गहरे पूर्वाग्रह हैं जितने कि दूसरों के मन में हैं। ये मंसूबे बाँधना मन के लड्डू खाना होगा कि अचानक हालात पलट जाएँगे।

एक और नया दौर शुरू हुआ है; पिछड़े वर्गों के लोगों ने अपने वोट बैंक को बढ़ाने के लिए मुसलमानों को उनके साथ जुड़ने के लिए कहा है। अनेक मुसलमानों ने, खासकर उत्तरी भारत में, तत्काल सहमति भी दर्शाई है; उत्तर प्रदेश, राजस्थान, मध्य प्रदेश, दिल्ली और हिमाचल प्रदेश के पाँच राज्यों के 1994 के विधानसभाई चुनाव में इससे काफी फायदा भी हासिल हुआ है। यहाँ के नतीजे भाजपा के लिए बेहद निराशाजनक साबित हुए जबकि उसे पूरा भरोसा था कि रामजन्मभूमि मसले को लेकर उन्होंने जो धार्मिक ज्वार उठाया था उससे सब जगह उनकी शानदार जीत होगी ! उन्होंने उद्घोषणा की कि बाबरी मस्जिद का विध्वंस अतीत के अपमानों का न्यायोचित प्रतिशोध था ! बहरहाल, भाजपा की हार इसलिए नहीं हुई कि पिछड़े वर्ग के लोगों में मुस्लिम-समर्थक भावनाएँ जगी थीं बल्कि इसलिए हुई कि पिछड़े वर्ग के लोग जातिगत आधार पर एकजुट हुए थे। उसे सुदृढ़ करने के लिए, उनके नेताओं ने मुसलमानों का समर्थन हासिल किया, जिससे मुसलमानों और निचली जमात के हिन्दुओं के बीच एकजुटता की भावना पैदा होने में मदद मिली। उत्तरी भारत में, अतीत में जितने दंगे

भड़के थे, उनमें से अधिकतर या तो दलितों और मुसलमानों के बीच हुए थे अथवा मुसलमानों और दूसरे पिछड़े वर्गों के बीच। इसलिए भले ही आज यह नारा लगाया जा रहा हो, 'दलित मुस्लिम भाई-भाई, हिन्दू जाति कहाँ से आई !' लेकिन असल में दलितों, अन्य पिछड़े वर्गों और मुसलमानों के बीच सम्बन्ध-सूत्रों को मजबूती से बाँधने के लिए अभी बहुत कुछ मेहनत करनी पड़ेगी।

इन सबके बावजूद, इसमें शक नहीं कि ऐसे कई क्षेत्रों में, जो अतीत में हिन्दू-मुस्लिम दंगों की चपेट में बुरी तरह प्रभावित हुआ करते थे, आम वातावरण में बदलाव आ रहा है और यह दिखने लगा है कि यह साम्प्रदायिक सद्भावना स्थापित करने के लिए अनुकूल बदलाव है। यों, विशेषाधिकार प्राप्त लोगों के खिलाफ अधिकारवंचितों के एकजुट होकर संघर्ष करने के सही-सही आसार दिख नहीं रहे हैं; और सच कहा जाए तो इस अस्थायी, कामचलाऊ गठबन्धन में अभी से टूटन दिखने लगी है। एक छोटी मामूली-सी घटना भी पुराने घावों को हरा कर सकती है। यह सच है कि दलितों, अन्य पिछड़ी जातियों (ओ.बी.सी.) और मुसलमानों के बीच सहयोग ने, पहली बार, हिन्दुओं और मुसलमानों की इतनी बड़ी तादाद को एक-दूसरे के करीब ला दिया है लेकिन यह सहयोग, मृग-मरीचिका भी साबित हो सकता है। अतीत के अनुभवों ने दर्शाया है कि परिस्थितियों के दबाव से किए गए अस्थायी समझौते बहुत दीर्घजीवी नहीं होते।

साम्प्रदायिकता के घनघोर अँधेरे के बीच हमारी फौज के सिपाहियों ने मार्गदर्शक रोशनी दिखाई है; इन सबके बीच उनका आचरण अनुकरणीय रहा। इसीलिए जब भी कहीं दंगे भड़क उठते हैं, यह माँग की जाती है कि 'सेना को बुलाओ।' हालाँकि सेना में हिन्दुओं की ही तादाद ज्यादा है लेकिन अपनी कर्त्तव्यनिष्ठा और जिम्मेदारी को निभाने में उन्होंने पूरी सतर्कता के साथ निष्पक्षता बरती है। उन्हें धर्मनिरपेक्ष रहने की ट्रेनिंग दी जाती है लेकिन साथ ही साथ उनकी अपनी धार्मिक भावनाओं का भी सम्मान किया जाता है। अधिकांश इकाइयों के साथ धर्मगुरु जैसे हिन्दुओं के लिए पंडित, सिखों के लिए ग्रन्थी, ईसाइयों के लिए बिशप और मुसलमानों के लिए मौलवी नियत होते हैं। करीब-करीब सभी फौजी चौकियों के निकट सभी के लिए पूजा-प्रार्थना-स्थल बने होते हैं; और जब भी आवश्यकता होती है नियत धर्मगुरु धार्मिक कर्म-कांड करते हैं। धार्मिक पर्वों-त्योहारों पर उत्सव मनाए जाते हैं, जिसमें सभी हिस्सा लेते हैं; उसी तरह से रास्ते में अगर कोई पूजागृह या देवालय आ जाए तो हिन्दू-मुसलमान, सिपाही और अफसर, बगैर चूके, वहाँ रुकते हैं, उसके प्रति सम्मान प्रदर्शित कर फिर आगे बढ़ते हैं। ये आचरण और अमल, सर्वधर्मसमभाव के बेहतरीन उदाहरण हैं; और जब-जब साम्प्रदायिक आग भड़की है और उस पर नियन्त्रण पाने के लिए फौज बुलाई गई, उसका यह सर्वधर्मसमभावी चरित्र कसौटी पर खरा उतरा है। अयोध्या-कांड के दौरान और उसके बाद भी सेना का चरित्र नहीं डगमगाया; हालात पर काबू पाने के दौरान उसने न तो पक्षपात दर्शाया और न ही भेदभाव। सौमनस्य की इस भावना को और सुदृढ़ करने के लिए, सेना ने पुणे में अन्तर-धार्मिक संवाद का एक केन्द्र स्थापित किया है ताकि विचारों

के आदान-प्रदान से सैनिकों के बीच एक-दूसरे के धर्म के प्रति बेहतर समझदारी पनपे।

बहुसंख्यक-अल्पसंख्यक की समस्या, फिर वह जातीय हो या धार्मिक, यों भी इतनी जटिल है कि उसके समाधान के लिए उठाया गया कोई भी कदम तुरत-फुरत परिणाम नहीं दिलवा सकता; हर युग में, अधिकांश देशों में यह समस्या अनसुलझी ही रह गई है। आज भी, विज्ञान और टेक्नोलॉजी के इतने विकास और प्रसार के बावजूद धर्म पर आधारित बहुसंख्यक और अल्पसंख्यक समुदायों की समस्या उत्पात का और कभी-कभी भारी खून-खराबे का भी कारण बन रही है। अगर सत्ताधारी, दमन करने की कोशिश करते हैं तो अल्पसंख्यक विद्रोह पर उतर आते हैं, अगर वे उनका आत्मसात्करण करना चाहते हैं तो अल्पसंख्यक चिढ़कर अपने में सिमट जाते हैं या अलग-थलग हो जाते हैं। यह रवैया, एक ही धर्म के उप-समुदायों के बीच भी फैल चुका है और वे एक-दूसरे से उग्र लड़ाइयाँ लड़ते रहते हैं ताकि अपनी विशिष्ट आस्थाओं को बरकरार रख सकें और हर उपवर्ग पूरे जुनूनी जोश से इस कोशिश में लगा रहता है कि कहीं वर्चस्विता प्राप्त वर्ग उन पर इतना हावी न हो जाए कि उनका अपने में विलीनीकरण कर डाले।

मानव इतिहास के पूरे दौर में धार्मिक भेदभाव रहे हैं और उसने सत्ताधारियों को परेशान कर रखा है फिर चाहे शासन-प्रणाली सामन्ती हो, राजतन्त्रीय हो या लोकतन्त्रीय हो, उन्हें, सत्ताधारी वर्ग और असन्तुष्ट, पराधीन अल्पसंख्यक वर्ग के बीच सामंजस्य-ताल-मेल बिठा सकना हमेशा ही कठिन लगता रहा है। यह बात मलेशिया के मुस्लिम, हिन्दू और बौद्धों के बारे में; आयरलैंड के प्रोटेस्टेंट और कैथोलिकों के बारे में; श्रीलंका के बौद्धों और हिन्दुओं के बारे में भी उतनी ही सच है जितनी हिन्दुस्तान के हिन्दुओं और मुसलमानों के बारे में ! अल्पसंख्यक समुदाय के लोग अपने धर्म और आचार-विचार के कट्टर अनुयायी नहीं भी हों तो भी जो भावनात्मक सूत्र उन सबको एक-साथ बाँधे रखता है वह सत्ताधारी वर्ग में एक तीखी-सी प्रतिक्रिया पैदा करता है वह और उसके परिणामस्वरूप संघर्ष पैदा होते हैं जो अक्सर खून-खराबे की भी वजह बनते हैं। अधिकांश धर्मनिरपेक्ष बुद्धिजीवियों की मान्यता है कि इसका सर्वोत्तम समाधान यही है कि धर्म को शासन-व्यवहार से पूरे तौर पर अलग-थलग रखा जाए; सोवियत यूनियन ने ऐसा ही किया था लेकिन उसका परिणाम अनर्थकारी निकला। धर्म को वर्जनीय मानने की जरूरत नहीं है, बशर्ते कि उसका समुचित उपयोग किया जाए।

शासन को इस बात के प्रति सतर्कता बरतनी होगी कि कहीं धर्म का दुरुपयोग न हो; और ऐसा करते वक्त, निश्चित ही न तो यह छाप पड़नी चाहिए कि वह धर्म-विरोधी है या न ही यह कि वह सत्ताधारी वर्ग के धर्म का संरक्षक है। दूसरे धर्मों के अनुयायियों के ऐसे अवसरों पर असुविधा नहीं महसूस करवानी चाहिए जब धर्मनिरपेक्ष और धार्मिक बातों का मिश्रण हो रहा हो। इस प्रकार का मिश्रण सिर्फ औपचारिक अनुष्ठानों में होना चाहिए। जैसा कि विख्यात समाजशास्त्री, प्रो. टी. के. ऊमन ने 'द टाइम्स ऑफ इंडिया' (1 मार्च, 1994) में टिप्पणी की है : 'मानव की रोजमर्रा की जिन्दगी में धार्मिक और धर्मनिरपेक्ष, अलौकिक और सांसारिक का ताना-बाना बड़ा

सघन-सा बना हुआ होता है"'धर्मनिरपेक्ष-ऐहिक की अवहेलना कर आध्यात्मिक, धार्मिक के लिए अलग स्थान नियत करने के प्रयास निश्चित ही धराशायी होंगे क्योंकि मानवीय अनुभव एक साथ ही धार्मिक और ऐहिक, आध्यात्मिक और भौतिक होता है।' और किसी और देश की तुलना में भारत के लिए यह बात और भी सच है क्योंकि जैसा कवि बंकिमचन्द्र चटर्जी ने सही ही कहा है, '"अन्य जन-समुदायों के लिए, धर्म सिर्फ जीवन का एक हिस्सा है; वहाँ कुछ बातें धार्मिक हैं और कुछ धर्मेतर और धर्मनिरपेक्ष हैं। हिन्दू के लिए उसका समग्र जीवन ही धर्म है।' और यही बात भारतीय मुसलमान के लिए भी सच है।

इसीलिए, धर्मनिरपेक्ष और धार्मिक को मिश्रित करने से सम्भवतः हिन्दुओं और मुसलमानों के बीच नए सेतुओं का निर्माण करने में मदद मिलेगी; इससे सम्भवतः हिन्दुओं को यह आश्वासन मिलेगा कि मुसलमान भी अपने को उन्हीं की तरह भारतीय संस्कृति, नैतिक मूल्यों और आध्यात्मिक परम्पराओं के गौरवान्वित उत्तराधिकारी मानते हैं। और, इससे मुसलमानों को भी यह महसूस होगा कि वे इस प्राचीन भूमि के एक अभिन्न अंग माने जा रहे हैं जिसके विकास में उनका योगदान कम नहीं रहा है। इससे वह कलंक भी धुल जाएगा जो अतीत में 'दो-राष्ट्र' के सिद्धान्त को उनके द्वारा दिए गए समर्थन से उन पर लगा था। सत्ता और शक्ति की होड़ में दोनों ही अपनी एकता से जुड़े हुए यथार्थ को नजरअन्दाज कर बैठे। खासकर, मुसलमानों ने एक झूठ का प्रचार किया कि हिन्दुओं के साथ उनकी एकता नहीं हो सकती। अब उन्हें हिन्दुओं को यह विश्वास दिलाना होगा कि अपने देश के प्रति उनका प्रेम उतना ही गहन है जितना कि अपने धर्म के प्रति; निष्ठाहीनता के आरोपों और व्यंग्यों पर रुष्ट होने की बजाय, उन्हें दूर करने की कोशिश करनी चाहिए। कोई भी, निश्चित ही, उनसे वह चीज छीन नहीं सकता जो आधिकारिक तौर पर उनकी है। वे भी उतने ही 'इस भूमि के पुत्र' हैं, जितने कि हिन्दू हैं, उनका समग्र व्यक्तित्व भारत ने ढाला है। उनसे विदेशियों की तरह व्यवहार करना उन्हें गहरी चोट पहुँचाना है; उनके प्रति भेदभाव बरतना, मानवीयता के खिलाफ मुजरिमाना हरकत करना है।

हिन्दू-मुस्लिम समस्या पहले ही से काफी जटिल है; और ऊपर से अगर दोनों पक्षों में से कोई भी गलत विचार या आचार दर्शाए तो मामला और बिगड़ जाएगा। हिन्दुओं में कुछ ऐसे हैं जो हिन्दुस्तान में एक बोसनिया का निर्माण करना चाहते हैं, वे शेखचिल्ली की दुनिया में रह रहे हैं। 12 करोड़ लोगों को नेस्तनाबूद कर देना भौतिक रूप से सम्भव नहीं है; वह समूचे देश को ही विनष्ट कर डालेगा। उसी तरह से, मुसलमानों में भी ऐसे लोग हैं जो नासमझी से यह मानते हैं कि आतंकवाद से उनका भविष्य सुरक्षित रह सकेगा; उससे तो सिर्फ उनका समूल विनाश ही होगा। इसका समाधान सिर्फ पारस्परिक सामंजस्य और ताल-मेल में है। मशहूर फ्रेंच विद्वान आम्प्रे मालरो ने अपनी पुस्तक 'एंटी-मेमोरीज़' में दर्ज किया है कि उन्होंने एक बार नेहरू से पूछा था कि प्रधानमन्त्री के तौर पर उनके सामने खड़ी सबसे बड़ी समस्या क्या है। नेहरू ने जवाब दिया :

'शान्तिपूर्ण तरीकों से एक न्यायपूर्ण समाज की स्थापना करना और एक धार्मिक समाज में एक धर्मनिरपेक्ष समाज स्थापित करना।' गाँधी ने मानव की भौतिक वस्तुओं की लालसा को एक आध्यात्मिक बुनियाद देकर सन्तुलित करना चाहा था; उनके जीवन काल में उनकी प्रखर आलोचना हुई थी और आज भी हिन्दुस्तान की कई समस्याओं के लिए उन्हें जिम्मेदार ठहराया जाता है। रूस और पूर्वी यूरोप में निरीश्वरवादी कम्यूनिज्म की पराजय ने यह साबित कर दिया है कि गाँधी का मार्ग ही सही है; मानव-विकास के लिए धर्म और राष्ट्र-राज-व्यवस्था दोनों की जरूरत है। संघर्ष तब उभरते हैं जब सत्ताधारी बहुसंख्यक अपने अधीनस्थ अल्पसंख्यक को शारीरिक या राजनीतिक तौर पर दबाना चाहता है। इसीलिए देशों के समूचे इतिहास में इस संघर्ष का कोई सन्तोषप्रद समाधान हासिल नहीं हो सका है; समस्या बरकरार है और उसके सौमनस्यपूर्ण समाधान की आशा बड़ी क्षीण है।

आज भी, जैसा कि हमने कहा, दुनिया के कई हिस्से ऐसे संघर्ष के चंगुल से मुक्त नहीं हो पाए हैं; भारत भी उनमें से एक है, जहाँ कि धर्मनिरपेक्षता के प्रति प्रतिबद्धता के बावजूद वर्चस्वी धार्मिक बहुसंख्यक समुदाय का शासन के सभी मामलों में नियन्त्रण है और उसके विशालतम अल्पसंख्यक समुदाय को, जो अन्यधर्मी है, उसकी प्राप्य राजनीतिक हिस्सेदारी से वंचित रखा जाता है जिसके परिणामस्वरूप उसे अनेक प्रकार के विशेषकर सामाजिक और आर्थिक भेदभाव का शिकार होना पड़ता है। इस प्रताड़ना की सफाई में यह कहा जाता है कि मुसलमान अपने धर्म को अपने देश से ज्यादा चाहते हैं; और मैंने पहले ही यह साबित किया है कि यह दलील बेबुनियाद है। राष्ट्र-प्रेम पर किसी एक समुदाय की इजारेदारी नहीं चल सकती; वह हर एक नागरिक का प्रेरणास्रोत होता है क्योंकि उसका हित उससे गहरे में जुड़ा हुआ है। और न ही अपने धर्म को कड़ाई से पालन करने की प्रवृत्ति को कट्टरतावाद की संज्ञा दी जानी चाहिए; धर्म-प्रेम, राष्ट्र-प्रेम जैसी ही एक प्रबल भावना है और हमारे जैसे बहुधर्मीय समाज में उस भावना का भी सम्मान किया जाना चाहिए। इन दोनों भावनाओं में अनिवार्यतः कोई टकराव नहीं होना चाहिए बशर्ते कि बहुसंख्यक वर्ग एक धार्मिक अल्पसंख्यक वर्ग की वैध आकांक्षाओं का सम्मान करे और अल्पसंख्यक राष्ट्र और शासन के प्रति अपनी जिम्मेदारियों को निभाए। इस कर्त्तव्य को निबाहने का मुख्य भार बहुसंख्यक पर होता है, लार्ड एक्टन ने कहा है :

> अगर, हम यह मानते हैं कि सभ्य समाज का उद्देश्य होता है (उसके सदस्यों को) अपने-अपने कर्त्तव्यों का अहसास दिलाने के लिए स्वतन्त्रता की स्थापना करना, जो फिर हमें इस निष्कर्ष पर पहुँचना होगा कि (इस उद्देश्य में) वे राष्ट्र ज्यादा श्रेष्ठ साबित होते हैं जो विभिन्न राष्ट्रीयतावाले समुदायों को, उनका दमन किए बगैर, अपने में समाविष्ट करते हैं। जिनमें इनके प्रभाव विलुप्त हो चुके हैं, वे जर्जर अवस्था में हैं। वह राष्ट्र जो विभिन्न नस्लों (या समुदायों) को सन्तुष्ट रखने में अक्षम होता है अपने को विनष्ट करता है; वह

> राष्ट्र जो उन्हें शक्तिहीन करने, विलीन करने या बहिष्कृत करने की कोशिश करता है वह अपनी ही जीवन-शक्ति को विनष्ट करता है; वह राष्ट्र जो उन्हें शरीक नहीं करता है उनके स्वराज्य के मुख्य आधार से वंचित रह जाता है।[1]

चूँकि यह गलत अवधारणा प्रचलित है कि मुसलमान सिर्फ अपने धर्म की ही परवाह करते हैं अपने देश की नहीं, सो उसी से यह भी एक गलत अवधारणा उत्पन्न हुई है कि वे गैर-मुसलमानों के खिलाफ एकजुट हो जाते हैं। हालाँकि इतिहास ने इस कपोल-कल्पना का बार-बार भंडाफोड़ किया है लेकिन उसके बावजूद हिन्दू सम्प्रदायवादी उसका प्रचार करते रहते हैं। सच्चाई तो यह है कि इस धारणा की पुष्टि के लिए न तो कोई धार्मिक आधार है और न ही ऐतिहासिक। चौथे खलीफा अली की मृत्यु के बाद खिलाफत की परम्परा ख़त्म हो गई। उसके बाद एक खानदान की शुरुआत में उम्मैदियों की हुकूमत चली—यह वह खानदान है जिसने पैग़म्बर साहब के एक नाती हसन को जहर देकर मारा और दूसरे नाती हुसैन की निर्मम हत्या की। उम्मैदियों के बाद अब्बासियों की हुकूमत शुरू हुई जिनके वक्त में विभिन्न मुस्लिम समूहों के बीच व्यापक विरोध और विद्रोह हुए। उनके बाद सालजुक़ आए, जिनके वक्त में हालात और बदतर हुए। असल में तो ज्यों-ज्यों वक्त बीतता गया एक के बाद एक मुस्लिम खानदान एक-दूसरे की गर्दन काटने की ताक में रहा। मिस्र के फातिमियों ने जो शिया थे—सुन्नी मुसलमानों से सम्बन्ध बनाने की बनिस्बत ईसाइयों से गठबन्धन करना बेहतर समझा। उसी प्रकार से सुन्नी आटोमन खानदान ने ईरान के शिया सफ़्फ़ावियों का खात्मा करने के लिए अपनी पूरी ताकत लगा दी थी। वही हाल दिल्ली के अफगान और तुर्की सुल्तानों का रहा; मुग़लों ने अपनी ताकत पर अपनी सल्तनत खड़ी की और बगदाद के खलीफाओं की प्रभुसत्ता को कबूल नहीं किया। इस प्रकार इस मान्यता के लिए कोई आधार नहीं है कि मुसलमान, चाहे जहाँ रहते हों, इस्लाम के सम्बन्ध-सूत्र की वजह से, राजनीतिक तौर पर भी एक ही रहते हैं। जैसा कि हमने पहले ही ध्यान दिलाया है दुनिया को दर-उल-इस्लाम और दार-उल-हरब में बाँटने की परिकल्पना एक अभिनव कल्पना है और उसे क़ुरान की अनुमति नहीं मिली हुई है; न तो जनता ने उसे मान्य किया है और न ही शासकों ने उसे लागू किया है क्योंकि वे तो हमेशा ही राजनीतिक या निजी स्वार्थों से प्रेरित रहे हैं न कि धार्मिक। आज भी, बड़े-बड़े उच्चस्तरीय अधिवेशनों के बावजूद मुसलमान एक सामान्य मोर्चे का गठन करने में सर्वथा असफल रहे हैं; उल्टे कई देश, अपने लाखों सहधर्मियों से लड़ने और उनका खून बहाने से नहीं हिचकिचाए हैं। मिसाल के तौर पर मलेशिया ने इंडोनेशिया से; इराक ने ईरान से; पाकिस्तान से बांग्ला देश से; दक्षिणी यमन ने उत्तरी यमन से; लीबिया ने चाड से; अल्जीरिया ने लीबिया से; पाकिस्तान ने अफगानिस्तान से; लीबिया ने मोरक्को से लड़ाइयाँ की हैं। और यह सिलसिला लगातार जारी है। इन लड़ाइयों की तुलना में यह देखें कि कितने मुसलमान देशों ने गैर-मुस्लिमों से लड़ाइयाँ की हैं ? जब बोसानिया में मुसलमानों का भयानक नरसंहार हो रहा था, तब सिर्फ जबानी हमदर्दी जता देने के

अलावा, किसी मुसलमान शासक या सरकार ने उनकी तकलीफों को दूर करने और उन्हें फौजी मदद देने के लिए कुछ नहीं किया। वे अमरीका का विरोध करने का साहस नहीं जुटा सकते क्योंकि उनके अनेक मामलों में अनेक हित इस महाशक्ति से जुड़े हुए हैं।

इस सम्बन्ध में सबसे कड़वा सबक भारतीय मूल के मुसलमानों ने पाकिस्तान और बांग्लादेश में देशान्तरण कर सीखा है। प. बंगाल, बिहार और उड़ीसा से बिहारी मुसलमान अपने सपनों के इस्लामी राष्ट्र में बसने के लिए अपना मूल स्थान, पुरखों की जमीन-जायदाद सब कुछ छोड़-छाड़कर पूर्वी बंगाल—बांग्लादेश—गए लेकिन बंगाली मुसलमानों ने उनके साथ बड़ा निर्मम व्यवहार किया और उन्हें बुरी तरह से वहाँ से खदेड़ दिया; वही दुर्दशा, पाकिस्तान गए हुए आप्रवासियों-मुहाजिरों की हुई। ये लोग विभाजन की मुहिम में अग्रणी दस्ते में थे लेकिन आज वे उस 'पाक मुल्क' में बहिष्कृतों की जिन्दगी बिता रहे हैं। सिन्धी, पंजाबी और अफगानी मुसलमान उन पर अविश्वसनीय अत्याचार ढा रहे हैं क्योंकि पाकिस्तानी मुसलमानों को अपने धार्मिक सरोकारों की बनिस्बत अपने-अपने क्षेत्रीय हितों का ध्यान है।

अल्ताफ हुसैन ने, जो आप्रवासी मुसलमानों के उस संगठन मुहाजिर कौमी मूवमेंट के संस्थापक-अध्यक्ष हैं, जिसने पाकिस्तान के हर चुनाव में अपने को निर्णायक तौर पर मुहाजिरों का प्रतिनिधि साबित किया है, पाकिस्तान के एक दैनिक 'जंग' को दिए गए एक इंटरव्यू में कहा है :

> मुहाजिरों को सरकारी नौकरियों और पुलिस से निकाल दिया गया है; मुहाजिर छात्रों को कॉलेजों और विश्वविद्यालयों में प्रवेश देने से इनकार कर दिया जाता है और उन सब पर भारतीय एजेंट होने का ठप्पा लगा दिया जाता है। अखबार इन आरोपों को बड़ी प्रमुखता से छापा करते हैं और कोई भी राजनेता, मुहाजिरों का पक्ष लेने को तैयार नहीं है क्योंकि पाकिस्तान में शायद ही कोई ऐसा नेता हो जो गुप्तचर एजेंसियों की तनख्वाह-सूची में न हो। मेरी गलती यह थी कि मैंने उनका एजेंट होने से इनकार कर दिया।

भारत के जमात-ए-इस्लामी के मुखपत्र 'रेडिएंस' (1-7 जनवरी, 1995) को यह कबूल करना पड़ा है कि "सच्चाई यह है कि पाकिस्तान में अनवरत चल रही अन्दरूनी उथल-पुथल ने एक इस्लामी राष्ट्र के तौर पर उसकी छवि को बहुत बदरंग किया है। यह भला कैसा इस्लामी राष्ट्र है जहाँ जिन्दगी सुरक्षित नहीं है। जहाँ लोग मनमाने ढंग से मारे जा सकते हैं।"

मौलाना आज़ाद ने उन लोगों को इस देश से बाहर जाने की पूर्वसन्ध्या पर चेतावनी दी थी कि वे उस दिन को याद कर-करके पछताएँगे जब उन्होंने हिन्दुस्तान छोड़ा था; आज़ाद ने भविष्यवाणी कर दी थी कि पाकिस्तान की क्षेत्रीय ताकतें हिन्दुस्तान से आए मुसलमानों को स्थानीय आबादी में घुलने-मिलने नहीं देंगे। उनके शब्द कितने सच निकले—आज मुहाजिर अपने मूल देश को पलटकर हसरत-भरी निगाहों से देखते हैं

लेकिन वे न तो या लौट सकते हैं और न ही उन्हें उस देश में कोई रखना चाहता है जिसके निर्माण के लिए उन्होंने कड़े संघर्ष किए थे और भारी कुर्बानियाँ दी थीं। यों पाकिस्तान और बांग्लादेश में गरीबों और वंचितों की स्थिति, फिर वे चाहे सिन्धी, पठान, बांग्लादेशी हों या पंजाबी भी हों, विभाजन के पहले स्थिति से बेहतर नहीं है। वे अपने को आर्थिक और राजनीतिक शोषण से मुक्त करने के लिए बड़ा कड़ा संघर्ष कर रहे हैं; और वे मुल्ला-मौलवी उन्हें गुमराह करने में लगे हुए हैं जिन्हें उनके शरीर की बजाय उनकी रूह को बचाने में ज्यादा दिलचस्पी है। उनके शासक एक-दूसरे की टाँग खिंचाई में इतने व्यस्त हैं कि जनता के लिए उनके पास वक्त नहीं है और ऊपर से फौज, राजनीतिक रस्साकशी में हर बार महत्त्वपूर्ण भूमिका भी निभाती रहती है। अर्थव्यवस्था विदेशी सहायता के बोझ तले इतनी दबी हुई है कि कोई सार्थक औद्योगीकरण हो नहीं सकता; बेरोजगारी कई गुना बढ़ गई है और नौजवान नशीली दवाओं या बन्दूकबाजी के धन्धों की तरफ खिंचे जा रहे हैं। विभाजन ने किसकी मदद की ? किस मुसलमान को क्या फायदा हुआ ? पाकिस्तान के एक मशहूर शायर फ़ैज़ अहमद 'फ़ैज' ने बड़े दुःख के साथ कहा है :

यह दाग़-दाग़ उजाला, यह शबग़ज़ीद : (रात से डसी हुई) सहर
वह इन्तजार था जिसका, यह वह सहर तो नहीं
यह वह सहर तो नहीं जिसकी आरजू लेकर
चले थे यार कि मिल जाएगी कहीं न कहीं
फ़लक के दश्त में तारों की आख़िरी मंज़िल…
…सुना है हो भी चुका है फ़िराके-जुल्मत ओ-नूर
(अँधेरे और रोशनी का अलगाव)
सुना है हो भी चुका है विसाले-मंज़िल-ओ-गाम
(मंज़िल और क़दम का मिलन)…
…जिगर की आग, नज़र की उमंग, दिल की जलन
किसी पे चारः-ए-हिज्राँ (विरह का समाधान) का कुछ असर ही नहीं
कहाँ से आई निगारे-सबा (भोर की सुखद हवा-सुन्दरी), किधर को गई
अभी चिरागे-सरे-रह को कुछ ख़बर ही नहीं।

इसलिए, अगर मुसलमान चाहते हैं कि उनके हिन्दुओं के बीच एक स्थायी समझदारी स्थापित हो तो उन्हें अपने निकट अतीत के इतिहास की बहुत सारी निशानियों को मिटाना होगा; उन्हें एक नई जिन्दगी की शुरुआत के लिए प्रयास करने होंगे। इस काम में हिन्दुओं को उन्हें खुले दिल से मदद देनी होगी। सत्ताधारी बहुसंख्यक के तौर पर उन्हें न सिर्फ भारतीय मुसलमानों की सुरक्षा की बल्कि उनके कल्याण की भी जिम्मेदारी ग्रहण करनी होगी। अल्पसंख्यक को, बहुसंख्यक के राजनीतिक नेतृत्व को मंजूर करना होगा और जरूरत पड़े तो अपने नजरिए में बदलाव लाना होगा। लीग ऑफ नेशंस के वक्त से ही अल्पसंख्यक समुदाय के प्रति बहुसंख्यक समुदाय की भूमिका पर

सभ्य विश्व का ध्यान केन्द्रित रहा है। लीग ऑफ नेशंस और यूनाइटेड नेशंस के प्रतिनिधियों के बीच इस बात पर करीब-करीब पूर्ण सहमति रही है कि अल्पसंख्यक को यह हक हासिल है कि "उसे कानूनी हिफाजत का ऐसा दर्जा मिले जिससे व्यक्ति के अस्तित्व के सभी पहलू अतिक्रमण से बचाए जा सकें और उससे क्रमशः ऐसा रास्ता बने जो समग्र राष्ट्रीय एकता के निर्माण का वातावरण तैयार करे।"[2] आत्मसात्करण पर जोर देना गलत है; जैसा कि पी. एन. हक्सर ने समझाया है", 'संरक्षण' शब्द से यह अर्थ निकलता है कि ऐसे व्यक्ति समुदाय हैं जिनके अधिकारों का हनन हो रहा है और जो स्वयं अपने अधिकारों की रक्षा करने में असमर्थ हैं।"[3]

हिन्दुओं को अपनी सहिष्णुता की विरासत पर गर्व है, लेकिन यह कोई बेदाग खूबी नहीं है। बियाट्रिस लेंब ने अपनी पुस्तक 'इंडिया : ए वर्ल्ड इन ट्रांसीशन' में इस प्रवृत्ति की खामियों को बखूबी बताया है :

> हिन्दुत्व की एक विशिष्टता के बारे में सभी एकमत हैं। उनका दावा है कि हिन्दुत्व में सभी को समाहित कर लेने की सहिष्णुता है, अपने विशाल-व्यापक विचार-प्रणाली में वह सभी पन्थों को शरीक कर लेती है, प्रत्येक के लिए एक कोना निकाल ही लेता है। लेकिन कुछ अल्पसंख्यक धर्म-समुदाय की दृष्टि से, यही तो सबसे बड़ी कठिनाई है। ऐसा कोई भी धर्म जो समाविष्ट होना नहीं चाहता और हिन्दुत्व में जुड़कर अन्ततोगत्वा सम्भवतः हिन्दुत्व द्वारा रूपान्तरित और विलीनीकृत होना नहीं चाहता हिन्दू धर्म की सहिष्णुता के इस दावे को आसानी से कबूल नहीं कर पाता क्योंकि इसकी एक बुनियादी शर्त है कि आप हिन्दू जीवन-दृष्टि को मान्यता दें और विलीनीकरण की हिन्दुत्व की अनूठी प्रतिभा के कायल हों।[4]

लेकिन विलीनीकरण की यह प्रक्रिया सिर्फ दार्शनिक स्तर पर ही है; वह व्यावहारिक नहीं है और उसे व्यवहार में उतारने का बेहतरीन तरीका यही है कि गैर-हिन्दुओं को धर्मान्तरित कर हिन्दुत्व में शरीक किया जाए। प्रो. क़मर हसन ने अपने बहुत बढ़िया शोध-ग्रन्थ 'मुस्लिम्स इन इंडिया' में विख्यात इतिहासकार अर्नाल्ड टोयनबी के एक प्रसंग को उद्धृत किया है कि उनके एक भारतीय मित्र ने उनसे पूछा कि चूँकि उनके मन में भारत के प्रति इतना गहरा सम्मान है तो क्या वे हिन्दू बनना चाहेंगे ? टोयनबी ने कहा कि नहीं, क्योंकि उन्हें सामाजिक क्रम-परम्परा के सबसे निचले सोपान पर रखा जाएगा ![5] हिन्दू एक जाति में—वर्ण में पैदा होता है, वह उसे बदलकर दूसरे को ग्रहण नहीं कर सकता। जातिवाद, जो हाल के दिनों में मंडल आयोग की रिपोर्ट की वजह से फिर से मजबूत हुआ है, एक ऐसी बहुत बड़ी बाधा है जिसकी वजह से भारत का हिन्दूकरण नहीं हो सकता।

इसलिए, वर्तमान सन्दर्भ में हिन्दुओं और मुसलमानों को एक-दूसरे की संवेदनाओं-भावनाओं का सम्मान करना होगा और बढ़ती माँगों के साथ ताल-मेल

बिठाना होगा। खासकर, मुसलमानों को इस बात का ध्यान रखना होगा कि वे उन धर्मनिरपेक्षतावादियों के निर्देश पर गुमराह न हों जो धर्म और राष्ट्र-व्यवस्था को सरासर अलग-थलग रखने की पैरवी करते हैं। ऐसा करना न तो व्यावहारिक है और न ही उपयुक्त। जैसा कि पिछले अनुभवों ने दर्शाया है, हिन्दुस्तान के राजकाज की गतिविधियों में हिन्दू रंग झलकता है। हिन्दुस्तान की प्रकृति को देखते हुए यह अपरिहार्य है और मुसलमानों को बगैर एतराज किए उन्हें कबूल कर लेना चाहिए, बशर्ते कि इससे प्रशासक-वर्ग में यह गलत संकेत न पहुँचे कि हिन्दुओं को विशेषाधिकारयुक्त नागरिकों का दर्जा हासिल होना चाहिए। पूजा करना, किसी प्रोजेक्ट के उद्घाटन पर नारियल फोड़ना या समारोह में सम्माननीय अतिथि के माथे पर तिलक लगाना या किसी सन्त या शंकराचार्य का दर्शन करना या यहाँ तक कि उनके सामने साष्टांग प्रणाम करना—ये सब प्रतीकात्मक अनुष्ठान हैं। राष्ट्रपति या प्रधानमन्त्री को ऐसी विधियों-अनुष्ठानों का पालन करने का अधिकार है क्योंकि वह उसकी अपनी धार्मिक आस्था का हिस्सा है; धर्मनिरपेक्षतावादी इस बात पर जोर देते हैं कि धर्म एक व्यक्तिगत आस्था और आचरण का विषय है, उसे सार्वजनिक प्रदर्शन की वस्तु नहीं बनाना चाहिए लेकिन इन बारीकियों पर जोर देने से सिर्फ ढोंग और पाखंड को ही बढ़ावा मिलेगा। लेकिन, निश्चित ही हिन्दू नेताओं को यह सतर्कता बरतनी पड़ेगी कि वे ऐसी छाप न पड़ने दें कि सारे शासनतन्त्र का हिन्दूकरण हो रहा है। साथ ही इस बात पर जोर नहीं दिया जाना चाहिए कि किसी समारोह में उपस्थित गैर-हिन्दू गण्यमान्य व्यक्ति हिन्दू धार्मिक विधियों में हिस्सा लें क्योंकि इससे उनके सहधर्मियों की भावनाओं को चोट पहुँच सकती है। ऐसे किसी भी काम से बचना चाहिए जिससे मुसलमान हिन्दू लगने लगे या हिन्दू मुसलमान लगने लगे; अपने-आप में वह अहानिकारक लग सकती है लेकिन अल्पसंख्यकों को उसमें पराधीनता की बू आ सकती है। वरिष्ठ कांग्रेसी नेता सीताराम केसरी अक्सर कहा करते हैं कि अगर मन्त्री बना दिए जाने के बाद कोई मुसलमान हिन्दुओं जैसा आचरण करने लगता है क्योंकि शायद वह यह मानता है कि इससे वह शासक-वर्ग के ज्यादा करीब हो जाएगा जो इसमें हिन्दुओं की क्या गलती है ?

सरकार को न सिर्फ अपने सभी नागरिकों के साथ समभाव से व्यवहार करना चाहिए बल्कि यह दिखाना भी चाहिए कि वह ऐसा कर रही है। और साथ ही सरकार को यह भी नहीं दर्शाना चाहिए कि वह धर्म से उदासीन है। अगर कोई हिन्दू गण्यमान्य व्यक्ति किसी प्रोजेक्ट का शुभारम्भ पूजा से करता है और अपने देवी-देवताओं का शुभाशीष चाहता है तो मुसलमानों को ठेस क्यों पहुँचनी चाहिए ? या अपने धर्म से जुड़ी कोई और विधि अगर वह करता है तो क्या हुआ ? हिन्दुओं को इस बात का बुरा नहीं मानना चाहिए अगर कोई मुसलमान गण्यमान्य व्यक्ति किसी समारोह की शुरुआत सूरः फातिहा या किसी और कुरानी प्रार्थना से करता है। ऐसे पारम्परिक धर्माचारों का कोई प्रचारात्मक मूल्य नहीं होता; वे एक विशिष्ट आध्यात्मिक जरूरत को पूरा करते हैं। उसी भावना के साथ दोनों समुदायों को एक-दूसरे के धार्मिक त्योहारों

में भाग लेना चाहिए; इससे भिन्न आचार-विचारवाले जन-समुदायों को एक साथ लाने में मदद मिलती है। जैसा कि हमने पहले देखा, मध्य युग में अनेक मुसलमान बादशाहों ने सक्रिय रूप से इसे बढ़ावा दिया, और ऐसी कोई वजह नहीं दिखती कि धर्मनिरपेक्ष हिन्दुस्तान में वही परम्परा सरकारी तौर पर फिर से शुरू नहीं की जा सकती। आज़ादी की लड़ाई के दौरान मुस्लिम लीग ने 'वन्दे मातरम्' गीत के खिलाफ भारतीय मुसलमानों में धार्मिक जुनून भड़काया। मुस्लिम लीग के अनुसार वह मुसलमान विरोधी गीत है और उसके लिए दो वजहें बताई गईं—एक तो यह कि उसमें भारत माँ के सामने नमन करने का आह्वान दिया गया है जबकि मुस्लिमों को आदेश है कि अल्लाह के सिवाय और किसी देवी-देवता के आगे नमन न करें; और दूसरी वजह यह बताई गई कि यह गीत बंकिमचन्द्र चटर्जी के उपन्यास 'आनन्द मठ' से लिया गया है जो मुसलमानों द्वारा दमित हिन्दुओं के विद्रोह को गौरवमंडित करता है। ऊपर-ऊपर से सोचा जाए तो दोनों आपत्तियाँ वाजिब लगती हैं; लेकिन गहराई से विश्लेषण किया जाए तो ये आपत्तियाँ निराधार साबित होती हैं। बदकिस्मती से कांग्रेस ने, जो आज़ादी की लड़ाई के दौरान इन मुद्दों पर मुस्लिम लीग के हमलों का निशाना बनी, उनके जवाब में सही तस्वीर नहीं पेश की। पहली बात यह कि इस्लाम अल्लाह के अलावा किसी और के आगे 'सजदा'—साष्टांग प्रणाम करने को मना करता है; लेकिन अपने बुजुर्गों और सुल्तानों-बादशाहों के आगे सिर झुकाकर सम्मान प्रकट करने की परम्परा तो मुसलमानों में युगों से चली आ रही है और वह उनके 'अदब' या शिष्टाचार का एक हिस्सा है। दूसरी बात यह कि बंकिमचन्द्र का उपन्यास मूलतः जालिम अंग्रेजों के खिलाफ लिखा गया था; उसके प्रथम संस्करण में मुस्लिम अत्याचारियों (या यवनों) का कोई उल्लेख नहीं है। पुस्तक के प्रकाशन के बाद कुछ अंग्रेज अफसर रुष्ट हो गए थे और वे बंकिम के खिलाफ कार्रवाई करना चाहते थे; इसलिए बंकिम के मित्रों ने उन्हें सलाह दी कि 'अत्याचारी अंग्रेजों' की जगह पर बदलकर 'अत्याचारी मुसलमानों' कर दें। अरविन्द पोद्दार ने, 1977 में इंडियन इंस्टीट्यूट ऑफ एडवांस्ड स्टडी, शिमला द्वारा प्रकाशित अपनी पुस्तक 'रिनेंसा इन बंगाल' में इस बात को विश्वसनीय तौर पर प्रमाणित किया है। बंकिम, बुनियादी तौर पर मुसलमान-विरोधी नहीं थे; उल्टे अपने उपन्यास 'सीताराम' में वे एक पात्र के माध्यम से अपनी मनोभावना को इस प्रकार व्यक्त करते हैं :

> महाशय, सुना है कि आप एक हिन्दू राज्य की स्थापना करना चाहते हैं; लेकिन अगर आप जन-प्रचलित पूर्वाग्रहों के दास बनेंगे तो अपने लक्ष्य को प्राप्त करने में असफल रहेंगे। अगर आप हिन्दुओं और मुसलमानों को समान नहीं मानते हैं तो हिन्दुओं और मुसलमानों की आबादीवाली इस भूमि में आप अपने साम्राज्य को सुरक्षित नहीं रख पाएँगे। आपकी योजनाओं का धर्म-राज्य, अवनत होकर पाप-राज्य में परिणति हो जाएगा।[6]

एक धर्मनिरपेक्ष सरकार द्वारा धार्मिक अनुष्ठान वगैरह किए जाने की प्रवृत्ति पर

मेरे दृष्टिकोण को ऐसे कुछ बुद्धिजीवी नापसन्द करेंगे जो मधुमिता मजूमदार के शब्दों में सत्ता में आसीन व्यक्तियों का ऐसे कारनामे करने के लिए दौड़ जाना पसन्द नहीं करते 'जहाँ कि ज्यादा विवेकशील व्यक्ति कुछ संयम से काम लेंगे।' वे मानती हैं कि जहाजों का जलावतरण करवाते समय नारियल फोड़ना और सार्वजनिक सभाओं को सम्बोधित करते वक्त माथे पर कुंकुम या चन्दन का तिलक लगाना जैसे कामों से व्यक्ति धार्मिक कट्टरपन्थी नजर आता है। 'सरकारी समारोहों और राजनीतिक मोर्चों जैसे लौकिक व्यवहारों में धार्मिक रीति-रिवाजों को हस्तक्षेप नहीं करने देना चाहिए।'[7] असल में मधुमिता वही गलती कर रही हैं जो वरिष्ठ कम्युनिष्ट नेता ई. एम. एस. नम्बूद्रीपाद ने यह कहकर की थी कि गाँधीवादी और ख़ान अब्दुलगफ़्फ़ार ख़ाँ कट्टरपन्थी हैं क्योंकि वे पक्के धार्मिक हैं। इस तरह तो सिर्फ निरीश्वरवादी ही सच्चे धर्मनिरपेक्ष बन पाएँगे। असल में, भावना ही महत्त्वपूर्ण है। सतर्कता इस बात की बरतनी चाहिए सार तत्त्व बरकरार रहे; बाहरी प्रदर्शन की बहुत चिन्ता नहीं करनी चाहिए; अन्यथा यह होगा कि प्रदर्शन तो धर्मनिरपेक्षता का किया जाएगा और सार तत्त्व रहेगा—साम्प्रदायिक, जैसा कि भारतीय मुसलमानों का कड़वा अनुभव साबित करता है।

दिल्ली विश्वविद्यालय के प्रो. टी. एन. मदान ने यह सही ध्यान दिलाया है कि धर्मनिरपेक्षता 'सरकार की कार्रवाइयों के आधार के तौर पर अव्यावहारिक है और अनुमानित भविष्य के ब्लूप्रिंट के तौर पर शक्तिहीन है।' भावनात्मक तौर पर हिन्दुओं ने इसे कबूल नहीं किया है और जैसा कि मदान कहते हैं उनके लिए 'यह एक निरा शब्द है, एक छायाभासी अवधारणा है'[8] और न ही मुसलमानों ने इसे स्वीकार किया है हालाँकि उनके लिए यह एक सुविधाजनक सिद्धान्त है। मिसाल के तौर पर हिन्दुस्तान की जमात-ए-इस्लामी, इसका समर्थन करती है लेकिन पाकिस्तान की जमात-ए-इस्लामी को हमारे संविधान में समाविष्ट किया गया है लेकिन आम जनता पर उसका प्रभाव बहुत कम पड़ा है; अधिकांश समाजशास्त्रियों और राजनीतिक विचारकों की यह दलील है कि हमारे जैसे गहन धार्मिक समाज में धर्म को सरकार की गतिविधियों से अलग रख पाना सम्भव नहीं है। बेशक, राजनीतिक फायदों के लिए उसका दुरुपयोग नहीं होने देना चाहिए और खासकर चुनावों के दिनों में इसका विशेष ध्यान रखा जाना चाहिए कि एक-दूसरे के खिलाफ़ नफरत फैलाने के लिए इसके उपयोग पर पाबन्दी लगाई जानी चाहिए और इस पाबन्दी को सख्ती से लागू किया जाना चाहिए।

इसलिए अल्पसंख्यकों को, विशेषकर मुसलमानों को सत्ता पर वर्चस्ववाले हिन्दुओं के करीब लाने के लिए हिन्दुओं के दृष्टिकोण में एक क्रान्तिकारी परिवर्तन की जरूरत है; जैसा कि हम देख चुके हैं, मुसलमानों की तकलीफ धार्मिक या सामाजिक बेगानेपन की उतनी नहीं है जितनी आर्थिक विपन्नता और अभाव की है और बड़े सुनियोजित ढंग से उन्हें इसका शिकार बनाया जा रहा है। गरीबी से असन्तोष पैदा होता है और असन्तोष से आक्रोश जन्म लेता है और धर्मान्ध नेता उसे भड़काकर प्रत्यक्ष या चोरी-छिपे हिंसाचार करवाते हैं। बेशक, यह एक मूर्खतापूर्ण प्रतिक्रिया है जो निश्चित

ही फायदे की जगह नुकसान पहुँचाएगी। पहले तो मुसलमानों को अपने पैरों पर खड़े होना सीखना चाहिए। अधिकार के बगैर शारीरिक शक्ति का प्रयोग करना पागलपन है और बैसाखियों से ताकत और तन्दुरुस्ती हासिल नहीं होती। मुसलमानों के सामने सबसे पहली जिम्मेदारी यह है कि वे अपने भविष्य को सँवारने के लिए शिक्षा पर ध्यान केन्द्रित करें; उसके बगैर वे अपने हालात सुधार नहीं सकते। यह सचमुच ही ताज्जुब की बात है कि जहाँ मुसलमानों ने अलीगढ़ मुस्लिम विश्वविद्यालय के अल्पसंख्यक चरित्र की पुनर्स्थापना के लिए या शाहबानो के मुकदमे में सुप्रीम कोर्ट के फैसले को उलटने के लिए भारी पैमाने पर आन्दोलन किए हैं वहीं अपने आर्थिक सुधार के लिए उनकी ओर से कोई संगठित कदम नहीं उठाया गया है। सर्वेक्षणों ने दर्शाया है कि हर स्तर पर उनकी हालत बद से बदतर होती जा रही है; यहाँ तक कि उसके प्रभाव से अमीर मुसलमान भी अछूते नहीं रहे हैं। पहले के एक अध्याय में मैंने जो आँकड़े दिए हैं उनसे मुसलमानों की आँखें खुलनी चाहिए। समय-समय पर हर सरकार उनके उन्नयन के लिए कोई-न-कोई योजना ले आती है; लेकिन उसका प्रतिफल कुछ मिलता नहीं है। राजनीतिक आरक्षण का विरोध, खासकर बँटवारे की राजनीति के मद्देनजर, समझ में आ सकता है लेकिन मुसलमानों को आर्थिक आरक्षण से वंचित क्यों रखा जाता है ? कुछ राज्यों ने, सीमित प्रमाण में ही सही, आरक्षण का प्रस्ताव रखा है; अन्यों को भी उनका अनुकरण करना चाहिए। अगर मुसलमानों को दलदल से उबारना है तो ऐसे कदम उठाने ही पड़ेंगे। आज जब हर अभावग्रस्त तबके को आरक्षण की सुविधा मिल रही है तो फिर मुसलमानों के ही प्रति यह विद्वेष क्यों, जो आज निर्विवाद रूप से, सबसे ज्यादा वंचित और अभावग्रस्त है ?

मुसलमानों को भी यह समझ लेना चाहिए कि अतीत में उनसे जो गलतियाँ हुई हैं उन्हें सुधारना जरूरी है। उन्हें हिन्दुओं के साथ संघर्ष का रास्ता छोड़ देना चाहिए और समन्वय का रास्ता अपनाना चाहिए। यही सलाह सर सैयद ने उन्हें उन अंग्रेजों के सन्दर्भ में दी थी जो मुसलमानों से जितनी नफरत करते थे उतनी तो निश्चित ही आज के हिन्दू नहीं करते। सर सैयद ने शिक्षा और सामाजिक सुधार पर ध्यान केन्द्रित किया। उन्होंने मुसलमानों को मशविरा दिया कि वे आन्दोलनों-उपद्रवों को संकल्पपूर्वक त्याग दें। आज मुसलमान कमोबेश वैसी ही स्थितियों का सामना कर रहा है। उनकी राजनीति अभी तक तो उनके हलक की हड्डी बनी हुई है। वे आज़ाद हिन्दुस्तान में रहते हैं लेकिन वे उससे अलहदा जी रहे हैं। सर सैयद के जमाने की तरह ही उन्हें अपने औरत-मर्द सभी को शिक्षा प्रदान करवाने को उच्च प्राथमिकता देनी चाहिए। जैसाकि मैंने एक अलग अध्याय में दर्शाया है, स्कूल और कॉलेजों के मुसलमान छात्रों की एक बड़ी तादाद पढ़ाई अधूरी छोड़ देती है और यह खेदजनक बात है। माता-पिता की गरीबी इसकी मुख्य वजह बताई जाती है; और अगर यह सच भी है तो इस सिलसिले की रोकथाम के लिए अभियान चलाया जाना चाहिए। और यह भी बहुत सच नहीं है कि उनमें से अधिकांश अपने माता-पिता की उनके काम में या धन्धे-व्यवसाय में मदद करते हैं। मुम्बई

के नेशनल एडिक्शन रिसर्च सेंटर द्वारा हाल ही में किए गए एक सेम्पल सर्वे से यह उजागर हुआ है कि नशीली दवाओं के जिन व्यसनियों को अस्पताल में दाखिल किया गया उनमें सबसे ज्यादा तादाद मुसलमानों की थी, वे कुल रोगियों के करीब 37 प्रतिशत थे। मुसलमान नौजवान भटक गए हैं और उनकी जिन्दगी पर से पकड़ छूट गई है। और ज्यों-ज्यों उनका पतन होता जाएगा, कौम का भी पतन होगा। इस प्रक्रिया में देश का नुकसान होगा; इसलिए मुसलमान नौजवानों का उन्नयन एक राष्ट्रीय जरूरत है।

गरीब और पददलित मुसलमानों का, जो बेचारे संख्या में ज्यादा हैं और मौन हैं, कभी किसी सरकार ने तुष्टीकरण नहीं किया; हाँ, मुसलमानों के ही शरारती तत्त्वों ने और स्वयंभू नेताओं ने सरकारों को ब्लैकमेल कर और राजनीतिक पार्टियों को डरा-धमकाकर बहुत कुछ हासिल किया है और ये लोग भी इस उम्मीद में उनकी माँगों को पूरा करते रहते हैं कि उनके जरिए मुस्लिम वोट हासिल होंगे। परिणामस्वरूप ऐसे तत्त्वों की नेतागिरी तो खूब फली-फूली; लेकिन आम मुसलमान को हिन्दुओं की नफरत का शिकार बनना पड़ा। यही भारतीय राजनीति की त्रासदी है। किसी सरकार या राजनीति पार्टी ने मुसलमान-मानसिकता को समझने की जरूरत नहीं समझी; बहुत कम ने सही-सच्चे कार्यकर्ताओं को प्रोत्साहन दिया। मुसलमानों में, उनके उन्नयन के लिए खामोशी से काम कर रहे शिक्षाविदों और सामाजिक-कार्यकर्ताओं को समर्थन-अनुमोदन नहीं मिल पाता। राष्ट्रीय अल्पसंख्यक आयोग के एक भूतपूर्व सचिव एन. सी. माथुर ने मुसलमानों के निम्न शिक्षा-स्तर को देखकर थोड़ी मायूसी से व्यंग्य किया है कि मुसलमान तो 'किसी को मौका ही नहीं देते कि उनके साथ भेदभावपूर्ण व्यवहार किया जाए;' लेकिन माथुर साहब अपनी टिप्पणी के साथ यह जोड़ना भूल गए कि उन लोगों को जो मुसलमानों को ऊपर उठाना चाहते हैं और उनके स्तर को सुधारना चाहते हैं, न तो समाज की तरफ से और न ही सरकार की तरफ से सराहना मिलती है या प्रोत्साहन मिलता है या मदद मिलती है।

हिन्दू-मुस्लिम संघर्ष को, दोनों ही पक्षों के धर्मान्धों की अन्धाधुन्ध करतूतों ने ज्यादा व्यापक और गहरा बनाया है और उससे हिन्दुस्तान को भारी नुकसान पहुँचा है; और अभी भी इस संघर्ष का, विवादों का कोई सन्तोषजनक समाधान नहीं मिल सका है क्योंकि दोनों ही समुदायों के नेताओं ने न तो वैचारिक स्तर पर और न ही भावनात्मक स्तर पर आदान-प्रदान की भावना के साथ इसे सुलझाने की कोशिश की है। हर एक पक्ष अपनी ही मान्यता पर अड़ा हुआ है, और अक्सर उसे प्रतिष्ठा का प्रश्न बना लेता है। इन दोनों समुदायों के बीच समझौता करवाने के लिए कुछ कामचलाऊ पैबन्द लगाने जैसे कदम उठाए गए हैं लेकिन स्थायी समाधान के लिए कोई क्रान्तिकारी प्रयास नहीं किया गया है। इसके लिए शक्ति और व्यक्तित्व में समुचित सन्तुलन बिठाने की जरूरत है। और इसी दिशा में कोई प्रयास नहीं किया जा रहा है जबकि वही समस्या की जड़ है। सिर्फ अस्थायी रियायतों की माँग की जाती है और बेमन से ही सही, कभी-कभी दे भी दी जाती है। नतीजा यह होता है कि संघर्ष का उफनना-उबलना जारी रहता है;

कभी-कभी उन्हें दबा दिया जाता है, लेकिन उनका स्थायी समाधान कभी नहीं किया जाता। न तो अल्पसंख्यक आयोगों की रिपोर्टें और न ही एकता परिषद के प्रस्ताव उन पर विचार करते हैं, वे अस्थायी बीमारियों का तो विश्लेषण करते हैं लेकिन मूल रोग का निदान नहीं करते और मूल रोग है विभिन्न धार्मिक और जातीय समुदायों में समीकरण का गलत सन्तुलन। बहुसंख्यकों के अत्याचारों की बात करना उतना ही गलत है जितना कि अल्पसंख्यकों के तुष्टीकरण की। एक स्वतन्त्र, लोकतान्त्रिक देश में नागरिकों का तुष्टीकरण नहीं होता। गाँधीजी के शब्दों में, 'तुष्टीकरण तो सिर्फ दुश्मनों के बीच ही होता है।'

हिन्दुओं और मुसलमानों ने कई सदियों के दौरान अच्छे दिनों और दुर्दिनों के बीच और खासकर आज़ादी के बाद के पिछले पचास सालों के बीच जो कुछ अनुभव पाया है उसकी रोशनी में उन्हें पिछली भूलों को भुलाने और माफ करने की सायास कोशिश करनी चाहिए और एक-दूसरे के बारे में ज्यादा उदारता से सोचना चाहिए; घृणा एक शक्तिशाली हथियार हो सकता है लेकिन जैसाकि दुनिया के इतिहास ने दर्शाया है, घृणा से सिर्फ संहार ही प्रतिफलित होता है। दुनिया के सबलतम राष्ट्र भी उसकी चपेट से बच नहीं पाए हैं। हमारे वक्त में ही हिटलर, मुसोलिनी और स्टालिन ने अपने ही लोगों पर भयानक तबाही ढाई थी; उन्होंने जिस राष्ट्रीयता को बढ़ावा दिया उसमें एक जन-समुदाय को दूसरे से श्रेष्ठतर बताया गया, समरूपता के लिए बहुरूपता की बलि चढ़ाई गई और ताकतवर के फायदे के लिए कमजोर का दमन किया गया। इन शाहों की यह नीति कुछ वक्त तक बड़ी कारगर रही लेकिन फिर कुकर्मों के परिणामों ने उन्हें धर-दबोचा। हिन्दुस्तान में जो लोग यह मानते हैं कि ऐसा ही रवैया यहाँ पर कारगर हो सकता है वे इतिहास के सबक को भुला रहे हैं; सच्चाई से आँखें मूँद रहे हैं; अगर वे ऐसा करेंगे तो सिर्फ इस गणतन्त्र के नाजुक और अमूल्य ताने-बाने की चिथड़ा-चिथड़ा ही करेंगे। भारत में सदैव विविधता रही है; और असल में यही हमारी शक्ति का भी स्रोत रहा है। अतीत में सम्राट अशोक से लेकर बादशाह अकबर तक और वर्तमान में गाँधी, नेहरू और इन्दिरा गाँधी तक के युग में भारतवासियों ने इन विविध पहचानों-अस्तित्वों को एक सुसंवादी व्यवस्था में संयोजित करने का प्रयास किया है लेकिन हमेशा ही उसे सफलता नहीं मिली है। असल में, जैसा कि हमने पहले देखा, इन लोगों के प्रयासों की राहों में लगातार अड़चनें आती रहीं लेकिन जितनी ज्यादा मुसीबतें आईं उतनी ही उनकी संकल्प-शक्ति दृढ़तर होती है। और यही वजह है कि बदलते वक्तों के उतार-चढ़ावों और थपेड़ों के बावजूद हमारी एकता आज भी बरकरार है।

राजनीति तोड़ती है; समाजशास्त्र जोड़ता है। जवाहरलाल नेहरू विश्वविद्यालय के स्कूल ऑफ सोशल साइंसेस के डीन के. एन. पाणिक्कर ने एकता स्थापित करने के लिए एक नया कार्यक्रम सुझाया है। उन्होंने 'मेनस्ट्रीम' (8 अक्तूबर, 1994) में लिखा है :

> सभी के लिए शायद यह सम्भव न हो कि वे अपनी सार्वजनिक धार्मिक पहचानों को भूल जाएँ, लेकिन यह अहसास होना उनके लिए मुमकिन है कि

उनके सामाजिक सम्बन्धों को बनाने में धार्मिक रिश्तों के अलावा और सूत्र भी काम आते हैं। आम रोजमर्रा की जिन्दगी के अधिकांश वक्तों में लोग धर्मनिरपेक्ष गतिविधियों में ही संलग्न रहते हैं; उसके बावजूद आज उनकी चेतना ज्यादा-से-ज्यादा धार्मिक रंग में डूबती जा रही है। उसकी एक सम्भावित वजह यह हो सकती है कि धर्मनिरपेक्ष गतिविधियाँ मुख्य तौर पर संस्थागत होती हैं समुदायगत नहीं और इसलिए उनके प्रति वैसी प्रबल और व्यक्तिगत एकजुट एकनिष्ठा रखने की जरूरत नहीं होती जैसी किसी धार्मिक गतिविधियों में रखनी पड़ती है। साम्प्रदायिकता इसी धार्मिक एकजुटता को बढ़ाने की कोशिश करती है, उसे सक्रिय बनाती है और उसका दुरुपयोग करती है। धर्मनिरपेक्षता के पास आज ऐसी कोई एकनिष्ठता नहीं है और न ही कोई समुदाय है जिसे सक्रिय किया जा सके। इसलिए धर्मनिरपेक्ष समुदायों का निर्माण करना हमारा फौरी कार्यक्रम होना चाहिए। सिर्फ ऐसे समुदाय ही धर्मनिरपेक्षता को एक सामाजिक वास्तविकता बना सकते हैं और उसके जरिए आज जड़ों तक, आम आदमी तक फैली हुई साम्प्रदायिकता की ताकत का उन्मूलन कर सकते हैं।

आज, पहले के किसी भी वक्त से ज्यादा, यह जरूरी हो गया है कि हिन्दुओं और मुसलमानों को एक-दूसरे के करीब लाया जाए। ऐसे व्यावहारिक उपाय ढूँढ़े जाएँ ताकि पूर्वाग्रह छूट सकें, गलतफहमियाँ दूर हो सकें और उनके बीच ज्यादा सुदृढ़ और स्थायी सम्बन्धों की ऐसी नींव पड़ सके जो बदलती परिस्थितियों के तनावों और दबावों को झेल सके और आधुनिक जमाने की माँगों को पूरा कर सके। उनके सम्बन्धों को उन दो कारकों के आधार पर जोड़कर पुख्ता बनाया जा सकता है जिनका उल्लेख, एक भिन्न सन्दर्भ में विख्यात फ्रेंच विचारक अर्नेस्ट रेनान ने बड़े चित्रात्मक रूप में किया है : एक कारक है 'दोनों के पास एक सामान्य साझेदारी की समृद्ध विरासत की स्मृति', और दूसरा है, 'एक साझेदारी का स्मृति-लोप एक सामूहिक विस्मरण।' यानी दोनों समुदाय, सदियों की सम्बन्ध-परम्परा से हासिल सकारात्मक रचनात्मक बातों को याद रखें और विध्वंसात्मक, नकारात्मक बातों को भूल जाएँ। बेशक, यह काम करना उतना आसान नहीं है, जितना कि कह देना; लेकिन काम जितना दुष्कर होगा प्रयास उतना ही गहन होना चाहिए। सारी विषम परिस्थितियों के बावजूद, मैं इस रिश्ते के भविष्य की ओर एक नई उम्मीद से देखता हूँ और बाइबिल के ओल्ड टेस्टामेंट के शब्दों में यही कहता हूँ कि 'देखो, यह कितनी खुशी और अच्छाई की बात है कि भाई-भाई एकजुट होकर साथ-साथ रह रहे हैं।'

आखिर में, मैं अपने सहधर्मी मुसलमान भाइयों से दो शब्द कहना चाहूँगा; वक्त आ गया है कि परेशान करनेवाली छोटी-छोटी बातों पर भड़क उठने की अपनी आत्मघाती वृत्ति से बाज आएँ। क्योंकि आखिरकार इनसे हिन्दुओं का उनके खिलाफ जवाबी गुस्सा भड़कता है जो मुसलमानों के लिए ज्यादा नुकसानदेह साबित होता है।

मुसलमान अपनी अलग पहचान बनाए रखने की जितनी ज्यादा मुखर जिद पकड़ते हैं उतनी ज्यादा हिन्दुओं की प्रतिक्रिया उग्र और कटु होती जाती है। इससे मुसलमानों को कोई खास फायदा नहीं होता और हिन्दू राष्ट्रीय हित में कोई योगदान नहीं करते। मुसलमान जरा पारसियों को मिसाल के तौर पर लें, यह समुदाय तादाद में कितना कम है; लेकिन फिर भी उसने अपनी पहचान करीब-करीब समग्र रूप से बरकरार रखी है और उसके बावजूद उन्हें बेहतरीन हिन्दुस्तानियों में गिना जा सकता है। जबकि मुसलमानों का हाल इसके ठीक उल्टा है; अपनी स्वतन्त्र पहचान बनाए रखने की समस्या पर उनकी तीव्र अतिसंवेदनशीलता, छोटे-बड़े हर मसले पर उनका आक्रामक और आन्दोलनकारी रवैया उन्हें दूसरों से अलग-थलग कर देता है; इतना ही नहीं उन्हें तो देश की एकता और अखंडता के लिए खतरा माना जाता है। हिन्दू सम्प्रदायवादियों के साथ उनकी अनवरत चलती तू-तू-मैं-मैं ने दोनों समुदायों के बीच पड़ी दरारों को, फासलों को और गहरा और बड़ा बना दिया है। उनके अधिकांश तथाकथित नेतागणों की आम जनता के बीच कोई जड़ें ही नहीं हैं; उन्होंने कभी कोई आम चुनाव नहीं लड़ा और जिन्होंने लड़ा भी उन्हें मुस्लिम-बहुल निर्वाचन क्षेत्रों में भी मुँह की खानी पड़ी है। बरसाती मेढकों की तरह वे मौके पर पैदा हो जाते हैं और मामूली से मामूली बात का बतंगड़ बनाकर उथल-पुथल मचा देते हैं; वे मनमाने बयान जारी करते हैं जिन्हें अखबार बड़ी-बड़ी सुर्खियों में छापते हैं और यों ये लोग महत्त्वपूर्ण बन जाते हैं। अजीब बात तो यह है कि ऐसे अधिकारी और सत्ताधारी जिन्हें असलियत की बेहतर जानकारी होनी चाहिए, अखबारों के प्रचार के झाँसे में आ जाते हैं। इन नकली योद्धाओं की ललकारों को समूचे समुदाय की आवाज समझा जाता है; लम्बे-लम्बे पचास साल गुजर जाने के बाद भी, यह मान्यता बनी हुई है कि ये सम्प्रदायवादी नेता, धर्मनिरपेक्ष नेताओं की बनिस्बत मुसलमानों के ज्यादा सही प्रतिनिधि हैं। कांग्रेस ने दशकों तक उन्हें पाला-पोसा; अन्य पार्टियों ने उस जमाने में तो इस बात के लिए कांग्रेस की आलोचना की लेकिन अपनी बारी आने पर वे भी वही काम कर रहे हैं। ऐसा लगता है कि इसके पीछे कोई सुनिश्चित साजिश है।

परिणाम यह हुआ कि मुसलमान, बेमानी बातों पर लड़ने पर उतारू नजर आते हैं। कोई यह पता लगाने की जरूरत नहीं समझता कि क्या इस आन्दोलनों से समुदाय को सचमुच कोई फायदा पहुँचा है। या ज्यादा जरूरी बात तो यह पता लगाना है कि क्या आम मुसलमान जनता इन आन्दोलनकारियों के साथ है। ऐसे गलत कारनामे ने समुदाय को बहुत नुकसान पहुँचाया है; उन्होंने अन्य समुदायों की खासकर हिन्दुओं की सद्भावना को बड़ी हद तक खो दिया है। विधायिका में अब उनकी आवाज तो रह ही नहीं गई है। सामाजिक तौर पर, वे उपहास के पात्र बन रहे हैं; राजनीतिक तौर पर उनमें कोई दम-खम नहीं रह गया है; आर्थिक तौर पर उनकी कोई औकात नहीं रह गई है। उनके स्वघोषित नेताओं को सिर्फ सतही और मामूली बातों पर उनकी भावनाओं को भड़काने से मतलब है; मसलन शाहबानो का मुकदमा, 'बाम्बे' फिल्म पर पाबन्दी

या विश्वविद्यालय का अल्पसंख्यक चरित्र जैसी बातों को वे महत्त्वपूर्ण बना देते हैं और समुदाय के सामाजिक और आर्थिक उन्नयन से जुड़े गम्भीर मामलों के लिए कुछ नहीं करते। ऐसी गलत प्राथमिकताओं की ही वजह से उनका धीरे-धीरे खात्मा हो रहा है। शिव सेना के प्रमुख बाल ठाकरे ने यह भविष्यवाणी की है कि आगामी एकाध साल में हिन्दुस्तान में गृह-युद्ध होगा; लेकिन इस भयावह बयान के कुछ दिन पहले ही, करीब ढाई घंटे चली एक बैठक में उन्होंने मुझे आश्वासन दिया कि वे हिन्दू-मुस्लिम एकता पर यकीन रखते हैं। तब तो गृह-युद्ध की बात ही असंगत है; वह केवल गैर-फायदेमन्द ही साबित होगा। उससे हिन्दुस्तान में अस्थिरता का माहौल फैल जाएगा और परिणामस्वरूप बेहद खून-खराबा और विनाश होगा। विजयी कोई नहीं होगा, अलबत्ता मुसलमानों की हालत बदतर होगी और उनकी ज्यादा बरबादी होगी। इसलिए मुसलमानों के लिए आज सबसे बड़ा जिहाद यही है कि अपने समुदाय को आर्थिक विपन्नता की दलदल से बाहर निकालें। इस कठिन जिम्मेदारी को पूरा करने के लिए दो बड़े कारगर हथियार काम आ सकते हैं। स्त्री-पुरुषों के बीच शिक्षा का प्रसार; सही-सच्ची तकलीफों के समाधान के लिए जन-शक्ति को समुचित प्रयोग करना और गरीबों और पद-दलितों की आर्थिक हालत को सुधारने के लिए व्यापक भारी प्रयास करना। इसमें, उन्हें हिन्दुओं के सम्पूर्ण हार्दिक सहयोग की जरूरत पड़ेगी ताकि मुसलमान, राष्ट्र के विकास के मार्ग में रोड़े न बनें और उसकी प्रगति और समृद्धि में रचनात्मक सहयोग करें। इसीलिए हिन्दू-मुस्लिम एकता की स्थापना होनी ही चाहिए और उसके लिए गहरी समझ, सम्पूर्ण विश्वास, लक्ष्य के प्रति सुदृढ़ प्रतिबद्धता और लक्ष्य को प्राप्त करने के लिए अनवरत प्रयास की जरूरत है; और इस काम में, सभी सम्प्रदायों के लोगों की सक्रिय भागीदारी आवश्यक है। बदकिस्मती से सच्चे धर्मनिरपेक्षतावादी अपने प्रयास में कई बार ऐसे डगमगाए कि परिणामस्वरूप पाँच दशकों के बाद भी वे अपने लक्ष्य को प्राप्त करने की जी-तोड़ कोशिश में ही लगे हैं, उसे हासिल नहीं कर पाए हैं; उनका रवैया हमेशा सुरक्षात्मक ही रहता है और सम्प्रदायवादियों के पहले ही हमले पर वे अपनी खोल में घुस जाते हैं। उनकी तुलना में मुलायम सिंह और लालू प्रसाद जैसे नेता ज्यादा कामयाबी से हिन्दू सम्प्रदायवादियों का मुकाबला कर पाए हैं; लेकिन उसकी वजह इन नेताओं की साम्प्रदायिकता विरोधी मान्यता नहीं वरन् जातीयता-समर्थक नीति और आन्दोलन है। 'संडे' पत्रिका के प्रतिभाशाली सम्पादक वीर संघवी के कालम सप्ताह-दर-सप्ताह रचनात्मक बौद्धिक खुराक मुहैया करते हैं और उन्होंने अपनी विशिष्ट शैली में (29 जनवरी—4 फरवरी, 1995) में लिखा है, "आज धर्मनिरपेक्षता ऐसी तकलीफदेह अवधारणा बन चुकी है और हिन्दू-मुस्लिम रिश्ते ऐसे नाजुक मुकाम पर पहुँच चुके हैं कि साम्प्रदायिक एकता के समर्थकों को बढ़ावा और शाबाशी देने के बजाय, सत्ता में बैठे हुए लोग, उनसे कतराकर निकल जाते हैं।"

इसलिए, यह जरूरी हो गया है कि वे लोग जो हिन्दू-मुस्लिम एकता को वास्तविकता में बदलने की क्षमता रखते हैं वे एक नए दृष्टिकोण और अभिनव प्रयास के साथ इस

काम में जुट जाएँ।

मेरे मन में, हिन्दू और मुसलमान दोनों ही सम्प्रदायवादियों के प्रति गहरी वितृष्णा है, लेकिन मैं इससे इनकार नहीं कर सकता कि आज हिन्दू सम्प्रदायवादी अपने लक्ष्य की तरफ आगे बढ़ते जा रहे हैं। अनेक प्रान्तों में उन्हें चुनावी बहुमत मिला है। यह भी सम्भव है कि निकट भविष्य में वे केन्द्र में सरकार ही बना लें। इसमें सन्देह नहीं कि वे अपने मुसलमान विरोधी तेवरों को बदल रहे हैं, और यह भी वायदा कर रहे हैं कि वे मुसलमानों से, कांग्रेस की बनिस्बत बेहतर व्यवहार करेंगे। यह तो वक्त ही बताएगा कि वे घोषणाएँ कितनी सच्ची हैं। इस बीच, हिन्दू सम्प्रदायवादियों की आलोचना की जा सकती है, उन पर आक्षेप किया जा सकता है और उनकी निन्दा की जा सकती है लेकिन अब उन्हें नजरअन्दाज नहीं किया जा सकता। उन्हें हिन्दू-मुस्लिम एकता की दिशा में मोड़ना होगा भले ही उसमें बहुत वक्त लग जाए और लॉर्ड कीनीज़ के शब्दों में तब तक पुरानी पीढ़ी के हम लोग दुनिया से ही कूच कर जाएँ। लेकिन हिन्दुस्तान को तो जिन्दा रहना है, वह युग-युगान्तरों से जिन्दा रहा है; चाहे जो कठोर परीक्षाएँ और तकलीफें हिन्दुस्तान को झेलनी पड़ें, उसका अस्तित्व तो बनाए रखना ही है; जैसा कि अल्लामा इक़बाल ने कहा है :

यूनानो मिस्रो रूमा सब मिट गए जहाँ से
बाक़ी मगर है अब तक नामो-निशाँ हमारा
कुछ बात है कि हस्ती मिटती नहीं हमारी
सदियों रहा है दुश्मन दौरे जहाँ हमारा।

यही वह 'कुछ बात' है जिसने हमारे देश को सदियों से जिन्दा और जीवन्त रखा है—इसे ही इतिहासकार 'एक्कोमोडेटिव प्लूरलिज्म'—समावेशी बहुलवाद—कहा करते हैं। सम्प्रदायवादियों को, और खासकर सत्ता में बैठे हुओं को, इस विशिष्ट गुण को नए सिरे से पहचानना होगा और धर्मनिरपेक्षतावादियों को उसे पुनर्जीवित करने के लिए नए उत्साह से काम करना होगा। इन दोनों को यह सीखना होगा कि हमारे समाज में अन्तर्निहित विसंगतियों में कैसे ताल-मेल बिठाया जाए, हमारे पूर्वजों ने यह दुस्तर काम किया था, उनसे यह गुर सीखना होगा और हिन्दू-मुस्लिम रिश्तों में सुसंवादिता, सामंजस्य की स्थापना करनी होगी ताकि एक आम सहमति से इस राष्ट्र का राजकाज चले। इसी में स्थायित्व और स्थिरता का राज छिपा है, यही हमारी एकता और राष्ट्रीय विरासत की सच्ची बुनियाद है। याद रहे कि हमारी राष्ट्रीय संस्कृति महान गंगा की तरह विशाल है और विराट हिमालय की तरह गगनचुम्बी है और हम उसके उत्तराधिकारी हैं और उसका संरक्षण हमारा पावन कर्त्तव्य है।

परिशिष्ट

करीब पचास वर्षों से, अपने विद्यार्थी जीवन काल से मैं हिन्दू-मुस्लिम एकता को बढ़ाने के लिए काम करता आया हूँ; सन् 1967 में मैंने इसे प्रोत्साहन देने के लिए इंडियन यूनिटी सेंटर का गठन किया जो इन दो समुदायों के बीच बेहतर समझदारी का पोषण करने के लिए समय-समय पर भाषणों, सेमिनारों का आयोजन करती रहती थी और पुस्तक-पुस्तिकाएँ भी प्रकाशित किया करती थी। मेरी पुस्तकें, मेरी प्रतिबद्धता की सबूत हैं। मुझे अनेक शिक्षण-संस्थाओं की ओर से स्मृति-व्याख्यानमालाओं में भाग लेने का निमन्त्रण मिलता रहा है और उन सबमें मैंने हिन्दू-मुस्लिम एकता की फौरी जरूरत पर जोर दिया है और इन व्याख्यानों में अधिकांशतः मुस्लिम श्रोता हुआ करते हैं। अलीगढ़ मुस्लिम विश्वविद्यालय के सर सैयद मेमोरियल लेक्चर; जामिया मिल्लिया इस्लामिया के मुजीब मेमोरियल लेक्चर; मद्रास यूनिवर्सिटी के जस्टिस बशीर मेमोरियल लेक्चर, बम्बई के अंजुमन-ए-इस्लाम के हैरिस मेमोरियल लेक्चर; हैदराबाद के मदीना ट्रस्ट के सर सैयद मेमोरियल ट्रस्ट और कलकत्ता, बैंगलोर, भोपाल, लखनऊ, जयपुर और श्रीनगर तक में आयोजित विभिन्न चर्चाओं और सेमिनारों में मैंने इस विषय को उल्लेखनीय रूप से प्रस्तुत किया है। मैंने विभिन्न कॉलेजों में और ऐसी शिक्षा संस्थाओं में जिनका मैं प्रेसिडेंट हूँ और जामिया उर्दू के, जिसका मैं चांसलर हूँ, दीक्षान्त भाषणों में अपने इस मिशन को जारी रखा है। पिछले तीन दशकों से ज्यादा वक्त से मैंने राजनीतिक मंचों पर सार्वजनिक भाषणों में भी हिन्दू-मुस्लिम एकता की आवश्यकता का प्रचार किया है। सब जगह, मुझे बहुत ही उत्साहवर्धक प्रतिक्रिया मिली; लेकिन पूर्वाग्रह इतने गहरे जड़ जमाए हुए दीखते हैं कि सारे प्रयासों के बावजूद आज भी बरकरार हैं। इसीलिए दोनों समुदायों के बीच फासले बढ़ते गए हैं, दरारें चौड़ी और गहरी होती गई हैं। 1971 में, डॉ. आबिद हुसैन ने, जो आधुनिक भारत के एक महान विद्वान और हिन्दू-मुस्लिम एकता के एक प्रमुख पैरोकार हैं, मुझे इंडिया इंटरनेशनल सेंटर, नई दिल्ली में 'इंटर-रिलीजियस अंडरस्टैंडिंग'—(अन्तर-धर्मीय समझदारी) पर आयोजित राष्ट्रीय सेमिनार में अध्यक्षीय भाषण देने के लिए आमन्त्रित किया। यह अधिवेशन, 17 अक्तूबर को हुआ था और इसका उद्घाटन तत्कालीन उपराष्ट्रपति डॉ. जी. एस. पाठक ने किया था। उस अवसर पर दिए गए अपने भाषण को मैं यहाँ इस पुस्तक के परिशिष्ट में दे रहा हूँ ताकि इस विषय से मेरे अपने गहरे सरोकार को अभिव्यक्त कर सकूँ और साथ ही इसलिए भी

कि मेरी यह मान्यता है कि उस समय मैंने जो कुछ कहा था वह आज भी उपयुक्त और सुसंगत है। यों, कभी-कभी ऐसा भी अहसास होने लगता है कि कहीं मैं मृग-मरीचिका के पीछे तो भटक नहीं रहा हूँ।

17 अक्तूबर, 1971 को इंडिया इंटरनेशनल सेंटर, नई दिल्ली द्वारा 'अन्तर-धर्मीय समझदारी' पर आयोजित राष्ट्रीय सेमिनार में डॉ. रफ़ीक़ ज़करिया द्वारा प्रस्तुत अध्यक्षीय भाषण।

महामहिम उपराष्ट्रपति महोदय, डॉ. आबिद हुसैन और दोस्तो,

मैं डॉ. हुसैन का अत्यन्त आभारी हूँ कि मेरी सीमाओं के बावजूद उन्होंने मुझे यह उच्च सम्मान प्रदान किया। मैं उम्मीद करता हूँ कि इससे मुझे भारत में अन्तर-धार्मिक समझदारी को विकसित करने के अपने लक्ष्य को ज्यादा जोश और उत्साह के साथ आगे बढ़ाने के लिए प्रोत्साहन मिलेगा जिसके लिए मैं अपने विद्यार्थी जीवन से ही प्रतिबद्ध रहा हूँ। और इतने वर्षों के बावजूद मैं अब भी यह महसूस करता हूँ कि यह लक्ष्य अभी भी पहले ही की तरह उपेक्षित रह गया है; यह लक्ष्य राजनीतिज्ञों की विवेकशून्य भावुकताओं का शिकार बनकर रह गया है जो हिन्दू-मुस्लिम एकता की बातें तो करते हैं लेकिन उसका पोषण करने के लिए खास कुछ नहीं करते। भारतीय सन्दर्भ में, यह एकता, मेरी मान्यता के अनुसार, अन्तर-धार्मिक समझदारी की आधारशिला है। इसमें कोई शक नहीं कि पिछली करीब एक सदी से इस एकता के निर्माण के लिए राजनीतिक क्षेत्र में अनेक प्रयास किए गए; लेकिन हर बार, ऐसे कारण आते गए, जिनका उल्लेख करना मैं यहाँ जरूरी नहीं समझता, जिनकी वजह से हम एकता का लक्ष्य हासिल करने से वंचित रहे। और इसे सबसे बड़ा आघात पहुँचा इस उपमहाद्वीप के विभाजन से; हम अब भी उससे उबर नहीं पाए हैं।

लेकिन क्या राजनीतिज्ञों के जरिए यह लक्ष्य हासिल किया जा सकता है या उस दिशा में कोई रचनात्मक कदम भी उठाए जा सकते हैं ? मुझे इस पर शक है अलबत्ता वे हालात को बदतर जरूर बना सकते हैं जैसा कि वे करके दिखा चुके हैं। केवल विद्वान ही, समस्या की गहराई तक जा सकते हैं, और हमारा मार्गदर्शन कर सकते हैं; वे इस लक्ष्य के इर्द-गिर्द सदियों से जमा कार्ड को बड़ी हद तक साफ कर सकते हैं और समस्या को उसके सही परिप्रेक्ष्य में प्रस्तुत कर सकते हैं। डॉ. हुसैन ने यह सेमिनार आयोजित कर एक बहुत बड़ी सेवा की है; यह परिचर्चा इस बात पर कुछ रोशनी डाल सकती है कि हमने कहाँ-कहाँ गलती की और वांछित परिणाम लाने के लिए हमें क्या करना चाहिए।

हमारे अतीत में ऐसा बहुत कुछ है जो हमें इस दिशा में मदद दे सकता है; आक्रमणों और संघर्षों के बावजूद हमारे यहाँ अन्तर-धार्मिक समझदारी और सौमनस्य की एक अनवरत प्रक्रिया चलती आई है, और न सिर्फ हमारे सन्तों और फकीरों ने उसे पोषण दिया है वरन् कुछ शासकों ने भी उसे सुदृढ़ बनाया है। मिसाल के तौर पर सम्राट

अशोक को लें। हालाँकि, भारतवर्ष के भीतर और बाहर बौद्ध धर्म के प्रसार-प्रचार का बहुत बड़ा श्रेय अशोक को दिया जाता है लेकिन अशोक के शिलालेखों में अंकित निर्देशों को देखकर तो मैं ताज्जुब में पड़ गया। जैसे, उसके शिलालेख क्रमांक 7 और 8 में तो करीब-करीब वे ही सब आदर्श अंकित हैं जिन्हें हमने अपने समाज के धर्मनिरपेक्ष ढाँचे की सुरक्षा के लिए और विकास के लिए अपने संविधान में समाविष्ट किया है। शिलालेखों में ऐसे निर्देश दिए गए हैं :

> 'देवानां प्रिय, प्रियदर्शी (सम्राट अशोक) की कामना है कि उनके साम्राज्य के सभी भागों के सभी धार्मिक पन्थों के अनुयायी परस्पर सौमनस्य के साथ जीवनयापन करें। असल में, सभी धर्म आत्म-संयम और विचार-शुद्धि को उपलब्ध करना चाहते हैं। लेकिन लोगों के रुझान भिन्न-भिन्न होते हैं और उनकी भावनाएँ भिन्न-भिन्न होती हैं। वे या तो अपने कर्तव्य का पालन समग्र रूप से करते हैं या आंशिक रूप से। लेकिन, अगर कोई व्यक्ति बड़ी उदारता का आचरण करता है लेकिन उसमें आत्म-संयम, विचार-शुद्धि, कृतज्ञता और सुदृढ़ आस्था नहीं है तो फिर वह नितान्त निरर्थक है।
>
> प्रियदर्शी सम्राट, देवानां प्रिय, सभी धर्म-समुदायों के व्यक्तियों का, फिर वे चाहे संन्यासी हों या गृहस्थ, दान और विविध प्रकार के उपहार प्रदान कर सम्मान करते हैं। लेकिन देवानां प्रिय सम्राट की दृष्टि में दान या सम्मान उतना मूल्यवान नहीं है जितना यह कि सभी सम्प्रदायों के अनुयायियों के बीच धर्म के मूल तत्त्वों का प्रसार-प्रचार और अभिवृद्धि हो।
>
> और धर्म के मूलभूत तत्त्वों की अभिवृद्धि कई प्रकार से हो सकती है। लेकिन उसका मूल निहित है—वाणी के संयम में अर्थात् किन्हीं अनुचित अवसरों पर अपने विशिष्ट पन्थ का गुणगान या दूसरे पन्थों की निन्दा नहीं की जानी चाहिए और उचित अवसरों पर भी उसे हर स्थिति में संयत होना चाहिए। उसके विपरीत, सभी प्रसंगों पर, अन्य पन्थों-धर्मों का हर प्रकार से सम्मान किया जाना चाहिए। अगर कोई व्यक्ति इस प्रकार आचरण करता है, तो वह न सिर्फ अपने धर्म की अभिवृद्धि करता है बल्कि दूसरे धर्मों को भी लाभान्वित करता है। लेकिन, अगर कोई व्यक्ति इसके विपरीत आचरण करता है तो वह न सिर्फ अपने धर्म को क्षति पहुँचाता है बल्कि दूसरे धर्मों को भी हानि पहुँचाता है। सच है कि अगर कोई सिर्फ अपने धर्म के प्रति अपने जुड़ाव की वजह से अपने धर्म का गुणगान करता है और दूसरे धर्मों की निन्दा करता है तो वह अपने इस आचरण से अपने धर्म को बड़ी क्षति पहुँचाता है। इसलिए वाणी पर संयम रखना श्रेयस्कर होगा क्योंकि लोगों को एक-दूसरे के धर्म के मूलभूत तत्त्वों को जानना और उनका सम्मान करना चाहिए।

और यही देवानां प्रिय की आकांक्षा है कि सभी धर्मों के लोग भिन्न-भिन्न धर्मों के सिद्धान्तों-आदर्शों से सुपरिचित हों और विशुद्ध ज्ञान प्राप्त करें। और जो लोग अपने-अपने धर्मों से गहरे जुड़े हुए हैं उन्हें निम्न बात सूचित की जाए कि, "देवानां प्रिय सम्राट की दृष्टि में दान या सम्मान उतना मूल्यवान नहीं है जितना यह कि सभी सम्प्रदायों के अनुयायियों के बीच धर्म के मूल तत्त्वों का प्रसार-प्रचार और अभिवृद्धि हो।"

मैंने इन शिलालेखों से बड़े विस्तृत उद्धरण लिये हैं और उसके लिए माफी चाहूँगा लेकिन मेरी मान्यता है कि ये निर्देशक सिद्धान्त आपके सेमिनार के विषय के मूलाधार बन सकते हैं। ई. पू. 250 के आसपास इनकी घोषणा हुई थी लेकिन आज भी वे युगानुकूल और संगत हैं। इसके अलावा, अन्तर-धर्मीय समझदारी के लिए एक पथ-प्रदर्शक के रूप में सम्राट अशोक एक आदर्श के तौर पर स्थित हो सकता है। जैसा कि विख्यात इतिहासकार अर्नाल्ड टायनबी, ने कहा है :

> अशोक के पितामह, चन्द्रगुप्त के सामने सिकन्दर का बुरा उदाहरण प्रेरक तत्त्व के रूप में था; सिकन्दर के समक्ष साइरस का बुरा उदाहरण और यों यह सिलसिला पिछले कर्मों की जंजीर की कड़ी बनता हुआ ई. यू. तीन हजार साल पहले के मिस्र और सुमेरिया के साम्राज्य-निर्माताओं तक जा पहुँचता है। अशोक ने अपने इन पूर्वगामियों के विपरीत अपना शेष जीवन और अपनी समूची राजनीतिक शक्ति, भाईचारे की भावना को व्यावहारिक जीवन में साकार करने में लगा दिया।

यों, भारतीय इतिहास में इस प्रकार के अनेक उदाहरण भरे पड़े हैं और उनसे सभी इतने सुपरिचित हैं कि यहाँ उन्हें दोहराने की जरूरत नहीं है। और इन सबके बावजूद अशोक ने दो हजार साल पहले जिस आदर्श का प्रचार किया था वह आज भी एक ऐसा सपना बना हुआ है जो साकार नहीं हो सका। लक्ष्य सदैव सुस्पष्ट रहे हैं लेकिन वहाँ पहुँचने के मार्ग और तरीके अक्सर उलझावपूर्ण और बेमानी रहे हैं। मैं उम्मीद करता हूँ कि इस सेमिनार में हम समस्या का सही-सही और गम्भीर रूप से सामना करेंगे और ऐसे मार्गदर्शक उपायों को ढूँढ़ पाएँगे जो उसके तकलीफदेह पहलुओं को बेहतर तरीके से समझ सकने में सहायता प्रदान करेंगे।

हालाँकि इस सेमिनार का विषय 'अन्तर-धर्मीय समझदारी' है मैं अपने को हिन्दू-मुस्लिम समझदारी तक सीमित रख रहा हूँ क्योंकि वह न सिर्फ हमारी सर्वाधिक महत्त्वपूर्ण बल्कि सर्वाधिक जरूरी समस्याओं में से है। इस विषय से सम्बन्धित सामग्रियों का अभाव नहीं है लेकिन उसका सही विश्लेषण या सही समझ तक का अभाव जरूर है; धुआँधार भावुक बातों की भरमार है और ठोस सुझावों की भारी किल्लत है। काफी पहले, सन् 1905 में ही बंगाल के एक प्रखर बुद्धिजीवी बिपिनचन्द्र पाल ने सुझाव दिया था :

इससे बढ़कर वांछनीय कोई बात नहीं होगी अगर कोई ऐसा मुसलमान अग्रगण्य विचारक सम्मुख आए जो हिन्दू संस्कृति के अनिवार्य विशिष्टताओं से परिचित हो, उसकी अन्तर-चेतना से घनिष्ठता महसूस करता हो और उसके विगत इतिहास और विकास की गति का ज्ञाता हो और हिन्दू अनुभव की शब्दावली में इस्लामी संस्कृति के उन सार्वभौमिक तत्त्वों की व्याख्या करे जिसे हिन्दू जन-समुदाय के जीवन में समुचित रूप से जाना नहीं गया है। उसी प्रकार, इससे ज्यादा वांछनीय और कोई बात नहीं होगी अगर कोई हिन्दू जो अपनी संस्कृति और परम्परा का गहन ज्ञाता हो और साथ ही मुस्लिम संस्कृति की अन्तःचेतना और इतिहास का यथार्थ अन्तर्दृष्टि से परख चुका हो और अपनी हिन्दू जाति की गहन आध्यात्मिक विरासत को अपने साथी देशवासी मुसलमान भाइयों के आध्यात्मिक जीवन की शब्दावली में व्याख्यायित करने का प्रयास करे ताकि मुस्लिम संस्कृति के विकास में मदद मिल सके।

मुझे नहीं मालूम कि इस दिशा में कोई ठोस काम किया गया है; लेकिन अगर हम सचमुच ही अन्तर-धर्मीय समझदारी को विकसित करने के प्रति गम्भीर हैं तो हमें इस दृष्टिकोण को अपना आधार बनाना होगा। इसके अलावा, इन दो महान धर्मों के बारे में, विशेषकर भारतीय सन्दर्भ में अनेक गलतफहमियाँ और गलत अवधारणाएँ प्रचलित हैं, जिन्हें दूर करने की आवश्यकता है। मिसाल के तौर पर :

- मुसलमान हिन्दुओं को 'काफिर' कहते हैं और हिन्दू मुसलमानों को 'म्लेच्छ'; क्या इस शब्दावली के पीछे धार्मिक वैधता है या ये सिर्फ एक ऐतिहासिक प्रक्रिया के हिस्से हैं जिन्हें न सिर्फ छोड़ देने की बल्कि जिनकी भर्त्सना करने की जरूरत है;
- मुसलमानों द्वारा गो-हत्या करना; क्या किसी धार्मिक बाध्यता के तहत मुसलमान यह काम कर रहे हैं;
- उसी प्रकार से क्या हिन्दुओं के पास ऐसी कोई धार्मिक वजह है जिसके तहत वे मस्जिद के आगे बाजे बजाते हैं; उल्टे क्या हिन्दू धर्म द्वारा प्रतिपादित उदार मानवतावाद और धार्मिक सहिष्णुता के खिलाफ नहीं है;
- क्या हमारे कुछ विशिष्ट युगों के ऐतिहासिक हिन्दू और मुसलमान नायक हमारे उभरते धर्मनिरपेक्ष ढाँचे के लिए लाभदायक नहीं वरन् अवरोधक सिद्ध नहीं हो रहे हैं; क्या हमें ऐसे नायकों की भूमिका पर ज्यादा जोर नहीं देना चाहिए जो हमारी नौजवान पीढ़ी में सही चेतना का प्रसार करने के लिए ज्यादा लाभकारी सिद्ध होंगे;
- और ऐसे जनप्रिय नायकों में भी उनके क्रिया-कलापों के हिन्दू-विरोधी या मुसलमान-विरोधी पहलू पर ही हमें जोर क्यों देना चाहिए, बनिस्बत इसके लिए उनकी उपलब्धियों के ज्यादा उदात्त और धर्मनिरपेक्ष पहलुओं पर ध्यान केन्द्रित किया जाए;

- क्या हमारे-हिन्दू और मुस्लिम दोनों ही के त्योहारों में ऐसा कुछ भी है जो एक-दूसरे की धार्मिक भावनाओं को चोट पहुँचाता हो ?

ये ऐसे कुछ सवाल हैं जिन्हें मैं आपके समक्ष प्रस्तुत करना चाहूँगा क्योंकि वे हमारी राष्ट्रीय एकता और अखंडता के लिए बेहद महत्त्वपूर्ण हैं। धर्म के नाम पर सिरफिरे लोगों ने जो पागलपन भड़काया उससे हमारे हजारों साथी नागरिकों को जान से हाथ धोना पड़ा है और उनसे कई गुना ज्यादा लोगों को अपने घर-मकान-जायदाद गँवाने पड़े हैं। मैं आपसे निवेदन करता हूँ कि मैंने जो सवाल उठाए हैं उन पर आप गहराई से विचार करें और उनके जवाब ढूँढ़ें। यह सच है कि इनमें से कुछ सवाल धार्मिक हैं; और कुछ ऐतिहासिक हैं लेकिन हमारे धर्म, हमारे इतिहास के साथ इतने ज्यादा घुल-मिल गए हैं कि उन दोनों को अलग करना मुश्किल है लेकिन हमें उन्हें अलग करना ही पड़ेगा अगर हम यह नहीं चाहते कि हमारा अतीत हमें आक्रान्त और ग्रस्त करता रहे।

इस सम्बन्ध में सर सैयद ने मुसलमानों और ईसाइयों को करीब लाने के लिए जो काम किया उसे मैं सराहनीय मिसाल के तौर पर प्रस्तुत करना चाहूँगा। उन्होंने इस बात की पैरवी करने के लिए एक पैम्फलेट भी लिखा कि मुसलमानों और ईसाइयों को आपस में मिलना-जुलना चाहिए और खान-पान का रिश्ता भी बनाना चाहिए और अपने पक्ष को संगत ठहराने के लिए धर्मशास्त्रों का उद्धरण भी दिया।

सर सैयद की मान्यताएँ सिर्फ उनकी सार्वजनिक गतिविधियों में ही प्रतिबिम्बित नहीं होती थीं बल्कि उनकी धार्मिक सोच में भी झलकती थीं। असल में, उनकी तो यह पक्की धारणा थी कि अगर भारतीय मुसलमानों और ईसाइयों में करीबी धार्मिक रिश्ते नहीं बनते तो हिन्दुस्तानी मुस्लिम हमेशा के लिए तबाह हो जाएँगे। वे यह मानते थे कि मुसलमानों के प्रति अंग्रेजों के अविश्वास को दूर करने के लिए यह जरूरी था ही लेकिन उससे भी बढ़कर मुसलमानों में ब्रिटिश राज के प्रति निष्ठा जगाने के लिए यह आवश्यक था और सैयद साहब की मान्यता थी कि उसके बगैर किसी प्रकार की तरक्की नहीं हो सकती। इसलिए 1857 के विद्रोह के दमन के तुरन्त बाद ही उन्होंने उन परम्पराओं और आचरणों को चुनौती देनी शुरू की जो मुसलमानों और ईसाइयों को अलग-थलग रख रही थी। मिसाल के तौर पर उन्होंने 'नस्ख' के सिद्धान्त का खंडन किया और कहा कि ईसाई धर्मशास्त्रों में कोई क्षेपक नहीं है। बाइबल और इंजील एक ही किताब के दो नाम हैं। यह कोई मामूली दावा नहीं था; उनके खिलाफ उनके कई दुश्मन ऐसे प्रामाणिक क़ुरानी आयतों को पेश कर सकते थे कि 'ऐ ईमानवालो, यहूदियों और ईसाइयों को दोस्त मत बनाओ।' और यह भी कि 'हमारे आयात के जाने के बाद भी क्यों तुम अपने अहंकार में सच को ढँक रहे हो और जान-बूझकर सच्चाई को छिपा रहे हो।' और इसके अलावा उलेमा ईसाइयों की इस मान्यता को स्वीकार नहीं करते कि ईसा को सूली पर चढ़ाया गया था; उनके अनुसार ईसा को फरिश्ते सदेह स्वर्ग ले गए थे। इन और ऐसी ही अन्य वजहों से मुसलमान अंग्रेजों को क़ुरान के हज़रत ईसा का सच्चा अनुयायी मान नहीं सकते थे; उनके अनुसार वर्तमान ईसाई न सिर्फ

मुसलमानों के प्रति बल्कि उनके अपने पैग़म्बर ईसा के प्रति भी सच्चे नहीं हैं।

सर सैयद का काम बड़ा कठिन था लेकिन इन दोनों धर्मों के अनुयायियों के बीच बेहतर समझदारी कायम करने के प्रयास में वे लग गए और एक क्षण भी व्यर्थ नहीं गँवाया। इस लक्ष्य को सामने रखकर उन्होंने अपनी विख्यात पुस्तक 'ख़ुतबात-ए-अहमदिया या ओल्ड टेस्टामेंट और न्यू टेस्टामेंट की व्याख्याएँ' लिखीं। धार्मिक वाद-विवाद में उनकी ओर से यह बहुत बड़ा योगदान था। इस पुस्तक ने इस्लाम और ईसाई धर्म की समानताओं पर जोर दिया और इन दोनों धर्मों में निहित एकता के बुनियादी मुद्दों को रेखांकित किया। लेकिन सर सैयद की यह पुस्तक कोई भावुकता-भरे उद्गारों का परिणाम नहीं थी; उसके पीछे गहन अध्ययन और अनुसन्धान था। जिन बातों को ढूँढ़ निकाला गया था वे विपुल थीं; और उनका संयोजन, अनूठा। असल में सर सैयद ने इस पुस्तक की रचना में कोई कसर नहीं छोड़ी थी। उन्होंने न सिर्फ ओल्ड और न्यू टेस्टामेंटों और क़ुरान पर किए गए विभिन्न भाष्यों का समग्र अध्ययन किया बल्कि ईसाई धर्म और इस्लाम धर्म के सभी महत्त्वपूर्ण धार्मिक इतिहासों का भी अध्ययन किया। उन्होंने दोनों धर्मों के विभिन्न पन्थों के उद्भव और विकास के इतिहास पर उपलब्ध सामग्रियों को भी देखा-परखा। उन्होंने यूरोपीय और अमरीकी 'यूनीटेरियन मूवमेंट'—केन्द्रीकरणवादी आन्दोलन से सम्बन्धित सामग्री भी एकत्रित की थी और साथ ही विज्ञानवादी बुद्धिवादियों के आलेख और प्रबन्ध भी जमा किए थे। इस किताब को लिखने के पीछे उनका मुख्य उद्देश्य मुसलमानों और ईसाइयों के मन में यह छाप बिठाना था कि इन दोनों धर्मों के बीच प्रबुद्ध सामंजस्य की एक सामान्य सम्बन्ध-धारा अन्तर्निहित है और सो उन्हें एक-दूसरे के करीब आने में संकोच नहीं करना चाहिए। सर सैयद के अनुसार, दोनों ही धर्म एक ही आदर्श की दो अवस्थाएँ हैं और उन दोनों ने मानव-मस्तिष्क और मानस पर जो प्रभाव अंकित किए हैं उनमें परस्पर विरोध नहीं है। अपनी इस मान्यता पर वे आजीवन अटल रहे। अपनी मृत्यु के कुछ ही महीनों पूर्व उन्होंने लिखा था, ''हालाँकि ईसाइयों और मुसलमानों के धार्मिक आस्थाओं में भिन्नता है लेकिन इतिहास के प्रमाण से यह नहीं साबित होता कि अपने शुरुआती दिनों से इन दोनों धर्मों के बीच कोई शत्रुता रही।''

लेकिन, सर सैयद को यह अहसास था कि सैद्धान्तिक प्रतिपादन भले बहुत महत्त्वपूर्ण हों लेकिन, उतने भर से उनका लक्ष्य पूरा नहीं हो जाता; अपने सहधर्मियों के बीच उन्हें यह भी साबित करके दिखाना था कि इन सिद्धान्तों को व्यवहार में उतारना बहुत जरूरी है और वह आदर्श और व्यवहार दोनों ढंग से फायदेमन्द है। इसलिए, उन्होंने यह समझाना शुरू किया कि मुसलमानों को ऐसे सभी सामाजिक अवरोधों को हटा देना चाहिए जिनकी वजह से उनके और अंग्रेजों के बीच सम्बन्ध बनने में कठिनाई और कटुता आती थी। अपने व्यक्तिगत अनुभव से वे जानते थे कि कई परम्परावादी मुसलमान यूरोपीय लोगों के साथ खाना खाने को लगभग गुनाह-सा मानते थे; कई तो ऐसा करना आध्यात्मिक अपवित्रता का भागी होना मानते थे। सर सैयद ने अंग्रेज-मुस्लिम

मैत्री-सम्बन्धों को स्थापित करने के लिए इन 'अप्राकृतिक' अवरोधों को तोड़ना जरूरी समझा और उस दिशा में खुद पहलकदमी की। उन्होंने अंग्रेज अफसरों द्वारा दी गई दावतों में खुलेआम भाग लेना शुरू किया और खुलेदिल से अंग्रेज अफसरों और उनकी बीवियों के साथ मेल-जोल बढ़ाया। तुरन्त यह अफवाह उड़ने लगी कि सर सैयद शराब पीते हैं और सूअर का मांस खाते हैं; उनकी खुलेआम भर्त्सना की गई। उन्होंने इन हमलों की परवाह नहीं की, अपना काम जारी रखा और खुलेआम ब्रिटिश अफसरों को अपने घर में दावतें दीं। उलेमा तो आपे से बाहर हो गए; उन्होंने सैयद साहब को 'मुनाफ़िक़'—मिथ्याचारी—घोषित किया और उनके आचरण के खिलाफ पर्चे और पुस्तिकाएँ निकालीं। जब ये हमले बर्दाश्त के बाहर होने लगे तो सर सैयद ने जवाबी प्रतिकार किया। उन्होंने उर्दू में एक छोटी सी पुस्तिका प्रकाशित की जिसका शीर्षक था 'अहले-किताब के साथ हमख्वानी पर रिसाला।' इस पुस्तिका में उन्होंने न सिर्फ ईसाइयों के साथ भोजन करने की वैधता को सैद्धान्तिक तौर पर साबित किया बल्कि यह भी समझाया कि मुसलमानों के लिए व्यावहारिक तौर पर भी यह कितना जरूरी है कि वे पुरानी वर्जनाओं को छोड़ दें और अंग्रेजों के साथ करीबी रिश्ते बनाएँ।

मेरा मानना है कि इस्लाम या हिन्दू धर्म में ऐसा कुछ नहीं है जो इनके अनुयायियों को एक-दूसरे से अलग रखे लेकिन हम अलग रहे हैं और अब भी यह अलगाव जारी है। हममें से बेहतरीन लोग भी पूर्वाग्रहों और मानसिक वर्जनाओं से मुक्त नहीं हैं; हमारी रोजमर्रा की जिन्दगी को ये करीब-करीब जकड़े हुए हैं। सर सैयद ने मुसलमानों और ईसाइयों को करीब लाने के लिए जो सघन, अनवरत प्रयास किया था, वैसा ही प्रयास हिन्दुओं और मुसलमानों के बीच बेहतर समझदारी को विकसित करने के लिए किया जाना चाहिए। मुझे यकीन है कि डॉ. हुसैन और उनकी संस्था इस काम को पूरी गम्भीरता के साथ निष्पादित करेगी।

कोठारी शिक्षा आयोग ने अपनी रिपोर्ट में कुछ मूल्यवान सुझाव दिए हैं; उन पर गम्भीरता से सोचा जाना चाहिए। आयोग ने लिखा है :

> अनेक धर्मयुक्त देश के किसी धर्मनिरपेक्ष शासन के लिए यह व्यवहार्य नहीं होगा कि वह किसी एक धर्म के बारे में शिक्षा प्रदान करे। लेकिन साथ ही किसी बहुधर्मीय लोकतान्त्रिक राष्ट्र के लिए यह भी जरूरी है कि वह सभी धर्मों के प्रति एक सहिष्णुतावादी अध्ययन को बढ़ावा दे ताकि उसके नागरिक एक-दूसरे को बेहतर ढंग से समझ सकें और परस्पर सौमनस्य के साथ रह सकें।
>
> यह बात याद रखनी चाहिए कि स्कूलों में धार्मिक शिक्षा पर पाबन्दी लगाई जाने की वजह से और परिवारों का प्रभाव कमजोर होते जाने की वजह से, जो पहले वक्त में अक्सर अपनी तरफ से इस प्रकार की शिक्षा प्रदान किया करते थे, आजकल के बच्चे, अपने खुद के धर्म के बारे में कोई सुस्पष्ट जानकारी के बगैर और दूसरों के बारे में जानकारी पाने के किसी भी प्रकार

के अवसर के बगैर, बड़े हो रहे हैं।

असल में, नौजवान पीढ़ी में आमतौर पर इन मामलों के बारे में अज्ञान और गलतफहमियाँ इतनी ज्यादा व्याप्त हैं कि वह एक लोकतन्त्र के विकास के लिए बहुत खतरनाक साबित हो सकती हैं क्योंकि लोकतन्त्र में सहिष्णुता को बहुत ही मूल्यवान माना जाता है।

हमारा सुझाव है कि एक ऐसा पाठ्यक्रम तैयार किया जाए जिसमें प्रत्येक प्रमुख धर्मों के बारे में चुनिन्दा जानकारी का समावेश किया जाए और इस पाठ्यक्रम को नागरिकता के कोर्स के एक हिस्से के तौर पर या आम शिक्षा के एक हिस्से के तौर पर स्कूलों और कॉलेजों में पहली डिग्री के स्तर पर लागू किया जाए।

इसमें विश्व के सभी महान धर्मों की बुनियादी समानताओं पर ध्यान केन्द्रित किया जाना चाहिए और यह बताया जाना चाहिए कि किस प्रकार सभी धर्म करीब-करीब समतुल्य नैतिक और आध्यात्मिक मूल्यों के संवर्धन पर जोर देते हैं।

इस विषय पर देश के सभी हिस्सों में एक सामान्य कोर्स लागू करना और सामान्य पाठ्य-पुस्तकें रखना बहुत ही लाभकारी होगा; इन पुस्तकों को सभी धर्मों को निष्णात और योग्य उपलब्ध विशेषज्ञों द्वारा राष्ट्रीय स्तर पर तैयार करवाना चाहिए।

जब ये कोर्स तैयार हो जाएँ तो यह बेहतर होगा कि सभी धर्मों के गण्यमान्य व्यक्तियों की एक छोटी समिति द्वारा उसकी समीक्षा कराया जाए ताकि ये सुनिश्चित हो सके कि उनमें ऐसी किसी बात को समाविष्ट नहीं किया गया है जिस पर कोई धार्मिक समुदाय वैध आपत्ति उठा सकता है।

विज्ञान का अध्ययन एक नई ऊर्जस्विता के साथ किया जाए और उदारता, सहिष्णुता व वस्तुपरकता पर जोर दिया जाए जिससे एक ज्यादा धर्मनिरपेक्ष दृष्टिकोण अपरिहार्य रूप से विकसित हो। इस दृष्टि को बड़ी सावधानी और बुद्धिमानी से प्रोत्साहित करना जरूरी है।

साथ ही एक खास मायने में आज धर्मनिरपेक्ष और आध्यात्मिक के बीच दीवारें टूटती-सी नजर आ रही हैं और जिसे धर्मनिरपेक्ष माना जा रहा है उसकी आध्यात्मिक जड़ें दिखाई पड़ने लगी हैं। डॉ. इक़बाल के शब्दों में, ''रूह अपने अवसर, भौतिक, प्राकृतिक और धर्मनिरपेक्षता में पाती है। इसलिए वह सब-कुछ जो धर्मनिरपेक्ष है अपने अस्तित्व में पावन भी है।''

अपने भविष्य के विकास की दिशा को हम इस तरह से देखते हैं। हमारी मान्यता है कि भारत को विज्ञान और अध्यात्म के मूल्यों को साथ-साथ और सुसंवादिता से एकत्रित करने का प्रयास करना चाहिए और उसके जरिए अन्ततः एक ऐसे समाज के उद्भव के लिए मार्ग प्रशस्त करना चाहिए जो

समग्र मानव की जरूरतों की आपूर्ति करे, उसके व्यक्तित्व के किसी एक अंश या हिस्से की नहीं।

कोठारी आयोग ने अपनी रिपोर्ट भारत सरकार को बहुत वक्त पहले ही प्रदान कर दी और काफी वक्त गुजर चुका है लेकिन इन सुझावों को कार्रवाइयों में रूपान्तरित करने के लिए कुछ नहीं किया गया है; हमें ऐसे प्रयासों को प्रोत्साहित करना होगा क्योंकि वे अन्तर-धर्मीय समझदारी की मजबूत नींव डाल सकने में मददगार साबित होंगे। हमारी सारी कमियों-खामियों के बावजूद मैं आशावादी हूँ और मानवीय हृदय की आणविक सम्भावनाओं के प्रति आस्थावान हूँ; हमारी अनूठी विरासत की वजह से हमने अन्य किसी भी समुदाय की अपेक्षा, इस क्षेत्र में सफल होने की ज्यादा क्षमता है। हममें, धार्मिक पूर्वाग्रहों को पराजित करने और भावनाओं की संकीर्णताओं को हराने की असीम शक्ति है। जैसाकि, उस महान बांग्ला क्रान्तिकारी कवि क़ाज़ी नज़रुल इस्लाम ने कहा था :

ऐ वाइज़ ! किसने तुमसे कहा, कि
खुदा को किताबों में तलाश करो
वह तो तुम्हारे दिल में बसा है।
मैं ग़लतबयानी से काम नहीं ले रहा,
यहीं तो शाही ताज भी क़दमों में पड़े रहते हैं।
यहीं जगन्नाथ का पावन पीठ है,
बनारस है, मथुरा, बृन्दावन, बोधगया है,
येरुशलम, मदीना और काबा है।
दिल ही मस्जिद भी है, मन्दिर भी, कलीसा भी
हक़ को पाया है यहीं पर ईसा और मूसा ने
दिल ही मैदाने-जंग है
जहाँ कृष्ण ने गीता के श्लोक गाए
यही वह मैदान है जहाँ
खुदा से क़ुरबत पाई मैगी चरवाहे ने।
ध्यान और समाधि की गुफा है यही दिल
जहाँ गौतम बुद्ध ने इंसानों के दुख-दर्द को पहचाना
और तख़्तो-ताज को त्याग दिया
और यहीं रसूले अरबी ने वह पैग़ाम सुना
नुजूले क़ुरान की सूरत में।
गलत नहीं सुना है मैंने
कोई इबादतगाह, कोई मन्दिर
इंसान के दिल से बड़ा नहीं हो सकता।

सन्दर्भ

प्रस्तावना

1. ख़ान, शफ़ीक़ अली, *टू नेशंस थियरी एज ए कान्सेप्ट, स्ट्रेटेजी एंड आइडियालोजी,* कराची, 1985, पृ. 434
2. मेहता, शालिनी, *द एटर्नल वेब—हिन्दू-मुस्लिम रिलेशंस,* नई दिल्ली, 1992, पृ. 16
3. हारकेट्ट, फिशर डेविड, *हिस्टोरियंस फैलेसीज़,* न्यूयार्क, 1970, पृ. 7
4. स्टर्न राबर्ट डब्ल्यू., *चेंजिंग इंडिया,* केम्ब्रिज, 1993, पृ. 26
5. मेहता शालिनी, वही पृ. 7
6. ब्राउन, मेकेंजी डी., *इंडियन पोलिटिकल थाट,* कोलिफोर्निया, 1958, पृ. 116
7. सरकार, जदुनाथ, *ए शार्ट हिस्ट्री ऑफ औरंगज़ेब* (1618-1707), नई दिल्ली, 1979, पृ. 16

मुसलमान शासकों का रवैया

1. मलकानी, के. आर. *द पोलिटिक्स ऑफ अयोध्या* एंड *हिन्दू-मुस्लिम रिलेशंस,* नई दिल्ली, 1993, पृ. 79
2. इकराम, एस. एम., *मुस्लिम सिविलाइजेशन इन इंडिया,* न्यूयार्क, 1964, पृ. 102
3. मजुमदार, आर. सी. तथा अन्य, *एन एडवांस्ड हिस्ट्री ऑफ इंडिया,* मद्रास, 1978, पृ. 298
4. इकराम, एस. एम., वही, पृ. 73
5. मजुमदार, आर. सी. तथा अन्य, वही, पृ. 329
6. वही, पृ. 384
7. वही, पृ. 310
8. मजुमदार, आर. सी. तथा अन्य, *द दिल्ली सल्तनत, बम्बई 1960, पृ. 458*
9. मजुमदार, आर. सी. तथा अन्य, वही, पृ. 302
10. वही, पृ. 131
11. वही, पृ. 132
12. जक़रिया, रफ़ीक़ *द स्ट्रगल विदिन इस्लाम,* लन्दन, 1988, पृ. 136
13. शर्मा, श्रीराम, *द रिलीजियस पॉलिसी ऑफ मुग़ल एम्परर्स,* लन्दन, 1962, पृ. 44
14. जक़रिया, रफ़ीक़, वही पृ. 137-38
15. मजुमदार, आर. सी. तथा अन्य, पृ. 462

16. मलकानी, के. आर. *मुस्लिम इंडिया, जून 1990 में उद्धृत,* वही, पृ. 280
17. पांडे, बी. एन. *नेशन एंड द वर्ल्ड, दिल्ली, 16 सितम्बर,* 1994 में उद्धृत

एकता के मध्ययुगीन प्रयास

1. लेंब, बियट्रिस पिटनी, *इंडिया—ए वर्ल्ड इन ट्रांसिशन,* 1964 न्यूयार्क, पृ. 42
2. अर्नाल्ड, थामस, *प्रीचिंग ऑफ इस्लाम,* लन्दन, 1913, पृ. 5
3. इकराम, एस. एम., वही, पृ. 123-24
4. मजुमदार, आर. सी. तथा अन्य, वही, पृ. 394
5. मलकानी, के. आर. वही, 1993, पृ. 396
6. मजुमदार आर., सी. तथा अन्य वही
7. वही, पृ. 515
8. कोल्लर, जान एम., *द इंडियन वे,* न्यूयार्क, 1982, पृ. 323
9. वही, पृ. 320
10. रानडे एम. जी., *द राइज ऑफ द मराठा पावर,* बम्बई 1961, पृ. 23
11. मुज्तबाई, फतुल्ला, *हिन्दू-मुस्लिम कल्चरल रिलेशंस,* नई दिल्ली, 1985, पृ. 66
12. मजुमदार, आर. सी. तथा अन्य, *हिस्ट्री एंड कल्चर ऑफ इंडियन पीपुल, खंड-मुग़ल एम्पायर,* बम्बई 1974, पृ. 686
13. वही, पृ. 687
14. मुज्तबाई, फतुल्ला, वही, पृ. 91

बँटवारे की पूर्वभूमिका

1. सिंह, इक़बाल, *द आर्डेंट पिल्ग्रिम,* कलकत्ता, 1951, पृ. 61
2. ज़करिया, रफ़ीक़, *द राइज ऑफ मुस्लिम्स इन इंडियन पोलिटिक्स,* बम्बई, 1970, पृ. 358
3. ज़करिया, रफ़ीक़, वही, 1988, पृ. 255-56
4. ज़करिया रफ़ीक़ *इक़बाल, द पोयट एंड द पोलिटीशियन,* नई दिल्ली, 1993, पृ. 121
5. वही, 1993

दो-राष्ट्र सिद्धान्त

1. हसन मुशीरुल, *इंडिया'स पार्टीशन,* नई दिल्ली, 1993, पृ. 178
2. ज़करिया रफ़ीक़, *द स्ट्रगल विदिन इस्लाम,* लन्दन, 1988, पृ. 228
3. ज़करिया रफ़ीक़, *द राइज ऑफ मुस्लिम्स इन इंडियन पॉलिटिक्स,* बम्बई, 1970, पृ. 54
4. इक़बाल, मुहम्मद, *द रीकंस्ट्रक्शन ऑफ रिलीजियस थाट इन इस्लाम,* लाहौर, 1971, पृ. 173-74
5. ज़करिया रफ़ीक़, *इक़बाल : द पोयट एंड द पोलिटीशियन,* नई दिल्ली, 1993, पृ. 71-72
6. वही, पृ. 123

7. निज़ामी, ख़ालिक अंजुम, *सैयद अहमद ख़ान,* नई दिल्ली, 1965, पृ. 144
8. रिज़वी, एस. ए. ए. *द वंडर दैट वाज इंडिया,* खंड 2, लन्दन, 1987, पृ. 256
9. अली, अहमद, *द गोल्डन ट्रेडीशन,* न्यूयार्क, 1973, पृ. 4
10. हसन मुशीरुल, वही, पृ. 67-68

हिन्दुस्तान को किसने बाँटा ?

1. जलाल, आयशा, *द सोल स्पोक्समेन : जिन्ना, द मुस्लिम लीग एंड द डिमांड फार पाकिस्तान,* केम्ब्रिज, 1985, पृ. 265
2. आज़ाद, अबुल कलाम, *इंडिया विन्स फ्रीडम,* बम्बई, 1988, पृ. 154
3. जलाल, आयशा, वही, पृ. 3
4. लोहिया, राममनोहर, *गिल्टी मेन ऑफ इंडियाज पार्टीशन,* इलाहाबाद, 1960, पृ. 36
5. जलाल, आयशा, वही, पृ. 208
6. वही, पृ. 211-12
7. वही, पृ. 212-13
8. एविंग, कैथरीन पी. (सम्पादक) *शरीअत एंड एंबीग्वीटि इन साउथ एशियन इस्लाम,* नई दिल्ली, पृ. 119
9. जलाल, आयशा, वही, पृ. 285
10. वही, पृ. 285

बँटवारे का परिणाम

1. नेहरू, जवाहरलाल, *लेटर्स टू चीफ मिनिस्टर्स,* खंड 2, नई दिल्ली, 1986, पृ. 103
2. वही, पृ. 104
3. वही, पृ. 103
4. वही, पृ. 40
5. वही, पृ. 41
6. रेवनकर, रत्ना जी., *द इंडियन कांस्टीट्यूशन—ए केस स्टडी ऑफ बेकवर्ड क्लासेस,* न्यूजर्सी, 1971, पृ. 77-78
7. वही, पृ. 78
8 वही, पृ. 80
9. वही
10. आज़ाद, अबुल कलाम, *इंडियाज मौलाना, सेंटीनरी एडीशन, खंड-2* नई दिल्ली, 1990, पृ. 170-73
11. वही
12. वही
13. वही
14. वही

पहचान का संकट

1. लिमये, मधु, *डिक्लाइन ऑफ ए पोलिटिकल सिस्टम,* इलाहाबाद, 1992, पृ. 228
2. पणिक्कर के. एम., *ए सर्वे ऑफ इंडियन हिस्ट्री, बम्बई, 1963, पृ. 174*
3. वही, पृ. 169
4. ज़करिया रफ़ीक़, *द स्ट्रगल विदिन इस्लाम,* लन्दन, 1988, पृ. 300

असुरक्षा की तलवार

1. गाँधी, एम. के., *'हिन्दू-मुस्लिम यूनिटी,* बम्बई, 1965, पृ. 35
2. इंजीनियर, असग़र अली, *कम्यूनल रायट्स इन पोस्ट-इंडिपेंडेंस पीरियड,* हैदराबाद, 1984, पृ. 47
3. हक्सर, उर्मिला, *मायनोरिटी प्रोटेक्शन एंड इंटरनेशनल बिल ऑफ ह्यूमन राइट्स,* बम्बई, 1974, पृ. 89
4. वही

राजनीतिक अवनति

1. प्रो. औसाफ़ अहमद के *'इंडियन मुस्लिम्स* : इश्शूज इन सोशल एंड इकोनोमिक डेवलपमेंट', से उद्धृत जो *नेशन एंड द वर्ल्ड,* 16 अक्तूबर, 1994 में प्रकाशित हुआ।
2. भाँभरी, सी. पी., *पोलिटिकल प्रोसेस इन इंडिया* (1947-1991), नई दिल्ली, पृ. 98-99
3. कोहली, अतुल (सम्पा.) *इंडियाज डेमोक्रेसी : एन एनालिसिस ऑफ चेंजिंग स्टेट, सोसाइटी रिलेशंस,* प्रिंस्टन, 1988, पृ. 81

शैक्षिक पिछड़ापन

1. ज़करिया, रफ़ीक़, *द राइज ऑफ मुस्लिम्स इन इंडियन पॉलिटिक्स,* बम्बई, 1970, पृ. 188
2. वही, पृ. 191

आर्थिक दुर्दशा

1. मुस्लिम इंडिया, अप्रैल, 1990 में उद्धृत
2. आरिफ़, के. एम., *मुस्लिम पोटेंशियल इन इंडिया, यूनाइटेड इकोनोमिक फोरम,* बम्बई, जुलाई, 1994
3. अंसारी, इक़बाल ए. (सम्पा.) *द मुस्लिम सिचुएशन इन इंडिया,* नई दिल्ली, 1989, पृ. 124
4. शाकिर, *मोईन, मुस्लिम्स इन फ्री इंडिया,* नई दिल्ली, 1972, पृ. 12-13
5. प्रो. औसाफ़ अहमद के *'इंडियन मुस्लिम्स,* इश्शूज इन सोशल एंड इकोनोमिक डेवलपमेंट से उद्धृत जो *नेशन एंड द वर्ल्ड,* 16 अक्तूबर, 1994 में प्रकाशित हुआ।

अधिग्रहण का आतंक

1. मुस्सल्लम, बी. एफ., *सेक्स एंड सोसाइटी इन इस्लाम,* लन्दन, 1983, पृ. 22
2. हसन, क़मर, *मुस्लिम्स इन इंडिया,* नई दिल्ली, 1988, पृ. 5

ऐतिहासिक विरूपण

1. राधाकृष्णन, एस., *द भगवद्गीता,* बम्बई, 1948, पृ. 112
2. अली, अब्दुल्ला यूसुफ, *द होली कुरान, टेक्स्ट, ट्रांसलेशन एंड कमेंट्री,* यू. एस. ए. 1989, पृ. 1462
3. आज़ाद, अबुल कलाम, *द तर्जुमन-अल-कुरान,* खंड 2, बम्बई, 1967, पृ. 40
4. वही, खंड 3, हैदराबाद, 1978, पृ. 22,
5. अली, अब्दुल्ला यूसुफ, *द होली कुरान, टेक्स्ट, ट्रांसलेशन एंड* कमेंट्री, लेबनान, 1968, पृ. 447
6. ज़करिया, रफ़ीक़, *द स्ट्रगल विदन इस्लाम,* लन्दन, 1988, पृ. 3, 5
7. अली, अब्दुल्ला यूसुफ, वही, 1968, पृ. 444
8. आज़ाद, अबुल कलाम, वही, पृ. 12
9. मौदूदी, सैयद अबुल अला, *फंडामेंटल्स ऑफ इस्लाम,* दिल्ली, 1985, पृ. 250
10. इक़बाल, अफ़ज़ल, *इस्लमाइजेशन ऑफ पाकिस्तान,* पृ. 26
11. हुसैन, एम. हादी, *इमाम अबू हनीफ़ा—लाइफ एंड वर्क,* बम्बई, 1988, पृ. 102

धार्मिक मिथ्या अवधारणाएँ

1. आज़ाद, अबुल कलाम, *द तर्जुमन-अल-कुरान, खंड 1,* बम्बई, 1962, पृ. 103
2. मुज्तबाई, एफ., *हिन्दू-मुस्लिम कल्चरल रिलेशंस,* नई दिल्ली, 1983
3. राधाकृष्णन, एस., *द भगवद्गीता,* बम्बई, 1948, पृ. 26
4. वही, पृ. 27
5. नदवी, सैयद सुलेमान, *अरब ओ हिन्दू के ताल्लुकात,* हैदराबाद, 1962, पृ. 10
6. वही, पृ. 104

सुधार एवं परिवर्तन

1. इक़बाल, मुहम्मद, *द रीकंस्ट्रक्शन ऑफ रिलीजियस थाट इन इस्लाम,* लाहौर, 1971, पृ. 168
2. रीड, विनवुड, *द मार्टिरडम ऑफ मैन,* लन्दन, 1932, पृ. 219
3. मुस्लिम इंडिया, मई 1994

अयोध्या कांड

1. ए. जी. नूरानी का *'लीगल आस्पेक्ट्स ऑफ द इश्शू'* शीर्षक लेख देखें जो सर्वपल्ली गोपाल (सम्पा.) *एनाटोमी ऑफ ए कंफ्रंटेशन : द बाबरी मस्जिद रामजन्मभूमि इश्शू,* नई दिल्ली, 1991, पृ. 58 में है।
2. डी. मंडल का *अयोध्या, आर्कियालोजी आफ्टर डिमोलिशन,* नई दिल्ली, 1993, पृ. 56-57
3. असग़र अली इंजीनियर (सम्पा.) *बाबरी मस्जिद रामजन्मभूमि कंट्रोवर्सी,* दिल्ली, 1990
4. दिलीप पाडगाँवकर (सम्पा.) *वेन बाम्बे बर्न्ड,* नई दिल्ली, 1993
5. अरुण शौरी, *एक सेक्यूलर एजेंडा,* नई दिल्ली, 1993, पृ. 344; शौरी इस दलील का खंडन करते हैं कि बम्बई बम विस्फोट बाबरी मस्जिद शहादत के बाद हुए दंगों के खिलाफ मुसलमानों की प्रतिक्रिया थी।

कश्मीर की समस्या

1. पी. बी. गजेन्द्रगडकर, *कश्मीर—रिट्रोस्पेक्ट एंड प्रोस्पेक्ट,* पृ. 84, *'पाकिस्तान एग्रेशन अगेंस्ट कश्मीर इन 1965',* बम्बई, 1967
2. एम. जे. अकबर, *कश्मीर बिहाइन्ड द वेल,* नई दिल्ली, 1991, पृ. 78

संचार माध्यमों की भूमिका

1. हिन्दी-उर्दू विवाद के लिए देखें, रफ़ीक़ ज़करिया, *राइज ऑफ मुस्लिम्स इन इंडियन पोलिटिक्स,* बम्बई, 1971, पृ. 293-309
2. ग़नी एच. ए. *रिफोर्म ऑफ मुस्लिम पर्सनल लॉ,* नई दिल्ली, 1988 और अरुण शौरी, *ए सेक्यूलर एजेंडा,* नई दिल्ली, 1993, पृ. 130-33
3. दिलीप पाडगाँवकर (सम्पा.) *वेन बाम्बे बर्न्ड,* नई दिल्ली, 1993

एकता में रुकावटें

1. ज़क़रिया, रफ़ीक़, *इक़बाल, द पोयट एंड द पोलिटीशियन,* नई दिल्ली, 1993, पृ. 43-44
2. वही, पृ. 64
3. ज़करिया, रफ़ीक़, *द स्ट्रगल विदिन इस्लाम,* लन्दन, 1988, पृ. 6

भविष्य क्या होगा ?

1. हक्सर, उर्मिला, *माइनोरिटी प्रोटेक्शन एंड इंटरनेशनल बिल ऑफ ह्यूमन राइट्स,* बम्बई, 1974, पृ.89
2. वही, पृ. 28

3. वही, पृ. 28-29
4. लैंब बियट्रिस पिटनी, इंडिया : *ए वर्ल्ड इन ट्रांजीशन,* न्यूयार्क 1975, पृ. 130
5. हसन, क़मर, *मुस्लिम्स इन इंडिया,* नई दिल्ली, 1988, पृ. 41
6. अपने एक उपन्यास में सीताराम ने अपने एक पात्र से यह कहलवाया है।
7. फ्रंटलाइन, 29 जुलाई, 1994 से उद्धृत
8. मदान, टी. एन. (सम्पा.) *रिलिजन इन इंडिया,* नई दिल्ली, 1992, पृ. 35

ग्रन्थ-सूची

आरिफ़, के. एम.,–*मुस्लिम पोटेंशियल इन इंडिया*, बम्बई, 1994

अब्दुल्ला, अहमद, *द हिस्टोरिकल बैकग्राउंड ऑफ पाकिस्तान एंड इट्स पीपुल*, कराची, 1973

आग़ा ख़ान, *द मेमोयर्स आफ आगा खान*, लन्दन, 1954

अगवानी, एम. एस., *इस्लामिक फंडामेंटालिज्म इन इंडिया*, चंडीगढ़, 1986

अहलूवालिया, बी. के. तथा शशि अहलूवालिया, *मुस्लिम्स एंड इंडियाज फ्रीडम मूवमेंट*, नई दिल्ली, 1985

अहमद, जमिल-उद्दीन (सम्पा.) *सम रीसेंट स्पीच्स एंड राइटिंग्स ऑफ मिस्टर जिन्ना*, लाहौर, 1942

अहमद, अकबर, *पाकिस्तान सोसाइटी*, न्यूयार्क, 1986

डिस्कवरिंग इस्लाम, मेकिंग सेंस ऑफ मुस्लिम हिस्ट्री एंड सोसाइटी, नई दिल्ली, 1990

–तथा डेविड हार्ट (सम्पा.) *इस्लाम इन ट्राइबल सोसाइटीज* लन्दन, 1984

अहमद, अली, *द गोल्डन ट्रेडीशन*, न्यूयार्क, 1973

अहमद, अज़ीज़, *स्टडीज इन इस्लामिक कल्चर इन इंडियन एन्विरोन्मेंट*, आक्सफोर्ड, 1964

अहमद, इम्तियाज़ (सम्पा.), *कास्ट एंड सोशल स्ट्रेटिफिकेशन अमंग मुस्लिम्स*, दिल्ली, 1973

–रिच्यूअल एंड रिलिजन अमंग मुस्लिम्स इन इंडिया, नई दिल्ली, 1981

अहमद इश्तियाक, *द कांसेप्ट ऑफ एन इस्लामिक स्टेट : ए एनालिसिस ऑफ द आइडियोलोजिकल कांट्रोवर्सी इन पाकिस्तान*, लन्दन, 1987

अहमद, रफ़ीउद्दीन, *द बंगाल मुस्लिम्स 1871-1906* नई दिल्ली, 1988

अहमद, सैयद रियाज़, *मौलाना मौदूदी एंड द इस्लामिक स्टेट*, लाहौर, 1976

अय्यर, मणिशंकर, *पाकिस्तान पेपर्स*, नई दिल्ली, 1994

अकबर, एम. जे., *इंडिया, द सीज विदिन, चैलेंज टू ए नेशंस यूनिटी*, इंग्लैंड, 1985

–रायट आफ्टर रायट, नई दिल्ली, 1988

–कश्मीर बिहाइंड द वेल, नई दिल्ली 1991

अली, अब्दुल्ला यूसुफ, द होली क़ुरान, टेक्स्ट, ट्रांसलेशन एंड कमेंट्री, लेबनान, 1968

अली, मुहम्मद, *द रिलिजन ऑफ इस्लाम*, लाहौर, 1936

अली, तारिक़, *केन पाकिस्तान सर्वाइव* हार्मंड्सवर्थ, 1983

आम्बेडकर, बी. आर., *पाकिस्तान और पार्टीशन ऑफ इंडिया*, बम्बई, 1945

अंसारी, इक़बाल ए. (सम्पा.), *मुस्लिम सिच्युएशन इन इंडिया*, नई दिल्ली, 1989

अर्नाल्ड, टी. डब्ल्यू, *द प्रीचिंग ऑफ इस्लाम*, लन्दन, 1913

अस्करी, हसन, *सोसाइटी एंड स्टेट इन इस्लाम*, नई दिल्ली, 1978

आज़ाद, अबुल कलाम, *इंडिया विन्स फ्रीडम*, न्यूयार्क, 1959

—द *तर्जुमन-अल-कुरान,* खंड 1, बम्बई, 1962

—द तर्जुमन-अल-कुरान, खंड 2, बम्बई, 1967

—द तर्जुमन-अल-कुरान, खंड 3, हैदराबाद, 1978

अज़ीज़, के. के., द *मेकिंग ऑफ पाकिस्तान, ए स्टडी इन नेशनलिज्म,* नई दिल्ली, 1988

—हिस्ट्री ऑफ पार्टीशन ऑफ इंडिया : ओरिजिन एंड डेवलपमंट ऑफ द आइडिया ऑफ पाकिस्तान, खंड 1 से 4, नई दिल्ली, 1988

बहादुर लाल, जौहरी जे. सी. (सम्पा.), *स्टडी फार पाकिस्तान, ट्रेजेडी ऑफ द ट्रायंफ ऑफ मुस्लिम कम्यूनालिज्म* इन इंडिया, नई दिल्ली, 1988

बेग, एम. आर. ए.–द *मुस्लिम डायलेमा इन इंडिया,* दिल्ली, 1974

बजाज, जितेन्द्र (सम्पा.), *अयोध्या एंड द फ्यूचर इंडिया, मद्रास, 1993*

बन्द्योपाध्याय, शैलेश कुमार. *क़ायद-ए-आज़म एम. ए. जिन्ना एंड द क्रिएशन ऑफ पाकिस्तान,* नई दिल्ली, 1991

बाशम, ए. एल, द *वंडर वेट वाज इंडिया,* नई दिल्ली, 1954

—(सम्पा.) *ए कल्चरल हिस्ट्री ऑफ इंडिया,* नई दिल्ली, 1975

बासू, महादेव पी. *एन्थ्रोपोलोजिकल प्रोफाइल ऑफ द मुस्लिम्स ऑफ कालकेटा* कलकत्ता, 1985

भाँभरी, सी. पी., *पोलिटिकल प्रोसेस इन इंडिया 1947-1991, नई दिल्ली, 1991*

भट्टाचारजी, एस. बी., *एन्साइक्लोपीडिया ऑफ इंडिया ईवेंट्स एंड डेट्स* नई दिल्ली, 1987

बाइंडर, लिओनार्ड-*इस्लामिक लिबरलिज्म, ए क्रिटिक ऑफ डेवलपमेंट आइडियालो जीस,* लन्दन, 1988

बुर्के, मागरिट वाइट, *हाफ वे फ्रीडम,* न्यूयार्क, 1949

ब्रासा, पॉल आर., द *पोलिटिक्स ऑफ इंडिया सिन्स इंडिपेंडेंस,* नई दिल्ली, 1992

ब्राउन, मैकेंजी डी., *इंडियन पोलिटिकल थाट,* कैलिफोर्निया, 1958

बुलिएट, रिचर्ड डब्ल्यू. इस्लाम द *व्यू फ्राम द ऐज* न्यूयार्क, 1994

कालार्ड, कीथ, पाकिस्तान : *ए पोलिटिकल स्टडी,* न्यूयार्क, 1957

छागला, एम. र्सा., *रोज़ेस इन डिसम्बर,* बम्बई, 1990

चन्द, तारा, *हिस्ट्री ऑफ द फ्रीडम मूवमेंट इन इंडिया* 4 खंड, नई दिल्ली, 1972

चन्द्र, बिपन, *कम्यूनालिज्म इन माडर्न इंडिया,* नई दिल्ली, 1984

चटर्जी, पी. सी., *सेक्यूलर वैल्यूज फार सेक्यूलर इंडिया,* नई दिल्ली, 1984

चोपड़ा, पी. एन., *रोल ऑफ इंडियन मुस्लिम्स इन द स्ट्रगल फार फ्रीडम,* नई दिल्ली, 1979

—इंडियाज मेजर नान-वायोलंट मूवमेंट्स 1919-1934, नई दिल्ली,. 1979

कोलिन्स, लैरी एवं लेपियर डोमिनीक, *माउंटबेटन एंड इंडिपेंडेंट इंडिया 16 अगस्त, 1947; 18 जून, 1948,* नई दिल्ली, 1984

कोक्स, हार्वे, द *सेक्यूलर सिटी,* न्यूयार्क, 1990

कथबर्टसनु, इआन एम. तथा जेन लीबोविट्ज (सम्पादकगण) *माइनोरिटीज : द न्यू यूरोप्स ओल्ड इश्शू,* न्यूयार्क, 1993

डेल, स्टीफन फ्रेडरिक, द *मापिलास ऑफ मालाबार 1498-1922 : इस्लामिक सोसाइटी आन द साउथ एशियन फ्रंटियर,* आक्सफोर्ड, 1980

दलवाई, हमीद, *मुस्लिम पॉलिटिक्स इन सेक्यूलर इंडिया*, दिल्ली, 1968

दास, वीणा (सम्पा.), *मिरर्स ऑफ वायलेंस-कम्यूनिटीज, रायट्स एंड सर्वाइवर्स इन साउथ एशिया*, दिल्ली, 1990

देसाई, ए. आर., *सोशल बैकग्राउंड ऑफ इंडियन नेशनलिज्म*, बम्बई, 1968

देव, बी. जे. तथा डी. के. लाहिड़ी, *असम मुस्लिम्स पोलिटिक्स एंड कोहिशन*, दिल्ली, 1985

डेविक, इ. सी. तथा एम. टी. टाइटम्स (सम्पादकगण), *इंडियन इस्लाम : रिलिजियस हिस्ट्री ऑफ इस्लाम इन इंडिया*, बम्बई, 1930

दुर्गा, दास, *इंडिया फ्राम कर्जन टू नेहरू एंड आफ्टर*, लन्दन, *1969*

एडवार्डेस, एम., *ए हिस्ट्री ऑफ इंडिया*, लन्दन, 1961

—*द लास्ट इयर्स ऑफ ब्रिटिश इंडिया*, लन्दन, 1963

एलफिन्स्टन, माउंट स्टुअर्ट, *द हिस्ट्री ऑफ इंडिया*, लन्दन, 1874

इंजीनियर, असग़र अली, *इस्लाम-मुस्लिम्स-इंडिया*, बम्बई, 1975

—(सम्पा.) *कम्यूनल रायट्स इन पोस्ट इंडिपेंडेंस इंडिया*, हैदराबाद, 1984

—*इंडियन मुस्लिम्स, ए स्टडी ऑफ मायनोरिटी प्राब्लम्स इन इंडिया*, दिल्ली, 1985

—(सम्पा.) *द रोल ऑफ माइनोरिटीज इन फ्रीडम स्ट्रगल*, दिल्ली, 1986

—(सम्पा.) *बाबरी मस्जिद रामजन्मभूमि कांट्रोवर्सी*, दिल्ली, 1990

एविंग, कैथराइन पी. (सम्पा.) *शरीअत एंड एंबीग्विटी इन साउथ एशियन इस्लाम*, नई दिल्ली, 1988

फारूक़ी, ज़िया-उल-हसन, *द देवबन्द स्कूल एंड द डिमांड फार पाकिस्तान* न्यूयार्क, 1963

फज़लुल्लाह, लुत्फ़ुल्लाह ख़ान बहादुर, *गुजरात मुसलमान्स, फ्राम देयर अर्लिएस्ट सेटलमेंट इन ए. डी. 634 टू द प्रेसेंट पीरियड ए. डी. 1898*, बम्बई, 1899

फील्ड, जोन ओसगुड तथा फ्रांडा मारकुस, *द कम्यूनिस्ट पार्टीज ऑफ वेस्ट बंगाल*, खंड 1, दिल्ली, 1974

फिशर, डेविड हेकैट, *हिस्टोरियंस फैलेसीज*, न्यूयार्क, 1970

गजेन्द्रगडकर, पी. बी., *कश्मीर, रिट्रोस्पेक्ट एंड प्रोस्पेक्ट*, बम्बई, 1967

गाँधी, एम. के, *कम्यूनल यूनिटी*, अहमदाबाद, 1949

—*द हिन्दू-मुस्लिम यूनिटी*, बम्बई, 1965

गाँधी, राजमोहन, *द राजाजी स्टोरी, 1937-72* बम्बई, 1984

—*एइट लाइव्स, ए स्टडी ऑफ द हिन्दू-मुस्लिम एन्काउंटर*, नई दिल्ली, 1986

ग़नी, एच. ए., *रिफोर्म ऑफ मुस्लिम पर्सनल लॉ*, नई दिल्ली, 1988

गौबा, के. एल., *पेसिव वाइजेस, ए पेनेट्रेटिंग स्टडी ऑफ मुस्लिम्स इन इंडिया*, बम्बई, 1973

घोष, एस. के., *मुस्लिम पोलिटिक्स इन इंडिया*, नई दिल्ली, 1987

—*मुस्लिम्स इन इंडियन डेमोक्रेसी*, कलकत्ता, 1984

ग्लेनडेवोन, जान, *द वाइसराय एट बे*, लन्दन, 1979

गोपाल, राम, *इंडियन मुस्लिम्स, ए पोलिटिकल हिस्ट्री (1858-1947)*, बम्बई, 1959

गोपाल, एस. नेहरू, *ए बायोग्रोफी*, 3 खंड, दिल्ली, 1976

—(सम्पा.) *एनोटोमी ऑफ ए कन्फ्रंटेशन-द बाबरी मस्जिद रामजन्मभूमि इश्शू*, नई दिल्ली, 1991

गोट्टलिब, गिडोन,*नेशन अगेंस्ट स्टेट*, न्यूयार्क, 1993

गोट्टलिब, गिडोन, *नेशन अगेंस्ट स्टेट,* न्यूयार्क, 1993

ग्राहम, ब्रूस, *हिन्दू नेशनलिज्म एंड इंडियन पोलिटिक्स,* नई दिल्ली, 1993

ग्राहम, जी. एफ. आई, *लाइफ एंड वर्क ऑफ सर सैयद अहमद खान,* लन्दन, 1909

ग्रेवाल, जे. एस., *मुस्लिम रोल इन इंडिया,* कलकत्ता, 1970

ग्रूनबाम, जी. इ. वान., *मॉडर्न इस्लाम, द सर्च फार कल्चरल आइडेंटिटी,* बर्कले, 1962

हबीबुल्ला, ए. बी. एम., *द फाउंडेशन ऑफ मुस्लिम रूल इन इंडिया,* इलाहाबाद, 1901

हक्सर, उर्मिला, *माइनोरिटी प्रोटेक्शन एंड इंटरनेशनल बिल ऑफ ह्यूमन राइट्स,* बम्बई, 1974

हमीद, अब्दुल, *मुस्लिम सेपरेटिज्म इन इंडिया,* लन्दन, 1971

हमीद, एस. एस., (सम्पा.), *इंडियाज मौलाना : अबुल कलाम आज़ाद,* नई दिल्ली, 1990

हमीद, शाहिद, *डिसास्टरस ट्वाइलाइट,* लन्दन, 1986

हमीदुल्लाह, एम., *द मुस्लिम कंडक्ट ऑफ स्टेट,* लाहौर, 1945

हक, मुशीरुल, *मुस्लिम पॉलिटिक्स इन माडर्न इंडिया 1857-1947, मेरठ, 1970*

—इस्लाम इन सेक्यूलर इंडिया, शिमला, 1972

हार्डी, पी., *द मुस्लिम्स ऑफ ब्रिटिश इंडिया,* लन्दन, 1972

हार्डी, पीटर, *पार्टनर्स इन फ्रीडम एंड ट्रू मुस्लिम्स, द पोलिटिकल थाट ऑफ सम मुस्लिम स्कालर्स इन ब्रिटिश इंडिया, 1912-1947,* लन्दन, 1971

हार्मन, एस., *प्लाइट ऑफ मुस्लिम्स इन इंडिया,* लन्दन, 1976

हसन, मुशीरुल, *कम्यूनल एंड पेन-इस्लामिक ट्रेंड्स इन कलोनियल इंडिया,* दिल्ली, 1981

—नेशनलिज्म एंड कम्यूनल पोलिटिक्स इन इंडिया, नई दिल्ली, 1991

—इंडियास पार्टीशन प्रोसेस, स्ट्रेटेजी एंड मोबिलाइजेशन, दिल्ली, 1993

हसन, क़मर, *मुस्लिम्स इन इंडिया, एट्टीट्यूड्स, एडजस्टमेंट्स एंड रिएक्शंस,* नई दिल्ली, 1988

हाशिम, अली सैयद, *इंडियन मुस्लिम्स एट क्रासरोड्स,* हैदराबाद

हिंगोरानी, आनन्द टी. तथा गंगा ए-*हिंगोरानी,* द एनसाइक्लोपीडिया ऑफ गाँधियन थॉट्स, नई दिल्ली, 1985

ह्यूजस, थामस पेट्रिक, *डिक्शनरी ऑफ इस्लाम,* इलाहाबाद, 1985

हुसैन महमूद तथा अन्य (सम्पादकगण) *ए हिस्ट्री ऑफ द फ्रीडम मूवमेंट* कराची, 1957

हुसैन, एम. हादी, *इमाम अबू हनीफ़ा—लाइफ एंड वर्क,* बम्बई, 1988

इकराम, एस. एम. *मुस्लिम सिविलाइजेशन इन इंडिया,* न्यूयार्क, 1964

—माडर्न मुस्लिम इंडिया एंड द बर्थ ऑफ पाकिस्तान लाहौर, 1970

इमाम, ज़फर (सम्पा.) *मुस्लिम्स इन इंडिया,* नई दिल्ली, 1975

इक़बाल अफ़ज़ल, *इस्लमाइजेशन ऑफ पाकिस्तान,* दिल्ली, 1984

इक़बाल, जाविद, *आइडियोलोजी ऑफ पाकिस्तान* लाहौर, 1971

इक़बाल, मोहम्मद, *जाविदनामा* (ए. जे. आरबेरी द्वारा अनूदित) *लन्दन, 1966*

—द रीकंस्ट्रक्शन ऑफ रिलीजियस थाट इन इस्लाम, लाहौर, 1971

—शिकवा एंड जवाब-ए-शिकवा, कंप्लेन एंड आन्सर (खुशवन्त सिंह द्वारा अनूदित) दिल्ली, 1981

जैन, गिरिलाल, *द हिन्दू फिनोमिना,* नई दिल्ली, 1994

जैन, नरेशकुमार, *मुस्लिम्स इन इंडिया, ए बायोग्राफिकल डिक्शनरी,* खंड-2, नई दिल्ली, 1983

जैन, सुशीला, *मुस्लिम्स एंड मार्डनाइजेशन : चेंजिंग रोल स्ट्रक्चर एंड नोर्म्स इन एन अर्बन सेटिंग,* जयपुर, 1986

जलाल, आएशा, *द सोल स्पोक्समेन, जिन्ना, द मुस्लिम लीग एंड द डिमांड फार पाकिस्तान,* कैम्ब्रिज, 1985

जिन्ना, मोहम्मद अली, *क़ायद-ए-आज़म मोहम्मद अली जिन्ना : स्पीच्स एस गवर्नर-जनरल ऑफ पाकिस्तान, 1947-48,* कराची, 1948

जोग, बी. एन., *थ्रेट ऑफ इस्लाम : इंडियन डाइमेंशंस-ए क्रिटीक ऑफ इवेन्ट्स एंड थाट प्रोसेसेस 1857-1993,* बम्बई, 1994

जानसन, एलन कैंपबेल, *मिशन विथ माउंटबेटन, लन्दन, 1951*

जोंस, मार्क बेंस, द *वाइसरायस ऑफ इंडिया,* नई दिल्ली, 1982

कबीर, हुमायूँ, *माइनोरिटीज इन डेमोक्रेसी,* कलकत्ता 1968

कौर, उमा, *मुस्लिम्स एंड इंडियन नेशनलिज़्म : एमरजेंस ऑफ द डिमांड फार इंडियाज पार्टीशन,* 1928-40, नई दिल्ली, 1977

ख़ालिद, सईद बी. *पाकिस्तान : द फार्मेटिव फेज, 1857-1948,* ऑक्सफोर्ड, 1968

ख़ान, एम असग़र, *पाकिस्तान एट द क्रासरोड्स,* लाहौर, 1969

ख़ान, मौलाना वहीदुद्दीन, *तबलीग़ मूवमेंट,* नई दिल्ली, 1986

—इंडियन मुस्लिम्स, नई दिल्ली, 1994

ख़ान, रशीदुद्दीन, *बिविल्डर्ड इंडिया, आइडेंटिटी, प्लूरालिज्म, डिस्कोर्ड,* नई दिल्ली, 1994

ख़ान, शफीक अली, *टू नेशंस थियरी एज ए कान्सेप्ट, स्ट्रेटेजी एंड आइडियालोजी, कराची, 1973*

ख़ान, वली, *फैक्ट्स आर फैक्ट्स : द अन्टोल्ड स्टोरी ऑफ इंडियाज पार्टीशन,* नई दिल्ली, 1987

ख़ुर्शीद, सलमान, *एट होम इन इंडिया : ए रीस्टेटमेंट ऑफ इंडियन मुस्लिम्स,* नई दिल्ली, 1986

कोहली, अतुल (सम्पा.) *इंडियाज डेमोक्रेसी,* प्रिंसटन, 1988

कोल्लर, जोन एम., *द इंडियन वे,* न्यूयार्क, 1982

क्रूगर, होर्स्ट (सम्पा.) *कुँवर मुहम्मद अशरफ—एन इंडियन स्कालर एंड रेवोल्यूशनरी 1903-1962,* दिल्ली, 1968

कुलकर्णी, वी. बी., *ब्रिटिश डोमिनेशन इन इंडिया एंड आफ्टर,* बम्बई, 1964

—इंडिया एंड पाकिस्तान, बम्बई, 1973

—पाकिस्तान इट्स ओरिजन एंड रिलेशंस विथ इंडिया, नई दिल्ली, 1988

लाल, बहादुर, *स्ट्रगल फार पाकिस्तान,* नई दिल्ली, 1988

लाल, कँवर, *इलेक्शंस एक्स्ट्राओरडिनेरी,* नई दिल्ली, 1977

लाल, रामजी, *पोलिटिकल इंडिया, 1935-42 एनाटोमी ऑफ इंडियन पोलिटिक्स* दिल्ली, 1986

लैंब, बियाट्रिस पी, *इंडिया, ए वर्ल्ड इन ट्रांसिशन,* न्यूयार्क, 1975

लतीफ़, सैयद अब्दुल, *द माइंड अल-कुरान बिल्ड्स,* हैदराबाद, 1952

—एन आउटलाइन ऑफ द कल्चरल हिस्ट्री ऑफ इंडिया, हैदराबाद, 1958

लिमये, मधु, *डिक्लाइन ऑफ ए पोलिटिकल सिस्टम—इंडियन पालिटिक्स एट क्रासरोड्स,* इलाहाबाद, 1992

—रिलिजियस बिगोटरी : ए थ्रेट टू आर्डर्ड स्टेट, दिल्ली, 1994

लोहिया, राममनोहर, *गिल्टी मेन ऑफ इंडियाज पार्टीशन,* इलाहाबाद, 1960
लोखंडवाला, एस. टी., *इंडिया एंड कंटेम्परेरी इस्लाम,* शिमला, 1971
लुम्बी, इ. डब्ल्यू. आर., *द ट्रांसफर ऑफ पावर इन इंडिया, 1945-47* लन्दन, 1954
लूथरा, वेद प्रकाश, *द कान्सेप्ट ऑफ सेक्यूलर स्टेट एंड इंडिया,* लन्दन, 1964
मदान, टी. एन. (सम्पा.), *रिलिजन इन इंडिया,* दिल्ली, 1992
महमूद, ताहिर, *पर्सनल लॉ इन इस्लामिक कंट्रीज,* नई दिल्ली 1987
मैत्र, जयन्ती, *मुस्लिम पालिटिक्स इन बंगाल 1855-1906,* कलकत्ता, 1984
मजुमदार, आर. सी. तथा अन्य, *एडवांस्ड हिस्ट्री ऑफ इंडिया, मद्रास,* 1946, 1985, 1946
—(सम्पा.) *द हिस्ट्री एंड कल्चर ऑफ द इंडियन पीपुल, खंड 6, द डेल्ही सल्तनत,* बम्बई, 1960
—(सम्पा.) *द हिस्ट्री एंड कल्चर ऑफ द इंडियन पीपुल, खंड 7, मुग़ल एम्पायर,* बम्बई, 1974
मलकानी के. आर., *द पोलिटिक्स ऑफ अयोध्या एंड हिन्दू-मुस्लिम रिलेशंस,* नई दिल्ली, 1993
मंडल, डी., *अयोध्या, आर्कियालोजी आफ्टर डिमोलिशन,* नई दिल्ली, 1993
मार्क्स, कार्ल तथा एफ. एंगल्स, *आन रिलिजन,* न्यूयार्क, 1964
माथुर, वाय. बी., *मुस्लिम्स एंड चेंजिंग इंडिया,* नई दिल्ली, 1972
मौदूदी, सैयद अबुल अली, *फंडामेंटल्स ऑफ इस्लाम,* दिल्ली, 1978
मे, लिनि एस., *द एवोल्यूशन ऑफ इंडो-मुस्लिम थाट अप टू 1857,* लाहौर, 1970
मेहरा, पुरुषोत्तम, *ए डिक्शनरी ऑफ मॉडर्न इंडियन हिस्ट्री, 1707-1947,* दिल्ली, 1985
मेहता, अशोक तथा ए. पटवर्धन, *द कम्यूनल ट्राएंगल इन इंडिया,* इलाहाबाद, 1942
मेहता, जे. एल., *एडवांस्ड स्टडी इन द हिस्ट्री ऑफ मिडीवल इंडिया,* खंड 3, नई दिल्ली, 1985
मेहता, शालिनी, *द एटर्नल वेब, हिन्दू-मुस्लिम रिलेशंस,* नई दिल्ली, 1992
मेनन, वी. पी., *द ट्रांसफर ऑफ पावर इन इंडिया,* बम्बई, 1957
मेटकाफ, बारबरा डाली, *इस्लामिक रिवाइवल इन ब्रिटिश इंडिया, देवबन्द 1860-1900* न्यूजर्सी, 1982
मिलर रोलेंड, इ., *मापिला मुस्लिम्स ऑफ केरला—ए स्टडी इन इस्लामिक ट्रेंड्स,* बम्बई, 1976
मिनौत, गाली, *द खिलाफत मूवमेंट,* नई दिल्ली, 1972
मीरचन्दानी, जी. जी., *असेम्बली इलेक्शंस 1980,* नई दिल्ली, 1981
मोईन, शाकिर, *खिलाफत टू पार्टीशन : ए सर्वे ऑफ मेजर पोलिटिकल ट्रेंड्स अमंग इंडियन* मुस्लिम्स ड्यूरिंग 1919-1947, नई दिल्ली, 1970
मूर, आर. जे., *द क्राइसिस ऑफ इंडियन यूनिटी, 1917-1940,* दिल्ली, 1974
—*एंडगेम्स ऑफ एम्पायर,* दिल्ली 1988
मुहम्मद, शान, *अन्पब्लिश्ड लेटर्स ऑफ अली ब्रदर्स,* दिल्ली, 1979
—*द इंडियन मुस्लिम्स, ए डाक्यूमेंट्री 1900-1947 रिकार्ड,* नई दिल्ली, 1988
मुजीब, एम., *द इंडियन मुस्लिम्स,* लन्दन, 1967
मुज्तबाई, एफ., *हिन्दू-मुस्लिम कल्चरल रिलेशंस,* नई दिल्ली, 1983
मुखोपाध्याय, नीलांजन, *द डिमोलिशन, इंडिया एट द क्रासरोड्स,* नई दिल्ली, 1994
मुनीर, मुहम्मद, *फ्राम जिन्ना टू ज़िया,* लाहौर, 1979
मुंशी, के. एम., *अखंड हिन्दुस्तान,* बम्बई, 1942

मुसल्लम, बी. एफ., *सेक्स एंड सोसाइटी इन इस्लाम,* लन्दन, 1983

नदवी, अबुल हसन अली, *मुस्लिम्स इन इंडिया,* लखनऊ, 1980

नगरकर, वी. वी., *जेनेसिस ऑफ पाकिस्तान,* बम्बई, 1975

नन्दा, बी. आर. (सम्पा.) *एस्सेस इन मॉडर्न इंडियन हिस्ट्री,* नई दिल्ली, 1980

नेहरू, जवाहरलाल, *ग्लिंप्सस ऑफ वर्ल्ड हिस्ट्री,* लन्दन, 1934

—*आटोबायोग्राफी,* लन्दन, 1936

—*डिस्कवरी ऑफ इंडिया,* कलकत्ता, 1946

निज़ामी, ख़ालिक अहमद, *सम आस्पेक्ट्स ऑफ रिलिजन एंड पालिटिक्स इन इंडिया ड्यूरिंग द थर्टीन सेंचुरी,* अलीगढ़, 1901

—*सैयद अहमद खान,* नई दिल्ली, 1966

नोमान, मोहम्मद, *मुस्लिम इंडिया, राइज एंड ग्रोथ ऑफ द आल इंडिया मुस्लिम लीग,* इलाहाबाद, 1942

नोमानी, रशीद, *टेक्स्ट बुक्स फार सेक्यूलर इंडिया,* नई दिल्ली, 1970

पडगाँवकर, दिलीप, *वे बाम्बे बर्न्ड,* नई दिल्ली, 1993

पेज, डेविड, *प्रिल्यूड टू पार्टीशन : द इंडियन मुस्लिम्स एंड द इम्पीरियल सिस्टम ऑफ कंट्रोल 1920-1932,* दिल्ली, 1982

पांडे, बी. एन. *बेसिक वन्नेस ऑफ आल रिलिजंस विथ स्पेशल रेफरेंस टू हिन्दूइज्म एंड इस्लाम,* अलीगढ़, 1988

—*छत्रपति शिवाजी—ए सिंबल ऑफ सेक्यूलरिज्म,* दिल्ली, 1994

पांडे, ज्ञानेन्द्र, *द कंस्ट्रक्शन ऑफ कम्यूनलिज्म इन कलोनियल नार्थ इंडिया* दिल्ली, 1990

पणिकर, के. एम., *ए सर्वे ऑफ इंडियन हिस्ट्री,* बम्बई, 1963

पार्थ सारथी, जी. (सम्पा.) *जवाहरलाल नेहरू, लेटर्स टू चीफ मिनिस्टर्स 1947-1964, खंड 2, 1950-52,* बम्बई, 1986

फाफ, विलियम, *द रैथ ऑफ नेशंस,* न्यूयार्क, 1993

फिलिप्स, सी. एच. तथा एम. डी. वेइनराइट (सम्पादकगण) *द पार्टीशन ऑफ इंडिया, पालिसीज एंड पर्सपेक्टिव्स 1935-1947,* लन्दन, 1970

पिल्लै, एस. देवदास (सम्पा.) *द इन्क्रेडिबल इलेक्शंस, 1977,* बम्बई, 1977

प्रसाद, राजेन्द्र, *इंडिया डिवाइडेड,* बम्बई, 1946

क़ुरैशी, इश्तिआक़ हुसैन, *द मुस्लिम कम्यूनिटी ऑफ द इंडो-पाकिस्तान सबकांटिनेंट,* हेग, 1962

राधाकृष्णन, एस. *भगवद्गीता,* बम्बई, 1948

रहमान, हुसैनुर, *हिन्दू-मुस्लिम रिलेशंस इन बंगाल 1905-47,* बम्बई, 1974

राय, विजय शंकर, *द लास्ट फेज ऑफ द ट्रांसफर ऑफ पावर इन इंडिया* नई दिल्ली, 1990

रैना, के. एन. तथा के. वी. गोपाल रत्नम् (सम्पादकगण) *तेजबहादुर सप्रू-प्रोफाइल्स एंड ट्रिब्यूट्स,* इलाहाबाद, 1970

राज किशोर, *भारतीय मुसलमान ! मिथ एंड रियालिटी,* नई दिल्ली, 1993

रानडे, महादेव, गोविन्द, *राइज ऑफ द मराठा पावर,* बम्बई, 1961

रौनक़, जहाँ—*पाकिस्तान, फेइल्युर इन नेशनल इंटीग्रेशन,* न्यूयार्क, 1972

रेवनकर, रत्ना जी., *द इंडियन कांस्टीट्यूशन, ए केस स्टडी ऑफ बैकवर्ड क्लासेस,* न्यूट्र जर्सी, 1971

रिज़वी, एस. ए. ए., *द वंडर दैट वाज इंडिया,* खंड 2, लन्दन, 1987

राबिंसन, फ्रांसिस, *सेपरेटिज्म अमंग इंडियन मुस्लिम्स,* दिल्ली, 1975

राय, ओलिवियर, *द फेइल्युर ऑफ पोलिटिकल इस्लाम,* कैम्ब्रिज, 1994

सादिक़, मुहम्मद, *ए हिस्ट्री ऑफ उर्दू लिटरेचर,* दिल्ली, 1984

सरदार, ज़ियाउद्दीन, *द फ्यूचर ऑफ मुस्लिम सिविलाइजेशन,* लन्दन, 1979

सरकार, जदुनाथ, *ए शार्ट हिस्ट्री ऑफ औरंगज़ेब 1618-1707* नई दिल्ली, 1979

सईद, डॉ. ख़ालिद बिन, *पाकिस्तान, द फार्मेटिव फेज,* कराची, 1960

शिम्मेल, अन्नेमारी, *इस्लाम इन इंडिया एंड पाकिस्तान,* लीडेन, 1982

स्काट, पाल, *ए डिविजन ऑफ द स्पोइल्स,* लन्दन, 1975

सिरवाई, एच. एम., *पार्टीशन ऑफ इंडिया, लेजेंड एंड रियालिटी,* बम्बई, 1989

शेषाद्रि, एच. वी., *द ट्रेजिक स्टोरी ऑफ पार्टीशन,* बंगलौर, 1982

सीतलवाड, एम. सी., *सेक्यूलरिज्म* दिल्ली, 1967

शाह, शमीम, एस. (संग्रहीत), *'एजूकेशनल सर्वे रिपोर्ट आन मुस्लिम मैनेज्ड स्कूल्स एंड कालेजस इन इंडिया',* नई दिल्ली, 1982-83

—*द लार्जेस्ट माइनोरिटी ! सम इकोनोमिक एंड एजूकेशनल आस्पेक्ट्स ऑफ मुस्लिम्स इन इंडिया,* नई दिल्ली, 1985

शेख़, फ़रज़ाना, *कम्यूनिटी एंड कंसेंसस इन इस्लाम,* न्यूयार्क, 1989

शाकिर, मोईन, *खिलाफत टू पार्टीशन 1919-1947,* दिल्ली, 1970

—*मुस्लिम्स, इन फ्री इंडिया,* नई दिल्ली, 1972

—मुस्लिम एट्टीट्यूड्स, ए ट्रेंड रिपोर्ट एंड बिब्लिओग्राफी, औरंगाबाद, 1974

—*पालिटिक्स ऑफ माइनोरिटीज,* दिल्ली, 1980

—*स्टेट एंड पालिटिक्स इन कंटेम्परी इंडिया,* दिल्ली, 1986

—*मुस्लिम्स एंड इंडियन नेशनल कांग्रेस,* दिल्ली, 1987

शर्मा, श्रीराम, *द रिलिजियस पॉलिसी ऑफ द मुग़ल एम्परर्स,* लन्दन, 1962

शिव, राव बी., *इंडियाज फ्रीडम मूवमेंट,* नई दिल्ली, 1972

शौरी, अरुण, *रिलिजन इन पालिटिक्स,* नई दिल्ली, 1987

—*ए सेक्यूलर एजेंडा,* नई दिल्ली, 1993

—*इंडियन कांट्रोवर्सीज, एस्सेज ऑन रिलिजन एंड पालिटिक्स,* नई दिल्ली, 1993

सिद्दीक़ी, एम. के. ए., *एज्यूकेटिंग ए बैकवर्ड माइनोरिटी,* कलकत्ता, 1984

सिद्दीक़ी, नफ़ीस अहमद, *पापूलेशन जिओग्राफी ऑफ मुस्लिम्स इन इंडिया,* नई दिल्ली, 1976

सिंह, अनीता, इन्दर, *द ओरिजिंस ऑफ द पार्टीशन ऑफ इंडिया, 1947-1953*

सिंह, अत्तार, *सोशियो-कल्चरल इम्पेक्ट ऑफ इस्लाम आन इंडिया,* चंडीगढ़, 1976

सिंह, भीमसेन, *द क्रिप्स मिशन,* नई दिल्ली, 1979

सिंह, कर्ण, *एस्सेस ऑन हिन्दूइज्म,* दिल्ली, 1987

सिन्हा, वी. के. (सम्पा.) *सेक्यूलरिज्म इन इंडिया,* बम्बई, 1968

स्मिथ एन्थोनी डी., *द एथनिक ओरिजिंस ऑफ नेशंस,* यू. एस. ए. 1986

स्मिथ, डोनाल्ड इ., *इंडिया एज ए सेक्यूलर स्टेट*, लन्दन, 1963
स्मिथ, आर. ए., *डिवाइडेड इंडिया*, न्यूयार्क, 1947, दिल्ली, 1979
स्पियर, पर्सिवाल (सम्पा.) *आक्सफोर्ड हिस्ट्री ऑफ इंडिया, आक्सफोर्ड*, 1958
स्टर्न, राबर्ट डब्ल्यू, *चेंजिंग इंडिया*, नई दिल्ली, 1993
सुल्तान, मैमूना, जे. पी. *मूवमेंट एंड मुस्लिम्स (एन एनालिसिस)*, नई दिल्ली
साइमोंड्स, रिचर्ड, *द मेकिंग ऑफ पाकिस्तान*, कराची, 1976
टेलबोट, इआन, *प्रोविंशियल पोलिटिक्स एंड द पाकिस्तान मूवमेंट : द ग्रोथ ऑफ द मुस्लिम लीग इन नार्थ-वेस्ट एंड नार्थ-ईस्ट इंडिया, 1937-47*, कराची, 1988
तामीर, या एल, *लिबरल नेशनजिल्म*, प्रिंसटन, 1993
तेन्दुलकर, डी. जी., *अब्दुल गफ़्फ़ार ख़ाँ*, नई दिल्ली, 1987
—महात्मा, खंड-1—10
थाम्पसन, एडवर्ड, *एन्लिस्ट इंडिया फार फ्रीडम*, लन्दन, 1940
टिंकर, एच. *एक्सपेरिमेंट विथ फ्रीडम : इंडिया एंड पाकिस्तान*, आक्सफोर्ड, 1967
ट्राल, क्रिश्चियन डब्ल्यू, *इस्लाम इन इंडिया स्टडीज एंड कमेंटरीज खंड 3*, नई दिल्ली, 1986
—मुस्लिम श्राइंस इन इंडिया, देयर कैरेक्टर, हिस्ट्री एंड सिग्निफिकेंस, नई दिल्ली, 1992
टुली, मार्क तथा मसानी ज़हीर, *फ्राम राज टू राजीव, 40 इयर्स ऑफ इंडियन इंडिपेंडेंस*, नई दिल्ली, 1988
उमर, मुहम्मद, *हिन्दुस्तानी तहजीब का मुसलमानों पर असर*, नई दिल्ली, 1975
अज़-ज़माँ, वहीद, *टुवाड्‌र्स पाकिस्तान*, लाहौर, 1978
वहीदुद्दीन, सैयद, *इस्लाम इन इंडिया, इस्लामिक एक्सपीरिएंस इन कंटेम्परेरी थाट*, दिल्ली, 1986
वाधवा, कमलेश कुमार, *ए हिन्दू नेशनलिस्ट, गाँधी-मुस्लिम कांस्पिरेसी*, पूना, 1941
—माइनोरिटी सेफगाड्‌र्स इन इंडिया, दिल्ली, 1975
—डाइनामिक्स ऑफ नेशन बिल्डिंग, बैकाक, 1983
वासे, अख्तुरल, *एजूकेशन ऑफ इंडियन मुस्लिम्स, ए स्टडी ऑफ द आल इंडिया मुस्लिम एजूकेशनल कांफ्रेंस 1886-1947*, नई दिल्ली, 1978
वीकेस, रिचर्ड वी., *पाकिस्तान, बर्थ एंड ग्रोथ ऑफ ए मुस्लिम नेशन*, प्रिंसटन, 1964
वेल्स, एच. जी., *द आउटलाइन ऑफ हिस्ट्री, बिइंग ए प्लेन हिस्ट्री ऑफ लाइफ एंड मेनकाइंड*, लन्दन, 1920, 1956
विनफील्ड, ई. एच. (अनूदित तथा संक्षिप्तीकृत), *मसनवी-ए मा'नवी*, लन्दन, 1898
विलियम्स, डी. तथा डेनियल इ. पोट्स (सम्पादकगण) *एस्सेस इन इंडियन हिस्ट्री, बम्बई, 1973*
विंक, आन्द्रे अल-हिन्द-*द मेकिंग आफ द इंडो-इस्लामिक वर्ल्ड खंड 1 : अर्ली मिडीवल इंडिया एंड द एक्सपैन्शन ऑफ इस्लाम*, नई दिल्ली, 1990
वोल्पर्ट, स्टेनली, *जिन्ना ऑफ पाकिस्तान*, आक्सफोर्ड, 1984
—ए न्यू हिस्ट्री ऑफ इंडिया, आक्सफोर्ड, 1993
—जुल्फ़ी भुट्टो ऑफ पाकिस्तान, हिज लाइफ एंड टाइम्स, न्यूयार्क, 1993
योगिन, अन्वरुल, *कांस्टीट्यूशनल प्रोटेक्शन ऑफ माइनोरिटी एजूकेशनल इंस्टीट्यूशंस इन इंडिया*, नई दिल्ली, 1983

नई दिल्ली, 1983

ज़ाएहनर, आर. सी., *हिन्दू एंड मुस्लिम मिस्टिसिजम*, न्यूयार्क, 1969

ज़हीर, मसूद, *स्ट्रगल फार राष्ट्रपति भवन*, दिल्ली, 1973

ज़करिया, रफ़ीक़, *राइज ऑफ मुस्लिम्स इन इंडिया पालिटिक्स*, बम्बई, 1970

—*द स्ट्रगल विदिन इस्लाम*, लन्दन, 1988

—*इक़बाल, द पोएट एंड द पोलिटीशियन*, नई दिल्ली, 1993

—(सम्पा.) *ए स्टडी आफ नेहरू*, नई दिल्ली, 1989

—(सम्पा.) *हंड्रेड ग्लोरियस इयर्स, 1885-1985*, बम्बई, 1985